Carte
von der
Bauerschaft Augustdorf
Aufgenommen im Aug. u. Sept. 1816.
durch
H. C. A. Overbeck
Geom. jur.
nach dem Original auf einen kleineren Maasstab reducirt.
Stukenbrok und Augustdorf
Stukenbroker Hude
Stapellager Hude
Hörster Hude
Hörster Holzung
Gränze
Sandwehe
von Detmold
Hagemann n. 1
Meyer 2
Friederich 3
Kruse n. 4
Rehm n. 6
Krate n. 8
Wiele n. 11
Rolling 12
Schirenberg 13
Friederichs 14
Rabe 15
Weinbroker
Böker 17
Stelemann 18
Pollmann 19
Pollmann n. 20
Dierks 21
Dickmann n. 23
Heisterberg n. 24
Prante n. 25
Pollmann n. 26
Pollmann n. 27
Ostermann
Brand 50
Böger n. 51
Schäfer 52
Ahrens n. 48
Grotte n. 45

Augustdorf | Stätten und ihre Besitzer | 1775–1900

Sennelandschaft am Ortsrand von Augustdorf. A. Fischer, 2021

Olaf Biere

Augustdorf

Stätten und ihre Besitzer 1775–1900

Mit einem Beitrag von
Annette Fischer

in Zusammenarbeit
mit dem Heimatverein
Augustdorf e.V.

Regionalverlag

Diese Publikation wurde gefördert
durch die Gemeinde Augustdorf,
den Heimatverein Augustdorf e.V. und
Christel Born-Frühwirth, Haan

Impressum

Gesamtredaktion: Annette Fischer, Schlangen
Olaf Biere, Horn-Bad Meinberg/Vahlhausen
Lektorat: Annette Fischer, Schlangen
Satz und Gestaltung: Jörg Aufdemkamp, Bielefeld

Druck und Verarbeitung:
Finidr s.r.o., Tschechische Repubik
tpk-Regionalverlag, Bielefeld 2024
ISBN 978-3-910490-04-8

Unser herzlicher Dank gilt allen Förderern sowie den Sponsoren, die durch ihre Unterstützung und freundlichen Zuwendungen die Herausgabe und Drucklegung dieses Werkes ermöglicht haben!

Titelabbildung: Eine Szene aus der Umgebung Augustdorfs: Personentransport per Ackerwagen. Die Räder des Gefährts sind bereits gummibereift. Sammlung Heimatverein Augustdorf, o. J.

Rückseite: Die Pivitsheider Straße um 1930. Rechts ist die Stätte Büker Nr. 97, Pivitsheider Straße 43, zu sehen, links im Bild das Gebäude der Bäckerei Gräser. Privatbesitz L. Hübert

Vorwort

Augustdorf
Entwicklungen und Ereignisse

Annette Fischer

Augustdorf
Kolonate, Häuser und ihre Besitzer

Olaf Biere

Anhang
Kolonatstabellen, Register, Autoren

Biere | Fischer

Vorwort

Am 7. Februar 1922 wurde mein Großvater Gustav Erfkamp in Augustdorf geboren, sein Elternhaus Augustdorf Nr. 100 stand inmitten der Sennelandschaft auf dem Gelände des heutigen Truppenübungsplatzes. Seit Eintritt in den Ruhestand hatte sich der vormalige Waldarbeiter bzw. Haumeister mit der Vergangenheit seiner Familie und seines Heimatortes befasst.

Nachdem mein Großvater im Jahr 1997 verstorben war, habe ich seine Aufzeichnungen übernommen. Die Arbeiten dienten als Grundlage zur weiteren Erforschung der Geschichte meiner Familie, die größtenteils aus Augustdorf und Haustenbeck stammt. Seither interessierte mich die historische Entwicklung der Siedlung am sogenannten Dören, zu deren Mitbegründern auch meine Vorfahren zählen. Weil die Erschließung des Ortes nicht nur planmäßig, sondern darüber hinaus erst recht spät, genauer gesagt ab 1775, erfolgte, sind zahlreiche Akten und Dokumente überliefert. Die gute Quellenlage ermöglicht es, ein detailreiches Bild von der zuvor kaum bewohnten Gegend nachzuzeichnen.

In den letzten Jahren habe ich die genealogischen Daten der Augustdorfer Familien systematisch erfasst und den einzelnen Kolonaten zugeordnet. Weitere Informationen konnten auf der Basis zusätzlicher Archivrecherchen zusammengetragen werden. Eine Abrundung erfährt die Arbeit durch zahlreiche historische Fotografien, die der örtliche Heimatverein freundlicherweise zugänglich gemacht hat. Hinzu kommt altes, bislang weitgehend unveröffentlichtes Kartenmaterial. Vielleicht motiviert dieses Buch die Leserinnen und Leser zur Auseinandersetzung mit der Geschichte ihrer eigenen Familien und Höfe.

Mit Annette Fischer hatte ich von Anfang an eine Unterstützerin bei der Umsetzung dieses Projekts. Als Kennerin der Geschichte unserer Region ergänzt sie die von mir erstellte Studie mit einem Beitrag, der insbesondere die Gründungsjahre der Niederlassung am Dören und das oft schwierige Alltagsleben der dortigen Bewohner beleuchtet, aber ebenso den Blick über die Gemeindegrenzen Augustdorfs hinauslenkt. Dadurch spricht das Buch letztlich alle an, die einen Bezug zur Senneregion haben.

Im Jahr 2025 kann Augustdorf sein 250-jähriges Gründungsjubiläum feiern. Als Beitrag zu diesem besonderen Ereignis sehe ich die vorliegende Publikation, die von der Darstellung allgemeiner Entwicklungen abgesehen, insbesondere die Historie der ältesten Augustdorfer Kolonate in den Mittelpunkt rückt. Eine Aufarbeitung weiterer, bisher überhaupt noch nicht oder allenfalls rudimentär behandelter Themen zur Ortsgeschichte kann in diesem Zusammenhang nicht geleistet werden. Mit Blick auf vorhandene Forschungslücken etwa hinsichtlich der ersten Hälfte des 20. Jahrhunderts wäre es wünschenswert, wenn die Chroniken von 1975 und 2000 eine Ergänzung fänden.

Ohne Unterstützung, die mir von vielen Seiten gewährt wurde, hätte dieses Projekt nicht verwirklicht werden können, ich möchte daher allen Mitwirkenden, Helfern und Förderern meinen Dank abstatten. Bedanken möchte ich mich insbesondere bei den Augustdorferinnen und Augustdorfern, die mich mit Bildmaterial und zahlreichen Informationen versorgten. Joachim Biere vom Heimatverein Augustdorf danke ich für seine Hilfe und Geduld bei der Reproduktion der vereinseigenen Bildersammlung. Zu danken habe ich auch Adolf Steffen und Bodo Diekmann, die als profunde Kenner der Augustdorfer Ortsgeschichte stets für meine Fragen ansprechbar waren.

Zu Dank verpflichtet bin ich ebenso den Mitarbeiterinnen und Mitarbeitern der Lippischen Landesbibliothek Detmold und des Landesarchivs Nordrhein-Westfalen Abteilung Ostwestfalen-Lippe, die mir historische Fotografien, Postkarten und Kartenwerke sowie weitere Abbildungen zur Verfügung gestellt haben. Dem Kartografen Jürgen Rosenberg, Bielefeld, danke ich für die Anfertigung zusätzlicher, auf den Inhalt dieses Buches abgestimmter Karten, die als Anlage beigegeben sind. Was die grafische Bearbeitung der einzelnen Kartenausschnitte angeht, bedanke ich mich bei Gerd Sydekum, Bielefeld.

Mein besonderer Dank gilt der Autorin und Fotodesignerin Annette Fischer, Schlangen, die nicht nur eine allgemeine Einführung sowie aktuelles Bildmaterial beigesteuert hat, auch im Hinblick auf inhaltliche Diskussionen und Lektorat konnte ich auf sie zählen. Jörg Aufdemkamp, Bielefeld, danke ich für die detaillierte typografische Bearbeitung und die gelungene Gesamtgestaltung. Dankbar bin ich nicht zuletzt den Sponsoren, ohne deren finanzielle Förderung die Publikation kaum in der vorliegenden Form hätte erscheinen können. Ich freue mich, dass Dr. Roland Siekmann, Bielefeld, das Buch ins Programm des tpk-Regionalverlags aufgenommen hat.

Horn-Bad Meinberg, im September 2024
Olaf Biere

Abb. links: Das Kolonat Erfkamp Nr. 100 um 1920.
Privatbesitz O. Biere

Waldlichtung in der Nähe des Furlbachtals. A. Fischer, 2022

*„Heute bin ich mit dem Kraftrad unterwegs.
Nach dem längsten Dorf im Lande, das nur gerade Straßen hat,
insgesamt 15 km."*

Die Waldstraße nahe des Heidekruges, deren schnurgerader Verlauf den Eindruck August Meier-Bökes bestätigt; nach 1927 entstand dort ein Neubaugebiet. Bei dem Motorradfahrer (Abb. rechts) handelt es sich allerdings um August Heistermann (1900–1970), der stolz seine Tornax präsentiert. Im Hintergrund ist dessen elterliche Stätte, früher Nr. 40, heute Akazienstraße 20, zu sehen. Privatbesitz H. Sander, um 1950. Abb. oben: Ansichtskarte „Augustdorf, Siedlung Heidekrug", um 1933. Lippische Landesbibliothek Detmold, ME-PK-26-81

Annette Fischer

Augustdorf

Entwicklungen und Ereignisse

Einleitung

„Heute bin ich mit dem Kraftrad unterwegs. Nach dem längsten Dorf im Lande, das nur gerade Straßen hat, insgesamt 15 km.“[1] Soweit August Meier-Böke, der während der 1950er Jahre regelmäßig in der Lippischen Landes-Zeitung über seine „Zick-Zack-Fahrt durch Lippe“ berichtete. Mit der Erwähnung der geraden Straßen nennt der Lehrer und Heimatforscher gleich zu Beginn der Schilderung seines Augustdorf-Besuches ein wichtiges Detail, das auf die planmäßige Erschließung des Ortes verweist.

Als Gründungsurkunde Augustdorfs gilt der am 11. Dezember 1775 ausgestellte Meierbrief für den Barntruper Bürger und vormaligen Betreiber der Ret[h]lager Mühle August Simon Struß, der damit berechtigt war, nahe der Dörenschlucht eine Stätte und einen Krug zu errichten.[2] Von der Landesherrschaft gefördert, erfolgte ab 1780 westlich des Dörenkruges, entlang der früheren Hauptverkehrswege Richtung Stukenbrock und Haustenbeck, die systematische Anlegung weiterer Kolonate.[3] Schon um 1788 bei der Einführung der bis zum Ende der 1960er Jahre gültigen Nummerierung existierten 56 Neuwohnerstätten am *Dören*, so die damalige Bezeichnung der Kolonie, die wenig später den Namen *Augustdorf* erhielt. Die laut Verfügung vom 18. August 1789 veranlasste Umbenennung nahm Bezug auf Simon August zur Lippe (reg. 1747–1782), in dessen Regierungszeit die Siedlungsgründung fiel.[4]

1 Meier-Böke, Zick-Zack-Fahrt, S. 70. Zum Werk und zur Person August Meier-Bökes vgl. Dröge, Nachwort.

2 Zur Geschichte der Dörenkrugs findet sich Näheres bei Rohtraut Müller-König, Augustdorf, S. 9 ff., vgl. darüber hinaus die Angaben ab S. 120 in diesem Band. Auf die Zeit zwischen 1775 und 1975 konzentriert, ist die Arbeit Müller-Königs eine profunde Darstellung der Historie Augustdorfs. Wesentliche Grundlage ihrer Studie war die zweibändige Chronik, die der Küster Ernst Friedrich Küstermann um 1863 verfasst hatte. Eingang fanden ebenso die Aufzeichnungen Werner Hüttemanns, der die wichtigsten Entwicklungen von 1875 bis 1950 skizziert. Das dörfliche Leben ab 1975 steht wiederum im Mittelpunkt der Publikation „Augustdorf 1975–2000“, deren Autoren Adolf Steffen und Kurt Wistinghausen nicht zuletzt etliche Abbildungen präsentieren. „Erinnerungen in Bildern“ bietet zudem der mit historischen Fotografien bestückte Bildband, den Dieter Werning bereits 1987 erstellt und herausgegeben hat, während Burkhard Meiers Monografie „200 Jahre evangelische Kirche in Augustdorf“ wesentliche Aspekte der örtlichen Kirchenhistorie betrachtet. Was die Augustdorfer Geschichte insgesamt angeht, sei schließlich noch die 2008 erschienene Zusammenfassung des Historikers und Archivars Herbert Stöwer, Lippische Ortsgeschichte, erwähnt.

3 Zu Einzelheiten der Erstbesiedlung vgl. S. 101 ff. in diesem Band. Generell gilt, dass in den schriftlichen Quellen alle grundsteuerpflichtigen Anwesen als *Kolonat* bezeichnet werden, egal ob größere Höfe oder, wie im Fall Augustdorfs, kleinere Stätten gemeint sind. Der Begriff sich leitet ab vom lateinischen Wort *colōnus*, das ‚Ansiedler‘ oder ‚Bebauer‘ bedeutet. Vgl. Linde, Höfe und Stätten, S. 997 sowie Kluge, Etymologisches Wörterbuch, S. 515.

4 Vgl. Müller-König, Augustdorf, S. 56 f. sowie Küstermann, Geschichte, Bd. II, Abschrift 2010, S. 78. Beim Namen *Dören* handelt es sich um eine Flurbezeichnung, die auf „dornige Flächen“ im Sinne eines mit Dornengestrüpp bewachsenen Geländes verweist, vgl. Preuß, Flurnamen, S. 40.

Von Gottes Gnaden Wir SIMON AUGUST, Regierender Graf und Edler Herr zur Lippe Souverain von Vianen und Ameyden Erb Burg Graf zu Utrecht etc. Ritter des Hochfürstlich Hessischen golden Löwen Ordens.

Der am 11. Dezember 1775 ausgestellte Meierbrief für den ersten Dörenkrüger August Simon Struß gilt als Gründungsurkunde der Siedlung am Dören, die 1789 offiziell den Namen *Augustdorf* erhielt.
LAV NRW OWL L 1 1775 Dez. 11

1727 geboren, hatte Simon August Graf und Edler Herr zur Lippe im schweizerischen Lausanne eine Erziehung erhalten, die schon ganz von den Idealen der Aufklärung geprägt war. Entsprechende Leitlinien bestimmten später auch sein Regierungshandeln, das neben der Konsolidierung der ruinierten Staatsfinanzen weitreichende Reformen zum Wohl der Untertanen ins Visier nahm. Simon August modernisierte das Rechts-, das Schul- und das Medizinalwesen, er baute die Armenfürsorge aus, besserte die Verhältnisse der bäuerlichen Bevölkerung, initiierte die Errichtung einer allgemeinen Feuerversicherung und vieles mehr.[5] Hinzu kamen siedlungspolitische Maßnahmen, die nicht zuletzt grundbesitzlosen Einliegern die Gründung eines eigenen Kolonates ermöglichen, aber ebenso die Einnahmen der lippischen Rentkammer erhöhen sollten.

Eine Förderung des Siedlungsausbaus war kein neues Phänomen. Erinnert sei etwa an die aus hochmittelalterlicher Rodungstätigkeit hervorgegangenen Waldhufendörfer, deren Bewohner besondere Rechte und Freiheiten erhielten. Zu nennen sind hier unter anderem Bremke, Oettern, Hedderhagen, Nienhagen, Niewald oder das 1237 durch Marienfelder Mönche gegründete Ehlenbruch.[6] Während in dieser Siedlungsperiode eher die Erweiterung und Festigung landes- und grundherrschaftlicher Einflussbereiche im Vordergrund standen, ging es später häufig um die gezielte Verbesserung der staatlichen Einnahmen. Das galt verstärkt für die Zeit nach dem Dreißigjährigen Krieg (1618–1648), die zugleich ein signifikantes Bevölkerungswachstum aufwies; allein zwischen 1700 und 1788 erhöhte sich die Zahl der Einwohner Lippes von 36.329 auf 70.189.[7]

Die vor allem die ländlichen Gebiete betreffende Entwicklung, die, vereinfacht gesagt, für zusätzliche Arbeitskräfte sorgte und demzufolge Produktivitätszuwächse versprach, kam der vom Merkantilismus geprägten Wirtschaftspolitik des 17. und 18. Jahrhunderts durchaus entgegen. Das Ganze hatte allerdings auch problematische Seiten, da kontinuierlich steigende Einwohnerzahlen eine zunehmende Überforderung der natürlichen Ressourcen bedeuteten und wiederholt auftretende Agrarkrisen die Ernährungssituation weiter verschlechterten.[8]

Um den Bevölkerungsdruck abzumildern, ergriffen die Regierungen in Lippe und anderswo verschiedene Initiativen zur Ausweisung neuer Hofstellen. 1781 erwarb die lippische Rentkammer beispielsweise das südlich von Horn gelegene frühere Adelsgut Rothensiek, auf dessen Flächen mehrere Kötterstätten entstanden. Zusammen mit weiteren Neugründungen im Bereich eines benachbarten, ebenfalls angekauften Areals bildete die Siedlung die Keimzelle der Ortschaft Leopoldstal.[9] Etwa zeitgleich wurde, so ein zweites Beispiel, die gräfliche Meierei Veldrom aufgeteilt und das parzellierte Land an Neuwohner vergeben.[10]

Die Zerschlagung unrentabler oder auch wüst gefallener Güter und die anschließende Aufsiedlung zugehöriger Flächen erwies sich als verhältnismäßig einfache Maßnahme zur Schaffung neuer Wohn- und Wirtschaftseinheiten, weil die an einer Stättengründung Interessierten meistenteils bereits kultivierte Ländereien übernehmen konnten. Überaus mühsam war dagegen die Erschließung vormals unbesiedelter Gebiete. Das galt einmal mehr für die Senne, die angesichts ihrer wenig ertragreichen Sandböden ohnehin erst vergleichsweise spät in den Fokus systematischer Kolonisierungspläne geriet.

5 Vgl. Kittel, Heimatchronik, S. 157 ff. Zum Zustand der Staatsfinanzen beim Regierungsantritt Simon Augusts und zu dessen Bemühen einer Haushaltskonsolidierung s. Schiefer, Steuerverfassung.

6 Vgl. Kittel, Heimatchronik, S. 71 f., zu Ehlenbruch s. Meineke, Ortsnamen des Kreises Lippe, S. 149.

7 Vgl. Bulst / Hoock, Volkszählungen, S. 22. Vor Kriegsbeginn hatte die Grafschaft Lippe schätzungsweise, so Linde, Siedlung, S. 59 rund 40.000 Einwohner, in der Folgezeit wurde die Bevölkerung auch durch die Pestausbrüche der 1620er und 1630er Jahre um etwa 35 Prozent dezimiert, vgl. Kittel, Heimatchronik, S. 132.

8 Hitzemann, Amerika-Wanderung, S. 180. Zu Einzelheiten des lippischen Kameralismus vgl. zudem Kittel, Heimatchronik, S. 177 ff. Besonders gravierend war die deutschlandweite Agrarkrise der beginnenden 1770er Jahre, die auch die Grafschaft Lippe erfasste. Die Entwicklungen stießen erste zaghafte Reformversuche wie eine freiwillige „Teilung der Gemeinheiten" an, letztlich blieben die Bemühungen jedoch erfolglos, vgl. Potente, Bevölkerung, S. 187 ff. sowie van Faassen, Berufsstand, S. 9 ff.

9 Vgl. Rohlfs, Leopoldstal, S. 150 ff.

10 Vgl. Gerking, Geschichte, S. 38 ff. Zur frühneuzeitlichen Bevölkerungsentwicklung Lippes insgesamt vgl. auch Linde, Siedlung, S. 59 ff.

Ein im Augustdorfer Rathaus präsentiertes Geländemodell zeigt neben der naturräumlichen Einbettung der Ortschaft deren Lage zwischen den Truppenübungsplätzen Stapel und Senne.
A. Fischer, 2022

Anmerkungen zur Landschaftsgeschichte der Senne

Naturräumlich dem Ostmünsterland zugeordnet, erstreckt sich die rund 250 km² große Senne zwischen der Achse Isselhorst und Bielefeld-Brackwede und etwa der Linie Schlangen – Bad Lippspringe – Schloß Neuhaus. Die nördlichen und östlichen Randbereiche werden vom Teutoburger Wald, genau genommen von dessen Teilabschnitten Bielefelder Osning und Lippischer Wald gerahmt, während das Gebiet im Südosten bzw. Süden an die Paderborner Hochfläche und die Ausläufer der Unteren Hellwegbörde grenzt. Eher fließend sind hingegen die Übergänge nach Westen in Richtung Lippetalung, Delbrücker Rücken und Rietberger Emsniederung.

Anders als gängige Vorstellungen von einer gleichförmigen Sand- und Heidelandschaft vermuten lassen, weist die zum Südwesten hin erst relativ steil und dann zunehmend flacher abfallende Senne ein abwechslungsreiches Relief mit jeweils besonderen naturräumlichen Eigenheiten auf. Differenziert wird zwischen dem durch langgezogene Moränenrücken geprägten Friedrichsdorfer Drumlinfeld, das sich keilförmig aus nordwestlicher Richtung bis Stukenbrock ausdehnt, und den nach Südosten anschließenden Bereichen der Oberen, Mittleren und Unteren Senne.[11]

Weite Bereiche Augustdorfs liegen in der Oberen Senne, einem schmalen, bis maximal fünf Kilometer breiten Geländestreifen, der am Rand des Teutoburger Waldes verläuft. Als deren geomorphologisches Spezifikum gelten die Trockentäler, die allenfalls nach Starkregen oder Schneeschmelzen Wasser führen. Entstanden sind diese Einkerbungen durch rückschreitende Erosion, die noch bis in die jüngste Vergangenheit beobachtet werden konnte. 1927 bewirkte beispielsweise ein Starkregenereignis, dass das bereits zur Gemarkung Oerlinghausen gehörende Ölbachtal um rund 25 Meter verlängert wurde und sich zusätzlich zwei Nebentäler von etwa derselben Länge bildeten.[12]

11 Vgl. Seraphim, Sennelandschaft, S. 23 ff. Ernst Theodor Seraphim hat sich eingehend mit der Entstehungs- und Nutzungsgeschichte der Senne befasst und dabei auch Fragen der teils voneinander abweichenden Zuordnungen und Benennungen der unterschiedlichen Naturräume diskutiert. Er selbst differenzierte in seinen früheren Arbeiten noch nicht zwischen Mittlerer und Oberer Senne, sondern nutzte letzteren Begriff lange Zeit zusammenfassend für beide Einheiten, vgl. etwa Seraphim, Senne, S. 133. Einige Autoren, die ihm darin folgen, bezeichnen die Obere Senne zudem als *Trockensenne*, s. beispielsweise Harteisen, Senne, S. 17. Etliche der geologischen, geomorphologischen, geografischen und kulturhistorischen Studien Seraphims zur Sennelandschaft sind im digitalen Senne-Archiv der Naturschutz-Stiftung Senne unter https://sennearchiv.de einsehbar.

12 Vgl. Deppe, Erdgeschichte, S. 34 f. Das Phänomen der rückschreitenden Erosion erwähnt auch Küstermann, Geschichte, Bd. I, 1. Teil, Abschrift 2010, S. 6, der von entsprechenden Beobachtungen unter anderem im Bereich der sogenannten Kurzen Fuhre berichtet – die Bezeichnung bezieht sich das Quellgebiet und den oberen Abschnitt des Furlbaches. Zur Entstehung der Küstermannschen Chronik und ihren Abschriften, vgl. S. 109 f. in diesem Band.

Beim Phänomen der Trockentäler handelt es sich häufig um Fortsetzungen der Quelltäler jener Sennebäche, die wie der Ölbach und der Furlbach innerhalb der angrenzenden Mittleren Senne ihren Anfang nehmen. Das dort oft an mehreren Stellen hervortretende Wasser fließt schon nach wenigen Metern zu Bachläufen zusammen, die auf ihrem weiteren Weg tiefe Einschnitte in den sandigen Grund gefräst haben. Neben schluchtartigen Bachtälern bestimmen ausgedehnte Dünenfelder die Landschaft der auch als *Zone der Feuchttäler* bezeichneten Mittleren Senne.

Im Westen erfolgt der Übergang ins Gebiet der fast ebenen Unteren Senne. Wegen des nachlassenden Gefälles verlaufen die Fließgewässer nunmehr in Dammbetten, die durch Sedimentablagerungen aufgeschüttet wurden. Ursprünglich von Bruchwäldern und Niedermooren geprägt, wird die *Feuchtsenne*, so ein weiterer Name, seit der Umsetzung weitreichender Flurbereinigungs- und Meliorisierungsmaßnahmen vorwiegend ackerbaulich genutzt. Lediglich im östlichen Saumbereich existieren noch Feuchtheiden und Moorrelikte. Dieses Areal gehört bereits zum Truppenübungsplatz Senne, der darüber hinaus nahezu die gesamte Mittlere und Obere Senne sowie die südwestliche Randzone des Lippischen Waldes umfasst.[13]

13 Vgl. Seraphim, Sennelandschaft, S. 23 ff., insbesondere die Abbildung auf S. 24. Zur Geschichte des seit 1892 bestehenden Truppenübungsplatzes Senne s. Piesczek, Truppenübungsplatz. Dort auch kurze Erläuterungen zum Standortübungsplatz Stapel, der 1936/1937 nordwestlich von Augustdorf errichtet wurde, vgl. Göbel, Stapelager Senne, S. 287 ff.

Oberflächengestalt und geologischer Aufbau der Senne sind glazialen Ursprungs. Die enormen, nicht zuletzt im Raum Augustdorf anzutreffenden Sandschichten wurden während der Saale-Kaltzeit abgelagert. Auf dem Höhepunkt der Vereisung, während der Drenthe-Phase vor rund 200.000 Jahren, hatte der in Teilgletscher zerlegte Eisstrom unter anderem die Pässe des Teutoburger Waldes überwunden und die Westfälische Bucht bis zum nördlichen Sauerland bedeckt. Dabei floss an den Gletscherfronten Schmelzwasser ab, dessen Sedimentfrachten als Vorschüttsande liegen blieben.

Weitaus bedeutsamer waren die Nachschüttsande, die als sogenannter Sander großflächig die Obere und Mittlere Senne prägen. Der mächtige Schüttungskörper bildete sich beim Rückzug der Gletscher, als das Eis am nördlichen Rand des Teutoburger Waldes zum

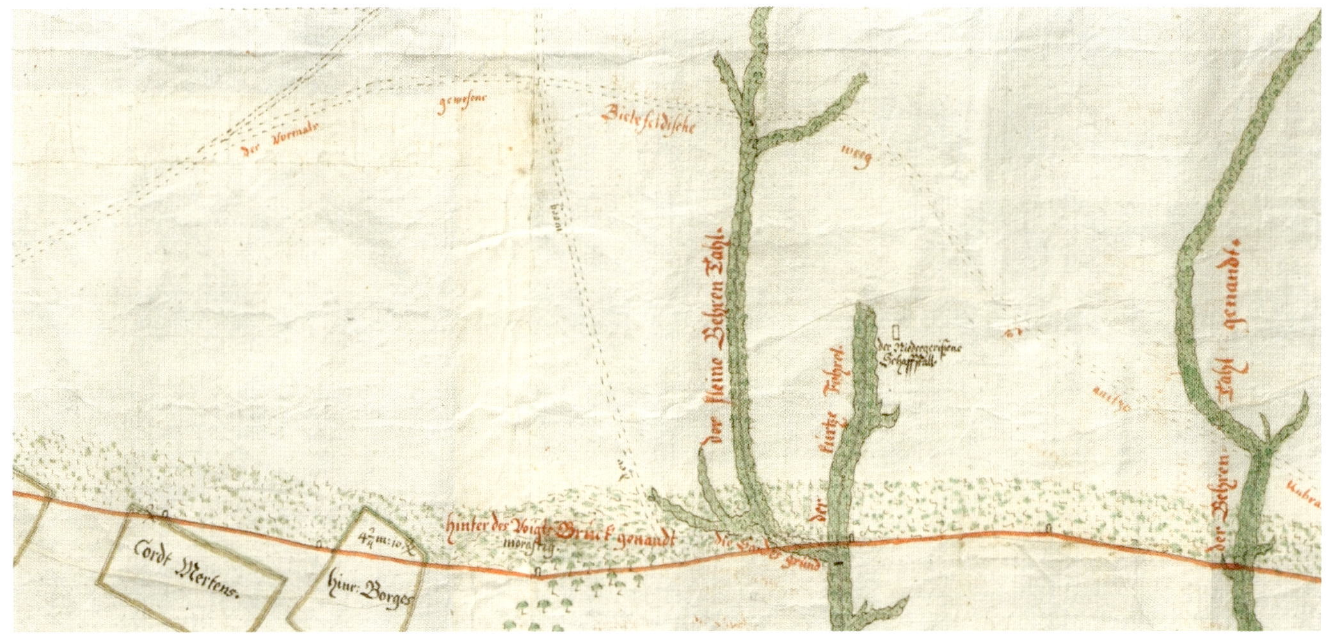

Das Phänomen der rückschreitenden Erosion konnte auch zur Verlagerung von Straßenverläufen führen. Ein auf der Senne-Karte des Landmessers A. Riepe von 1715 dokumentiertes Beispiel ist der Bielefeldische Weg. LAV NRW OWL D 73 Tit. 5 Nr. 1643

Die örtlichen Sandabgrabungen vermitteln einen Eindruck der mächtigen Schüttungskörper, wie sie für die geologischen Verhältnisse im Raum Augustdorf prägend sind. A. Fischer, 2022

Stillstand kam und Schmelzwässer gewaltige Massen vor allem von zerriebenem Osning-Sandstein ins Gebiet der Senne schwemmten. Unter den Sandschichten wiederum lagert Wasser stauender Emscher-Mergel, dem die Region ihren Quellenreichtum verdankt.[14]

Die hydrologischen Verhältnisse lieferten auch das ursprüngliche Benennungsmotiv für die Senne, das aus heutiger sprachwissenschaftlicher Sicht auf die hohe Wasserdurchlässigkeit der Sandböden im Sinne eines „Sickergebiet[es]“ anspielt. Überholt ist demgegenüber die Deutung der in frühmittelalterlichen Urkunden dokumentierten Namenform *Sinithi* als „große Heide“.[15]

Doch zurück zur Entstehung der Sennelandschaft. Für deren typisches Relief sorgten die arktisch-kontinentalen Klimabedingungen der Weichsel-Kaltzeit, die vor ca. 115.000 Jahren begann. Verzweigte Bach- und Flusssysteme, die gegen Ende der Epoche ihr heutiges Aussehen entwickelten, lagerten die Sande der Saale-Kaltzeit um, gleichzeitig modellierte der Wind in der vegetationsarmen Kältesteppe Dünen und Ausblasungswannen. Neben den flussbegleitenden Sandaufwehungen an Lippe und Ems war die Mittlere Senne die Schwerpunktzone der Dünenbildung. Während der ausgehenden Weichsel-Kaltzeit entstanden dort die ältesten bislang bekannten Binnendünen Nordwestdeutschlands. Höhe, Form und Schichtungsstrukturen, aber auch eingebettete Artefakte gestatten es, die jeweiligen Entstehungsperioden der komplexen Gebilde zu unterscheiden.[16] Spätestens mit der Wiederbewaldung, die zu Beginn des Holozän vor ca. 11.000 Jahren einsetzte, endete die Genese der Urdünen. Nachfolgende Phasen der Sandmobilisierung gingen maßgeblich auf anthropogene Einflüsse zurück.[17]

Die frühe Besiedlung der Senne im Überblick

Von mittelalterlichen Einzelhöfen vor allem im Bereich ackerbaulicher Gunsträume wie der verstreut anzutreffenden Moränenfelder abgesehen, galt die Senne zumindest in geschichtlicher Zeit lange als unbesiedeltes „Niemandsland zwischen den Territorien Paderborn, Lippe, Rietberg und Ravensberg“.[18] Standortvorteile bot das Areal hingegen prähistorischen Jägern und Sammlern, die nahe der späteren Ortschaft Augustdorf ebenfalls Spuren hinterließen. Darauf verweisen zum Beispiel eine aus dem Gebiet Dörenschlucht-Stapelage stammende Blattspitze, einer der „berühmtesten lippischen Funde“[19], oder auch verschiedene Steinartefakte, die bei Stukenbrock[20] zutage gefördert wurden.

Ab etwa 9.600 v. Chr. beendeten steigende Temperaturen die vorerst letzte Eiszeit. Anstelle tundrenartiger Offenlandflächen entwickelten sich unter nunmehr dauerhaft milden Klimaverhältnissen lichte und artenreiche Wälder, die ein vielseitiges Spektrum an pflanzlicher und tierischer Nahrung bereithielten. Der Wandel markiert den Beginn der Mittelsteinzeit, eine Epoche, in der die Senne und ihre angrenzenden Gebiete zum bevorzugten Lebensraum wurden. Entsprechend hoch ist die Dichte mesolithischer Fundstellen, schließlich boten die zahlreichen Bachläufe und Quellmulden und die ebenso verfügbaren trockenen und geschützten Wohnplätze beste Existenzbedingungen.[21]

Was die unmittelbare Augustdorfer Umgebung angeht, gilt der Anfang der 1930er Jahre archäologisch untersuchte Bereich der Ret[h]lager Quellen als mittelsteinzeitliches Siedlungsareal. Insbesondere mit Blick auf nachgewiesene Pfostenspuren bieten spätere, bislang nicht publizierte Nachgrabungen aber auch Anhaltspunkte für jüngere Siedlungsaktivitäten. Die Klärung der offenbar widersprüchlichen Befundsituation muss künftigen Forschungen vorbehalten bleiben.[22] Schon durchgeführt wurden Neubewertungen mesolithischer Fund-

14 Vgl. Skupin / Staude, Quartär, S. 71 ff., dort außerdem zahlreiche weiterführende Literaturhinweise, unter anderem zu den Arbeiten Seraphims. Die Mächtigkeit der Schüttungskörper wird unterschiedlich angegeben, bei Siekmann, Senne, S. 89 ist beispielsweise von „bis zu ca. 40 Meter[n]“ die Rede; Maasjost, Südöstliches Westfalen, S. 81 nennt „20–70 m“.

15 Dazu ausführlich Meineke, Flurnamen, S. 142 ff.

16 Vgl. Skupin / Staude, Quartär, S. 71 ff. Zur Entstehung und Verbreitung der Dünen vgl. Quante, Binnendünen, insbesondere S. 24 ff. und S. 35 ff., was die Gemarkung Augustdorf betrifft, vgl. S. 27 und S. 45 ff.

17 Zur Klima- und Vegetationsentwicklung vgl. Harteisen, Senne, S. 43 ff.

18 Maasjost, Südöstliches Westfalen, S. 84.

19 Müller-König, Augustdorf, S. 162. Vgl. auch Kittel, Heimatchronik, S. 7 f. und Treude, Besiedlung, S. 12, die das Fundstück in den „Übergangsbereich zwischen Mittel- und Jungpaläolithikum“ (etwa um 40.000 vor heute) datiert.

20 Vgl. Wächter, Einfluss, S. 179. Die Angabe bezieht sich auf Fundplätze, an denen „zahlreiche Feuersteinartefakte eiszeitlicher Rentierjägerkulturen (um etwa 12.000 vor heute) entdeckt wurden.

21 Vgl. Banghard, Spuren, S. 46 f., Harteisen, Senne, S. 47 f. und Pollmann, Steinzeiten, S. 87 ff. Eine umfangreiche Aufzählung von Fundplätzen aus Senne und Teutoburger Wald bei Wächter, Einfluss, S. 188.

22 Vgl. Müller-König, Augustdorf, S. 162 sowie Treude, Besiedlung, S. 15. Vgl. auch Banghard / Gehlen, Mesolithikum, S. 207 f.

Der Augustdorfer Quarzsand ist heute ein wichtiges Wirtschaftsgut. Im Sandwerk Ernst Schlegel GmbH & Co. KG wird der begehrte Rohstoff feucht aus der Wand abgebaut und danach zur weiteren Verwendung aufbereitet und getrocknet. Zum Kreis der Abnehmer zählt beispielsweise die Glasindustrie.
A. Fischer, 2022

Das von Dünenzügen gesäumte, stellenweise tief eingeschnittene Furlbachtal ist typisch für die Senne, die mit ihren Bachläufen, Quellmulden und geschützten Wohnplätzen prähistorischen Jägern und Sammlern beste Existenzbedingungen bot.
A. Fischer, 2017

komplexe aus dem gesamten Raum Ostwestfalen-Lippe. Die dabei gewonnenen Erkenntnisse legen nahe, dass mittelsteinzeitliche Jäger und Sammler unter anderem noch die Oerlinghauser Senne durchstreiften, während nicht weit entfernt bereits neolithische Gruppen lebten.[23]

Auf die Region bezogen setzte der Übergang zur Jungsteinzeit vor etwa 7.500 Jahren ein. Mit der Etablierung bäuerlicher Wirtschaftsformen verloren zumindest die von nährstoffarmen Sandböden geprägten Areale der Senne ihre Bedeutung für das Siedlungsgeschehen, das sich fortan vor allem in den fruchtbareren Randzonen abspielte. Erst zum Ende der Epoche scheint das Gebiet wieder für mögliche Niederlassungen an Attraktivität gewonnen zu haben, darauf verweisen zunehmende Funddichten aus jener Zeit. Ein Grund könnte die Intensivierung der Viehhaltung gewesen sein.[24] Außen vor blieb aber wohl seit jeher die vernässte, bis ins 19. Jahrhundert als siedlungsfeindlich geltende Feuchtsenne.[25]

Sichtbare Spuren der spätneolithischen Bewohner der Senneregion sind aus Heideplaggen und Grassoden errichtete Grabhügel. Diese Art der Bestattung, die hier bis weit in die Bronzezeit (um 2000 – 800 v. Chr.) außerordentlich verbreitet war, hat neben Brandrodung, Viehzucht und anderen Faktoren mit zur Verheidung der Landschaft beigetragen.[26] Nahe Augustdorf wurden im Bereich der Dörenschlucht und der Stapelager Senne etliche, mittlerweile allerdings zum Teil zerstörte oder beschädigte Hügelgräber registriert. Die große Zahl lässt auf eine verstärkte Siedlungstätigkeit schließen, die während der vorrömischen Eisenzeit (um 800 – 50 v. Chr.) andauerte, wie der Umfang der damaligen Nutzung der Grabanlagen für Nachbestattungen bezeugt.[27] Gegen Ende der Epoche ging die allgemeine Besiedlung Westfalens zurück, ein Prozess, der sich nach der Zeitenwende fortzusetzen schien und auch die Senne erfasste.[28] Zumindest an deren Rändern und dort, wo bessere Böden vorherrschen, entstanden dann jedoch laut Auswertung entsprechender Fundstellen ab dem 8. Jahrhundert wieder vermehrt Einzelhöfe und größere Niederlassungen.[29]

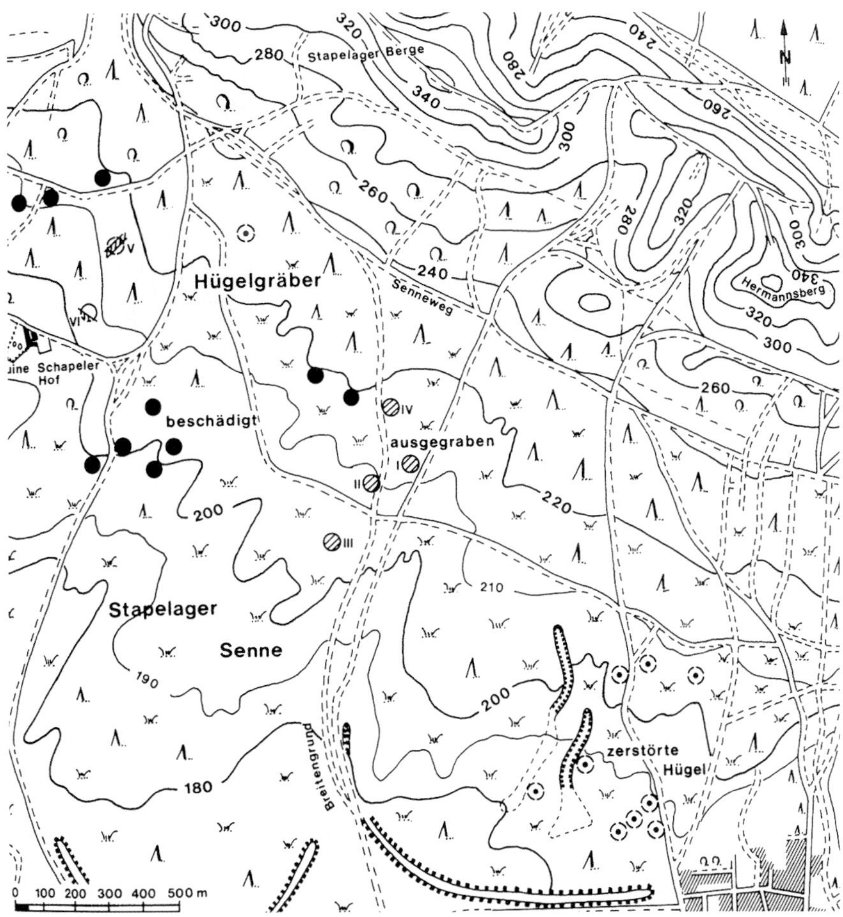

Im Bereich der Stapelager Senne konnten zahlreiche Hügelgräber nachgewiesen werden. Die Anlagen lassen auf verstärkte Siedlungsaktivitäten während der Bronzezeit schließen. F. Hohenschwert, Führer zu archäologischen Denkmälern in Deutschland, Bd. 11, S. 105

23 Vgl. Banghard / Gehlen, Mesolithikum, S. 207 ff., vor allem S. 213.

24 Vgl. Treude, Besiedlung, S. 16, Banghard, Spuren, S. 48 f. und Wächter, Einfluss, S. 191, der wiederum zahlreiche Fundstellen benennt.

25 Vgl. Schneider, Senne, S. 21.

26 Vgl. Wächter, Einfluss, S. 200 ff., insbesondere S. 208 und Hohenschwert, Lippische Senne, S. 22.

27 Vgl. Hohenschwert, Hügelgräberfeld, S. 104 ff. und Hohenschwert, Dörenschlucht, S. 155 ff. Eine Auflistung zahlreicher Hügelgräber und Grabhügelgruppen im Raum Augustdorf findet sich bei Dietz, Bodenaltertümer, S. 29 f. Zur Datierung der Metallzeiten vgl. Treude, Besiedlung, S. 19 ff. und Zelle, Turbulente tausend Jahre, S. 25 ff. Die Hügelgrabanlagen, die zunächst zur Aufnahme von Körperbestattungen gedient hatten, wurden spätestens seit der ausgehenden Bronzezeit oftmals für Urnenbeisetzungen weitergenutzt. Zu Einzelheiten des jungneolithischen sowie bronze- und eisenzeitlichen Bestattungswesens vgl. Treude / Zelle, Vor- und Frühgeschichte, S. 15 ff.

28 Vgl. Wächter, Einfluss, S. 212 f. Näheres zur einsetzenden Siedlungsdepression bei Siekmann, Senne, S. 98 f.

29 Vgl. Siekmann, Senne, S. 99 f., Wächter, Einfluss, S. 214 ff. und Banghard, Spuren, S. 54. Zu frühen Hofgründungen in der Bielefelder und der Hövelhofer Senne s. Braukmann, Besiedlung, S. 79 ff. und Tegethoff, Hövelhofer Senne, S. 85 ff. sowie Ravensberger Regesten, ab hier zitiert als Rav. Reg., S. 190 f., deren Bearbeiter Gustav Engel – unter Vorbehalt – allerdings Gokesterteshausen mit „Gokersberg, wüst bei Callenhardt, Kr. Lippstadt" identifizieren will. Tatsächlich handelt es sich um den Stukenbrocker Hof Gauckstert, der auch auf der 1715 erstellten Senne-Karte des Landmessers A. Riepe eingezeichnet ist. Der detailreiche „Abriß von der Hochgräfflichen Lippischen Senne" wurde vor dem Hintergrund langwieriger Streitigkeiten zwischen lippischen und Paderborner Hudeberechtigten angefertigt. Nähere Angaben zum Inhalt der Karte bei Harteisen, Senne, S. 63 f.; eine weitergehende Studie zur selben Thematik wird von der Verfasserin dieses Beitrags vorbereitet.

Was die Ausbildung der Territorialherrschaften betraf, war die Senne, insbesondere ihre lange Zeit nahezu unbewohnte Kernzone, ein Grenzraum „zwischen den Siedlungsgebieten".[30] Der erste sichere Urkundenbeleg der Bezeichnung *Sinithi*[31] findet sich um 900 im Werdener Urbar; eine dem Jahr 804 zugeschriebene Nennung wurde als Fälschung[32] entlarvt. Drei zu Beginn des 11. Jahrhunderts ausgestellte Kaiserdiplome bestätigten Paderborner Rechte innerhalb der Senneregion, die aber wohl schon länger bestanden, die zugehörigen Dokumente waren jedoch durch einen Brand verloren gegangen und mussten nun erneuert werden.[33] Es ging darin um den Forstbannbezirk[34], der laut Urkunden von 1001 und 1003 „vom Flusse Dellina" – gemeint ist der Menkhauser Bach – bis zum „Weg sich erstreckt, der nach Herse [=Neuenheerse] führt". Ein weiterer „Conformationsbrief" aus dem Jahr 1002 beschreibt das Gebiet sogar als zwischen der Lutter bei Bielefeld und der Region Niedermarsberg gelegen.[35] Offenbar entsprach das der ursprünglichen Besitzkonstellation, denn rund 150 Jahre später, anno 1150, hat der Paderborner Bischof das Areal „von der ‚Luthera flumina' bis zur ‚Delina flumina'" an die Ravensberger Grafen verlehnt. Seither markierte der Menkhauser Bach die Grenze unter anderem zum späteren Land Lippe.[36]

Gegenüber der heimatkundlichen Literatur, die das Sennegebiet häufig mit Rechtsfreiheit und Beliebigkeit assoziiert[37], deutet die bereits früh überlieferte Konturierung des bischöflichen Forstbanns erste herrschaftliche Befugnisse an. Auf Paderborner Besitzrechte verweist ebenso der Zehnte, den Bischof Meinwerk dem 1036 gegründeten Busdorfstift „von seinen Großviehherden und Bienenschwärmen in der Senne" gewährt hat. Hofstellen, die, sofern vorhanden, vermutlich auch abgabenpflichtig gewesen wären, existierten dort anscheinend zu jener Zeit nicht, was einmal mehr die damals weitgehende Siedlungsleere zumindest der Zentralsenne anzeigt.[38] Hingegen bezeugen die 1153 in einer bischöflichen Zehntverschreibung für das Kloster Hardehausen genannten Höfe bzw. Ortspunkte Gassel (Sennestadt-Eckardtsheim) sowie Liemke, Gauckstert und Brechmann (Schloß Holte-Stukenbrock) die frühe Besiedlung peripherer Sennebereiche, die Angaben verdeutlichen zudem das Ausmaß der damaligen Einflusssphäre Paderborns.[39]

Die Busdorf-Urkunde wiederum bietet Anhaltspunkte zur ökonomischen Nutzung der Senne, wo neben der Viehhaltung die Bienenzucht einen großen Stellenwert hatte. Jahrhundertelang gehörte die Imkerei zum Bild der Heidelandschaft. Selbst aus weit entfernten Orten wie Büxten[40] bei Bad Salzuflen oder Steinheim[41] im heutigen Kreis Höxter wurden Bienenstöcke in die Senne gebracht. Über etliche Bienenvölker verfügte offenbar auch der Meyer zu Stapelage, der noch um 1617 an das Paderborner Domkapitel zehn Pfund und „nach dem Schwalenberge" zwei Pfund Wachs liefern musste.[42]

Eine gewisse Rolle spielte darüber hinaus die Fischzucht, die dazu beitrug, etwa die Paderborner Klöster mit Fastenspeisen zu versorgen. Die im Sennegebiet angelegten Teiche[43]

---

30 Wächter, Einfluss, S. 215.
31 Zur Namendeutung vgl. S. 17 in diesem Band.
32 Vgl. Meineke, Flurnamen, S. 142.
33 Der Hinweis bezieht sich auf den Großbrand des Jahres 1000, der im Paderborner Dombezirk gewütet und etliche historische Quellen zerstört hatte, vgl. Balzer, Paderborn, S. 70 f.
34 Zur Entstehung und zum rechtlichen Status mittelalterlicher Forstbannbezirke vgl. Engel, Herrschaftsgeschichte, S. 7 ff.
35 Vgl. Lippische Regesten, ab hier zitiert als LR, Nr. 12, dort auch nähere Ausführungen zur *Dellina*. Balzer, Paderborn, S. 71 setzt das Gewässer hingegen mit der Dal[b]ke gleich, die wiederum nahe Gütersloh den im Oberlauf als *Menkhauser Bach* bezeichneten Menkebach aufnimmt. Gleiches gilt für Engel, Rav. Reg., S. 117. Eventuelle Namenwechsel und eine daraus möglicherweise resultierende Identität von Dal[b]ke und Menke[bach], wie sie Preuß / Falkmann, LR Nr. 12 (Erläuterungen), Stratmann, Geschichte, S. 140, Müller-Hengstenberg, Sennegrenze, S. 149 und viele andere voraussetzen, können hier nicht näher diskutiert werden. Anzumerken ist jedoch, dass der am Gut Menkhausen entspringende und beim „Dalbkemeyer" vorbeiführende Bachlauf auf der 1715 erstellten Senne-Karte des Landmessers A. Riepe als „Schnaat Becke" erscheint, vgl. Abb. S. 22. Die Namen *Menke* bzw. *Menkhauser-* oder *Menkebach* waren zumindest in jener Zeit augenscheinlich nicht gebräuchlich, während andererseits der Gewässername „Dalcke", der die Benennung der ebenfalls kartografisch erfassten Hofstelle „Dalbkemeyer" motiviert haben wird, beispielsweise 1567 anlässlich der Ausmittlung der paderbornisch-lippischen „Landtschnaedt" Erwähnung findet, was die Grenzfunktion besagten Baches einmal mehr bestätigt, vgl. Hennigs, Grenzort, S. 353.
36 Vgl. Stratmann, Geschichte, S. 140.
37 Vgl. beispielsweise Mehrmann / Mehrmann, Haustenbeck, S. 8.
38 Terstesse, Meinwerk, S. 182.
39 Vgl. Rav. Reg., S. 190 f. Mit Blick auf Liemke ist zu ergänzen, dass weite Bereiche der 1964 in Schloß Holte umbenannten Bauerschaft im Zuge der Kommunalreform von 1970 der damaligen Gemeinde Stukenbrock angegliedert wurden, während der kleinere westliche Teil an Verl fiel, vgl. Hanschmidt, Bauerschaften, S. 306.
40 Lippische Regesten Neue Folge, ab hier zitiert als LRNF 1477.07.30. Danach sollte der Pächter einer Büxtener Hofstelle, die dem Fraterhaus zu Herford gehörte, vereinbarungsgemäß „mit einem Wagen und 6 Pferden zwei Fuder Bienen (ymen) in die Senne fahren".
41 Vgl. Fischer, Dorfleben, S. 958: Laut Schlänger Gogerichtsaufzeichnungen von 1680 hatte ein Steinheimer Bürger den Diebstahl eines seiner nach Haustenbeck verbrachten Bienenvölker angezeigt.
42 Vgl. Stöwer / Verdenhalven, Salbücher, S. 59. Zum Ausmaß der Senne-Imkerei insgesamt vgl. auch Wächter, S. 218.
43 1396 wird beispielsweise ein by „Ostlangen" (Schlangen) gelegener, vom Paderborner Gaukirchkloster verpachteter „Closterdyk" genannt, vgl. Meineke, Flurnamen, S. 42. Müller-Hengstenberg, Sennegrenze, S. 151 verweist auf paderbornische Fischteiche, die um 1300 verlehnt wurden und „sich hundert Jahre später fest in den Händen der Edelherren zur Lippe" befanden. Noch während der zweiten Hälfte des 18. Jahrhunderts gab es, wie entsprechende Tabellen dokumentieren, im Bereich der lippischen Senne achtzehn Fischteiche, vgl. Schmidt, Siedlungs- und Waldgeschichte, S. 158 f.

Wegen ihrer guten Passierbarkeit hatte die Senne in früheren Zeiten eine große Bedeutung als überregionaler Verkehrsraum. Einen Eindruck der einstigen Verhältnisse bieten die Landschaft am Rand von Augustdorf und (Abb. unten) die Wege in Richtung Schapeler Hof. A. Fischer, 2017 / Sammlung Heimatverein Augustdorf, o. J.

gelangten teilweise aber schon während des Spätmittelalters in lippischen Besitz. Über die Hintergründe ist nichts bekannt, vielleicht haben verwandtschaftliche Beziehungen die Entwicklungen begünstigt, immerhin entstammten drei der zwischen 1228 und 1341[44] amtierenden Paderborner Bischöfe dem Geschlecht der Edelherren zur Lippe. Doch noch 1406 scheinen die Verhältnisse keineswegs geklärt, barg die Situation Konfliktpotenzial. Darauf deutet die Erwähnung von „Irrungen mit Paderborn" hin, in deren Fall der lippische Edelherr Simon III. den Pächtern seiner acht, nahe Schlangen gelegenen Fischteiche Schutz und Verteidigung ihrer Rechte verspricht.[45] Ebenfalls im Dunkeln liegen die Umstände, unter denen die berühmten Senner Pferde vom Paderborner Bischof ins Eigentum der lippischen Edelherrn übergegangen waren.[46]

Andererseits gab es Bemühungen, das Nebeneinander verschiedener Herrschaftsbereiche einvernehmlich zu regeln. Bereits 1279 ließ der damalige Paderborner Bischofelekt Otto von Rietberg den Grenzverlauf des zum Kloster Marienfeld gehörenden Hofes Stapelage festlegen. Die Vereinbarung sah zudem vor, dass die bischöflichen „Neubauern" in *Brehtmen*, der schon 1153 als *Brehtme* fassbaren Keimzelle der späteren Ortschaft Stukenbrock, die klösterlichen Weiden „außer zur Zeit der Eckern- und Eichelmast" anteilig mitnutzen durften.[47]

Die Senne bot nicht nur vielfältige wirtschaftliche Nutzungsmöglichkeiten, angesichts ihrer trockenen, gut passierbaren Sandwege war sie zugleich ein wichtiger überregionaler Verkehrsraum.[48] Das Gebiet wurde vom Großen Hellweg bzw. der Cöllnischen Landstraße tangiert und von der – bei Lippstadt geteilten und als Delbrücker und Lippstädter Weg fortgeführten – alten Lippestraße sowie dem Frankfurter Weg durchschnitten. Hinzu kam die mutmaßlich älteste Verbindung zwischen Paderborn und Bielefeld, der Sennehellweg, der sich oberhalb der Trocken- und Quelltäler am Fuße des Teutoburger Waldes entlang zog. Einige Trassen existierten wohl schon in prähistorischer Zeit. Anhand archäologischer Fundstellen und aneinandergereihter Hügelgräber können einzelne Streckenabschnitte nachvollzogen werden; die Rekonstruktion genauer Linienführungen ist jedoch kaum möglich, zumal die Verläufe beispielsweise wegen der schon erwähnten Erosionsereignisse wiederholten Änderungen unterlagen.[49]

44 Vgl. Brandt / Hengst, Erzbistum, S. 74 ff. und S. 79 f.

45 Vgl. LRNF 1406.02.21. Ob damit „die Teiche in der Senne" gemeint sind, die 1410 im Rahmen einer Verpfändung der Falkenburg Erwähnung finden, erscheint zumindest möglich, vgl. LRNF 1410.00.00. Eine schon für das Jahr 1366 dokumentierte Nennung von „Leute[n] und Gut in der Senne" bestätigt weiteren, dort vorhandenen Besitz der Edelherren zur Lippe, der jedoch nicht lokalisiert werden kann, vgl. LRNF 1366.04.09 B. Näher identifizierbar ist hingegen das ebenfalls lippische „Neisterhausen (Neisthausen) in der Senne", bei dem es sich wohl um den Hof Osthus nahe Brackwede handelt, vgl. LRNF 1467.04.27 D und Meineke, Ortsnamen des Kreises Paderborn, S. 309.

46 1160 schenkt der Paderborner Bischof Bernhard I. dem Abt von Hardehausen „den dritten Teil seiner ungezähmten Stuten", erst 1493 erfolgt eine erneute Nennung des Gestüts, das sich nunmehr im Besitz der Edelherren zur Lippe befand. vgl. Marx, Wildbahngestüte, S. 39 f.

47 Vgl. LRNF 1279.01.11 sowie zu *Brehtme* Korsmeier, Ortsnamen des Kreises Gütersloh, S. 54 f. Ausführungen insbesondere zur paderbornisch-lippischen Sennegrenze finden sich auch bei Müller-Hengstenberg, Sennegrenze, S. 149 ff.

48 Sprenger, Haustenbeck, S. 17 f.

49 Vgl. Harteisen, Senne. S. 51 f. und Banghard, Wege, S. 56. Zur Ideologisierung der Senne als Schnittpunkt „uralter Straßenzüge" kritisch Siekmann, Senne, S. 294 ff.

In die Senne-Karte des Landmessers A. Riepe eingezeichnet, verweist unter anderem der Jakobskrug auf die Anfänge der sogenannten Lippischen Reihe bei Oerlinghausen.
LAV NRW OWL D 73 Tit. 5 Nr. 1643

Verkehrstechnische Überlegungen gingen wahrscheinlich auch der Gründung Haustenbecks voraus. Der Ursprung der 1659 vom lippischen Grafen initiierten Ansiedlung stand in engem Zusammenhang mit der Errichtung eines Querdamms durch das tief eingeschnittene obere Haustenbachtal. Das Bauwerk ermöglichte die Abkürzung des Frankfurter Weges, dessen Verlegung der Landesherrschaft Zolleinnahmen sicherte, aber ebenso dem Dorf samt seiner Gasthäuser ökonomische Vorteile brachte.[50] Mit Blick auf die nahe Grenze[51] zum Fürstbistum Paderborn spielten darüber hinaus machtpolitische Erwägungen eine Rolle. Ähnliche Gedanken scheinen die fürstbischöfliche Regierung bewegt zu haben. Ebenfalls 1659 beriet das Paderborner Domkapitel über die Erschließung der Hövelhofer Senne, offenbar noch im selben Jahr ließen sich Neuwohner am Krollbach nieder.[52] Schon „kurz nach 1650" war dort der sogenannte Holländerhof gegründet worden, der neben einer Schankkonzession den Auftrag zur Zollerhebung an der Krollbachbrücke erhalten hatte.[53]

Die neue Kolonie lag nordöstlich der Jagdschlossanlage, die der Paderborner Fürstbischof um 1660[54] anstelle des dort seit 1446 nachweisbaren *Houe to Hovele*[55] hat errichten lassen. Bereits 1672 wurden die als *Niendorp* bezeichnete Siedlung und auch das lippische „Hastenbekerdorf" kartografisch erfasst.[56] In dem Zusammenhang nicht dokumentiert sind weitere Niederlassungen, die sich entlang der Sennebäche entwickelten. Zu nennen wäre beispielsweise die seit 1654 urkundlich belegbare *Neue Riege*[57] am Furlbach, die Keimzelle der späteren Ortschaft *Riege*. Der Name verweist auf die reihenförmige Anordnung der neuen Hofstellen, wie sie für das gesamte Sennegebiet charakteristisch war.[58]

Entsprechende Siedlungsmerkmale kennzeichneten nicht zuletzt die sogenannte *Lippische Reihe* bei Oerlinghausen, deren Anfänge bis ins Jahr 1668 zurückgehen. Die ersten, dort planmäßig gegründeten Kolonate, zu denen auch ein Krug gehörte, folgten dem Dalbke-Bach, einer künstlichen, zur Bewässerung geschaffenen Abzweigung des Menkhauser Baches.[59] Ausschlaggebend für die Niederlassung werden die etwas besseren Bodenverhältnisse[60], aber ebenso die nahe Grenze zur vormaligen Grafschaft Ravensberg sowie bedeutende Straßenverbindungen, unter anderem Richtung Bielefeld, und damit verbunden eine bereits vorhandene Zollstelle gewesen sein[61].

Verwiesen sei darüber hinaus auf das rund zwölf Kilometer vom späteren Lipperreihe entfernte Friedrichsdorf, das am westlichen Rand der Senne, im Grenzgebiet Reckenberg / Ravensberg nahe eines wichtigen Wegekreuzes gegründet worden war. Das zuvor „brachliegende Ödland", damals Teil des Fürstbistums Osnabrück, wurde ab 1780 siedlungsmäßig erschlossen. Der zunächst dort eingesetzte Grenzwächter eröffnete wenig später zusätzlich eine Krugwirtschaft mit Pferdewechsel sowie einen Kramladen. Es folgten weitere Neuwohner, von denen einige bald Pläne zur systematischen Erweiterung der Kolonie entwickelten. 1786 genehmigte die Regierung das Vorhaben. Dabei wird das Gesuch der Initiatoren, die Siedlung nach dem amtierenden Fürstbischof Friedrich Herzog von York und Albanien (1763–1827) benennen zu dürfen, das landesherrliche Entgegenkommen sicher befördert haben.[62]

Die nach dem Dreißigjährigen Krieg einsetzende Besiedlung unbewohnter Sennegebiete entsprach der zeittypischen, bereits angesprochenen Peuplierungs- und Machtpolitik der weltlichen und geistlichen Landesherren. Bei den Anrainern der Senne, die dort seit alters her ihr Vieh eintrieben oder Plaggen stachen, provozierte die Binnenkolonisation indes Widerstände. Kontroversen um oft gemeinsam genutzte Hudebezirke waren an der Tagesordnung und gipfelten teilweise in langwierigen Auseinandersetzungen. Von 1691 bis 1715 dauerte zum Beispiel der Streit zwischen Haustenbeckern und Lippspringern, der sich am Ende zur diplomatischen Krise auswuchs und als „Lippspringer Turbation" Berühmtheit erlangte.[63]

---

50 Vgl. Copei, Heer- und Handelsstraßen, S. 174 ff. Schon kurz nach der Gründung des Dorfes Haustenbeck gab es dort drei Krüge, vgl. Sprenger, Haustenbeck, S. 21 und S. 53 ff.

51 Laut einer Mitteilung von 1525, in der es um frühere Verlehnungen der Falkenburg und ihrer Besitzungen ging, verlief die zu der Zeit wohl schon seit längerem festgelegte „Schnade" unter anderen im Bereich des oberen Taubenteich, vgl. LR, Nr. 2230. Ab 1789 entstanden dort die kleine Haustenbecker Kolonie Lippisch-Taubenteich und unmittelbar daneben, nach 1800, die etwas größere Niederlassung Preußisch-Taubenteich, die zu Lippspringe gehörte; beide Siedlungen wurden wegen der dort geplanten Anlage eines Truppenübungsplatzes bereits seit Beginn der 1890er Jahre wieder aufgelöst, vgl. Göbel, Taubenteich, S. 20 ff.

52 Vgl. 350 Jahre herrschaftliches Schlossgelände in Hövelhof, S. 5.

53 Vgl. Buschmeier, Straßen, S. 192 ff. Der Name *Holländerhof* oder kurz *Holländer* bezog sich auf die vermutete Herkunft der Ehefrau des Kolonatsgründers, die „in den Delbrücker Kirchenbüchern ‚Holländische' genannt" wurde.

54 Vgl. 350 Jahre herrschaftliches Schlossgelände in Hövelhof, S. 5 und S. 10.

55 Vgl. Meineke, Ortsnamen des Kreises Paderborn, S. 247.

56 Vgl. von Fürstenberg, Monumenta.

57 Vgl. Mertens, Böden, S. 28.

58 Vgl. Tegethoff, Hövelhofer Senne, S. 86.

59 Vgl. Copei, Sennekrüge, S. 41 f., Riepe, Senne-Karte, sowie Schneider, Senne, S. 33. Der Dalbke-Bach ist nicht mit der Dal[b]ke zu verwechseln! Zur Identität von Menkhauser Bach und Dal[b]ke s. S. 20, Anmerkung 35 in diesem Beitrag.

60 Vgl. Schneider, Senne, S. 41.

61 Vgl. Copei, Sennekrüge, S. 41 f. und Riepe, Senne-Karte. Zu der erwähnten Zollstelle s. auch Copei, Heer- und Handelsstraßen, S. 182 f.

62 Vgl. Eimer, Friedrichsdorf, S. 17 ff. Näheres zum Osnabrücker Fürstbischof Friedrich Herzog von York und Albanien bei Asholt, Fürstbischof, S. 11 f. Zur Gründungsgeschichte Friedrichsdorfs s. darüber hinaus Rothert, Friedrichsdorf. Was die Entstehung weiterer Sennedörfer im Verlauf der Frühen Neuzeit anbelangt, ist der Vollständigkeit halber noch die ebenfalls am westlichen Rand des Gebietes gelegene Ortschaft Kaunitz zu erwähnen, deren Geschichte 1746 mit einer Kirchengründung begann, vgl. Steinecke, Kaunitz. Einen zusammenfassenden, allerdings ebenso lückenhaften wie thematisch unausgewogenen Überblick bezüglich der frühneuzeitlichen Besiedlung der Senne bietet nicht zuletzt Freitag, Westfalen, S. 539 ff.

63 Vgl. Verdenhalven / Fink, Diarium, S. 80, Nr. 678 und 678/1 sowie Sprenger, Haustenbeck, S. 60 ff., der die Geschehnisse detailreich schildert, verschiedene Einzelheiten aber abweichend darstellt. Vgl. auch Fischer, Dorfleben, S. 919 f.

Item by dem Essenberge de slage
Der wordesshe slacht
Boven Essentruppe en slach
Item dorpe lutteken marpe,
Uppen worde to Nesse,
By dem dyke to welbeckhusen,
Der gullinghe slach des wollent de
van grotenmarpe
De slacht vor dem [illegible] wollent
de van groten marpe
Vor den bollen ock de van groten marpe,
Item dorpe to [illegible] en slacht wort de
van groten marpe,

De Fr[illegible]

Wolbeny tellt slage up de olden
lantwer, de selve lantwer yst [illegible]
de bermen [illegible] vorsonen,
Dat slach to [illegible] tellt [illegible]
vnd [illegible]husen
Dat slach uppe dem Hamerberge, vnd
dat slacht to [illegible]

[illegible] lange

Dat [illegible] [illegible] den van de
lange to [illegible]
Uppe [illegible] j slach
De slacht to [illegible],
De slach to [illegible]
De by dem hove vom [illegible],
De up [illegible] [illegible] des [illegible] to
[illegible]

[illegible]husen

De slage all to [illegible]husen
De slage vor dem [illegible],
Dat slach to [illegible],

[illegible]

Item vor dem grevensteyner borne
De slach uppen olden hagen [illegible]
de lantscheidinge de [illegible]
Item vor de woeste,

[illegible]

To [illegible] en slach
Van [illegible] [illegible] [illegible]
slach
Dat slach to [illegible]husen
Over de [illegible] tellt slage de
[illegible] de lange,
De slach [illegible] dem [illegible]

[illegible]

Dat slach by der mollen
De slach by de [illegible]berch
De slach to Holthusen
De slach to [illegible]
Item vor dem [illegible],

[illegible]

Uppen [illegible] hove
Dat slacht vom olden kampe vor [illegible],
Dat slach vor [illegible]husen
Dat slach to [illegible]husen
Dat slach vom [illegible]berge
Dat slach to [illegible]husen,
Boven [illegible] en
Boven [illegible]husen en
Boven [illegible]dorpe
Item de [illegible],
Boven [illegible]husen

Vnd lange [illegible] marpe
[illegible] [illegible] [illegible], by dem
[illegible] [illegible] lange der
olde [illegible]
Des gelichen vom Smalenberge.

Die Anfänge Augustdorfs

Hudekonflikte, das wird noch zu zeigen sein, prägten auch die Entstehungsgeschichte Augustdorfs. Daneben gab es weitere Gemeinsamkeiten mit anderen, ab der zweiten Hälfte des 17. Jahrhunderts gegründeten Sennedörfern. Erwähnenswert sind etwa die verkehrsgünstige Lage, in diesem Fall nahe der Dörenschlucht, und die Errichtung eines Kruges als Ausgangspunkt planmäßiger Siedlungsaktivitäten. Hinweise auf Zölle an Wegen und Durchlässen, wie sie andernorts zeitweilig erhoben wurden, finden sich hingegen nicht. Angesichts der schon um 1750 einsetzenden Verlagerung der überregionalen Verkehrsströme, die zuvor durch die Senne geführt hatten, waren derlei Zahlungen zum Ende des 18. Jahrhunderts möglicherweise bedeutungslos geworden.[64]

Im Vordergrund von Kiefern gerahmte Sandflächen, am Horizont der Teutoburger Wald, dazwischen kaum Bebauung. Der Blick vom Bereich Insel in Richtung Dörenschlucht zeigt eine Szenerie, wie sie für Augustdorf lange Zeit charakteristisch war. Sammlung Heimatverein Augustdorf, 1952

Abb. links: Ein Schriftstück von 1502 dokumentiert den Landwehr-Abschnitt „Upper Retlage". Um 1600 wird der Bereich mit der Errichtung eines Hauses in Verbindung gebracht. Ob sich dort ein Vorläufer des Dörenkruges verorten lassen könnte, ist bislang nicht nachweisbar. LAV NRW OWL L 38 Nr. 1 unpag.

Ob Händler und andere Reisende für das Passieren der Dörenschlucht überhaupt jemals Wegezoll entrichten mussten, ist bislang nicht belegbar, kann jedoch vermutet werden. Schließlich registrieren zwei, auf das Jahr 1502 datierte Auflistungen lippischer Landwehren im Bereich „Upper Retlage" einen Schlagbaum oder, wie es wörtlich heißt, „1 sling" bzw. „slach".[65] Ein „Schlinghüter" zur Überwachung der Anlage war dort aber wohl noch nicht eingesetzt. Erst gegen 1600 wurde mit der Begründung, dass „von den Schlagbäumen ‚etliche Schlösser, Krampen und Ketten entfremdet' sind", die Errichtung eines Hauses beantragt, um die „Verwahrung des Passes und Aufsichtigung" zu verbessern.[66]

Über die Realisierung der Baumaßnahme liegen keine Informationen vor. Allerdings vermerkt das Salbuch der Vogtei Lage aus der Zeit um 1617: „Churdt Schultze" [...] „schleust die Schlinge uf den Döhren".[67] Nur wenige Jahre danach, genauer gesagt 1620, verzeichnet eine Tranksteuerrechnung einen „Krug auf den Dören", „also an jener Stelle, wo damals" laut Friedrich Copei „ein doppeltes Schling den wichtigen Paß und die durch ihn führenden großen Straßen verschloß".[68] Zusammenhänge zwischen Hausbau, Kruggründung und Bedienung der Wegsperre sind naheliegend, doch letztlich nicht verifizierbar. Immerhin bieten die Entwicklungen Anhaltspunkte für erste frühneuzeitliche Siedlungsaktivitäten im Umfeld des ab 1775 errichteten Dörenkruges.

64 Vgl. Copei, Heer- und Handelsstraßen, S. 178 ff. Ein Grund für den Bedeutungsverlust der Senne als Verkehrsraum war, so Copei, Heer- und Handelsstraßen, S. 181 der „beginnende Bau von Kunststraßen oder Chausseen, der in kürzester Zeit den ganzen Fuhrverkehr in die benachbarten Gebiete ablenkte". Hinzu kam, dass unter Simon August die Erhebung der Wegegelder wegen des damit verbundenen Verwaltungsaufwandes abgeschafft wurde, lediglich die Städte durften die entsprechenden Gebühren weiterhin einfordern, vgl. Schiefer, Steuerverfassung, S. 94.

65 Vgl. Weerth, Landwehren, S. 3 f. und S. 23, der auch darauf verweist, dass die Begriffe „Sling" und „Slach" um 1500 wohl noch synonym zur Beschreibung verschiedenartiger Wegsperren genutzt wurde. Erst später erfolgte die Unterscheidung zwischen „Schlagbaum", der „sich in vertikaler Ebene bewegt", und „Schling" als Bezeichnung für einen horizontal bedienbaren Sperrbalken. Zu Aufbau und Funktion von Landwehren im Allgemeinen vgl. Kneppe, Aufbau, S. 13 ff.

66 Vgl. Weerth, Landwehren, S. 7.

67 Stöwer/Verdenhalven, Salbücher, S. 63.

68 Vgl. Copei, Sennekrüge, S. 37.

69 LR, Nr. 2418.
70 Vgl. Rinke/Kleinmanns, van Lennep, S. 65 f. und Marx, Wildbahngestüte, S. 29 ff. Zum Brunnenbau s. darüber hinaus Landesarchiv Nordrhein-Westfalen Abteilung Ostwestfalen-Lippe, ab hier zitiert als LAV NRW OWL L 92 L Nr. 134. Was die Entwicklung des Baubestandes und die Geschichte Lopshorns insgesamt betrifft, s. auch zur Lippe, Lopshorn sowie Bergann, Jagdschloss.
71 Vgl. Linde/Rügge/Stiewe, Adelsgüter, S. 58, insbesondere Anmerkung 281 sowie Marx, Wildbahngestüte, S. 31. Dort ist allerdings fälschlicherweise von „Simon Heinrich" die Rede, während als Baujahr des Schlosses das Jahr 1685 angegeben wird. Zudem heißt es, dass „1717/18 [...] zwei massive Pferdeställe" errichtet worden seien.
72 1868 beschlossen die lippischen Stände und die fürstliche Regierung die Trennung von Staats- und sogenanntem Domanialvermögen. Letzteres umfasste Schlösser, Forsten, die Salzufler Saline und vieles mehr, mit deren Einkünften nun unter anderem die fürstliche Hofhaltung zu finanzieren war. Nachdem Fürst Leopold IV. am 12. November 1918 abgedankt hatte, beschlagnahmte der Volks- und Soldatenrat das Domanium, 1919 regelte ein zweiter Domanialvertrag den Verbleib der Schlösser Detmold und Lopshorn sowie der Oberförsterei Berlebeck beim Haus Lippe, vgl. Linde/Rügge/Stiewe, Adelsgüter, S. 22.
73 Vgl. Adressbuch von 1926, S. 698. Zur Wahrung einer größeren Übersichtlichkeit werden das „Adreßbuch für das Fürstenthum Lippe" von 1901, das „Adreßbuch des Landes Lippe" von 1926 und die Lippischen Landes-Adreßbücher der Ausgaben 1954 und 1962 in diesem Beitrag vorzugsweise als Adressbuch bezeichnet.
74 Vgl. LAV NRW OWL L 101 C IV Nr. 3, Gebäudesteuerrolle des Bauerschaftsbezirks Augustdorf. Was die im Deutschen Reichsadressbuch, S. 6249 erwähnte Zuordnung Lopshorns unter die Gewerbekategorie „Molkereien" anbelangt, liegt offenbar eine Verwechslung mit der dortigen Meierei vor – beide Bezeichnungen wurden zeitweise bzw. werden nach wie vor synonym verwendet, vgl. Linde/Rügge/Stiewe, Adelsgüter, S. 21 f. Nicht zuletzt sei, so zur Lippe, Lopshorn, S. 74 die frische Milch nach Hiddesen geliefert worden. Demnach verfügte Lopshorn, zumindest in der zweiten Hälfte der 1930er Jahre, über keine eigene Molkerei.
75 Vgl. Müller-König, Augustdorf, S. 180 sowie zur Lippe, Lopshorn, S. 77 ff. und S. 114 ff., insbesondere S. 117.
76 Vgl. Müller-König, Augustdorf, S. 188, s. auch den Flächennutzungsplan, S. 129.
77 Vgl. Göbel, Stapelager Senne, S. 290.

Älter als die Siedlung am Dören waren das Gestüt und die Meierei Lopshorn. An der Wende vom 19. zum 20. Jahrhundert befand sich dort auch eine Schankwirtschaft, die etliche Ausflügler anlockte.
Ansichtskarte, um 1900. Sammlung W. Mellies

Einen weiteren Siedlungsbereich, der älter als die Niederlassung am Dören war, markieren das Gestüt und die Meierei Lopshorn. Der Name geht auf die schon 1471 erwähnte Flurbezeichnung „Lobdeshorn" zurück.[69] Wann genau dort erste Baulichkeiten entstanden, ist nicht bekannt. Die Anlage eines Brunnens lässt sich für die Zeit um 1655 nachweisen. Ein 1663/1665 gefertigter Kupferstich zeigt einfache Wohn- und Wirtschaftsbauten, das spätere Meiereigebäude stammte aus dem Jahr 1690.[70] Bereits 1680 hatte der lippische Graf Simon Henrich die Errichtung von „Lust- und Jagdhaus" veranlasst, 1715 und 1735 wurden die in Pferde- und Zeughaus unterschiedenen Gestütsgebäude erneuert, weitere Um- und Ausbauten folgten.[71]

Mit der Gründung Augustdorfs entwickelten sich vielfältige Beziehungen zwischen der neuen Siedlung und Lopshorn, das ursprünglich zum Domanium der Fürsten zur Lippe gehörte. Nach Abschaffung der Monarchie bekam die Familie die Besitzungen als Privateigentum zugesprochen.[72] Zunächst noch eigenständiger Gutsbezirk[73], gehörte Lopshorn spätestens ab 1931[74] zur Gemeinde Augustdorf. 1945 zerstörte ein durch Brandstiftung ausgelöstes Feuer das Schloss sowie die Gestüts- und Meiereigebäude, 1957 ordnete die Oberfinanzdirektion Münster die Enteignung der dortigen, „von den früheren Besatzungsmächten [...] beschlagnahmten Grundstücke" an, die schließlich dem Truppenübungsplatz Senne zugeschlagen wurden.[75]

Militärische Belange besiegelten auch das endgültige Ende des schon seit 1963 unbewohnten Schapeler Hofes. Das ehemalige Kolonat Hörste Nr. 30 war 1970 im Rahmen der kommunalen Neugliederung[76] dem Augustdorfer Gemeindegebiet zugeordnet und samt umliegender Flächen 1974 für die Bundeswehr[77] angekauft worden.

Wasservorkommen und vergleichsweise gute Bodenverhältnisse haben die Entstehung des Schapeler Hofes begünstigt, der um 1550 vom nahe gelegenen Gut Stapelage aus gegründet worden war. A. Fischer, 2022

Die Geschichte der einstigen Kötterstätte kann bis auf die Zeit um 1550 zurückverfolgt werden. Vom Gut Stapelage aus gegründet, hatte sich der *Schapeler*, so die landläufige Bezeichnung, die von dem 1617 im Salbuch der Vogtei Lage erwähnten „Scheffer Heinrich" herrührt, zu einer größeren Niederlassung mit mehreren Gebäuden, Gesinde und wiederum eigenen Köttern entwickelt. Während des 19. Jahrhunderts wurde der Hof zum selbstständigen Kolonat.[78]

Anderen älteren Senne-Höfen vergleichbar, wird auch der Schapeler seine Entstehung naturräumlichen Gunstfaktoren verdankt haben. Vom Wasservorkommen abgesehen, prägen relativ gute Bodenverhältnisse das Areal, da hier Schichten der Oberkreide den mächtigen Schüttungskörper aus Sand durchragen.[79] Auf „Kreideoasen"[80] trafen die ersten Siedler, die sich am Dören niederließen, indes nicht, hinzu kam die schwierige hydrologische Situation.

78 Vgl. Gries / Raabe, Tagebuch, S. 50, Anmerkung 124 sowie S. 51 (Skizze der Hofanlage) und S. 71 f. Zur jüngeren Geschichte des Schapeler Hofes vgl. Höltke, Schapeler, S. 40 ff., dessen Ausführungen hinsichtlich der Ersterwähnung der Hofstelle „um 1400" allerdings einer Fehleinschätzung unterliegen. Der von ihm in dem Zusammenhang genannte „Stoppeler to Hörste" war in Billinghausen ansässig, freundlicher Hinweis von Roland Linde, Detmold. Vgl. auch Verdenhalven, Landschatzregister, S. 11, s. insbesondere das Verzeichnis von 1572.

79 Vgl. Harteisen, Senne, S. 14.

80 Schneider, Senne, S. 33.

Neben wenigen Mauerresten erinnern lediglich einige Obstbäume und eine vormals als Einfriedung genutzte Hainbuchenhecke an die frühere, oft nur als *Schapeler* bezeichnete Hofstelle. A. Fischer, 2022

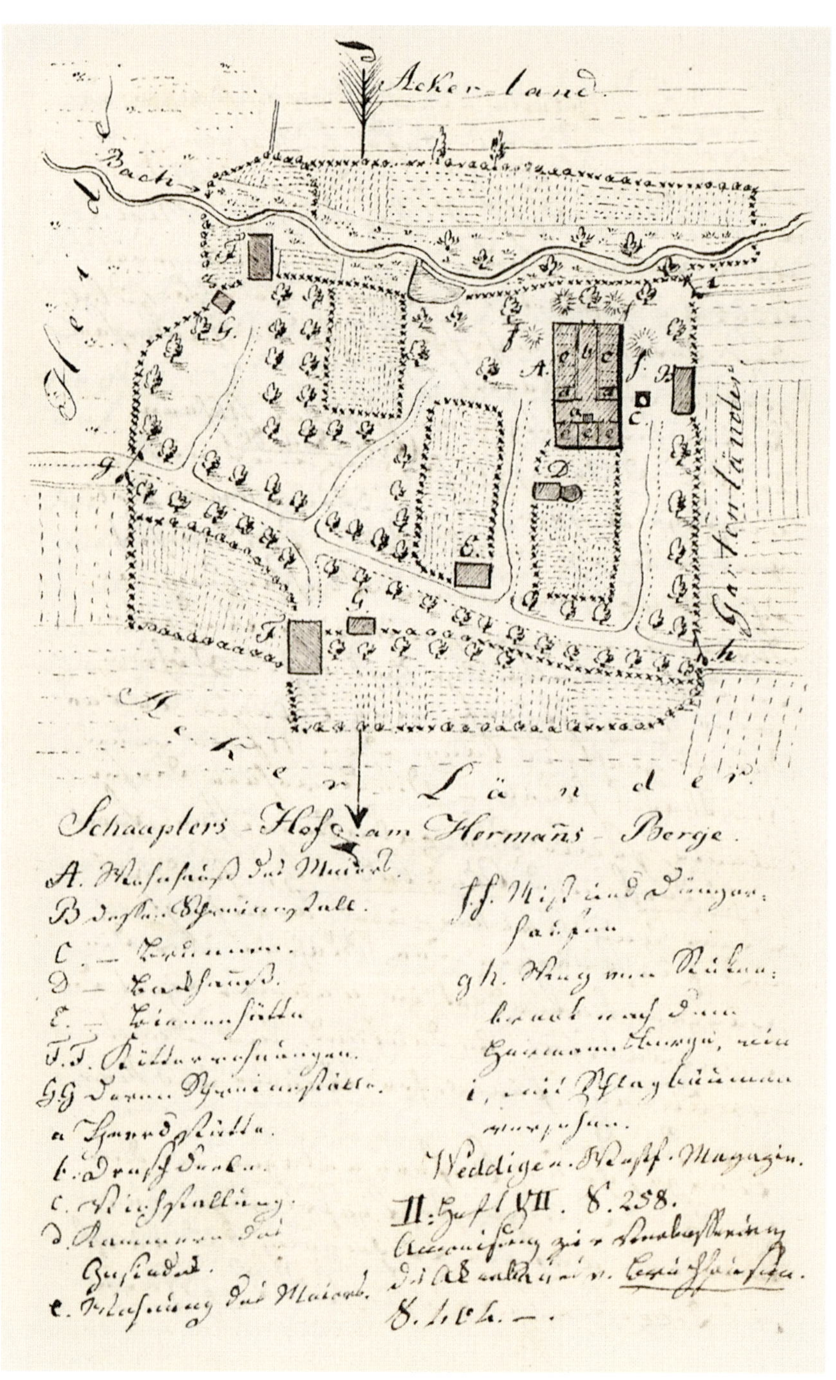

„Schaaplers Hof am Herman[n]s-Berge": Auf ihren Reisen durch Westfalen durchwanderten der nahe Büren im heutigen Kreis Paderborn ansässige Friedrich C. D. von und zu Brenken (1790–1867) und seine Gefährten auch die Senne und den Teutoburger Wald. Seine Eindrücke hielt der Freiherr in einem mit ergänzenden Illustrationen ausgestatteten Tagebuch fest. Die detailreiche Skizze zeigt das Aussehen des Schapeler Hofes um 1820.
LWL-Archivamt, Archiv Erpernburg, Hs. 143

Legende, nach Gries / Raabe, Tagebuch, S. 51

- A. Wohnhauss der Meiers.
- B. dessen Schweinestall.
- C. – Brunnen.
- D. – Backhauss.
- E. – Bienenhütte
- F. F. Kötterwohnungen
- G. G. deren Schweineställe.
- a. Heerdstätte.
- b. Dreschdeele.
- c. Viehstallung.
- d. Kammern des Gesindes
- e. Wohnung des Meier.
- f. f. Mist und Düngerhaufen.
- g h. Weg von Stukenbrook nach dem Hermannsberge, nur [sic! – korrekt: nun]
- i. mit Schlagbäumen versehen

Der Furlbach, von dem ohnehin lediglich die Quellzone und der obere Abschnitt, *Kurze Fuhre*[81] genannt, zu Augustdorf gehören, fließt fernab der Siedlung, während der unweit der bebauten Grundstücke verlaufende *Kummerbach*[82], so die Bezeichnung bei Küstermann, seit jeher nur temporär Wasser führt. Bei extremen Niederschlägen konnte sich das „nahe unter den Hörster Bergen“[83] entspringende Gewässer allerdings zum reißenden Fluss entwickeln, der erhebliche Schäden verursachte. Am 14. Juni 1796 beispielsweise hatten gewaltige Wassermassen die Ländereien mehrerer Kolonate überflutet und „das obere Erdreich […] weggespült“ – dass die betroffenen Stättenbesitzer zur Sicherung ihrer Wirtschaftskraft schließlich Ersatzflächen zugewiesen bekamen, verdeutlicht das Ausmaß der Verwüstungen.[84]

Kaum mehr als eine schmale Rinne verweist auf den auch *Flut* genannten Kummerbach, der sich zumindest in der Vergangenheit hin und wieder zum reißenden Fluss mit erheblichem Zerstörungspotenzial entwickelt hat. A. Fischer, 2022

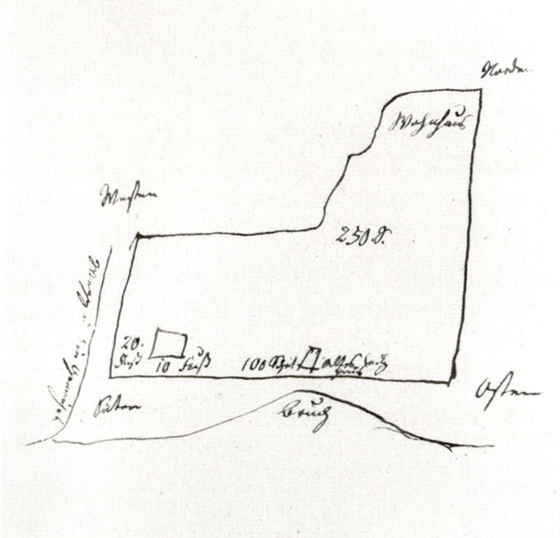

Um möglichen Schäden durch die Kummerbieke zu entgehen, ergriffen die Anrainer Vorsichtsmaßnahmen. Am 18. Juli 1835 beantragte Kolon Dierks Nr. 21 eine Versetzung seines Wohnhauses, da er offenbar das nahe der Abbruchkante stehende Gebäude gefährdet sah. LAV NRW OWL L 108 Lage Fach 2 Nr. 1, Band: XVI Nr. 9

81 Als Varianten zum Namenbestandteil *Fuhre*, nennt Küstermann, Geschichte, Bd. I, 2. Teil, Abschrift 2010, S. 181 noch „Fure“ sowie „Fürl und Furl“, die sprachlicherseits auf den Furlbach verweisen. Was die Deutung des ersten Namenelementes betrifft, könnten die bei Küstermann, Geschichte, im Zusammenhang mit Stukenbrock erwähnten Bezeichnungen „Furlbauer (Forellbauer)“, Bd. I, 1. Teil, Abschrift 2010, S. 78 und „Furl-(Forel-)Mühle“, Bd. II, Abschrift 2010, S. 215 ebenso wie der auf der 1715 erstellten Senne-Karte des Landmessers Riepe dokumentierte Name „Der kurze Fohrel“ an eine Herleitung von *Forelle* denken lassen. S. dazu auch Kluge, Etymologisches Wörterbuch, S. 308.

82 Vgl. Küstermann, Geschichte, Bd. I, 1. Teil, Abschrift 2010, S. 26 und S. 54. Im heutigen Augustdorf ist der Bachlauf als *Kummerbieke* oder *Flut* bekannt; freundliche Mitteilung von Bodo Diekmann, Augustdorf, vom 15. Juli 2022, der darauf hinweist, dass die auf aktuellen Kartenwerken notierte Bezeichnung *Furtbach* historisch nicht belegt sei. Möglicherweise resultiert die Benennung aus einer Verlesung oder eher noch Verwechslung mit dem Namen *Fuhrbach*, den Küstermann, Geschichte, Bd. I, 1. Teil, Abschrift 2010, S. 54 sowie Bd. II, Abschrift 2010, S. 174 und S. 176 synonym für *Furlbach* nutzt. Ebenfalls an verschiedenen Stellen der Küstermannschen Chronik erscheint der Begriff „Flut“; Formulierungen wie „in der Flut“ implizieren jedoch, dass damit die Niederung des Kummerbaches insgesamt gemeint ist, es sich gleichsam um einen Flurnamen handelt. Vgl. Küstermann, Geschichte, Bd. I. 1. Teil, Abschrift 2010, S. 84, S. 159 und S. 160 oder auch Bd. II, S. 114. Die 1716 zur Dokumentation der paderbornisch-lippischen Hudegrenze erstellte Karte nennt das Gewässer schlicht „Bach“, vgl. S. 38 f. in diesem Beitrag.

83 Küstermann, Geschichte, Bd. I. 1. Teil, Abschrift 2010, S. 54, dort auch nähere Angaben zum Fließverhalten des Kummerbaches. Beim Quellgebiet der Flut oder Kummerbieke handelt es sich heute, wie Beobachtungen vom 26. Mai 2023 ergaben, um ein durchfeuchtetes Gelände, in dem nach Starkregenereignissen vereinzelt Wasser offen zutage tritt.

84 Vgl. S. 227 in diesem Band. Vgl. ebenso Küstermann, Geschichte, Bd. II, Abschrift 2010, S. 112 ff., der auch das Starkregenereignis vom 27. April 1825 und dessen Folgen unter anderem für die Anwohner der sogenannten Flut detailreich schildert, s. dazu Bd. I, 1. Teil, S. 159 f.

Diejenigen, die an einer Niederlassung am Dören interessiert waren, erhielten jeweils etwa gleich große, streifenförmige Parzellen. Noch heute lässt sich dieses Siedlungsschema an verschiedenen Stellen im Ortsbild nachvollziehen. Beispiele bieten die Areale westlich der Haustenbecker Straße. A. Fischer, 2022

Wenn „in oder nach nassen Jahren" der Kummerbach fließt, „gibt's gewöhnlich Kummer im Lande".[85] Die Namendeutung, die der Chronist Küstermann suggeriert, scheint zunächst naheliegend. Schlüssiger ist jedoch eine sprachhistorisch begründbare Erklärung, wonach unter *Kummer* auch „Zusammengetragenes" oder „Schutt"[86] verstanden werden kann und sich Letzteres wiederum von „Anschwemmungen"[87] herleiten lässt, die Benennung des Gewässers demgemäß durch Naturphänomene motiviert wurde.

Insgesamt betrachtet, traten Überflutungen vergleichsweise selten auf, das eigentliche Problem war der Mangel an Wasser. Die Bewohner der neuen Siedlung am Dören schöpften ihren Bedarf zunächst aus Teichen der Umgebung, doch bereits 1780 wurden erste Schritte zum Bau eines Brunnens unternommen. Die Initiative dazu hatte die lippische Rentkammer ergriffen, die den sogenannten „Herrensaut" sowie zwei weitere Anlagen finanzierte und auch danach noch Beihilfen zur Errichtung, Instandhaltung und gegebenenfalls Vertiefung von Brunnen gewährte, mit der Zeit aber ihre Unterstützung stark einschränkte. Die Maßnahmen zur Verbesserung der Wasserversorgung erwiesen sich letztlich nicht nur als kostspielig, angesichts des instabilen Untergrundes bargen sie zudem große Gefahren, immer wieder kam es vor, dass Brunnengräber bei ihrer Arbeit tödlich verunglückten.[88]

Für viele Sennebewohner blieb der Wassermangel ein ständiger Begleiter. Regelmäßig betroffen waren auch das Gestüt und die Meierei Lopshorn. Obwohl dort Zisternen und eine mit aufwendiger Tretradtechnik ausgestattete Brunnenanlage existierten, musste das kostbare Nass noch bis etwa um die Mitte des 19. Jahrhunderts notfalls vom Donoper Teich herbeigeschafft werden. Der Transport oblag Dienstpflichtigen aus Pivitsheide, die darüber hinaus, sofern die Speichervorräte im Brunnen ausreichten, zum „Wassertreten" herangezogen wurden.[89]

Der ab 1780 vorangetriebene Bau von Brunnen erfolgte vor dem Hintergrund der Kolonisierungspläne, die zeitgleich konkrete Gestalt annahmen. Noch im selben Jahr haben die gräflichen Beamten die ersten, zur Besiedlung vorgesehenen Areale eingeteilt und die meisten Grundstücke den jeweiligen Interessenten zugewiesen; einige Häuser entstanden ebenfalls schon.[90] Dabei handelte es sich zunächst wohl eher um einfache Hütten ohne Grundmauern, häufig in Eigenleistung erstellt.[91] Überliefert sind jedoch auch Hinweise auf beteiligte Zimmerleute. Deren Sachkenntnis war vermutlich vor allem beim Zusammenfügen bereits zugerichteter Bauhölzer gefragt, schließlich hatten mehrere Neuwohner andernorts Fachwerkhäuser erworben, die dort zerlegt und am Dören wieder aufgebaut werden sollten.[92]

Die Siedler, die sich im späteren Augustdorf niederließen, stammten größtenteils aus dem näheren Umkreis, doch ebenso wagten hier Menschen von weit her einen Neuanfang.[93] Viele hatten vorher zur Miete gewohnt, neben der ihnen nunmehr zugestandenen Leibfreiheit lockte sie die Aussicht auf eine eigene Hofstelle samt zugehörigen Ländereien. Die Vergabe der Parzellen war allerdings an bestimmte Bedingungen geknüpft. Außer einem Leumundszeugnis wurde ein Vermögensnachweis verlangt, dessen Gesamtwert einschließlich Inventar, Vieh und etwas gespartem Geld rund fünfzig Taler umfassen sollte.[94] Der Betrag diente offenbar als Sicherheit für den seitens der Rentkammer bewilligten Bauvorschuss in gleicher Höhe. Mit zwei Prozent verzinst, musste die Anleihe nach Ablauf der zunächst fünf, später bis zu zehn Freijahre innerhalb einer zehnjährigen Frist zurückgezahlt werden.[95]

---

85 Vgl. Küstermann, Geschichte, Bd. I, 1. Teil, Abschrift 2010, S. 54.

86 Vgl. Kluge, Etymologisches Wörterbuch, S. 548. Bei Küstermann, Geschichte, Bd. I, 2. Teil, Abschrift 2010, S. 291 erscheint der Begriff „Kummer" auch als Synonym für „Ton", der zur Bodenverbesserung eingesetzt wurde.

87 Vgl. Kluge, Etymologisches Wörterbuch, S. 830.

88 Vgl. Küstermann, Geschichte, Bd. I, 1. Teil, Abschrift 2010, S. 3 ff., S. 26 und S. 83 ff. Der Augustdorfer Chronist schildert ausführlich die technischen, organisatorischen und finanziellen Aspekte des Brunnenbaus einschließlich der oft damit verbundenen Schwierigkeiten. Ebenfalls angesprochen werden die schweren Unglücke, die sich bei den Ausschachtungsarbeiten ereignet hatten, oder auch besondere Vorkommnisse, beispielsweise ein im sogenannten „Herrenbrunnen" vollzogener Suizid, s. dazu S. 139 sowie, was die Unfälle betrifft, S. 212, Anmerkung 198 und S. 275, Nr. 33 / Schlingplässer in diesem Band. Vgl. zudem Müller-König, Augustdorf, S. 60 ff.

89 Vgl. Marx, Wildbahngestüte, S. 31 und S. 213, Anmerkung 127 sowie zur Lippe, Lopshorn, S. 9, S. 33 ff. und S. 61 f., der detailliert die „ständigen Wasserprobleme in Lopshorn" schildert. Nähere Angaben zu den Wasserfuhren der Pivitsheider Dienstpflichtigen finden sich im Salbuch der Vogtei Lage von 1781, LAV NRW OWL L 101 C I Nr. 110. Auf die im Gegenzug bewilligte „Hude in Herrschaftlichem Holze" verweist Küstermann, Geschichte, Bd. II, Abschrift 2010, S. 140.

90 Zur Parzellierung der ersten Siedlungsareale und Zuweisung der einzelnen Grundstücke vgl. S. 101 ff in diesem Band.

91 Vgl. Küstermann, Geschichte, Bd. I, 1. Teil, Abschrift 2010, S. 17 f. „Als die Leute mit der Zeit mehr emporkamen bauten sie", so der Chronist, „auch etwas grössere Häuser", die beispielsweise genügend Platz zum Dreschen boten, vgl. Bd. I, 1. Teil, Abschrift 2010, S. 24. Amtlichen Berichten von 1792 zufolge nahm nicht zuletzt die Regierung Einfluss auf das Baugeschehen. Wohl angesichts der gewährten Unterstützungsgelder war ihr vor allem an der Schaffung qualitätvoller und damit möglichst haltbarer Gebäude gelegen. Ein besonderes Augenmerk galt dabei den Grundmauern, selbst deren nachträgliche Errichtung sollte finanziell gefördert werden, vgl. Küstermann, Geschichte, Bd. II, Abschrift 2010, S. 93 und S. 95.

92 Vgl. Müller-König, Augustdorf, S. 23 f. und Küstermann, Geschichte, Bd. II, Abschrift 2010, S. 64 f.

93 Bei Müller-König, Augustdorf, S. 25 ff. finden sich zahlreiche Angaben zur Herkunft der Neusiedler. Im Zusammenhang mit den in diesem Band präsentierten Besitzerfolgen der Augustdorfer Kolonate werden entsprechende Informationen ebenfalls berücksichtigt.

94 Vgl. Müller-König, Augustdorf, S. 30.

95 →

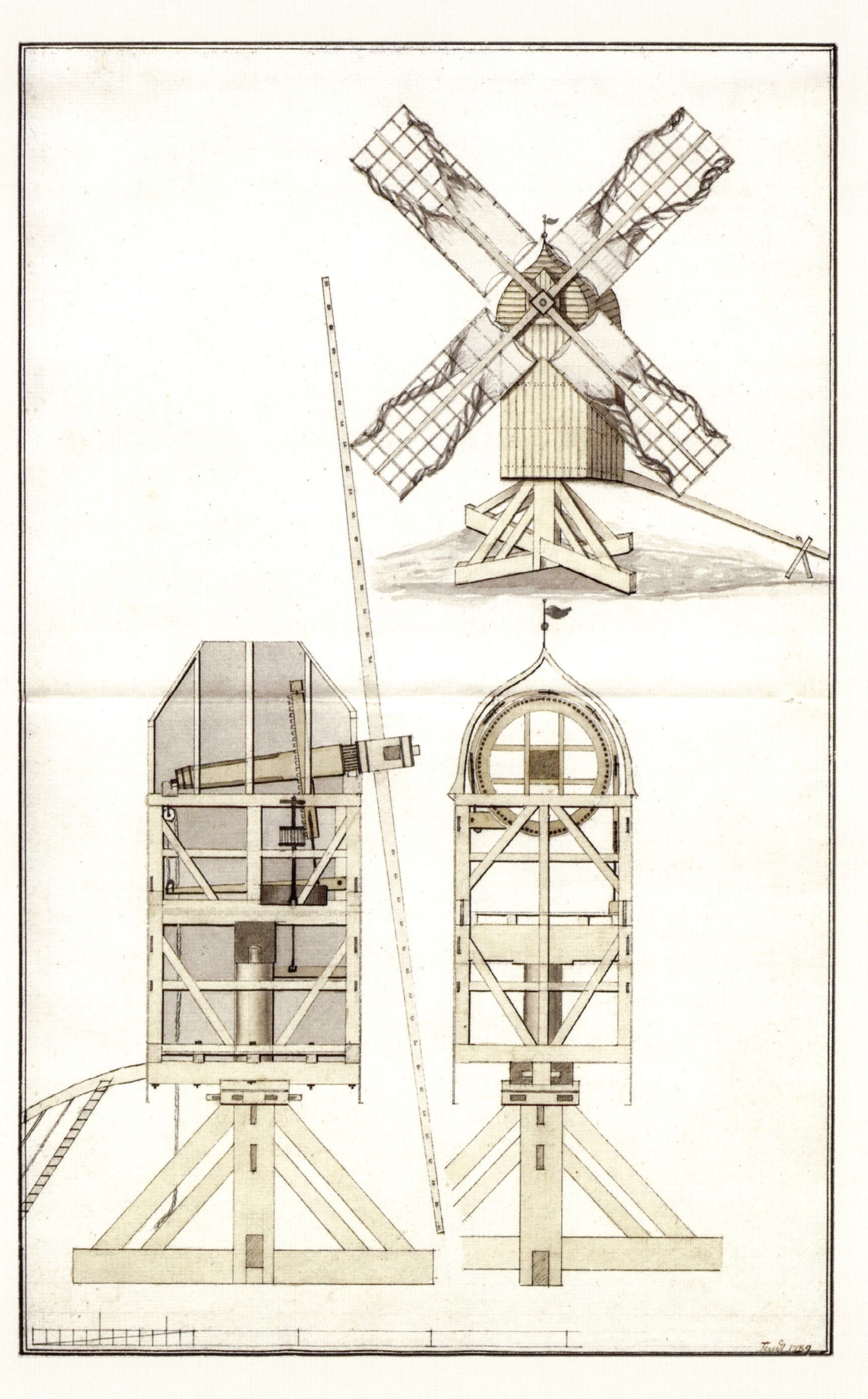

Die Regierung des benachbarten Fürstbistums Paderborn bot Kolonisten, die beispielsweise im Raum Hövelhof neue Stätten gründeten, ähnliche Konditionen. Was finanzielle Hilfen betraf, erhielten die dortigen Neuwohner auf Wunsch ebenfalls ein Darlehen von fünfzig Reichstalern.[96] Als sich dann 1779 Siedlungsperspektiven jenseits der Grenze eröffneten, sollten zusätzlich überlassenes Fichtenholz, aber auch die Androhung sogenannter Abzugsgelder die Paderborner Untertanen vom Wechsel ins Nachbarland abhalten. Die lippische Seite wiederum hatte zuvor unter anderem eine Erlaubnis zum Bau eines eigenen „Bethaus[es]" in Aussicht gestellt, um auswanderungswillige Interessenten aus Stukenbrock zur Niederlassung am Dören zu motivieren.[97]

Im Hinblick auf die Anwerbung potenzieller Siedler konkurrierten die Landesherren regelrecht miteinander. Freijahre, Darlehen und andere Vergünstigungen waren die Pfunde, die dabei in die Waagschale geworfen wurden. Das galt nicht zuletzt für die Osnabrücker Rentkammer, die den künftigen Friedrichsdorfern, je nach Größe der von ihnen errichteten Häuser, ein- bis zweihundert Taler als Vorschuss gewährte. Die beachtliche Höhe der Unterstützung konnte jedoch auch Nachteile mit sich bringen. Über die Entwicklungen anscheinend gut informiert, kritisierte der für die Belange der „Dörenschen" zuständige Amtsrat Schreiter, dass einige der Friedrichsdorfer Kolonisten „ihre Besitzungen verlassen haben", weil „ihnen die Abtragung und Verzinsung zu hoch gewesen und zu schwer gefallen sei".[98] Gleichzeitig sah die lippische Seite die Attraktivität der Friedrichsdorfer Konditionen, insbesondere die „vermögenden hiesigen Ansiedler" sollten deshalb am Auswandern gehindert werden.[99]

95 Vgl. Müller-König, Augustdorf, S. 20 und Küstermann, Geschichte, Bd. II, Abschrift 2010, S. 104. Hinsichtlich der Freijahre ist zu erwähnen, dass deren Anzahl „allmählich von 5 bis auf 10" heranwuchs, ihre Gewährung anscheinend einer gewissen Flexibilität unterlag. Während dieser Zeit verzichtete die Landesherrschaft auf das Einfordern der üblichen Abgaben und Dienste sowie der als „Tabakgeld" bezeichneten Kopfsteuer, die, laut Verdenhalven, Fauler Knecht, S. 53, „jede über 14 Jahre alte männliche Person zu zahlen hatte". Eine weitere Vergünstigung war das Aussetzen der Kontributionszahlungen für einen bestimmte Zeitraum, dessen Länge wiederum anhand der Bodenbeschaffenheit der jeweils zugewiesenen Ländereien festgelegt wurde. Die Beiträge zur Brandkasse hingegen mussten generell beglichen werden. Vgl. Küstermann, Geschichte, Bd. I, 1. Teil, Abschrift 2010, S. 13 f. sowie Bd. II, S. 67, S. 79 und S. 96. Vgl. zudem Müller-König, Augustdorf, S. 48 ff., der dort abgedruckte Erbpachtbrief und ein bei Küstermann, Bd. I, 1. Teil, S. 14 f. präsentiertes Analogon informieren beispielhaft über die Modalitäten der Stättenvergabe, die gegebenenfalls aber wohl, wie die Variabilität zugebilligter Freijahre zeigt, neu verhandelt werden konnten. Die ab 1628 anstelle des sogenannten Landschatzes erhobene Kontribution entsprach der heutigen Grundsteuer, vgl. Stöwer, Landschatzregister, S. XI.

96 Vgl. Bertelsmeier, Siedlung, S. 61, die sich allerdings auf das dortige Siedlungsgeschehen während des späten 17. und beginnenden 18. Jahrhunderts bezieht.

97 Vgl. Küstermann, Geschichte, Bd. II, Abschrift 2010, S. 57 ff.

98 Vgl. Eimer, Schriftwechsel, S. 31 sowie Küstermann, Geschichte, Bd. II, Abschrift 2010, S. 94 f.

99 Vgl. LAV NRW OWL L 108 Lage Fach 2 Nr. 1, Bd. II Nr. 69.

Zur Düngung und Verbesserung der kargen Sandböden nutzten die Augustdorfer Mergel, der unter anderem in den sogenannten Häseln gewonnen wurde. Noch heute sind dort die kuhlenförmigen Abbaustellen erkennbar.
A. Fischer, 2022

Abb. links: Schon bald nach der Gründung Augustdorfs bestand der Wunsch, eine Mühle zu errichten. 1789 reichte Landbaumeister Teudt einen Plan zum Bau einer hölzernen Bockwindmühle ein, der jedoch nicht verwirklicht wurde.
LAV NRW OWL D 73 Tit. 4 Nr. 7898

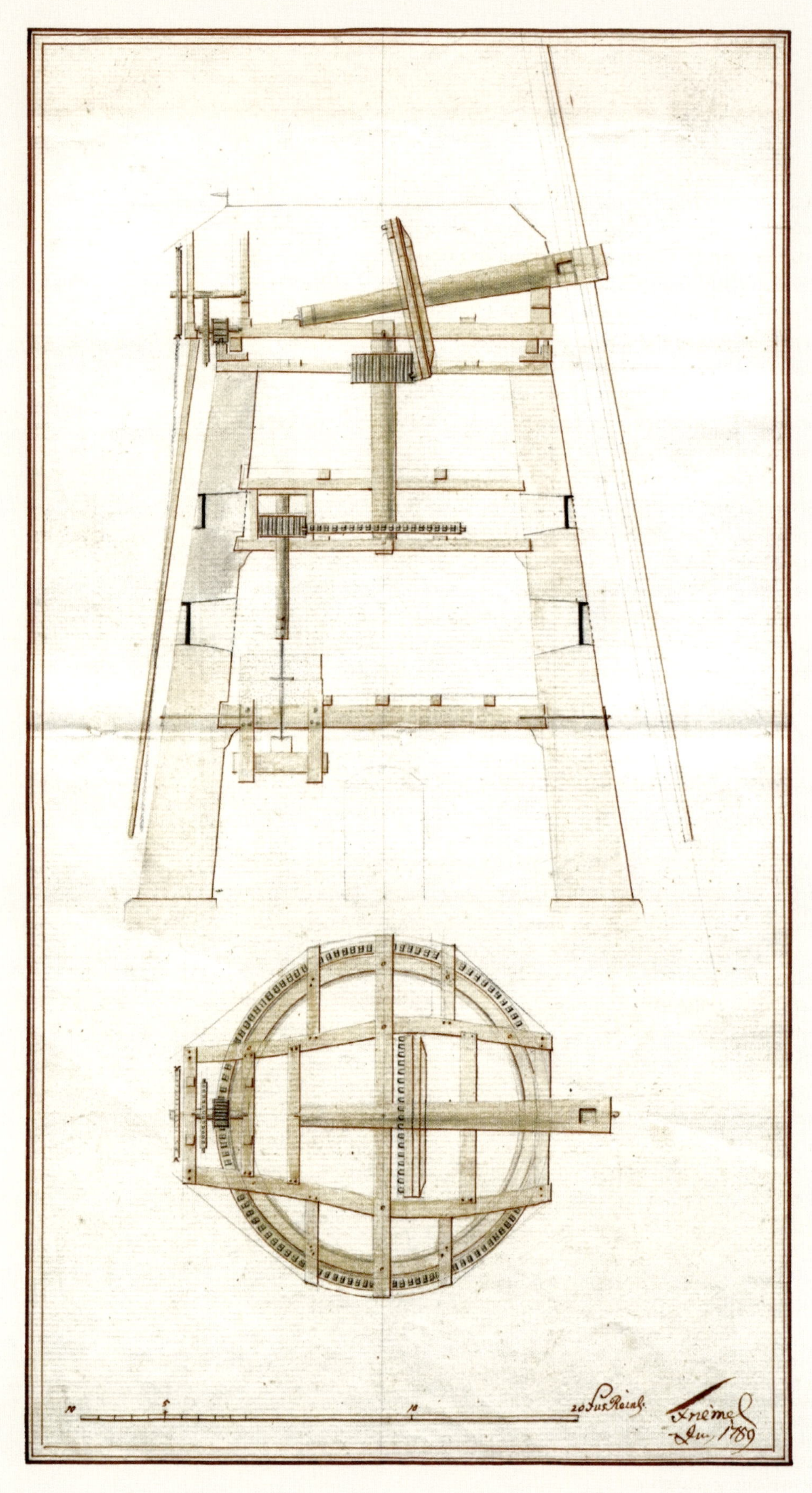
10
5
10
20 Fus Reinl.
1789

Realitätssinn und Tatkraft zeichneten den lippischen Amtsrat Carl Wilhelm Schreiter[100] aus, der die Siedlungsaktivitäten am Dören koordinierte und deren Fortgang im Rahmen regelmäßiger Mitteilungen an die Regierung zu beurteilen hatte. Seine Berichte bieten zugleich Einblicke in das breit gefächerte Aufgabenspektrum des Detmolder Beamten, der sich nicht nur um die Vermessung und Ausweisung neuer Stätten kümmerte und das dortige Baugeschehen samt ordnungsgemäßer Verwendung der Vorschussgelder kontrollierte.[101] Die Anschaffung eines Erdbohrers zum Brunnenbau[102] und die Anlage von „Wällen und Gräben" als Schutz gegen „Wild und Wind" beschäftigten ihn ebenso wie eine noch fehlende Schulglocke[103], „die baldige Verheiratung" der Tochter der Witwe Hieronimus[104] oder auch die letztlich allerdings verworfenen Pläne zur Errichtung einer Windmühle[105] und vieles mehr.

Zeitgenossen beschrieben Schreiter als „wohlgenährte[n], stattliche[n] ältere[n] Herr[n]", der „gewöhnlich plattdeutsch mit den gemeinen Leuten sprach", jeden duzte und seitens der Dören-Bewohner „geliebt und auch respektiert, also durchweg hochgeachtet" wurde.[106] Die Wertschätzung beruhte sicher darauf, dass der Amtsrat kontinuierlich bestrebt war, die Lebensverhältnisse der Siedler zu verbessern, indem er unter anderem zusätzliche, oftmals als Schenkung vergebene Gelder zum Beispiel für Baumaterial, landwirtschaftliches Gerät, Kühe oder Zugochsen beschaffte.[107]

Wer durch Fleiß überzeugte und die Mittel „gut angewendet" hatte, durfte auf weitere Unterstützung, etwa außerplanmäßig zuerkannte Geldbeträge oder Freijahre hoffen. Strenge traf hingegen „nachlässige und ungehorsame Leute", denen es an Eifer mangelte. Eine dreitägige Gefängnisstrafe erhielt beispielsweise der Kolon Öttermann, der nicht geneigt oder in der Lage war, mit Hilfe der ihm gewährten zehn Taler innerhalb eines bestimmten Zeitraums „Giebel und Kuhstall" zu errichten.[108] Carl Wilhelm Schreiter förderte die Engagierten und sanktionierte die Unwilligen. Sofern seiner Meinung nach notwendig, forcierte er durchaus auch den Entzug von Stätten, wenn Kolonisten, wie insbesondere die umfassend dokumentierten Fälle der Dörenkrüger Struß und Bergmeister zeigen, dauerhaft erfolglos wirtschafteten.[109] Schließlich lag das Fortkommen der neuen Siedlung im Interesse der Rentkammer, die langfristig ihre Einnahmen steigern wollte.[110]

Hin und wieder stieß das Wirken des Amtsrats allerdings an Grenzen. Schreiters vergeblicher Einsatz für die Errichtung einer Windmühle fand bereits Erwähnung, ebenso ins Leere liefen seine Bemühungen um den Erwerb der sogenannten Häseln. Das damals zum Gut Stapelage gehörende Areal diente der Gewinnung von Mergel, der je nach geologischen Voraussetzungen ton- oder kalkhaltig war und zur Düngung und Bodenverbesserung genutzt wurde[111] ▸ **Abb. S. 33**. Es verwundert daher kaum, dass der Meier zu Stapelage keine Bereitschaft zeigte, selbst nur einen Teilbereich des Geländes abzutreten. Letztlich mussten die Augustdorfer das Material, das auch in der Hörster Gemarkung vorkam und sich im Besitz dortiger Bauern befand, kaufen.[112]

Abb. links: Da die Rentkammer eine „Windmühle aus Steinen gebaut, nach Art der neuen holländischen" wünschte, ließ sie von einem in Minden ansässigen „gewissen" Friemel, so der Chronist Küstermann, Entwürfe fertigen, die aber ebenfalls nicht zur Ausführung gelangten.
LAV NRW OWL D 73 Tit. 4 Nr. 7899

100 Carl Wilhelm Heinrich Frisau (Friso) Schreiter wurde am 10. Juni 1743 im heutigen Kalletaler Ortsteil Langenholzhausen geboren. Seine Eltern waren der aus dem damals hessischen Diez stammende Pastor Simon Henrich Schreiter († 1757) und die Lüdenhausener Pfarrerstochter Elisabeth Hildebrand (1714–1784). Von Carl Wilhelm Schreiters neun Geschwistern schlugen drei Brüder ebenfalls eine theologische Laufbahn ein, während es einen Bruder als Kaufmann nach Lage zog, er selbst verschrieb sich hingegen der Juristerei. Seit 1765 vereidigter Advocat und später dann Amtsvogt, Amtsschreiber beim Amt Detmold und Amtmann, erfolgte 1777 die Verpflichtung zum Amtsrat. Aus der 1770 mit Amalia Valentini († 13. 07. 1818) geschlossenen Ehe gingen sieben Kinder hervor. Verbindungen zur Familie Valentini bestanden schon länger, bereits 1766 hatte Schreiters verwitwete Mutter den gleichnamigen Detmolder Regierungsrat geheiratet. Carl Wilhelm Schreiter starb laut Kirchenbucheintrag vom 18. Dezember 1808 in Detmold. Vgl. LAV NRW OWL D 77 Brenker Nr. 190 Bl. 215–219 sowie Kirchenbuch Detmold, Sterberegister 1808, Nr. 123.

101 Vgl. Küstermann, Geschichte, Bd. II, Abschrift 2010, S. 58 ff.

102 Vgl. Küstermann, Geschichte, Bd. II, Abschrift 2010, S. 3 ff.

103 Vgl. Küstermann, Geschichte, Bd. II, Abschrift 2010, S. 71 f.

104 Vgl. Küstermann, Geschichte, Bd. II, Abschrift 2010, S. 76. Zur Witwe Hieronimus und ihren Aktivitäten s. auch S. 133 f. in diesem Band.

105 Vgl. Küstermann, Geschichte, Bd. I, 2. Teil, Abschrift 2010, S. 181 ff. Zu den rechtlichen und ökonomischen Aspekten der Augustdorfer Mühlengeschichte s. die Ausführungen Bd. I, 2. Teil, Abschrift 2010, ab S. 171 ff., die das Scheitern diverser Mühlenprojekte vor Ort skizzieren. Nach ersten Planungen im Jahr 1786 bedurfte es zehn Anläufe, bis sich schließlich 1849 die Errichtung einer Wassermühle in der Kurzen Fuhre konkretisierte. Interessanterweise behaupteten die damaligen Vorsteher – „man sagt durch böswillige Überredung" –, dass die Anlage seitens der Augustdorfer nicht gewünscht gewesen sei, während immerhin rund 150 Einwohner per Unterschrift dafür plädiert hatten. Zur Mühle im Furlbachtal vgl. auch S. 176 f. in diesem Band.

106 Vgl. Küstermann, Geschichte, Bd. II, Abschrift 2010, S. 83 f.

107 Vgl. Küstermann, Geschichte, Bd. II, Abschrift 2010, S. 73, S. 77, S. 81 oder ebenso S. 83 f. et passim.

108 Vgl. Küstermann, Geschichte, Bd. II, Abschrift 2010, S. 76 f. Zum Kolonat „Öttermann" s. auch S. 137 f. in diesem Band. Was die Benennung der Währungseinheiten angeht, benutzt Küstermann die Bezeichnungen *Reichstaler*, teilweise als *Rs.* abgekürzt, und Taler synonym. Zur Entwicklung des lippischen Münzwesens vgl. die entsprechenden Erläuterungen bei Verdenhalven, Fauler Knecht, passim. →

Das widerständige Verhalten, das der Meier an den Tag legte, resultierte möglicherweise daraus, dass er seine Eigentums- und Huderechte bedroht sah. Anlass war die Gründung der späteren Stätte Nr. 23, bei deren Ausweisung die bestehenden Rechtsverhältnisse augenscheinlich außer Acht gelassen wurden. Die beteiligten Parteien erzielten zwar eine Einigung, der Fall zeigt jedoch die problematische Seite der Binnenkolonisation, die etwa im Hinblick auf Weidegebiete und sonstige Ressourcen nicht selten mit traditionellen Nutzungsansprüchen der Alteingesessenen kollidierte.[113]

Neben Hudeberechtigungen, die bis zu ihrer Ablösung[114] generell eine große Rolle spielten, hatte für die Bewohner und Anrainer der Senne zusätzlich die Heidemahd und ebenso die Plaggengewinnung[115] einen hohen wirtschaftlichen Stellenwert. Die neuen Siedler am Dören waren daher Konkurrenten der bisherigen Senne-Nutzer insbesondere aus Haustenbeck, Stukenbrock und auch Pivitsheide, das allerdings vergleichsweise fernab jenseits der Dörenschlucht lag und darüber hinaus über alternative Hudeplätze[116] verfügte. Vielleicht erklärten die beiden dortigen Vorsteher deswegen 1779 „an der Amtsstube in Detmold", dass gegen die neuen Stätten kein Widerspruch begründbar sei und „solches [...] ihrer Hude nicht schaden [könne]".[117] Doch im Laufe der Zeit traten offenbar Verschlechterungen der Beziehungen ein. Vor dem Hintergrund der einige Jahrzehnte später durchgeführten Senneteilung hieß es, „die Dorfschaft Pivitsheide habe nicht Nutzen, sondern nur Schaden durch die Gründung des neuen Dorfes Augustdorf gehabt".[118] Die vorgebrachten, zumeist auf Behauptungen[119] gestützten Argumente dienten anscheinend aber eher verhandlungstaktischen Zwecken zur Untermauerung der Pivitsheider Gebietsansprüche. Von weitergehenden Auseinandersetzungen blieb das Verhältnis zu den Augustdorfer Hudeinteressenten wohl verschont, zumindest bietet die Küstermannsche Chronik keine Anhaltspunkte, die das nahelegen würden.

Wesentlich konfliktreicher gestaltete sich derweil die Beziehung zur Bevölkerung des ersten lippischen Sennedorfes Haustenbeck. Ursache der Streitigkeiten waren nicht nur uneindeutige Grenzen[120], hinzu kamen die hier direkter spürbaren Auswirkungen weiter steigender Kolonistenzahlen und einer insgesamt fortschreitenden Rodungstätigkeit. Schließlich gingen diese Entwicklungen mit größeren Viehbeständen und der Zunahme urbar gemachter Ackerfluren einher, was wiederum den Bedarf an Weideflächen und Arealen zum Abplaggen erhöhte. Drohungen, Schlägereien, Viehpfändungen und gegenseitiges Verklagen bestimmten das Geschehen, selbst das Wort „Krieg" wurde genutzt, um die Situation zu beschreiben. Von der ursprünglich gemeinschaftlichen Nutzung der Senne konnte keine Rede mehr sein.[121]

Gleiches galt für die Kontroversen zwischen Augustdorfern und Stukenbrockern, in denen sich zugleich Grenzkonflikte der Landesherrschaften Lippe und Paderborn spiegelten. Die Spannungen reichten weit zurück. Auf frühe Interessen beider Seiten etwa im Bereich der Stapelager Senne verweist bereits die Vereinbarung von 1279, die wahrscheinlich notwendig geworden war, um strittige Grenzverläufe und Nutzungsrechte zu klären.[122] Konkrete Bemühungen zur näheren Konturierung der gesamten paderbornisch-lippischen Sennegrenze sind für das Jahr 1526 dokumentiert. Doch erst mit dem Lippspringer Abschied bzw. Abscheid vom 30. Januar 1567 erfolgte die vertraglich abgesicherte Festlegung der zuvor ausgemittelten „Landtschnaedt", die am sogenannten Hagedorn bei Schlangen ihren Anfang nahm und bis zur „Dalcke" verlief.[123]

Aber zurück zum Thema Grenzkonflikte im Raum Augustdorf/Stukenbrock. Anlass für Verdruss gab beispielsweise 1664 ein Stück Land in den Häseln, das Graf Simon Henrich (*1649, reg. 1666–1697) hatte roden lassen, um durch womöglich geplante Ansiedlungen die Mergelversorgung des Stapelager Meierhofes zu gewährleisten. Gleichwohl lippisches Ge-

109 Vgl. Küstermann, Geschichte, Bd. II, Abschrift 2010, S. 19 ff. und S. 40 ff. Was die Geschichte des Dörenkruges betrifft s. darüber hinaus S. 120 ff. in diesem Band.
110 Vgl. Küstermann, Geschichte, Bd. II, Abschrift 2010, S. 90
111 Vgl. Küstermann, Geschichte, Bd. I, 1. Teil, Abschrift 2010, S. 24 f. und S. 52 f. sowie Küstermann, Geschichte, Bd. II, Abschrift 2010, S. 56 und S. 72.
112 Vgl. Küstermann, Geschichte, Bd. II, Abschrift 2010, S. 91.
113 Vgl. Küstermann, Geschichte, Bd. II, Abschrift 2010, S. 62 ff. Zum Kolonat Nr. 23 s. S. 161 ff. in diesem Band.
114 Die Ablösung der Hudeberechtigungen erfolgte in Lippe am 17. Januar 1850, s. Verdenhalven, Fauler Knecht, S. 26.
115 Beim Heidestreuwerk unterschieden die Sennebewohner drei Arten: Neben der lediglich oberflächennah abgemähten Heide das ebenfalls durch Mahd oder auch etwas tieferes Hauen gewonnene Kraut, dem eine dünne Erdschicht anhaftete, und schließlich die dicken, samt durchwurzeltem Oberboden gestochenen Soden, die sogenannten Plaggen, vgl. Küstermann, Geschichte, Bd. I, 1. Teil, Abschrift 2010, S. 46. Das Material wurde als Einstreu in den Ställen genutzt oder, mit Exkrementen vermengt, kompostiert, vgl. Küstermann, Geschichte, Bd. I, 1. Teil, Abschrift 2010, S. 22.
116 Im Zusammenhang mit der zur Mitte des 19. Jahrhunderts vorgenommenen Senneteilung wird mehrfach auf die Pivitsheider Nebenhuden verwiesen, die bei der Berechnung der dem Dorf letztlich zustehenden Flächen zu berücksichtigen waren, vgl. Küstermann, Geschichte, Bd. II, Abschrift 2010, S. 127 ff.
117 Küstermann, Geschichte, Bd. II, Abschrift 2010, S. 56.
118 Küstermann, Geschichte, Bd. II, Abschrift 2010, S. 130. Zur Teilung der Augustdorfer Senne vgl. S. 66 ff. in diesem Band.
119 Die Pivitsheider beteuerten zum Beispiel „vor der Gründung von Augustdorf in Gemeinschaft mit der [Rent]Kammer die alleinigen Besitzer der Augustdorfer Senne gewesen" zu sein, vgl. Küstermann, Geschichte, Bd. II, Abschrift 2010, S. 143.
120 Vgl. Küstermann, Geschichte, Bd. I, 1. Teil, Abschrift 2010, S. 15 und S. 72.
121 Vgl. Küstermann, Geschichte, Bd. I, 1. Teil, Abschrift 2010, S. 71 f. Wohl nicht von ungefähr sprach sich Amtsrat Schreiter gegen die übermäßige Anwerbung neuer Kolonisten aus, vgl. Küstermann, Geschichte, Bd. II, Abschrift 2010, S. 92.
122 Vgl. LRNF 1279.01.11 und Müller-Hengstenberg, Sennegrenze, S. 149 f. sowie S. 21 in diesem Band.
123 Vgl. Rosenkranz, Stukenbrocker Senne, S. 346 f. Vgl. darüber hinaus Hennigs, Grenzort, S. 352 f., dort findet sich auch eine Abschrift des Protokolls der im Vorfeld der Lippspringer Vereinbarung durchgeführten Grenzbegehung. Zum Grenzbach Dal[b/c]ke s. S. 20, Anmerkung 35 in diesem Beitrag. Unter „Abschied" sind Beschlüsse, Übereinkünfte oder Entscheide zu verstehen. Dem vergleichbar war der bis ins 18. Jahrhundert gebräuchliche Begriff „Abscheid", vgl. Grimm, Wörterbuch/Neubearbeitung, Bd. 1, Sp. 771 f.

biet, beschwerte sich der Paderborner Fürstbischof Ferdinand von Fürstenberg (*1626, reg. 1661–1683), der neben seinen Wildbeständen die Huderechte der Stukenbrocker Untertanen gefährdet sah, falls dort „Wohnungen undt Leute mit allerley Vieh" bzw. „eine Meyerei" angelegt werden. Der Lipper, der die Befürchtungen nicht teilte und auch die ihm unterstellte Absicht einer Dorfgründung verneinte, bedauerte die Verschlechterung der nachbarschaftlichen Beziehungen, allerdings bestand er auf die Errichtung eines wildheckenumsäumten Tiergartens „wo undt wan ich wil". Mit diesem von Paderborner Seite ebenfalls kritisch gesehenen Vorhaben wird vermutlich das Gestüt Lopshorn gemeint sein, das letztlich realisiert wurde, während die weitere Kultivierung der umstrittenen Ackerfläche ausblieb.[124] Ob das an der fürstbischöflichen Eingabe lag oder Stapelager Befugnisse die Nutzung der urbar gemachten Bereiche verhinderten, wie später lippischerseits behauptet[125], muss trotz der argumentativen Spitzfindigkeit der Kontrahenten offen bleiben.

Rund vierzig Jahre später provozierte ein gräflicher Schafstall die Stukenbrocker, die einmal mehr ihre angestammten Huderechte beeinträchtigt wähnten. Der Streit um das 1707 nahe der Kurzen Fuhre errichtete und später abgerissenen Gebäude steht in einer Kette diverser Auseinandersetzungen, die zwischen 1691 und 1715 die Gemüter vieler Sennebewohner und -anrainer bewegten und als „Lippspringer Turbation" bekannt wurden. Ausgangspunkt war der Ärger der auf lippischem Territorium zur Mithude berechtigten Lippspringer, die angesichts der Gründung Haustenbecks über Einschränkungen ihrer Weidemöglichkeiten klagten. Die üblichen Drohungen und Viehpfändungen, aber ebenso die Beschädigung oder Zerstörung von Zäunen, Teichen, Wällen und auch Bauten, darunter besagter Stall, prägten die Feindseligkeiten, die erst 1715 durch die Beschlüsse einer „Konferenz zu Dedinghausen" ihr Ende fanden.[126]

Was nun das Niederreißen des Schafstalls anging, hatten Graf Friedrich Adolf zur Lippe (*1667, reg. 1697–1718) und Fürstbischof Franz Arnold von Wolff-Metternich zur Gracht (*1658, reg. 1704–1718) vorab zahlreiche Beschwerdebriefe und Protestnoten ausgetauscht. Unter anderem erinnerte der Paderborner Landesherr darin an die 1567 im Lippspringer Abschied bestätigten Huderechte der Eingesessenen der Bauerschaft Stukenbrock, während sein lippischer Gegenspieler dem widersprach und seinerseits die dort vom Nachbarn vorangetriebene Anlage neuer Höfe monierte. Letztlich erzielten die beiden Landesfürsten, denen es immer auch um Machtdemonstration ging, keine Einigung. Nach einigem Hin und Her waren noch 1707 erste Beschädigungen am Stallgebäude und die Entwendung von Bauholz angezeigt worden, 1711 erfolgte der Abbruch der restlichen Baulichkeiten. Wenngleich „scharf examinirt", verneinten die in Grenznähe wohnenden Stukenbrocker eine Beteiligung und beschuldigten die Liemker, schlussendlich wurden sie aber durch Zeugenaussagen überführt.[127]

Die Zerstörung des für immerhin rund fünfhundert Tiere konzipierten Schafstalls, der außerdem eine Jägerwohnung beherbergte, veranlasste den lippischen Grafen, sich am 3. Mai 1713 mit der Verwüstung einer „bey der Stadt Lippspringe" gelegenen, domkapitularischen Mühle zu revanchieren. Aus der Aktion erwuchsen „zwischen Paderborn und Lippe bald große und weit aussehende Weitläufftigkeiten", so dass die Vorkommnisse politische Dimensionen erreichten. Zur Beilegung der Differenzen fanden schließlich Verhandlungen auf höchster diplomatischer Ebene statt, an denen Herzog Anton Ulrich von Braunschweig und selbst der preußische König Friedrich Wilhelm I. beteiligt waren.[128] Durch die „Braunschweiger und Berliner Vermittlung" forciert, erfolgte letzten Endes, wie erwähnt, 1715 die Neuregelung der Hudegerechtsame entlang der lippisch-paderbornischen Sennegrenze.[129] Der Schafstall wurde indes nicht wiederhergestellt, seine noch im 19. Jahrhundert sichtbaren Reste sollen über die Jahre beim Bau von Brunneneinfassungen und Häusern verwendet worden sein.[130]

---

124 Vgl. LAV NRW OWL L 22 Amt Oerlinghausen Nr. 20, Bl. 16–26 sowie Landesarchiv Nordrhein-Westfalen Abteilung Westfalen, ab hier zitiert als LAV NRW W B 402 Nr. 145, Bl. 02–07. Für das freundliche Überlassen seiner Notizen und Quellenauszüge danke ich Henrik Fockel, Stukenbrock.

125 Vgl. Küstermann, Geschichte, Bd. II, Abschrift 2010, S. 189.

126 Vgl. Verdenhalven / Fink, Diarium, S. 80, Nr. 678 und 678/1 sowie Sprenger, Haustenbeck, S. 60 ff., der die Geschehnisse insgesamt detailreich schildert, verschiedene Einzelheiten aber abweichend darstellt. Vgl. auch Fischer, Dorfleben, S. 919 f.

127 Vgl. LAV NRW W B 403 Fürstbistum Paderborn / Hofkammer Nr. 3555. Der mit den Ereignissen verbundene Schriftwechsel wurde von Henrik Fockel, Stukenbrock, exzerpiert und in chronologischer Reihenfolge zusammengestellt. Für das freundliche Überlassen der Unterlagen danke ich ihm sehr herzlich.

128 Vgl. LAV NRW W B 403 Fürstbistum Paderborn / Hofkammer Nr. 3555 sowie Verdenhalven / Fink, Diarium, S. 80, Nr. 678 und 678/1, Sprenger, Haustenbeck, S. 68 f. und Fischer, Dorfleben, S. 919 f.

129 Vgl. Sprenger, Haustenbeck, S. 69 f. Bildliches Zeugnis der Vereinbarungen ist die ebenfalls im Jahr 1715 erstellte Senne-Karte des Landmessers A. Riepe, die unter anderem den zerstörten Schafstall zeigt, s. Abb. S. 40 in diesem Beitrag.

130 Vgl. Küstermann, Geschichte, Bd. II, Abschrift 2010, S. 215.

SEPTENTRIO,
OCCIDENS,
MERIDIES,

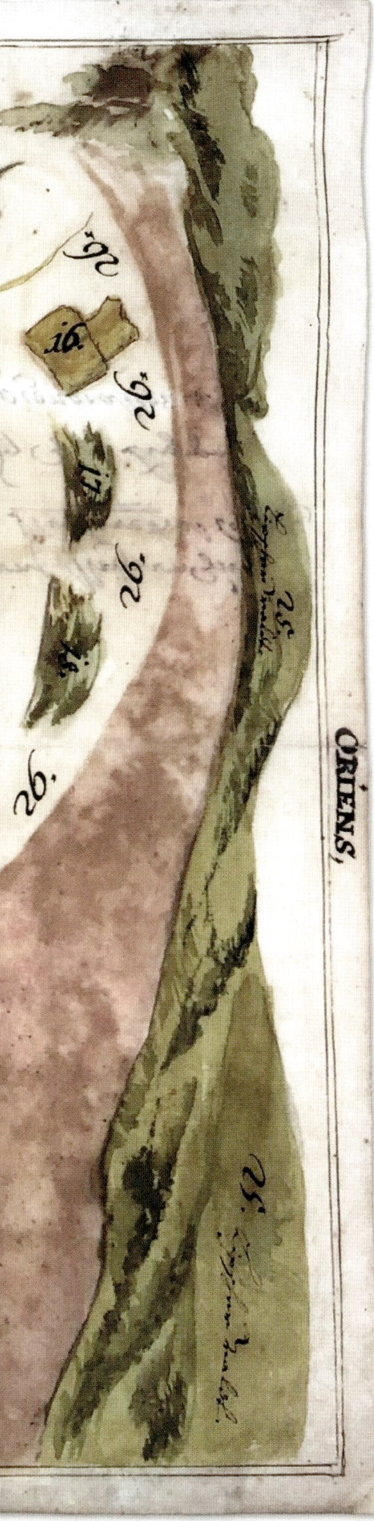

Nach der vorläufigen Beilegung der Grenzkonflikte zwischen dem Fürstbistum Paderborn und der Grafschaft Lippe wurden die nunmehr geltenden Vereinbarungen durch detailreiche Kartenwerke ‚ins Bild gesetzt'. Die 1716 angefertigte Illustration zeigt die Situation aus Paderborner Sicht.
LAV NRW OWL D 73 Tit. 4 Nr. 16146

Legende

1. **die Kirche.**
2. **Bockeler Bach.**
3. **Bockelmeyers Buscagio**[.]
   [Senne-Karte A. Riepe: „Der Hertzen Busch"]
4. **Bockelmeyers Hoff.**
5. **Schnadtstein.**
6. **Bockelmeyers Huede.**
7. **Vogts Hoff.**
8. **Mahlemühle.**
9. **Öel=unnd Boch Mühle.** [= Bokemühle]
10. **alwo die Bach von der Sandtgruben in die Furel fließt.**
11. **Sandtgrundt.**
    [Senne-Karte A. Riepe: „Die Sandes Grund"]
12. **Schnadtstein.**
13. **quæstioniertes Hauß.**
    [= fragliches, in Rede stehendes Haus]
14. **alwoh die Furlbach springet.**
15. **Paderbornische Immenfluch.**
16. **vormahls gemachtes Landt.**
    [= kultiviertes, bestelltes Land; offenbar ist hier das im Grenzstreit von 1664 genannte Land gemeint]
17. **Stapeler Heßelen.**
18. **Heßelen.**
19. **Restel oder Eich Busch**[.]
    [Senne-Karte A. Riepe: „Der Rüßel=Busch"; das Namenelement *Rüßel* verweist eventuell auf ein mit Binsen bestandenes Feuchtgebiet, vgl. die Ausführungen zu *Rischenau*, in: Meineke, Ortsnamen des Kreises Lippe, S. 407 f. Die Bezeichnung *Restel* wiederum könnte mit einer Flachsrotte, laut Grimm, Wörterbuch VIII, Sp. 1283, auch *Röste* genannt, in Verbindung gebracht werden].
20. **D**[B]**erenthal**[.]
    [Senne-Karte A. Riepe: „der Behren=Tahl genandt". Die dort ebenfalls dokumentierte Formulierung „Der kleine Behren Tahl" bezeichnet hingegen die Niederung der sogenannten Kummerbieke, gemeint ist der „Bach", der „von der Sandtgruben in die Furel" fließt, s. o.]
21. **Gräfl Lippische Huede.**
22. **Hochfürstl. Paderbornische Huede.**
23. **Kroll unnd deichwaßer.**
24. **fünff schnadt Eichen**
25. **Lippischer Waldt.**
26. **der Platz oben denen Stapelschen Heßelaren**
    [Bei Annahme dieser Lesung deutet das sprachliche Element *-laren* auf Weide(land) oder auch Waldlichtung, vgl. Meineke, Ortsnamen des Kreises Paderborn, S. 501]
    so dan Heßelen unnd Eichbusch.

LOPSHORN.
Herrschafftliche Land
der hoster Berg.
der Stapulaer Berg.
der Rüssel Busch.
der kleine Beyern Pahl
der Beyern Pahl genandt.
Christopffer Kruse
Cordt Mertens
hinr. Borges
Cordt Mertens
hinrich Borges
Christopffer Sievete.
Maßtab von 300 Ruhten die Ruhte zu 16 Werck-
Schu. und die Morge zu 120 Ruhten gerechnet.

Grenzstein im Bereich der ehemaligen paderbornisch-lippischen ‚Landschnat'. Das Kreuz erinnert an die Zeit der Paderborner Fürstbischöfe, zu deren Herrschaftsgebiet früher auch Stukenbrock gehörte. A. Fischer, 2022

Nach der Gründung Augustdorfs kam es zwischen lippischen und Paderborner Untertanen erneut zu „hässlichen Reibereien", die teilweise in gegenseitige Beleidigungen ausarteten, allerdings auch mittels „Knütteln, Grepen, Plaggensieben und Schuten" ausgetragen wurden.[131] Dazu als Beispiel eine Episode, die der Chronist Küstermann im Zusammenhang mit der Schilderung einer 1799 durchgeführten Anhörung beschreibt: „Auch Kolonus Rose Nr. 58 von Augustdorf war erschienen. Dieser hatte Krieg gehabt mit dem Kötter des Mertensmeier aus Stukenbrock, mit Namen Rieks. Letzterer hatte 130 Schritte von Rosen Stätte ab Heide gemäht auf seines Herrn Befehl. Rose hatte ihm das wehren wollen. Darauf soll Rieks ihm mit dem Heidesieb gedrohet haben, auch waren erläuternde Worte daneben hergegangen: ‚Es sollen ihm (dem Rose) die Lappen zu den Füssen hängen.' – Rieks will nicht alles so gesagt haben und schwört darüber einen Eid, gesteht aber expost [= rückblickend], gesagt zu haben, wenn Rose, der ihn einen Hausdieb gescholten, nicht gleich gehe, so wolle er ihn hauen. Das Ende vom Liede war, beide mussten 1 Gfl. [= Goldflorin] Strafe bezahlen und die Terminskosten gemeinschaftlich" [tragen].[132]

Alles in allem bestanden nicht nur unterschiedliche Auffassungen über Art und Umfang der Senne-Nutzung, ebenso strittig war die Ausdehnung der durch die Siedlungsaktivitäten beschnittenen Stukenbrocker Hudereviere, die ursprünglich „bis nach dem Dörenkruge hinauf, bis an die Fürstliche Waldung"[133] reichten. Dessen ungeachtet, hatte ein gräflicher Erlass vom 2. Oktober 1781 den auch *Kohlenweg* genannten Bielefelder Weg als Grenze für die Mithude der paderbornschen Nachbarn deklariert, „weshalb mit der Ausweisung von Stätten diesseits desselben fortgefahren werden solle".[134]

Abb. links: Die Senne-Karte des Landmessers A. Riepe von 1715 wurde ebenfalls vor dem Hintergrund der Auseinandersetzungen zwischen Lippe und Paderborn erstellt. Der Ausschnitt zeigt das Gebiet der späteren Siedlung am Dören. Erkennbar sind unter anderem „die heßeln", aber auch der Schapeler Hof, Lopshorn und die Kurze Fuhre, hier „kurtze Fohrel" genannt. LAV NRW OWL D 73 Tit. 5 Nr. 1643

---

131 Vgl. Küstermann, Geschichte, Bd. I, 1. Teil, Abschrift 2010, S. 71.
132 Küstermann, Geschichte, Bd. II, Abschrift 2010, S. 183. Zum Kolonat Rose Nr. 58 vgl. S. 240 f. in diesem Band.
133 Vgl. Küstermann, Geschichte, Bd. I, 1. Teil, Abschrift 2010, S. 16.
134 Vgl. Küstermann, Geschichte, Bd. II, Abschrift 2010, S. 67.

Angesichts der offenbar fehlenden Einhaltung früherer Vereinbarungen ergab sich eine komplexe Gemengelage aus vermeintlichen oder tatsächlichen Rechtsansprüchen, dem Kampf um die jeweilige Deutungshoheit und nicht zuletzt konfliktträchtigem Handeln. Sogar natürliche Faktoren beeinflussten die Entwicklungen. Zu nennen sind etwa die schon angesprochenen Erosionsprozesse, die zur Verlegung des Kohlenweges geführt und damit neue Grenzdebatten ausgelöst hatten.[135] Bezüglich der konkreten nachbarschaftlichen Beziehungen stand unter anderem die Frage im Raum, ob nur die Alteingesessenen von Stukenbrock oder auch die dortigen Einlieger und Neuwohner hudeberechtigt waren und das Ganze die Heide- und Plaggenmahd und ebenso das Brandtorfstechen einschloss. Andererseits erteilten die lippischen Forstbediensteten gebührenpflichtige Scheine, die den fürstbischöflichen Untertanen beispielsweise das Plaggenmähen außerhalb ihres eigentlichen Nutzungsrahmens gestatteten. Das Verfahren wurde zwar kritisch gesehen, neben finanziellen Aspekten sprach für seine Beibehaltung allerdings, „dass die Stukenbrocker jederzeit bei Gelegenheit von Sennebränden so bereitwilligst Hilfe" leisteten, ein Hinweis, der trotz der Differenzen auf bestehende Abhängigkeiten und gegebenenfalls notwendige Kooperationen schließen lässt.[136] Dennoch überwogen die Spannungen und ihre negativen Auswirkungen. Befürchtete „Unannehmlichkeiten mit den Stukenbrockern" haben selbst die Planung einer Mühlenanlage in der sogenannten Kurzen Fuhre erschwert.[137]

Als Hintergrund der vielschichtigen Diskussionen erschienen „Misshelligkeiten wegen Grenzstreitigkeiten" zwischen der lippischen und der Paderborner Regierung, die 1788 die Errichtung neuer Kolonate innerhalb ihres Hudedistriktes beklagt hatte. Auseinandersetzungen folgten, die zunehmend eskalierten und 1799 in offenen Anfeindungen der Augustdorfer und Stukenbrocker Eingesessenen gipfelten, wie das Beispiel der Kontrahenten Rieks und Rose zeigt.[138] Um die leidige Angelegenheit endgültig zu regeln, fanden diverse Anhörungen und Befragungen statt. Dabei verlangte der ebenfalls beteiligte Amtsrat Schreiter wiederholt, „dass das strittige Territorium nach den verschiedenen Richtungen durch einen Feldmesser gemessen werde", doch bis zur Festlegung einer für alle verbindlichen Hudegrenze sollte es noch dauern.[139]

Neben der Erteilung praktischer Ratschläge studierte Carl Wilhelm Schreiter die zum ‚Schafstall-Zwist' archivierten Dokumente, die ihm nähere Informationen über die dereinst von Stukenbrockern auf lippischem Gebiet beanspruchten Nutzungsrechte lieferten. Unter anderem erfuhr er, dass einige der Paderborner Untertanen ihre Forderungen 1712 dem Reichskammergericht zu Wetzlar vorgetragen und sich dabei auf ihre seit „undenklichen Jahre[n] hergebrachte" Hude berufen hatten. „Eine hierauf ergangene Sentenz" enthielten die Akten allerdings nicht, wie der Amtsrat am 16. September 1800 notierte, der darüber hinaus die Beweiskraft eines beigefügten, um detaillierte Gebietsbeschreibungen ergänzten Berichtes des früheren Stukenbrocker Amtsvogtes Thorwesten anzweifelte und die darin konstatierten Grenzverläufe ablehnte.[140]

Letztlich übernahm die lippische Rentkammer Schreiters Empfehlungen und ordnete eine Vermessung der betroffenen Areale an, die 1801 auch vorgenommen wurde. Grenzsteine konnten jedoch nicht gesetzt werden, weil der damalige Stukenbrocker Amtsvogt Welschof die Zusammenarbeit verweigerte. Ab 1802 versuchte Kontaktaufnahmen zur Paderborner Regierung erwiesen sich wegen der allgemeinen politischen Entwicklungen als schwierig.[141] Bedingt durch die europaweiten Umbrüche nach der Französischen Revolution und den anschließenden Kriegen war das Fürstbistum Paderborn 1802 aufgehoben und sein Territorium Preußen zugesprochen worden; zwischen 1807 und 1813 unter französischer Herrschaft, erfolgte 1815 die endgültige Eingliederung des Gebietes in den preußischen Staat.[142]

---

135 Vgl. Küstermann, Geschichte, Bd. II, Abschrift 2010, S. 183 sowie S. 14 in diesem Beitrag. Einen Eindruck der Trassenänderung vermittelt die 1715 erstellte Senne-Karte des Landmessers A. Riepe, vgl. Abb. S. 15 in diesem Beitrag.
136 Vgl. Küstermann, Geschichte, Bd. II, Abschrift 2010, S. 183 f.
137 Vgl. Küstermann, Geschichte, Bd. I, 2. Teil, Abschrift 2010, S. 189.
138 Vgl. Küstermann, Geschichte, Bd. II, Abschrift 2010, S. 77 und S. 182.
139 Vgl. Küstermann, Geschichte, Bd. II, Abschrift 2010, S. 182 ff., Zitat S. 186.
140 Vgl. Küstermann, Geschichte, Bd. II, Abschrift 2010, S. 186 ff.
141 Vgl. Küstermann, Geschichte, Bd. II, Abschrift 2010, S. 190 f.
142 Vgl. Maron, Ende, S. 7 ff. sowie Schoppmeyer, Geschichte, S. 27. Seit 1807 gehörte das Gebiet des vormaligen Fürstbistums Paderborn zum Königreich Westphalen. Geschaffen hatte das nur wenige Jahre bestehende Herrschaftsgebilde Napoleon, als Regent fungierte dessen Bruder Jérôme, der in Kassel residierte.

Die Veränderungen führten jedes Mal zu einer Neuorganisation der Verwaltung und wechselnden Zuständigkeiten, was wiederum Abstimmungsprozesse erschwerte.[143]

Trotz der komplizierten Lage tauschten die lippische Rentkammer und die „Königlich Preussische Kriegs- und Domänenkammer in Münster" bzw. die „Präfektur des Fulda-Departements" regelmäßig Schreiben aus; die Regulierung der Huderechte entlang der lippisch-paderbornischen Grenze machte jedoch keinerlei Fortschritte. 1805 wurde immerhin ein Lokaltermin anberaumt, der aber wohl ohne greifbare Ergebnisse blieb. Derweil trafen Augustdorfer und Stukenbrocker weiterhin konfliktträchtig aufeinander, wobei sie nach wie vor den Einsatz von „Heidesieben und anderen Mordinstrumenten" nicht scheuten. Am Ende sahen die Verantwortlichen „keinen anderen Ausweg, als Teilung der strittigen Hude, denn Hude der Stukenbrocker auf hiesigem Territorio musste zugestanden werden".[144] Doch erst am 30. Juni 1817 konnten die beteiligten „Commissarien", der lippische Regierungsrat Petri und dessen preußischer Kollege Kappe, die „Grenz- und Hudeirrungen" beilegen. Zuvor schon mit der Regelung der Grenzfrage im Raum Schlangen / Lippspringe erfolgreich, präsentierten die beiden Herren einen umfangreichen Vertrag, der auch die Gleichsetzung der Hude- und der Landesgrenze vorsah.[145]

Erst 1817 gelang es, die seit langem umstrittene Hudegrenze zwischen der lippischen und der mittlerweile zu Preußen gehörenden Paderborner Seite endgültig festzulegen. Der Verlauf wurde mit entsprechenden Steinen markiert. A. Fischer, 2021

143 Vgl. Küstermann, Geschichte, Bd. II, Abschrift 2010, S. 190 ff.

144 Vgl. Küstermann, Geschichte, Bd. II, Abschrift 2010, S. 192 f.

145 Vgl. Küstermann, Geschichte, Bd. II, Abschrift 2010, S. 193 ff. sowie Hennigs, Grenzort, S. 359.

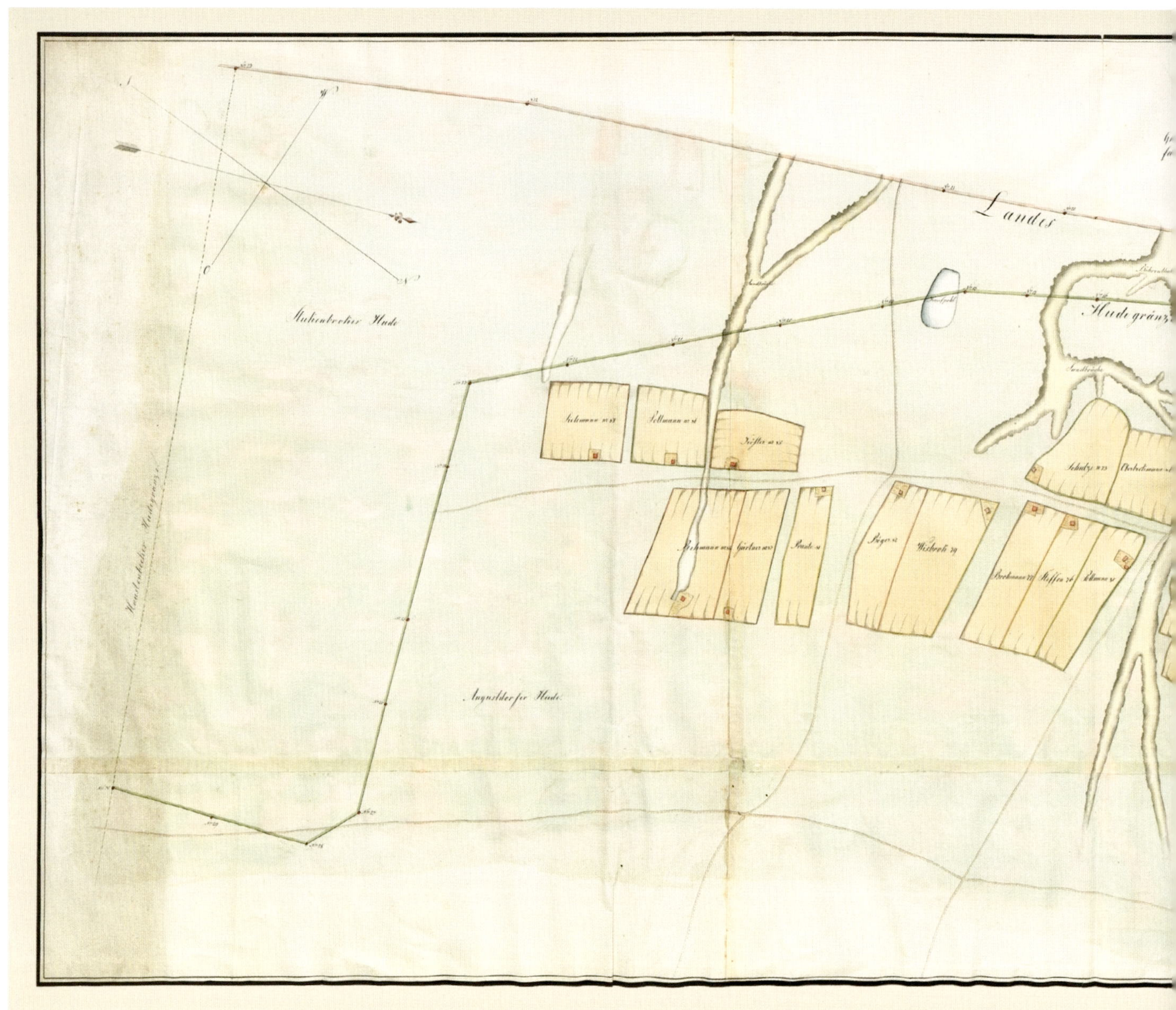

Die vom lippischen Geometer H. Overbeck um 1818 gezeichnete Karte dokumentiert den exakten Verlauf der 1817 vereinbarten Hudegrenze zwischen Stukenbrock und Augustdorf. Eintragen sind auch die durchnummerierten Hudesteine. Die Abbildung zeigt einen Kartenausschnitt.
LAV NRW OWL D 73 Tit. 5 Nr. 2620

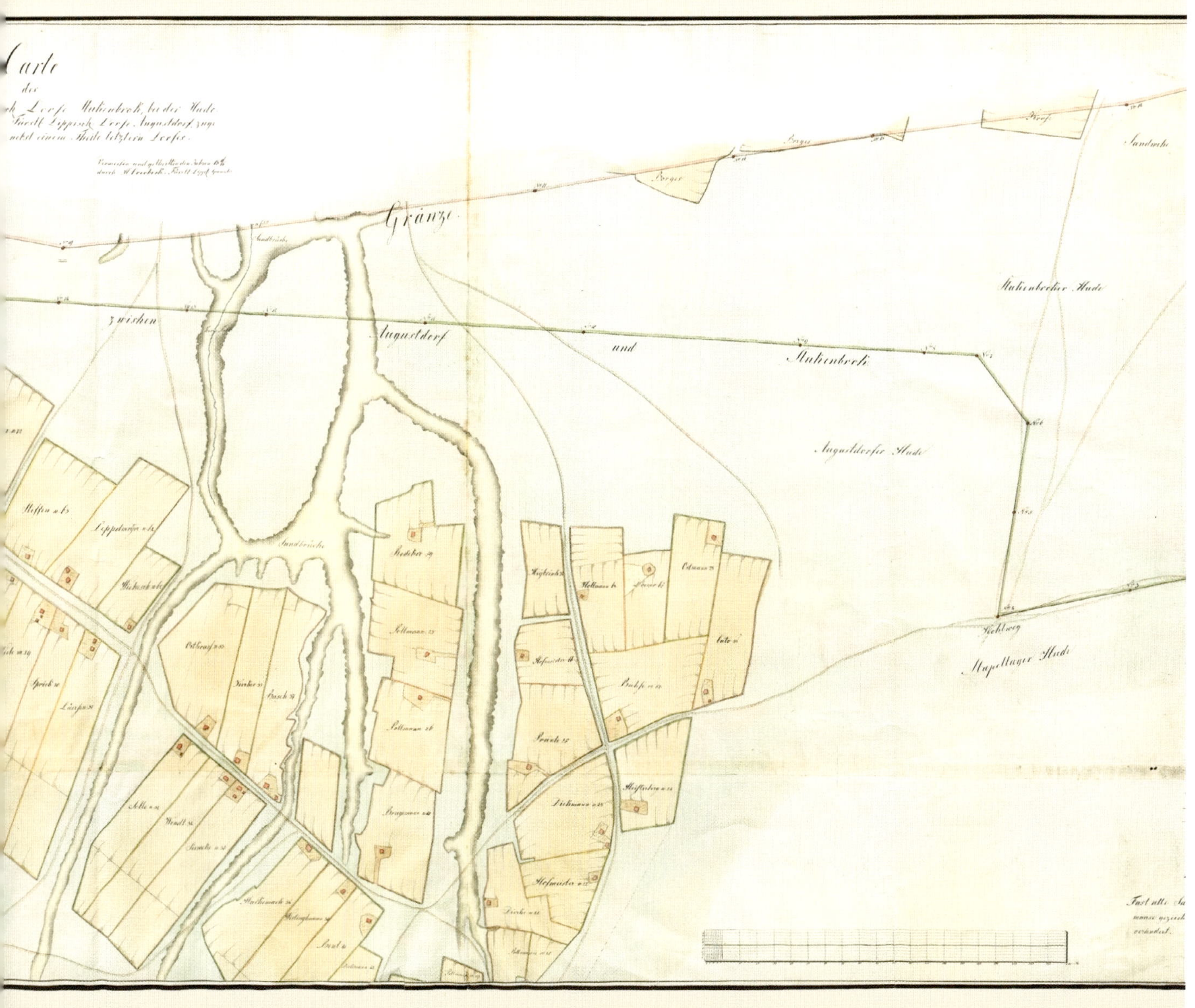

Nicht nur die Kontroversen um Weideplätze und sonstige Ressourcen bereiteten den frühen Siedlern am Dören Probleme. Ständigen Ärger verursachte zudem eine Konkurrenz ganz anderer Art: Kartoffeläcker durchwühlende Wildschweine, Hirsche mit einer Vorliebe für Buchweizen- und Roggenfelder sowie Hasen, die sich über die Erbsen- und Kohlbeete der Sennebewohner hermachten.[146] Nicht minder lästig waren die Senner Pferde, die vorzugsweise zur Herbstzeit herbeikamen und zunächst, wie der Chronist Küstermann schildert, „das unser Dorf umgebende Rickerwerk" inspizierten. Sobald die Tiere zum Beispiel Wurzeln oder Rüben witterten, haben sie angeblich mittels „Hintergestell" die Absperrungen entzwei gedrückt, und dann „geht's in die Felder". Was die angerichteten Tritt- und Fraßschäden betraf, hing die Wiedergutmachung vom Wohlwollen des Fürsten ab, der auch des Öfteren Zahlungen leistete, wenngleich keine gesetzliche Verpflichtung dazu bestand. Ebenso soll an die Preußen im benachbarten Stukenbrock, „die nicht mit sich spassen" ließen, manch harter Taler geflossen sein, damit dort gepfändete Pferde eingelöst werden konnten.[147]

146 Vgl. Küstermann, Geschichte, Bd. I, 1. Teil, Abschrift 2010, S. 16 f., S. 23 f. und S. 67.
147 Vgl. Küstermann, Geschichte, Bd. I, 1. Teil, Abschrift 2010, S. 63 ff.

Nicht selten sorgten die Senner Pferde, die sich frei im Gelände bewegen konnten, für Verdruss. Regelmäßig beklagten die Augustdorfer durch Tritt- und Fraßschäden verursachte Verwüstungen und Ernteverluste, auf Entschädigungszahlungen durch das Fürstenhaus durften sie allerdings nur bedingt hoffen. A. Fischer, 2014

Besonders hoch war die Schadensbilanz offenbar 1859 ausgefallen. Um weitere Scherereien zu vermeiden, stellte das Gestüt nächtliche Aufseher bereit, die jedoch alsbald wieder abberufen wurden. Als Grund wird das Verhalten der Augustdorfer Kolone vermutet, die ihre anfängliche Unterstützung schon nach kurzer Zeit zurückzogen, weil sie eine Verstetigung der Dienste befürchteten. Letzten Endes ließ der Fürst „seine Waldung mit einem mächtigen Lattenwerke gegen 12 Fuss [=3,47 m] hoch die ganze Sennekante entlang einfriedigen" und das „alles aus eigener Tasche". Nicht in die Rechnung ein ging anscheinend der Transport der benötigen Pfähle, der unentgeltlich erfolgen sollte. Darauf angesprochen, reagierten die Augustdorfer eher zögerlich, der Zaun diente zwar der Abweisung der Pferde, Hirsche und Rehe, erschwerte aber andererseits das „Entwenden von Holz und Streuwerk".[148] Diese trotz Verbot wohl tolerierte Form der Materialbeschaffung zum Heizen und Düngen hatte insbesondere nach der Senneteilung zur Existenzsicherung derjenigen beigetragen, die nur wenig oder wie die Einlieger kein Land besaßen.[149]

Die Augustdorfer Kolone selbst waren gehalten, ihre Ländereien mit Gruben und Wällen zu umgeben. Entsprechende Vorschriften gab es in Lippe auch schon früher. Beispielsweise hatte 1724 eine Landesverordnung bestimmt, „daß die an denen Wildbahnen angeordnete alte zum theil verfallene Wildgraben wieder aufgeworfen, die darauf gemachte Zäune und lebendige Hecken repariret, oder wo deren gar keine mehr wären, tüchtige neue, jedoch daß sie nicht höher als von 6 Schuhen [= Fuß], und darin keine oben ausgespitzte und lang ausstehende Planken seyn, und das Wild daran sich nicht spießen oder beschädigen könne, angeleget, dieselbe folglich in gutem Stande erhalten, um Ländereien, Wiesen und Gärten aber Dörner oder Hainebüchen zur Ersparung des Holzes im Herbst angepflanzet und mit der Zeit gar keine Planken oder Zäune mehr gelitten, sondern mit lebendigen Hecken versehen werden ...".[150]

Am Dören wurden bereits die ersten Siedler zum Errichten und Bepflanzen von Wällen aufgefordert. Die Anlagen sollten nicht nur Wildschäden verhindern, sondern auch vor Wind und den damit einhergehenden Sandwehen schützen, die ebenfalls die landwirtschaftlich genutzten Flächen bedrohten. Die Regierung unterstützte die Maßnahmen. Sie verpflichtete die Forstbediensteten „ratend dabei zur Hand zu gehen", sorgte für die Abmessung zusätzlicher Geländestreifen und ließ mittellosen Kolonen kostenfrei Setzlinge zukommen. Aber allein das Festwachsen der Jungpflanzen und erst recht die Ausbildung von Hecken scheiterten oftmals an der Trockenheit, die im Bereich der grundwasserfernen Wallaufschüttungen besonders stark ausgeprägt war. Darüber hinaus konnte eine komplette Einfriedung der gefährdeten Äcker kaum geleistet werden. Trotz Kontrolle und Bestrafungen blieben die Schutzvorrichtungen letztlich vielfach unvollständig.[151]

Regelmäßigen Ärger verursachten nicht zuletzt die herbstlichen Parforcejagden, „eine Hetzjagd zu Pferde mit einer Hundemeute auf ein einziges ausgewähltes Tier", die als fürstliches Vergnügen bereits zur Zeit der Antike beliebt und, was Deutschland anbelangte, noch im 16. und frühen 17. Jahrhundert verbreitet war. Vom französischen Hof inspiriert, gewann diese Jagdform hierzulande in nunmehr „perfektionierter und ritualisierter" Ausprägung ab dem 18. Jahrhundert erneut an Bedeutung.[152] Aus Schreiben der Jahre 1705 und 1726 geht hervor, dass auch der lippische Graf und der Paderborner Fürstbischof entsprechende Passionen pflegten und ihnen offensichtlich die Senne das dazu passende Ambiente bot.[153]

Mitte der 1850er Jahre erlebte die höfische Tradition eine weitere Renaissance. 1852 hatten in Neuhaus stationierte Militärangehörige die Gründung einer Parforcejagd-Gesellschaft initiiert, der die preußische Regierung die Durchführung von „Hetz- und Parforcejagden" im Gebiet der Senne gestattete. Zur Ausübung der hier vorzugsweise praktizierten Jagd auf

148 Vgl. Küstermann, Geschichte, Bd. I, 1. Teil, Abschrift 2010, S. 64 ff. Was die Zaunhöhe anbelangt, s. Verdenhalven, Fauler Knecht, S. 20, demnach beträgt „1 F[uß] = 12 Zoll = 28,951 cm".

149 Vgl. Küstermann, Geschichte, Bd. I, 1. Teil, Abschrift 2010, S. 16. Zur Nutzung von Laub- und Nadelstreuwerk für Düngezwecke s. auch S. 46 ff.

150 Landesverordnung, Erster Band, S. 802. Vgl. auch Küstermann, Geschichte, Bd. I, 1. Teil, Abschrift 2010, S. 24.

151 Vgl. Küstermann, Geschichte, Bd. I, 1. Teil, Abschrift 2010, S. 24, S. 61 und S. 66 f. sowie Bd. II, S. 71 f. Hinsichtlich der „Sandwehen" heißt es, dass Augustdorf „noch im 19. Jahrhundert mehrfach von Wanderdünen bedroht" wurde, vgl. Straßmann, Nordwestenwind, S. 6.

152 Vgl. Deichsel, Jagdzeug, S. 159.

153 Vgl. Schilling von Canstatt, Parforcejagden, S. 361 f.

Hasen wurden „60 bis 70 englische Bracken" gehalten, deren Stall sich innerhalb der Lippspringer Burgruine befand. Die Veranstaltungen standen unter „dem besonderen Protektorat" des Herzogs Adolf von Nassau, später Großherzog von Luxemburg, der während der Jagdsaison mit seinen Gästen das 1854/1855 neu erbaute Kurhaus zu Lippspringe bewohnte.[154]

Das „Prinzenpalais", wie das Anwesen hernach hieß, war der Ausgangspunkt der Jagd, bei der es „über Stock und Block, über Gräben und Zäune, im gestreckten Galopp die Ufer und steilsten Brüche hinunter (oft 10–12 Fuss hoch) und wieder hinauf" ging. Weil die hakenschlagenden Hasen die Richtung vorgaben, folgten ihnen die von den Bauern wegen der Farbe ihrer Röcke als „Rotwämschen" bezeichneten Parforcereiter samt Meute auch querfeldein. Flurschäden blieben dabei nicht aus, wurden aber „anständig bezahlt", so Ernst Friedrich Küstermann, der das Treiben insgesamt allerdings eher kritisch sah. Die Pferde und Menschen gefährdende, „halsbrechende Arbeit" der „wilden Jäger" verurteilte er ebenso wie deren Verhalten gegenüber dem zu Tode gehetzten „Häslein", das sie letztlich gemäß bestimmten Ritualen verstümmelten und „unter die Hunde" warfen.[155] Spezifische Verwüstungen und damit verbundene Konflikte im Bereich der Augustdorfer Gemarkung erwähnt der Chronist nicht. Annehmbar ist jedoch, dass geleistete Entschädigungszahlungen nur bedingt weiterhalfen, wenn etwa wegen zerstörter Aussaaten größere Ernteeinbußen drohten.

Herrschaftliche Jagdgesellschaften, die über bestellte Felder ritten, Wildtiere und Senner Pferde auf der Suche nach Nahrung oder auch die „Versandung"[156] der Äcker durch Wanderdünen: Es gab einiges, was in früheren Zeiten das Leben der Augustdorfer erschwerte. Der daraus resultierende Verdruss wird umso nachvollziehbarer, je mehr die mühsame Urbarmachung der Ländereien ins Bewusstsein rückt, die insbesondere zu Beginn der Siedlungsaktivitäten den bäuerlichen Alltag prägte.

Als die Kolonisten am Dören die ihnen zugewiesenen Parzellen in Besitz nahmen, erwartete sie „3–4 Fuß" [= ca. 87–116 cm] hohe Heide, „die Stengel so dick wie Flaschenhälse oder Gängerstöcke [= Spazierstöcke]". Laut Küstermann verwendeten die ersten Dorfbewohner die mit Äxten abgehauenen Sträucher „gegen 50 Jahre lang [...] zum Heizen ihrer Backöfen". Einige Neuwohner entzündeten das aufgehäufte Kraut, um die Asche zur Düngung der Felder zu nutzen. Da das Ganze „ohne vorherige Anzeige" geschah, war eine Geldstrafe fällig, die ihnen die Rentkammer aber erließ.[157]

Die Meldepflicht erinnert daran, dass der Umgang mit Feuer seit jeher strengen Reglementierungen unterlag. Schon 1668 hatte etwa eine landesherrliche „Verordnung wegen Anzündung der Heiden" das Entfachen von Bränden beispielsweise zur Gewinnung neuer Rodungsflächen nur nach Absprache mit den zuständigen „Forstbediente[n]" erlaubt.[158] Der Begriff *Heide* bezog sich hier allerdings auf ‚Wildland' bzw. ‚unbebautes Land', was auch, vom Bewuchs unabhängig, für weite Bereiche der Senne galt.[159] Zugleich dominierte dort das gleichnamige Kraut, das die Schäfer, wie Küstermann rückblickend berichtet, mittels Feuer bekämpften, um das Steckenbleiben ihrer Tiere in der „ästigen Heide" und vor allem das verlustreiche Abstreifen der Wolle zu verhindern. Einmal außer Kontrolle geraten, bedrohten die Brände Menschen, Tiere, Häuser und die gesamte Vegetation. Die Vermeidung entsprechender Unglücke war letztlich oberstes Gebot, daher durfte innerhalb der offenen Senne nur „aus einer wohlbekapselten Pfeife" geraucht werden.[160]

Die Widrigkeiten, die das Hüten der Schafe beeinträchtigten, standen in ursächlichem Zusammenhang mit den schwierigen Geländeverhältnissen; schließlich beschränkte sich die Passierbarkeit der Senne weitgehend auf die von Fuhrleuten genutzten Trassen und die als *Gründe* bezeichneten Taleinschnitte sowie die Wildpfade.[161] Unzureichend erschlossen

154 Vgl. Schilling von Canstatt, Parforcejagden, S. 362.
155 Küstermann, Geschichte, Bd. I, 1. Teil, Abschrift 2010, S. 67 ff., der das Geschehen außerordentlich detailreich schildert und in dem Zusammenhang auch das Heranzüchten von Füchsen zu Jagdzwecken erwähnt, s. dazu S. 69.
156 Vgl. Straßmann, Nordwestenwind, S. 6 und Quante, Binnendünen, S. 27 sowie Pavlicic, Sandwehen, S. 4.
157 Vgl. Küstermann, Geschichte, Bd. I, 1. Teil, Abschrift 2010, S. 6 ff.
158 Landesverordnung, Erster Band, S. 463.
159 Zum Begriff *Heide* vgl. Kluge, Etymologisches Wörterbuch, S. 404.
160 Vgl. Küstermann, Geschichte, Bd. I, 1. Teil, Abschrift 2010, S. 8.
161 Vgl. Küstermann, Geschichte, Bd. I, 1. Teil, Abschrift 2010, S. 7 f.

Teils meterhohe Heide mit Stängeln „dick wie Flaschenhälse" erwartete die ersten Kolonisten am Dören, was einmal mehr die einst mühselige Gewinnung kultivierbarer Ländereien verdeutlicht. A. Fischer, 2022

Im Vergleich zum Weizen ist Roggen auch für einen Anbau auf trocknen Sandböden geeignet. Das anspruchslose Getreide zählte daher zu den wichtigsten Feldfrüchten im Senneraum. A. Fischer, 2022

waren auch die landwirtschaftlich genutzten Areale „nahe unserem Dorfe", so Küstermann, der nicht nur die schlechte Beschaffenheit der örtlichen Wege kritisierte, sondern ebenso die ausbleibende Errichtung eines „Communalweg[es] übers Dorf nach Detmold" und das Fehlen entsprechender Initiativen seitens der amtlichen Entscheidungsträger beklagte.[162]

Doch zurück zur Landkultivierung der ersten Augustdorfer Siedler, die beim Urbarmachen ihrer Flächen oftmals auf Barrieren im wahrsten Sinne des Wortes stießen. Gemeint ist der bei Küstermann als *Ortsand* bezeichnete Ortstein. Das steinharte, etwa zwischen zehn und fünfzehn Zentimetern dicke Gebilde entsteht, wenn, vereinfacht gesagt, innerhalb der oberen Bodenschicht vorhandene Eisenverbindungen und Humussäuren ausgewaschen werden und sich das Ganze in etwa dreißig bis vierzig Zentimetern Tiefe wieder absetzt und verfestigt. Die Folgen sind eine fehlende Belüftung und Durchwurzelung darunterliegender Bodenhorizonte und Staunässe. Vor der Technisierung der Landwirtschaft kamen gegebenenfalls Äxte und Hacken bei der Zerstörung der Ortsteinschicht zum Einsatz, was die Mühseligkeit der Landgewinnung für Äcker, Gärten und auch Baumpflanzungen ins Blickfeld rückt.[163] Alternativen gab es jedoch nicht, denn wer das Ortsteinbrechen scheute, musste hinnehmen, dass insbesondere die Spätaussaaten nässebedingte Schäden erlitten.[164]

Für die Bodenverbesserung und Düngung der urbar gemachten Ländereien sorgten ton- bzw. kalkhaltiger Mergel sowie mit tierischen und menschlichen Exkrementen vermengte und anschließend kompostierte Heide- und Grasplaggen.[165] Gepflanzt wurden unter anderem Wurzeln, Rüben, Dicke Bohnen und Erbsen, aber ebenso Roggen, Buchweizen und Kartoffeln.[166] Der gehaltvollen, in Lippe seit den frühen 1770er Jahren zunehmend als Grundnahrungsmittel verbreiteten Knolle bot der leichte Sandboden der Senne ideale Wachstumsbedingungen. Das galt einmal mehr nachdem 1815 der Ausbruch des indonesischen Vulkans Tambora globale Klimaveränderungen bewirkt und das darauffolgende nasskalte „Jahr ohne Sommer" vielerorts Missernten hervorgebracht hatte.[167] Ein Beispiel ist das Amt Horn, wo 1816 Getreide und Kartoffeln „schlecht geraten" waren und „daher große Teuerung, Not und Hunger" herrschten.[168] Von „trockenen, sandigen und kargen Böden" geprägte Gegenden wiesen hingegen wohl weitaus weniger gravierende Ernteausfälle auf.[169]

---

162 Vgl. Küstermann, Geschichte, Bd. I, 1. Teil, Abschrift 2010, S. 69 ff.

163 Vgl. Fischer, Natur, S. 252 und Fleege[-Althoff], Kultivierung, S. 19 f. Van Faassen, Landwirtschaft, S. 777 verweist darauf, dass beispielsweise in Haustenbeck ab 1926 Dampfpflüge zum Brechen des Ortsteins eingesetzt wurden.

164 Vgl. Küstermann, Geschichte, Bd. I, 1. Teil, Abschrift 2010, S. 32.

165 Vgl. Küstermann, Geschichte, Bd. I, 1. Teil, Abschrift 2010, S. 52 ff., was die Anlegung von Komposthaufen betrifft vgl. S. 22.

166 Zum Spektrum der angebauten Feldfrüchte und Getreidesorten vgl. diverse Ernte- bzw. Revisionsberichte bei Küstermann, Geschichte, Bd. II, Abschrift 2010, S. 95 ff. sowie die Tabellen auf S. 109.

167 Vgl. Bender, Tambora, S. 180.

168 Isermann, Nachrichten, S. 154.

169 Vgl. Bender, Tambora, S. 180 f.

Was Augustdorf angeht, lässt sich diese Feststellung teilweise bestätigen[170], doch hinterließen die Entwicklungen hier ebenfalls Spuren, wie der 1817 beobachtbare Geburtenrückgang[171] und eine Eingabe vom 14. April desselben Jahres belegen. Darin bat der damalige Amtsvogt Falkmann die Fürstliche Rentkammer „wegen der schlechten Ernte von 1816“ [...] „um Ausstellung [=Aussetzung] der Petri [=19. Juni] schon fälligen Domänengefälle bis zur nächsten Ernte“.[172]

Neben der Bewirtschaftung der Acker- und Gartenflächen betrieben die Kolonisten Viehhaltung. Zu jeder Stätte gehörten Ziegen, Rinder und Kühe. Letztere lieferten nicht nur Milch, sondern dienten wie die üblicherweise auch vorhandenen Ochsen als Zugtiere. 1786 gab es darüber hinaus zwei Esel und 1805 ein Schaf. Insgesamt gering war der Bestand an Pferden, die, wenngleich erst ab 1800 zahlenmäßig erfasst[173], offenbar schon früher für Vorspannzwecke zum Einsatz kamen. Immerhin besaß Johann Berend Bergmeister, der seit 1786 für einige Jahre den Dörenkrug innehatte, spätestens um 1797 zwei der recht wertvollen Tiere.[174] Beschwerlich und teuer gestaltete sich indes die Beschaffung des Viehfutters. Da Augustdorf bis auf wenige „kleine Ecken in der Kurzen Fuhre“ über keine Wiesen verfügte, musste Heu zugekauft werden[175], während das ebenfalls benötigte Gras entlang der Feldwege gemäht[176] oder, obwohl im Laufe der Zeit „streng verboten“ und mit Geldstrafen sanktioniert, „aus Fürstlichem Walde hervorgeholt“ wurde.[177]

Überraschenderweise fand ‚Borstenvieh‘ vor 1846 keine Berücksichtigung bei der Erhebung der Tierbestände.[178] Entsprechende Nennungen ließ bereits der Revisionsbericht von 1790 vermissen, wie der Chronist Küstermann festgestellt hat. Dennoch sei wohl „schon hier und da ein Schwein geschlachtet“ worden[179], eine Annahme, die auch für die nachfolgenden Jahrzehnte gegolten haben mag. Später änderte sich die Situation, schließlich registrierte die 1858 durchgeführte Viehzählung 277, teilweise allerdings für den Verkauf gemästete Tiere.[180]

In diversen Aufzeichnungen und Tabellen grundsätzlich nicht erwähnt wurden Hühner, die ohnehin kaum verbreitet waren, da der lose Sandboden nur wenig geeignete Haltungsbedingungen bot. Erst recht verzichtbar schienen Hähne, die als unnütze Kostgänger galten, zumal Bruteier unter anderem im nahen Stukenbrock und Küken bei Rietberger Händlern, „die tagtäglich mit Körben auf ihren Wegen nach Detmold hier durchkommen“, erworben werden konnten. Für eine gewisse Verstimmung sorgte außerdem, dass die Gockel „den Schwarm ihrer Frauen zu weit in die Felder hinein[führen], die jeder unmittelbar ums Haus liegen hat“. Hinzu kam das allmorgendliche Krähen, das insbesondere während der dunklen Monate störte: „Im allgemeinen“, so Küstermann, „schläft man nämlich des Winters gern lange auf dem Dören, weil die Arbeit in dieser Zeit nicht so sehr pressiert. Der Hahn aber weckt für den, der erst 7 Uhr aufsteht, doch gar zu früh. Wer will sich auch von seinen Hähnen schuhriegeln lassen.“[181]

Eine beachtliche wirtschaftliche Rolle in der gesamten Senneregion spielte seit jeher die Bienenzucht.[182] Was die nähere Umgebung von Augustdorf anbelangte, befand sich ein bedeutender Bienenstand auf dem Schapeler Hof, der zur Zeit der Küstermannschen Aufzeichnungen, aber wohl auch schon davor allein „500–700 fremde Stöcke“ beherbergte.[183] Im August 1828 wurden sogar 1600 Körbe gezählt, wie aus einer Akte hervorgeht, die einen durch Bienen verursachten Unglücksfall dokumentiert. Dass laut beigegebener Skizze selbst einem „Häuschen für den Bienenwärter“ Platz eingeräumt worden war, illustriert die Dimensionen der dort praktizierten Imkerei.[184]

Das genannte Schriftstück wiederum handelt von Entschädigungsforderungen des Kolons Albertfrickenstein aus Österwiehe im nachmaligen Amt Rietberg. Die Angelegenheit

170 Vgl. Küstermann, Geschichte, Bd. II, Abschrift 2010, S. 109. Während beispielsweise die Roggen- und Buchweizenernte im Vergleich etwa zum Jahr 1810 sehr schlecht ausgefallen war, hielten sich die Verluste bei Kartoffeln und Wurzeln in Grenzen.
171 Vgl. Küstermann, Geschichte, Bd. I, 1. Teil, Abschrift 2010, S. 170.
172 Küstermann, Geschichte, Bd. II, Abschrift 2010, S. 106.
173 Vgl. Küstermann, Geschichte, Bd. II, Abschrift 2010, S. 108. Näheres zu Aufzucht, Haltung und Nutzung des Viehs bei Küstermann, Geschichte, Bd. I, 1. Teil, Abschrift 2010, S. 88 ff. Dort auch ein Hinweis zur praktisch nicht vorhandenen Schafhaltung. Lediglich der Frohnenkrüger habe bis zur Senneteilung die Hudegerechtigkeit für vierzig der „Wollträger“ gehabt, vgl. S. 95.
174 Vgl. Küstermann, Geschichte, Bd. II, Abschrift 2010, S. 46 und S. 98. Während der Existenz des letztlich allerdings erfolglosen Fuhrunternehmens Räker gab es am Dören bis zu elf Pferde, vgl. Küstermann, Geschichte, Bd. I, 1. Teil, Abschrift 2010, S. 95 ff. Zur Besitzerfolge der Stätte Räker Nr. 3 vgl. S. 124 ff. in diesem Band.
175 Vgl. Küstermann, Geschichte, Bd. I, 1. Teil, Abschrift 2010, S. 45 f. sowie Fleege[-Althoff], Kultivierung, S. 36.
176 Vgl. Küstermann, Geschichte, Bd. I, 1. Teil, Abschrift 2010, S. 119.
177 Vgl. Küstermann, Geschichte, Bd. I, 1. Teil, Abschrift 2010, S. 38.
178 Vgl. Küstermann, Geschichte, Bd. II, Abschrift 2010, S. 108.
179 Vgl. Küstermann, Geschichte, Bd. II, Abschrift 2010, S. 88 f.
180 Vgl. Küstermann, Geschichte, Bd. I, 1. Teil, Abschrift 2010, S. 89 und S. 93.
181 Vgl. Küstermann, Geschichte, Bd. I, 1. Teil, Abschrift 2010, S. 94.
182 Vgl. S. 20 in diesem Beitrag.
183 Vgl. Küstermann, Geschichte, Bd. I, 1. Teil, Abschrift 2010, S. 98.
184 Vgl. LAV NRW OWL L 77 A Nr. 227, s. insbesondere Bl. 16 v (Zahl der Bienenkörbe) sowie Bl. 17 und 17 v (Skizze). Ergänzend sei angemerkt, dass „der Schaplersche Bienenstand“ zur Zeit des Chronisten Küstermann „Platz für 3–4000 Körbe“ hatte, s. Küstermann, Geschichte, Bd. I, 1. Teil, Abschrift 2010, S. 99.

betraf dessen Sohn Georg. Als jener Latten zum Schapeler Hof transportieren wollte, hatten Bienen das Fuhrwerk derart traktiert, dass Mensch und Tiere erhebliche Verletzungen erlitten: Der 35-jährige Wagenlenker benötigte am Ende ärztliche Hilfe, eins seiner Pferde war infolge diverser Verwundungen „2 Tage nachher crepiert“. Die Begebenheit scheint bis dahin kein Einzelereignis gewesen zu sein, laut ergänzendem Vermerk habe „dieser Bienenstand bereits ähnliche Unfälle herbei geführt“.[185] Und auch in späteren Jahren nahm das Verhängnis seinen Lauf. Ein besonders tragisches Schicksal ereilte die Oerlinghauser Einliegerin Philippine Andrea Blankenburg, die Anfang September 1839 „mit einer Tracht Zwiebeln“ den Schapeler Hof passierte, dabei einem, möglicherweise durch die Zwiebelgerüche ausgelösten Bienenangriff zum Opfer fiel und kurz darauf verstarb.[186] Wohl wegen der Schwere dieses Unglücks rückten nunmehr konkrete, zuvor offensichtlich vernachlässigte Schutzmaßnahmen ins Blickfeld. Deren immerhin zeitnahe Umsetzung belegt eine abschließende Aktennotiz vom 8. August 1840, die konstatiert: „Der Colon Schapeler hat die Anlage der Wegesperren und des zweiten Warnungspfahles ausgeführt“.[187]

185 Vgl. LAV NRW OWL L 77 A Nr. 227, s. auch Küstermann, Geschichte, Bd. I, 1. Teil, Abschrift 2010, S. 98, der den Vorfall ebenfalls erwähnt, allerdings nicht näher darauf eingeht.
186 Vgl. LAV NRW OWL L 77 A Nr. 227 Bl. 25 ff. sowie Küstermann, Geschichte, Bd. I, 1. Teil, Abschrift 2010, S. 98, der das Geschehen fälschlicherweise ins Jahr 1829 datiert. Vgl. auch das Kirchenbuch Oerlinghausen, im dort dokumentierten Sterbeeintrag vom 6. September 1839 heißt es zur Todesursache „von den Bienen gestochen“, freundlicher Hinweis von Olaf Biere, Horn-Bad Meinberg / Vahlhausen.
187 LAV NRW OWL L 77 A Nr. 227 Bl. 41.

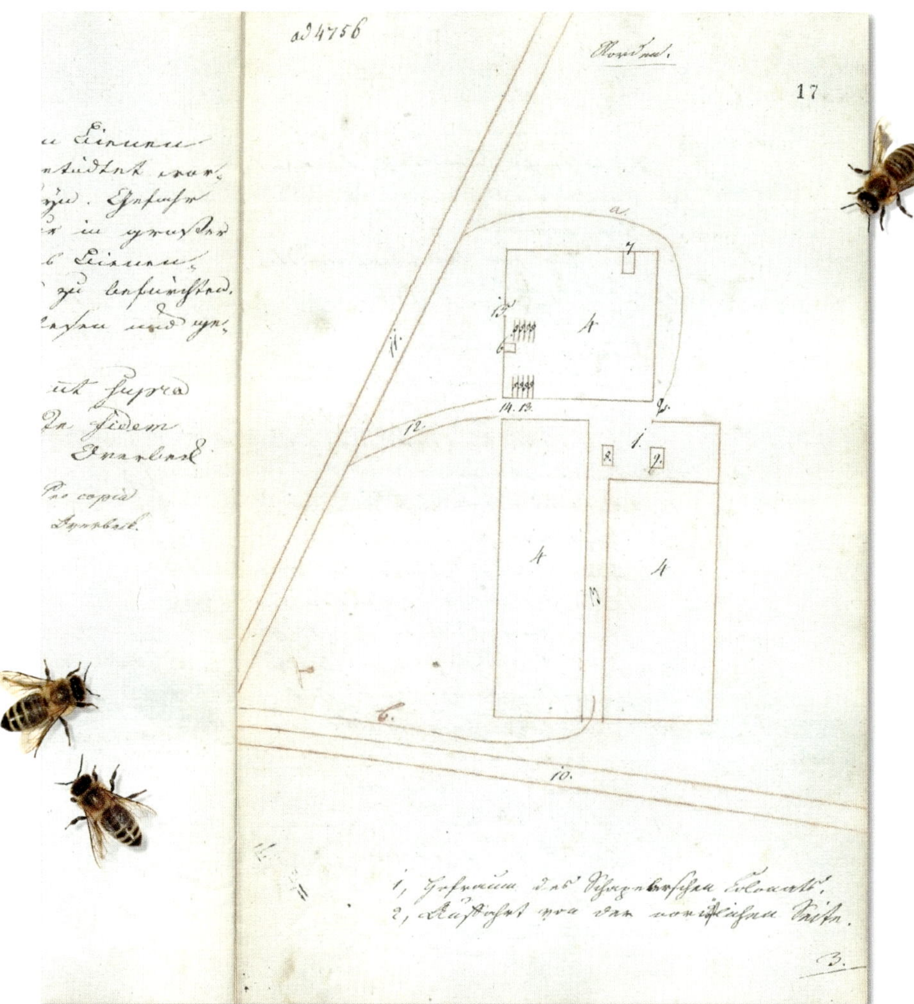

Der Bienenzucht und ebenso die Verpachtung von Unterständen für die Körbe auswärtiger Imker war in der Senneregion ein bedeutender Wirtschaftsfaktor. Hin und wieder kam es jedoch zu tragischen Unglücken, wie eine umfassende Akte dokumentiert. Die darin enthaltene Skizze zeigt die Anordnung der Bienenstände (5) nebst Bienenwärterhäuschen (6) auf dem Schapeler Hof. LAV NRW OWL L 77 A Nr. 227 / Bienen: stock.adobe.com © Daniel Prudek.

Einst vielerorts im Senneraum anzutreffen, sind traditionelle Bienenstände inzwischen ein seltener Anblick. Einen authentischen Eindruck entsprechender Anlagen vermittelt der etwas abseits vom Wohnhaus platzierte Unterstand auf dem früheren Kolonat Nr. 59.
A. Fischer, 2022

Trotz der damit einhergehenden Gefahren blieb die Bienenzucht für die Bewohner der Senne unverzichtbar. Auch den Kolonisten am Dören bot „zur Kultivierung dieses Industriezweiges das unschuldige Heidekraut gar wacker die Hand".[188] Oder anders gesagt: Die Augustdorfer nutzten ebenfalls die landschaftstypische Vegetation, um durch eigene Bienenhaltung und die Verpachtung von Unterständen an auswärtige Imker zusätzliche Einnahmequellen zu erschließen. Vom lukrativen Wachshandel der benachbarten Paderborner Untertanen beeindruckt, hatte bereits der Amtsrat Schreiter das ökonomische Potenzial der Bienenzucht erkannt.[189] Vermutlich teilten Rentkammer und Regierung seine Ansicht, da zumindest während der ersten Jahre nach der Dorfgründung die Errichtung der notwendigen Baulichkeiten und die Anschaffung von Bienenstöcken gefördert wurden.[190]

Die Imkerei bot vor allem ergänzende Einkommensmöglichkeiten, oftmals übten die Neusiedler ein Handwerk aus oder gingen einem Gewerbe nach. Schon 1786 gab es am Dören 2 Krüger und 2 Zimmerleute sowie 1 Schneider, 1 Schuster, 1 Holzschuhmacher, 1 Flachshändler, 1 Dielenschneider und 1 Schmied. Gezählt wurden außerdem 3 Weber und 16 Spinner, deren Zahl sich bis 1810 auf 22 bzw. 67 erhöhte.[191] Das dafür erforderliche Material wie Flachs und Hede [= Flachs oder Hanf von geringer Qualität] mussten gekauft und anfangs wohl auch erbettelt werden, später erfolgte der Anbau auf eigenen Grundstücken.

188 Küstermann, Geschichte, Bd. I, 1. Teil, Abschrift 2010, S. 97.

189 Vgl. Küstermann, Geschichte, Bd. II, Abschrift 2010, S. 56.

190 Vgl. Küstermann, Geschichte, Bd. I, 1. Teil, Abschrift 2010, S. 25 f.

191 Vgl. Küstermann, Geschichte, Bd. II, Abschrift 2010, S. 108.

192 Vgl. Küstermann, Geschichte, Bd. I, 1. Teil, Abschrift 2010, S. 104 ff.

Die üblicherweise aus Roggenstroh geflochtenen Bienenkörbe sind nach unten offen, um die Zugänglichkeit für die Imker zu gewährleisten, während die Honigsammlerinnen selbst das Einflugloch an der Vorderseite nutzen. Im überdachten, halboffenen Unterstand waren die Stöcke vor Regen und Wind geschützt.
A. Fischer, 2022

Von handwerklichen und gewerblichen Tätigkeiten abgesehen, leistete die Tagelöhnerei ebenfalls einen Beitrag zur Existenzsicherung. Die Dören-Bewohner verdingten sich etwa als Waldarbeiter, die unter Aufsicht des Försters Umzäunungen anlegten bzw. reparierten, Baumpflanzungen vornahmen und Holz einschlugen. Wegen der weitaus besseren Entlohnung recht beliebt war darüber hinaus eine Beschäftigung auf Lopshorn, wo die Landwirtschaft der Meierei und das Gestüt vielfältige und nicht zuletzt ganzjährige Möglichkeiten zum Broterwerb eröffneten. Manch ein Augustdorfer übernahm dort auch Diensttage für „hinterbergische Kolone".[192]

Schließlich sei noch das Holztriften zur Salzufler Saline erwähnt, das bereits vor der Gründung Augustdorfs gewisse Bedeutung hatte. Als Sammelstelle für das per Hornviehgespannen „aus dem Fürstlichen Walde" herbeigeschaffte Brennmaterial dienten zwei, nahe der Pivitsheider Stätte Strate Nr. 40 aufgestaute Teiche, die laut Küstermann vom Wasser einer „Sprung" genannten Quelle gespeist worden sein sollen.[193] Gemeint ist wohl der „Hörstersprung", so offenbar der alte Name für das unterhalb des „Hörsterberge[s]" gelegene Quellgebiet der Ret[h]lage, die gemeinhin mit Flößerei in Verbindung gebracht wird.[194] Sobald die gewünschte Holzmenge zusammengetragen war, erfolgte ein Durchstich der Dämme. Mittels Wasserschwall vorangetrieben, trifteten die Hölzer nunmehr über die Ret[h]lage und die Werre bis zum Salzwerk „bei Uflen". Die rund vier Stunden dauernde Passage wurde von Flößern begleitet; unter Zuhilfenahme langer Stangen sorgten sie dafür, dass die Fracht ohne größere Verluste ihr Ziel erreichte.[195]

Kolonatsbesitzer und Einlieger waren gleichermaßen auf Zusatzeinkünfte angewiesen.[196] „Unsere Augustdorfer würden", wie Küstermann feststellt, „schlechterdings nicht bestehen können, wenn sie nicht neben den Arbeiten, die Haus, Acker und Viehzucht erheischen, noch andere Quellen des Verdienstes nutzen."[197] Häufig reichten die zunächst nur geringen Erträge aus der Landwirtschaft und anderen Erwerbszweigen jedoch kaum zum Leben. Etliche der frühen Dören-Bewohner sahen sich daher zur Bettelei gezwungen. Sie versuchten ihr Glück teilweise „hinter den Bergen", angesteuert wurde aber unter anderem ebenso das große Kolonat Welschof, Sitz des Stukenbrocker Amtsvogtes. „Mancher Dörensche" hat dort „seinen ersten Speck oder Fleisch gegessen", vor der Einnahme einer Mahlzeit mussten die Bittsteller allerdings erst arbeiten, eine Sitte, die ihnen das ‚Wahren ihres Gesichtes' ermöglichte.[198]

Schwierige allgemeine Umstände oder auch persönliches Unvermögen führten hin und wieder zum Verkauf eines neu angelegten Kolonates. Weil die mühsame Urbarmachung der Ländereien die Neusiedler oftmals überforderte, kam es darüber hinaus zur Abtrennung von Parzellen, auf denen dann weitere Stätten entstanden. Angesichts der noch zu leistenden Kultivierung waren diese Grundstücke nicht besonders wertvoll. Das Areal der nachmaligen Stätte Nr. 15 b wurde beispielsweise mit einem Ziegenlamm beglichen, und für die 1787 vom Besitz Helle Nr. 5 abgeteilte spätere Hofstelle „Heissenberg oder Brinkmann" Nr. 55 musste der Gründer „dem Helle [...] einen halben Tag arbeiten helfen", was der Zahlung eines Goldguldens entsprochen hätte.[199]

193 Vgl. Küstermann, Geschichte, Bd. I, 1. Teil, Abschrift 2010, S. 9 f. Zur Verortung des Pivitsheider Kolonates Strate Nr. 40 vgl. den bei Diekhof, Erinnerungen, S. 10 präsentierten Straßenplan.

194 Vgl. Stöwer, Ortsgeschichte, S. 257 sowie von Donop, Landesbeschreibung, S. 44, der mit Blick auf die Optimierung der Abläufe auch das teilweise Eintiefen und Ausbohlen der Ret[h]lage erwähnt; die entsprechenden Arbeiten sollen 1777 vorgenommen worden sein.

195 Vgl. Küstermann, Geschichte, Bd. I, 1. Teil, Abschrift 2010, S. 9 f. Eine ausführlichere Studie zur Holzflößerei im Bereich der Werre befindet sich in Vorbereitung.

196 Vgl. Küstermann, Geschichte, Bd. I, 1. Teil, Abschrift 2010, S. 109.

197 Küstermann, Geschichte, Bd. I, 1. Teil, Abschrift 2010, S. 104.

198 Vgl. Küstermann, Geschichte, Bd. I, 1. Teil, Abschrift 2010, S. 19 sowie S. 108 f., wo der Chronist auf die demütigenden Aspekte der Bettelei verweist, der manch ein Dören-Bewohner nicht gewohnheitsmäßig, sondern notgedrungen nachging. Laut Müller-König, Augustdorf, S. 148 wurden 1853 beispielsweise von 53 im Amt Lage ausgegeben „Kollektierscheinen" allein 18 dieser Genehmigungen zum Betteln an Augustdorfer vergeben.

199 Vgl. Küstermann, Geschichte, Bd. I, 1. Teil, Abschrift 2010, S. 25. Zur Stätte Nr. 15 b vgl. S. 198 ff., zu den Kolonaten Nr. 5 und Nr. 55 s. S. 129 bzw. S. 217 f. in diesem Band.

Abb. links: Eine Einkommensquelle für die Augustdorfer war das Holztriften nach Salzuflen, das durch bauliche Maßnahmen erleichtert werden sollte. Die entsprechende Planungsskizze von 1775 zeigt neben der Ret[h]lage und deren künstlich geschaffenen Abzweigungen unter anderem Dämme zum Aufstauen zweier Holzsammelteiche unterhalb des Pivitsheider Kolonates Strate Nr. 40. Zu sehen ist auch die Retlager Mühle samt Mühlenteich.
LAV NRW OWL D 73 Tit. 7 Nr. 17

Der im März 1801 durch L. Stein aufgenommene „Situationsriss des von den Stukenbrökern praedentirten Hude-Districkts in der Lippischen Senne, ohnweit der Bauerschaft Augustdorf“ dokumentiert nicht nur einen damals zur Diskussion stehenden Verlauf möglicher Hudegrenzen zwischen beiden Ortschaften. Der Plan vermittelt darüber hinaus siedlungsgeografische Erkenntnisse zu dem Gebiet insgesamt wie naturräumliche Details, Wegverläufe oder die Lage und Anordnung einzelner Hofstellen. LAV NRW W 051/Karten A Nr. 19629

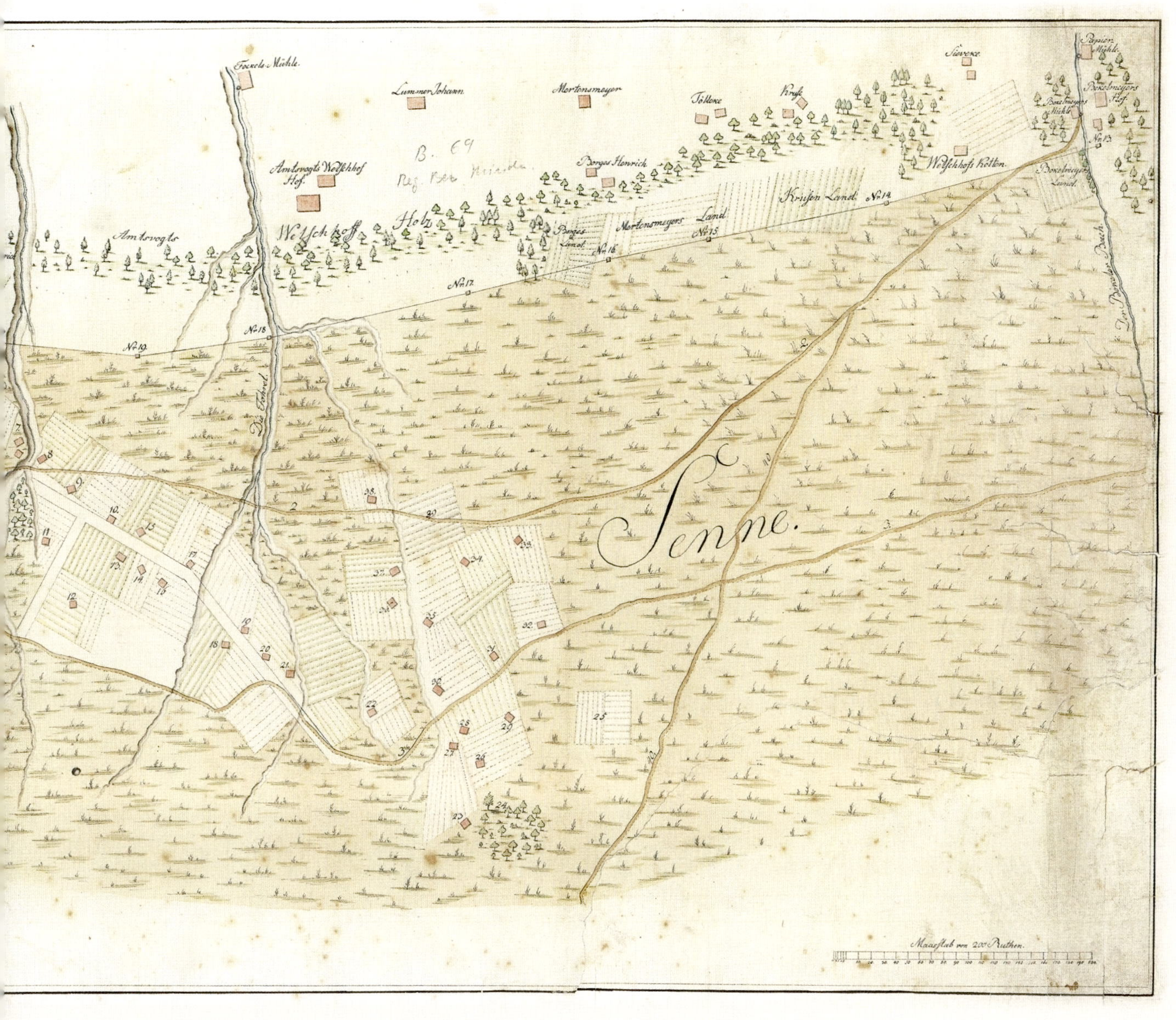
Lummer Johann
Mertensmeyer
Borges Henrich
Mertensmeyers Land
Krusen Land
Senne.
Maasstab von 200 Ruthen

Landes
Hude Grenze zwischen
Stukenbrok und Augustdorf
Hörster
Hude
Körker Busch
Lopshorner Forst
Hörster
Holzung
von Detmold

Entwicklungen im 19. Jahrhundert

Trotz vielfältiger Probleme, die während der Gründungsphase Augustdorfs das Leben der Kolonisten erschwerten, nahm das Siedlungsgeschehen am Dören einen insgesamt positiven Verlauf – auch wenn der Amtsrat Schreiter „in seinem Schwärmen für unser Dorf etwas weit gegriffen" hat, wie Ernst Friedrich Küstermann kritisch anmerkt. Auslöser der Beanstandung war ein Gutachten Schreiters vom 9. Januar 1792, wegen dessen allzu ‚rosiger' Schilderung der bis dahin erreichten Erfolge sich der Chronist zur Richtigstellung veranlasst sah.[200] Dabei ist allerdings zu bedenken, dass die eine oder andere Übertreibung des Beamten einem gewissen Rechtfertigungsinteresse entsprungen sein wird, schließlich mussten die seitens der lippischen Rentkammer gewährten finanziellen Förderungen gegenüber Regierung und Landständen legitimiert werden.

Wie auch immer: Letztlich waren die Fortschritte, die das Siedlungsprojekt machte, unbestreitbar, zumal sich beim Ausbau öffentlicher Einrichtungen ebenfalls einiges tat. Derweil die Kinder der ersten Augustdorfer Siedler zunächst in Pivitsheide bzw. Stapelage[201] den Unterricht besuchten, bewilligte die vormundschaftliche Regierung am 7. Oktober 1782 Gelder, um auf der Stätte Nr. 8[202] vorübergehend zwei als Schulstube und zur Unterbringung eines Lehrers nutzbare Räume anzumieten. Die Rentkammer beglich auch die Kosten für Tische und Bänke, während das Konsistorium das Gehalt des aus Heiden stammenden Schulmeisters Hermann Jobst Dreymann zahlte, der einige Wochen später seine Tätigkeit aufnahm.[203]

Schon Ende Juli desselben Jahres hatten Amtsrat Schreiter und Landbaumeister Teudt ein Areal ausgemacht, das zur Errichtung einer Schule passend schien. Da der Besitzer Hüdepohl Nr. 14 bereit war, einen Teil seines Grundstückes für die Schaffung eines entsprechenden Gebäudes samt zugehöriger Gartenfläche abzutreten, konkretisierte sich das Bauvorhaben, dessen Realisierung allerdings dauerte.[204] Erst am 30. November 1793 konnte Teudt die Fertigstellung vermelden.[205]

Was die kirchliche Zuordnung betraf, war die Kolonie anfangs nach Stapelage eingepfarrt, wo die frühen Dören-Bewohner zunächst auch ihre Toten bestatteten. Im Hinblick auf die beschwerliche Wegstrecke baten die Neusiedler jedoch recht bald um die Ausweisung eines eigenen Friedhofes. Das der gräflichen Rentkammer vorgetragene Gesuch blieb nicht ungehört, bereits 1784 wurde der gewünschte Begräbnisplatz in direkter Nachbarschaft zur Schule angelegt.[206] Die Wahl der Örtlichkeit hatte durchaus praktische Gründe, schließlich konnte der Pastor das Schulgebäude, das ohnehin als Bethaus[207] diente, zum Halten der Leichenpredigten nutzen.

Abb. links: Der Ausschnitt einer 1816 durch den lippischen Geometer H. C. A. Overbeck erstellten Karte der Bauerschaft Augustdorf (▸ Vorsatz) vermittelt eine Vorstellung vom Aussehen der damaligen Ortsmitte. Von Friedhof und Kirche abgesehen, lässt sich auch der Standort der ersten Schule nachvollziehen. Das Pfarrhaus ist noch nicht eingezeichnet, es wurde erst 1818 auf dem Areal der Stätte Erfkamp Nr. 49 errichtet. Links daneben sind die Ausgleichsflächen für die zwölf Kolone erkennbar, die durch die Überschwemmung des Jahres 1796 geschädigt worden waren. LAV NRW OWL D 73 Tit. 4 Nr. 5385

200 Vgl. Küstermann, Geschichte, Bd. II, Abschrift 2010, S. 90 ff.

201 Butterweck, Geschichte, S. 308 nennt Pivitsheide als Schulort. Bei Küstermann, der die Anfänge des Augustdorfer Schulwesens detailliert beschreibt, heißt es hingegen: „Die schulfähigen Kinder der ersten Kolonisten Augustdorfs mussten die Schulen auf Pivitsheide oder Stapelage besuchen, wie es ihnen grade am bequemsten war." Vgl. Küstermann, Geschichte, Bd. I, 2. Teil, Abschrift 2010, S. 192 ff., Zitat S. 192.

202 Zum Kolonat Nr. 8 vgl. S. 133 ff. in diesem Band.

203 Vgl. Küstermann, Geschichte, Bd. I, 2. Teil, Abschrift 2010, S. 196 f. Einschließlich seiner eigenen Person bietet Ernst Friedrich Küstermann ausführliche Porträts der bis in die Mitte des 19. Jahrhunderts am Dören wirkenden Haupt- und Nebenlehrer. Der Chronist teilt biografische Informationen mit, entwirft Persönlichkeitsprofile und nimmt zu Unterrichtsmethoden Stellung. Daneben schildert er die näheren Lebensumstände der Schulmeister und ihrer gegebenenfalls vorhandenen Familien. Eine tabellarische Auflistung der ersten Augustdorfer Hauptlehrer findet sich bei Müller-König, Augustdorf, S. 213.

204 Vgl. Küstermann, Geschichte, Bd. I, 2. Teil, Abschrift 2010, S. 197 f. Zur Verortung des ersten Augustdorfer Schulhauses vgl. den nebenstehenden Kartenausschnitt sowie die Overbecksche Karte im Vorsatz, zum Kolonat Hüdepohl Nr. 14 vgl. S. 141 f. in diesem Band.

205 Vgl. Küstermann, Geschichte, Bd. I, 2. Teil, Abschrift 2010, S. 200.

206 Vgl. Küstermann, Geschichte, Bd. I, 2. Teil, Abschrift 2010, S. 201 sowie den nebenstehenden Kartenausschnitt und die Overbecksche Karte im Vorsatz dieses Bandes.

207 Für die Zeit um 1800 stellt Pastor Jenin fest, dass die „meisten Copulationen auf Augustdorf im Haus des Bräutigams oder der Braut" stattfanden, später waren Haustrauungen, wie Küstermann ergänzend anmerkt, eher die Ausnahme. Bis zum Bau der Kapelle wurde demnach die Schule, was kirchliche Handlungen betraf, vorzugsweise als Bethaus oder zum Abhalten von Trauerfeiern genutzt, vgl. Küstermann, Geschichte, Bd. I, 2. Teil, Abschrift 2010, S. 206.

Mit der Zeit gaben die räumlichen Verhältnisse jedoch Anlass zur Beschwerde, wie ein Schreiben vom 18. März 1789 bezeugt. „Meine Canzel ist allda der Feuerherd, da ich zwischen zwei Hausthüren stehe und dem schädlichen Zugwind bloßgestellet bin", so der auch für die Siedlung am Dören zuständige Stapelager Pastor Jenin, der darüber klagte, bei Trauerfeiern „auf der elenden finstern Schuldeel" predigen zu müssen, und wegen der Unzulänglichkeiten die Gefährdung seiner Gesundheit befürchtete. Nicht zuletzt wähnte er sich wegen fehlender Unterstellmöglichkeiten für sein Pferd „jedesmal in der größesten Verlegenheit".[208]

Mit Hinweisen auf eine notwendige Erweiterung des Schulhauses verbunden, hatte der Pastor über ähnliche „Gebrechen" schon einmal 1786 berichtet. Immerhin war die im selben Zusammenhang gewünschte Glocke 1788 installiert worden.[209] 1792 signalisierte die Rentkammer schließlich auch die Finanzierung eines „2 Fächer" umfassenden Anbaus. Vor Ort fand die geplante Maßnahme indes keine uneingeschränkte Zustimmung. Stattdessen plädierten der Amtsvogt Baade sowie der Augustdorfer Vorsteher und der dortige Bauerrichter für die Errichtung einer eigenen Kapelle, ein Ansinnen, das der vermutlich um die Schmälerung seiner Einkünfte besorgte Prediger Jenin ablehnte.[210] Den von ihm geäußerten Vorbehalten folgten wiederum gegenteilige Stellungnahmen. Das Ganze mündete in einem mehrjährigen Schriftwechsel, bei dem die verschiedenen Ansichten ausgetauscht und Finanzierungsfragen diskutiert wurden. Neben Vertretern der Dorfschaft Augustdorf waren daran unter anderem die Rentkammer, das Fürstliche Konsistorium und der Fürst selbst beteiligt.[211]

Am 18. Dezember 1797 wandten sich die beiden Augustdorfer Vorsteher Johann Jobst Hellemeier[212] und Christoph Siewecke erneut mit einer Bittschrift an Fürst Leopold I. (1767–1802), um den Bau der Kapelle voranzutreiben. Unterstützung erhielten sie vom Konsistorium, das auch schon die Anstellung eines eigenen Pastors ins Gespräch brachte. Namentlich Generalsuperintendent von Cölln argumentierte, „wie gefährlich es mit der Zeit werden müsste, wenn diese aus allen Gegenden sich sammelnden, meist aus sehr rohen und verdorbenen Leuten bestehende Kolonie sich beständig überlassen bliebe und nicht einen Mann von einiger Bildung unter sich hat, der durch Religion und bessere Aufsicht auf Unterricht zur Kultur dieser Leute wirkt".[213]

Zunächst stand aber erst einmal die Errichtung der Kapelle an, für die der Fürst doch noch die Genehmigung erteilte. Baubeginn war 1798, am 7. September 1800 fand im Beisein des Fürstenpaares der feierliche Einweihungsgottesdienst statt.[214] Einschließlich der Innenausstattung betrugen die Kosten der Maßmahme insgesamt rund 1.200 Reichstaler. Die Augustdorfer hatten sich bereit erklärt, 500 Taler zu übernehmen; ein Teil der Summe sollte als Arbeitsleistung erbracht werden. Hinzu kamen Gelder der Rentkammer, und schließlich gewährte der sogenannte Falkenhagener Fonds finanzielle Unterstützung in Form von Beihilfen und Vorschüssen.[215]

Seit 1795 als Gehilfe seines Vaters eingesetzt, versah der Sohn des Stapelager Pastors Jenin, Friedrich Wilhelm Ludwig Daniel Jenin (1767–1828), zwischen 1800 und 1817 auch die Dienstgeschäfte der Augustdorfer Pfarre.[216] Seine dortige Tätigkeit endete, nachdem der Gemeinde „die Anstellung eines eigenen Predigers" bewilligt worden war. Mit Einverständnis der Fürstin Pauline zur Lippe (1769–1820), vormundschaftliche Regentin seit 1802, berief das Konsistorium Heinrich Ernst Friedrich Voigt, der zuvor als Vikar im rund dreißig Kilometer entfernten Bega gewirkt hatte und am 1. Oktober 1817 seinen Dienst in Augustdorf antrat.[217] Eine Bleibe fand der erste Pastor der Senne-Kolonie zunächst auf Lopshorn, das seit dem 18. Februar 1801 ebenfalls zum Pfarrbezirk Augustdorf gehörte.[218]

---

208 Vgl. Meier, Kirchengemeinde, S. 12. Nähere Angaben zu Simon Henrich Wilhelm Jenin (1732–1820) bei Butterweck, Geschichte, S. 606. Dort auch Informationen zur Geschichte der Pastorenfamilie, deren Vorfahren aus der Türkei stammten. Vgl. ebenso den Eintrag im Diarium Lippiacum des Amtmanns Küster Nr. 518 zum Jahr 1693, Verdenhalven / Fink, Diarium, S. 56.

209 Vgl. Küstermann, Geschichte, Bd. I, 2. Teil, Abschrift 2010, S. 201 f.

210 Vgl. Küstermann, Geschichte, Bd. I, 2. Teil, Abschrift 2010, S. 204 sowie Meier. Kirche, S. 12 f. Zur Rolle der Vorsteher ist anzumerken, dass die sich, vereinfacht gesagt, um die Belange der Dorfgemeinschaft kümmerten, während die Bauerrichter landesherrliche Beamte waren. Was die Siedlung am Dören angeht, wurde dieser Dienst zunächst von Pivitsheide aus mit versehen, ab 1784 übernahm dann Conrad Rehm, Sohn des Vorstehers Albert Rehm das Bauerrichteramt, vgl. Müller-König, Augustdorf, S. 56 einschließlich der Anmerkungen 168 und 169 sowie ausführlich Fischer, Dorfleben, S. 908 ff. und S. 912 ff. Eine Auflistung der bis 1861 in Augustdorf tätigen Bauerrichter und Ortsvorsteher findet sich bei Küstermann, Geschichte, Bd. II, Abschrift 2010, S. 123 f. Zum Kolonat Rehm vgl. S. 130 f. in diesem Band.

211 Vgl. Küstermann, Geschichte, Bd. I, 2. Teil, Abschrift 2010, S. 258 ff., der das Procedere der Entscheidungsfindung detailreich beschreibt. Vgl. zudem Müller-König, Augustdorf, S. 70 ff.

212 Zum Kolonat Hellemeier vgl. S. 129 in diesem Band.

213 Vgl. Küstermann, Geschichte, Bd. I, 2. Teil, Abschrift 2010, S. 264 ff.

214 Vgl. Küstermann, Geschichte, Bd. I, 2. Teil, Abschrift 2010, S. 268 f. Laut Müller-König, Augustdorf, S. 74 war die Kirche bereits „zu Pfingsten des Jahres 1800" fertiggestellt, den Termin des Einweihungsgottesdienstes im September habe der Fürst bestimmt, weil er „alsdann dabei gegenwärtig sein" wollte.

215 Vgl. Küstermann, Geschichte, Bd. I, 2. Teil, Abschrift 2010, S. 267 f. Wie es scheint, wurden die für den Schulanbau veranschlagten Mittel zugunsten der Kapelle umgewidmet. Einige Jahre später fanden aber wohl doch noch Gebäudeerweiterungen statt. Gleichzeitig mit dem Pfarrhausbau bestanden Pläne, im Schulhaus zusätzliche Räumlichkeiten anzulegen, die Rede ist von Stube und Rauchkammer, vgl. Küstermann, Geschichte, Bd. I, 2. Teil, Abschrift 2010, S. 280. Der Chronist erwähnt darüber hinaus einen Vorbau, ohne allerdings dessen Entstehungsjahr anzugeben, vgl. Küstermann, Geschichte, Bd. I, 2. Teil, Abschrift 2010, S. 213. →

Schon vor der offiziellen Berufung Voigts am 16. Juli 1817 existierten Pläne zur Errichtung eines Pfarrhauses, allerdings fehlte ein passender Standort. Schließlich erklärte sich der Kolon Baumann Nr. 15 einverstanden, der Kirchengemeinde seine zwischen Kapelle und Schule gelegene Hofstelle gegen einen entsprechenden Ausgleich zu überlassen. Da die Stätte nur 6 Scheffelsaat umfasste, wurde die Zuweisung weiterer 18 Scheffelsaat diskutiert, das dafür anvisierte Areal war jedoch Teil einer zum Abplaggen genutzten Gemeinheitsfläche. Erwartungsgemäß rief das Ansinnen den Widerstand etlicher Augustdorfer hervor, so dass die Beteiligten das Vorhaben nach einigem Hin und Her fallen ließen und die Bauplatzsuche erneut aufnahmen.[219]

Am 7. September 1800 wurde die erste Augustdorfer Kirche eingeweiht. Genauer gesagt, handelte es sich um eine schlichte Fachwerkkapelle, für die, so die Vermutung des Ortschronisten Küstermann, der Zimmermann Sander aus Oerlinghausen die Zeichnung geliefert hatte. In Anbetracht der Planung eines Neubaus war das Gebäude Anfang April 1875 abgebrochen und noch brauchbares Material meistbietend verkauft worden. LAV NRW OWL L 69 Nr. 307, Bl. 32

Der Falkenhagener Fonds, das sei ergänzt, war aus der zwischen Paderborn und Lippe erfolgten Teilung der Besitztümer des 1596 aufgehobenen Klosters Falkenhagen bei Lügde hervorgegangen. Nach Maßgabe Simons VI. zur Lippe (1554–1613) sollte der lippische Anteil als eine Art Sondervermögen vom Konsistorium verwaltet und die Einkünfte „zur Ehre Gottes und milden Sachen“ verwendet werden. Vgl. Kittel, Heimchronik, S. 121 f. sowie Butterweck, Geschichte, S. 26.

216 Vgl. Butterweck, Geschichte, S. 606. Vgl. auch Küstermann, Geschichte, Bd. I, 2. Teil, Abschrift 2010, S. 272 sowie Meier, Kirchengemeinde, S. 14 ff., der unter anderem die problematische Einkünftesituation des jungen Jenin beleuchtet.

217 Vgl. Meier, Kirchengemeinde, S. 22 ff. Zum teilweise zweifelhaften Lebenswandel Voigts äußert sich ausführlich Küstermann, Geschichte, Bd. I, 2. Teil, Abschrift 2010, S. 289 ff., der ebenso wie Meier, Kirchengemeinde, passim auch das Wirken der Nachfolger des bereits 1826 wieder entlassenen Pastors detailliert schildert. Nicht zuletzt geht der Chronist auf den sogenannten „Katechismus- und Gesangbuchstreit“ ein, in dem sich unter anderem die an strittigen Bekenntnisfragen entzündende Kontroverse zwischen Pietisten und Rationalisten widerspiegelte. Vgl. Küstermann, Geschichte, Bd. I, 2. Teil, Abschrift 2010, S. 348 ff. und Bd. II, Abschrift 2010, S. 198 ff. sowie Müller-König, Augustdorf, S. 127 ff. Zu der Auseinandersetzung Lippe allgemein betreffend vgl. Butterweck, Geschichte, S. 187 ff., vertiefende Hintergrundinformationen bieten darüber hinaus Wehrmann, Zeitalter, S. 113 ff. und Bödeker, Landeskirche, S. 185 ff.

218 Vgl. Küstermann, Geschichte, Bd. I, 2. Teil, Abschrift 2010, S. 283 und S. 302. Zu den Lebensdaten der Fürstin Pauline s. Kittel, Heimatchronik, S. 185 ff. Mit der Einpfarrung Lopshorns erhöhte sich auch das Kirchen- und Schulsteueraufkommen Augustdorfs um rund ein Drittel. Grundlage der Erhebung war der im Rahmen der Feuerversicherung taxierte Wert der Gebäude. Die Gelder wurden zur Finanzierung von Kirche, Pfarre und Schule verwendet. Vgl. Müller-König, Augustdorf, S. 103 sowie Küstermann, Bd. I, 2. Teil, Abschrift 2010, S. 217 sowie Bd. II, Abschrift 2010, S. 177.

219 Vgl. Küstermann, Geschichte, Bd. I, 2. Teil, Abschrift 2010, S. 272 ff. sowie Meier, Kirchengemeinde, S. 24 ff. Zum Kolonat Nr. 15 b vgl. S. 198 ff. in diesem Band.

Die um 2010 erstellte Aufnahme zeigt den vom ersten Augustdorfer Pastor Voigt (amt. 1817–1826) auf eigene Kosten errichteten Pfarrschuppen, der nach der Entlassung des Pfarrers im Mittelpunkt diverser besitzrechtlicher Auseinandersetzungen stand. Privatbesitz C. Güttler

Nachdem ein Gutachten die Baufälligkeit des alten Pfarrhauses von 1818 bestätigt hatte, wurde 1884/1885 die Errichtung eines neuen Gebäudes in Angriff genommen. Die Pläne für den schlichten Bruchsteinbau, der 1965 in Privatbesitz überging, schuf Baumeister Beneke aus [Spork-]Eichholz. A. Fischer, 2022

Um den Bau eines Pfarrhauses zu ermöglichen, bot Johann Berend Erfkamp, vermutlich nach Absprache mit seinem Sohn Johan Heinrich Adolf, die Bereitstellung seines Kolonates Nr. 49 an, eine Offerte, die letztlich Zustimmung fand. Als Kompensation erhielt er „64 Scheffelsaat von der gemeinen Hude hinten in der Senne und zwar in der Gegend bei der Sielemannschen Stätte Nr. 87".[220] Auf dem zugewiesenen Areal gründete Erfkamp jun. die Hofstellen Nr. 88 und Nr. 89, die samt einer dritten, später vom Besitz abgetrennten Stätte im Jahr 1937 der Erweiterung des Truppenübungsplatzes Senne weichen mussten.[221] Damit spiegelt das Kolonat Nr. 49 ein Stück weit Entwicklungen wider, wie sie für die Geschichte Augustdorfs insgesamt kennzeichnend waren.

Ende Oktober 1818 erfolgte die Bauabnahme des Pfarrhauses, dessen Kosten sich einschließlich Backhaus und Brunnen auf rund 2.058 Reichstaler beliefen. Zur Finanzierung hatten einmal mehr die fürstliche Regierung, landesweite Kollekten und der Falkenhagener Fonds beitragen.[222] Die Freude über das vollendete Werk währte aber wohl nicht lange, schon bald zeigten sich bauliche Mängel. 1827 war beispielsweise beklagt worden, „dass es dem Pastor zum Dören des Nachts im Bette aufs Haupte regnete".[223] Anfang 1883 legte das Ergebnis einer gründlichen Begutachtung die Planung eines Neubaus nahe, der 1884/1885 auch errichtet wurde.[224] Das noch heute vorhandene Gebäude fand 1965[225] einen privaten Käufer, während in direkter Nachbarschaft ein neues Pfarr- und Gemeindehaus[226] entstand, wenig später kamen Grundschule und Kindergarten[227] hinzu. Seit Mitte der 1990er Jahre ergänzt eine Senioreneinrichtung den Komplex.[228]

Nur wenige Jahrzehnte nach ihrer Fertigstellung hatte sich an der Kapelle ebenfalls ein erhöhter Reparaturbedarf bemerkbar gemacht. Der als Sachverständiger beauftragte „Bauconductor" Brune ermittelte laut Gutachten vom 15. Juli 1827 unter anderem, dass „bei einem heftigen Sturm" sogar Einsturzgefahr drohte.[229] Im März 1828 erreichte das Konsistorium schließlich das Gesuch einiger Augustdorfer, „einen Neubau vorzunehmen". Entsprechende Planungen erschienen angesichts des schlechten Gebäudezustandes der Fachwerkkapelle zwar empfehlenswert, wegen der Kosten aber kaum realisierbar. Trotz bereits ausgearbeiteter Entwürfe wurde daher am Ende einer Renovierung der Vorzug gegeben.[230] Erst 1875/1876 konnte der Bau eines neuen Gotteshauses verwirklicht werden. Die Pläne lieferte der fürstlich-lippische Domänenbaurat Ferdinand Ludwig Merckel (1808–1893), der zum Beispiel auch die etwa zur selben Zeit errichteten Kirchen in Leopoldshöhe, Bega, Almena und Schlangen konzipiert hat.[231] Die alte Fachwerkkapelle war indessen abgebrochen, noch verwendbares Baumaterial verkauft worden.[232]

Abb. links: Schon gegen Ende der 1820er Jahre hatte der Sanierungsbedarf der Augustdorfer Fachwerkkapelle einen Neubau nahegelegt, entsprechende Planungen scheiterten jedoch an der Finanzierung. Erst 1875/1876 wurde das Vorhaben in die Tat umgesetzt. Die Entwurfsarbeiten für die neue Kirche übernahm der fürstlich-lippische Domänenbaurat Ferdinand Ludwig Merckel. A. Fischer, 2022

220 Vgl. Meier, Kirchengemeinde, S. 25 sowie Küstermann, Geschichte, Bd. I, 2. Teil, Abschrift 2010, S. 277 ff. Zur Stätte Nr. 49 vgl. S. 203 f., was deren Verortung betrifft, vgl. den Ausschnitt der Overbeckschen Karte S. 58.

221 Zu den neu gegründeten Kolonaten vgl. S. 324 f. (Nr. 88) und S. 325 f. (Nr. 89) in diesem Band. 1840 war wiederum von der Stätte Nr. 88 eine weitere Hofstelle abgeteilt worden, auf der sich Hermann Henrich Philipp Erfkamp, ein Enkel des Johann Berend Erfkamp niederließ. Das Kolonat erhielt die Nummer 100, s. dazu S. 326 f. ebenfalls in diesem Band.

222 Vgl. Küstermann, Geschichte, Bd. I, 2. Teil, Abschrift 2010, S. 280 ff., der bauliche Besonderheiten, aber auch die beispielsweise durch Umplanungen verursachten Probleme eingehend beschreibt.

223 Küstermann, Geschichte, Bd. I, 2. Teil, Abschrift 2010, S. 298.

224 Die Baupläne lieferte Baumeister Beneke aus [Spork-]Eichholz, vgl. Müller-König, Augustdorf, S. 182.

225 Vgl. Meier, Kirchengemeinde, S. 83.

226 Das neue Pfarrhaus war zum Jahresende 1964 weitgehend fertiggestellt, das Gemeindehaus konnte am 30. Mai 1965 feierlich eingeweiht werden, vgl. Budde, Pfarr- und Gemeindehaus, S. 157 ff., der die Entstehungsgeschichte der beiden Gebäude detailreich schildert.

227 Vom Pfarr- und Gemeindehaus abgesehen, waren 1967/1968 auf dem Areal des früheren Kolonates Erfkamp Nr. 49 ein Kindergarten und eine Grundschule errichtet worden, vgl. Steffen/Wistinghausen, Augustdorf, S. 48 und S. 61 sowie Müller-König, Augustdorf, S. 184 f. Einen zweiten Kindergarten ließ die evangelisch-reformierte Kirchengemeinde dort 1991 bauen, vgl. Steffen/Wistinghausen, Augustdorf, S. 63 und Leweke, Kirche, S. 174 f.

228 Vgl. Steffen/Wistinghausen, Augustdorf, S. 174 ff. sowie Leweke, Kirche, 176 ff.

229 Vgl. Küstermann, Geschichte, Bd. I, 2. Teil, Abschrift 2010, S. 298 f.

230 Vgl. Küstermann, Geschichte, Bd. I, 2. Teil, Abschrift 2010, S. 300 ff., der einschließlich detaillierter Kostenaufstellungen auch in diesem Fall den Abwägungsprozess zwischen Instandsetzung und Neubau ausführlich beschreibt.

231 Vgl. Ruh, Dorfkirche, S. 167 ff. Zum Wirken des Domänenbaurats Merckel in Schlangen, wie auch zu seinem Schaffen insgesamt s. Stiewe, Geschichte, S. 250 ff.

232 Vgl. Meier, Kirchengemeinde, S. 75.

Schon 1829 hatte der damalige Pastor Emmighausen (1798–1830) im Zusammenhang mit der Diskussion um einen möglichen Kirchenneubau auf die Baufälligkeit der Schule verwiesen, die angesichts steigender Schülerzahlen außerdem „zu enge sei".[233] 1833 konkretisierten sich die Pläne zur Errichtung eines neuen Schulhauses; es entstand ab 1834 unweit des alten Gebäudes[234], das der Kolon Pollmann Nr. 20 für 165 Reichstaler „zum Abbruche"[235] kaufte.

Nach dem frühen Tod Pastor Emmighausens übertrug das Konsistorium die Augustdorfer Pfarre Christian Friedrich Melm (1805–1881)[236], der auch den abermals mit etlichen Schwierigkeiten verbundenen Neubau der Schule begleitet hat. Schließlich unterlag das lippische Schulwesen bis 1914 der geistlichen Aufsicht[237], wobei es die vor Ort zuständigen Pfarrer oft nicht nur beim unbedingt Notwendigen beließen. Pastor Jenin etwa hatte bereits 1797 die Einrichtung einer Industrieschule angeregt, in der Mädchen und Jungen zum Beispiel das Mützen-, Strümpfe- und Handschuhstricken erlernten. Als Lehrerinnen fungierten häufig die Ehefrauen der Schulmeister, denen die Tätigkeit einen kleinen Nebenverdienst bescherte, während die Kinder vom Verkauf der hergestellten Sachen profitieren sollten.[238] Die personenabhängige und deswegen schwankende Unterrichtsqualität und zunehmende Absatzschwierigkeiten, aber ebenso die Meinung vieler Eltern, dass der Besuch der „Strickschule, wie der Bauersmann dieses Institut nennt", Zeitverschwendung sei, weil ihre Töchter und Söhne andererseits bei der Hof- und Hausarbeit fehlten, minderten jedoch im Laufe der Jahre die Akzeptanz der Einrichtung und führten 1856/1857 zur Abschaffung der Augustdorfer Industrieschule.[239]

Zurück zu Pastor Melm, der ebenfalls eine über seine eigentlichen Aufgaben hinausreichende Einsatzbereitschaft zeigte und infolgedessen „ein vorzügliches Verdienst um die Hebung der hiesigen Kulturverhältnisse" erwarb. Der Chronist Küstermann beschreibt Melm als tüchtigen und einsichtigen Mann, „der den Fortschritt wollte". Da dieser vor seiner Ausbildung zum Theologen „Oekonomie studiert hatte", lagen dem Pfarrer offenbar insbesondere wirtschaftliche Belange am Herzen.[240] Angesichts fehlender Fabrikarbeitsplätze empfahl er beispielsweise Zuzugsbeschränkungen für fremde Einlieger.[241] Die Terminierung

233 Vgl. Küstermann, Geschichte, Bd. I, 2. Teil, Abschrift 2010, S. 305. Biografische Angaben zu Wilhelm Heinrich Emmighausen finden sich bei Meier, Kirchengemeinde, S. 30.
234 Vgl. Küstermann, Geschichte, Bd. I, 2. Teil, Abschrift 2010, S. 214 ff. In unmittelbarer Nachbarschaft der inzwischen zum Wohnhaus umgebauten Schule von 1834 wurde 1908 ein neues Schulgebäude errichtet; eine weitere Schule war bereits um 1890 an der Haustenbecker Straße entstanden, vgl. Müller-König, Augustdorf, S. 183. Zur Geschichte der Augustdorfer Schulbauten insgesamt vgl. Steffen / Wistinghausen, Augustdorf, S. 46 ff.
235 Vgl. Küstermann, Geschichte, Bd. I, 2. Teil, Abschrift 2010, S. 220.
236 Zur Biografie vgl. Butterweck, Geschichte, S. 309 und S. 399 sowie Meier, Kirchengemeinde, S. 31. Laut Butterweck, Geschichte, S. 309 war Melm bereits 1830 in Augustdorf tätig. Der bei Küstermann, Geschichte, Bd. I, 2. Teil, Abschrift 2010, S. 313 selbst zitierte Pastor nennt 1831 als Jahr seines dortigen Dienstantritts.
237 Vgl. van Faassen, Schulwesen, S. 299.
238 Vgl. Müller-König, Augustdorf, S. 39 f. Zu den lippischen Industrieschulen s. darüber hinaus van Faassen, Schulwesen, S. 292 ff., die darauf verweist, dass die entsprechenden Einrichtungen in Schlangen, Haustenbeck, Hiddesen und auch Augustdorf „immer wieder lobend erwähnt wurden", s. S. 294.
239 Vgl. Müller-König, Augustdorf, S. 108 und S. 119.
240 Vgl. Küstermann, Geschichte, Bd. I, 1. Teil, Abschrift 2010, S. 42 und S. 50.
241 Vgl. Küstermann, Geschichte, Bd. I, 1. Teil, Abschrift 2010, S. 50.

1834 war in unmittelbarer Nachbarschaft zur ersten Augustdorfer Schule ein Nachfolgebau entstanden, den wiederum gegen 1908 der Zementwarenhersteller Bruelheide erworben hatte. Nunmehr Privatbesitz, erhielt das Anwesen die Kolonatsnummer 176. Im Adressbuch von 1954 wird unter anderem Ernst Loske als Bewohner genannt. Die Fotografie stammt aus der Zeit um 1912. Das mittlerweile baulich stark verändert Gebäude dient nach wie vor Wohnzwecken. D. Werning, Erinnerungen, S. 75

der Getreideaussaat[242] beschäftigten ihn ebenso wie Fragen der Bodenverbesserung und das Problem übertriebener Plaggengewinnung, das Anlegen von Hecken und Gehölzen zum Abhalten des Windes und Festlegen der Sandwehen oder das Thema Brunnenbau[243]. Sein Interesse galt nicht zuletzt der Baumzucht inklusive der Kultur verschiedener Obstsorten.[244]

Aus heutiger Sicht ungewöhnlich waren Melms Maulbeerbaumanpflanzungen, mit denen er die Hoffnung verband, „die Seidenzucht auch bei unseren Kolonisten in Schwung bringen zu können".[245] Das auf Initiative[246] seines Schwiegervaters, des Reelkirchener Pastors Schönfeld zurückgehende Projekt hatte zwar keinen langfristigen Erfolg, bezeugt aber die Kreativität, die entfaltet wurde, wenn es um das Fortkommen Augustdorfs ging.

Als nachhaltiger erwies sich hingegen die Einrichtung eines Jahrmarktes. Schon zwischen 1807 und 1828 gab es darauf abzielende Gesuche, doch sollten bis zu einer Entscheidung im Sinne der Antragsteller einige Jahre vergehen. Schließlich fand die heute unter der Bezeichnung *Herbstkirmes* bekannte Veranstaltung erstmalig am 10. Oktober 1844 statt. Weil allerdings der seinerzeit gewählte Platz „auf dem Bentbrinke" wenig geeignet war, wurde das Marktgeschehen später in den Bereich des damals noch an der Straße nach Haustenbeck ansässigen Frohnenkruges verlegt. Zu größerer Bedeutung gelangte der Augustdorfer Jahrmarkt ab 1855.[247]

1908 wurde etwa am selben Standort ein Schulhaus errichtet, an dem sich bereits der 1834 abgebrochene, erste Vorgängerbau von 1793 befunden hatte. 1949 um zwei Dachgeschossklassen erweitert, diente das Bruchsteingebäude bis 1965 als Volksschule. A. Fischer, 2022

242 Vgl. Küstermann, Geschichte, Bd. I, 1. Teil, Abschrift 2010, S. 32.
243 Vgl. Küstermann, Geschichte, Bd. I, 1. Teil, Abschrift 2010, S. 49 f.
244 Vgl. Küstermann, Geschichte, Bd. I, 1. Teil, Abschrift 2010, S. 76 ff.
245 Vgl. Küstermann, Geschichte, Bd. I, 1. Teil, Abschrift 2010, S. 43 f.
246 Vgl. Meier, Kirchengemeinde, S. 31 f.
247 Vgl. Küstermann, Geschichte, Bd. I, 1. Teil, Abschrift 2010, S. 153 ff., der die Anfänge des Augustdorfer Jahrmarktes wie auch dessen Angebote und Abläufe detailreich beschreibt. Zum Frohnenkrug vgl. S. 259 ff. in diesem Band.

Die dem Stukenbrocker Gutsbesitzer Bokel zugedachte Einladungskarte zum Sängerfest, das am 3. März 1889 beim Gastwirt Holzkämper stattfinden sollte, erinnert an einen der ältesten Vereine Augustdorfs, die 1888 gegründete Chorgemeinschaft Erika.
Sammlung O. Biere

Zu dem
am Sonntag, den 3. März stattfindenden
Sängerfeste
— bei Herrn Gastwirth HOLZKÄMPER —
ladet ergebenst ein
Augustdorf 1889. Der Gesangverein.
Anfang 4 Uhr Nachmittags.
Es wird gebeten diese Karte auf Verlangen vorzuzeigen.

Im Vordergrund der Marktaktivitäten stand der Viehhandel, angeboten wurden aber auch Dinge des täglichen Bedarfs. Ebenfalls nicht zu kurz kam die Geselligkeit, wenngleich Pfarrer und Lehrer, zumindest bei der Jugend „die Zügel etwas straff hielten".[248] Da etliche der Obrigkeitsvertreter eine gewisse Sittenlosigkeit befürchteten, begegneten sie Festivitäten und Vergnügungen generell mit Argwohn. Auf Augustdorf bezogen, blieb das Gefährdungspotenzial insbesondere durch öffentliche Veranstaltungen jedoch überschaubar. Vom Jahrmarkt sowie „Lustbarkeiten und Tanzgelage[n] in den Krügen"[249] abgesehen, luden bestenfalls noch die seit der Zeit um 1800 hin und wieder gefeierten Schützenfeste zu Kurzweil, Tanz und Frohsinn ein.[250]

Neben gemeinsamen Interessen spielt die Pflege sozialer Kontakte oftmals auch bei Vereinsgründungen eine Rolle. Vor Ort wurden entsprechende Initiativen erst vergleichsweise spät ergriffen. Als ältester Verein der Gemeinde Augustdorf gilt die 1888 gegründete Chorgemeinschaft Erika[251], allerdings erwähnt das Adressbuch von 1901[252] einen Kriegerverein, der bereits 1884[253] dem Lippischen Kriegerbund beigetreten ist und folglich, in welcher Rechts- oder Organisationsform sei dahingestellt, schon während jener Zeit bestanden hat. Noch älter war der am 4. April 1858 ins Leben gerufene Viehsterbeverein. Die ausnahmslos für Rindvieh abschließbare Versicherung leistete finanzielle Unterstützung, wenn Tiere verunglückten.

Angestoßen haben die Initiative „etliche Einlieger"; die Ausgestaltung der rechtlichen Rahmenbedingungen übernahmen federführend der damalige Pastor Krecke sowie der Küster und Chronist Küstermann, der die Gründungsumstände und Richtlinien des Vereins detailliert beschreibt.[254] Das Engagement insbesondere der Einlieger für die Viehversicherung verwundert kaum. Immerhin ergab zum Beispiel die Volkszählung von 1861[255], dass seinerzeit 83 Angehörige dieser Bevölkerungsgruppe eine Kuh hatten, ein wertvoller Besitz, den es abzusichern galt, da anderweitige Vermögenswerte häufig nicht vorhanden waren.

Seitens der Kolone toleriert, durften die Weidetiere der Einlieger ursprünglich mit auf die gemeinschaftlichen Hudeflächen getrieben werden, deren Nutzungsberechtigung eigentlich Grundbesitz voraussetzte. Ihre Relevanz verlor die Regelung erst im Zuge der Gemeinheitsteilungen, die in Lippe seit Anfang des 19. Jahrhunderts durchgeführt wurden.[256] Die Beobachtung, dass viele Einlieger danach vermehrt Ziegen anstelle von Kühen und Schweinen[257] hielten, traf zumindest teilweise auch für Augustdorf zu, wo infolge der Senneteilung „gegen 20 Einlieger ihre Kuh abgeschafft"[258] haben.

Mit der Privatisierung der Gemeinheiten verband sich die Hoffnung auf eine Verbesserung der Landwirtschaft, in der nunmehr, vereinfacht gesagt, Arbeitseifer und eigenverantwortliches Handeln zu Produktivitätssteigerungen führen sollten.[259] Was die Senne betraf, ging es darüber hinaus um das Beenden der raubbaumäßig betriebenen Plaggengewinnung, die durch die Zerstörung oberer Bodenschichten unter anderem der Dünenbildung

248 Vgl. Küstermann, Geschichte, Bd. I, 1. Teil, Abschrift 2010, S. 154. Vor allem die Pastoren hatten die Bewahrung von ‚Sitte und Anstand' im Blick. Die dafür geltenden Maßstäbe unterlagen zwar der subjektiven Einschätzung der jeweiligen Pfarrer, die in ihrer regelmäßigen Berichterstattung gegenüber dem Konsistorium dennoch recht oft moralische Defizite innerhalb der Gemeinden beklagten. Auch zu Augustdorf liegen entsprechende Mitteilungen vor, die darüber hinaus eindrückliche Hinweise auf die damaligen, häufig eher ärmlichen Lebensverhältnisse geben. Vgl. Wehrmann, Berichte, passim.
249 Vgl. Wehrmann, Berichte, S. 108 f.
250 Vgl. Küstermann, Geschichte, Bd. I, 1. Teil, Abschrift 2010, S. 156 ff. „Das Schützenfest wurde", so der Chronist, „gewöhnlich um Pfingsten abgehalten", offenbar fand die Veranstaltung aber wohl nicht jedes Jahr statt.
251 Vgl. Steffen / Wistinghausen, Augustdorf, S. 156 ff., die nicht nur die Entwicklung der Chorgemeinschaft Erika skizzieren, sondern auch die übrigen, zumindest noch im Jahr 2000 bestehenden Augustdorfer Vereine kurz vorstellen.
252 Vgl. Adressbuch von 1901, S. 247.
253 LAV NRW OWL L 79 Nr. 6850.
254 Vgl. Küstermann, Geschichte, Bd. I, 1. Teil, Abschrift 2010, S. 92 f.
255 Vgl. Küstermann, Geschichte, Bd. II, Abschrift 2010, S. 121.
256 Vgl. van Faassen, Landwirtschaft, S. 766. Zum näheren Verfahren s. auch Weiß, Entwicklung, S. 174 ff.
257 Vgl. van Faassen, Berufsstand, S. 11.
258 Küstermann, Geschichte, Bd. I, 1. Teil, Abschrift 2010, S. 89.
259 Vgl. van Faassen, Berufsstand, S. 11.

Vorschub geleistet hatte. Während der Amtsrat Schreiter noch meinte: „Die Heide könne den Anbauern nie beknäppet werden“, war sie „kurz vor der Teilung so behende [=spärlich], dass die ganze liebe grosse Senne fast kahl wie ein Jünglingskinn dalag.“[260]

Schon 1822 war die Generalteilung der lippischen Senne im Bereich der Meiereien Lopshorn und Oesterholz sowie der Bauerschaften Schlangen, Kohlstädt und nicht zuletzt Haustenbeck eingeleitet worden. Um 1845 erfolgte dort die eigentliche Gemeinheitsteilung, die sogenannte Spezialteilung. Als Geometer wurde der Forstsekretär Steneberg[261] berufen, der wenig später auch die Vermessung der Augustdorfer Senne übernahm.

Vorab um eine Einschätzung gebeten, stellte Steneberg im Rahmen seines Gutachtens vom 9. November 1847 fest, dass die Augustdorfer Senne „die traurigste Fläche der Verwüstung“ darbiete, „welche sich in der ganzen lippischen Senne auffinden“ lasse. Zugleich skizzierte er die Vorteile einer Privatisierung wie das Eindämmen der Erosion durch Bepflanzung der Dünen und Sandbrüche mit Kiefern oder die Erholung der danach wieder für künftige Nutzungen verfügbaren Heidebestände, weil „dem willkürlichen ganz uneingeschränkten Heidemähen und Plaggenhauen [...] Einhalt [geschehe]“. Die Benachteiligung der grundbesitzlosen Einlieger war ihm bewusst. Angesichts schwindender Ressourcen verwies der Geometer jedoch auf die möglicherweise abnehmende Duldungsbereitschaft gegenüber den Nichtnutzungsberechtigten, während bei einer Besserung der Situation, so sein Ausblick, die Kolone „noch genug übrig behalten werden, [...] den Dürftigen [zu geben]“.[262]

Durch das Urteil Stenebergs bestärkt, ließ die Regierung die Teilung der Augustdorfer Senne in Angriff nehmen. Zunächst stand ein grundsätzliches Übereinkommen zwischen Pivitsheide, Augustdorf und Fürstlicher Rentkammer auf der Agenda, das Ringen um die Generalteilung zog sich indes jahrelang hin. Ansprüche wurden formuliert, traditionelle Rechte ins Spiel gebracht, Sachverständige bemüht, „Rechtsfreunde“ [=Anwälte] eingeschaltet, die jeweiligen Forderungen etwa unter Berücksichtigung verschiedener Bodengüten gegeneinander aufgerechnet und vieles mehr.[263] Erst im Frühjahr 1854 „kam das Ding“, so Küstermann, „endlich, endlich zum Klappen“ und die Einigung der drei Verhandlungsparteien konnte der Regierung angezeigt werden. Für die Augustdorfer bedeutete das auch die Aufhebung der Erbpachtverhältnisse und die Gleichstellung mit „den übrigen Kolonen des Landes“.[264] Das Ganze hatte demgemäß, zumindest die Dören-Bewohner betreffend, nicht unerhebliche besitzrechtliche Konsequenzen.

Direkt anschließend erfolgte die weitere Aufteilung der den Augustdorfern zuerkannten Areale, für die Vermessung war erneut der Geometer Steneberg zuständig. Die Größe der Flächen, die letztlich jedem Kolonat zugeschlagen wurden, richtete sich nach der hudeberechtigten, im Salbuch dokumentierten Viehzahl, daneben spielten einmal mehr die durch Sachverständige ermittelten Bodenqualitäten eine Rolle. Beachtung fand ebenso die Lage der Grundstücke, die, sofern möglich, unmittelbare Verbindungen zur Hofstelle aufweisen sollten. Was die eigentlichen Sennebereiche anbelangte, erhielten die kleineren Stättenbesitzer die eher hofnahen Plätze, die größeren Kolone, da sie über stärkere Gespanne verfügten, die entfernteren Parzellen. Über die endgültige Vergabe entschied in beiden Fällen das Los.[265]

Im Juni 1855 abgeschlossen, zog die Senneteilung unterschiedlichste Entwicklungen nach sich. Eine Konsequenz war, dass wohl, wie Küstermann erläutert, keine neuen Kolonate mehr gegründet werden konnten, zumal die Gesetzeslage auch das Zerstückeln größerer Stätten weitgehend beschränkte. Nichterbberechtigten Kindern blieb daher häufig nur ein Leben als Einlieger, was wiederum den Bedarf an Wohnungen und damit die Mieten steigen ließ.[266]

260 Küstermann, Geschichte, Bd. II, Abschrift 2010, S. 91.

261 Vgl. van Faassen, Landwirtschaft, S. 767 f. sowie S. 798, Anmerkung 42.

262 Vgl. Küstermann, Geschichte, Bd. II, Abschrift 2010, S. 125 ff.

263 Vgl. Küstermann, Geschichte, Bd. II, Abschrift 2010, S. 127 ff., der eine überaus detailreiche Darstellung der komplexen Aushandlungsprozesse bietet.

264 Vgl. Küstermann, Geschichte, Bd. II, Abschrift 2010, S. 160 f. sowie Müller-König, Augustdorf, S. 149 f.

265 Vgl. Müller-König, Augustdorf, S. 147 f. sowie Küstermann, Geschichte, Bd. II, Abschrift 2010, S. 161 ff., insbesondere S. 167.

266 Vgl. Küstermann, Geschichte, Bd. I, 1. Teil, Abschrift 2010, S. 114, der bezüglich der Einlieger die gestiegenen Armutsrisiken infolge der Gemeinheitsteilungen schildert, andererseits aber wachsenden Luxus etwa bei den Ziegelgängern beobachtet, Vergleiche zur Situation der Kolone zieht und ebenso die Stellung der Frauen beleuchtet. Was das Teilungsverbot der Höfe angeht, wurde das Gesetz 1620 eingeführt, 1779 gelockert und drei Jahre später wieder „bekräftigt“, vgl. Arndt, Fürstentum, S. 246. Kittel, Heimatchronik, S. 272 sieht hingegen eine generell nur eingeschränkte Anwendung der Regelung. Neben der anscheinend durchaus „zulässige[n] Ausstattung auch jüngerer Hofsöhne mit Grundstücken“ konstatiert er etwa, dass aus der Privatisierung der Gemeinheiten vermehrt käufliche, oftmals zum Gründen neuer Stätten genutzte Parzellen hervorgegangen waren. Eine Auswertung der Augustdorfer Kolonatsakten bestätigt das nur bedingt. Auf vormaligen Gemeinheitsflächen entstanden dort vermutlich nur die zwischen 1863 und 1867 errichteten Kolonate Nr. 111, Nr. 112, Nr. 113 und Nr. 132, wie die beispielsweise beim Erwerb der Areale verwendete Formulierung „von der Hude“ impliziert. Vgl. dazu S. 327 f. (Nr. 111), S. 253 (Nr. 112), S. 329 (Nr. 113) und S. 180 f. (Nr. 132) in diesem Band.

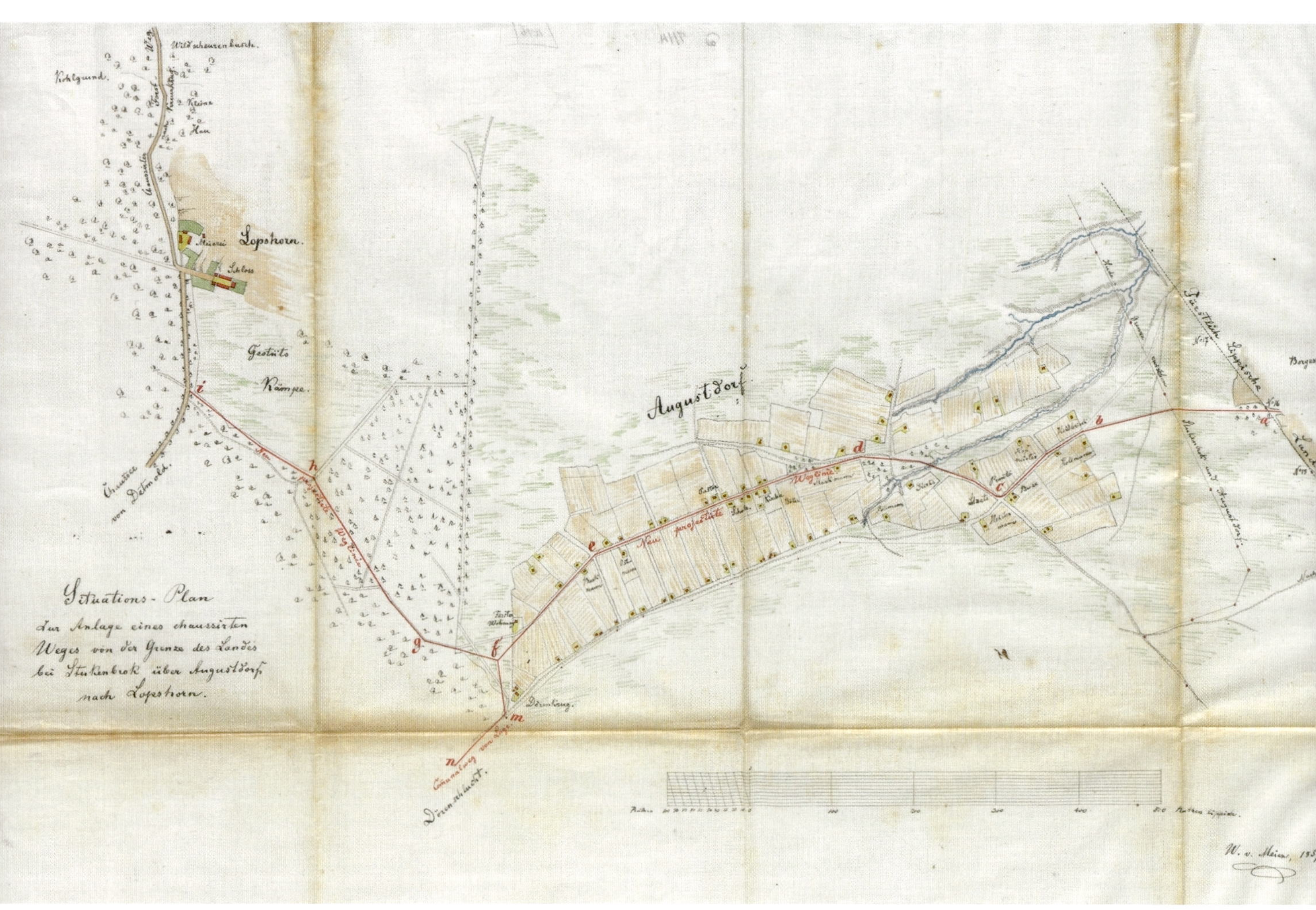

Eine Folge der 1855 abgeschlossenen Gemeinheitsteilungen war die teilweise Verlegung oder auch Begradigung der Wege. Mit den Entwicklungen könnte nicht zuletzt die Chaussierung einiger Straßen in Verbindung stehen, wie sie 1857 für die Strecke „von der Grenze des Landes bei Stukenbrok über Augustdorf nach Lopshorn" projektiert wurde. LAV NRW OWL D 73 Tit. 4 Nr. 5179

Schon angemerkt wurde, dass etliche Einlieger gezwungenermaßen ihre meist einzige Kuh abschafften, ebenso reduzierten die Kolone ihren Bestand an Vieh, für dessen Haltung sich nunmehr weitgehend die Stallfütterung durchsetzte. Folglich verloren die Dorfhirten[267] ihre Bedeutung und verschwanden aus dem Landschaftsbild, das aber auch in anderer Hinsicht Wandlungen unterlag. Wie schon vom Geometer Steneberg[268] als Vorteil der Privatisierung ins Feld geführt, hatten die Kieferanpflanzungen nach der Senneteilung wohl in der Tat erheblich zugenommen[269]. Schließlich sei noch die Änderung der Wegverläufe erwähnt, die mit einem Verbot aller „Neben- und Schleichwege"[270] und einer Verlegung und gegebenenfalls Begradigung der Passagen einherging, wobei das Ganze allerdings nicht immer auf Zustimmung stieß[271].

Obwohl im Verlauf des langwierigen und komplexen Aushandlungsprozesses der Senneteilung versucht wurde, möglichst viele Interessen zu berücksichtigen, erschien die eine oder andere Regelung als ungerecht. Noch Jahre später existierten offenbar unterschwellige Spannungen, die sich vorzugsweise in Verbindung mit erhöhtem Alkoholgenuss entluden – zumindest legen das Beobachtungen des Chronisten Küstermann nahe. Anlass seiner Mitteilung war ein wohl ‚ausgeufertes' Gelage, das nach gemeinschaftlich organisierten Steinfuhren zum Neubau einer Stallung stattgefunden hatte.[272]

Die wirklichen Verlierer der Privatisierung der Gemeinheiten waren die grundbesitzlosen Einlieger. Auch bei der Teilung der Augustdorfer Senne gingen sie leer aus, wenngleich es Versuche gab, dieser Bevölkerungsgruppe ebenfalls Nutzungsflächen zu sichern. Als Verfechter entsprechender Bemühungen traten der Vorsteher Böger Nr. 51 und der Lehrer Kessemeier in Erscheinung. Sie „strebten" jedoch „vergebens dahin, dass für die hiesigen Einlieger eine bestimmte Anzahl von Scheffelsaaten zu ihrem Nutzniess ungeteilt liegen bliebe; es war nicht durchzubringen".[273]

Mangels anderweitiger Erwerbsmöglichkeiten bot die saisonale Wanderarbeit Einkommensperspektiven. Schon der Revisionsbericht von 1791 erwähnt im Rahmen seiner Erfassung der Augustdorfer Gewerbe einen „Friesländer", ob damit ein Torfstecher, Grasmäher, Deichgräber oder Ziegler gemeint war, wird indes nicht gesagt. Genannt werden außerdem 1 Chirurg, 2 Krüger, 1 Zimmermann, 1 Nagelschmied, 2 Schuster, 1 Schneider, 1 Drechsler, 1 Musikant sowie 9 Weber und 32 Spinner.[274]

1861 führt Ernst Friedrich Küstermann im Regierungsauftrag selbst eine Volkszählung durch, deren Ergebnis ebenfalls Eingang in seine „Tabelle nach Revisionsberichten" findet. Dokumentiert sind nunmehr 3 Krüger, 3 Kaufleute, 5 Schneider, 6 Zimmerleute, 3 Schuster, 2 Holzschuhmacher, 5 Näherinnen, 5 Maurer und 131 Weber.[275] Ergänzend verweist der Chronist auf einen Lumpensammler, „den alten wohlbekannten und eigentlich zu nichts nützen Einlieger Ebert, der ungeschiedene Ehemann seiner nicht bei ihm lebenden, ebenfalls nicht viel taugenden Ehefrau". Was die Weberei betrifft, hat der Chronist bei Kolonen und Einliegern insgesamt 136 Webstühle gezählt, auf denen „für andere Leute" produziert wurde, während „mehrere andere [...] entweder ganz still [stehen] oder bloß [...] für den eigenen Bedarf [weben]".[276] Die Ziegelgänger blieben bei der Datenerhebung offenbar außen vor.

Ein Vergleich zwischen den für 1786[277], 1791 und 1861 dokumentierten Tätigkeiten zeigt größtenteils Überstimmungen hinsichtlich der ausgeübten Handwerke und Gewerbe, festzustellen sind jedoch steigende Zahlen innerhalb der jeweiligen Berufsgruppen. Bemerkenswert ist, dass die Garnspinnerei 1861 augenscheinlich keine Rolle mehr spielt, während die Weberei wohl noch eine gewisse Bedeutung hatte. „Seitdem das Spinnen für uns gar keinen Verdienst mehr abwirft, beschäftigt man sich mehr und mehr mit der Weberei", so denn auch das Resümee Küstermanns.[278] Der Chronist verweist allerdings darauf, das Letzteres ebenfalls „meist schlecht" gehe.[279]

267 Vgl. Küstermann, Geschichte, Bd. I, 1. Teil, Abschrift 2010, S. 89 f.

268 Vgl. Küstermann, Geschichte, Bd. II, Abschrift 2010, S. 126.

269 Vgl. Küstermann, Geschichte, Bd. I, 1. Teil, Abschrift 2010, S. 53.

270 Vgl. Küstermann, Geschichte, Bd. I, 1. Teil, Abschrift 2010, S. 82

271 Vgl. Küstermann, Geschichte, Bd. II, Abschrift 2010, S. 165 f. Noch nach dem Vollzug der Generalteilung hatten sich mehrere Augustdorfer Kolone über eine ihrer Ansicht nach ungünstige Wegführung beschwert, von der sie andererseits laut Forstsekretär Steneberg selbst profitierten. Zu Einzelheiten der Ausweisung eines Weges und den Bedingungen seiner Nutzung, s. Küstermann, Geschichte, Bd. II, Abschrift 2010, S. 166.

272 Vgl. Küstermann, Geschichte, Bd. I, 1. Teil, Abschrift 2010, S. 124 ff., der bei der Gelegenheit den Ablauf sogenannter Gratisfuhren detailliert schildert und zugleich deren Sinnhaftigkeit hinterfragt.

273 Küstermann, Geschichte, Bd. I, 1. Teil, Abschrift 2010, S. 239. Zum Kolonat Böger Nr. 51 vgl. S. 208 f. in diesem Band.

274 Vgl. Küstermann, Geschichte, Bd. II, Abschrift 2010, S. 90 sowie die Tabelle, Bd. II, Abschrift 2010, S. 108, in der die 32 Spinner allerdings nicht erscheinen, während dort andererseits der Musikant erwähnt wird.

275 Vgl. Küstermann, Geschichte, Bd. II, Abschrift 2010, S. 108. Im Rahmen der amtlichen Volkszählung waren Lehrer und Bauerrichter als „Gehülfen", eingesetzt. Vgl. LAV NRW OWL L 77 A 4674, Bl. 97.

276 Vgl. Küstermann, Geschichte, Bd. II, Abschrift 2010, S. 121 f. Laut Abschrift von 2010 nennt Küstermann in seinen Erläuterungen „5 Schreiner", dabei handelt es sich allerdings wohl um eine versehentliche Angabe im Digitalisat. Der dortigen Tabelle des Chronisten entsprechend (s. S. 108), weist die Originalchronik 5 Schneider aus. Im Hinblick auf die Handwerke betont der Chronist, dass er nur „Meister und Meisterinnen gerechnet" habe.

277 Vgl. S. 53 in diesem Beitrag. Ergänzend sei noch Folgendes anzumerken: Einem 1490 verliehenen, später mehrfach verlängerten Privileg gemäß, blieben Handel und Handwerk lange Zeit auf die Städte beschränkt; in den Dörfern durften lediglich Tätigkeiten, die, wie das Schmieden, das Funktionieren des bäuerlichen Alltags gewährleisteten, ausgeübt werden. Doch schon im ausgehenden 17. Jahrhundert wurden „Handels- und Gewerbekonzessionen für das platte Land" vergeben. Eine vollständige Gewerbefreiheit herrschte hierzulande erst nach Lippes Beitritt zum Norddeutschen Bund, der 1869 erfolgte. Vgl. Kittel, Heimatchronik, S. 103 f., S. 180 und S. 276.

278 Vgl. Küstermann, Geschichte, Bd. I, 1. Teil, Abschrift 2010, S. 109 ff., der die Entwicklung der Garnspinnerei und Leinenherstellung in Augustdorf ausführlich beschreibt, Zitat S. 109.

279 Vgl. Küstermann, Geschichte, Bd. I, 1. Teil, Abschrift 2010, S. 111.

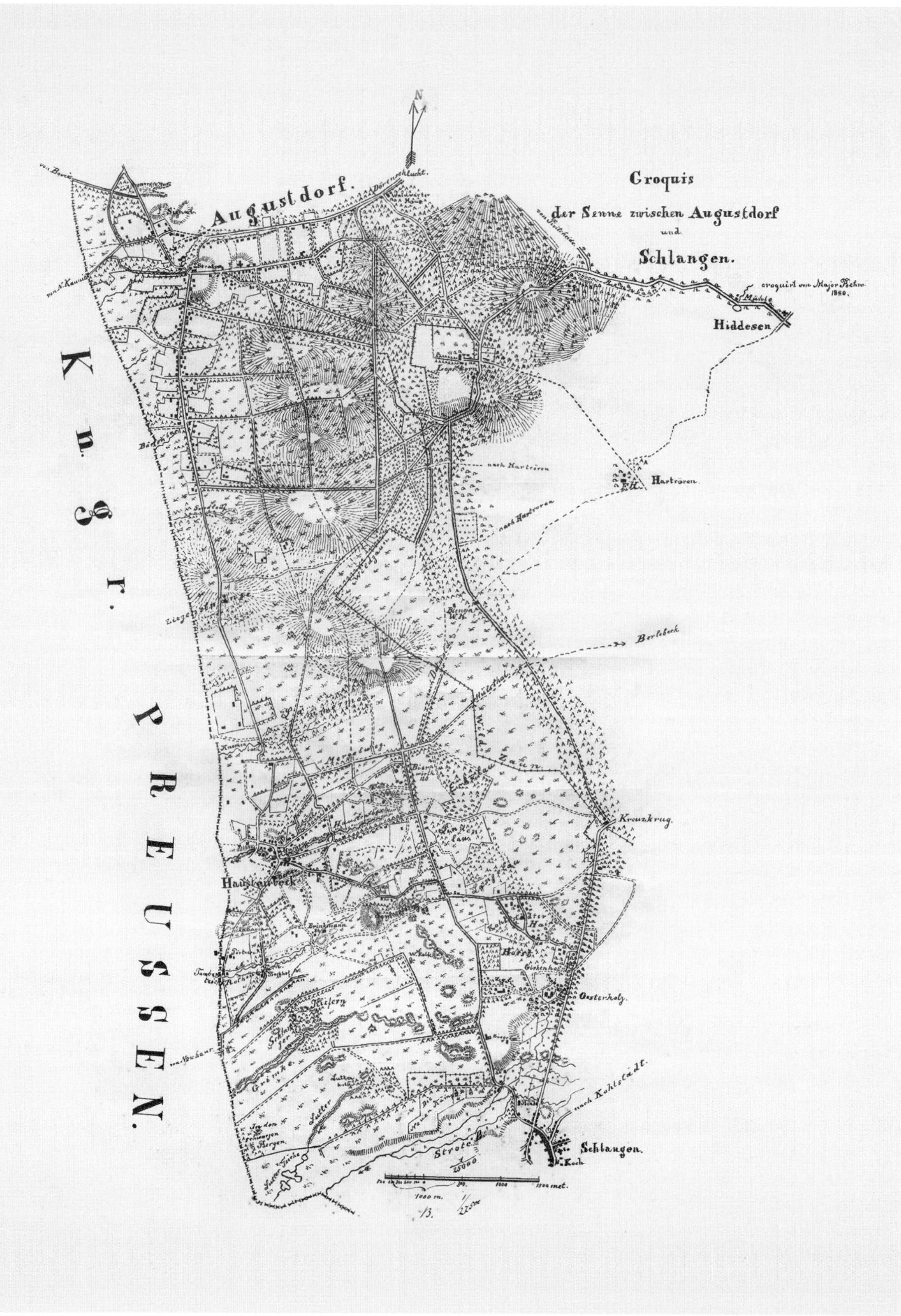

Croquis
der Senne zwischen Augustdorf
und
Schlangen.
croquirt von Major Pehw.
1880.
N
Augustdorf
Hiddesen
Mühle
Hartrören
nach Hartrören
Berlebeck
Kreuzkrug
Haustenbeck
Oesterholz
nach Kohlstädt
Schlangen.
Strote
1000 m.
Kn. Gr. PREUSSEN.

Der Rückgang der lippischen Leinenherstellung hatte mehrere Gründe. Zu nennen ist einerseits die Zollpolitik des benachbarten Preußen, das 1818 die Zölle innerhalb seines Staatsgebietes aufhob und gleichzeitig Importe mit entsprechenden Abgaben belegte.[280] Zum anderen war die in England maschinell gefertigte Ware günstiger und wegen ihres gleichmäßigeren Aussehens auch qualitativ besser, und schließlich erschien mit dem Aufkommen der Baumwolle ein zusätzliches Konkurrenzprodukt am Markt.[281] Letztlich konnten weder die Einführung von Qualitätskontrollen noch der 1842 vollzogene Beitritt Lippes zum Deutschen Zollverein den Niedergang der hiesigen Leinenproduktion aufhalten.[282]

Während das lippische Leinengewerbe weitgehend zum Erliegen kam, stieg die Zahl der Ziegler kontinuierlich an.[283] Auch am Dören entwickelte sich „das Ziegeleigehen" zum „Hauptindustriezweig". Küstermann schätzte, dass „etwa 150–200 Personen" die Ziegelarbeit betrieben und „ein nicht unbedeutendes" [...], „allerdings recht sauer" verdientes Geld heimbrachten.[284] Von 434 männlichen Augustdorfern über 14 Jahre, die er bei seiner 1861 durchgeführten Volkszählung[285] erfasst hatte, wären demgemäß zwischen 34,5 % und 46 % dieser Altersgruppe als Ziegler unterwegs gewesen. Bezogen auf die insgesamt „1304 Seelen" des Dorfes betrug der Anteil rund 13,4 % der Bevölkerung.

Im Laufe der nachfolgenden Dekaden gewann das lippische Wanderziegelwesen weiter an Bedeutung; seinen Höhepunkt erreichte es in den ersten Jahren des 20. Jahrhunderts.[286] Das galt gleichermaßen für Augustdorf, wo die Zahl der Arbeitsmigranten ebenfalls wuchs und 1910 rund 18,5 % der mittlerweile 1550 ‚Köpfe' zählenden Gesamtbevölkerung ausmachte.[287] Was die soziale Zuordnung der Ziegelgänger anging, zogen Einlieger und deren heranwachsende Söhne ebenso in die Fremde wie die männlichen Nachkommen der Kolone. Am Ende profitierten selbst die Daheimgebliebenen, die nun, wie Küstermann beobachtet, mangels einheimischer Arbeitskräfte „guten Tagelohn" verdienten.[288] Die Entwicklungen zusammenfassend ist erkennbar, dass nicht wenige, zunächst als Einlieger verzeichnete Ziegler später Kolonatsbesitzer wurden.[289] Vom Erwerb einer Stätte durch Einheirat abgesehen, lässt das Rückschlüsse auf das Erlangen eines gewissen, wenn auch bescheidenen Wohlstandes zu.

Neben der saisonalen Wanderarbeit stieg die Zahl der Auswanderer, die in Übersee, vor allem innerhalb der Vereinigten Staaten von Amerika neue Lebensperspektiven erhofften. Schon im 17. und 18. Jahrhundert hatten sich Lipperinnen und Lipper auf den Weg gemacht, um fern der Heimat eine neue Existenz aufzubauen. Ab Mitte des 19. Jahrhunderts setzte dann eine regelrechte Auswanderungswelle ein, die schließlich, zumindest in beschränktem Maße, auch Augustdorf erreichte.[290]

Was die auswanderungswilligen Bewohner Augustdorfs letztlich zum Verlassen ihres Heimatortes bewog, lässt sich nicht eindeutig bestimmen. Zum Jahr 1848 vermerkt Küstermann beispielsweise, dass dort „nur schwache Wellen der Revolution herüber [schlugen]"[291], politische Gründe werden daher eine eher untergeordnete Rolle gespielt haben. Gleiches gilt für Auswanderungen aus religiösen Motiven, obschon der Chronist im Zusammenhang mit

Abb. links: Im Jahr 1880 hat ein Major Behm eine als *Croquis* bezeichnete grobe Skizze der Senne zwischen Augustdorf und Schlangen angefertigt, die unter anderem naturräumliche Details und alte Wegverbindungen zeigt, aber auch auf Einzelheiten wie Wildzaun und Bienenwärterhaus verweist.
LAV NRW OWL D 73 Tit. 4 Nr. 5434

280 Vgl. Kittel, Heimatchronik, S. 210.
281 Vgl. Gilgen, Hinterland, S. 243 ff.
282 Vgl. Kittel, Heimatchronik, S. 211 und S. 215, der angesichts der wirtschaftlichen Rückständigkeit Lippes seinen Blick ins benachbarte preußische Ravensberg richtet, wo Dank „großzügiger, öffentlicher Förderung" der Übergang zur „maschinellen Fabrikation" gelang und für einen „großen industriellen Aufschwung" sorgte, vgl. S. 276.
283 Vgl. die entsprechende Vergleichstabelle bei Kittel, Heimatchronik, S. 216. Detaillierte statistische Angaben bietet auch Fleege-Althoff, Wanderarbeiter, S. 120 ff., dessen Werk zur lippischen Wanderarbeit nach wie vor grundlegend ist. Zu weiteren Auswertungen s. auch Hüls, Arbeiterwanderungen.
284 Vgl. Küstermann, Geschichte, Bd. I, 1. Teil, Abschrift 2010, S. 111 ff., der das Augustdorfer Ziegelwesen näher beschreibt und dabei auch auf die zu seiner Zeit diskutierten Vor- und Nachteile eingeht.
285 Vgl. Küstermann, Geschichte, Bd. II, Abschrift 2010, S. 121 f.
286 Vgl. Kittel, Heimatchronik, S. 273, der darauf verweist, dass der Rückgang der Wanderziegelei bereits vor dem Ersten Weltkrieg (1914–1918) einsetzte.
287 Vgl. Fleege-Althoff, Wanderarbeiter, S. 482 und S. 485.
288 Vgl. Küstermann, Geschichte, Bd. I, 1. Teil, Abschrift 2010, S. 111 f.
289 Vgl. die anschließende Studie zu den Besitzerfolgen der 141 bis zum Jahr 1900 errichteten Augustdorfer Kolonate. Eine Auszählung hat ergeben, dass 16 dieser Stätten im Verlauf des 19. Jahrhunderts von Zieglern erworben oder neu gegründet worden waren.
290 Zur Einführung s. Wiesekopsieker, Auswanderung, dort zahlreiche Literaturhinweise, oder auch Gilgen, Hinterland, 247 ff. Wie die nachfolgenden genealogischen Angaben zeigen, verließen zwischen 1847 und 1854 besonders viele Augustdorfer ihre Heimat in Richtung Vereinigte Staaten von Amerika. Vgl. ebenso Müller-König, Augustdorf, S. 148 sowie S. 216 f., wo zusätzlich migrationsbereite Bewohner des Sennedorfes erfasst sind, die sich beispielsweise im benachbarten Preußen niederlassen wollten. Der entsprechende Personenkreis wurde an dieser Stelle nicht berücksichtigt.
291 Vgl. Küstermann, Geschichte, Bd. I, 2. Teil, Abschrift 2010, S. 224.

Für Auswanderer!

Regelmäßige

Schiffs-Expeditionen vermittelst Dampf- u. Segelschiffen.

Nach Wiedereröffnung der Schifffahrt expedire ich am **1.** und **15.** eines jeden Monats nach Newyork, Baltimore, Philadelphia, New-Orleans und Galveston besonders für die Passagierfahrt gebaute dreimastige Segelschiffe erster Classe, und offerire außerdem Schiffsgelegenheit mit den zwischen hier und Newyork fahrenden Dampfschiffen des Norddeutschen Lloyd.

Auswanderer wollen sich gefälligst direct an mich wenden. Billige Passagepreise und prompte reelle Beförderung werden zugesichert.

Bremen, im Febr. 1861.

Carl Joh. Klingenberg,

obrigk. angestellter und beeidigter Schiffsmakler und Schiffsexpedient.

Theater!

Im 19. Jahrhundert entschieden sich zahlreiche Lipper, darunter auch Augustdorfer, zur Auswanderung. Ihr Ziel waren vor allem die Vereinigten Staaten von Amerika. Per Anzeige wurden Schiffspassagen in die ‚neue Welt' beworben. Fürstlich-Lippisches Regierungs- und Anzeigenblatt vom 9. Februar 1861. Lippische Landesbibliothek Detmold, LZ 32

einer vom bereits erwähnten Bekenntnisstreit[292] überlagerten Kirchenvorstandswahl auf pietistische Elemente verweist, die „durch Todesfall oder gar durch Auswanderung" abhandengekommen seien[293]. Inwieweit die Auswanderung des explizit als „Pietist" bezeichneten Johann Bernd Gärtner vom Kolonat Nr. 7 ebenfalls vor diesem Hintergrund gesehen werden kann, sei dahingestellt.[294]

Hin und wieder beeinflussten private Umstände die Entscheidung, das Glück in fernen Ländern zu suchen. Ein Beispiel ist der erste Augustdorfer Pastor Heinrich Ernst Friedrich Voigt, der zwar vor Ort einiges geleistet hatte, innerhalb der Gemeinde wohl auch gut gelitten war, „zu seinem Unglücke aber [...] das Spielen und Nachtschwärmen" anfing. Der Pfarrer wurde 1826 entlassen und wanderte anschließend Richtung Amerika aus.[295] Denselben Entschluss fasste 1858 der Nebenlehrer Münstermann. „Als Jüngling von 20 – 21 Jahren" hat er sich mit „einer gemeinen Frauensperson", der Witwe eines Lehrers, „in solche Verhältnisse eingelassen", die ihn mangels Heiratsperspektive „zwangen, seinen Abschied zu nehmen". Nach nur gut zweiwöchiger Tätigkeit quittierte er mehr oder weniger freiwillig den Schuldienst und verließ das Land.[296]

Politische, religiöse und private Gründe, vor allem aber die oft von Perspektivlosigkeit geprägten sozialen und ökonomischen Umstände veranlassten zahlreiche Menschen, sich unter anderem ins ‚Land der unbegrenzten Möglichkeiten' aufzumachen. Was Lippe betraf, gilt als ein entscheidender Auslöser für die ab etwa der Mitte des 19. Jahrhunderts sprunghaft steigenden Auswandererzahlen die Leinenkrise.[297] Hinzu kamen die insbesondere für die Einlieger negativen Folgen der Gemeinheitsteilungen oder auch die rückständige Wirtschaftspolitik der Regierung.[298] Unter anderem hatte sich der vergleichsweise lange bestehende Konzessionszwang als Hemmschuh einer Modernisierung erwiesen und manche Initiative zumindest erschwert. Doch selbst die seit 1869 hierzulande geltende Gewerbefreiheit konnte beispielsweise eine Industrialisierung „nur sehr begrenzt stimulieren".[299]

Einen eher literarischen, möglicherweise aber durch Tatsachenberichte inspirierten Zugang zum Thema Auswanderung bietet der Lippische Dorfkalender des Jahres 1955. Im Rahmen der Reihe „Chroniken lippischer Familien" schildert Wilhelm Süvern die Situation der mit ihm verwandten Augustdorfer Familie Berkemeyer am Vorabend ihrer Abreise.

292 Vgl. Anmerkung 61 in diesem Band
293 Vgl. Küstermann, Geschichte, Bd. I, 2. Teil, Abschrift 2010, S. 330 ff., der bei der Gelegenheit Zusammensetzung und Aufgaben des Presbyteriums erläutert.
294 Vgl. Küstermann, Geschichte, Bd. I, 1. Teil, Abschrift 2010, S. 28. Zum Kolonat Nr. 7 vgl. S. 132 f. in diesem Band.
295 Vgl. Küstermann, Geschichte, Bd. I, 2. Teil, Abschrift 2010, S. 289, s. auch S. 61, Anmerkung 217 in diesem Beitrag.
296 Vgl. Küstermann, Geschichte, Bd. I, 2. Teil, Abschrift 2010, S. 255.
297 Vgl. Kittel, Heimatchronik, S. 216 sowie Gilgen, Hinterland, S. 240 ff.
298 Vgl. dazu die Ausführungen in diesem Beitrag S. 64 und S. 66 ff.
299 Vgl. Gilgen, Hinterland, S. 240 ff., Zitat S. 256.
300 Süvern, Berkemeyers, S. 42 f. Aus einem Schreiben von 1948 geht hervor, dass Wilhelm Süvern (1892–1980) die Geschichte der Familie Berkemeyer intensiv bearbeitet und seine Erkenntnisse bereits zu der Zeit schriftlich niedergelegt hatte. Das Manuskript befindet sich im Nachlass des Autors, vgl. Stadtarchiv Lemgo NL 18 Süvern Nr. 142. Zur Biografie und zum Wirken des Heimatforschers, Volksschullehrers und späteren Rektors vgl. Linde, Skizzen, S. 95 ff. Was das Kolonat Berkemeier (Berkemeyer) Nr. 47 anbelangt, vgl. S. 194 in diesem Band.

Berkemeyers gehörten zu den Auswanderern, die ihren gesamten Besitz aufgaben und einschließlich weiterer Verwandter und Haushaltsangehöriger ihre alte Heimat verließen. Wie so häufig, waren das Ziel die Vereinigten Staaten von Amerika:

„Man schreibt das Jahr 1854. Die letzte Nacht ist's in der alten Heimat. Ins schlafende Haus blickt der Vollmond. Sein Licht gleitet über die leeren Böden und durch die verlassenen Ställe. Es fällt durch die Luken auf die Diele, wo der Leiterwagen mit den gepackten Kisten und vollen Leinensäcken steht. In die Kammern scheint es, den sieben Schläfern ins Gesicht, den fünf Kindern, der frischen, rüstigen Frau und dem starken Manne mit dem kantigen Gesicht, in dessen Falten das Grübeln geschrieben steht und die Sorge. Wahrlich, es ist kein leichter Entschluß gewesen für Friedrich Berkemeyer, der doch mit ganzem Herzen an seiner Scholle hing. Als sein Bruder Franz im 48er-Jahr mit Frau und Kindern übers Wasser ging und ihn auch überreden wollte, da hat er nur immer mit dem Kopfe geschüttelt. Aber die Jahre sind seitdem nicht besser geworden. Die Weberei brachte nichts mehr ein, und jeder trockene Sommer wurde hier in der Senne ein Hungerjahr. Und dann waren die Briefe aus Amerika gekommen und erzählten von weiten Äckern mit reichen Ernten, von Dollars und freiem Leben. Dazu zogen die Agenten von Dorf zu Dorf und warben Auswanderer, boten Kredite an, billige Überfahrt und fruchtbares Land in der neuen Welt. So war der Strom der Amerikafahrer immer größer geworden im Lipperlande. Schließlich hatten seine Frau und seine beiden großen Mädchen ihm noch täglich in den Ohren gelegen. So hatte er dann in vielen stillen Stunden sein Herz losgelöst von der Heimaterde. Nun aber war alles bedacht. Haus und Land, Vieh, Ernte und Hausrat waren verkauft. Der Nachbar Strate würde hier wohnen und den Hausnamen Berkemeyer weiterführen. Er aber und sein Blut wollten neue Wurzeln schlagen in der neuen Welt. Möge der alte Herrgott, den er tief im Herzen trug, mit ihnen sein und seinen Segen zu ihrer Reise geben!“[300]

Im gleichen Kontext ist der Inhalt eines Briefes abgedruckt, den die siebzehnjährige Anna Berkemeyer, die älteste Tochter Friedrich Berkemeyers, 1855 angeblich an ihren ehemaligen Lehrer gesandt hat. Das Schreiben vermittelt unter anderem einen Eindruck von der gefahrvollen Überfahrt in ‚die neue Welt‘. Wenngleich verwandtschaftliche Verbindungen zwischen der amerikanischen Familie Berkemeyer und Wilhelm Süvern bestanden und regelmäßige Kontakte gepflegt wurden, bietet dessen beim Stadtarchiv Lemgo verwahrter Nachlass indes keine Anhaltspunkte für die Existenz des Schriftstückes. Ob es die entsprechende Mitteilung wirklich gab, muss daher offenbleiben.

„Lieber Herr Lehrer!

Nun sind es schon fünf Monate, daß wir von Augustdorf fortgemacht sind. Aber ich hatte zum Schreiben keine Gelegenheit. Wir sind ja immer noch nicht auf unserm Platz. Ich kann aber diesen Brief mit bei einen andern beilegen. So will ich schreiben, wie es uns seither gegangen ist. Oh, lieber Herr Lehrer, Sie haben uns früher den schönen Spruch gelernt: ‚Die mit Tränen säen, werden mit Freuden ernten!‘ Das erste haben wir nun in reichem Maß gehabt. Doch ich will von Anfang an erzählen. Bögers brachten uns ja mit dem Wagen bis nach Erder. Da waren denn schon eine Masse Leute, die alle nach Amerika wollten. Wir wurden auf die Böcke verladen und fuhren ganz die Weser herunter bis Bremerhaven. Das war eine ganz lustige Reise. Wir Mädchen haben alle die schönen Lieder gesungen, die wir bei Ihnen gelernt haben. Wir haben auch gleich eine gute Bekanntschaft gemacht, das ist die Familie Christoph Hoffmann aus Barntrup. Die haben auch drei Kinder und ist die Älteste 14 wie unser Lina. Und die beiden Kleinen wie Fritz und Hermann. Die Eltern konnten sich auch gleich gut verstehen und sind zusammengeblieben. Wollen auch die Farmen zusammen haben. Es ist gut, wenn man gute Nachbarn hat.

Nun aber in Bremerhaven, da haben wir lange gelegen und kamen dann auf das englische Schiff. Da ging unser Leiden los. O, es ist gar nicht zu beschreiben. Es waren auf dem Schiff bei die 500 Menschen und war so eng und voll. Wir vier Kinder mußten in einer Koje schlafen, und die Eltern haben die kleine Jette mit in die Lade genommen. Es war gut für die erste Zeit, daß wir viel Hartbrot und Speck mithatten, sonst hätten wir wohl verhungern müssen. Acht Wochen haben wir auf dem Meer geschwommen. Es war auch ein großer Sturm, da sind wir alle ganz krank gewesen und meinten, wir müßten sterben. Aber nachher der Durst war noch schlimmer.

Dann aber kam das große, große Leid. Da sind so viele gestorben. Jeden Tag wurden die Leichen in die See geworfen. Es war schrecklich. Da ist auch unser liebes, kleines Jettchen gestorben. Wir haben alle viel geweint. Und wenn wir uns nicht hätten trösten können mit Gottes Wort, dann hätten wir diese schwere Zeit wohl nicht durchgestanden. Vor den englischen Matrosen mußte man bange sein und sich immer verstecken. Das Schiff hatte nicht genug Frischwasser mit. Darum sind auch so viel gestorben. In New Orleans war die große Seereise endlich vorbei. Wir haben Gott gedankt. Dann kamen wir auf ein anderes Schiff. Ich habe nie gewußt, daß es ein so großes Flußwasser gibt. Wir sind sechs Wochen auf dem Mississippi gewesen bis St. Louis. Aber es war diesmal eine schönere Reise, haben auch gut zu essen gehabt und zu trinken. Und habe gesehen, wie groß, groß Amerika ist und noch viel Platz hat. Ließ sich viel davon schreiben. In St. Louis sind wir wieder umgeladen und fuhren den großen Fluß Missouri herauf bis Hermann. Das ist eine kleine Stadt und wohnen lauter deutsche Menschen hier. Und haben uns gut aufgenommen und haben es nun wieder gut soweit. Aber wir müssen noch etwas hier bleiben, weil noch Winter ist, bis wir hinkönnen und unsere Farm bauen. Verdienen aber alle schon Geld hier, indem Vater beim Zimmern hilft und Mutter wäscht. Und Lina und ich helfen bei andern Leuten im Haus. Fritz und Hermann gehen in die deutsche Schule. So kommen wir gut durch den Winter. Wäre noch viel zu sagen. Doch andermal.

Viele, viele Grüße, auch an alle Bekannten, auch von Vater, Mutter, Fritz und Hermann. Aber die kleine Jette ist tot. In Dankbarkeit geschrieben von Ihrer früheren Schülerin Anna Berkemeyer.“[301]

Vom persönlich gefärbtem Erleben, das trotz angenommener Fiktionalität recht authentisch erscheint, zurück zum konkreten Auswanderungsgeschehen in Augustdorf. Für die folgende Auswertung wurde das zweibändige, von Fritz Verdenhalven verfasste Standardwerk „Die Auswanderer aus dem Fürstentum Lippe“[302] herangezogen. Berücksichtigung finden Personen, die zum Zeitpunkt ihrer Auswanderung ‚am Dören‘ lebten. Bei den ersten der dortigen Auswanderer handelte sich um zwei Junggesellen, die zunächst vermutlich als Wanderarbeiter ins europäische Ausland gingen, um dort ihren Lebensunterhalt zu verdienen. Johann Töns Speckmann und August Adolph Baumann verließen um 1830 ihre Heimat in Richtung Niederlande. Von Speckmann etwa ist bekannt, dass er 1833 im Dorf Nieuwe Pekela, Provinz Groningen, geheiratet hat; seine Nachkommen sind noch heute dort ansässig.

Insgesamt konnten anhand der ausgewerteten Quellen 114 Personen (60 Erwachsene, 54 Kinder) erfasst werden, die Augustdorf verlassen und vorzugsweise die Vereinigten Staaten von Amerika angesteuert haben. Neben Einzelpersonen enthält die Auflistung Familien und zum Teil ganze Familienverbände samt Hauspersonal. Die vorangestellte Jahreszahl bezieht sich auf das Jahr der Auswanderung. Anglisierte und andere, einer jeweiligen Landessprache angepasste Ruf- und Familiennamen sind hinter den ursprünglichen Namen in Klammern genannt. Bei vormaligen Stättenbesitzern wird die Augustdorfer Kolonatsnummer aufgeführt; falls die genaue Herkunft einer Person bekannt ist, wurde die entsprechende Angabe, unabhängig vom Besitzstand, in runden Klammern ergänzt.

301 Süvern, Berkemeyers, S. 42 f.

302 Vgl. Verdenhalven, Auswanderer, Bd. 1 u. Bd. 2. Die Zusammenstellung der genealogischen Daten einschließlich diverser Ergänzungen hat Olaf Biere, Horn-Bad Meinberg/Vahlhausen, erarbeitet.

Am 19. Mai 1852 wurden Christoph Barthold, seine Ehefrau Caroline und deren gemeinsame Tochter Friederike in New Orleans als Passagiere der President Smidt registriert. Die Augustdorfer Familie hatte sich von Bremen aus auf den Weg gemacht. "United States Germans to America Index, 1850–1897", database, FamilySearch (https://familysearch.org/ark:/61903/1:1:KDS6-XFJ:27 December 2014), United States, NAID identifier 1746067, National Archives at College Park, Maryland, abgerufen am 20.10.2023

1830

EINZELPERSONEN

Speckmann, Johann Töns Friedrich (Johan Teunis Friederik Spekman),
* 08.08.1796 in Augustdorf,
† 23.01.1858 in Nieuwe Pekela, Provinz Groningen.
⚭ 05.10.1833 in Nieuwe Pekela, Provinz Groningen,
Wiekens, Liesebeth.

Baumann, August Adolph,
Maurer in Augustdorf, Nr. 42,
* 24.10.1804 in Berlebeck (Ksp. Heiligenkirchen),
† 26.11.1876 in Kampen, Provinz Zeeland.
⚭ 23.09.1830 in Kampen, Provinz Zeeland,
Docter, Maria Geertruid.

1847

FAMILIE GROTE

Grote, Friedrich Wilhelm,
Kolon in Augustdorf, Nr. 45 ▸ S. 228 ff.,
* 22.04.1815 in Augustdorf.
⚭ 13.10.1839 in Augustdorf
Stölting, Amalie Florentine aus Billinghausen,
~ 08.11.1811 in Stapelage.

KINDER

1 **Grote,** Friedrich Wilhelm,
* 09.01.1841 in Augustdorf.
2 **Grote**, Hanne Katharine Elisabeth,
* 22.07.1843 in Augustdorf,
† vermutlich vor 1847 in Augustdorf.
3 **Grote**, Katharine Wilhelmine Florentine,
11.03.1845 in Augustdorf.

Die verschwägerten Familien Grote und Niewald sind offenbar zusammen ausgewandert. Zu der Gruppe gehörte außerdem eine Magd:

Prante, Louise Sophie,
Magd in Augustdorf bei Grote, Nr. 45,
* 03.04.1823 in Augustdorf.

Nach den Aufzeichnungen bei Familysearch hat Louise Sophie Prante vermutlich um 1849 ihren ehemaligen Arbeitgeber, Wilhelm Grote, geheiratet, der mittlerweile wohl verwitwet war. Im September 1857 ehelichte sie Jobst Henrich Hilkerbäumer. Über das Schicksal ihres ersten Mannes liegen keine nähere Informationen vor. Vgl. https://de.findagrave.com/memorial/97638504/louise-sophie-hilkerbaumer, eingesehen am 25.06.2023.

Die Sterbedaten der in die Vereinigten Staaten von Amerika ausgewanderten Personen sind überwiegend der Internetseite https://de.findagrave.com entnommen. Zu Friedrich Wilhelm Grote kann noch angemerkt werden, dass eine weitere Schwester, Wilhelmine Rosine Grote, verheiratete Berkemeyer, 1848 ebenfalls mit ihrer Familie ausgewandert ist ▸ S. 81.

FAMILIE NIEWALD

Niewald, Wilhelm Christoph,
Einlieger in Augustdorf, Nr. 45,
* 22.03.1817 in Wellentrup (Ksp. Oerlinghausen),
† 13.04.1875 in Freelandville, Knox County (Indiana).
⚭ 08.01.1843 in Augustdorf
Grote, Johanne Friederike,
* 16.03.1821 in Augustdorf (Nr. 45),
† 30.03.1906 in Freelandville, Knox County (Indiana).

KINDER

1 **Niewald,** Wilhelmine Henriette Amalie,
* 09.08.1844 in Augustdorf,
† 01.09.1844 in Augustdorf.
2 **Niewald,** Marie Wilhelmine Louise,
* 19.12.1845 in Augustdorf.
3 **Niewald,** Karolina Amalia,
* 18.08.1851 in Indiana,
† 27.03.1868 in Freelandville, Knox County (Indiana)
4 **Niewald,** Hannah Louisie, verheiratete Westfall,
* 31.10.1855 in Indiana,
† 20.09.1928 in Freelandville, Knox County (Indiana).
5 **Niewald,** Wilhelm Conrad,
* 14.12.1860 in Indiana,
† 09.1863 in Freelandville, Knox County (Indiana).

Das von der Familie Niewald erbaute Farmhaus in Freelandville (Indiana) ist noch erhalten: This old story brick farmhouse was built by William and Johanna Niewald several years after immigrating from Germany in the late 1840's. Vgl. https://www.freelandville.us/oldest_houses/, eingesehen am 04.06.2023.

EINZELPERSONEN

Luersen, Berend Heinrich Adolf,
* um 1817 in Augustdorf.
Pollmann, Caroline Wilhelmine Henriette,
* 31.01.1827 in Augustdorf (Nr. 27).
Strohdiek, Friedrich Wilhelm,
* 26.10.1820 in Augustdorf.
Brinkmann, Töns Henrich,
* 13.06.1821 in Augustdorf (Nr. 55).

1848

FAMILIE DIEKMANN

Diekmann, Hermann Henrich Töns,
Kolon in Augustdorf, Nr. 23 ▸ S. 161 ff.,
⋆ 19.06.1802 in Augustdorf,
† 21.06.1870 in Freelandville, Knox County (Indiana).
⚭ 08.12.1826 in Augustdorf
Ober, Friederike Louise,
⋆ 19.01.1806 in Oetenhausen (Ksp. Oerlinghausen),
† 28.02.1867 in Freelandville, Knox County (Indiana).

KINDER

1 **Diekmann,** Hermann Friedrich,
⋆ 07.03.1828 in Augustdorf.
2 **Diekmann,** Henriette Wilhelmine, verheiratete Hermsmeier,
⋆ 18.11.1831 in Augustdorf,
† 28.02.1865 in Freelandville, Knox County (Indiana).
3 **Diekmann,** Wilhelmine Friedrike Elisabeth,
verheiratete Papenlohr,
⋆ 09.12.1834 in Augustdorf,
† 08.05.1873 in Freelandville, Knox County (Indiana).
4 **Diekmann,** Hanne Sophie Louise, verheiratete Krüger,
⋆ 01.01.1838 in Augustdorf,
† 10.03.1873 in Freelandville, Knox County (Indiana).
5 **Diekmann,** Louise Wilhelmine, verheiratete Brockschmidt,
⋆ 24.12.1840 in Augustdorf,
† 08.11.1924 in Freelandville, Knox County (Indiana).
6 **Diekmann,** Töns Friedrich Wilhelm,
⋆ 19.05.1844 in Augustdorf.
7 **Diekmann,** Hermann Adolf,
⋆ 26.08.1848 in Augustdorf,
† 10.09.1873 in Freelandville, Knox County (Indiana).

FAMILIE BÜKER

Büker, Johann Friedrich Anton (Töns),
Kolon in Augustdorf, Nr. 97 ▸ S. 192 ff.,
⋆ um 1783 in Augustdorf (Nr. 17).
⚭ 20.03.1825 in Augustdorf
Solle, Johanne Elisabeth,
⋆ um 1799 in Oerlinghausen.

KINDER

1 **Büker,** Anne Marie Henriette,
⋆ 07.04.1825 in Augustdorf.
2 **Büker,** Friedrich Wilhelm,
⋆ 25.10.1827 in Augustdorf.
3 **Büker,** Friedrich Wilhelm,
⋆ 06.11.1830 in Augustdorf,
† 11.02.1831 in Augustdorf
4 **Büker,** Wilhelmine Sophie,
⋆ 19.06.1832 in Augustdorf.
5 **Büker,** Simon Heinrich Arnold,
⋆ 23.02.1835 in Augustdorf.
6 **Büker,** Johanne Friedrike,
⋆ 07.03.1838 in Augustdorf.
7 **Büker,** Friedrich Wilhelm,
⋆ 04.04.1841 in Augustdorf.
8 **Büker,** Töns Friedrich Wilhelm,
⋆ 21.04.1844 in Augustdorf.

FAMILIE BERKEMEIER (BERKEMEYER)

Berkemeier, Franz Henrich Adolph, Einlieger in Augustdorf,
⋆ 12.06.1810 in Augustdorf (Nr. 47),
† 11.03.1873 in Posey County (Indiana).
⚭ 24.04.1836 in Augustdorf
Grote, Wilhelmine Rosine,
⋆ 20.12.1812 in Augustdorf (Nr. 45),
† 27.07.1860 in Widner, Knox County (Indiana).

KINDER

1 **Berkemeier,** Caroline Wilhelmine Rosine,
⋆ 11.01.1837 in Augustdorf.
2 **Berkemeier,** Catharine Wilhelmine,
⋆ 09.04.1840 in Augustdorf.
3 **Berkemeier,** Louise Friederike Karoline (Dina),
⋆ 19.08.1843 in Augustdorf.
4 **Berkemeier,** Wilhelmine Louise Henriette,
⋆ 28.08.1846 in Augustdorf.
5 **Berkemeier,** Herman Conrad,
⋆ 14.02.1849 in Knox County (Indiana),
† 29.01.1920 in Evansville, Vanderburgh County (Indiana).

EINZELPERSONEN

Bent, Hermann Friedrich Christian,
⋆ 02.02.1818 in Augustdorf (Nr. 41),
† 07.03.1877 in St. Louis, St. Louis City (Missouri).
Hollmann, Johann Berend, Schlachter,
⋆ 10.06.1822 in Augustdorf (Nr. 68).

Nicht ungewöhnlich waren familiäre Verbindungen zwischen Auswanderern, die derselben Region entstammten. Ein Beispiel sind die Familien Berkemeier und Hoffmann, die sich, wie Anna Berkemeier ihrem Lehrer mitteilt, während der Überfahrt angefreundet hatten. Am Ende kam es sogar zu einer Eheschließung. Die um 1885 entstandene Fotografie zeigt Friedrich Bernd Henrich Berkemeier (1843–1918) und seine aus Langenholzhausen gebürtige Frau Mathilde Marie (1845–1920), geb. Hoffmann. Stadtarchiv Lemgo, Nachlass Süvern, Nr. 142

Hier und wieder zieht es Auswanderer an die Stätte ihrer Vorfahren zurück. Von seinen Verwandten Wilhelm Süvern und Estelle Lettmann begleitet, besuchte der in Deutschland stationierte amerikanische Soldat Verlon Berkemeyer 1954 die Augustdorfer Stätte Berkemeier Nr. 47. Stadtarchiv Lemgo, Nachlass Süvern, Nr. 142

1849

FAMILIE GÄRTNER

Gärtner, Johann Bernd, Kolon in Augustdorf, Nr. 7 ▸ S. 132 ff.,
⋆ 25.06.1810 in Augustdorf.
⚭ 02.06.1839 in Augustdorf
Huneke, Johanne Florentine (Anne),
~ 04.06.1813 in Detmold,
† vor 1849 in Augustdorf (?).

KINDER

1 **Gärtner,** Katharine Louise Henriette,
⋆ 04.09.1840 in Augustdorf.
2 **Gärtner,** Friedrich August,
⋆ 01.08.1842 in Augustdorf.
3 **Gärtner,** Bernd Henrich Adolph,
⋆ 19.04.1845 in Augustdorf,
† 16.05.1845 in Augustdorf.
4 **Gärtner,** Berend Friedrich Wilhelm (William H. Gartner),
⋆ 24.04.1846 in Augustdorf,
† in Burlington, Des Moines County (Iowa).
5 **Gärtner,** Anne Marie Wilhelmine Florentine,
⋆ 26.12.1848 in Augustdorf.

1851

EINZELPERSONEN

Böger, Berend Heinrich Conrad,
⋆ 21.11.1824 in Augustdorf.

1852

FAMILIE BARTHOLD

Barthold, Christian Adolf (Christoph),
Einlieger in Augustdorf,
⋆ 24.05.1823 in Pivitsheide (Ksp. Stapelage).
⚭ 02.02.1851 in Augustdorf
Eikermann, Friedrike Wilhelmine Karoline,
⋆ 16.05.1817 in Brake (Bschft. Brake, Ksp. Brake)

KIND

Barthold, Henriette Friedrike,
⋆ 26.03.1851 in Augustdorf.

FAMILIE WIENBRÖKER

Wienbröker, Friedrich Philipp Christoph, geb. Mölling,
Kolon in Augustdorf, Nr. 16 ▸ S. 143 ff.,
⋆ 09.03.1814 in Heßloh (Ksp. Heiden),
† 08.08.1891 in St. Louis, St. Louis City (Missouri).
⚭ 22.03.1846 in Augustdorf
Wienbröker, Wilhelmine Friederike,
Anerbin in Augustdorf, Nr. 16,
⋆ 03.01.1821 in Augustdorf.

KINDER

1 **Wienbröker,** ein Mädchen,
⋆ 28.12.1847 in Augustdorf,
† 28.12.1847 in Augustdorf.
2 **Wienbröker,** ein Knabe,
⋆ 18.07.1849 in Augustdorf,
† 18.07.1849 in Augustdorf.
3 **Wienbröker,** ein Mädchen,
⋆ 23.08.1851 in Augustdorf,
† 23.08.1851 in Augustdorf.

1854

FAMILIE BERKEMEIER (BERKEMEYER)

Berkemeier, Johann Friedrich Christoph,
Kolon in Augustdorf, Nr. 47 ▸ S. 194,
⋆ 24.12.1803 in Augustdorf,
† 30.10.1875 in Hope, Osage County (Missouri).
⚭ 04.10.1835 in Augustdorf
Böger, Henriette Justine Karoline,
⋆ 28.01.1814 in Augustdorf
† 12.09.1878 in Benton, Osage County (Missouri).

KINDER

1 **Berkemeier,** Anna Katharina Wilhelmine Sophie,
verheiratete Büker,
⋆ 13.08.1837 in Augustdorf,
† 09.12.1871 in Hope, Osage County (Missouri).
2 **Berkemeier,** Karoline Friederike Wilhelmine (Lina),
verheiratete Broer,
⋆ 07.04.1840 in Augustdorf,
† 14.01.1923 in Hope, Osage County (Missouri).
3 **Berkemeier,** Friedrich Bernd Henrich
(Fritz / Fred H. Berkemeyer),
⋆ 06.05.1843 in Augustdorf,
† 23.10.1918 in Hope, Osage County (Missouri).
4 **Berkemeier,** Hermann Friedrich,
⋆ 19.10.1847 in Augustdorf,
† 05.07.1926 in Pershing, Gasconade County (Missouri).
5 **Berkemeier,** Henriette Friedrike Wilhelmine (Jette),
⋆ 12.09.1852 in Augustdorf,
† 1854 auf See.

Nähere Angaben zur Familie Berkemeier (Berkemeyer) finden sich bei Süvern. Berkemeyers, S. 42 f.

FAMILIE STEFFEN

Steffen, Johann Friedrich Christoph (Fred),
Kolon in Augustdorf, Nr. 63 ▸ S. 289 ff.,
⋆ 11.11.1809 in Augustdorf,
† 1884 in Tea, Gasconade County (Missouri).
⚭ [1/1] 23.05.1841 in Augustdorf
Isenberg, Amalie Sophie Wilhelmine,
⋆ 24.01.1814 in Augustdorf,
† 21.05.1850 in Augustdorf.
⚭ [2/1] 22.12.1850 in Augustdorf
Isenberg, Anne Katharine Henriette,
⋆ 17.08.1825 in Augustdorf.

KINDER mit
Isenberg, Amalie Sophie Wilhelmine:
1 **Steffen,** Wilhelmine Florentine Henriette,
⋆ 02.07.1842 in Augustdorf.
2 **Steffen**, Anne Marie Louise, verheiratete Wehmeyer,
⋆ 13.08.1844 in Augustdorf,
† 1881 in Berger, Franklin County (Missouri).
3 **Steffen,** Henriette Wilhelmine,
⋆ 13.12.1846 in Augustdorf.
4 **Steffen,** ein Knabe,
⋆ 20.05.1850 in Augustdorf,
† 20.05.1850 in Augustdorf.

KINDER mit
Isenberg, Anne Katharine Henriette:
1 **Steffen,** Louise Wilhelmine Karoline,
⋆ 01.05.1851 in Augustdorf,
† 16.03.1852 in Augustdorf.
2 **Steffen,** Friedrich Heinrich Gottlieb (Fred),
⋆ 25.12.1852 in Augustdorf.
3 **Steffen,** Herman,
⋆ 09.10.1856 in Gasconade County (Missouri).
4 **Steffen,** Martha Elizabeth, verheiratete Boesch,
⋆ 08.01.1857 in Gasconade County (Missouri),
† 18.04.1941 in Gasconade County (Missouri).
5 **Steffen,** John H.,
⋆ 09.10.1858 in Tea, Gasconade County (Missouri),
† 01.02.1914 in Burdett, Pawnee County (Kansas).
6 **Steffen,** William F.,
⋆ 15.12.1863 in Benton Township, Osage County (Missouri),
† 08.03.1935 in Gasconade County, (Missouri).
7 **Steffen,** Friedrich Gustave,
⋆ 29.03.1865 in Tea, Gasconade County (Missouri),
† 24.09.1956 in Rosebud, Gasconade County (Missouri).

Zur Reisegruppe der Familie Steffen gehörte eine Schwester der Henriette Steffen:
Isenberg, Maria Wilhelmina Louisa Isenberg,
⋆ 21.12.1816 in Augustdorf.

Zur Gruppe gehörte ebenso die Magd Louise Ahle, die 1855 einen Bruder der Schwestern Isenberg geheiratet hat:
Ahle, Louise Wilhelmine Amalie,
Magd in Augustdorf bei Steffen, Nr. 63,
⋆ 01.04.1833 in Pivitsheide (Ksp. Stapelage),
† 1898 in Gasconade, Gasconade County (Missouri).
⚭ 02.12.1855 in Franklin, Howard County (Missouri)
Isenberg, Hermann Henrich Adolph,
⋆ 29.07.1829 in Augustdorf,
† 19.09.1871 in Gasconade County (Missouri).

FAMILIE POLLMANN:

Pollmann, Friedrich Wilhelm, geb. Wienbröker,
Kolon und Interimswirt in Augustdorf, Nr. 80 ▸ S. 302 ff.,
⋆ 27.09.1817 in Augustdorf (Nr. 16),
† 1897(?) in Boeuf Township, Gasconade County (Missouri).
⚭ [1/2] 26.04.1846 in Augustdorf
Heitbrink, Anne Marie Sophie Friederike,
⋆ 04.04.1795 in Augustdorf,
† 06.06.1848 in Augustdorf.
⚭ [2/1] 24.12.1848 in Augustdorf
Köster, Johanne Friederike,
⋆ 10.02.1825 in Augustdorf.

KINDER mit
Heitbrink, Anne Marie Sophie Friederike: keine

KINDER mit
Köster, Johanne Friederike:
1 **Pollmann,** Kathrine Friederike Wilhelmine,
⋆ 08.02.1850 in Augustdorf.
2 **Pollmann,** Töns Friedrich Adolf,
⋆ 15.05.1852 in Augustdorf.

Zur Reisegruppe der Familie Pollmann gehörten der Stiefsohn aus der ersten Ehe der ersten Ehefrau:
Pollmann, Simon Hermann August,
⋆ 20.04.1835 in Augustdorf (Nr. 80).
Ein Schwager:
Köster, Töns Henrich Adolph (Henry Adolph),
Farmer in Boeuf Township, Gasconade County (Missouri),
⋆ 28.02.1835 in Augustdorf (Nr. 85),
† 20.12.1920 in Charlotte, Gasconade County (Missouri).

Die Magd:
Beckmann, Franziska Friedrike Amalie,
Magd in Augustdorf bei Pollmann, Nr. 80,
* 13.01.1836 in Augustdorf.

1854–1867

EINZELPERSONEN

Hagemann, Töns Henrich August,
Kellner in Augustdorf,
* 22.04.1834 in Augustdorf (Nr. 1).
Klöpper, Friedrich Wilhelm,
* 31.03.1818 in Augustdorf.
Rubart, Franz Friedrich Wilhelm,
* 16.12.1841 in Augustdorf (Nr. 22).
Strate, Carl Friedrich, geb. Wortmann, Ziegler,
* 15.02.1838 in Augustdorf (Nr. 8).

1869

FAMILIE RIEMANN

Riemann, Simon August (August Reiman),
* 11.06.1840 in Augustdorf,
† 03.09.1917 in Middletown, Butler County (Ohio).
⚭ 07.11.1869 in Augustdorf
Tetzner, Julie Elisabeth (in 2. Ehe verheiratete Bremer),
* 18.03.1846 in Dänischenhagen (Hzgtm. Schleswig).

KINDER

1 **Riemann,** Elise Wilhelmine Marie,
* 15.03.1870 in Augustdorf.
2 **Riemann,** Hanne Wilhelmine Karline,
* 05.11.1872 in Augustdorf.
3 **Riemann,** Heinrich Friedrich Wilhelm,
* 05.09.1876 in Augustdorf,
† 10.04.1877 in Augustdorf.

1881–1882

FAMILIE REHM (REHME)

Rehm, Töns Hermann Friedrich (Herman Rehme),
Landwirt in Augustdorf, Nr. 6 ▸ S. 130 f.,
* 17.07.1846 in Augustdorf,
† 21.02.1934 in Ellinwood, Barton County (Kansas).
⚭ 15.02.1874 in Augustdorf
Stückemann, Henriette Wilhelmine (Jette),
* 27.04.1850 in Mackenbruch (Ksp. Oerlinghausen),
† 01.01.1943 in Ellinwood, Barton County (Kansas).

KINDER:

1 **Rehme,** Wilhelmine Louise (Minnie, verheiratete Rogge),
* 04.01.1875 in Augustdorf,
† 06.05.1968 in Garden City, Finney County (Kansas).
2 **Rehme,** Heinrich Friedrich Hermann (Frederick Rehme),
* 17.07.1877 in Augustdorf,
† 04.12.1950 in Costa Mena, Orange County (Kalifornien).
3 **Rehme,** Adolph Henrich (Adolph H. Rehme),
* 15.12.1879 in Augustdorf,
† 12.03.1961 in Great Bend, Barton County (Kansas).
4 **Rehme,** Anna, verheiratete Korff,
* 31.10.1883 in Baxter, Jasper County (Iowa),
† 07.09.1947 in Great Bend, Barton County (Kansas).

Der Grabstein auf dem Friedhof der Ortschaft Drake im County Gasconade (Missouri) erinnert an Töns Henrich Adolph Köster (1835–1920), ein Schwager der Familie Pollmann vom Augustdorfer Kolonat Nr. 80, mit der er 1854 gemeinsam ausgewandert ist. D. Koenig, 2007

5 **Rehme,** Emma, verheiratete Isern,
* 09.04.1887 in Baxter, Jasper County (Iowa),
† 30.12.1977 in Ellinwood, Barton County (Kansas).
6 **Rehme,** Wilhelm,
* 20.10.1889 in Baxter, Jasper County (Iowa),
† 10.11.1889 in Baxter, Jasper County (Iowa).
7 **Rehme,** Selma,
* 20.10.1889 in Baxter, Jasper County (Iowa),
† 10.1978 in Garden City, Finney County (Kansas).

FAMILIE HOLLMANN

Hollmann, Hermann Heinrich Friedrich Töns
(Henry Hollman), Kolon in Augustdorf, Nr. 68 ▸ S. 243 f.,
* 24.08.1849 in Augustdorf,
† 26.02.1932 in Armour, Douglas County (South Dakota).
⚭ 23.10.1877 in Augustdorf
Steins, Sophie Karline Elise,
* 04.10.1853 in Hornoldendorf (Ksp. Heiligenkirchen),
† 05.07.1930 in Armour, Douglas County (South Dakota).

KINDER:
1 **Hollmann,** Heinrich Friedrich (Henry F.),
* 12.06.1878 in Augustdorf,
† 13.06.1953 in Yankton, Yankton County (South Dakota).
2 **Hollmann,** Friedrich August,
* 02.01.1881 in Augustdorf,
† 28.02.1899 in Baxter, Jasper County (Iowa).
3 **Hollmann,** Laura, verheirate Whittemore,
* 20.01.1885 in Baxter, Jasper County (Iowa),
† 04.1970 in Armour, Douglas County (South Dakota).
4 **Hollmann,** Paul,
* 20.09.1885 in Baxter, Jasper County (Iowa),
† 04.10.1964 in Armour, Douglas County (South Dakota).
5 **Hollmann,** Otto,
* 15.08.1887 in Baxter, Jasper County (Iowa),
† 14.01.1974 in Armour, Douglas County (South Dakota).
6 **Hollmann,** Lena A., verheiratete Groff,
* 02.11.1892 in Baxter, Jasper County (Iowa),
† 05.04.1961 in Los Angeles, Los Angeles County (California).

FAMILIE WIESE

Wiese, Hermann Friedrich, Einlieger in Augustdorf,
* 12.08.1837 in Augustdorf,
† 05.08.1919 in Owensville, Gasconade County (Missouri).
⚭ [1/1] 25.05.1866 in Augustdorf
Hofmeister, Hanne Katharine Henriette,
* 16.06.1845 in Augustdorf (Nr. 66),
† 03.05.1872 in Augustdorf.
⚭ [2/1] 19.01.1873 in Augustdorf
Steffen, Karoline Wilhelmine,
* 15.10.1849 in Augustdorf,
† 24.10.1925 in Owensville, Gasconade County (Missouri).

KINDER mit
Hofmeister, Hanne Katharine Henriette:
1 **Wiese,** Berend Heinrich Christoph,
* 02.08.1868 in Augustdorf,
† 10.03.1870 in Augustdorf.
2 **Wiese,** Wilhelmine Henriette Karoline, verheiratete Lalk,
* 29.09.1870 in Augustdorf,
† 15.04.1953 in Electra, Wichita County (Texas).

KINDER mit
Steffen, Karoline Wilhelmine:
1 **Wiese,** Friedrich Hermann Adolph (Herman Franklin), Zimmermann und Maurer in Owensville, Gasconade County (Missouri),
* 01.11.1873 in Augustdorf,
† 07.05.1952 in Owensville, Gasconade County (Missouri).
2 **Wiese,** Berend Friedrich Christoph (Fred Herman),
* 18.08.1875 in Augustdorf,
† 01.12.1943 in Gerald, Franklin County (Missouri).
3 **Wiese,** Karline Johanne (Caroline), verheiratete Stanley,
* 20.10.1878 in Augustdorf,
† 30.09.1961 in Phoenix, Maricopa County (Arizona).
4 **Wiese,** Wilhelmine Friedrike Henriette (Minnie), verheiratete Schlueter,
* 19.10.1881 in Augustdorf,
† 22.01.1959 in St. Louis, St. Louis City (Missouri).
5 **Wiese,** Emma Lydia, verheiratete Detert,
* 27.03.1884 in Owensville, Gasconade County (Missouri),
† 21.09.1972 in St. Louis, St. Louis City (Missouri).
6 **Wiese,** William Henry Herman,
* 25.03.1886 in Owensville, Gasconade County (Missouri),
† 27.07.1971 in Owensville, Gasconade County (Missouri).
7 **Wiese,** Lydia Marie, verheiratete Meinecke,
* 06.04.1889 in Owensville, Gasconade County (Missouri),
† 28.03.1962 in St. Louis, St. Louis City (Missouri).

8 **Wiese,** Tillie Margareta, verheiratete Hibler,
⋆ 15.05.1892 in Owensville, Gasconade County (Missouri),
† 23.03.1951 in Rosebud, Gasconade County (Missouri).
9 **Wiese,** Ida Johanna, verheiratete Kampen,
⋆ 15.05.1892 in Owensville, Gasconade County (Missouri),
† 23.06.1936 in Washington, Franklin County (Missouri).

FAMILIE WIELE

Wiele, August Friedrich Wilhelm,
⋆ 11.06.1856 in Augustdorf (Nr. 11),
† 03.12.1942 in Morrison, Gasconade County (Missouri).
⚭ 06.11.1881 in Augustdorf
Arndt, Wilhelmine Friedrike Amalia (Amelia, Minnie),
⋆ 23.02.1857 in Augustdorf (Nr. 48),
† 12.01.1930 in Gasconade County County (Missouri).

KINDER:

1 **Wiele,** Friedrike Wilhelmine (Minnie Frieda), verheiratete Mochel,
⋆ 24.11.1881 in Augustdorf,
† 23.02.1963 in Jamestown, Moniteau County (Missouri).
2 **Wiele,** Lydia Euelle, verheiratete Lalk,
⋆ 27.04.1884 in Osage County (Missouri),
† 22.04.1920 in Morrison, Gasconade County (Missouri).
3 **Wiele,** Gustave H.,
⋆ 30.12.1885 in Gasconade County (Missouri),
† 19.03.1931 in Gasconade County (Missouri).
4 **Wiele,** Henry,
⋆ 06.02.1888 in Gasconade County (Missouri),
† 21.03.1972 in Gasconade County (Missouri).
5 **Wiele,** Frederick (Fritz),
⋆ 1889 in Gasconade County (Missouri),
† 14.01.1979 in Coffeyville, Nowata County (Oklahoma).
6 **Wiele,** Alma L., verheiratete Gabathuler,
⋆ 01.04.1894 in Gasconade County (Missouri),
† 02.07.1991 in Franklin County (Missouri).
7 **Wiele,** Ella Amanda,
⋆ 28.07.1896 in Gasconade County (Missouri),
† 22.03.1919 in Gasconade County (Missouri).
8 **Wiele,** Hannah A., verheiratete Townley,
⋆ 09.11.1898 in Osage County (Missouri),
† 06.1985 in Osage County (Missouri).
9 **Wiele,** Oscar August,
⋆ 23.07.1901 in Osage County (Missouri),
† 13.10.1979 in Gasconade, Gasconade County (Missouri).

1882–1917

EINZELPERSONEN

Schlingplässer, Franz Henrich Wilhelm,
⋆ 10.03.1832 in Augustdorf (Nr. 33).
Heistermann, Hermann Heinrich Wilhelm, Schuhmacher in Augustdorf,
⋆ 13.09.1859 in Augustdorf (Nr. 24).
Büker, Heinrich Friedrich (Henry Frederick Bueker), Kolon in Augustdorf, Nr. 97 ▸ S. 192 f.,
⋆ 10.05.1863 in Augustdorf,
† 08.05.1944 in Kansas City, Jackson County (Missouri).
Wiese, Berend Friedrich Christoph (Fred H.),
⋆ 18.08.1875 in Augustdorf,
† 01.12.1943 in Gerald, Franklin County (Missouri).
Hollmann, Heinrich Friedrich,
⋆ 12.06.1878 in Augustdorf (Nr. 68),
† 13.06.1953 in Yankton, Yankton County (South Dakota).
Obermeier, Karl Friedrich, Ziegler in Augustdorf,
⋆ 25.09.1862 in Augustdorf.
Sieveke, Hermann August, Müllerknecht in Augustdorf,
⋆ 20.11.1859 in Augustdorf.
Sieveke, Hermann Friedrich,
⋆ 12.09.1863 in Augustdorf.
Räker, Friedrich Wilhelm, geb. Oesterhaus,
⋆ 25.06.1871 in Augustdorf (Nr. 46).
Heistermann, Hermann Friedrich Adolph, Ziegler in Harderwijk, Provinz Gelderland.
⋆ 04.09.1874 in Augustdorf (Nr. 40).
Heitkämper, Wilhelm Adolph (Hermann), Farmer in Deer, Osage County (Missouri).
⋆ 04.09.1848 in Augustdorf (Nr. 50),
† 02.08.1928 in Deer, Osage County (Missouri).
Hagemann, Heinrich Carl (Henry Carl Hagmann),
⋆ 11.08.1887 in Augustdorf (Nr. 37),
† 08.1972 in Pierce City, Lawrence County (Missouri).

Die oberhalb des Furlbachtals gelegenen Bentteiche sind ein Relikt der Augustdorfer Ziegelherstellung, die mit der Gründung der ersten Produktionsstätte 1892 ihren Anfang nahm und um 1960 endete. Die Gruben, in denen einst der benötigte Ton abgebaut wurde, haben sich inzwischen zu einem wertvollen Biotop entwickelt.
A. Fischer, 2022

Siedlungsveränderungen im 20. Jahrhundert

Ab der zweiten Hälfte des 19. Jahrhunderts wechselten unter anderem infolge der Auswanderungen einige Kolonate ihre Besitzer; Neugründungen fanden jedoch kaum mehr statt. Weitere Siedlungsschwerpunkte von nennenswerter Bedeutung entstanden erst wieder seit den 1920er Jahren. Zunächst sei auf das Areal der früheren Stätte Hillbrink Nr. 28 an der heutigen Haustenbecker Straße verwiesen. Während das 1921 erschienene Landwirtschaftliche Adressbuch[303] die Hofstelle noch nennt, wird sie im lippischen Adressbuch des Jahres 1926[304] nicht mehr erwähnt. Mittlerweile veräußert, waren die zugehörigen Ländereien parzelliert und die Einzelgrundstücke vorzugsweise zwischen 1925 und 1936 nach und nach bebaut worden.[305] Deren Erschließung erfolgte über die sogenannte Schmale Trift, heute Heidestraße.[306] Das vormalige Kolonatsgebäude hatte die Gemeinde Augustdorf übernommen und als Wohnraum vermietet.[307]

Ein weiterer Siedlungskern entwickelte sich im Bereich der jetzigen Waldstraße zwischen Imkerweg und dem Gelände der Ziegelei Ebert. Es waren bereits drei ältere Hofstellen[308] sowie einige neuere Gebäude[309] vorhanden, als Hermann Böger dort 1929 auf einem 1927 vom Kolonat Friedrich Nr. 133[310] angekauften Grundstück eine Gastwirtschaft samt zugehörigem Lebensmittelgeschäft errichtete. In der Folgezeit bildete der Heidekrug einen zentralen Bezugspunkt für das um ihn herum entstehende Wohngebiet.

Die südwestlich des Heidekrugs gelegene Ziegelei Ebert war 1925 gegründet und bereits ein Jahr später durch die Errichtung von Maschinenhaus und Ringofen modernisiert worden. Bis 1959 betrug dort die jährliche Produktionskapazität rund eine Million Steine. In nur geringer Entfernung hatte bereits 1892 die erste Augustdorfer Ziegelei ihren Betrieb aufgenommen, die aber schon 1918 verkauft und abgebrochen wurde.[311]

1950 gab es neben der Ziegelei Ebert vier größere Arbeitgeber vor Ort: Die Handweberei Delius & Söhne, das Kalkwerk Böger, das Sägewerk Büker und die Firma Dr. August Wolff. Hinzu kamen etliche Werkstätten, ebenso bot die Forstwirtschaft Verdienstmöglichkeiten.[312] Am 14. Juni 1957 beschloss der Augustdorfer Gemeinderat die Ausweisung besonderer Bauflächen, um eine Ansiedlung von Gewerbe- und Industriebetrieben ohne Beeinträchtigung der Wohngebiete zu ermöglichen. Das später noch erweiterte Areal, das sich nördlich des Heidekrugs erstreckt und durch die Fertigstellung der Autobahn 33 an zusätzlicher Attraktivität gewann, bietet heute zahlreiche Arbeitsplätze für Einheimische und Pendler.[313]

Wenngleich unter anderen Vorzeichen, ging es auch bei der Gründung der Einrichtungen Heimat- und Wagnerhof um Beschäftigungsangebote. Ab Ende 1927 hatte die Anstalt Bethel in der sogenannten Hermannsheide zwischen Augustdorf und Haustenbeck Land erworben, um dort „eine Arbeiterkolonie für nichtsesshafte Personen" aufzubauen. 1928 erfolgte mit Unterstützung einer „amerikanische[n] Bethelfreundin" der Ankauf der Augustdorfer Stätten Wiebusch Nr. 128 und Erfkamp Nr. 129. Die beiden Hofstellen wurden zur Keimzelle des nach seiner Förderin benannten Wagnerhofes, der 1932 um die benachbarten Kolonate Wiebusch Nr. 103 und Gellhaus Nr. 139 erweitert wurde.[314] Im Jahr 1937 kam noch die vormalige Besitzung Rose Nr. 134 hinzu.[315] Zu erwähnen ist darüber hinaus der ebenfalls 1928 gegründete Sigmarshof; das schon auf Stukenbrocker Gemeindegebiet gelegene Landschulheim sollte arbeitslosen Jugendlichen berufliche Perspektiven eröffnen.[316]

Während der Wagnerhof als eine Art Vorwerk diente, begann Anfang der 1930er Jahre der Ausbau der eigentlichen Kolonie Heimathof zu einem beachtlichen landwirtschaftlichen Betrieb mit Stallungen, Kornspeicher, Scheunen, Gewächshäusern und etlichen anderen Gebäuden. Nach und nach verwandelten „fleißige Hände die Wüste in ein Stück Gottes-

303 Vgl. Niekammer, Landwirtschaftliches Adreßbuch / Freistaat Lippe, S. 49.
304 Vgl. Adressbuch von 1926, S. 715.
305 Vgl. LAV NRW OWL L 101 C IV Nr. 3, Gebäude steuerrolle des Bauerschaftsbezirks Augustdorf.
306 Vgl. LAV NRW OWL D 73 Kat. Lippe 1 Nr. 2017/02/101, Katasterkarten Gemarkung Augustdorf, 1953.
307 Freundliche Mitteilung von Adolf Steffen, Augustdorf.
308 An älteren Kolonaten bestanden zunächst die Hofstellen Nr. 74 (s. S. 249 f.) und Nr. 68 (s. S. 243 f.). Von Letzterer wurden wiederum 1892 Leibzucht und Backhaus abgeteilt und als neue Stätte Nr. 133 (s. S. 244) ausgewiesen, vgl. LAV NRW OWL D 23 A Nr. 8281, Grundbuch Augustdorf.
309 Ab etwa 1927 waren die Gebäude mit den Hausnummern 211, 213, 215, 216, 218, 219, 221, 222, 223, 225 und 226 errichtet worden. Vgl. LAV NRW OWL L 101 C IV Nr. 3, Gebäudesteuerrolle des Bauerschaftsbezirks Augustdorf sowie LAV NRW OWL D 73 Kat. Lippe 1 Nr. 2017/02/121, Katasterkarten Gemarkung Augustdorf, 1953.
310 Zum Kolonat Nr. 133 vgl. S. 244 in diesem Band. Dort auch Näheres zur Geschichte des Heidekrugs.
311 Vgl. Müller-König, Augustdorf, S. 157 f., Hüttemann, Dorfchronik, S. 9 und Werning, Erinnerungen, S. 204. Da das Branchenverzeichniss des Adressbuches von 1962 die Ziegelei Ebert nicht mehr nennt, scheint der Betrieb im Jahr 1959 oder kurz danach aufgegeben worden zu sein, vgl. Lippisches Landes-Adreßbuch von 1962, S. 110.
312 Vgl. Müller-König, Augustdorf, S. 158 einschließlich nachträglicher Ergänzung zur „Fa. Dr. Aug. Wolff". Eine tabellarische Übersicht der ortsansässigen Handwerksbetriebe und Ladengeschäfte bietet Hüttemann, Dorfchronik, S. 3 ff., der darüber hinaus die Firmen Böger, Büker, Delius & Söhne sowie Ebert etwas eingehender porträtiert.
313 Vgl. Steffen / Wistinghausen, Augustdorf, S. 80 ff.
314 Vgl. Türpitz, Bethelkolonien, S. 123 und Göbel, Truppenübungsplatz, S. 91, der allerdings die ersten Landankäufe auf 1928 datiert. Zu den Kolonaten vgl. S. 331 (Nr. 128), S. 332 (Nr. 129 und Nr. 103) sowie S. 330 (Nr. 139) in diesem Band.
315 Vgl. Göbel, Truppenübungsplatz, S. 97. Zum Kolonat Rose Nr. 134 vgl. S. 333 in diesem Band.
316 Vgl. Göbel, Truppenübungsplatz, S. 91 und Türpitz, Bethelkolonien, S. 124 f.

garten", wo auf rund achthundert Morgen [=ca. 200 Hektar] kultiviertem Ödland unter anderem Spargel, Getreide und Hackfrüchte herangezogen wurden.[317]

Der Bethel-Initiative in der Hermannsheide war keine allzu lange Dauer beschieden, wegen der Truppenübungsplatzerweiterung musste der Wagnerhof bereits 1937 an die Reichsumsiedlungsgesellschaft [Ruges] veräußert werden, 1940 ereilten Heimathof und Sigmarshof dasselbe Schicksal. Angesichts der schwierigen Versorgungslage zu Beginn des Zweiten Weltkrieges (1939–1945) durfte die Anstalt Bethel jedoch zunächst die Bewirtschaftung der beiden Einrichtungen im Rahmen eines Pachtverhältnisses fortsetzen.[318] Nach Kriegsende bot der Heimathof unter anderem Flüchtlingen und Obdachlosen Unterkunft. Rückkaufbemühungen schlugen indes fehl; der bis 1958 geltende Pachtvertrag wurde ebenfalls nicht verlängert. 1959 übernahm die britische Militärverwaltung das Areal der Hermannsheide und „sprengte alle Gebäude", lediglich die Gewächshäuser konnten ab- und andernorts wieder aufgebaut werden. Ende der 1980er Jahre sind auch die Ruinen der Heimathofgebäude beseitigt worden.[319]

Vom Areal der Hermannsheide abgesehen, hatte die Reichsumsiedlungsgesellschaft [Ruges] im Zuge ihres 1937 durchgeführten Ankaufprogrammes zusätzlich etliche Augustdorfer Hofstellen[320] erworben. Betroffen waren nicht zuletzt die Stätten Erfkamp Nr. 88, Nr. 89 und Nr. 100, deren Gründung mit dem rund 120 Jahre zuvor errichteten Pfarrhaus[321] in Zusammenhang stand.

Die Ausdehnung des Truppenübungsplatzes Senne bis ins Augustdorfer Gemarkungsgebiet mündete am Ende im Ausbau der Gemeinde zum Militärstandort. Damit setzten die Entwicklungen gewissermaßen eine Tradition fort, die später offenbar kaum Eingang ins öffentliche Bewusstsein gefunden hat.[322] Unter der Rubrik Bekanntmachungen verkündet die Lippische Landes-Zeitung vom 4. August 1885: „Am 5. und 6. August cr. [= currentis/des Monats] finden größere Schieß-Uebungen des Füsilier-Bataillons 6. Westfälischen Infanterie-Regiments Nr. 55 in der Stapelager-Senne bei Augustdorf statt. Der betreffende Schießplatz wird durch Distanciers abgesperrt und wird das Publikum ersucht, deren Anordnungen unweigerlich Folge zu geben. Vor Betreten des Schießplatzes wird zur Vermeidung von Unglücksfällen hiermit gewarnt."[323] Die Bezeichnung „Stapelager-Senne" bezieht sich aller Wahrscheinlichkeit nach auf Bereiche im heutigen Standortübungsplatz Stapel, für deren Flächen erstmals 1934 Pachtverträge zwecks militärischer Nutzung abgeschlossen wurden.[324]

Aber zurück zu der seit 1937 vorangetriebenen Erweiterung des Truppenübungsplatzes Senne, die alsbald die Schaffung entsprechender Unterkünfte erforderte. Die Entscheidung fiel schließlich zugunsten eines nahe der Gastwirtschaft Dörenkrug gelegenen Areals, wo noch im selben Jahr mit der Errichtung von Mannschaftsbaracken und zahlreicher anderer Gebäude begonnen wurde.[325]

Kurz vor Ende des Zweiten Weltkrieges diente das sogenannte Nordlager der Unterbringung russischer Kriegsgefangener, ab Mitte 1945 waren dort ehemalige, nichtrückkehrwillige Fremdarbeiter eingewiesen worden, danach bot der Komplex kurzzeitig heimatlosen Ausländern ein Zuhause. Schon 1953 kamen erste Überlegungen auf, die Liegenschaft zum Bundeswehrstandort auszubauen, eine Planung, die schließlich 1956 konkret in Angriff genommen und im Verlauf der Folgejahre schrittweise realisiert wurde. Am 20. Juli 1961 erhielt die neue Truppenunterkunft den Namen *Generalfeldmarschall-Rommel-Kaserne*.[326]

317 Vgl. Türpitz, Bethelkolonien, S. 123.
318 Vgl. Türpitz, Bethelkolonien, S. 123.
319 Vgl. Türpitz, Bethelkolonien, S. 126 sowie Göbel, Truppenübungsplatz, S. 98.
320 Zu den bis 1900 gegründeten Kolonaten vgl. S. 315 f. (Nr. 79), S. 316 (Nr. 138), S. 316 f. (Nr. 82), S. 317 f. (Nr. 81), S. 319 (Nr. 83), S. 319 ff. (Nr. 85), S. 321 f. (Nr. 84), S. 322 f. (Nr. 86), S. 323 f. (Nr. 87), S. 324 f. (Nr. 88), S. 325 f. (Nr. 89), S. 326 f. (Nr. 100), S. 327 f. (Nr. 111), S. 329 (Nr. 113), S. 330 (Nr. 116), zur Verortung der Stätten s. die Karte S. 343 ff. in diesem Band. Eine Aufstellung der „von der Ruges angekauften Gebäude, der letzten Besitzer, der Umsiedlungsdaten und der neuen Wohnorte" findet sich zudem bei Göbel, Truppenübungsplatz, S. 40 ff., dessen Liste auch die Besitzungen präsentiert, die nach 1900 entstanden sind.
321 Vgl. S. 61 f. in diesem Beitrag.
322 Bei Göbel, Stapelager Senne, S. 287 ff. wird diese Vorgeschichte des späteren Standortübungsplatzes Stapel nicht erwähnt.
323 Lippische Landes-Zeitung vom 4. August 1885.
324 Vgl. Göbel, Stapelager Senne, S. 287 sowie Steffen/Wistinghausen, Augustdorf, S. 96 ff.
325 Vgl. Göbel, Nordlager, S. 297 ff.
326 Vgl. Göbel, Nordlager, S. 308 f. Zu Einzelheiten der Nutzung als Lager für diverse Personenkreise vgl. auch Müller-König, Augustdorf, S. 166 ff. Vgl. außerdem Steffen/Wistinghausen, Augustdorf, S. 110 ff.

Vom Sennerandweg aus bietet sich ein Blick auf das weitläufige Gelände der Bundeswehrkaserne mit ihrem umfangreichen Gebäudebestand, zu dem unter anderem zwei Garnisonskirchen gehören. A. Fischer, 2023

Der Ausbau Augustdorfs zum Kasernenstandort hatte das Erscheinungsbild der Sennegemeinde, die bei der kommunalen Neugliederung von 1970 ihre Selbstständigkeit erhalten konnte, erheblich verändert. Das galt insbesondere nach dem Einzug der Bundeswehr, da nun neben der Erweiterung und Modernisierung der militärischen Anlagen auch Wohngebiete etwa für Zeitsoldaten und deren Angehörige entstanden.[327]

Was das Dorfbild betrifft nicht weniger gravierend war die intensive Bautätigkeit, die während der späten 1980er Jahre einsetzte; die damit verbundene Siedlungsverdichtung resultierte vor allem aus der Niederlassung zahlreicher Aussiedlerfamilien.[328] Für neue Ansichten sorgten darüber hinaus die Überplanung und Umgestaltung der Ortsmitte, die zwischen 1985 und 1992 durchgeführt wurde.[329] Eher unauffällig erscheint dagegen die etwas abseits gelegene, seit 1947 bestehende Jugendsiedlung Heidehaus, die benachteiligten Jugendlichen Betreuung und Ausbildungsmöglichkeiten bietet.[330]

Der Name *Heidehaus* nimmt Bezug auf die Senne, die für die Entwicklung Augustdorfs von Beginn an in vielfacher Hinsicht bestimmend war. Die Landschaft mit ihren charakteristischen Eigenheiten prägt noch immer die Umgebung des Ortes, der selbst wiederum sein Gesicht ständig verändert hat. Das zeigen schon die ersten rund 120 Jahre seit der Dorfgründung, wie die nachfolgende Studie darlegt, die alle bis 1900 entstandenen Kolonate anhand ihrer Besitzerfolgen vorstellt.

---

327 Vgl. Göbel, Nordlager, S. 309 sowie Müller-König, Augustdorf, S. 199 ff. Zu Augustdorfs Rolle bei der kommunalen Gebietsreform s. Müller-König, Augustdorf, S. 188 sowie Steffen / Wistinghausen, Augustdorf, S. 10 ff.

328 Vgl. Steffen / Wistinghausen, Augustdorf, S. 128 ff., zur Entstehung neuer Wohngebiete s. S. 28 ff.

329 Vgl. Steffen / Wistinghausen, Augustdorf, S. 32 ff.

330 Vgl. Steffen / Wistinghausen, Augustdorf, S. 145 ff.

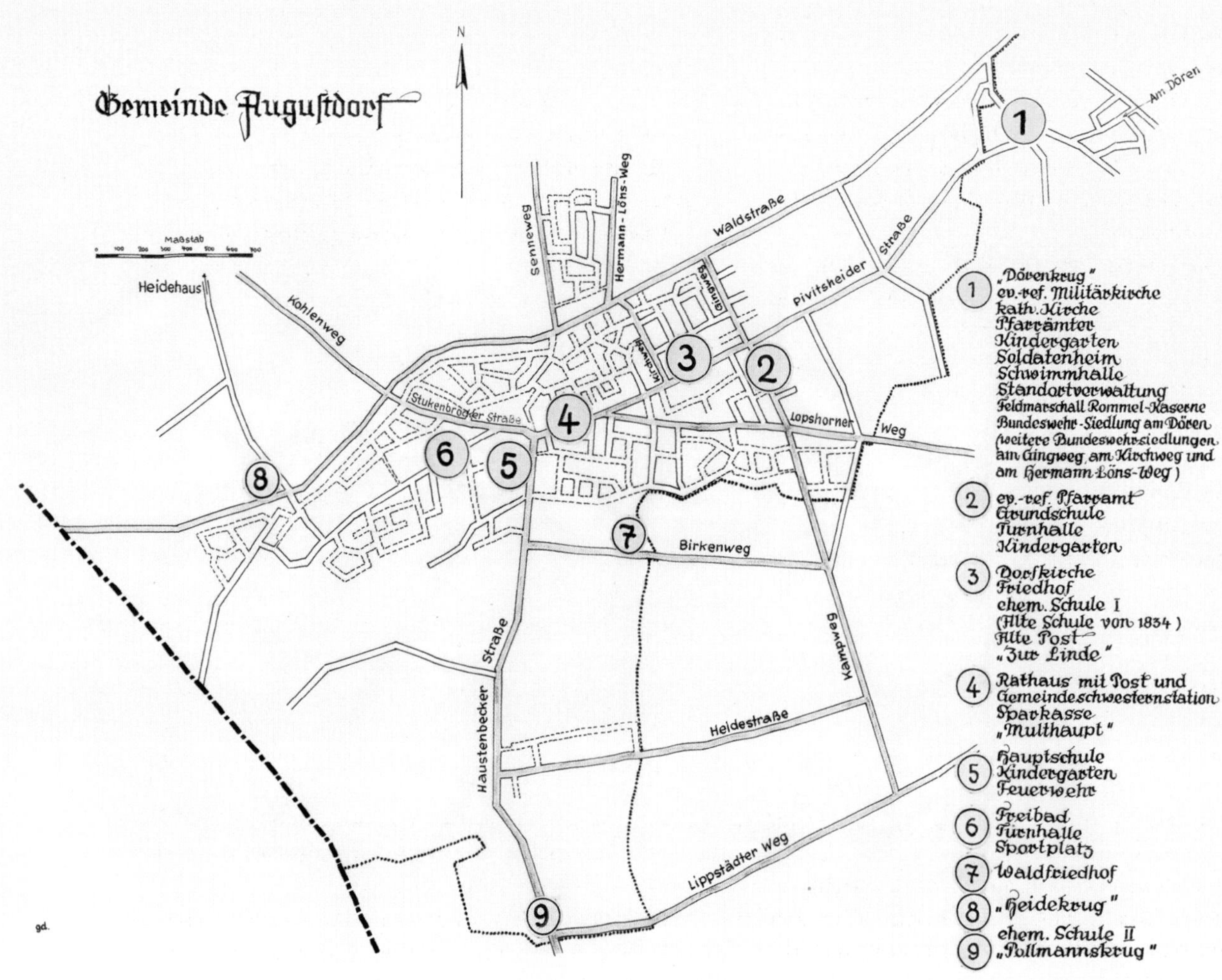

Die Karte der Gemeinde Augustdorf aus dem Jahr 1969 vermittelt einen Eindruck von der damaligen Siedlungsstruktur einschließlich der bereits vorhandenen öffentlichen Einrichtungen. Erkennbar sind ebenso die Standorte diverser Gastwirtschaften.
Zeichnung G. Dux nach einem Straßenplan der Gemeinde Augustdorf.
LAV NRW OWL D 73 Tit. 4 Nr. 7471

Quellen und Literatur

Adreßbuch für das Fürstenthum Lippe. Detmold 1901.

Adreßbuch des Landes Lippe. Detmold 1926.

ARNDT Johannes: Das Fürstentum Lippe im Zeitalter der Französischen Revolution 1770–1820. Münster 1992.

ARNDT, Johannes / NITSCHKE, Peter (Hgg.): Kontinuität und Umbruch. Sozialpolitische Verhältnisse zwischen Aufklärung und Restauration 1750–1820. Lippische Studien, Bd. 13. Detmold 1994.

ASHOLT, Martin: Fürstbischof Friedrich von Osnabrück, Justus Möser und die Gründung Friedrichsdorfs, in: Olaf Eimer / Karl-Otto Reker (Hgg.): Friedrichsdorf 1786–1986. Festschrift zur 200-Jahr-Feier. Gütersloh-Avenwedde 1986, S. 10–11.

BAALES, Michael / POLLMANN, Hans-Otto / STAPEL, Bernhard: Das Jungpaläolithikum in Westfalen, in: Michael Baales / Hans-Otto Pollmann / Bernhard Stapel: Westfalen in der Alt- und Mittelsteinzeit. Münster 2013, S. 107–110.

BAALES, Michael / POLLMANN, Hans-Otto / STAPEL, Bernhard: Westfalen in der Alt- und Mittelsteinzeit. Herausgegeben von der LWL-Archäologie für Westfalen, Michael M. Rind, und der Altertumskommission für Westfalen, Aurelia Dickers. Münster 2013.

BALZER, Manfred: Paderborn im Frühen Mittelalter (776–1050): Sächsische Siedlung – Karolingischer Pfalzort – Ottonisch-Salische Bischofsstadt, in: Frank Göttmann / Karl Hüser / Jörg Jarnut: Paderborn. Geschichte der Stadt und ihrer Region, Bd. 1. Paderborn / München / Wien / Zürich 2000, S. 2–118.

BANGHARD, Karl: Spuren im Sand. Die Vor- und Frühgeschichte von Senne und Teutoburger Wald, in: Naturschutzzentrum Senne e. V. (Hg.): Senne und Teutoburger Wald. Bielefeld 2008, S. 42–54.

BANGHARD, Karl: Historische Wege und Pässe, in: Naturschutzzentrum Senne e. V. (Hg.): Senne und Teutoburger Wald. Bielefeld 2008, S. 55–58.

BANGHARD, Karl / GEHLEN, Birgit: Das Mesolithikum in OstwestfalenLippe, in: Michael Baales / Hans-Otto Pollmann / Bernhard Stapel: Westfalen in der Alt- und Mittelsteinzeit. Münster 2013, S. 207–213.

BARMEYER, Heide / NIEBUHR, Hermann / ZELLE, Michael (Hgg.): Lippische Geschichte, Bd. 2. Lippische Studien, Bd. 24. Sonderveröffentlichungen des Naturwissenschaftlichen und Historischen Vereins für das Land Lippe, Bd. 90. Petersberg 2019.

BEHM, [Major]: „Croquis der Senne zwischen Augustdorf und Schlangen croquirt von Major Behm 1880."

BENDER, Wolfgang: „... die ältesten Menschen erinnern sich keines Sommers, worinn es soviel und anhaltend geregnet hat wie in dem diesjährigen." Der Ausbruch des Tambora (1815) und seine Auswirkungen in Lippe, in: Lippische Mitteilungen aus Geschichte und Landeskunde / Mitteilungen aus der lippischen Geschichte und Landeskunde, Bd. 83. Naturwissenschaftlicher und Historischer Verein für das Land Lippe. Bielefeld 2014, S. 171–195.

BÉRENGER, Daniel / BREBECK, Wulff E.: Erdgeschichte und Steinzeiten. Führer zur Vor- und Frühgeschichte der Hochstiftkreise Paderborn und Höxter. Historische Schriften des Kreismuseums Wewelsburg, Bd. 4. Herausgegeben i. A. des Kreises Paderborn von Wulff E. Brebeck. Münster 2002.

BERGANN, Lisa-Marie: Jagdschloss Lopshorn und die Jagdsammlung des Hauses Lippe, in: Heiner Borggrefe / Michael Bischoff / Vera Lüpkes (Hgg.): Hofjagd. Privileg und Spektakel. Lemgo 2021, S. 196–205.

BERTELSMEIER, Elisabeth: Bäuerliche Siedlung und Wirtschaft im Delbrücker Land. Siedlung und Landschaft in Westfalen, Schriftenreihe der Geographischen Kommission im Provinzialinstitut für westfälische Landes- und Volksforschung, Bd. 14. Landschaftsverband Westfalen-Lippe. Münster 1942, Nachdruck 1982.

BÖDEKER, Heinrich: Die Lippische Landeskirche von 1848–1984, in: Volker Wehrmann (Hg.): Die Lippische Landeskirche 1684–1984. Ihre Geschichte in Darstellungen, Bildern und Dokumenten. Detmold 1984, S. 185–276.

BORGGREFE, Heiner / BISCHOFF, Michael / LÜPKES, Vera (Hgg.): Hofjagd. Privileg und Spektakel. Weserrenaissance-Museum Schloss Brake. Lemgo 2021

BRANDT, Hans Jürgen / HENGST, Karl: Das Erzbistum Paderborn. Geschichte – Personen – Dokumente. Veröffentlichungen zur Geschichte der mitteldeutschen Kirchenprovinz herausgegeben von Karl Hengst, Paderborn, Hans Jürgen Brandt, München, und Josef Pilvousek, Erfurt, Bd. 3. Zweite, überarbeitete Auflage. Paderborn 1993.

BRAUKMANN, Horst: Besiedlung der Bielefelder Senne. Wandel einer Kulturlandschaft vom Mittelalter bis heute, in: Naturschutzzentrum Senne e. V. (Hg.): Senne und Teutoburger Wald. Bielefeld 2008, S. 79–84.

BUCHNER, Jens (Hg.): Stadtgeschichte Horn 1248–1998. Herausgegeben im Auftrag der Stadt Horn-Bad Meinberg. Sonderveröffentlichungen des Naturwissenschaftlichen und Historischen Vereins für das Land Lippe, Bd. 53. Horn-Bad Meinberg 1997.

BUDDE, Hans: Der Bau von Pfarr- und Gemeindehaus, in: Burkhard Meier (Hg.): 200 Jahre evangelische Kirche in Augustdorf. Soziale Wirklichkeit und diakonischer Auftrag einer lippischen Gemeinde. Lage 2000, S. 157–166.

BULST, Neithard / HOOCK, Jochen: Volkszählungen in der Grafschaft Lippe. Zur Statistik und Demographie in Deutschland im 18. Jahrhundert, in: Neithard Bulst / Jochen Hoock / Wolfgang Kaiser (Hgg.): Die Grafschaft Lippe im 18. Jahrhundert. Bevölkerung, Wirtschaft und Gesellschaft eines deutschen Kleinstaates, Bielefeld 1993, S. 11–48.

BULST, Neithard / HOOCK, Jochen / KAISER, Wolfgang (Hgg.): Die Grafschaft Lippe im 18. Jahrhundert. Bevölkerung, Wirtschaft und Gesellschaft eines deutschen Kleinstaates. Sonderveröffentlichungen des Naturwissenschaftlichen und Historischen Vereins für das Land Lippe, Bd. 40. Bielefeld 1993.

BUSCHMEIER, Johannes: Straßen und Wege in Hövelhof. Namen. Natur und Landschaft. Geschichte. Herausgegeben vom Verkehrsverein Hövelhof e. V. Paderborn 1995.

BUTTERWECK, W[ilhelm]: Die Geschichte der Lippischen Landeskirche. Schötmar 1926.

COPEI, Friedrich: Heer- und Handelsstraßen im Sennegebiet, in: Lippische Mitteilungen aus Geschichte und Landeskunde / Mitteilungen aus der lippischen Geschichte und Landeskunde, Bd. 16. Herausgegeben vom Naturwisseschaftlichen Verein für das Land Lippe. Detmold 1938, S. 163–207.

COPEI, Friedrich: Die alten Sennekrüge, in: Volker Wehrmann (Bearb.): Die Senne in alten Ansichten und Schilderungen. Detmold 1978, S. 31–42.

DEICHSEL, Eckehard: Jagdzeug – Formen der Jagd im absolutistischen Fürstenstaat, in: Heiner Borggrefe / Michael Bischoff / Vera Lüpkes (Hgg.): Hofjagd. Privileg und Spektakel. Lemgo 2021, S. 152–177.

DEPPE, Adolf: Aus der Erdgeschichte der Senne, in: Berichte des Naturwissenschaftlichen Vereins für Bielefeld und Umgebung, Nr. 5. Bielefeld 1928, S. 33–35, (https://senne-archiv.de/archiv/39).

Deutsches Reichsadressbuch für Industrie, Gewerbe, Handel. Bd. III: Adressenverzeichnis Saarland, Rheinprovinz, Oldenburg mit Birkenfeld, Westfalen, Lippe, Hessen-Nassau. Ausgabe 1937. Berlin [1937].

DIEKHOF, Friedrich (Hg.): Als die Oerlinghauser Str. noch Mittelstraße hieß. Pivitsheide V. L. in alten Bildern und Erinnerungen. Detmold 2019.

DIETZ, Heinz: Kulturgeschichtliche Bodenaltertümer in Lippe, in: Heimatland Lippe. Zeitschrift des Lippischen Heimatbundes. 4. Sonderheft. Detmold 1967.

DONOP, Wilhelm Gottlieb Levin von: Historisch-geographische Beschreibung der Fürstlichen Lippeschen Lande. Faksimiledruck der 1790 bei der Meyerschen Buchhandlung in Lemgo erschienenen, 2. verbesserten Auflage. Mit 1 Abbildung. Einführung und Ergänzungen von Herbert Stöwer. Lippische Geschichtsquellen, Veröffentlichungen des Naturwissenschaftlichen und Historischen Vereins für das Land Lippe und des Lippischen Heimatbundes, Bd. 12. Lemgo 1984.

350 Jahre herrschaftliches Schlossgelände in Hövelhof. Hövelhof 2011.

DREWES, Josef (Hg.): Das Hochstift Paderborn. Porträt einer Region. Mit Beiträgen von Heinrich Schoppmeyer und Georg Vockel. Zweite, durchgesehene Auflage. Paderborn / München / Wien / Zürich 1997.

DRÖGE, Kurt: Nachwort. August Meier-Böke und seine „Zick-Zack-Fahrt durch Lippe" (1954–1958), in: August Meier-Böke: „Zick-Zack-Fahrt durch Lippe (1954–1958). Die lippischen Dörfer. Stadt Horn-Bad Meinberg, Gemeinden Schlangen, Augustdorf. Lemgo 2002, S. 73–79.

DUX, G.: [Karte] Gemeinde Augustdorf 1969.

EIMER, Olaf: Friedrichsdorf. Grundzüge e. Ortsgeschichte, in: Olaf Eimer / Karl-Otto Reker (Hgg.): Friedrichsdorf 1786–1986. Festschrift zur 200-Jahr-Feier. Gütersloh-Avenwedde 1986, S. 13–29.

EIMER, Olaf (Bearb.): Aus dem Schriftwechsel zur Gründung Friedrichsdorfs, in: Olaf Eimer / Karl-Otto Reker (Hgg.): Friedrichsdorf 1786–1986. Festschrift zur 200-Jahr-Feier. Gütersloh-Avenwedde 1986, S. 30–31.

EIMER, Olaf / REKER, Karl-Otto: Friedrichsdorf 1786–1986. Festschrift zur 200-Jahr-Feier. Herausgegeben im Auftrag des Festausschusses. Gütersloh-Avenwedde 1986.

ENGEL, Gustav: Riege und Hagen. Zur Herrschaftsgeschichte vornehmlich in Westfalen, in: 70. Jahresbericht des Historischen Vereins für die Grafschaft Ravensberg, Jg. 1975/76. Festschrift zum Hundertjährigen Bestehen des Vereins. Bielefeld 1976, S. 1–64.

FAASSEN, Dina van: Die lippische Landwirtschaft – Ein Berufsstand im Wandel. 150 Jahre LLHV. 1844–1994. Bad Salzuflen 1994.

FAASSEN, Dina van: „Es muß mehr Leben in die Schule kommen." Das Schulwesen in Schlangen, Kohlstädt, Oesterholz und Haustenbeck bis zum Ende der Weimarer Republik, in: Heinz Wiemann (Hg.): Geschichte der Dörfer Schlangen, Kohlstädt, Oesterholz und Haustenbeck, Bd. 1. Bielefeld 2008, S. 286–319.

FAASSEN, Dina van: Die Landwirtschaft in Schlangen, Kohlstädt, Oesterholz und Haustenbeck vom 18. Jahrhundert bis in die 1970er Jahre, in: Heinz Wiemann (Hg.): Geschichte der Dörfer Schlangen, Kohlstädt, Oesterholz und Haustenbeck, Bd. 2. Bielefeld 2011, S. 756–801.

FISCHER, Annette: Natur entdecken. Streifzüge zwischen Eggegebirge, Weser, Sauerland und Senne. Paderborn 2016.

FISCHER, Annette: Dorfleben in der Frühen Neuzeit. Entwicklungen und Ereignisse in Schlangen, Kohlstädt, Oesterholz und Haustenbeck vom 16. bis zum 19. Jahrhundert, in: Annette Fischer (Hg.): Geschichte der Dörfer Schlangen, Kohlstädt, Oesterholz und Haustenbeck, Bd. 3. Bielefeld 2020, S. 898–993.

FISCHER, Annette (Hg.): Geschichte der Dörfer Schlangen, Kohlstädt, Oesterholz und Haustenbeck. Herausgegeben im Auftrag der Gemeinde Schlangen, Bd. 3. Sonderveröffentlichungen des Naturwissenschaftlichen und Historischen Vereins für das Land Lippe, Bd. 89. Bielefeld 2020.

FLEEGE[-ALTHOFF], Fritz: Die Kultivierung der Lippischen Senne. Detmold 1916.

FLEEGE-ALTHOFF, Fritz: Die lippischen Wanderarbeiter. Detmold 1928.

FREITAG, Werner: Westfalen. Geschichte eines Landes, seiner Städte und Regionen in Mittelalter und Früher Neuzeit. Münster 2023.

FÜRSTENBERG, Ferdinand von: Monumenta Paderbornensia: Ex Historia Romanâ, Francicâ, Saxonicâ eruta, et novis inscriptionibus, figuris, tabulis geographicis & notis illustrata. Amsterdam MDCLXXII.

Geologisches Landesamt Nordrhein-Westfalen [Hg.]: Geologie im Münsterland. Krefeld 1995.

GERKING, Willy: Aus der älteren Geschichte der Dörfer Feldrom – Kempen – Veldrom. Detmold 2016.

GILGEN, David: Im Hinterland der Globalisierung. Wirtschaftliche Entwicklung im 19. und 20. Jahrhundert zwischen Mobilität und Stagnation in Lippe, in: Heide Barmeyer / Hermann Niebuhr / Michael Zelle (Hgg.): Lippische Geschichte, Bd. 2. Petersberg 2019, S. 238–267.

GÖBEL, Walter: Die Geschichte der Kolonie Taubenteich, in: Heimat- und Verkehrsverein Oesterholz-Haustenbeck (Hg.): Haustenbeck. Gründung 1659 – Auflösung 1939 – 50 Jahre nach der Auflösung 1989. Schlangen 1989, S. 20–27.

GÖBEL, Walter: Der Truppenübungsplatz Senne, Entstehung und Erweiterungen, in: Uwe Piesczek (Hg.): Truppenübungsplatz Senne. Zeitzeuge einer hundertjährigen Militärgeschichte. Chronik. Bilder. Dokumente. Paderborn 1994, S. 16–107.

GÖBEL, Walter: Der Truppenübungsplatz Stapelager Senne, in: Uwe Piesczek (Hg.): Truppenübungsplatz Senne. Zeitzeuge einer hundertjährigen Militärgeschichte. Chronik, Bilder, Dokumente. Paderborn 1992, S. 287–296.

GÖBEL, Walter: Landwehrübungslager – Nordlager – Generalfeldmarschall-Rommel-Kaserne, in: Uwe Piesczek (Hg.): Truppenübungsplatz Senne. Zeitzeuge einer hundertjährigen Militärgeschichte. Chronik, Bilder, Dokumente. Paderborn 1992, S. 297–321.

GÖTTMANN, Frank / HÜSER, Karl / JARNUT, Jörg: Paderborn. Geschichte der Stadt und ihrer Region. Bd. 1: Das Mittelalter. Bischofsherrschaft und Stadtgemeinde. Herausgegeben von Jörg Jarnut. Zweite durchgesehene Auflage. Paderborn / München / Wien / Zürich 2000.

GÖTTMANN, Frank / HÜSER, Karl / JARNUT, Jörg: Paderborn. Geschichte der Stadt und ihrer Region. Bd. 3: Das 19. und 20. Jahrhundert. Traditionsbindung und Modernisierung. Herausgegeben von Karl Hüser. Zweite durchgesehene Auflage. Paderborn / München / Wien / Zürich 2000.

GRIES, Brunhild / RAABE, Uwe: Tagebuch von Friedrich C. D. von und zu Brenken (1790–1867) über eine „große Botanisch-mineralogisch und Geognostische Reise durch das Herzogthum Westphalen“ und weitere Reisen durch benachbarte Gebiete. Abhandlungen aus dem Westfälischen Museum für Naturkunde, 73. Jg., Heft 2. Münster 2011.

GRIMM, Jakob / GRIMM, Wilhelm: Deutsches Wörterbuch, 16 Bde. Leipzig 1854–1971. [Nachdruck in 33 Bänden. München 1984]. Online unter www.woerterbuchnetz.de

HANSCHMIDT, Alwin: Liemke – Österwiehe – Kaunitz. Zwei Bauerschaften werden ein Kirchspiel. Zur Gründungsgeschichte der Pfarrei Kaunitz 1743–1753, in: Westfälische Zeitschrift. Zeitschrift für Geschichte und Altertumskunde, Bd. 149. Paderborn 1999, S. 287–307.

HARTEISEN, Ulrich: Die Senne. Eine historisch-ökologische Landschaftsanalyse als Planungsinstrument im Natuschutz. Schriftenreihe der Geographischen Kommission für Westfalen: Siedlung und Landschaft in Westfalen, Bd. 28. Münster 2000.

Heimat- und Verkehrsverein Oesterholz-Haustenbeck (Hg.): Haustenbeck. Gründung 1659 – Auflösung 1939 – 50 Jahre nach der Auflösung 1989. Schlangen 1989.

HENNIGS, Annette: Schlangen – Das Dorf an der Grenze, in: Heinz Wiemann (Hg.): Geschichte der Dörfer Schlangen, Kohlstädt, Oesterholz und Haustenbeck, Bd. 1. Bielefeld 2008, S. 348–365.

HITZEMANN, Herbert: Die Amerika-Wanderung aus dem Fürstentum Lippe. Ein Beitrag zur 200-Jahrfeier der Vereinigten Staaten, in: Heimatland Lippe. Zeitschrift des Lippischen Heimatbundes, 69. Jg., Heft Nr. 5. Detmold 1976, S. 178–193.

HOHENSCHWERT, Friedrich: Die Lippische Senne. Landschaft / Ur- und frühgeschichtliche Besiedlung. Detmold 1969.

HOHENSCHWERT, Friedrich: Gemeinde Augustdorf. Hügelgräberfeld in der Stapelager Senne, in: Friedrich Hohenschwert (Bearb.): Führer zu archäologischen Denkmälern in Deutschland, Bd. 11. Der Kreis Lippe, Teil II: Objektbeschreibungen. Stuttgart 1985, S. 104–106.

HOHENSCHWERT, Friedrich: Stadt Detmold. Dörenschlucht mit mittelsteinzeitlichem Wohnplatz an den Retlager Quellen, Grabhügeln der älteren Bronzezeit, mittelalterlichen Wegespuren und einer Landwehr, in: Friedrich Hohenschwert (Bearb.): Führer zu archäologischen Denkmälern in Deutschland, Bd. 11. Der Kreis Lippe, Teil II: Objektbeschreibungen. Stuttgart 1985, S. 155–158.

HOHENSCHWERT, Friedrich (Bearb.): Führer zu archäologischen Denkmälern in Deutschland. Herausgegeben vom Nordwestdeutschen und West- und Süddeutschen Verband für Altertumsforschung, Bd. 11. Der Kreis Lippe, Teil II: Objektbeschreibungen. Stuttgart 1985.

HÖLTKE, Werner: Der Schapeler. Leben und Untergang eines alten Sennehofes, in: Der Minden-Ravensberger. 1998. Berichte und Bilder aus der Region. Das Jahrbuch in Ostwestfalen, 70. Jg. Bielefeld 1997, S. 38–42.

HÜLS, Hans: Das Lipperland als Ausgangsgebiet saisonaler Arbeiterwanderungen in den ersten Jahrzehnten des 20. Jahrhunderts, in: Lippische Mitteilungen aus Geschichte und Landeskunde / Mitteilungen aus der ippischen Geschichte und Landeskunde, Bd. 40. Naturwisseschaftlicher und Historischer Verein für das Land Lippe. Detmold 1971, S. 5–76.

HÜTTEMANN, Werner: Fortsetzung der Dorfchronik Augustdorf. Unveröffentlichtes Manuskript. Augustdorf 1950.

ISERMANN, [C]arl [W]ilhelm: Nachrichten aus der Stadt Horn und dem Amte Horn. Neue Bearbeitung Detmold 1890. Bearbeitet von Hans Vennefrohne. Horn-Bad Meinberg 1977.

JOERGENS, Bettina / REINECKE, Christian (Hgg.): Archive, Familienforschung und Geschichtswissenschaft. Annäherungen und Aufgaben. Veröffentlichungen des Landesarchivs Nordrhein-Westfalen, Bd. 7. Düsseldorf 2006.

KASPAR, Fred / BARTHOLD, Peter: Große Konzepte und kleine Reste: Das sogenannte Schloss und die Domäne Oesterholz – Untersuchungen zur Anlage sowie zur Bau- und Funktionsgeschichte, in: Heinz Wiemann (Hg.): Geschichte der Dörfer Schlangen, Kohlstädt, Oesterholz und Haustenbeck, Bd. 2. Bielefeld 2011, S. 678–753.

KELLNER, T.: Situationsriss des von den Stukenbrökern praedentirten Hude-Districkts in der Lippischen Senne, ohnweit der Bauerschaft Augustdorf. Aufgenommen im Monat März 1801 von L. Stein, copirt von T. Kellner.

KITTEL, Erich: Heimatchronik des Kreises Lippe. 2. Auflage. Köln 1978.

KLUGE, [Friedrich]: Etymologisches Wörterbuch der deutschen Sprache. Bearbeitet von Elmar Seebold. 25., durchgesehene und erweiterte Auflage. Berlin / Boston 2011.

KNEPPE, Cornelia: Aufbau und Funktion von westfälischen Landwehren. Ein Überblick, in: Cornelia Kneppe (Hg.): Landwehren. Zu Erscheinungsbild, Funktion und Verbreitung spätmittelalterlicher Wehranlagen. Münster 2014, S. 13–24.

KNEPPE, Cornelia (Hg.): Landwehren. Zu Erscheinungsbild, Funktion und Verbreitung spätmittelalterlicher Wehranlagen. Beiträge zum Kolloquium der Altertumskommission für Westfalen an 11. und 12. Mai 2012 in Münster. Veröffentlichungen der Altertumskommission für Westfalen. Landschaftsverband Westfalen-Lippe, Bd. 20, herausgegeben von Aurelia Dickers. Münster 2014.

KORSMEIER, Claudia Maria: Die Ortsnamen des Kreises Gütersloh. Westfälisches Ortsnamenbuch (WOB). Im Auftrag der Akademie der Wissenschaften zu Göttingen herausgegeben von Kirstin Casemir und Jürgen Udolph, Bd. 19. Bielefeld 2022.

KÜSTERMANN, Ernst Friedrich: Geschichte von Augustdorf. Zusammengestellt von E. F. Küstermann zeitigen Küster zu Augustdorf, Bd. I, 1. und 2. Teil sowie Bd. II., Abschriften 2010. Augustdorf 1863.

Landesverordnungen der Grafschaft Lippe. Erster Band. Lemgo 1779.

LEWEKE, Dietmar: „… die frohe Botschaft vielfältig und in bunten Farben verkündigen“. Die evangelische Kirche in Augustdorf an der Schwelle zum 21. Jahrhundert, in: Burkhard Meier (Hg.): 200 Jahre evangelische Kirche in Augustdorf. Soziale Wirklichkeit und diakonischer Auftrag einer lippischen Gemeinde. Lage 2000, S. 171–184.

LINDE, Roland: Hans Sprenger, Heinrich Röhr und Wilhelm Süvern – die Vorsitzenden der Nachkriegszeit in biografischen Skizzen, in: Burkhard Meier / Stefan Wiesekopsieker (Hgg.): Lippe 1908–2008. Beiträge zu Geschichte und Gegenwart der Heimatpflege. Bielefeld 2008, S. 95–102.

LINDE, Roland: Siedlung, Bevölkerung und Wirtschaft. Lippe im Mittelalter und in der Frühen Neuzeit, in: Heide Barmeyer / Hermann Niebuhr / Michael Zelle (Hgg.): Lippische Geschichte, Bd. 2. Petersberg 2019, S. 41–69.

LINDE, Roland / RÜGGE, Nicolas / STIEWE, Heinrich: Adelsgüter und Domänen in Lippe. Anmerkungen und Fragen zu einem brach liegenden Forschungsfeld, in: Lippische Mitteilungen aus Geschichte und Landeskunde / Mitteilungen aus der lippischen Geschichte und Landeskunde, Bd. 73. Naturwisseschaftlicher und Historischer Verein für das Land Lippe. Detmold 2004, S. 13–107.

LIPPE, Armin Prinz zur: Werte der Tradition. Bausteine für die Zukunft. Lopshorn. Eine Chronik. Detmold 2004.

Lippische Landes-Zeitung vom 4. August 1885.

Lippische Regesten [LR]. Bearbeitet von Otto Preuß und August Falkmann, Bde. I – IV. Lemgo / Detmold 1860 – 1868.

Lippische Regesten Neue Folge [LRNF]. Bearbeitet von Hans-Peter Wehlt, Loseblattsammlung, Lieferung 1 – 7. Lippische Geschichtsquellen, Veröffentlichungen des Naturwissenschaftlichen und Historischen Vereins für das Land Lippe und des Lippischen Heimatbundes, Bd. 17. Lemgo / Detmold 1989 – 2005.

Lippischer Dorfkalender, Neue Folge, 7. Jg. Detmold 1955, S. 39 – 45.

Lippische Landes-Adreßbücher. Kreise Detmold und Lemgo, Ausgaben 1954 / 1962. Detmold 1954 / 1962.

MAASJOST, Ludwig: Südöstliches Westfalen. Sammlung geografischer Führer, Bd. 9. Berlin / Stuttgart 1973.

MAI, Klaus / BÖGER-MAI, Angelika: Augustdorfer Lebensgeschichten. Helga Böger vom Heidekrug. „Eigentlich hatte ich drei Leben!“, in: Sonja Reichmann (Hg.): Der Augustdorfer, Oktober – November 2021. Augustdorf 2021, S. 4 – 9.

MARON, Wolfgang: Vom Ende des Fürstbistums bis zur Gründung des Deutschen Reiches (1802 – 1871), in: Frank Göttmann / Karl Hüser / Jörg Jarnut: Paderborn. Geschichte der Stadt und ihrer Region, Bd. 3. Paderborn et al. 2000, S. 3 – 99.

MARX Cordula: Die westfälischen Wildbahngestüte. Ein historischer Überblick, in: Cordula Marx / Agnes Sternschulte (Hgg.): „... so frei, so stark ...“ Westfalens wilde Pferde. Essen 2002, S. 13 – 58.

MARX, Cordula / STERNSCHULTE, Agnes (Hgg.): „... so frei, so stark ...“ Westfalens wilde Pferde. Schriften des Westfälischen Freilichtmuseums Detmold – Landesmuseum für Volkskunde, herausgegeben von Stefan Baumeier, Bd. 21. Essen 2002.

MEHRMANN, Hildegard / MEHRMANN, Ernst: Haustenbeck. Geschichte und Geschichten, in: Heimat- und Verkehrsverein Oesterholz-Haustenbeck (Hg.): Haustenbeck. Gründung 1659 – Auflösung 1939 – 50 Jahre nach der Auflösung 1989. Schlangen 1989, S. 8 – 19.

MEIEN, W. von: „Situations-Plan zur Anlage eines chaussirten Weges von der Grenze des Landes bei Stukenbrok über Augustdorf nach Lopshorn“, 1857.

MEIER, Burkhard: „Licht und Schatten, Gottesfurcht und Gottlosigkeit, Glaube und Aberglaube“. Die Kirchengemeinde Augustdorf im 19. Jahrhundert, in: Burkhard Meier (Hg.): 200 Jahre evangelische Kirche in Augustdorf. Soziale Wirklichkeit und diakonischer Auftrag einer lippischen Gemeinde. Lage 2000, S. 9 – 92.

MEIER, Burkhard (Hg.): 200 Jahre evangelische Kirche in Augustdorf. Soziale Wirklichkeit und diakonischer Auftrag einer lippischen Gemeinde. Herausgegeben im Auftrag der Evangelisch-reformierten Kirchengemeinde Augustdorf anläßlich ihres Jubiläums. Beiträge zur Geschichte der Diakonie in Lippe, Bd. 4. Lage 2000.

MEIER, Burkhard / Wiesekopsieker, Stefan (Hgg.): Lippe 1908 – 2008. Beiträge zu Geschichte und Gegenwart der Heimatpflege. Herausgegeben im Auftrag des Lippichen [sic!] Heimatbundes anlässlich seines 100-jährigen Bestehens. Bielefeld 2008.

MEIER-BÖKE, August: Augustdorf vor den Dören – das längste Dorf in Lippe, in: August Meier-Böke: „Zick-Zack-Fahrt durch Lippe (1954 – 1958). Die lippischen Dörfer. Stadt Horn-Bad Meinberg, Gemeinden Schlangen, Augustdorf. Lemgo 2002, S. 70 – 72.

MEIER-BÖKE, August: „Zick-Zack-Fahrt durch Lippe (1954 – 1958). Die lippischen Dörfer. Stadt Horn-Bad Meinberg, Gemeinden Schlangen, Augustdorf. Herausgegeben von Kurt Dröge. Landesverband Lippe. Institut für Lippische Landeskunde. Lemgo 2002.

MEINEKE, Birgit: Die Ortsnamen des Kreises Lippe. Westfälisches Ortsnamenbuch (WOB). Im Auftrag der Akademie der Wissenschaften zu Göttingen herausgegeben von Kirstin Casemir und Jürgen Udolph, Bd. 2. Bielefeld 2010.

MEINEKE, Birgit: Flurnamen der Gemeinde Schlangen. Mit Fotografien von Annette Fischer. Herausgegeben von Heinz Wiemann. Bielefeld 2015.

MEINEKE, Birgit: Die Ortsnamen des Kreises Paderborn. Westfälisches Ortsnamenbuch (WOB). Im Auftrag der Akademie der Wissenschaften zu Göttingen herausgegeben von Kirstin Casemir und Jürgen Udolph, Bd. 11. Bielefeld 2018.

MERTENS, Hans: Die Böden der Senne, ihre Nutzung und ihre Bedeutung für die Besiedlung der Landschaft. Mit 5 Abbildungen und 2 Tabellen. Berichte des Naturwissenschaftlichen Vereins Bielefeld, Sonderheft, Nr. 2. Bielefeld 1980, S. 9 – 34.

MÜLLER-HENGSTENBERG, Herbert: Die lippische Sennegrenze und ihre alten Schnatzeichen, in: Lippische Mitteilungen aus Geschichte und Landeskunde / Mitteilungen aus der lippischen Geschichte und Landeskunde, Bd. 54. Naturwissenschaftlicher und Historischer Verein für das Land Lippe. Detmold 1985, S. 149 – 156.

MÜLLER-KÖNIG, Rohtraut: Geschichte der Gemeinde Augustdorf 1775 – 1975. Herausgegeben von der Gemeinde Augustdorf und vom Lippischen Heimatbund. Lippische Heimatbücher. Geschichtliche Reihe, Bd. 4. Lemgo 1975.

Naturschutzzentrum Senne e. V. (Hg.): Senne und Teutoburger Wald. Bielefeld 2008.

Niekammer's Landwirtschaftliche Güter-Adreßbücher, Band XVII., Landwirtschaftliches Adreßbuch der Rittergüter, Güter und größeren Höfe der Freistaaten Lippe-Detmold nebst Schaumburg-Lippe u. Waldeck-Pyrmont. Reprint der Ausgaben 1931 und 1921. Herausgegeben und eingeleitet von Gisbert Strotdrees. Münster 2019.

OVERBECK, H. C. A.: „Carte von der Bauerschaft Augustdorf. Aufgenommen im Jahre 1816 durch H. C. A. Overbeck. Geom. jur. nach der Original-Carte auf einem [sic!] kleineren Maasstab reducirt."

OVERBECK, H. [C. A.]: „Carte des dem Königl. Preussischen Dorfe Stukenbrock, bei der Hude-Gränzregulierung mit dem Fürstl. lippischen Dorfe Augustdorf, zugefallenen Hudedistrickts, nebst einem Theile letzter'n Dorfes. Vermessen und getheillt in den Jahren 1816/18 durch H. Overbeck. Fürstl. Lipp. Geometer."

PAVLICIC, Michael (Bearb.): Lippspringe. Beiträge zur Geschichte. Herausgegeben von der Stadt und dem Heimatverein Bad Lippspringe. Paderborn 1995.

PAVLICIC, Michael: Sandwehen bedrohten Lippspringe und Schlangen. Eine archivische Quelle zur Geschichte der Senne aus dem Jahre 1811, in: die warte. Heimatzeitschrift für die Kreise Paderborn und Höxter, 59. Jg., Nr. 98. Paderborn 1998, S. 4–5.

PIESCZEK, Uwe: Truppenübungsplatz Senne. Zeitzeuge einer hundertjährigen Militärgeschichte. Chronik, Bilder, Dokumente. Im Auftrag des Vereins Freunde der Senne und des Truppenübungsplatzes Sennelager e. V., herausgegeben von Uwe Piesczek. Paderborn 1992.

POLLMANN, Hans-Otto: Die Steinzeiten, in: Daniel Bérenger / Wulff E. Brebeck: Erdgeschichte und Steinzeiten. Führer zur Vor- und Frühgeschichte der Hochstiftkreise Paderborn und Höxter. Münster 2002, S. 37–195.

POTENTE, Dieter: Ländliche Bevölkerung, Agrarkonjunkturen und Agrarreformen 1770–1808, in: Johannes Arndt / Peter Nitschke (Hgg.): Kontinuität und Umbruch. Sozialpolitische Verhältnisse zwischen Aufklärung und Restauration 1750–1820. Detmold 1994, S. 187–200.

PREUSS, Otto: Die Lippischen Flurnamen. Detmold 1893.

QUANTE, Alexander: Die Binnendünen der Senne. Eine Übersicht über Entstehung, Verbreitung und Bestand. Mit 30 Abbildungen und 2 Tabellen, in: Berichte des Naturwissenschaftlichen Vereins für Bielefeld und Umgebung, Nr. 49. Bielefeld 2010, S. 21–55, (https://www.nwv-bielefeld.de/veröffentlichungen).

Ravensberger Regesten [Rav. Reg.] I. 785–1346, Texte. Bearbeitet von Gustav Engel. 7. Sonderveröffentlichung des Historischen Vereins für die Grafschaft Ravensberg. Bielefeld / Dortmund / Münster 1985.

REICHMANN, Sonja: Der Augustdorfer, Ausgabe 05, Oktober–November 2021. Augustdorf 2021.

RIEPE, A.: [Senne-Karte] „Carta oder Abriß von der Hochgräfflichen Lippischen Senne von dalpkemeijers kotte an biß an die däninghauser Kuhweijde / wie solche in Aō. 1715 in den Riß gebracht worden durch mich. A: Riepe."

RINKE, Bettina / KLEINMANNS, Joachim: Elias und Heinrich van Lennep. Kupferstecher und Ingenieure des 17. Jahrhunderts. Katalog zur Ausstellung des Lippischen Landesmuseums Detmold in Zusammenarbeit mit der Lippischen Landesbibliothek Detmold, 12. August bis 7. Oktober 2001. Kataloge des Lippischen Landesmuseums Detmold, Bd. 4. Detmold [2001].

ROHLFS, Kurt: Leopoldstal: Bauerschaft, Arbeitersiedlung, Stadtteil von Horn-Bad Meinberg, in: Jens Buchner (Hg.): Stadtgeschichte Horn 1248–1998. Horn-Bad Meinberg 1997, S. 150–169.

ROSENKRANZ, G[eorg] J[oseph]: Die Stukenbrocker Senne, in: Westfälische Zeitschrift / Zeitschrift für Geschichte und Alterthumskunde. Herausgegeben vom dem Verein für Geschichte und Alterthumskunde Westfalens, Bd. 11. Münster 1849, S. 345–355.

ROTHERT, Hermann: Friedrichsdorf. Eine Siedlung des späten 18. Jahrhunderts. Gütersloh 1938.

RUH, Andreas: Die Alte Dorfkirche und ihre jüngste Renovierung, in: Burkhard Meier (Hg.): 200 Jahre evangelische Kirche in Augustdorf. Soziale Wirklichkeit und diakonischer Auftrag einer lippischen Gemeinde. Lage 2000, S. 167–170.

SCHIEFER, Berbeli: Die Steuerverfassung und die Finanzen des Landes Lippe unter der Regierung Graf Simon Augusts (1734–1782), in: Lippische Mitteilungen aus Geschichte und Landeskunde / Mitteilungen aus der lippischen Geschichte und Landeskunde, Bd. 32. Naturwissenschaftlicher und Historischer Verein für das Land Lippe. Detmold 1963, S. 88–132.

SCHILLING VON CANSTATT, Willibirg Freiin: Lippspringe, die Senne und die Parforcejagden, in: Michael Pavlicic (Bearb.): Lippspringe. Beiträge zur Geschichte. Paderborn 1995, S. 361–365.

SCHMIDT, Hans: Lippische Siedlungs- und Waldgeschichte. Sonderveröffentlichungen des Naturwissenschaftlichen Vereins für das Land Lippe, Bd. VI. Detmold 1940.

SCHNEIDER, Peter: Natur und Besiedlung der Senne, in: Spieker. Landeskundliche Beiträge und Berichte, Nr. 3. Geographische Kommission für Westfalen. Münster 1952, S. 5–42.

SCHOPPMEYER, Heinrich: Geschichte des Hochstifts Paderborn und des Paderborner Landes, in: Josef Drewes (Hg.): Das Hochstift Paderborn. Porträt einer Region. Zweite, durchgesehene Auflage. Paderborn / München / Wien / Zürich 1997, S. 9–30.

SERAPHIM, Ernst Th[eodor]: Die Senne – Begriff und räumliche Abgrenzung im Rahmen der Landschaftsplanung und -entwicklung, in: Spieker. Landeskundliche Beiträge und Berichte, Nr. 25. Bd. 1, Beiträge zur speziellen Landesforschung. Geographische Kommission für Westfalen. Münster 1977, 123–135.

SERAPHIM, Ernst Th[eodor]: Zur Entstehung der Sennelandschaft. The Origins of the Senne Landscape, in: Arbeitskreis „Naturschutz auf dem Truppenübungsplatz Senne"/ Senne Enviromental Working Group: Truppenübungsplatz / Military Training Area Senne. Delbrück 2016, S. 23–30.

SIEKMANN, Roland: Eigenartige Senne. Zur Kulturgeschichte der Wahrnehmung einer peripheren Landschaft. Lippische Studien, Bd. 20. Lemgo 2004.

SKUPIN, K[laus] / STAUDE H[enner]: Quartär, in: Geologisches Landesamt Nordrhein-Westfalen (Hg.): Geologie im Münsterland. Krefeld 1995, S. 71–95.

SPRENGER, Hans: Haustenbeck. Ein Buch der Erinnerung. Sonderveröffentlichungen des Naturwissenschaftlichen Vereins für das Land Lippe, Bd. V. Detmold 1939.

Stadt Sennestadt (Hg.): Sennestadt. Geschichte einer Landschaft. Bielefeld 1968.

STEFFEN, Adolf / WISTINGHAUSEN, Kurt: Augustdorf 1975–2000. Herausgegeben von der Gemeinde Augustdorf. Detmold 2000.

STEIN, L.: „Situationsriss des von den Stukenbrökern praetendirten Hude-Districktes in der Lippischen Senne, ohnweit der Bauerschaft Augustdorf. Aufgenommen im Monat März 1801, von L. Stein, copirt von T. Kellner."

STEINECKE, Ralf: Kaunitz vor 275 Jahren gegründet. Kirche zur Residenz ausgerichtet, in: Westfalen-Blatt, Nr. 304 vom 31. Dezember 2022.

STIEWE, Heinrich: Kirche, Pfarrhaus, Schule. Zur Geschichte der kirchlichen Gebäude in Schlangen und Haustenbeck, in: Heinz Wiemann (Hg.): Geschichte der Dörfer Schlangen, Kohlstädt, Oesterholz und Haustenbeck, Bd. 1. Bielefeld 2008, S. 240–283.

STÖWER, Herbert (Hg.): Die lippischen Landschatzregister von 1590 und 1618. Mit 4 Tafeln und 1 Karte. Lippische Geschichtsquellen. Veröffentlichungen des Naturwissenschaftlichen und Historischen Vereins für das Land Lippe und des Lippischen Heimatbundes, Bd. 2. Münster 1964.

STÖWER, Herbert / VERDENHALVEN, Fritz (Bearb.): Salbücher der Grafschaft Lippe von 1614 bis etwa 1620. Mit 16 Abbildungen und 2 Karten. Veröffentlichungen der Historischen Kommission für Westfalen XXIX, Westfälische Lagerbücher II. Lippische Geschichtsquellen, Veröffentlichungen des Naturwissenschaftlichen und Historischen Vereins für das Land Lippe und des Lippischen Heimatbundes, Bd. 3. Münster / Detmold 1969.

STÖWER, Herbert: Lippische Ortsgeschichte. Handbuch der Städte und Gemeinden des ehemaligen Kreises Detmold. Mit Fotografien von Annette Fischer. Lippische Studien, Bd. 23. Lemgo 2008.

STRASSMANN, Arno: Nordwestenwind, Du Heidekind, wehst uns den Sand zu Bergen – Binnendünen in Westfalen, in: Heimatpflege in Westfalen, 18. Jg. Nr. 4. Münster 2005, S. 1–7.

STRATMANN, Franz: 1001–1636. Geschichte in Daten und Bildern, in: Stadt Sennestadt (Hg.): Sennestadt. Geschichte einer Landschaft. Bielefeld 1968, S. 140–144.

SÜVERN, Wilhelm: Chroniken lippischer Familien. Die Berkemeyers. Bilder aus der Geschichte einer Auswandererfamilie, in: Lippischer Dorfkalender, Neue Folge, 7. Jg. Detmold 1955, S. 39–45.

TEGETHOFF, Carsten: Die Besiedlung der Hövelhofer Senne, in: Naturschutzzentrum Senne e. V. (Hg.): Senne und Teutoburger Wald. Bielefeld 2008, S. 85–90.

TERSTESSE, Klaus: Das Leben des Bischofs Meinwerk von Paderborn. Erste deutsche Übersetzung der von Franz Tenckhoff 1921 herausgegeben Vita Meinwerci. Paderborn 2001.

TREUDE, Elke / ZELLE, Michael: Die Vor- und Frühgeschichte der Gemeinde Schlangen. Historische und kulturelle Entwicklungen eines Landstrichs zwischen Teutoburger Wald und Senne, in: Heinz Wiemann (Hg.): Geschichte der Dörfer Schlangen, Kohlstädt, Oesterholz und Haustenbeck, Bd. 1. Bielefeld 2008, S. 12–53.

TREUDE, Elke: Ur- und frühgeschichtliche Besiedlung in Lippe, in: Heide Barmeyer / Hermann Niebuhr / Michael Zelle (Hgg.): Lippische Geschichte, Bd. 1. Petersberg 2019, S. 10–24.

TÜRPITZ, Helmut: Die Bethelkolonien in der Hermannsheide, in: Burkhard Meier (Hg.): 200 Jahre evangelische Kirche in Augustdorf. Soziale Wirklichkeit und diakonischer Auftrag einer lippischen Gemeinde. Lage 2000, S. 123–126.

Verdenhalven, Fritz (Bearb.): Die lippischen Landschatzregister von 1535, 1545, 1562 und 1572. Lippische Geschichtsquellen, Veröffentlichungen des Naturwissenschaftlichen und Historischen Vereins für das Land Lippe und des Lippischen Heimatbundes, Bd. 4. Münster 1971.

Verdenhalven, Fritz (Bearb.): Die Auswanderer aus dem Fürstentum Lippe (bis 1877). Sonderveröffentlichung des Naturwissenschaftlichen und Historischen Vereins für das Land Lippe, Bd. 30. Detmold 1980.

Verdenhalven, Fritz (Bearb.): Begriffe, Daten, Fakten und Ereignisse zur Ostwestfälisch-Lippischen Regionalkunde und Geschichte. Ein „fauler Knecht" für Benutzer des NRW Staatsarchivs Detmold. Detmold 1993.

Verdenhalven, Fritz (Bearb.): Die Auswanderer aus dem Fürstentum Lippe (1878 bis 1900). Sonderveröffentlichung des Naturwissenschaftlichen und Historischen Vereins für das Land Lippe, Bd. 42. Bielefeld 1995

Verdenhalven, Fritz / Fink, Hans-Peter (Bearb.): Das Diarium Lippiacum des Amtmanns Anton Henrich Küster. Mit 3 Abbildungen. Lippische Geschichtsquellen, Veröffentlichungen des Naturwissenschaftlichen und Historischen Vereins für das Land Lippe und des Lippischen Heimatbundes, Bd. 22. Detmold 1998.

Wächter, Jürgen H.: Zum Einfluss des prähistorischen Menschen auf die Ausbildung der Sennelandschaft – Modell einer Landschaftsentwicklung, in: Berichte des Naturwissenschaftlichen Vereins für Bielefeld und Umgebung, Nr. 40. Bielefeld 1999, S. 171–237, (https://www.nwv-bielefeld.de/veröffentlichungen).

Weerth, Otto: Die Landwehren des Lippischen Waldes, in: Dreizehnter Jahresbericht des historischen Vereins für die Grafschaft Ravensberg zu Bielefeld. Bielefeld 1899, S. 1–26.

Wehrmann, Volker (Bearb.): Die Senne in alten Ansichten und Schilderungen. Herausgeber: Lippischer Heimatbund und Heimat- und Verkehrsverein Oesterholz-Haustenbeck. Detmold 1978.

Wehrmann, Volker: Das Zeitalter des Absolutismus und der Aufklärung, in: Volker Wehrmann (Hg.): Die Lippische Landeskirche 1684–1984. Ihre Geschichte in Darstellungen, Bildern und Dokumenten. Detmold 1984, S. 113–184.

Wehrmann, Volker (Hg.): Die Lippische Landeskirche 1684–1984. Ihre Geschichte in Darstellungen, Bildern und Dokumenten. Herausgegeben im Auftrag der Lippischen Landeskirche in Zusammenarbeit mit dem Lippischen Heimatbund. Detmold 1984.

Wehrmann, Volker (Hg.): „Unter dem Volke und mit dem Volke gelebt …". Die vertraulichen Berichte der Pfarrer an das Fürstlich Lippische Konsistorium 1840–1880. Herausgegeben im Auftrage der Lippischen Landeskirche. Detmold 1988.

Weiß, Erich: Zur geschichtlichen Entwicklung des ländlichen Bodenordnungsrechts im lippischen Landesteil Nordrhein-Westfalens, in: Lippische Mitteilungen aus Geschichte und Landeskunde / Mitteilungen aus der lippischen Geschichte und Landeskunde, Bd. 59. Naturwissenschaftlicher und Historischer Verein für das Land Lippe. Detmold 1990, S. 171–269.

Werning, Dieter: Augustdorf. Erinnerungen in Bildern. Herausgegeben von der Gemeinde Augustdorf. Meinerzhagen 1987.

Westfalen-Blatt, Nr. 304 vom 31. Dezember 2022.

Wiemann, Heinz (Hg.): Geschichte der Dörfer Schlangen, Kohlstädt, Oesterholz und Haustenbeck. Herausgegeben im Auftrag der Gemeinde Schlangen, Bd. 1. Sonderveröffentlichungen des Naturwissenschaftlichen und Historischen Vereins für das Land Lippe, Bd. 83. Bielefeld 2008.

Wiemann, Heinz (Hg.): Geschichte der Dörfer Schlangen, Kohlstädt, Oesterholz und Haustenbeck. Herausgegeben im Auftrag der Gemeinde Schlangen, Bd. 2. Sonderveröffentlichungen des Naturwissenschaftlichen und Historischen Vereins für das Land Lippe, Bd. 84. Bielefeld 2011.

Wiesekopsieker, Stefan: Auswanderung aus Lippe – alte und neue Fragen der Forschung, in: Bettina Joergens / Christian Reinecke (Hgg.): Archive, Familienforschung und Geschichtswissenschaft. Annäherungen und Aufgaben. Düsseldorf 2006, S. 186–211.

Zelle, Michael: Turbulente tausend Jahre. Ostwestfalen-Lippe von der Mittellatène-Zeit bis zur Völkerwanderungszeit (ca. 300 v. Chr. – 700 n. Chr.), in: Heide Barmeyer / Hermann Niebuhr / Michael Zelle (Hgg.): Lippische Geschichte, Bd. 1. Petersberg 2019, S. 25–39.

Abb. rechts: Neben Hainbuchenhecken und Obstgehölzen verweisen Hausbäume wie die stattliche Linde auf den früheren Schapeler Hof.
A. Fischer, 2022

Das frühere Kolonat Nr. 59, A. Fischer, 2022

„…, daß er wohl Willens wäre, sich in der Senne in den sogenannten Döhren anzubauen und daselbst ein kleines Colonat nebst einem Kruge anzulegen."

Mit dieser Aussage bekundete Simon August Struß 1775 seine Absicht, sich nahe der Dörenschlucht niederzulassen. Die Ansichtskarte aus der Zeit um 1900 zeigt die spätere „Wirtschaft H. Hagemann" und das Jagdschloss Lopshorn.
Lippische Landesbibliothek Detmold, ME-PK-26-8

Olaf Biere

Augustdorf

Kolonate, Häuser und ihre Besitzer

Dorfgründung und Anfangsjahre

Als Gründungsdatum der Siedlung am Dören, später Augustdorf, wird im Allgemeinen der 11. Dezember 1775 genannt. An diesem Tag unterzeichnete der lippische Landesherr Graf Simon August einen Meierbrief für August Simon Struß, der damit das Recht erhielt, am westlichen Ende der Dörenschlucht ein Kolonat[1] und einen Krug anzulegen, den späteren Dörenkrug. Entsprechende Planungen gingen auf das Jahr 1772 zurück. Schon damals hatte August Simon Struß die Aufgabe der von ihm gepachteten Rethlager Mühle angekündigt, da er beabsichtigte, „am Dören eine Wirtschaft zu begründen".

Zur Verwirklichung seines Vorhabens beantragte er die Zuweisung geeigneter Flächen für Hofraum, Garten und Ackerland sowie das Brau- und Brennrecht einschließlich einer Erlaubnis für den Schnaps- und Bierverkauf. Nach schwierigen Verhandlungen, die sich jahrelang hinzogen, wurden ihm mit dem 1775 ausgestellten Meierbrief sämtliche Genehmigungen erteilt. Während des darauffolgenden Sommers begannen dann die Arbeiten am Bau eines neuen Hauses, in das Struß und seine Familie bereits zum Winter 1776/1777 einziehen wollten.

Erste Pläne zur Errichtung einer neuen Siedlung am Dören sind aus dem Jahr 1779 überliefert. Die Stätten sollten entlang des damaligen Lippstädter Weges, heute Waldstraße, vom Dörenkrug in Richtung Kohlenweg entstehen. Der heutige Kohlenweg ist ein Teilstück der gleichnamigen historischen Verkehrsverbindung, die auch unter der Bezeichnung *Biele-*

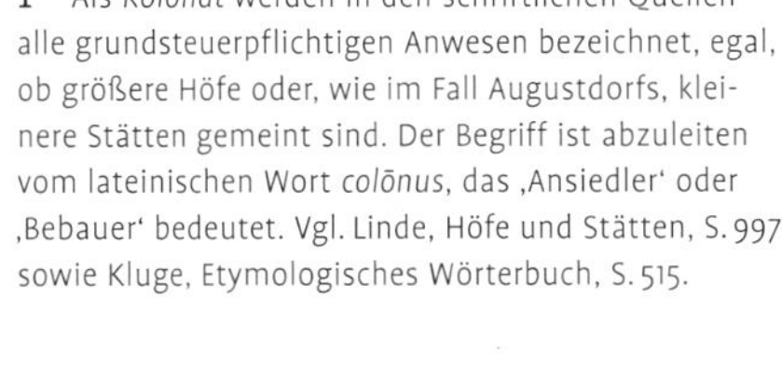
1 Als *Kolonat* werden in den schriftlichen Quellen alle grundsteuerpflichtigen Anwesen bezeichnet, egal, ob größere Höfe oder, wie im Fall Augustdorfs, kleinere Stätten gemeint sind. Der Begriff ist abzuleiten vom lateinischen Wort *colōnus*, das ‚Ansiedler' oder ‚Bebauer' bedeutet. Vgl. Linde, Höfe und Stätten, S. 997 sowie Kluge, Etymologisches Wörterbuch, S. 515.

Ansichtskarte „Augustdorf i. Lippe", um 1940. Lippische Landesbibliothek Detmold, ME-PK-26-219

Das einstige Kolonat Nr. 59 liegt unmittelbar am ursprünglichen Kohlenweg, dem bereits ein Kartenwerk von 1801 das Attribut „alt" zuschreibt. Allerdings war die Verbindung wohl schon im 18. Jahrhundert nicht mehr nutzbar. Auf der 1715 vom Geometer A. Riepe erstellten Senne-Karte erscheint die Trasse als „der vormals gewesene Bielefeldische weeg". A. Fischer, 2023

felder Weg bekannt war und von Kohlstädt nach Brackwede führte. Eine weitere Häuserreihe planten die gräflichen Behörden an einem neuen, parallel zum Lippstädter Weg verlaufenden Weg, der heutigen Pivitsheider Straße, die dritte Gruppe bebaubarer Grundstücke wurde der jetzigen Haustenbecker Straße folgend ausgewiesen.

Die erste Akte über die neue Siedlung am Dören nennt bereits über ein Dutzend Bewerber um die geplanten Stätten; mehr als die Hälfte der Interessenten stammte aus Stukenbrock, das zu jener Zeit zum Fürstbistum Paderborn gehörte. Letztlich kam jedoch nur der Schmied Johann Bernd Wiele zum Zug, die übrigen Stukenbrocker blieben zunächst außen vor. Die fürstbischöfliche Verwaltung hatte ihnen die Übersiedlung in die benachbarte Grafschaft Lippe nicht erlaubt, stattdessen erhielten sie die Möglichkeit zur Gründung neuer Kolonate im Bereich der späteren Ortschaft Hövelhof.

1780 fertigte der Fortssekretär Lindinger einen Grundriss, auf dem die ersten 31 Grundstücke verzeichnet sind und einschließlich des Dörenkrügers Struß die Namen der ersten

24 Neuwohner genannt werden. Hinsichtlich der Namen stellt die Karte allerdings nur eine Momentaufnahme dar. Nicht alle der dort erwähnten Personen nahmen die ihnen zugewiesenen Parzellen in Besitz. Was etwa den für die nachmalige Stätte Nr. 23 vorgesehenen Unteroffizier Hahne betraf, hieß es, er „ist nicht gekommen", so dass der zunächst unter Nr. 9, später Kolonat Nr. 14, aufgeführte Diekmann das Areal übernahm. Im Juni 1780 waren die ersten vier Gebäude errichtet, allerdings noch nicht vollständig fertiggestellt. Bis zum Jahresende folgten acht weitere Häuser, danach wurden auch die übrigen Grundstücke bebaut. Andererseits wechselten schon recht bald die ersten Stätten wieder ihre Besitzer. Als beispielsweise drei Jahre nach Gründung des späteren Kolonats Nr. 5 der Eigentümer Itzig Jakob starb, verkaufte seine Ehefrau das Haus an Johann Jobst Hellmeier aus Müssen. Die Stätte Nr. 8, später Strate, ging während der ersten Jahre ihres Bestehens gleich durch mehrere Hände. Nicht zuletzt überschattete ein Brandunglück die Anfänge der neuen Siedlung. Die Stätte Rabe ging in Flammen auf, lediglich zwei Betten und ein paar Kleinigkeiten konnten gerettet werden.[2]

2 Vgl. Müller-König, Augustdorf, S. 9 ff. Zu den erwähnten Kolonaten vgl. S. 161 ff. (Nr. 23), S. 141 f. (Nr. 14), S. 129 (Nr. 5) und S. 133 ff. (Nr. 8).

Die Lindinger-Karte vermittelt einen Eindruck vom frühen Augustdorfer Siedlungsgeschehen, das sich wie folgt gestaltete: Die Stätten entlang des damaligen Lippstädter Weges, später Untere Reihe, heute Waldstraße, und die Kolonate der Oberen Reihe, jetzt Pivitsheider Straße, erhielten die Nummern 1 bis 22. Die Stätten am früheren Kohlenweg, nunmehr Haustenbecker Straße, wurden mit den römischen Ziffern I. bis VIII. gekennzeichnet.

Neben der Anordnung der Grundstücke entlang der bestehenden Wege bietet die 1780 erstellte Karte eine tabellarische Aufstellung der von Forstsekretär Lindinger numerierten Parzellen einschließlich Angaben zu Länge, Breite und Fläche. Auch die Namen der ersten Siedler werden genannt. Die späteren Kolonatsnummern sind in eckigen Klammern ergänzt:

1. Albert Rehm [Nr. 6],
2. Conrad Ostmann [Nr. 7],
3. Simon Bendix [Nr. 8],
4. Joh. Friedr. Bügener [Nr. 9],
5. Simon Ötermann [Nr. 10],
6. Schmied Wiele [Nr. 11],
7. Adolf Stölting [Nr. 12],
8. Schierenberg [Nr. 13],
9. Diekmann [Nr. 14],
10. Hüpohl [Nr. 15],
11. Jobst Henrich Boeke [Nr. 17],
12. Sielemann von Wistinghausen [Nr. 18],
13. Pollmann [Nr. 19],
14. Dörenkrüger Struß [Nr. 1],
15. Joh. Jobst Brand aus Hillegossen [Nr. 2],
16. Itzig Jacob aus der Talle [Nr. 5],
17. Friedrich Adolph Rabe [Nr. 52],
18. Böger [Nr. 51],
19. Baumann [Nr. 50],
20. Erfkamp [Nr. 49],
21. Berkemeier [Nr. 47],
22. Tegeler [Nr. 46].

Die Parzellen I. [Nr. 41], II. [Nr. 39] und III. [Nr. 38] weisen keine näheren Bezeichnungen auf. Zunächst nicht vergeben wurde das Grundstück IV., „Die sogenannten Brüche".

Weiter geht es mit V. [Nr. 36] und VI. [Nr. 34], für die bis dahin ebenfalls keine Reservierungen vorhanden waren. Als Siedler auf der Stätte VII. erscheint Speckmann [Nr. 32], während sich um die Parzelle VIII., später Nr. 23, der „Kaiserl. Unteroffizier Hahne" beworben hatte. Das Areal liegt an der heutigen Waldstraße/Ecke Stukenbrocker Straße, auf der Lindinger-Karte als „Mergel Weg"/„Der Kohlen Weg" bezeichnet.

Bei der Verteilung der Neuwohnerstätten gab es anfangs noch einzelne Änderungen. Der unter Parzellennummer 9 [Nr. 14] aufgeführte Diekmann übernahm letztlich das Grundstück VIII. [Nr. 23], offenbar hatte der Unteroffizier Ha[h]ne, für den das Areal eigentlich reserviert war, darauf verzichtet. Anstelle von Diekmann übernahm Hüpohl die Parzelle 9 [Nr. 14], das Grundstück 10 [Nr. 15] fiel schließlich an Rabe. Auf der für Rabe ausgewiesenen Fläche 17 [Nr. 52] siedelte Johann Hermann Hilker, auch Hilkemeier oder Hilckemeyer genannt, dessen Herkunft sich bislang nicht ermitteln ließ.

Karte Lindinger: „Grundriß von den Neuwohnerstätten am Döhren und Kohlenwege in der Senne…"; 1780 gezeichnet von Forstsekretär Lindinger.
LAV NRW OWL D 73 Tit. 4 Nr. 5384

s. Doppelseite 104/105

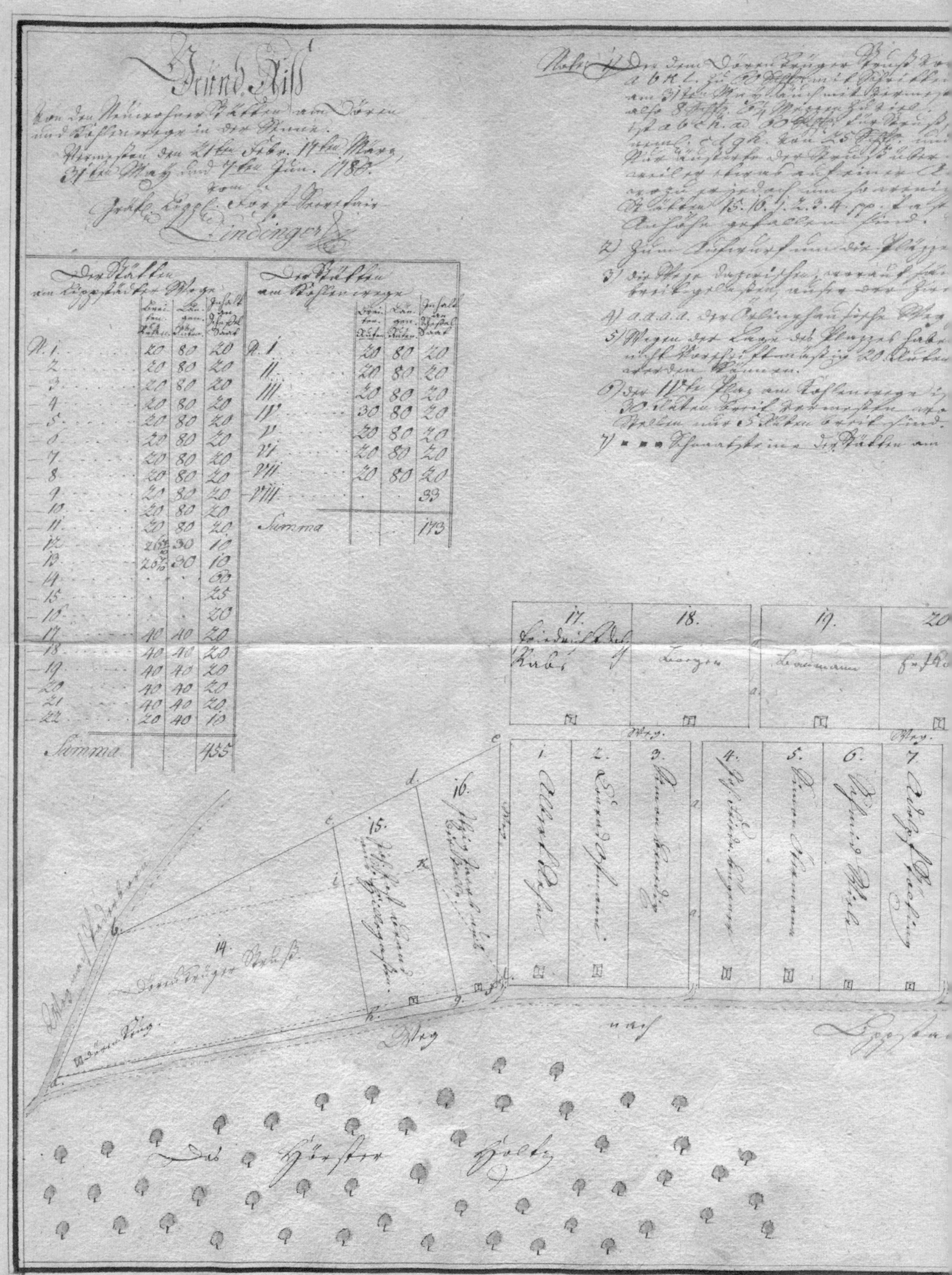

	[illegible]	[illegible]	[illegible]
N. 1	20	80	20
2	20	80	20
3	20	80	20
4	20	80	20
5	20	80	20
6	20	80	20
7	20	80	20
8	20	80	20
9	20	80	20
10	20	80	20
11	20	80	20
12	26⅔	30	10
13	26⅔	30	10
14			60
15			25
16			20
17	40	40	20
18	40	40	20
19	40	40	20
20	40	40	20
21	40	40	20
22	20	40	10
Summa			455

	[illegible]	[illegible]	[illegible]
N. I	20	80	20
II	20	80	20
III	20	80	20
IV	30	80	20
V	20	80	20
VI	20	80	20
VII	20	80	20
VIII			33
Summa			173

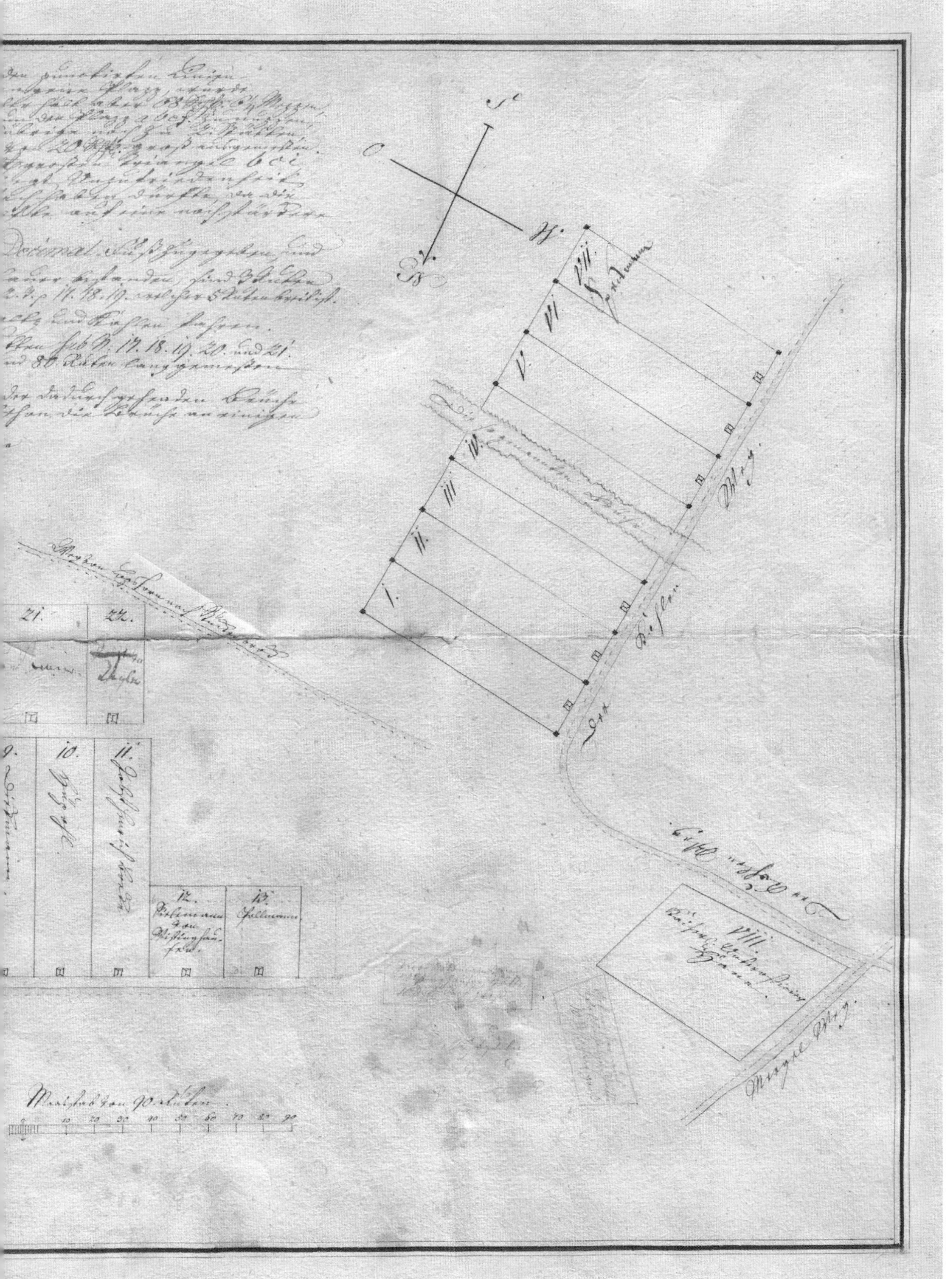

S
O
W
I.
II.
III.
IV.
V.
VI.
VII.
VIII.
21.
22.
9.
10.
11.
12.
13.
VIII.
10 20 30 40 50 60 70 80 90

Siedlungsentwicklung in Stichworten

1780 Karte des Forstsekretärs Lindinger: 31 Grundstücke[3]
1787 Revisionsbericht des Amtsrats Schreiter: 42 Stätten[4]
1788 Einführung der Kolonatsnummern: 56 Kolonate[5]
1798 Bericht des Generalsuperintendenten von Cölln: 71 Feuerstätten[6]
1816 Besiedlung der Senne und Neuvermessung der Stätten: 87 Kolonate[7]
1828 Volkszählung: 93 Kolonate[8]
1844 Erweiterung der Augustdorfer Gemarkung durch Ankauf von Grundstücken der Bauerschaft Hörste im Bereich des heutigen Senneweges: 102 Kolonate[9]
1863 Küstermann: 109 Kolonate[10]
1901 Adressbuch: 141 Kolonate[11]
1926 Adressbuch: 200 Hausnummern[12]
1936 Gebäudesteuerrolle: 300 Hausnummern[13]
1962 Adressbuch: 511 Hausnummern[14]

Vergabe der Kolonatsnummern

Die erste fortlaufende Nummerierung der Kolonate bzw. der zugehörigen Grundstücke findet sich auf der Karte des Forstsekretärs Lindinger von 1780.[15] Die entsprechende Kennzeichnung diente der Zuordnung der Interessenten zur jeweiligen Parzelle. In seinen zwischen 1787 und 1789 erstellten Revisionsberichten verwendete Amtsrat Schreiter ebenfalls fortlaufende Nummern, um die Anzahl der neu hinzugekommenen Stätten zu dokumentieren.

Die hier vorliegende Studie orientiert sich hingegen an den Kolonatsnummern, die um 1788 anhand eines Begehungsschemas vergeben wurden. Bei der Einführung dieser bis zum Ende der 1960er Jahre gültigen Nummerierung existierten in dem 1775 gegründeten Sennedorf 56 eigenständige Hofstellen. Die Zählung begann mit Nr. 1, heute Waldstraße 1. Der dortige Dörenkrug erinnert an die Anfänge des neuen Dorfes „am Dören". Es folgten die Kolonate Nr. 2, jetzt Waldstraße 21, bis Nr. 24, heute Waldstraße 164–166, sowie Nr. 25 und Nr. 27 im Bereich der sogenannten Insel und des Stukenbrocker Weges.

Die Stätte Nr. 28, heute Haustenbecker Straße 119, markierte den südlichsten Siedlungspunkt in Richtung Haustenbeck. Von dort aus erfolgte die Nummerierung – hin zur heutigen Augustdorfer Ortsmitte – bis zur damaligen Nr. 39, jetzt Haustenbecker Straße 17. Die beiden Kolonate Nr. 40 und Nr. 41 entstanden ebenfalls nahe der heutigen Haustenbecker Straße. An der Pivitsheider Straße lagen hingegen die Stätten Nr. 42 und Nr. 43 und ebenso Nr. 46 bis Nr. 56, während sich die Kolonate Nr. 44 und Nr. 45 am heutigen Lopshorner Weg befanden. Ab Nr. 57, gegründet 1787, wurden die Stätten dann der Chronologie ihrer Entstehung gemäß mit Nummern versehen, die nunmehr unsortiert über das gesamte Gebiet der Bauerschaft verteilt waren. Daneben bildeten sich weitere, eher zusammenhängende Siedlungskomplexe, wie das Beispiel der um 1795 an der Haustenbecker Straße errichteten Kolonate Nr. 61 bis Nr. 64 zeigt.

Eine weitere Ausdehnung des Dorfes fand zwischen 1801 und 1818 mit den Kolonaten 79 bis 89 im südlichen Abschnitt der Haustenbecker Straße statt. Die Ansiedlung erfolgte nahe der Grenze zum heutigen Truppenübungsplatz sowie auf dessen Gebiet. Auch danach stieg die Zahl neu gegründeter Stätten kontinuierlich an. Bei der 1828 durchgeführten Volkszäh-

3 Vgl. LAV NRW OWL D 73 Tit. 4 Nr. 5384.
4 Vgl. Küstermann, Geschichte, Bd. II, Abschrift 2010, S. 82.
5 Dazu Näheres im nachfolgenden Abschnitt „Vergabe der Kolonatsnummer".
6 Vgl. Müller-König, Augustdorf, S. 73.
7 Vgl. LAV NRW OWL D 73 Tit. 4 Nr. 5385.
8 LAV NRW OWL L 92 Z IV Nr. 34.
9 Vgl. S. 151 in diesem Band.
10 Vgl. Küstermann, Geschichte, Bd. II, Abschrift 2010, S. 113.
11 Vgl. Adressbuch von 1901, S. 246 ff. Zur Wahrung einer größeren Übersichtlichkeit werden das „Adreßbuch für das Fürstenthum Lippe" von 1901, aber auch das „Adreßbuch des Landes Lippe" von 1926 sowie die Landes-Adreßbücher der Ausgaben 1954 und 1962 in diesem Beitrag vereinheitlichend als *Adressbuch* bezeichnet. Das gilt insbesondere für die chronologische Darstellung der ausgewerteten Quellen und die Fußnoten.
12 Vgl. Adressbuch von 1926, Vorwort. Während in früheren Schriftquellen die Stätten mittels Kolonatsnummern unterschieden werden, erscheinen im Adressbuch von 1926 erstmals Hausnummern. Die entsprechenden Nummern kennzeichnen jedoch auch Liegenschaften, auf denen mehrere Wohngebäude vorhanden sein konnten.
13 LAV NRW OWL L 101 C IV Nr. 2.
14 Vgl. Adressbuch von 1962, S. 7 ff.
15 Vgl. LAV NRW OWL D 73 Tit. 4 Nr. 5384.

lung wurden bereits 93 Kolonatsnummern verzeichnet. Das Adressbuch von 1901 nennt schließlich 141 Kolonate, hinzu kommen Schule und Kirche, die wie üblich keine Nummern erhalten hatten und daher in der nachfolgenden Aufstellung nicht berücksichtigt sind.

Vergabe der Straßennamen

Die stetige Erweiterung der Siedlungsareale erforderte ein neues Einteilungsschema. Um den infrastrukturellen Anforderungen einer modernen Ortsentwicklung zu genügen, wurde ab etwa 1950 die Einführung von Straßennamen diskutiert. Am 23. Juni 1951 beschloss der Rat der Gemeinde Augustdorf die Benennung der Straßen und Wege.[16] Im Adressbuch von 1954 sind dann erstmals die zum Teil noch heute gültigen Straßennamen verzeichnet. Die bis dahin verwendeten Kolonatsnummern wurden jedoch beibehalten. Die Folge war, dass selbst die Nummerierung benachbarter Parzellen oftmals stark voneinander abwich.

Erst Ende der 1960er Jahre wurden die Grundstücke nach ihrer Lage an den Straßen nummeriert und das heute geläufige Schema der geraden und ungeraden Hausnummern auf jeweils einer Straßenseite eingeführt. Die steigende Bautätigkeit und die Anlage neuer Wohnsiedlungen bedingten die Einführung zusätzlicher Straßennamen. 1961 und 1962 legte die Gemeinde die Benennung der Straßen im Bereich der neuen Siedlungen an Kirchweg und Gingweg fest, 1965 und 1966 erfolgte die Vergabe von Straßennamen für weitere Baugebiete.[17]

16 Güttler, Straßen und Straßennamen.
17 Güttler, Auswertung von Gemeinderatsprotokollen, Privatbesitz. Die entsprechenden Unterlagen hat mir Christian Güttler, Bad Lippspringe, freundlicherweise zur Verfügung gestellt, dafür danke ich ihm recht herzlich.

Quellen

Vor der Präsentation der bis 1900 gegründeten Augustdorfer Kolonate und ihrer Besitzer werden neben der verwendeten Literatur die genutzten Quellen aufgeführt, die fast allesamt im Landesarchiv Nordrhein-Westfalen Abteilung Ostwestfalen-Lippe – abgekürzt als LAV NRW OWL – zugänglich sind, inzwischen aber ebenso wie die Kirchenbücher teilweise digital eingesehen werden können.

Adressbücher

1901 Adreßbuch für das Fürstenthum Lippe. Detmold 1901. Auch online verfügbar.
1921 Niekammer's Landwirtschaftliche Güter-Adreßbücher, Band XVII, Lippe-Detmold, Schaumburg-Lippe, Waldeck-Pyrmont. Leipzig 1921 / Reprint Münster 2019.
1926 Adreßbuch des Landes Lippe. Detmold 1926. Auch online verfügbar.
1954 Lippisches Landes-Adreßbuch. Kreise Detmold und Lemgo. Detmold 1954.
1962 Lippisches Landes-Adreßbuch. Kreise Detmold und Lemgo, Detmold 1962.

Aufstellung der Hofkartenbetriebe

Lippischer Dorf-Kalender 1953. Fünfter Jahrgang neue Folge, S. 125. Detmold 1953.

Brandkataster

LAV NRW OWL L 107 C / Landesbrandversicherungsanstalt, Nr. 44: Brandkataster des Amtes Lage, Bd. 1, 1878.

LAV NRW OWL L 107 C / Landesbrandversicherungsanstalt, Nr. 111: Brandkataster des Amtes Lage, Bd. 1, Augustdorf – Hardissen, 1894 – ca. 1960.

Gebäudesteuerrollen

LAV NRW OWL L 101 C IV Nr. 2: Gebäudesteuerrolle des Bauerschaftsbezirks Augustdorf (Abschrift), 1886 – ca. 1961.

LAV NRW OWL L 101 C IV Nr. 3: Gebäudesteuerrolle des Bauerschaftsbezirks Augustdorf, [1890] – ca. 1961.

Geschichtliches Ortsverzeichnis

Frühere territoriale Zugehörigkeiten: http://www.gov.genealogy.net

Grabsteine der Amerika-Auswanderer

https://de.findagrave.com

Grundbücher

LAV NRW OWL D 23 A Nr. 8281 bis Nr. 8308: Augustdorf, Band 1 bis Band 28.

Karten

LAV NRW OWL D 73 Tit. 4 Nr. 5384: Karte des Forstsekretärs Lindinger von 1780 ▸ S. 104 f.

LAV NRW OWL D 73 Tit. 4 Nr. 5385: „Carte von der Bauerschaft Augustdorf. Aufgenommen im Aug[.] u. Sept. 1816 durch H. C. A. Overbeck Geom: jur: nach dem Original auf einem [sic!] kleineren Maasstab reducirt." ▸ Vorsatz und S. 59, S. 217, S. 262.

LAV NRW OWL D 73 Tit. 4 Nr. 5386: „Carte von der Bauerschaft Augustdorf [.] Aufgenommen im Jahre 1816. durch H. C. A. Overbeck Geom: jur[:] nach der Original-Carte auf einem [sic!] kleineren Maasstab reducirt."

LAV NRW OWL D 73 Tit. 4 Nr. 5157: „Carte Bauerschaft Augustdorff. Aufgenommen von H. C. A. Overbeck. Copirt. von C: F: Hentze."

LAV NRW OWL D 73 Tit. 4 Nr. 23013: Augustdorf im Jahre 1875, historisch-topografische Karte, Bielefeld 2020.

LAV NRW OWL D 73 Tit. 4 Nr. 23014: Augustdorf im Jahre 1900, historisch-topografische Karte, Bielefeld 2020. Eine überarbeitete Version ist dieser Publikation beigelegt.

Bauamt der Gemeinde Augustdorf: Flurkarten Gemarkung Augustdorf, angefertigt durch die Fürstliche Katasterinspektion Detmold im Januar 1908.

LAV NRW OWL D 73 Tit. 5 Nr. 1547 und Nr. 1548: Kultivierungsplan für die Bauerschaft Augustdorf, 1926 ▸ Nachsatz.

LAV NRW OWL D 73 Tit. 4 Nr. 23016: Augustdorf, angekaufte Häuser und Höfe 1937/41, Bielefeld 2019 ▸ S. 344 – 347.

LAV NRW OWL D 73 Tit. 4 Nr. 23015: Augustdorf im Jahre 1939, historisch-topografische Karte, Bielefeld 2020. Eine überarbeitete Version ist dieser Publikation beigelegt.

LAV NRW OWL D 73 Nr. 2017 / 02 / 011 bis Nr. 2017 / 02 / 171: Katasterkarten des Landes Lippe, Gemarkung Augustdorf von 1953.

Beigelegte Karten

Jürgen Rosenberg, Bielefeld, hat historische Messtischblätter und digitalisierte Geländemodelle übereinandergelegt und durch kartografische Details ergänzt. Diese Kartenwerke wurden im Zusammenhang mit der vorliegenden Publikation überarbeitet:
Augustdorf 1900, historisch-topografische Karte, 2. überarb. Auflage. Bielefeld 2020/2024.
Augustdorf 1939, historisch-topografische Karte, 2. überarb. Auflage. Bielefeld 2020/2024.

Kirchenbücher

Für die Erstellung der Besitzerfolgen wurden die Augustdorfer Kirchenbücher vom Beginn der Aufzeichnungen bis zum Jahr 1945[18] ausgewertet. Als Gründungsdatum der Kirchengemeinde Augustdorf gilt der 7. September 1800, der Tag der Einweihung des ersten Gotteshauses. Da die ersten Neuwohner am Dören nach Stapelage eingepfarrt waren, sind deren Taufen, Konfirmationen, Heiraten und Todesfälle im dortigen Kirchenbuch dokumentiert. Von den Einträgen ist für die Augustdorfer Gemeinde eine Zweitschrift angelegt worden. Die Originale der Kirchenbücher beider Gemeinden befinden sich im Archiv der Lippischen Landeskirche in Detmold. Digitalisate können unter www.archion.de eingesehen werden.

Soweit es möglich war, wurden auch die Lebensdaten derjenigen Augustdorfer recherchiert, die nicht hier geboren oder gestorben sind. Die Angaben mussten an verschiedenen Stellen jedoch unvollständig bleiben, weil der Herkunfts- und der spätere Aufenthaltsort einiger Personen nicht geklärt werden konnte. Hinzu kommt, dass die Kirchenbuchbestände gelegentlich Lücken aufweisen oder frühere Pfarrer und Küster zum Beispiel die Tauf- und Sterberegister nur oberflächlich geführt haben.

Abgesehen von den Lebensdaten bieten die Kirchenbücher eine Reihe zusätzlicher Informationen. Beispielsweise enthalten Heiratseinträge zumindest ab der zweiten Hälfte des 19. Jahrhunderts häufig Angaben zur beruflichen Tätigkeit der Brautleute, aber ebenso zum rechtlichen Status einer Person, wie ihn die Zusätze „Kolon“, „Kolona“[19] und „Einlieger“[20] anzeigen. Auch ob jemand bestimmte Ämter innehatte und etwa als Bauerrichter fungierte, oder vor Antritt einer Ehe verwitwet war, geht in der Regel aus den Kirchenbuchaufzeichnungen hervor. Bei Taufeinträgen werden meistens der vom Kindsvater ausgeübte Beruf sowie die Kolonatsnummer genannt.

Kolonatsakten

LAV NRW OWL L92 T1 Lippische Rentkammer – Kolonate. Bauerschaft Augustdorf, Spezialia.

LAV NRW OWL L108 Lage / Amt Lage, Fach 2 Nr. 1, Anbau am Dören oder zu Augustdorf, Grundbesitzänderungen, An- und Verkäufe, Elokationen, Schuldenwesen etc.

Küstermann

Ernst Friedrich Küstermann (1825–1879) stammte aus Schötmar[21] und war zwischen 1856 und 1868 Lehrer und Küster in Augustdorf. Während dieser Zeit verfasste er eine zweibändige Chronik, die das dörfliche Leben von der Siedlungsgründung bis weit ins 19. Jahrhundert hinein beschreibt. Wie der damalige Pfarrer Krecke 1863 im Rahmen seines Vorwortes zur Originalhandschrift anmerkt, hat Küstermann neben der Dokumentation persönlicher Mitteilungen, die ihm seitens der Einheimischen zugetragen wurden, auch, soweit verfügbar, amtliche Unterlagen ausgewertet. Die Küstermannsche Chronik liegt in drei Fassungen vor:

1. Originalhandschrift von 1863, LAV NRW OWL D71 Nr. 469.
2. Maschinenschriftliches Transkript, erstellt 1924 von Paul Worth, Lehrer in Augustdorf, LAV NRW OWL T834 (1.1.) und (1.2.).
3. Digitalisierte Abschrift, erstellt 2010 von Christian Güttler, Bodendenkmalpfleger in Augustdorf, Privatbesitz.

Das gebundene, rund 22 × 22 cm große Original umfasst insgesamt 1058 eng beschriebene Seiten (Bd. 1: 643 Seiten, Bd. 2: 415 Seiten); die Ränder sind teilweise für ergänzende Anmerkungen genutzt. Das gleichmäßige Schriftbild verweist auf eine durchgängige Anfertigung.

18 Die Angabe 1945 bezieht sich auf die damaligen Register für Trauungen und Bestattungen, Taufeinträge wurden bis 1930 ausgewertet.

19 Die Bezeichnung verweist auf Personen, die über bäuerlichen Grundbesitz verfügen, vgl. Verdenhalven, Fauler Knecht, S. 13, Stichwort: Colon. In dieser Arbeit wird die neuere Schreibweise „Kolon“ genutzt. Zu Herkunft und Gebrauch des Begriffes s. auch S. 101, Anmerkung 1 in diesem Beitrag.

20 Der Begriff bezieht sich auf Personen ohne Haus- und Grundbesitz, die auf einem Bauernhof zur Miete wohnten und ihrem Vermieter Dienste leisten mussten und/oder für ihn als Tagelöhner gearbeit haben, vgl. Verdenhalven, Fauler Knecht, S. 17, Stichwort: Einlieger.

21 Der Augustdorfer Chronist Ernst Friedrich Küstermann wurde am 20. Juni 1825 in Schötmar geboren, wo er auch verstarb (30.06.1879), vgl. Kirchenbuch Schötmar. Nach dem Tod seiner ersten Frau Sophie, Tochter des Lemgoer Bäckers Heinrich Ludwig Meyer, heiratete er laut Eheeintrag vom 26. April 1853 Auguste Wilhelmine Fisse, die ebenfalls aus Lemgo stammte, s. Kirchenbuch, Lemgo, St. Nicolai. Seine beruflichen Tätigkeiten als Lehrer, Küster und Kantor haben ihn von Augustdorf und Schötmar abgesehen nach Retzen, Wülfer und Lage-Hagen geführt. Zu näheren biografischen Angaben vgl. Küstermann, Geschichte, Bd. I, 2. Teil, Abschrift 2010, S. 245 ff. Der Name *Fisse* erscheint dort allerdings, womöglich infolge einer Verlesung, als „Filse“.

Als Vorlage dienten, wie es scheint, durchnummerierte Notizhefte, in denen der Chronist offenbar die Ergebnisse seiner Forschungen festgehalten hat. Zwischen dem Küstermannschen Werk und der maschinenschriftlichen Abschrift von 1924 besteht keine Seitenkonkordanz. Im Rahmen der computergestützten Erfassung der aus den 1920er Jahren stammenden Abschrift wurde deren Paginierung hingegen beibehalten.

Bei Müller-König, Augustdorf, sind einige Teile der Küstermannschen Chronik abgedruckt. Für die hier vorliegende Arbeit wurde die Tabelle „Über die anfängliche Größe der Stätten" ausgewertet, die neben Flächenangaben auch Informationen zum Gründungsjahr und zur Nummerierung der Kolonate enthält und zudem die Namen der jeweiligen Gründer bzw. Besitzer aufführt.[22] Orientiert an Küstermanns Verzeichnis der „Eingeborenen, welche in der Zeit von der Gründung an [...] ein öffentliches Amt bekleidet haben", erfolgte darüber hinaus eine Zuordnung personenbezogener Funktionen.[23]

22 Vgl. Müller-König, Augustdorf, S. 208 ff.
23 Vgl. Küstermann, Geschichte, Bd. II, Abschrift 2010, S. 122.

Abbildung einer Seite der 1863 von Ernst Friedrich Küstermann handschriftlich verfassten „Geschichte von Augustdorf". LAV NRW OWL D 71 Nr. 469, Bd. 1, 1. Teil, S. 97

Personenstandsregister

1875 wurde im gesamten damaligen Deutschen Reich die Zivilehe eingeführt, damit war „das Personenstandswesen endgültig säkularisiert". Das seit dem 6. Februar 1875 geltende „Gesetz über die Beurkundung des Personenstandes und der Eheschließung" legte fest, dass „die Beurkundung der Geburten, Heirathen und Sterbefälle [...] ausschließlich durch die vom Staate bestellten Standesbeamten mittels Eintragung in die dazu bestimmten Register [erfolgt]".[24] Inzwischen online einsehbar, sind die Dokumente eine profunde Quelle, aus der, auch was diese Arbeit anbelangt, noch fehlende Lebensdaten teilweise ergänzt werden konnten. Mit Blick auf datenschutzrechtliche Vorgaben ist die Nutzung allerdings eingeschränkt, da die öffentliche Zugänglichkeit von Personenstandsdaten einer Sperre unterliegt, die erst nach der Einhaltung verbindlicher, an Geburts-, Heirats- oder Sterbedatum geknüpfte Fristen aufgehoben wird.[25]

LAV NRW OWL P 3 / 4 / Detmold – Landkreis. Die Heirats- und Sterberegister sind zum Teil digital einsehbar unter https://www.archive.nrw.de

Salbücher

LAV NRW OWL L 101 C I / Lippische Salbücher und Katasterbücher, Nr. 110: Salbuch der Vogtei Lage von 1781.[26]

LAV NRW OWL L 101 C I / Lippische Salbücher und Katasterbücher, Nr. 131: Salbuch der ehem. Vogtei Lage von 1855, Bd. 3.

Schreiter

Carl Wilhelm Schreiter[27] (1743–1808) stammte aus Langenholzhausen. Später in Detmold wohnhaft, beaufsichtigte der ausgebildete Advokat in seiner Funktion als Amtsrat unter anderem die Siedlungsgründung am Dören. Im Rahmen sogenannter Revisionsberichte informierte er die Regierung regelmäßig über den Stand der Entwicklungen, gab persönliche Einschätzungen ab und machte Vorschläge zur Lösung von Problemen.

LAV NRW OWL L 108 Lage / Amt Lage Fach 2 Nr. 16 b: „Tabellarische Nachweisung über Volksmenge, Viehanzahl, Nahrungszweige und Erndte-Ertrag in der Bauerschaft Dören von 1786." Bericht des Amtsrats Schreiter an die gräfliche Rentkammer.

Chronik Küstermann, Band II, S. 82 f.: Revisionsberichte des Amtsrats Schreiter über die Zahl der angebauten Stätten 1787 bis 1789.

Verzeichnis der durch die Reichsumsiedlungsgesellschaft [Ruges] angekauften Hofstellen in der Gemeinde Augustdorf

Tabellarische Zusammenstellung von Walter Göbel: Der Truppenübungsplatz Senne, Entstehung und Erweiterungen, in: Uwe Piesczek (Hg.): Truppenübungsplatz Senne. Paderborn 1994, S. 40–47.

---

24 Vgl. Boden / Schmidt, Personenstandsarchiv, S. 60.

25 Laut einer Gesetzesnovellierung aus dem Jahr 2009 betragen die sogenannten Fortführungsfristen, in denen noch Eintragungen vorgenommen werden können, für 1. Eheregister (und Lebenspartnerschaftsregister): 80 Jahre, 2. Geburtenregister: 110 Jahre, 3. Sterberegister: 30 Jahre. Danach werden die Unterlagen einem jeweils zuständigen Archiv übergeben, wo sie „weitgehend frei" auch genealogischen Forschungen zur Verfügung stehen, vgl. https://wiki.genealogy.net/Personenstandsgesetz, eingesehen am 20.06.2022.

26 Da zu Beginn 1780er Jahre nur wenige Gebäude existierten, erfolgte die Erfassung der Kolonate Nr. 1 bis Nr. 61 im Salbuch der Vogtei Lage erst ab etwa 1792. Die danach gegründeten Stätten, die nunmehr fortlaufende Kolonatsnummern erhielten, wurden ebenfalls in dieses Verzeichnis eingetragen.

27 Nähere biografische Angaben zu Carl Wilhelm Schreiter finden sich auf S. 35, Anmerkung 100 in diesem Band.

Literatur

BODEN, Regina / SCHMIDT, Christoph: Vom Kirchenbuch zum Personenstandsarchiv Detmold. Die Entwicklung des Personenstandswesens in Westfalen-Lippe, in: Bettina Joergens / Christian Reinicke (Hgg.): Archive, Familienforschung und Geschichtswissenschaft. Annäherungen und Aufgaben. Düsseldorf 2006, S. 56–73.

BÖGER, August: Aus der 750-jährigen Geschichte des lippischen Geschlechtes Böger. Erschienen im Selbstverlag. Waddenhausen 1963.

BUTTERWECK, W[ilhelm]: Die Geschichte der Lippischen Landeskirche. Schötmar 1926.

FAASSEN, Dina van: „Schlangen ist notorisch ein durchaus ungesunder Ort." Gesundheit und Hygiene in Schlangen, Kohlstädt, Oesterholz und Haustenbeck von der Mitte des 18. Jahrhunderts bis 1933, in: Annette Fischer (Hg.): Geschichte der Dörfer Schlangen, Kohlstädt, Oesterholz und Haustenbeck, Bd. 3. Bielefeld 2020, S. 1040–1087.

FAASSEN, Dina van: Schlangen, Kohlstädt, Oesterholz und Haustenbeck zur Zeit der Weimarer Republik, in: Annette Fischer (Hg.): Geschichte der Dörfer Schlangen, Kohlstädt, Oesterholz und Haustenbeck, Bd. 3. Bielefeld 2020, S. 1224–1261.

FISCHER, Annette (Hg.): Geschichte der Dörfer Schlangen, Kohlstädt, Oesterholz und Haustenbeck. Herausgegeben im Auftrag der Gemeinde Schlangen, Bd. 3. Sonderveröffentlichungen des Naturwissenschaftlichen und Historischen Vereins für das Land Lippe, Bd. 89. Bielefeld 2020.

GÖBEL, Walter: Der Truppenübungsplatz Senne, Entstehung und Erweiterungen, in: Uwe Piesczek (Hg.): Truppenübungsplatz Senne. Zeitzeuge einer hundertjährigen Militärgeschichte. Chronik. Bilder. Dokumente. Paderborn 1994, S. 16–107.

GRIMM, Jakob / Grimm, Wilhelm: Deutsches Wörterbuch, Bd. 11. Berlin 1867. Online unter www.woerterbuchnetz.de.

GÜTTLER, Christian: Der Bodendenkmalpfleger Christian Güttler berichtet, Augustdorfer Straßen und Straßennamen, in: Augustdorfer Sennekurier, Lokalmagazin aus Augustdorf. Februar–Juni 2011 / September 2011. Augustdorf 2011.

HARTMANN, Jürgen: Die Opfer des Nationalsozialismus aus Oerlinghausen. Ein Erinnerungsbuch. Herausgegeben von der Stadt Oerlinghausen. Zweite erweiterte Ausgabe. Oerlinghausen 2017.

HÜTTEMANN, Werner: Fortsetzung der Dorfchronik Augustdorf. Unveröffentlichtes Manuskript. Augustdorf 1950.

JOERGENS, Bettina / REINICKE, Christian (Hgg.): Archive, Familienforschung und Geschichtswissenschaft. Annäherungen und Aufgaben. Veröffentlichungen des Landesarchivs Nordrhein-Westfalen, Bd. 7. Düsseldorf 2006.

JOHANNSEN-MILDE, Gyde: Augustdorf im Wandel der Jahre 1945–1995. Augustdorfer Stimmen. Studie im Rahmen eines Projektes der Fakultät TKGM / Fachbereich Geographie der Universität Bielefeld. Unveröffentlichtes Manuskript. Bielefeld 1996.

KLUGE, [Friedrich]: Etymologisches Wörterbuch der deutschen Sprache. Bearbeitet von Elmar Seebold. 25., durchgesehene und erweiterte Auflage. Berlin / Boston 2011.

KRÜNITZ, Johann Georg: Oeconomische Encyclopädie (1773–1858), Stichwort: Klipp=Schenke. Online unter www.woerterbuchnetz.de.

LINDE, Roland, in Zusammenarbeit mit Annette Fischer u. Heinz Wiemann: Die älteren Höfe und Stätten in Kohlstädt und Oesterholz, in: Annette Fischer (Hg.): Geschichte der Dörfer Schlangen, Kohlstädt, Oesterholz und Haustenbeck, Bd. 3. Bielefeld 2020, S. 994–1037.

LOOS, Wolfgang: Die „Versteinerung" der Familiennamen im früheren Fürstentum Lippe, in: Lippische Mitteilungen aus Geschichte und Landeskunde / Mitteilunge aus der Lippischen Geschichet und Landeskunde, Bd. 42. Naturwissenschaftlicher und Historischer Verein für das Land Lippe. Detmold 1973, S. 91–115.

MEIER, Burkhard: „Licht und Schatten, Gottesfurcht und Gottlosigkeit, Glaube und Aberglaube". Die Kirchengemeinde Augustdorf im 19. Jahrhundert, in: Burkhard Meier (Hg.): 200 Jahre evangelische Kirche in Augustdorf. Soziale Wirklichkeit und diakonischer Auftrag einer lippischen Gemeinde. Lage 2000, S. 9–92.

MEIER, Burkhard (Hg.): 200 Jahre evangelische Kirche in Augustdorf. Soziale Wirklichkeit und diakonischer Auftrag einer lippischen Gemeinde. Herausgegeben im Auftrag der Evangelisch-reformierten Kirchengemeinde Augustdorf anläßlich ihres Jubiläums. Beiträge zur Geschichte der Diakonie in Lippe, Bd. 4. Lage 2000.

MEINEKE, Birgit: Die Ortsnamen der Stadt Bielefeld. Westfälisches Ortsnamenbuch (WOB). Im Auftrag der Akademie der Wissenschaften zu Göttingen herausgegeben von Kirstin Casemir und Jürgen Udolph, Bd. 5. Bielefeld 2013.

MEINEKE, Birgit: Flurnamen der Gemeinde Schlangen. Mit Fotografien von Annette Fischer. Herausgegeben von Heinz Wiemann. Bielefeld 2015.

MÜLLER-KÖNIG, Rohtraut: Geschichte der Gemeinde Augustdorf 1775–1975. Herausgegeben von der Gemeinde Augustdorf und vom Lippischen Heimatbund. Lippische Heimatbücher. Geschichtliche Reihe, Bd. 4. Lemgo 1975.

Niekammer's Landwirtschaftliche Güter-Adreßbücher, Band XVII., Landwirtschaftliches Adreßbuch der Rittergüter, Güter und größeren Höfe der Freistaaten Lippe-Detmold nebst Schaumburg-Lippe u. Waldeck-Pyrmont. Reprint der Ausgaben 1931 und 1921. Herausge-geben und eingeleitet von Gisbert Strotdrees. Münster 2019.

PIESCZEK, Uwe (Hg.): Truppenübungsplatz Senne. Zeitzeuge einer hundertjährigen Militärgeschichte. Chronik. Bilder. Dokumente. Herausgegeben im Auftrag des Vereins Freunde der Senne und des Truppenübungsplatzes Sennelager e.V. Paderborn 1994.

RÜGGE, Nicolas: Aus der Geschichte der Tütgenmühle, in: Heinz Wiemann (Bearb.): Schlangen, Kohlstädt, Oesterholz und Haustenbeck. Beiträge zur Geschichte, Bd. 2. Schlangen 1999, S. 98–108.

SCHÜTTE, Leopold: Wörter und Sachen aus Westfalen 800 bis 1800. Zweite überarbeitete und erweiterte Auflage. Herausgegeben vom Landesarchiv NRW. Veröffentlichungen des Landesarchivs Nordrhein-Westfalen, Bd. 52. Duisburg 2014.

SPRENGER, Hans: Haustenbeck. Ein Buch der Erinnerung. Sonderveröffentlichungen des Naturwissenschaftlichen Vereins für das Land Lippe, Bd. 5. Detmold 1939.

STEFFEN, Adolf / WISTINGHAUSEN, Kurt: Augustdorf 1975–2000. Herausgegeben von der Gemeinde Augustdorf. Detmold 2000.

TÜRPITZ, Helmut: Die Bethelkolonien in der Hermannsheide, in: Burkhard Meier (Hg.): 200 Jahre evangelische Kirche in Augustdorf. Soziale Wirklichkeit und diakonischer Auftrag einer lippischen Gemeinde. Lage 2000, S. 123–126.

VERDENHALVEN, Fritz (Bearb.): Begriffe, Daten, Fakten und Ereignisse zur Ostwestfälisch-Lippischen Regionalkunde und Geschichte. Ein ‚fauler Knecht' für Benutzer des NRW Staatsarchivs Detmold. Detmold 1993.

WERNING, Dieter: Augustdorf. Erinnerungen in Bildern. Herausgegeben von der Gemeinde Augustdorf. Meinerzhagen 1987.

WIEMANN, Heinz (Bearb.): Schlangen, Kohlstädt, Oesterholz und Haustenbeck. Beiträge zur Geschichte, Bd. 2. Schlangen 1999.

Konzeption der Arbeit

Ausgangspunkt der Arbeit ist das Verzeichniss der Häuser und Hofstätten in der Bauerschaft Augustdorf aus dem „Adreßbuch für das Fürstenthum Lippe", erschienen 1901. Dort sind die im Rahmen dieser Studie berücksichtigten 141 Kolonate aufgeführt. Die heutige Adresse bzw. die Lage der entsprechenden Grundstücke wurde anhand eines Vergleichs der in drei Versionen vorliegenden Karte der Bauerschaft Augustdorf von 1816[28] mit dem zur Zeit der Erarbeitung dieses Beitrages aktuellen Liegenschaftskataster[29] ermittelt. Darüber hinaus erfolgte ein Abgleich zwischen den 1953 erstellten Flurkarten der Gemarkung Augustdorf[30] und korrespondierenden Angaben aus dem Lippischen Landes-Adressbuch von 1962. Das Verzeichnis nennt bereits die bis heute gültigen Straßennamen, führt aber ebenso noch die alten Kolonatsnummern als Hausnummer auf.

Die Wiedergabe der zu den einzelnen Stätten zusammengetragenen Daten konzentriert sich auf zwei Schwerpunkte:

1. Chronologische Darstellung der ausgewerteten Quellen, in denen die insgesamt 141 Kolonate jeweils Erwähnung finden.
2. Besitzerfolgen mit Angabe der Lebensdaten, Berufsbezeichnungen und Ehen. Auf die Nennung gegebenenfalls vorhandener Kinder wurde aus Platzgründen verzichtet.

Anmerkungen zu den Quellen

Die Karte des Forstsekretärs Lindinger und die Chronik Küstermann, aber ebenso Salbücher, Brandkataster und weitere Archivalien bieten vielfältige Informationen zur Geschichte der Augustdorfer Kolonate. Einen Überblick vermitteln die für diese Arbeit genutzten Schriftquellen, die in Auszügen den jeweiligen genealogischen Angaben vorangestellt sind. Die Auflistung folgt chronologischen Gesichtspunkten. Was die Wiedergabe der Inhalte betrifft, wurden Formulierungen etwa aus Adressbüchern und Kolonatsakten größtenteils unverändert übernommen. An einigen Stellen eingefügte Kommata, Semikola und Präpositionen tragen indes zu einer verbesserten Lesbarkeit bei. Sofern keine Zitate, ist darüber hinaus die Schreibweise einzelner Begriffe wie „Verheirathung" oder auch „Landwirth", „Gastwirth", „Wirth" und „Interimswirth" der heute gebräuchlichen Form angepasst worden: Verheiratung, Landwirt, Gastwirt, Wirt, Interimswirt. Hinsichtlich der Adressbücher bleibt noch Folgendes anzumerken: Während die Ausgaben der Jahre 1954 und 1962 die Einwohner der Städte und Gemeinden alphabetisch sortiert darstellen, verzeichnen die nach Hausnummern geordneten Adressbücher von 1901 und 1926 als erstes die Besitzer der jeweiligen Stätten, danach erscheinen die weiteren Bewohner. Vom Erscheinungsjahr der entsprechenden Quellen unabhängig, wird im Rahmen dieser Arbeit letztere Vorgehensweise praktiziert, wenn es um die Aufführung adressbuchmäßig erfasster Personen geht.

28 Vgl. im Quellenverzeichnis unter Karten: LAV NRW OWL D 73 Tit. 4 Nr. 5385, Nr. 5386 und Nr. 5157. Bis auf einige Details sind die drei Kartenwerke in wesentlichen Teilen identisch. Hier abgedruckt ist die Version Nr. 5385, s. Vorsatz. Vgl. auch die Ausschnitte S. 59, S. 217 und S. 262.
29 https://geoportal.kreislippe.de
30 LAV NRW OWL D 73 Kat. Lippe 1.

Namen, Namenwechsel und Namenkontinuität

Die Familiennamen der Stättenbesitzer und ihrer Ehepartner sind fett ausgezeichnet. Gleiches gilt für die Nummer, die zur Anzeige der Besitzfolge vorangestellt ist.
Beispiel:

2 **Sielemann,** Johann Friedrich Adolph
⋆ 26.07.1787 in Augustdorf, † 03.08.1826 in Augustdorf.
⚭ 24.03.1818 in Augustdorf
3 Strate, Anna Catharina Ilsabein, ⋆ 16.12.1795
in Pivitsheide (Ksp. Stapelage), † 13.12.1861 in Augustdorf.
1815 Hoppenplöcker in Augustdorf, Nr. 18.

„2 Sielemann" bedeutet, dass Johann Friedrich Adolph Sielemann der zweite Besitzer dieser Stätte war. Der Zusatz „3" bei der Ehefrau weist Anna Catharina Ilsabein Strate als dritte Besitzerin aus.

Vor der jeweils neuen Nummer des nächsten Besitzers erscheinen Angaben zur Beziehung zum Vorbesitzer, beispielsweise „Sohn des Vorbesitzers" oder „Ehefrau des Vorbesitzers". Stehen die Besitzer in keiner verwandtschaftlichen Beziehung zueinander, wurde der in den Quellen genannte Grund des Besitzwechsels beschrieben und beispielsweise durch den Begriff „Käufer..." angezeigt. Die Familiennamen der Besitzer entstammen den Taufregistern der jeweiligen Kirchspiele. Konnten Geburt oder Taufe nicht ermittelt werden, erfolgt die Nennung desjenigen Namens, der in der ersten Quelle zu einer Person erwähnt wird. Bei der Betrachtung der Familiennamen ist Folgendes zu berücksichtigen: Bis 1864 nahmen sowohl Frauen als auch Männer, die auf eine Stätte einheirateten, den Kolonatsnamen als Familiennamen an.[31] Das Gleiche galt beim Kauf eines Hofes. Zur besseren Orientierung erscheint in den Besitzerfolgen die Wiedergabe der Namen, wie sie die „Konsistorialverordnung, die Einrichtung und Führung der Kirchenbücher betreffend" vom 8. Juli 1839 festgelegt hat.[32] Demnach trat der Kolonatsname beim Erwerber einer Stätte an die erste Stelle und wurde zum Familiennamen. Als erläuternder Hinweis ist der ursprüngliche Familienname des neuen Besitzers angefügt, Beispiel: Hagemann, Töns Henrich, geb. Hanning.[33]

Als weitere Variante der Namennennung wird in den Quellen zum Teil der Zusatz *modo* [= jetzt] verwendet. Nach der Veräußerung der Stätte Kerker Nr. 36 an Johann Christoph Sieveke etwa lautet der Eintrag im Salbuch „Kerker modo Sieveke".[34] Der Hofname erscheint an erster Stelle, der Familienname des Käufers steht hinter dem Zusatz „modo". Entsprechende Angaben sind ebenso in Kirchenbucheinträgen zu finden. 1796 heiratet Johann Henrich Heistermann die Witwe Büker Nr. 17. Bei den Taufeinträgen der Kinder heißt es jetzt: „Heistermann modo Büker".[35] Häufige Verwendung findet „modo" auch im Zusammenhang mit der Nennung von Interimswirten, die einen Kolonatsnamen nur eine bestimmte Zeit führten und nach der Abtretung eines Hofes an den eigentlichen Anerben wieder ihren ursprünglichen Familiennamen angenommen haben.

Der hier beschriebene Namenwechsel konnte eine Familie durchaus mehrfach betreffen und das innerhalb einer Generation. Falls jemand im Laufe seines Lebens zum Beispiel zwei oder drei Hofstellen innehatte, gingen damit entsprechende Namenänderungen einher, die nicht zuletzt bei der Taufe der Kinder wirksam wurden. Es kommt vor, dass Geschwister – in Abhängigkeit von der jeweiligen Stätte – unter verschiedenen Namen im Kirchenbuch verzeichnet sind.

31 Vgl. Loos, Familiennamen, S. 104 f.
32 Vgl. Loos, Familiennamen, S. 102.
33 Vgl. S. 122 in diesem Band.
34 Vgl. S. 265 in diesem Band.
35 Vgl. S. 145 in diesem Band.

Zur Gewährleistung einer besseren Lesbarkeit sind die Schreibweisen der Stätten- bzw. Familiennamen vereinheitlicht worden – sofern sicher ein und dieselbe Familie gemeint ist. Statt *Freytag* erscheint etwa das heute gebräuchliche *Freitag*. Bei Namen, die vermeintlich unterschiedliche Familien bezeichnen, werden die Varianten in runden Klammern genannt, Beispiel: Räker (Räcker, Redeker). Das alphabetische Register am Ende dieses Buches verzeichnet die Familiennamen gemäß ihrer heutigen, unter anderem im Rahmen aktueller Telefonbuchverzeichnisse dokumentierten Form.

Gelegentlich wurden die Rufnamen ebenfalls um zusätzliche Varianten ergänzt. Während sich die Wiedergabe der zuerst genannten Namen an den jeweiligen Taufeinträgen orientiert, sind die Abweichungen oftmals in Salbüchern, Kolonatsakten und anderen amtlichen Quellen anzutreffen. Es kommt allerdings auch vor, dass ein im Zusammenhang mit Heiraten oder Todesfällen erfasster Rufname nicht mit dem Taufnamen übereinstimmt.

Die Divergenzen reichen von leicht variierenden Schreibweisen – beispielsweise *Adolf* statt *Adolph* – bis hin zur Nutzung völlig verschiedener Rufnamen für nachweislich ein und dieselbe Person. Häufig wurde die Reihenfolge der normalerweise mehrgliedrigen Namen geändert: Anstelle von *Heinrich Anton Wilhelm* erscheint etwa *Anton Wilhelm Heinrich*. Daneben ist die Verwendung bekannter Kurznamen wie *Grethe, Dora* und *Fritz* für *Margarethe, Dorothea* oder *Friedrich* keine Seltenheit. Ebenfalls gebräuchlich waren Abwandlungen: So erfolgte für eine Anne Marie Ilsabein (Sprick) der Eintrag *Anna Margaretha Ilsabe*.[36] Oft haben die für das Führen der Kirchenbücher verantwortlichen Pfarrer und Küster die Rufnamen unterstrichen, die entsprechenden Kennzeichnungen sind hier übernommen.

Durch einschlägige Abkürzungen oder Zeichen markiert, folgt die Darstellung der Lebensereignisse der einzelnen Personen dem Schema: Datum und Ort der Geburt, Datum und Ort der Heirat. Falls die genaue Herkunft einer Person bekannt ist, wurde die Kolonatsnummer in runden Klammern angefügt. Bei Besitzern, die als Sohn oder Tochter des Vorbesitzers genannt und somit auf dem beschriebenen Hof geboren sind, entfällt diese Angabe.

36 Vgl. S. 280 in diesem Band.

Gedenkstein zum 225-jährigen Jubiläum der Gründung Augustdorfs an der Pivitsheider Straße auf Höhe des Dörenkruges. O. Biere, 2020

Die Mitteilungen über Berufe (Weber, Schmiedemeister, Müller etc.), Funktionen (Bauerrichter, Kirchenältester etc.), Familienstand (Witwe) oder Rechtsstatus (Kolon, Anerbe) beziehen sich teilweise auf die vorangestellten Akten- und Adressbuchauszüge. Viele der Angaben einschließlich der genannten Jahreszahlen entstammen jedoch Kirchenbucheinträgen, wie ein Abgleich mit dem hier dokumentierten Datenmaterial zu Geburten, Heiraten und Sterbefällen zeigt. Als Informationsquelle dienen darüber hinaus die Taufeinträge auch derjenigen Kinder, deren Lebensdaten im Rahmen dieser Arbeit aus Platzgründen nicht aufgeführt werden können. Bei weitergehenden Ergänzungen sind die entsprechenden Quellen in den Anmerkungen genannt.

Zeichen, Datierungshinweise und Abkürzungen

Bedeutung der Zeichen

*	geboren
~	getauft
†	gestorben
‡	bestattet
⚭	Heirat
o-o	uneheliche Verbindung
o|o	Scheidung
⚭	[1/2] erste Verbindung des Besitzers / der Besitzerin, zweite Verbindung des Partners / der Partnerin
⚭	[2/1] zweite Verbindung des Besitzers / der Besitzerin, erste Verbindung des Partners / der Partnerin

Datierungen und Zeitangaben

23.11.1752	zweifelsfreie Datierung
nach 1752	relative Zeitangabe nach Bezugsdatum
vor 1752	an einem Sterbedatum orientierte Zeitangabe
um 1752	ungefähre Datierung. Entsprechende Hinweise wurden anhand der oft in Sterbeeinträgen genannten Altersangaben errechnet.

Abkürzungen

Bschft.	Bauerschaft
geb.	geborene / geborener
gen.	genannt
Hzgtm.	Herzogtum
Ksp.	Kirchspiel
N.N.	Noch zu nennender Name (nomen nominandum)
verh.	verheiratete / verheirateter
verw.	verwitwete / verwitweter

Verknüpfungen

▸	Querverweis zu Kolonaten bzw. Auswanderern im vorliegenden Band.
→	Fortsetzung von Textpassagen auf nachfolgender Seite.

Ausschnitt aus der Karte „Augustdorf 1900".
Kartografie J. Rosenberg, 2024

Vorbemerkung zum Siedlungsschema

An den bereits vorhandenen Wegführungen orientiert, entstanden sieben Siedlungschwerpunkte, die als Einteilungsschema für die vorliegende Studie dienen:

1. Erste Reihe bzw. Untere Reihe, heute Waldstraße mit Senneweg
2. Zweite Reihe bzw. Obere Reihe, heute Pivitsheider Straße
3. Dritte Reihe, heute Lopshorner Weg
4. Stukenbrocker Straße, Kohlenweg, Imkerweg
5. Haustenbecker Straße nördlich der Heidestraße
6. Haustenbecker Straße südlich der Heidestraße
7. Truppenübungsplatz Senne

1. Erste Reihe bzw. Untere Reihe, heute Waldstraße mit Senneweg

Die Gründung des Dörenkruges, ursprünglich Augustdorf Nr. 1, markiert die Anfänge der Besiedlung Augustdorfs, die sich alsbald entlang der heutigen Waldstraße in Richtung Stukenbrock fortsetzte. Nicht weit vom Dörenkrug entfernt entstanden 1780 die Stätten Nr. 4 und Nr. 5, heute Waldstraße 39 und 45. Demgegenüber gehörten die Flächen der Kolonate Nr. 2 und Nr. 3 – jetzt Waldstraße 21 und 27 – anfänglich zum Besitz des Kruges; sie waren 1790 abgetrennt worden. Die Reihe der 1780 und 1781 planmäßig angelegten Stätten begann mit der späteren Hofstelle Nr. 6, heute Waldstraße 51. Insgesamt erfolgte die Aufteilung des Areals in elf Parzellen, die sich als schmale Längsstreifen zwischen Waldstraße und Pivitsheider Straße, so die heutigen Bezeichnungen, erstreckten; die Größe betrug jeweils 20 Scheffelsaat [=3,4 Hektar]. Gruppen von drei bzw. vier Grundstücken wurden begrenzt oder unterbrochen durch die nach wie vor dort existierenden Wege. Die Kolonate Nr. 18 und Nr. 19 vervollständigten die Höfereihe. Die beiden Stätten hatten allerdings einen quadratischen Grundriss und eine Größe von anfangs nur etwa zwei Hektar. Mit der heutigen Adresse Waldstraße 124 auf der nördlichen Straßenseite und zwei weiteren Stätten, gelegen in der jetzigen Siedlung im Umfeld des Senneweges, treffen wir auf drei jüngere Höfe, die zwischen 1842 und 1851 entstanden. Die Parzellen gehörten vormals zur Gemarkung der damaligen Bauerschaft Hörste. Töns Henrich Räker vom Kolonat Nr. 3 hatte Teile der Hörster Senne erworben und dort insgesamt drei Hofstellen gegründet, die schon bald darauf nach Augustdorf eingemeindet wurden. Weiter geht es entlang der Waldstraße bis zur heutigen Hausnummer 164. Hier verlassen wir diesen Siedlungskomplex und wenden uns den ältesten Stätten im Bereich der sogenannten Insel zu. Die Reihe endet mit der ehemaligen Mühle am Furlbach, die 1849 an der Grenze zur Gemeinde Stukenbrock errichtet worden war.

Ansichtskarte „Gruss aus dem Teutoburger Walde. Dörenkrug bei der Dörenschlucht", um 1905. Verlag: Leopold Werkmeister, Detmold. Lippische Landesbibliothek Detmold, ME-PK-26-25

Ansichtskarte der Sommerfrische „Zur Dörenschlucht", H. Hagemann. Meyer'sche Hofbuchdruckerei, Detmold 1910. Lippische Landesbibliothek Detmold, ME-PK-26-11

Nr. 1
DÖRENKRUG,[37]
WALDSTRASSE 1

1775 **Küstermann**: Simon August Struß; 60 Scheffelsaat [=10,300 Hektar].

1780 **Lindinger:** 14. Stätte, Dörenkrüger Struß.

1783 **Kolonatsakte:** Anderweitige Vergabe der dem Krüger Struß am Dören gehörenden Stätte von 60 Scheffelsaat, da er diese noch nicht in Kultur gesetzt hat.

1786 **Schreiter:** 1. Dören Krüger Struß jetzt Bergmeister.

1792 **Salbuch:** Krüger Struß m. [=modo/jetzt] Bergmeister, Hoppenplöcker[38].

1816 **Salbuch:** Krüger Struss modo Hagemann, ein Hoppenplöcker.

1828 **Volkszählung:** Hagemann, Krüger; Brinkmann, Einlieger; Kaiser, Einlieger; Niere, Einlieger; Brüning, Einlieger; Demoiselle Meyer; 2 Wohnhäuser.

1882 **Brandkataster:** Neubau eines Kottens [später Nr. 131].

1882 **Salbuch:** Hagemann, Krüger; Neuvermessung und Abtrennung der Neuwohnerstätte Nr. 191 [Nr. 131 ▸ S. 122][39] und Verkauf dieser Stätte an Heinrich Hagemann; eingetragen am 30. Januar 1882.

1901 **Adressbuch:** (Dörenkrug) Hagemann, Heinrich, Gastwirt; Heitbrink, Heinrich, Ziegler; Heitbrink, Hermann, Schlachter; Schierenberg, Fritz, Forstarbeiter; Werner, Ernst, Hausierer.

1926 **Adressbuch:** (Dörenschlucht) Habermann, August, Gastwirt und Sommerfrische; Hagemann, Heinrich, Landwirt, Leibzüchter.

1954 **Adressbuch:** Habermann, Lina, Gastwirtschaft; Stemmer, E. u. W., Hotel-Pension „Dörenkrug"; Stemmer, Ewald, Gastwirt; Pivitsheider Straße 1. Koch, Kurt, Bäcker; Streich, Franz, Rentner; Waldstraße 1a.
1962 **Adressbuch:** Hotel Dörenkrug, Besitzer Lothar und Irmgard Neumann; Habermann, Lina, Gastwirtin; Pivitsheider Straße 1. Neumann, Lothar, Hotel Dörenkrug.

Gründer 1775

1 **Struß** (Struss), August Simon,
~ 12.01.1738 in Stapelage, † 1786 in Wetzlar[40].
∞ 18.03.1766 in Stapelage
Pollmann, Cathrina Florentina aus Hörste (Ksp. Stapelage).
1772 Müller in Pivitsheide (Ksp. Stapelage).
1774 Bürger in Barntrup.
1775 Krüger in Augustdorf, Nr. 1.

Besitzer 1786

2 **Bergmeister,** Johann Berend,
~ 30.01.1757 in Oerlinghausen, † vor 1824.[41]
∞ [1/1] 31.12.1779 in Oerlinghausen
Schmackpfeffer, Amalie Johanne Christine Arnoldine,
* um 1755, † 05.04.1800 in Augustdorf.
∞ [2/1] 08.06.1800 in Stapelage
Hunke, Anna Marie Ilsabein aus Pivitsheide (Ksp. Stapelage).
1783 Kolon in Augustdorf, Nr. 8 ► S. 133 ff.
1786 Kolon und Krüger in Augustdorf, Nr. 1.
1800 Armendeche in Augustdorf.
1817 Einlieger in Augustdorf.[42]

Besitzer 1803[43]

3 **Hagemann,** Franz Henrich,
~ 09.03.1766 in Brackwede,
† 21.02.1832 in Augustdorf.
∞ [1/1] 03.10.1794 in Schildesche
Ehlenbrok, Anna Catharina Ilsabein,
* 03.12.1769 in Horn, † 02.05.1819 in Augustdorf.
∞ [2/1] 02.09.1819 in Augustdorf
4 **Albring,** Wilhelmine Amalia, * 18.06.1794 in Aspe (Bschft. Werl-Aspe, Ksp. Schötmar),
† 21.03.1859 in Augustdorf.
1795 Krüger in Heiligenkirchen.
1803 Kolon und Krüger in Augustdorf, Nr. 1.
1817 Vorsteher in Augustdorf.[44]
1819 Witwer und Hoppenplöcker in Augustdorf, Nr. 1.
1824 Gründer in Augustdorf, Nr. 90 ► S. 221 ff.
1828 Krüger in Augustdorf, Nr. 1.

Zweite Ehefrau des Vorbesitzers

4 **Hagemann,** Wilhelmine Amalia, geb. Albring,
* 18.06.1794 in Aspe (Bschft. Werl-Aspe, Ksp. Schötmar), † 21.03.1859 in Augustdorf.
∞ [1/2] 02.09.1819 in Augustdorf
3 **Hagemann,** Franz Henrich,
~ 09.03.1766 in Brackwede, † 21.02.1832 in Augustdorf.
∞ [2/1] 13.09.1833 in Augustdorf
5 **Hanning,** Töns Henrich, * 15.02.1799 in Hörste (Ksp. Stapelage), † 21.10.1848 in Augustdorf.
1833 Witwe in Augustdorf, Nr. 1
1859 Leibzüchterin in Augustdorf, Nr. 1.

Dörenkrug in der Dörenschlucht.
Gastwirthschaft
von
Heinrich Hagemann.
Kegelbahn. ◆ Billard. ◆ Stallung.
Hauptverkehrsstraße von Bielefeld nach dem Hermannsdenkmal.
Gartenanlagen. ◆ Logirzimmer.

Anzeige „Dörenkrug in der Dörenschlucht. Gastwirthschaft von Heinrich Hagemann."
Adreßbuch für das Fürstenthum Lippe, Detmold 1901, Meyer'sche Hofbuchdruckerei. Lippische Landesbibliothek Detmold, LH 107

37 Der Name *Dörenkrug* geht auf den Grafen selbst zurück. Laut einer „eigenhändig-gräfliche[n]" Randbemerkung, die sich auf dem Genehmigungsgesuch des Kruggründers Struß findet, wurde die landesherrliche Verwaltung beauftragt „ … diesen Krug den Dörenkrug zu nennen und den Supplikanten danach zu bescheiden", vgl. Müller-König, Augustdorf, S. 12.

38 Der Begriff bezieht sich auf grundbesitzarme Kleinstbauern, deren zu leistender Hauptdienst das Hopfenpflücken und das Pfählen der Hopfenstangen war, vgl. Verdenhalven, Fauler Knecht, S. 26, Stichwort: Hoppenplöcker.

39 Bei der Angabe der Nummer 191 handelt es sich vermutlich um einen Schreibfehler, richtig ist Nr. 131.

40 Vgl. Butterweck, Geschichte, S. 307.

41 Aus dem Eheeintrag der Tochter Anna Maria Ilsabein vom 7. Juni 1824 im Kirchenbuch Schötmar geht hervor, dass Johann Berend Bergmeister zu jener Zeit bereits verstorben war.

42 In einem Verzeichnis der „unvermögenden Einlieger" des Amtes Lage von 1817 wird unter Augustdorf ein „Ber. Bergmeister genannt". Ob es sich dabei um den vormaligen Dörenkrüger handelt, konnte nicht ermittelt werden. Vgl. LAV NRW OWL L 92 N Nr. 1342.

43 LAV NRW OWL L 92 N Nr. 372.

44 Vgl. Küstermann, Geschichte, Bd. I, 2. Teil, Abschrift 2010, S. 272.

Zweiter Ehemann der Vorbesitzerin, Interimswirt

5 **Hagemann,** Töns Henrich, geb. Hanning,
⋆ 15.02.1799 in Hörste (Ksp. Stapelage), † 21.10.1848 in Augustdorf.

⚭ [1/2] 13.09.1833 in Augustdorf
4 **Albring,** Wilhelmine Amalia, ⋆ 18.06.1794 in Aspe (Bschft. Werl-Aspe, Ksp. Schötmar), † 21.03.1859 in Augustdorf.

1835 Kolon und Krüger, Interimswirt in Augustdorf, Nr. 1.

Sohn des Besitzers 3:

6 **Hagemann,** Franz Heinrich August, ⋆ 02.11.1824 in Augustdorf, † 08.02.1902 in Augustdorf.

⚭ 05.09.1851 in Augustdorf
Detert, Wilhelmine Karoline Charlotte, ⋆ 07.06.1821 in Augustdorf (Nr. 34), † 20.07.1892 in Augustdorf.

1851 Anerbe und Krüger in Augustdorf, Nr. 1.

1882 Kolon in Augustdorf, Nr. 131 ▸ S. 122 ff.

Sohn des Vorbesitzers

7 **Hagemann,** Heinrich Wilhelm,
⋆ 16.10.1851 in Augustdorf, † 08.07.1928 in Augustdorf.

⚭ 28.09.1881 in Augustdorf
Ostmann, Friedrike Wilhelmine Juliane,
⋆ 11.08.1853 in Hörste (Ksp. Stapelage), † 12.01.1937 in Augustdorf.

1882 Wirt und Kolon in Augustdorf, Nr. 1.

1901 Gastwirt in Augustdorf, Nr. 1.

▪ Nachdem August Simon Struß an der Errichtung eines überlebensfähigen Kolonates samt zugehöriger Krugwirtschaft gescheitert war, musste er die Hofstelle am Dören zum 3. Juli 1786 verlassen.[45] Ihm folgte Johann Bernd Bergmeister, der zuvor auf der Stätte Nr. 8[46] einen „Handel mit fetter Waare, Victualien, Bier, Branntwein, Garn und Flachs" betrieben hatte. 1803 fand ein weiterer Besitzerwechsel statt. Bis dahin als Krüger in Heiligenkirchen ansässig, erwarb nunmehr der ursprünglich aus Brackwede stammende Franz Henrich Hagemann den Dörenkrug.[47]

45 Vgl. Müller-König, Augustdorf, S. 44.
46 Vgl. S. 133 in diesem Band.
47 Vgl. LAV NRW OWL L 92 N Nr. 372.

Nr. 131

HAGEMANN, WISTINGHAUSEN, SCHUPPLER, WALDSTRASSE 19

1882 **Salbuch:** Hagemann (früher Kolon Nr. 1 [▸ S. 120 ff]); bei Abtretung des Kolonats Nr. 1 reserviert: 1 Wohnhaus (früherer Kotten); eingetragen am 30. Juni 1882.

1882 **Brandkataster:** 1 Wohnhaus.

1901 **Adressbuch:** Hagemann, Friedrich, Landwirt.

1921 **Landwirtschaftliches Adressbuch:** Geschwister Hagemann; 7 Hektar.

1926 **Adressbuch:** Wistinghausen, Albrecht, Handlung.

1954 **Adressbuch:** Schuppler, Josef, Weber; Kötter, Heinrich, Arbeiter; Wolf, Hanna, Weberin; Waldstraße 131.

1962 **Adressbuch:** Schuppler, Josef, Weber; Frech, Werner, Zimmerer; Waldstraße 131.

Gründer 1882

1 **Hagemann,** Franz Heinrich August, ⋆ 02.11.1824 in Augustdorf (Nr. 1), † 08.02.1902 in Augustdorf.

⚭ 05.09.1851 in Augustdorf
Detert, Wilhelmine Karoline Charlotte, ⋆ 07.06.1821 in Augustdorf (Nr. 34), † 20.07.1892 in Augustdorf.

1851 Anerbe und Krüger in Augustdorf, Nr. 1 ▸ S. 120 ff.

1901 Landwirt in Augustdorf, Nr. 131.

1902 Leibzüchter in Augustdorf, Nr. 131.

Sohn des Vorbesitzers

2 **Hagemann,** Simon Friedrich, ⋆ 10.01.1857 in Augustdorf (Nr. 1), † 04.12.1915 in Augustdorf.

⚭ 28.11.1890 in Augustdorf
Hollmann, Juliane Auguste, ⋆ 22.10.1867 in Augustdorf (Nr. 68), † 12.06.1919 in Augustdorf.

1890 Einlieger in Augustdorf.

1901 Landwirt in Augustdorf, Nr. 131.

**Augustdorf Nr. 131, Waldstraße 19.
Hagemann, später Schuppler. Die Fotografie zeigt einen Nachfolgebau des Kottens, der 1882 auf dem Kolonat Nr. 1 gegründet worden war.**
Sammlung Heimatverein Augustdorf, o. J.

Nr. 2

MEIER (MEYER), PRANTE, HILLBRINK, KLEESIEK, WALDSTRASSE 21

1788 **Kolonatsakte:** Anbau am Dören des Einliegers Johan Friedrich Meier, gebürtig aus Horn, jetzt zu Billinghausen bei Pollmann.

1789 **Schreiter:** 53. Meier, der eine von den beiden beim Dörenkruge angelegten Stätten mit einem schlechten Hause bebaut habe.

1790 **Küstermann:** Anton Fr. Meier; 15 Scheffelsaat [= 2,575 Hektar], (von Nr. 1)[48].

1792 **Salbuch:** Johann Friedrich Meyer, Hoppenplöcker.

1828 **Volkszählung:** Prante, Kolon; 1 Wohnhaus.

1888 **Salbuch:** Meier m. [= modo / jetzt] Prante; auf Witwe Prante umgeschrieben am 9. Juli 1888.

1901 **Adressbuch:** Prante, Hermann, Landwirt; Freitag, Fritz, Ziegler; Geller, Friederike, Näherin; Geller, Friedrich, Schmied; Hilter, Friedrich, Ziegler.

1921 **Landwirtschaftliches Adressbuch:** Hillbrink, H.; 12 Hektar.

1926 **Adressbuch:** Hillbrink, Auguste, Witwe, Landwirt[in].

1954 **Adressbuch:** Kleesiek, Gustav, Waldarbeiter; Waldstraße 2.

1962 **Adressbuch:** Kleesiek, Gustav, Waldarbeiter; Waldstraße 2.

Gründer 1788

1 **Meier,** Anton Friedrich (Johann Friedrich) aus Horn.

1788 Kolon in Augustdorf, Nr. 2.

Besitzer 1794

2 **Prante,** Johann Conrad (Cord Henrich) aus dem Ksp. Oerlinghausen, * um 1747, † 24.03.1813 in Augustdorf.

⚭ 10.07.1774 in Oerlinghausen
Vos (Voss), Anna Margaretha Elisabeth, * um 1755, † 10.01.1802 in Augustdorf.

1774 Einlieger in Ohrsen (Ksp. Lage).

1794 Kolon in Augustdorf, Nr. 2.

1797 Besitzer in Augustdorf, Nr. 56 ▸ S. 216 f.

1813 Leibzüchter in Augustdorf, Nr. 2.

Sohn des Vorbesitzers

3 **Prante,** Johann Berend Henrich, ~ 30.10.1774 in Lage, † 03.05.1805 in Augustdorf.

⚭ 04.09.1802 in Augustdorf
4 **Silbermann**, Sophia Elisabeth, * um 1774 in Pivitsheide (Ksp. Heiden), † 17.03.1810 in Augustdorf.

1802 Kolon in Augustdorf, Nr. 2.

Ehefrau des Vorbesitzers

4 **Prante,** Sophia Elisabeth, geb. Silbermann aus Pivitsheide (Ksp. Heiden), * um 1774, † 17.03.1810 in Augustdorf.

⚭ [1/1] 04.09.1802 in Augustdorf
3 **Prante,** Johann Berend Henrich, ~ 30.10.1774 in Lage, † 03.05.1805 in Augustdorf.

⚭ [2/1] 20.04.1806 in Augustdorf
5 **Prante,** Johann Friedrich Adolph (Friedrich Adolph, Johann Henrich), * 18.12.1779 in Oerlinghausen, † 02.01.1861 in Augustdorf.

1805 Witwe in Augustdorf, Nr. 2.

Zweiter Ehemann der Vorbesitzerin, Bruder des Besitzers 3

5 **Prante,** Johann Friedrich Adolph (Friedrich Adolph, Johann Henrich), * 18.12.1779 in Oerlinghausen, † 02.01.1861 in Augustdorf.

⚭ [1/2] 20.04.1806 in Augustdorf
4 **Prante,** Sophia Elisabeth, geb. Silbermann, * um 1774 in Pivitsheide (Ksp. Heiden), † 17.03.1810 in Augustdorf.

⚭ [2/1] 08.07.1810 in Augustdorf
Mellies (Melges), Anna Maria Florentine Elisabeth aus Pivitsheide, * um 1784, † 25.04.1835 in Augustdorf.

o-o [3/1] 1825 in Augustdorf
Böger, Anne Marie Katharina Elisabeth, * 28.05.1796 auf dem Schapeler Hof (Bschft. Hörste, Ksp. Stapelage), † 03.04.1868 in Augustdorf.

⚭ [4/1] 08.05.1836 in Augustdorf
Kannemann, Anne Marie Elisabeth aus Wellentrup (Ksp. Oerlinghausen), * um 1800, † 19.03.1837 in Augustdorf.

⚭ [5/1] 27.05.1838 in Augustdorf
Geller, Amalie Christine Elisabeth, * 19.03.1791 in Pivitsheide (Ksp. Stapelage), † 20.07.1856 in Augustdorf.

1806 Hoppenplöcker in Augustdorf, Nr. 2.

Sohn des Vorbesitzers

6 **Prante,** Johann Hermann Friedrich, * 17.04.1825 in Augustdorf, † 31.03.1888 in Augustdorf.

⚭ 22.10.1854 in Augustdorf
7 **Wissbrok**, Anne Marie Friederike Wilhelmine, * 29.10.1831 in Augustdorf (Nr. 79), † 16.01.1907 in Augustdorf.

1854 Anerbe und Kolon in Augustdorf, Nr. 2.

---

48 Das Land wurde von der Stätte Nr. 1 abgetrennt, vgl. Müller-König, Augustdorf, S. 208.

Ehefrau des Vorbesitzers

7 **Prante,** Anne Marie Friederike Wilhelmine geb. Wissbrok, * 29.10.1831 in Augustdorf (Nr. 79), † 16.01.1907 in Augustdorf.

⚭ 22.10.1854 in Augustdorf

6 **Prante,** Johann Hermann Friedrich, * 17.04.1825 in Augustdorf, † 31.03.1888 in Augustdorf.

1888 Besitzerin in Augustdorf, Nr. 2.

Sohn des Besitzers 6

8 **Prante,** Hermann Friedrich Adolph, * 07.01.1861 in Augustdorf.

⚭ [1/1] 03.01.1890 in Augustdorf

Steffen, Wilhelmine Amalie, * 12.12.1867 in Augustdorf (Nr. 63), † 25.01.1896 in Augustdorf.

⚭ [2/1] 22.01.1897 in Augustdorf

Helberg, Wilhelmine Dorothea Johanne, * 27.09.1857 in Heidenoldendorf (Ksp. Detmold).

1901 Kolon und Landwirt in Augustdorf, Nr. 2.

Augustdorf Nr. 2, Waldstraße 21. Prante später Kleesiek. Privatbesitz J. Biere, o. J.

Die heutige Waldstraße in Richtung Dörenschlucht um 1950. In der Bildmitte die Stätte Augustdorf Nr. 2, Waldstraße 21, Prante, später Kleesiek. Sammlung Heimatverein Augustdorf

Besitzer 1921

9 **Sieweke (Hillbrink),** Hermann August, * 25.03.1879 in Augustdorf, † 09.01.1921 in Augustdorf.

⚭ 11.11.1904 in Augustdorf

Böger, Auguste Johanne, * 05.03.1879 in Augustdorf (Nr. 51).

1904 Anerbe in Augustdorf, Nr. 56 ▸ S. 216 f.

1921 Landwirt in Augustdorf, Nr. 2.

Nr. 3

FRIEDRICH (FRIEDRICHS), RÄKER (RECKER, REDEKER, RAEKER), BUTWIL, WALDSTRASSE 27[49]

1788 **Kolonatsakte:** Anlegung einer Neuwohnerstätte durch Herm Henrich Friedrichs von Lageschen Pivitsheide.

1789 **Schreiter:** 54. „... noch keinen Bewohner".

1790 **Küstermann:** Herm. Friedrich; 15 Scheffelsaat [= 2,575 Hektar], (von Nr. 1[50]).

1791 **Salbuch:** Herm Henrich Friedrich, Hoppenplöcker.

1791 **Kolonatsakte:** Verkauf an den Einlieger Wilhelm Räcker im Wistinghauser Kotten.

1828 **Volkszählung:** Redeker, Kolon; Redeker, Witwe; 1 Wohnhaus.

1874 **Kolonatsakte:** Abtretung der Stätte des Kolons Räker Nr. 3 in Augustdorf an den Anerben und Sohn Simon August Räker daselbst.

1875 **Salbuch:** Friedrich; Abtretung an Simon Aug. Raeker; umgeschrieben am 23. Januar 1875.

1901 **Adressbuch:** Räker, August, Landwirt; Räker, Heinrich, Ziegler; Hellweg, Wilhelm, Ziegler.

1921 **Landwirtschaftliches Adressbuch:** Becker[51], Witwe; 11 Hektar.

1926 **Adressbuch:** (Stukenbrock[52]) Räker, Th., Landwirt; (Humannskotten) Schröder, Heinrich, Ziegler; Burmeier, Heinrich, Ziegler.

1954 **Adressbuch:** Butwil, Leo, Arbeiter; Göttlicher, Arthur, Maschinenschlosser; Malke, Fritz, Zimmermeister; Waldstraße 3. Burmeier, Heinrich, Rentner; Stein, Paula, Hausfrau; Stukenbrocker Straße 3.

1962 **Adressbuch:** Butwil, Leo, Rentner; Richts, Adolf, Straßenwärter; Waldstraße 3. Schorsch, Georg, Fuhrgeschäft; Stein, Paula, Rentnerin; Stukenbrocker Straße 3

Gründer 1790

1 **Friedrich,** Hermann Henrich aus Pivitsheide (Ksp. Stapelage), ~ 05.11.1752 in Stapelage, † 01.06.1792 in Augustdorf.

⚭ 15.08.1779 in Stapelage
Beining, Anna Wilhelmina Christina aus Hiddentrup (Ksp. Stapelage), * um 1757, † 30.04.1793 in Pivitsheide (Ksp. Stapelage).

1790 Kolon in Augustdorf, Nr. 3.

Käufer 1791

2 **Räker** (Redeker), Carl Wilhelm „vom Hambusch", * um 01.1762 in Oerlinghausen, † 30.07.1795 in Augustdorf.

⚭ 25.04.1788 in Oerlinghausen
3 **Westerheyd** (Westerheide), Johanna Wilhelmine aus Oerlinghausen, * um 1760 in Oerlinghausen, † 17.05.1797 in Augustdorf.

1790 Einlieger in Wistinghausen (Ksp. Oerlinghausen), Wistinghauser Kotten.

1791 Kolon in Augustdorf, Nr. 3.

Ehefrau des Vorbesitzers

3 **Räker,** Johanna Wilhelmine, geb. Westerheyd (Westerheide), * um 1760 in Oerlinghausen, † 17.05.1797 in Augustdorf.

⚭ [1/1] 25.04.1788 in Oerlinghausen
2 **Redeker,** Carl Wilhelm, * um 01.1762 in Oerlinghausen, † 30.07.1795 in Augustdorf.

⚭ [2/1] 18.10.1795 in Stapelage
4 **Geller,** Simon Henrich, * 24.02.1771 in Pivitsheide (Ksp. Stapelage), † 15.09.1812 in Augustdorf.

Ehemann der Vorbesitzerin, Interimswirt

4 **Räker,** Simon Henrich, geb. Geller, * 24.02.1771 in Pivitsheide (Ksp. Stapelage), † 15.09.1812 in Augustdorf.

⚭ [1/2] 18.10.1795 in Stapelage
3 **Westerheyd** (Westerheide), Johanna Wilhelmine, * um 1760 in Oerlinghausen, † 17.05.1797 in Augustdorf.

⚭ [2/1] 27.08.1797 in Stapelage
Hussmann, Anne Margarethe Elisabeth aus Pivitsheide (Ksp. Stapelage), ~ um 1771, † 25.02.1830 in Augustdorf.

1803 Interimswirt in Augustdorf, Nr. 3.

Tochter des Besitzers 2

5 **Räker** (Redeker), Anna Maria Wilhelmine (Wilhelmine Friederike Henriette) aus Währentrup (Ksp. Oerlinghausen), ~ 08.02.1789 in Oerlinghausen, † 30.06.1865 in Augustdorf (Nr. 101).

⚭ 26.12.1812 in Augustdorf
6 **Prante,** Töns Henrich aus Währentrup (Ksp. Oerlinghausen), ~ 02.11.1791 in Oerlinghausen, † 23.02.1858 in Augustdorf.

1812 Anerbin in Augustdorf, Nr. 3.

1865 Leibzüchterin in Augustdorf, Nr. 101 ▸ S. 148.

Ehemann der Vorbesitzerin

6 **Räker** (Wilhelm-Räker, Redeker), Töns Henrich, geb. Prante, aus Währentrup (Ksp. Oerlinghausen), ~ 02.11.1791 in Oerlinghausen, † 23.02.1858 in Augustdorf (Nr. 101).

⚭ 26.12.1812 in Augustdorf
5 **Redeker** (Wilhelm-Räker), Anna Maria Wilhelmine (Wilhelmine Friederike Henriette) aus Währentrup (Ksp. Oerlinghausen), ~ 08.02.1789 in Oerlinghausen, † 30.06.1865 in Augustdorf (Nr. 101).

1812 Kolon in Augustdorf, Nr. 3.

1842 Gründer in Augustdorf, Nr. 101 ▸ S. 148.

1842 Gründer in Augustdorf, Nr. 102 ▸ S. 149 f.

1843 Besitzer in Augustdorf, Nr. 44 ▸ S. 227 f.

1851 Gründer in Augustdorf, Nr. 109 ▸ S. 149.

■ Töns Henrich Räker trat nicht von ungefähr als Gründer mehrerer Stätten in Erscheinung. Wenngleich er „mit Schreiben und Rechnen nur notdürftig herumspringen konnte", wurde der gebürtige Oerlinghausener zu einem erfolgreichen Bauunternehmer, der unter anderem die Schulen in Augustdorf und Helpup errichtete. →

49 Zum Kolonat Nr. 3 gehörte ursprünglich auch das heutige Grundstück Waldstraße 250. Ein dort errichtetes Gebäude wurde laut Adressbuch von 1926 als „Humannskotten" bezeichnet, vgl. Adressbuch 1926, S. 715 und S. 251 in diesem Band.

50 Das Land wurde von der Stätte Nr. 1 abgetrennt, vgl. S. 120 in diesem Band sowie Müller-König, Augustdorf, S. 208.

51 Bei der Namenangabe handelt es sich vermutlich um einen Schreibfehler, korrekt ist Räker.

52 Der im Adressbuch von 1926 dokumentierte Zusatz „Stukenbrock" verweist auf besitzrechtliche Verbindungen zur Stukenbrocker Hofstelle Humann, die in unmittelbarer Nachbarschaft zum hier ebenfalls erwähnten Humannskotten liegt, vgl. Adressbuch 1926, S. 715 sowie www.westfalen-hoefe.de, Hausstätten- und Höfeliste Stukenbrock. Vgl. auch die Flurkarten der Gemarkung Augustdorf von 1908.

Eine weitere Geschäftssparte waren seine beispielsweise beim Umbau des Schlosses Lopshorn geleisteten Materialfuhren. Töns Henrich Räkers Fuhrdienste hatten sich allmählich zu einem eigenständigen, auch überregional ausgeübten Gewerbe entwickelt, bei dem zeitweise immerhin elf Pferde zum Einsatz kamen. Verunglückte Spekulationen, aber ebenso der mangelnde Geschäftssinn seiner Söhne brachten ihn allerdings „dem Konkurse nahe", so dass Räker am Ende „das Fuhrwerken auf den Landstraßen" einstellte.[53]

Sohn des Vorbesitzers

7 **Räker** (Redeker), Johann Friedrich Adolph, ⋆ 21.09.1816 in Augustdorf.
⚭ 24.09.1843 in Augustdorf
Hollmann, Johanne Marie Friederike, ⋆ 12.12.1821 in Oerlinghausen.
1843 Kolon in Augustdorf, Nr. 3.

Sohn des Vorbesitzers

8 **Räker,** Simon August, ⋆ 14.11.1845 in Augustdorf, † 28.01.1918 in Augustdorf.
⚭ 03.01.1875 in Augustdorf
Rehm, Johanne Sophie Anne Marie, ⋆ 23.12.1854 in Augustdorf (Nr. 84), † 28.06.1933 in Augustdorf.
1875 Kolon und Landwirt in Augustdorf, Nr. 3.

Nr. 4

BRAND (BRANDT), KRUSE, BÖGER, POLLMANN, GELLER, WALDSTRASSE 39

1779 **Kolonatsakte:** Johann Jobst Brand aus Hillegossen.
1780 **Kolonatsakte:** Anlegung einer Neuwohnerstätte durch Einlieger Brand aus Hillegossen.
1780 **Lindinger:** 15. Stätte, Joh. Jobst Brand aus Hillegossen.
1780 **Küstermann:** Brand; 25 Scheffelsaat [= 4,291 Hektar].
1784 **Kolonatsakte:** Übergabe der Stätte des Brand aus Hillegossen an den Einlieger Christian Cruse von Hörste.
1786 **Schreiter:** 2. Christoph Kruse.
1792 **Salbuch:** Christoph Kruse, Hoppenplöcker.
1816 **Salbuch:** Christoph Kruse.
1828 **Volkszählung:** Kruse, Kolon; Kruse, Leibzüchter; 2 Wohnhäuser.
1829 **Hausinschrift:** ANNO 1829 DEN 22. JUNIE FRIEDRICH ADOLPH KRUSE UND JOHANNE LOUISE STRATEN HABEN DIESES HAUS LASSEN BAUEN M BERND HENRICH AHLE
1868 **Salbuch:** Kruse; Abtretung an Wilhelmine Henriette Kruse, verehelichte Böger; eingetragen am 16. April 1868.
1901 **Adressbuch:** Pollmann, Friedrich, Landwirt.
1926 **Adressbuch:** Geller, Friedrich, Maschinist und Landwirt; Geller, Gustav, Ziegler.
1954 **Adressbuch:** Geller, Martha, Hausfrau; Geller, Otto, Rentner; Neugebauer, Gertr., Hausfrau; Waldstraße 4
1962 **Adressbuch:** Geller, Martha, Hausfrau; Waldstraße 4.

Gründer 1780

1 **Brand** (Brandt), Johann Jobst aus Hillegossen.
⚭ [2/2] 18.09.1782 in Stapelage
Baumann [Witwe], Margarethe.
1780 Einlieger in Hillegossen.
1780 Gründer in Augustdorf, Nr. 4.
1782 Kolon in Augustdorf, Nr. 50 ▸ S. 206 ff.

Käufer

2 **Kruse,** Christoph (Christian, Johann Christoph) aus Greste (Ksp. Oerlinghausen), ⋆ um 1730, † 28.03.1797 in Augustdorf.
⚭ [1/1] 20.05.1759 in Stapelage
Kruse, Anna Cathrine aus Lemgo.
⚭ [2/1] 14.07.1775 in Stapelage
Beining, Anne Margarethe Elisabeth aus Pivitsheide, ⋆ um 1739, † 14.12.1795 in Augustdorf.
⚭ [3/2] 05.03.1797 in Stapelage
Sielemann [Witwe], Anne Catharine.

Augustdorf Nr. 151, Waldstraße 41. Bis 1906 befand sich dort die Leibzucht der Stätte Nr. 4. Das abgebildete Gebäude wurde 1908 durch den neuen Eigentümer Steffen errichtet, 2020 erfolgte der Abbruch des Hauses. O. Biere 2019

53 Vgl. Küstermann, Geschichte, Bd. I, 1. Teil, Abschrift 2010, S. 95 ff., der die Persönlichkeit Räkers und dessen Wirken eingehend schildert.

1759 Einlieger in Hörste (Ksp. Stapelage).
1785 Hoppenplöcker in Augustdorf, Nr. 4.
1797 Leibzüchter in Augustdorf, Nr. 4.

Sohn des Vorbesitzers

3 **Kruse,** Friedrich Wilhelm, * 26.10.1770 in Uekenpohl (Bschft. Hörste, Ksp. Stapelage), † 04.02.1847 in Augustdorf.
⚭ [1/1] 29.12.1793 in Stapelage
Elkenkamp, Hanne Marie Elisabeth (Hanne Amalie) aus Haustenbeck, * 1770, † 20.12.1817 in Augustdorf.
⚭ [2/2] 02.10.1818 in Augustdorf
Hellmeier, Anne Marie Katharine, * 25.12.1764 in Vlotho, † 14.03.1845 in Augustdorf.
1801 Schuster in Augustdorf.
1815 Kolon in Augustdorf, Nr. 4.
1815 Vorsteher in Augustdorf.
1818 Witwer und Hoppenplöcker in Augustdorf, Nr. 4.
1828 Leibzüchter in Augustdorf, Nr. 4.

Sohn des Vorbesitzers

4 **Kruse,** Friedrich Adolph, * 14.02.1794 in Augustdorf, † 13.11.1854 in Augustdorf.
⚭ 06.11.1825 in Augustdorf
Strate, Johanne Louise, * 28.03.1790 in Hörste (Ksp. Stapelage), † 15.02.1873 in Augustdorf.
1825 Kolon in Augustdorf, Nr. 4.

Tochter des Vorbesitzers

5 **Kruse,** Henriette Wilhelmine, * 13.08.1826 in Augustdorf, † 23.12.1894 in Augustdorf.
⚭ 26.04.1868 in Augustdorf
6 **Böger,** Henrich Hermann Wilhelm Berend, * 16.11.1841 in Augustdorf (Nr. 51), † 10.12.1876 in Augustdorf.
1854 Anerbin in Augustdorf, Nr. 4.
1868 Besitzerin in Augustdorf, Nr. 4.
1894 Leibzüchterin in Augustdorf, Nr. 4.

Ehemann der Vorbesitzerin

6 **Kruse,** Henrich Hermann Wilhelm Berend, geb. Böger, * 16.11.1841 in Augustdorf (Nr. 51), † 10.12.1876 in Augustdorf.
⚭ 26.04.1868 in Augustdorf
5 **Kruse**, Henriette Wilhelmine, * 13.08.1826 in Augustdorf, † 23.12.1894 in Augustdorf.
1868 Kolon in Augustdorf, Nr. 4.

Besitzer 1889, Neffe der Besitzerin 5

7 **Pollmann,** Friedrich Töns, * 11.08.1858 in Augustdorf (Nr. 80), † 24.11.1906 in Jerxen (Ksp. Heiden).
⚭ 27.02.1889 in Haustenbeck
Kelle, Marie Katharine, * 14.05.1864 in Haustenbeck, † 24.07.1934 in Horn.
1889 Kolon und Landwirt in Augustdorf, Nr. 4.
1906 Kolon und Landwirt in Jerxen, Nr. 3.

Besitzer 1905

8 **Geller,** Hermann Friedrich Adolph, * 20.11.1854 in Augustdorf, † 01.04.1930 in Augustdorf.
⚭ 25.11.1883 in Augustdorf
Stölting, Luise Charlotte Dorothee, * 13.08.1865 in Detmold, † 28.06.1949 in Augustdorf.
1890 Schmied in Augustdorf.
1905 Kolon in Augustdorf, Nr. 4.
1926 Maschinist und Landwirt in Augustdorf, Nr. 4.

Augustdorf Nr. 4, Waldstraße 39. Zustand des Gebäudes vor der Renovierung. Abb. rechts: Der Torbogen mit Hausinschrift von 1829. O. Biere, 2016

Augustdorf Nr. 4, Waldstraße 39.
Fachwerkhaus von 1829, das Gebäude wurde 2020/2021 renoviert. A. Fischer, 2023

Nr. 5

JACOB (JAKOB), HELLMEIER (HELLE, HELLEMEIER, HELLMEYER), SCHRÖDER, WALDSTRASSE 41

1780 **Kolonatsakte:** Anlegung einer Neuwohnerstätte durch Itzig Jacob, Sohn des Schutzjuden Jacob Israel aus Talle.

1780 **Lindinger:** 16. Stätte, Itzig Jacob aus der Talle.

1781 **Küstermann:** Itzig Jakob; 12 Scheffelsaat [=3,433 Hektar].

1783 **Kolonatsakte:** Einlieger Johann Jobst Hellmeier aus der Bauerschaft Müssen, Übernahme der 16. Stätte am Dören des verstorbenen Schutzjuden Itzig Jakob.

1786 **Schreiter:** 3. Johann Jost Hellmeyer.

1787 **Kolonatsakte:** Zerteilung der Hellen-Stätte Nr. 3[54] am Dören; Kolon Helle gibt an den Einlieger Winter von der ausgewiesenen 20 Scheffelsaat großen Stätte acht zum Bebauen ab.[55]

1792 **Salbuch:** Johann Jobst Hellmeyer, Hoppenplöcker.

1814 **Kolonatsakte:** Verheiratung des Einliegers Hermann Wind von der Lageschen Pivitsheide mit der Leibzüchterin Witwe Helle zu Augustdorf.

1828 **Volkszählung:** Hellmeier, Col; Hellmeier, Leibzüchter; Mölling, Einlieger; 1 Wohnhaus.

1876 **Kolonatsakte:** Abtretung der Helleschen Stätte Nr. 5 in Augustdorf durch die Witwe Kolona Helle an den Anerben Hermann Helle als ältesten Sohn.

1876 **Salbuch:** Hellmeier; Abtretung an Hermann Helle; umgeschrieben am 23. Dezember 1876.

1901 **Adressbuch:** Helle, Hermann, Landwirt.

1921 **Landwirtschaftliches Adressbuch:** Hellemeier, H.; 13 Hektar.

1926 **Adressbuch:** Hellemeier, Hermann, Viehhändler und Landwirt; Bossum, August, Tischlermeister.

1954 **Adressbuch:** Hellemeier, Hermann, Landwirt; Schröder, Helmut, Arbeiter; Waldstraße 5.

1962 **Adressbuch:** Schröder, Helmut, Arbeiter; Schröder Johanne, Haushälterin; Waldstraße 5.

---

54 Die Stättennummer 3 stammt noch aus der Zeit vor Einführung der endgültigen Kolonatsnummern.

55 Das Areal erhält Christian Ernst Friedrich Winter zur Gründung der Stätte Nr. 55, vgl. S. 217 f. in diesem Band.

56 Nach dem Tod des Stättengründers ließ dessen Ehefrau das Kolonat versteigern, vgl. Müller-König, Augustdorf, S. 26 sowie S. 101 ff. in diesem Beitrag.

Gründer 1781

1 **Jacob,** Itzig aus Talle, † um 1783 in Augustdorf.
1781 Kolon in Augustdorf, Nr. 5.

Käufer um 1783[56]

2 **Hellmeier** (Helle), Johann Jobst Diederich,
* 22.01.1747 in Lemgo, † 18.07.1813 in Augustdorf.
∞ [1/1] 02.10.1768 in Lage
Klaas, Anne Catharine Elisabeth aus Hüntrup,
~ 04.11.1739 in Lage, † 13.12.1785 in Augustdorf.
∞ [2/1] 26.03.1786 in Stapelage
3 **Heidkemper,** Anne Marie Elisabeth,
* um 1764 in Pivitsheide, † 02.02.1824 in Augustdorf.
1780 Einlieger in Müssen (Ksp. Stapelage).
1785 Kolon und Zimmermann in Augustdorf, Nr. 5.
1793 Vorsteher in Augustdorf.
1813 Leibzüchter in Augustdorf.

Ehefrau des Vorbesitzers

3 **Hellmeier,** Anne Marie Elisabeth, geb. Heidkemper,
* um 1764 in Pivitsheide, † 02.02.1824 in Augustdorf.
∞ [1/2] 26.03.1786 in Stapelage
2 **Hellmeier** (Helle), Johann Jobst Diederich aus Lemgo, * 22.01.1747 in Lemgo, † 18.07.1813 in Augustdorf.
∞ [2/1] 24.04.1814 in Augustdorf
Wind, Johann Hermann, * 23.10.1783 in Pivitsheide (Ksp. Stapelage), † 27.01.1829 in Augustdorf.

Adoptivsohn des Besitzers 2

4 **Hellmeier,** Justus Simon August, geb. Hasselmeier oder Viehmeier aus Lemgo, ~ 28.03.1794 in Lemgo, St. Marien, † 25.04.1866 in Augustdorf.
∞ 08.11.1812 in Augustdorf
Mölling, Anna Katharina Elisabeth, * 24.06.1784 in Pivitsheide, † 16.12.1860 in Augustdorf.
1828 Kolon in Augustdorf, Nr. 5.
1854 Leibzüchter Augustdorf, Nr. 5.

Sohn des Vorbesitzers

5 **Hellmeier** (Helle), Hermann Konrad Adolph,
* 08.07.1823 in Augustdorf, † 17.05.1870 in Augustdorf.
∞ 28.11.1847 in Augustdorf
Buhse, Anna Katharina Henriette, * 26.08.1824 in Augustdorf (Nr. 57).
1847 Kolon in Augustdorf, Nr. 5.

Sohn des Vorbesitzers

6 **Helle** (Hellmeier), Töns Hermann Friedrich,
* 19.06.1849 in Augustdorf, † 30.07.1903 in Augustdorf.
∞ 03.12.1876 in Augustdorf
Hans-Rebbe, Louise Wilhelmine Henriette,
* 29.10.1851 in Schlangen, † 12.03.1919 in Augustdorf.
1876 Kolon und Landwirt in Augustdorf, Nr. 5.

Nr. 6

REHM (RIEME, REHME), MARX, WALDSTRASSE 51

1779 **Kolonatsakte:** Johann Albert Rieme aus Lüerdissen.
1780 **Lindinger:** 1. Stätte, Albert Rehm.
1780 **Küstermann:** Rehm; 20 Scheffelsaat [=3,433 Hektar].
1784 **Kolonatsakte:** Anlegung einer Neuwohnerstätte durch Johann Albert Rehm.
1786 **Schreiter:** 4. Johann Albert Rehm und dessen Sohn als Bauerrichter.
1792 **Salbuch:** Johann Albrecht Rehm, Hoppenplöcker.
1821 **Kolonatsakte:** Die vom Kolon Pollmann Nr. 80 [▸ S. 302 ff.] zu Augustdorf angekaufte und von demselben an den Kolon Baumann Nr. 15 b [▸ S. 198 ff.] daselbst wieder verkaufte Stätte des Kolons Rehm Nr. 6 daselbst.
1828 **Volkszählung:** Rehm, Kolon; Ludwig Rehm; 1 Wohnhaus.
1881 **Salbuch:** Rehm; Abtretung an Adolf Rehm; umgeschrieben am 26. März 1881.
1901 **Adressbuch:** Rehme, Adolf, Landwirt; Brüning, Friedrich, Ziegler; Steffen, Wilhelm, Ziegler.
1926 **Adressbuch:** Rehm, Adolf, Landwirt; Rehm, Friedrich, Dreschmaschinenbesitzer; Ostmeier, Minna, Kriegerwitwe.
1954 **Adressbuch:** Rehm, Helene, Hausfrau; Druskat, Erich, Bäcker; Funke, August, Rentner; Waldstraße 6.
1962 **Adressbuch:** Marx, Paul, Kraftfahrer; Rehm, Helene, Hausfrau; Waldstraße 6.

Gründer 1779

1 **Rehm,** Johann Albert (Johann Albrecht) aus Lüerdissen (Ksp. Lemgo, St. Johann), ~ 02.04.1736 Lemgo, St. Johann, † 30.04.1793 in Augustdorf.
⚭ [1/1] 24.11.1760 in Bösingfeld
Eggers (Eggert), Anne Margarethe aus Wüsten (?), † 02.02.1791 in Augustdorf.
⚭ [2/2] 12.04.1791 in Stapelage
Lorentz [Witwe], Anne Catharine Elisabeth.
1770 Knecht und Hofmeister in Braunenbruch (Bschft. Heidenoldendorf, Ksp. Detmold).
1779 Kolon und Vorsteher in Augustdorf, Nr. 6.
1791 Leibzüchter in Augustdorf, Nr. 6.
1792 Gründer in Augustdorf, Nr. 69 ▸ S. 220 f.

Sohn des Vorbesitzers

2 **Rehm** (Rieme), Conrad, * 16.09.1761 in Braunenbruch (Bschft. Heidenoldendorf, Ksp. Detmold), † 14.11.1788 in Augustdorf.
⚭ [1/1] 12.05.1782 in Stapelage
Brüning, Anne Margarethe aus Ehrentrup (Ksp. Lage), † 05.02.1788 in Augustdorf.
⚭ [2/1] 08.06.1788 in Stapelage
3 Schmaske oder Dreimann, Anne Sophie Ilsabein, ~ 04.05.1760 in Haustenbeck, † 07.12.1792 in Augustdorf.
1782 Anerbe in Augustdorf, Nr. 6.
1784 Bauerrichter in Augustdorf.[57]

Zweite Ehefrau des Vorbesitzers

3 **Rehm,** Anne Sophie Ilsabein, geb. Schmaske oder Dreimann, ~ 04.05.1760 in Haustenbeck, † 07.12.1792 in Augustdorf.
⚭ [1/2] 08.06.1788 in Stapelage
2 Rehm (Rieme), Conrad, * 16.09.1761 in Braunenbruch (Bschft. Heidenoldendorf, Ksp. Detmold), † 14.11.1788 in Augustdorf.
⚭ [2/1] 14.03.1789 in Stapelage
4 Kindsgrab, Johann Töns aus Menkhausen (Ksp. Oerlinghausen), ~ 29.05.1761 in Oerlinghausen, † 09.03.1824 in Augustdorf.
1788 Kolona in Augustdorf, Nr. 6.

Zweiter Ehemann der Vorbesitzerin

4 **Rehm,** Johann Töns, geb. Kindsgrab aus Menkhausen (Ksp. Oerlinghausen), ~ 29.05.1761 in Oerlinghausen, † 09.03.1824 in Augustdorf.
⚭ [1/2] 14.03.1789 in Stapelage
3 Rehm, Anne Sophie Ilsabein, geb. Schmaske oder Dreimann, ~ 04.05.1760 in Haustenbeck, † 21.10.1792 in Augustdorf.
⚭ [2/1] 28.12.1792 in Stapelage
Brockmann (Brokmann), Amalia Louisa aus Hörste (Ksp. Stapelage), ~ 28.04.1765 in Stapelage, † 08.04.1846 in Augustdorf.
1789 Kolon in Augustdorf, Nr. 6.
1795 Kolon in Augustdorf, Nr. 69 ▸ S. 220 f.
1800 Kirchendeche in Augustdorf.
1807 Gründer in Augustdorf, Nr. 84 ▸ S. 321 f.

Sohn des Besitzers 2

5 **Rehm** (Rieme), Ludwig Henrich Christoph, * 16.04.1786 in Augustdorf, † 25.12.1829 in Augustdorf.
1800 Kirchenältester in Augustdorf.
1829 Leibzüchter in Augustdorf, Nr. 6.

57 Vgl. Müller-König, Augustdorf, S. 56.

Besitzer 1821

6 **Pollmann,** Johann Heinrich Christoph (Töns Heinrich Christoph), * 04.12.1777 in Veldrom (Ksp. Horn), † 27.05.1829 in Augustdorf.

⚭ 26.12.1798 in Stapelage

Rabe, Anne Marie Elisabeth (Anna Cathrina), * um 1781, † 07.12.1841 in Augustdorf.

1801 Gründer in Augustdorf, Nr. 80 ▸ S. 302 ff.

1821 Besitzer in Augustdorf, Nr. 6.

1821 Käufer in Augustdorf, Nr. 15 b ▸ S. 198 ff.

Käufer 1821

7 **Baumann modo** [= jetzt] **Rehm,** Hermann Henrich, geb. Tegeler, * 08.06.1793 in Augustdorf (Nr. 46), † 11.08.1855 in Augustdorf.

⚭ 16.10.1814 in Augustdorf

Baumann, Anna Marie Christine Elisabeth, * 23.09.1793 in Augustdorf (Nr. 15 b), † 28.12.1860 in Augustdorf.

1814 Kolon in Augustdorf, Nr. 15 b ▸ S. 198 ff.

1821 Kolon in Augustdorf, Nr. 6.

1850 Leibzüchter und Armendeche in Augustdorf, Nr. 6.

Sohn des Vorbesitzers

8 **Baumann gen. Rehm,** Johann Friedrich Adolph, * 21.07.1815 in Augustdorf, † 27.12.1887 in Augustdorf.

⚭ 10.04.1842 in Augustdorf

Pahl, Dorothea Wilhelmine Charlotte, * 23.06.181 in Kohlstädt (Ksp. Schlangen), † 12.01.1884 in Augustdorf.

1842 Kolon in Augustdorf, Nr. 6.

Sohn des Vorbesitzers

9 **Rehm,** Adolph Friedrich Wilhelm, * 26.04.1855 in Augustdorf, † 25.01.1932 in Augustdorf.

⚭ 04.11.1883 in Augustdorf

Wistinghausen, Hanne Friedrike, * 30.04.1861 in Augustdorf (Nr. 39), † 31.07.1928 in Augustdorf.

1901 Landwirt in Augustdorf, Nr. 6.

Abb. links: Augustdorf Nr. 6, Waldstraße 51. Das Gemälde zeigt das Kolonat Rehm, später Marx. Die Arbeit von Bernhard Bödeker, Bad Meinberg, entstand im Jahr 1980, sie befindet sich in Privatbesitz.
Repro: O. Biere, 2018

Abb. oben: Als Malvorlage diente die 1969 fotografierte Hofansicht. Das mittlere Gebäude wurde am 10. Juli 1989 abgebrochen und durch einen Neubau ersetzt.
Sammlung Heimatverein Augustdorf

Nr. 7

OSTMANN, PULS, GÄRTNER, BÖGER, REHM, BECKMANN, WALDSTRASSE 53

1780 **Lindinger:** 2. Stätte, Conrad Ostmann.

1780 **Küstermann:** Ostmann; 10 Scheffelsaat [=1,717 Hektar].

1781 **Kolonatsakte:** Anlegung einer Neuwohnerstätte am Lippstädter Weg durch Einlieger Conrad Ostmann aus Pivitsheide.

1786 **Schreiter:** 5. Conrad Ostmann und dessen Einlieger Moshage.

1786 **Kolonatsakten:** Aufteilung der Stätte, die abgetrennte Hälfte bekommt die Kolonatsnummer 53 [▸ S. 211 f.] Verkauf der verbliebenen Hälfte an Johann Berend Puls aus dem Amt Heepen.

1792 **Salbuch:** Ostmann modo [=jetzt] Gärtner, Hoppenplöcker.

1828 **Volkszählung:** Gärtner, Kolon; 1 Wohnhaus.

1855 **Salbuch:** Gärtner.

1901 **Adressbuch:** Böger, Wilhelm, Landwirt.

1921 **Landwirtschaftliches Adressbuch:** Rehme, Heinrich; 7 Hektar.

1926 **Adressbuch:** Rehm, Heinrich, Landwirt.

1954 **Adressbuch:** Beckmann, Karl, Arbeiter; Hofs, Änne, Hausfrau; Waldstraße 7.

1962 **Adressbuch:** Beckmann, Helmut, Postfacharbeiter; Beckmann, Karl sen., Ziegler; Waldstraße 7.

Gründer 1780

1 **Ostmann,** Johann Henrich Ernst Conrad, ⋆ 07.06.1748 in Hörste (Ksp. Stapelage), † 26.11.1798 in Augustdorf.
⚭ 08.05.1770 in Oerlinghausen
Ober, Anne Marie Elisabeth, ⋆ um 1745 in Oerlinghausen.
o|o 26.02.1798 in Augustdorf
Ober, Anne Marie Elisabeth, ⋆ um 1745 in Oerlinghausen.

1775 Einlieger in Pivitsheide.
1780 Kolon in Augustdorf, Nr. 7.
1786 Gründer in Augustdorf, Nr. 53 ▸ S. 211 f.
1798 Kolon in Augustdorf, Nr. 53.

Käufer 1786

2 **Puls,** Johann Berndt aus Hillegossen ⋆ um 1730, ‡ 13.01.1787 in Senne (Amt Heepen, Ksp. Oerlinghausen, preußisches Sterberegister[58]).
⚭ [1/1] 12.04.1754 in Oerlinghausen
Windmann, Anna Ilsabein, ⋆ um 1730 in Oerlinghausen.
⚭ [2/1] 04.08.1767 in Oerlinghausen
Heiler (Heigeler), Anna Maria aus Senne (Amt Heepen), ⋆ um 1733, † 29.01.1815 in Augustdorf.

1786 Kolon in Augustdorf, Nr. 7.

Ehefrau des Vorbesitzers

3 **Puls,** Anna Maria, geb. Heigeler aus Senne (Amt Heepen), ⋆ um 1733, † 29.01.1815 in Augustdorf.
⚭ [1/1] 1767 in Oerlinghausen
2 Puls, Johann Berndt aus Hillegossen, ⋆ um 1730, ‡ 13.01.1787 in Senne (Amt Heepen, Ksp. Oerlinghausen, preußisches Sterberegister),
⚭ [2/2] 18.04.1787 in Stapelage
4 Gärtner, Johann Dietrich aus Haustenbeck, ⋆ um 1714, † 20.11.1790 in Augustdorf.

1787 Witwe in Augustdorf, Nr. 7.

Zweiter Ehemann der Vorbesitzerin

4 **Gärtner,** Johann Dietrich aus Haustenbeck, ⋆ um 1714, † 20.11.1790 in Augustdorf.
⚭ [1/1] 01.05.1746 in Oerlinghausen
Schling, Anna Elisabeth, ⋆ um 1720, † 29.07.1784 in Haustenbeck.
⚭ [2/2] 18.04.1787 in Stapelage
3 Puls, Anna Maria, geb. Heigeler aus Senne (Amt Heepen), ⋆ um 1733, † 29.01.1815 in Augustdorf.

1780 Kolon in Haustenbeck, Nr. 53.[59]
1786 Kolon in Augustdorf, Nr. 7.

Sohn des Besitzers 2

5 **Gärtner,** Johann Friedrich, geb. Puls, ⋆ 05.11.1773 in Senne (Amt Heepen), † 18.12.1847 in Augustdorf.
⚭ 08.11.1801 in Augustdorf
Haase, Anna Margaretha Katharina, ⋆ 07.01.1774 in Haustenbeck, † 09.02.1831 in Augustdorf.

1801 Kolon in Augustdorf, Nr. 7.
1817 Armendeche in Augustdorf.

Sohn des Vorbesitzers

6 **Gärtner,** Johann Bernd, ⋆ 25.06.1810 in Augustdorf, † nach 1849 in den USA.
⚭ 02.06.1839 in Augustdorf
Huneke, Johanne Florentine (Anne), ⋆ um 1810 in Hiddesen (Ksp. Detmold).[60]

1839 Kolon in Augustdorf, Nr. 7.
1849 Auswanderung in die USA ▸ S. 79.[61]

Käufer 1849

7 **Gärtner,** Töns Henrich Hermann Adolph, geb. Schierenberg, ⋆ 18.04.1809 in Augustdorf (Nr. 13), † 07.07.1882 in Augustdorf.

---

58 Die Bewohner der an der Grenze zu Lippe liegenden preußischen Bauerschaften gehörten bis Mitte des 19. Jahrhunderts zur Kirchengemeinde Oerlinghausen. In den zwischen 1766 und 1816 erstellten Kirchenbüchern wurden die Register getrennt nach Staatsangehörigkeit geführt.

59 Vgl. Sprenger, Haustenbeck, S. 203.

60 Die Ehefrau findet im Zusammenhang mit der Auswanderung 1849 keine Erwähnung, über ihren weiteren Verbleib ist nichts bekannt.

61 Nähere Angaben zu den Augustdorfer Auswanderern finden sich auf S. 76 ff.

⚭ [1/1] 03.02.1839 in Augustdorf
Baumann, Sophie Friedrike Amalie, ⋆ 03.11.1818 in Augustdorf (Nr. 15 b), † 30.10.1858 in Augustdorf.
⚭ [2/1] 29.05.1859 in Augustdorf
Kötter, Elisabeth Louise Henriette (Elise Louise Henriette), ⋆ 20.08.1832 in Haustenbeck, † 25.11.1901 in Hiddesen (Ksp. Detmold).
1842 Einlieger in Augustdorf.
1844 Einlieger in Augustdorf bei Nr. 13.
1849 Kolon in Augustdorf, Nr. 7.

Sohn des Vorbesitzers

8 **Gärtner,** Heinrich August, ⋆ 13.07.1869 in Augustdorf, † 21.05.1953 in Löhne.
⚭ 14.12.1894 in Augustdorf
Krüger, Luise Wilhelmine, ⋆ 02.08.1856 in Löhne.
1894 Kolon in Augustdorf, Nr. 7.

Nr. 8
BENDIX, BERGMEISTER (BERKEMEIER), MÜNCH (MÜNNICH), HIERONIMUS (HIERONYMUS, HYRONIMUS), STRATE, WALDSTRASSE 65

1781 **Kolonatsakte:** Anlegung einer Neuwohnerstätte durch Simon Bendix aus Nieheim zur Niederlassung als Schutzjude.
1781 **Küstermann:** Simon Bendix; 20 Scheffelsaat [=3,433 Hektar].
1781 **Kolonatsakte:** „... den Verkauf des Juden- oder Doktorhauses auf den Dören betreffend ...“.
1782 **Kolonatsakte:** Münnich auf dem Dören, Bestrafung wegen Quacksalberei.
1782 **Kolonatsakte:** Verkauf des vom Schutzjuden Simon Bendix am Dören erbauten Hauses an Johann Berend Bergmeister aus Oerlinghausen.
1786 **Schreiter:** 6. Joh. Berend Bergmeister modo [= jetzt] Witwe Lieüt. Hieronimus [geb. oder verw. Krecke[62]].
1786 **Kolonatsakte:** Verkauf der Stätte an Witwe Leutnant Hieronymus.

62 Ob es sich bei Luise Hieronimus um eine geborene oder gegebenenfalls verwitwete Krecke gehandelt hat, konnte im Rahmen dieser Arbeit nicht geklärt werden. Zur Geschichte des Hofes Krecke, später Haus Girke, vgl. Linde, Höfe und Stätten, S. 1027.

63 Chirurgus Münch lebte nur kurze Zeit auf der Stätte. Ein von ihm geplanter Erwerb kam trotz bereits geleisteter Anzahlung nicht zustande, weil er angeblich den Restbetrag der vereinbarten Kaufsumme nicht bezahlen konnte. Letztlich veräußerte Simon Bendix das Kolonat an Johann Berend Bergmeister. Vgl. LAV NRW OWL L 92 T 1 Nr. 1325. Zum Begriff *Chirurgus* vgl. S. 274, Anmerkung 302 in diesem Band.

1786 **Kolonatsakte:** Beantragung der Erlaubnis zur Führung einer kleinen Wirtschaft bzw. eines Handels der Witwe des Leutnants Hyronimus, jetzt auf dem Dören, auf dem käuflich erworbenen Berkemeierschen Kolonat.
1787 **Schreiter:** 6. Witwe Lieutenant Hieronymus.
1792 **Salbuch:** Hieronymus modo Strate, Hoppenplöcker.
1828 **Volkszählung:** Strate, Bauerrichter; Strate, Einlieger; Moshage, Einlieger; Kleinegees, Einlieger; 2 Wohnhäuser.
1857 **Kolonatsakte:** Verkauf von Kolonats-Parzellen an Kolon Tegeler Nr. 44.
1880 **Salbuch:** Strate; durch Erbgang auf Wilhelm Strate umgeschrieben am 21. April 1880.
1882 **Salbuch:** Wilhelm Strate; Verkauf an Adolf Strate; umgeschrieben am 25. März 1882.
1901 **Adressbuch:** Strate, Adolf, Landwirt; Wiele, Heinrich, Ziegler.
1921 **Landwirtschaftliches Adressbuch:** Strate, Heinrich; 10 Hektar.
1926 **Adressbuch:** Strate, Heinrich, Landwirt und Fabrikarbeiter; Stücke, Friedrich, Ziegelmeister; Pott, Gustav, Fabrikarbeiter.
1954 **Adressbuch:** Strate, Heinrich, Landwirt; Sieweke, Paul, Arbeiter; Waldstraße 8.
1962 **Adressbuch:** Strate, Heinrich, Landwirt; Budde, Friedrich, Landwirt; Sieweke, Lieselotte, Hausfrau; Waldstraße 8.

Gründer 1781

1 **Bendix,** Simon aus Nieheim.
1781 Kolon und Händler in Augustdorf, Nr. 8.
1782 Wohnhaft in Haustenbeck.

Kaufinteressent 1781

2 **Münch,** [N.N.], Chirurgus aus Verl.
1782 Wohnhaft in Augustdorf, Nr. 8.[63]

Käufer 1782

3 **Bergmeister** (Berkemeier), Johann Berend aus Oerlinghausen, ⋆ um 1755.
⚭ [1/1] 31.12.1779 in Oerlinghausen
Schmackpfeffer, Amalie Johanne Christine Arnoldine, ⋆ um 1755, † 05.04.1800 in Augustdorf.
⚭ [2/1] 08.06.1800 in Stapelage
Hunke, Anna Marie Ilsabein aus Pivitsheide.
1780 Musketier und Händler im Amt Oerlinghausen.
1783 Kolon in Augustdorf, Nr. 8.
1786 Kolon und Krüger in Augustdorf, Nr. 1 (Dörenkrug) ▸ S. 120 ff.
1800 Armendeche in Augustdorf.

Käuferin 1786

4 Hieronimus, Luise, geb. oder verw. Krecke, verw. Schmidt, „vom Kreckenhof“ (Ksp. Schlangen).

ꝏ [1/1] um 1764
Schmidt, Carl Christoph Friedrich, ⋆ um 1735, † 22.02.1770 „auf Kreckenhof“ (Ksp. Schlangen).

ꝏ [2/1] 31.10.1770 in Schlangen
Hieronimus, August Moritz, ⋆ 22.01.1737 in Schötmar, † 11.03.1780 „auf Kreckenhof“ (Ksp. Schlangen).

1786 ‚Klippkrügerin‘[64] und Händlerin in Augustdorf, Nr. 8.

Tochter der Vorbesitzerin

5 Schmidt, Friederike Charlotte Caroline (Ludwica), ⋆ 01.06.1768 „auf Kreckenhof“ (Ksp. Schlangen), † 12.01.1848 in Augustdorf.

ꝏ 20.04.1788 in Stapelage
6 Strate, Johann Hermann Christopher (Christoph), ⋆ 02.05.1762 in Hörste (Ksp. Stapelage), † 22.11.1835 in Augustdorf.

1788 Anerbin in Augustdorf, Nr. 8.

Ehemann der Vorbesitzerin

6 Strate, Johann Hermann Christopher (Christoph), ⋆ 02.05.1762 in Hörste (Ksp. Stapelage), † 22.11.1835 in Augustdorf.

ꝏ 20.04.1788 in Stapelage
5 Strate, Friederike Charlotte Caroline (Ludwica), geb. Schmidt, ⋆ 01.06.1768 „auf Kreckenhof“ (Ksp. Schlangen), † 12.01.1848 in Augustdorf.

1789 Kolon in Augustdorf, Nr. 8.
1800 Armendeche in Augustdorf.
1823 Bauerrichter in Augustdorf, Nr. 8.

Augustdorf Nr. 8, Waldstraße 65 und 67.
Ansicht von Süden, o. J. A. Steffen / K. Wistinghausen, Augustdorf 1975–2000, S. 95

Sohn des Vorbesitzers

7 Strate, Simon Heinrich, ⋆ 01.01.1799 in Augustdorf, † 11.04.1837 in Augustdorf.

ꝏ 26.11.1820 in Augustdorf
8 Sisenop, Sophie Amalie (Anne Sophie Elisabeth), ⋆ 07.01.1799 in Heiligenkirchen, † 25.09.1869 in Augustdorf.

1835 Kolon und Bauerrichter in Augustdorf, Nr. 8.

Ehefrau des Vorbesitzers

8 Strate, Sophie Amalie (Anne Sophie Elisabeth), geb. Sisenop, ⋆ 07.01.1799 in Heiligenkirchen, † 25.09.1869 in Augustdorf.

ꝏ [1/1] 26.11.1820 in Augustdorf
7 Strate, Simon Heinrich, ⋆ 01.01.1799 in Augustdorf, † 11.04.1837 in Augustdorf.

ꝏ [2/1] 15.10.1837 in Augustdorf
9 Wortmann, Johann Friedrich Ludolph, ⋆ 16.02.1806 in Mossenberg (Ksp. Cappel), † 07.08.1849 in Augustdorf.

1837 Witwe in Augustdorf, Nr. 8.

Zweiter Ehemann der Vorbesitzerin, Interimswirt

9 Strate, Johann Friedrich Ludolph, geb. Wortmann, ⋆ 16.02.1806 in Mossenberg (Ksp. Cappel), † 07.08.1849 in Augustdorf.

ꝏ [1/2] 15.10.1837 in Augustdorf
8 Strate, Sophie Amalie (Anne Sophie Elisabeth), geb. Sisenop, ⋆ 07.01.1799 in Heiligenkirchen, † 25.09.1869 in Augustdorf.

1837 Bauerrichter und Kolon in Augustdorf, Nr. 8.

Sohn des Besitzers 7

10 Strate, Karl Friedrich Wilhelm, ⋆ 09.01.1821 in Augustdorf, † 27.12.1893 in Augustdorf.

ꝏ 22.07.1848 in Augustdorf
Brinkmann, Louise Amalie, ⋆ 28.09.1822 in Wissentrup (Ksp. Lage), † 16.10.1872 in Augustdorf.

1848 Kolon in Augustdorf, Nr. 8.
1893 Leibzüchter in Augustdorf, Nr. 8.

Sohn des Vorbesitzers

11 Strate, Hermann Friedrich Wilhelm, ⋆ 04.11.1852 in Augustdorf, † 04.11.1929 in Lipperreihe (Ksp. Oerlinghausen).

64 Unter einem Klippkrug war ein „geringes Wirtshaus“ zu verstehen, s. Grimm / Grimm, Deutsches Wörterbuch, Bd. 11, Sp. 1209. Vgl. auch Krünitz, Oeconomische Encyclopädie, der eine „Klipp-Schenke“ als „geringe, schlechte Schenke“ charakterisiert, eingesehen am 10.10.2022 unter https://www.kruenitz1.unitrier.de/background/entries_vol040b.htm. Kluge, Etymologisches Wörterbuch, S. 501, Stichwort: Klipp-, erwähnt darüber hinaus den Aspekt einer fehlenden Konzession, was angesichts entsprechender Beschwerden des Dörenkrügers Bergmeister auch auf die Unternehmung der Luise Hieronimus zugetroffen haben wird, vgl. Küstermann, Geschichte Bd. II, S. 37.

⚭ 10.10.1879 in Augustdorf
Meierherm, Caroline Louise Friedrike, ⋆ 15.03.1859 in Istrup (Ksp. Reelkirchen), † 17.02.1920 in Senne (Amt Oerlinghausen, Ksp. Oerlinghausen).

1880 Anerbe und Kolon in Augustdorf, Nr. 8.

Bruder des Vorbesitzers, Käufer der Stätte 1882

12 Strate, Friedrich Adolph, ⋆ 17.08.1854 in Augustdorf, † 06.01.1932 in Augustdorf.
⚭ 20.10.1878 in Augustdorf
Schling, Wilhelmine Friederike, ⋆ 05.10.1856 in Augustdorf, † 06.12.1940 in Augustdorf.

1878 Ziegler in Augustdorf.

1882 Kolon und Landwirt in Augustdorf, Nr. 8.

▪ Zuvor als Händler im Amt Oerlinghausen tätig, hatte Johann Bernd Bergmeister 1782 die Stätte Nr. 8 übernommen. Am 25. Februar 1782 erhielt der spätere Besitzer des Dörenkrugs die „Genehmigung zum Handel mit fetter Waare, Victualien, Bier, Branntwein, Garn und Flachs".[65] 1786 verkaufte Bergmeister das Kolonat an die Witwe Hieronimus aus Oesterholz, Kirchspiel Schlangen, die ebenfalls eine „Erlaubnis zur Führung einer kleinen Wirtschaft bzw. Handels" beantragte.[66]

Nr. 9

BÜGENER (BÜNGENER, BÜCHNER, BUEGER), BROKMANN, WALDSTRASSE 69[67]

1779 **Kolonatsakte:** Anlegung einer Neuwohnerstätte durch Johann Friedrich Büchner aus Braunenbruch, früher Biebelnheim in der Mittelpfalz.

1780 **Lindinger:** 4. Stätte, Joh. Friedr. Bügener.

1780 **Küstermann:** Bügener; 20 Scheffelsaat [= 3,433 Hektar].

1786 **Schreiter:** 7. Johann Fr. Bügener.

1792 **Salbuch:** Johann Friedrich Bügener, Hoppenplöcker.

1828 **Volkszählung:** Bügener, Kolon; 1 Wohnhaus.

1838 **Hausinschrift:** HERR DER DU GROSSE DINGE THUST DIE NICHT ZU FORSCHEN UND WUNDER DIE NICHT ZU ZEHLEN SIND – DESSEN KRAFT AUCH IN DEN SCHWACHEN MÄCHTIG IST – ICH RUFE DICH AN – DU ALLERHÖCHSTER – DAS DU MEIN THUN GELIN= GEN UND NICHT FEHELN LASSET ICH WILL GOTT LOBEN SOLANGE ICH LEBE ... 23 JUNIUS 1838 / M BERND BÜGENER OERLINGHAUSEN / JOHAN TÖNS BÜGENER UND DESSEN EHEFRAU ANNA MARIA ILSABEIN

1874 **Kolonatsakte:** Abtretung des Bügenerschen Kolonats Nr. 9 in Augustdorf von der Witwe Interimswirtin Wilhelmine Bügener an ihren Stiefsohn Friedrich Bügener.

1874 **Salbuch:** Bügener; Abtretung an Friederich Bügener m. [= modo / jetzt] Büngener; umgeschrieben am 15. Mai 1874.

1877 **Kolonatsakte:** Anlegung eines Kottens auf dem Bügenerschen Kolonate Nr. 9 zu Augustdorf.

1901 **Adressbuch:** Brokmann, Töns, Landwirt.

1921 **Landwirtschaftliches Adressbuch:** Brokmann, Töns; 10 Hektar.

1926 **Adressbuch:** Brokmann, Töns, Landwirt.

1954 **Adressbuch:** Brokmann, Hermann, Landwirt; Knoblich, Wilhelm, Rentner; Waldstraße 9.

1962 **Adressbuch:** Brokmann, Hermann, Landwirt; Waldstraße 9.

Gründer 1780

1 Büchner (Bügener, Büngener, Bueger), Johann Friedrich, ⋆ 19.11.1741 in Biebelnheim (Kurpfalz), † 31.07.1807 in Augustdorf.
⚭ um 1760 in Biebelnheim (Kurpfalz)
[N. N.], Anna Margarethe aus Partenheim (Kurpfalz), † 06.08.1799 in Augustdorf.

1764 Ochsenknecht in Braunenbruch (Bschft. Heidenoldendorf, Ksp. Detmold).

1780 Kolon in Augustdorf, Nr. 9.

1780 Bauerrichter in Augustdorf.

1790 Besitzer in Augustdorf, Nr. 35 ▸ S. 266 f.

Sohn des Vorbesitzers

2 Bügener, Johann Friedrich, ⋆ 01.03.1770 in Braunenbruch (Bschft. Heidenoldendorf, Ksp. Detmold), † 27.05.1832 in Augustdorf.
⚭ 25.04.1798 in Stapelage
Hilgenstühler (Hilgenstuhl), Anne Catharine Elisabeth, ⋆ 04.04.1775 in Stapelage, † 01.06.1850 in Augustdorf.

1800 Kolon in Augustdorf, Nr. 9.

Sohn des Vorbesitzers

3 Bügener, Johann Töns, ⋆ 23.08.1803 in Augustdorf, † 14.02.1874 in Augustdorf.
⚭ [1/1] 08.06.1828 in Augustdorf
Mölling, Anne Marie Elisabeth, ~ 29.10.1801 in Pivitsheide (Ksp. Stapelage), † 17.01.1839 in Augustdorf.
⚭ [2/1] 20.05.1839 in Augustdorf
Tegeler, Anna Catharina Wilhelmina Louise, ⋆ 18.04.1816 in Augustdorf (Nr. 44), † 15.12.1879 in Pivitsheide (Ksp. Stapelage).

1828 Kolon in Augustdorf, Nr. 9.

1842 Vorsteher in Augustdorf.

---

65 Vgl. LAV NRW OWL L 92 N Nr. 372, s. außerdem S. 120 ff. in diesem Band.

66 LAV NRW OWL L 108 Lage Fach 2 Nr. 1, Band II, Nr. 53.

67 Ein zur Stätte Nr. 9 gehöriges Kötterhaus erhielt später die Kolonatsnummer 136, vgl. S. 233, Anmerkung 223 in diesem Band.

Sohn des Vorbesitzers

4 Bügener modo Büngener, Johann Friedrich Adolph, * 30.01.1830 in Augustdorf, † 10.02.1917 in Augustdorf.

⚭ 27.01.1856 in Augustdorf

Prante, Anne Marie Wilhelmine, * 09.12.1834 in Augustdorf (Nr. 25), † 17.11.1908 in Augustdorf.

1874 Kolon in Augustdorf, Nr. 9.

1898 Besitzer in Augustdorf, Nr. 136[68] ▸ S. 233.

1917 Leibzüchter in Augustdorf, Nr. 9.

Sohn des Vorbesitzers

5 Bügener, Johann Friedrich Adolph, * 02.04.1856 in Augustdorf.

⚭ 18.11.1881 in Stapelage

Hanning, Louise Friedrike, * 04.11.1858 in Hörste (Ksp. Stapelage), † 18.09.1930 in Holzhausen (Ksp. Horn).

1881 Einlieger und Ziegler in Hörste (Ksp. Stapelage).

1883 Kolon und Anerbe in Augustdorf, Nr. 9.

1892 Pächter in Holzhausen (Ksp. Horn), Nr. 2.

1901 Forstarbeiter in Holzhausen (Ksp. Horn), Nr. 2.

Schwester des Vorbesitzers

6 Bügener, Karoline Henriette, * 18.02.1874 in Augustdorf, † 08.12.1942 in Augustdorf.

⚭ 13.11.1896 in Augustdorf

7 Brokmann, Töns Christoph Hermann, * 30.10.1871 in Augustdorf (Nr. 77), † 04.03.1947 in Augustdorf.

Ehemann der Vorbesitzerin

7 Brokmann, Töns Christoph Hermann, * 30.10.1871 in Augustdorf (Nr. 77), † 04.03.1947 in Augustdorf.

⚭ 13.11.1896 in Augustdorf

6 Bügener, Karoline Henriette, * 18.02.1874 in Augustdorf, † 08.12.1942 in Augustdorf.

1901 Landwirt in Augustdorf, Nr. 9.

■ Zu Anna Margarethe Bügener aus Partenheim (Kurpfalz): Hin und wieder schildert Ernst Friedrich Küstermann Alltag und Lebensumstände, aber auch Besonderheiten der frühen Dören-Bewohner. Zum Kolonat Bügener heißt es: „Auf Nr. 9 ist von jeher grosse Sparsamkeit zu Hause gewesen. Der erste Bügener war, gleich seinem Nachfolger, ein tüchtiger Mann. Er war Bauerrichter. Seine Frau, eine bedeutende Freundin des Branntweins, hat ihm wohl nicht viel Freude gemacht. Sie wurde recht alt und ihr Gesicht hatte schon bei ihren Lebzeiten, wenn man sie so hinter dem Spinnrade sitzen sah, so recht das Aussehen eines Totenkopfes, wie ein Augenzeuge behauptet. So weit bekannt, haben die Bügeners ihr Vermögen mit rechten Dingen erworben."[69]

68 Laut Brandkataster von 1898 handelt es sich bei der Stätte Nr. 136 um das Kötterhaus des Kolonates Nr. 9, vgl. auch S. 233 in diesem Band.

69 Küstermann, Geschichte, Bd. I, 1. Teil, Abschrift 2010, S. 26.

Augustdorf Nr. 9, Waldstraße 69. Ansicht von Süden. Sammlung Heimatverein Augustdorf, o. J.

Familie Brockmann, um 1930, vor ihrem Haus: v. l. n. r.: Laura Brockmann verh. Kalkreuter, Karoline Brockmann geb. Bügener, Töns Brockmann, Lina Brockmann verh. Heumann. Privatbesitz

Nr. 10

OETERMANN (ÖTERMANN, ÖTTERMANN), MEIER, SIELEMANN, WALDSTRASSE 75

1779 **Kolonatsakte:** Anlegung einer Neuwohnerstätte durch Simon Henrich Oetermann aus Heidenoldendorf.
1780 **Lindinger:** 5. Stätte Simon Oetermann.
1780 **Küstermann:** Gründung durch Oetermann; 20 Scheffelsaat [= 3,433 Hektar].
1786 **Schreiter:** 8. Simon Öttermann.
1792 **Salbuch:** Simon Oetermann, Hoppenplöcker.
1828 **Volkszählung:** Frevel, Pächter; 1 Wohnhaus.
1834 **Kolonatsakte:** Verkauf der Oetermannschen Stätte Nr. 10 zu Augustdorf an den Einlieger Hermann Meyer zu Hiddesen (Ksp. Detmold).
1866 **Kolonatsakte:** Ankauf durch Hermann Oetermann daselbst.
1866 **Salbuch:** Oetermann; Verkauf an Hermann Oetermann; eingetragen am 10. März 1866.
1869 **Salbuch:** Oetermann, Hermann; Verkauf eines Grundstücks an Karl Wöhning zur Anlegung der Neuwohnerstätte Nr. 115 [▸ S. 230 f.] am 8. Juli 1869.
1901 **Adressbuch:** Meier, Hermann, Landwirt; Meier, Friedrich, Ziegler.
1921 **Landwirtschaftliches Adressbuch:** Meier, Fritz; 14 Hektar.
1926 **Adressbuch:** Meier, Fritz, Landwirt; Sielemann, Hermann, Ziegelmeister.
1954 **Adressbuch:** Sielemann, Minna, Hausfrau; Friedrich, Frieda, Weberin; Waldstraße 10.
1962 **Adressbuch:** Sielemann, Rudolf, Schlachter und Landwirt; Sielemann, Minna, Hausfrau; Friedrich, Frieda, Weberin; Waldstraße 10.

Gründer 1780

1 **Oetermann** (Öttermann), Simon Henrich Daniel aus Heidenoldendorf (Ksp. Detmold), * um 1741, † 11.10.1806 in Augustdorf.
⚭ [1/1] 24.10.1773 in Detmold
Multhaupt, Anne Margarethe aus Wissentrup (Ksp. Lage), ~ 25.11.1742 in Ehrentruperheide (Ksp. Lage), † 21.07.1796 in Augustdorf.
⚭ [2/3] 01.03.1797 in Stapelage
Freymuth, Friderica Anna Margarethe Ilsabein aus Oerlinghausen.
1780 Einlieger in Heidenoldendorf (Ksp. Detmold).
1780 Kolon in Augustdorf, Nr. 10.

Tochter des Vorbesitzers:

2 **Oetermann** (Ötermann), Sophia Wilhelmine aus Heidenoldendorf (Ksp. Detmold), ~ 04.10.1778 in Detmold, † 19.06.1809 in Augustdorf.
⚭ 03.02.1796 in Stapelage
3 **Hilkemeier** (Hilker), Johann Friedrich Arend Henrich, * um 1778.
1796 Anerbin in Augustdorf, Nr. 10.

Ehemann der Vorbesitzerin

3 **Oetermann,** Johann Friedrich Arend Henrich, geb. Hilkemeier (Hilker), * um 1778.
⚭ [1/1] 03.02.1796 in Stapelage
2 **Oetermann** (Ötermann), Sophia Wilhelmine aus Heidenoldendorf (Ksp. Detmold), ~ 04.10.1778 in Detmold, † 19.06.1809 in Augustdorf.
⚭ [2/1] 10.10.1809 in Augustdorf
Blanke, Sophia Amalia aus Oerlinghausen, * um 1785.
1796 Kolon in Augustdorf, Nr. 10.
1809 Witwer und Kolon in Augustdorf, Nr. 10.

Pächter 1828

4 **Frevel,** Johann Christoph, ~ 04.12.1772 in Detmold, † 30.04.1832 in Augustdorf.
⚭ 01.12.1794 in Oerlinghausen
Sieveke, Anna Maria Eliesabeth aus Oerlinghausen, * um 1761, † 30.09.1831 in Augustdorf.
1807 Einlieger in Augustdorf.
1828 Pächter in Augustdorf, Nr. 10.
1832 Einlieger in Augustdorf.

Käufer 1834

5 **Oetermann,** Hermann Henrich, geb. Meyer[70], * 22.02.1807 in Wellentrup (Ksp. Oerlinghausen), † 22.02.1866 in Augustdorf.
⚭ 28.03.1832 in Augustdorf
Günther, Cathrine Wilhelmine Florentine, * 22.12.1805 in Hiddesen (Ksp. Detmold), † 19.02.1878 in Augustdorf.
1832 Einlieger in Hiddesen (Ksp. Detmold).
1834 Kolon in Augustdorf, Nr. 10.

Sohn des Vorbesitzers

6 **Oetermann**, Berend Hermann Adolf, geb. Meyer, * 11.12.1834 in Augustdorf, † 16.11.1919 in Augustdorf.
⚭ [1/1] 20.05.1860 in Augustdorf
Heistermann, Hanne Wilhelmine Karoline, * 28.08.1837 in Augustdorf (Nr. 12), † 14.10.1865 in Augustdorf.
⚭ [2/1] 18.11.1866 in Augustdorf
Pollmann, Friederike Wilhelmine Louise, * 04.06.1838 in Augustdorf (Nr. 20), † 10.04.1924 in Augustdorf.
1866 Kolon und Landwirt in Augustdorf, Nr. 10.
1901 Landwirt in Augustdorf, Nr. 10.

---

70 1834 kauft Hermann Henrich Meyer die Stätte Oetermann. Gemäß der damaligen Rechtslage übernahm die Familie den Namen des neu erworbenen Kolonates; seit einer Gesetzesänderung im Jahr 1864 führte sie wieder ihren ursprünglichen Namen, nunmehr *Meier* geschrieben.

Sohn des Vorbesitzers

7 **Meier (Oetermann gen. Meier)**, Friedrich Hermann Simon (Fritz), * 02.11.1869 in Augustdorf, † 09.01.1932 in Augustdorf.

⚭ 05.01.1894 in Augustdorf
Buse, Johanne Wilhelmine Henriette, * 07.12.1871 in Augustdorf, † 13.05.1950 in Augustdorf.

1894 Ziegler und Einlieger in Augustdorf.
1901 Ziegler in Augustdorf, Nr. 10.
1926 Landwirt in Augustdorf, Nr. 10.

Nr. 11
WIELE (WILLE), SIELEMANN, FRIEDRICH, WALDSTRASSE 83

1780 **Kolonatsakte:** Anlegung einer Neuwohnerstätte durch den Schmied Johann Berend Wiele aus Stukenbrock.
1780 **Lindinger:** 6. Stätte Schmied Wiele.
1780 **Küstermann:** Wiele; 20 Scheffelsaat [=3,433 Hektar].
1786 **Schreiter:** 9. Johann Bernd Wille.
1788 **Kolonatsakte:** Abtretung der Neuwohnerstätte des Johann Bernd Wiele Nr. 9 am Dören an seinen Bruder Hermann Henrich Conrad Wiele aus der Meierei Lopshorn.
1792 **Salbuch:** Joh. Bernd Wiele modo [=jetzt] Herm Wiele, Hoppenplöcker.
1828 **Volkszählung:** Wiele, Kolon; Wiele, Leibzüchter; Schmiedeskamp, Einlieger; 1 Wohnhaus.
1855 **Salbuch:** Wiele.
1901 **Adressbuch:** Sielemann, Hermann, Landwirt; Wiele, Wilhelm, Ziegler.
1921 **Landwirtschaftliches Adressbuch:** Sielemann, H.; 14 Hektar.
1926 **Adressbuch:** Sielemann, Hermann, Landwirt; Wiele, Heinrich, Ziegler.
1954 **Adressbuch:** Friedrich, Hermann, Landwirt; Waldstraße 11.
1962 **Adressbuch:** Friedrich, Hermann, Landwirt; Waldstraße 11.

Gründer 1780

1 **Wiele** (Wille), Johan Bernd aus Stukenbrock, * um 1757, † 23.09.1822 in Augustdorf.

⚭ 14.04.1782 in Stapelage
Büker, Anne Marie Elisabeth aus Pivitsheide, * um 1754, † 13.11.1828 in Augustdorf.

1780 Kolon und Schmied in Augustdorf, Nr. 11.
1803 Schmied in Augustdorf, Nr. 29 ▸ S. 283 f.
1822 Leibzüchter in Augustdorf, Nr. 29.

Bruder des Vorbesitzers

2 **Wiele,** Hermann Conrad (Hermann Henrich) aus Stukenbrock, * um 1769, † 25.08.1839 in Augustdorf.

⚭ 22.03.1789 in Stapelage
Hilgenstühler oder Heitkemper, Amalie Sophie Ilsabein aus Pivitsheide (Ksp. Stapelage), * um 1769, † 18.04.1830 in Augustdorf.

1794 Kolon in Augustdorf, Nr. 11.
1828 Leibzüchter in Augustdorf, Nr. 11.
1839 Leibzüchter in Augustdorf.

Sohn des Vorbesitzers

3 **Wiele** (Wille), Johann Henrich Christoph, * 08.05.1794 in Augustdorf, † 25.04.1858 in Augustdorf.

⚭ 19.03.1820 in Augustdorf
Heistermann, Anne Cathrina Elisabeth, * 29.01.1797 in Gräfinghagen (Ksp. Oerlinghausen), † 17.02.1863 in Augustdorf.

1820 Kolon in Augustdorf, Nr. 11.

Sohn des Vorbesitzers

4 **Wiele,** Franz Henrich August, * 03.02.1825 in Augustdorf.

⚭ 13.11.1853 in Augustdorf
Meier (Oetermann)[71], Florentine Wilhelmine Charlotte Henriette, * 17.04.1832 in Hiddesen (Ksp. Detmold).

1853 Kolon in Augustdorf, Nr. 11.

Besitzer 1901

5 **Sielemann (Sielemann gen. Grote),** Hermann Friedrich Wilhelm, * 29.07.1868 in Augustdorf (Nr. 45), † 05.09.1965 in Augustdorf.

⚭ 29.11.1891 in Augustdorf
Friedrich, Karoline Wilhelmine Friedrike, * 13.11.1865 in Augustdorf, † 27.05.1940 in Augustdorf.

1891 Einlieger in Augustdorf.
1901 Landwirt in Augustdorf, Nr. 11.

71 Vgl. Kolonat Nr. 10, Oetermann, S. 137 f. in diesem Band.

Augustdorf Nr. 11, Waldstraße 83. Ursprünglich Wiele, danach Sielemann.
Privatbesitz H. Renger, o. J.

Nr. 12
HEISTERMANN,
GINGWEG 1

▪ Die Stätte Heistermann Nr. 12 lag ursprünglich an der jetzigen Waldstraße; später entstanden weitere Bauten samt Kohlenhandlung und Dreschmaschinenbetrieb entlang der heutigen Pivitsheider Straße[72] – das Areal des Kolonats erstreckte sich zwischen beiden Wegverbindungen. Auf die früheren Besitzverhältnisse verweist ein im Bereich der alten Hofstelle vorhandenes Gebäude, heute Gingweg 1. Das Haus gehörte laut entsprechendem Adressbucheintrag noch mindestens bis 1962 zur Stätte Nr. 12, die ihre frühere Kolonatsnummer auch nach der Verlagerung des Wohn- und Wirtschaftsmittelpunktes behielt.

Nr. 13
SCHIERENBERG, POLLMANN,
GINGWEG 4

1779 **Kolonatsakte:** Anlegung einer Neuwohnerstätte durch Einlieger Henrich Schierenberg aus Oerlinghausen.
1780 **Lindinger:** 8. Stätte, Schierenberg.
1780 **Küstermann:** Schierenberg; 20 Scheffelsaat [= 3,433 Hektar].
1786 **Schreiter:** 11. Johann Henrich Schierenberg.
1792 **Salbuch:** Johann Henrich Schierenberg, Hoppenplöcker.
1828 **Volkszählung:** Schierenberg, Kolon; Schierenberg, Leibzüchter; 2 Wohnhäuser.
1855 **Salbuch:** Schierenberg.
1901 **Adressbuch:** Schierenberg, Heinrich, Landwirt; Heistermann, Wilhelm, Ziegler.
1926 **Adressbuch:** Pollmann, Friedr., Schlosser und Schmied[73]; Heidsiek, Gustav, Ziegler.
1954 **Adressbuch:** Pollmann, Friedrich, Schmied; Waldstraße 13.
1962 **Adressbuch:** Pollmann, Friedrich, Schmied; Gingweg 13.

Gründer 1779
1 **Schierenberg,** Johann Henrich (Heinrich), * 20.03.1743 in Schlangen, † 07.09.1797 in Augustdorf.
⚭ 04.04.1768 in Oerlinghausen
Bökenbrink, Hanna Cathrina (Anna Maria Elisabeth) aus Senne (Ksp. Oerlinghausen), ~ 28.06.1744 in Oerlinghausen, † 17.04.1811 in Augustdorf.
1770 Einlieger in Oerlinghausen.
1779 Kolon in Augustdorf, Nr. 13.

Sohn des Vorbesitzers
2 **Schierenberg,** Simon August (Simon Justus), * 12.09.1777 in Oerlinghausen, † 19.02.1807 in Augustdorf.
⚭ [1/1] 03.06.1798 in Stapelage
3 **Solle,** Anne Catharine Ilsabein (Sophia Ilsabein) aus Lopshorn, ~ 01.05.1774 in Detmold, † 17.01.1847 in Augustdorf.
1798 Kolon in Augustdorf, Nr. 13.

Ehefrau des Vorbesitzers
3 **Schierenberg,** Anne Catharine Ilsabein (Sophia Ilsabein), geb. Solle, aus Lopshorn, ~ 01.05.1774 in Detmold, † 17.01.1847 in Augustdorf.
⚭ [1/1] 03.06.1798 in Augustdorf
Schierenberg, Simon August (Simon Justus), * 12.09.1777 in Oerlinghausen, † 19.02.1807 in Augustdorf.
⚭ [2/1] 04.10.1807 in Augustdorf
4 **Mesch,** Caspar Henrich aus Wissentrup (Ksp. Lage), ~ 21.04.1779 in Lage, † 27.01.1835 in Augustdorf.

Zweiter Ehemann der Vorbesitzerin
4 **Schierenberg,** Caspar Henrich, geb. Mesch, aus Wissentrup (Ksp. Lage), ~ 21.04.1779 in Lage, † 27.01.1835 in Augustdorf.
⚭ [1/2] 04.10.1807 in Augustdorf
Schierenberg, Anne Catharine Ilsabein (Sophia Ilsabein), geb. Solle, aus Lopshorn, ~ 01.05.1774 in Detmold, † 17.01.1847 in Augustdorf.
1807 Kolon in Augustdorf, Nr. 13.
1835 Leibzüchter in Augustdorf, Nr. 13.

▪ Der damalige Leibzüchter auf der Stätte Nr. 13, Caspar Henrich Schierenberg, geb. Mesch, der offenbar an Depressionen litt, hatte sich am 27. Januar 1835 in den sogenannten Herrenbrunnen gestürzt, um seinem Leben ein Ende zu setzen. Anhand seiner abgestellten Holzschuhe war der Ertrunkene entdeckt worden.[74] Seit dem Vorfall mieden die Einheimischen die unweit des Kolonates Strate Nr. 8 gelegene Wasserentnahmestelle, die spätestens 1860 verfüllt wurde.[75]

72 Vgl. S. 205 f. in diesem Band.
73 Laut Adressbuch wird unter der Hausnummer 19 „Joh. Pollmann“ als Besitzer der Stätte genannt, vgl. Adressbuch von 1926, S. 715 sowie S. 153 in diesem Band.
74 Vgl. Müller-König, Augustdorf, S. 90.
75 Das Zuwerfen des Brunnens hatte der 1860 verstorbene, „auf Wortmann Nr. 8“ wohnhafte Zimmergeselle Bernd Böger übernommen, vgl. Küstermann, Geschichte, Bd. I, 1. Teil, Abschrift 2010, S. 26 f.

Ansichtskarte von Augustdorf, Häuserreihe am Gingweg mit Blick auf die Stapelager Senne, um 1930. Links im Bild das Haus Pollmann, Augustdorf Nr. 13 – heute Gingweg 4. In der Mitte Augustdorf Nr. 196 – Beckmann, später Rose bzw. Moshage, Gingweg 14. Rechts Augustdorf Nr. 193 – Burmeier, Gingweg 18.
Lippische Landesbibliothek Detmold, ME-PK-27-17

Sohn des Besitzers 2

5 **Schierenberg,** Simon Christian Wilhelm, * 03.04.1799 in Augustdorf, † 15.02.1851 in Augustdorf.

⚭ 04.05.1823 in Augustdorf
Schmaske, Anna Marie Sophie Wilhelmine, * 10.09.1800 in Haustenbeck, † 08.02.1860 in Augustdorf.

1820 Kolon in Augustdorf, Nr. 13.

Sohn des Vorbesitzers

6 **Schierenberg,** Heinrich Wilhelm Konrad, * 14.06.1823 in Augustdorf, † 11.01.1879 in Augustdorf.

⚭ 07.01.1855 in Augustdorf
Bügener, Hanne Henriette, * 11.09.1835 in Augustdorf (Nr. 9), † 25.05.1895 in Detmold, Landeskrankenhaus, ‡ 28.05.1895 in Augustdorf.

1855 Kolon in Augustdorf, Nr. 13.

1855 Armendeche in Augustdorf.

Sohn des Vorbesitzers

7 **Schierenberg,** Heinrich Wilhelm Konrad (Töns Heinrich Wilhelm), * 23.11.1863 in Augustdorf, † 18.06.1909 in Augustdorf.

⚭ 03.06.1895 in Augustdorf
Böger, Johanne Henriette Sophie, * 16.12.1865 in Augustdorf (Nr. 82), † 31.08.1909 im Lindenhaus (Bschft. Brake, Ksp. Brake), ‡ 03.09.1909 in Augustdorf.

1901 Landwirt in Augustdorf, Nr. 13.

Nr. 14

HÜPOHL (HÜDEPOHL), FRIEDRICH (FRIEDRICHS), BERLINER STRASSE 25

1780 **Kolonatsakte:** Anlegung einer Neuwohnerstätte durch Hans Hermann Hüpohl (Hüdepohl) aus Wissentrup.

1780 **Lindinger:** 9. Stätte, Diekmann.[76]

1780 **Küstermann:** Hüpohl (Lumpensammler); 14 Scheffelsaat [=2,403 Hektar].

1782 **Kolonatsakte:** Bau eines Schulhauses in dem neu angelegten Dorfe am Dören, Abtretung des Neuwohners Hüdepohl Nr. 10[77] am Dören von 6 Scheffelsaat zu obigem Zwecke.

1782 **Grundbesitzänderungen:** Abtretung von 6 Scheffelsaat [=1,030 Hektar] zum Bau eines Schulhauses.

1786 **Schreiter:** 12. Hanß Henrich Hüpohl.

1787 **Kolonatsakte:** Übertragung an Herm Henrich Friedrich aus Pivitsheide.

1787 **Schreiter:** 12. Hüpohl jetzt Hermann Henrich Friedrich.

1792 **Salbuch:** Hüpohl m. [=modo/jetzt] Friedrich, Hoppenplöcker.

1828 **Volkszählung:** Friedrichs, Kolon; Friedrichs, Leibzüchter; 2 Wohnhäuser.

1855 **Salbuch:** Friedrich.

1901 **Adressbuch:** Friedrich, Heinrich, Landwirt; Friedrich, August, Ziegler; Friedrich, Wilhelm, Ziegler.

1921 **Landwirtschaftliches Adressbuch:** Friedrich, Witwe; 12 Hektar.

1926 **Adressbuch:** Friedrich, Heinrich, Landwirt.

1954 **Adressbuch:** Friedrich, Heinrich, Landwirt; Waldstraße 14.

1962 **Adressbuch:** Friedrich, Heinrich, Arbeiter; Wessel, Helmut, Arbeiter; Waldstraße 14.

Gründer 1780

1 **Hüdepohl,** Hans Herm aus Wissentrup (Ksp. Lage).

1780 Kolon und Lumpensammler in Augustdorf, Nr. 14.

Sohn des Vorbesitzers

2 **Hüdepohl** (Hüpohl), Johann Bernd aus Wissentrup (Ksp. Lage), ~ 13.04.1766 in Lage.

⚭ 20.02.1785 in Stapelage
Döring, Anne Marie Amalie aus Salzuflen.

1785 Kolon in Augustdorf, Nr. 14.

1790 Einlieger in Augustdorf.

Besitzer 1787

3 **Friedrich,** Hermann Henrich, ~ 30.04.1761 in Pivitsheide (Ksp. Stapelage), † 29.01.1829 in Augustdorf.

⚭ [1/1] 19.08.1781 in Detmold
Vorher, Anne Catharine, * um 1764, † 02.04.1817 in Augustdorf.

⚭ [2/1] 16.11.1817 in Augustdorf
Wentker, Anne Marie Sophie Ilsabein, * 03.01.1792 in Schönhagen (Ksp. Bösingfeld), † 29.01.1844 in Augustdorf.

1787 Kolon in Augustdorf, Nr. 14.

1829 Leibzüchter und Kirchenältester in Augustdorf, Nr. 14.

Sohn des Vorbesitzers

4 **Friedrich,** Töns Henrich Friedrich Adolf, * 12.06.1802 in Augustdorf, † 20.02.1858 in Augustdorf.

⚭ 30.03.1828 in Augustdorf
Löhr, Henriette Wilhelmine, * 05.10.1806 in Oerlinghausen, † 13.02.1887 in Augustdorf.

1828 Kolon in Augustdorf, Nr. 14.

1855 Kirchendeche in Augustdorf.

---

76 Auf der Lindinger-Karte von 1780 ist ein Diekmann für das Grundstück Nr. 9 eingetragen; nach Küstermann errichtet jedoch Hans Herm Hüpohl an dieser Stelle eine Stätte, sie erhielt später die Kolonatsnummer 14. Diekmann hat das nachmalige Kolonat Nr. 15 gegründet, das der Lindinger-Plan wiederum unter Parzellennummer 10 verzeichnet. Zur Lindinger-Karte vgl. S. 104 f., zum Kolonat Nr. 15 s. S. 142 in diesem Band.

77 Die Stättennummer 10 stammt noch aus der Zeit vor Einführung der endgültigen Kolonatsnummern.

Sohn des Vorbesitzers

5 **Friedrich,** Töns Heinrich Friedrich Wilhelm,
⋆ 14.04.1831 in Augustdorf, † 18.07.1885 in Augustdorf.
⚭ 14.12.1856 in Augustdorf
Schäfer, Wilhelmine Louise Amalie, ⋆ 02.06.1834 in Kohlstädt (Ksp. Schlangen), † 05.05.1927 in Senne II (Amt Brackwede).

1856 Einlieger und Anerbe in Augustdorf, Nr. 14.

▪ Nicht selten spielten bei Eheanbahnungen pragmatische Überlegungen eine Rolle. Mangels anderweitiger Futterkräuter nutzten die Sennebewohner das „[Un]Kraut in Garten und Feld", das durch das wohl schon früh im Leben praktizierte, sogenannte „Pflücken" gewonnen wurde. Was nun die Heirat seines Sohnes mit der Kohlstädterin Louise Amalie Schäfer betraf, war Töns Henrich Friedrich Adolf Friedrich zunächst gegen die Ehe, weil „dieses, sonst fleissige und tüchtige Mädchen das Pflücken nicht von Jugend an verstehe". Die Skepsis erwies sich letztlich als unbegründet, denn „gegen Befürchtung des Alten [hat sie es] noch recht gut gelernt und zum Segen ihres Viehs wacker betrieben".[78]

Sohn des Vorbesitzers

6 **Friedrich,** Hermann Heinrich Wilhelm,
⋆ 08.06.1858 in Augustdorf, † 13.12.1909 in Detmold, Landeskrankenhaus, ‡ 16.12.1909 in Augustdorf.
⚭ 24.01.1890 in Augustdorf
Oswald, Caroline Louise, ⋆ 29.02.1864 in Silixen, † 24.02.1945 in Augustdorf.

1901 Landwirt in Augustdorf, Nr. 14.

78 Vgl. Küstermann, Bd. I, 1. Teil, Abschrift 2010, S. 37.

79 Auf der Lindinger-Karte von 1780 ist Hüpohl für die Parzelle Nr. 10 eingetragen, nach Küstermann errichtet jedoch ein Diekmann an dieser Stelle eine Stätte, sie erhielt später die Kolonatsnummer 15. Hüpohl hat das spätere Kolonat Nr. 14 gegründet, das der Lindinger-Plan wiederum unter Parzellennummer 9 verzeichnet. Zur Lindinger-Karte vgl. S. 104 f., zum Kolonat Nr. 14 s. S. 141 in diesem Band.

80 In einem der Kolonatsakte von 1782 beigefügten Protokoll wird Rabe als „aus Hittentrup" stammend bezeichnet. Ein weiteres Schreiben des Amtes Lage von 1782, das auf besagte Niederschrift Bezug nimmt, verwendet den Namen *Hillentrup*, der Gesamtkontext legt nahe, dass dieser Nennung eine Verlesung zugrunde liegt und Hiddentrup gemeint ist.

Nr. 15 a

DIEKMANN, RABE, WALDSTRASSE 109

1780 **Kolonatsakte:** Anlegung einer Neuwohnerstätte durch Einlieger Johann Barthold Diekmann aus Billinghauserheide.

1780 **Lindinger:** 10. Stätte, Hüpohl.[79]

1782 **Küstermann:** Rabe; 20 Scheffelsaat [= 3,433 Hektar].

1782 **Kolonatsakte:** Einlieger Friedrich Adolph Rabe aus Hillentrup [Hiddentrup[80]], Bebauung der Stätte am Häseln.

1786 **Schreiter:** 14. Friedrich Rabe.

1792 **Salbuch:** Friedrich Rabe, No. 15 a, Hoppenplöcker.

1828 **Volkszählung:** Rabe, Kolon; Klöpper, Einlieger; Isenberg, Einlieger; Prante, Einlieger; Pollmann Witwe, Einliegerin; 3 Wohnhäuser.

1877 **Salbuch:** Rabe; Verkauf einer zum Kolonat gehörigen Parzelle an Heinrich Niemeier zur Errichtung der Stätte Nr. 125 [▸ S. 231]; eingetragen am 12. Mai 1877.

1901 **Adressbuch:** Rabe, Amalie, Landwirt; Pollmann, Hermann, Ziegler.

1921 **Landwirtschaftliches Adressbuch:** Rabe, Henriette; 8 Hektar.

1926 **Adressbuch:** Rabe, Hermann, Landwirt; Rabe, Heinrich, Holzarbeiter; Räker, Johanne, Landwirt.

1954 **Adressbuch:** Rabe, Emma, Hausfrau; Stephan, Helene, Hausfrau; Waldstraße 15.

1962 **Adressbuch:** Rabe, Hausfrau; Oesterhaus, Walter, Postkraftfahrer; Waldstraße 15.

Gründer 1782

1 **Diekmann,** Johann Barthold aus Billinghauserheide (Ksp. Stapelage).
⚭ 23.10.1774 in Lage
Vieregge, Anne Marie Lisabet aus Wissentrup (Ksp. Lage), ⋆ um 1741, † 02.10.1796 in Augustdorf.

1780 Kolon in Augustdorf, Nr. 15.

Besitzer 1790

2 **Rabe,** Johann Friedrich Adolf aus Hiddentrup (Ksp. Stapelage), ⋆ um 1757, † 05.04.1818 in Augustdorf.
⚭ um 1775 (Ort unbekannt)
[N.N.], Anne Catharine, ⋆ um 1760, † 20.04.1827 in Augustdorf.

1780 Besitzer in Augustdorf, Nr. 52 ▸ S. 212 ff.

1782 Einlieger in Hiddentrup (Ksp. Stapelage).

1790 Besitzer in Augustdorf, Nr. 15.

Sohn des Vorbesitzers

3 **Rabe,** Johann Henrich, ⋆ 30.12.1784 in Augustdorf, † 26.03.1859 in Augustdorf.
⚭ [1/1] 30.08.1808 in Augustdorf
Heumann (Heimann), Anna Florentine Louise

Elisabeth (Johanne Louise), * 17.08.1780 in Pivitsheide (Ksp. Stapelage), † 25.07.1843 in Augustdorf.
⚭ [2/1] 26.05.1850 in Augustdorf
Ziegenbein, Florentine Louise, * 11.01.1815 in Stapelage, † 14.01.1859 in Augustdorf.
1810 Kolon in Augustdorf, Nr. 15.
1828 Kolon in Augustdorf, Nr. 15 a.[81]
1859 Leibzüchter in Augustdorf, Nr. 15 a.

Sohn des Vorbesitzers
4 **Rabe,** Simon Friedrich Christoph, * 08.05.1809 in Augustdorf, † 22.11.1873 in Augustdorf.
⚭ [1/1] 21.11.1841 in Augustdorf
Niebuhr, Anna Maria Katharine Elisabeth, * 23.04.1813 in Pivitsheide, † 30.06.1850 in Augustdorf.
⚭ [2/1] 13.06.1852 in Augustdorf
Kötter, Marie Henriette Elisabeth, * 18.10.1822 in Haustenbeck, † 16.06.1897 in Augustdorf.
1841 Kolon in Augustdorf, Nr. 15.

Sohn des Vorbesitzers
5 **Rabe,** Hermann Heinrich Bernd, * 09.03.1842 in Augustdorf, † 23.06.1897 in Augustdorf.
⚭ 25.01.1874 in Augustdorf
6 **Pollmann,** Sophie Amalie, * 11.01.1848 in Augustdorf (Nr. 19), † 27.03.1923 in Augustdorf.
1874 Kolon in Augustdorf, Nr. 15.

Ehefrau des Vorbesitzers
6 **Rabe,** Sophie Amalie, geb. Pollmann, * 11.01.1848 in Augustdorf (Nr. 19), † 27.03.1923 in Augustdorf.
⚭ 25.01.1874 in Augustdorf
5 **Rabe,** Hermann Heinrich Bernd, * 09.03.1842 in Augustdorf, † 23.06.1897 in Augustdorf.
1901 Landwirtin in Augustdorf, Nr. 15.

Nr. 16
ALEXANDER, WIENBRÖKER,
WALDSTRASSE 115

1780 **Kolonatsakte:** Anlegung einer Neuwohnerstätte durch David Alexander, Handelsjude in Werther, geboren in Ziegenhain.
1782 **Küstermann:** Wienbröker; 12 Scheffelsaat [= 2,060 Hektar].
1786 **Schreiter:** 15. Johann Christoph Wienbröker.
1792 **Salbuch:** Johann Christoph Wienbröker, Hoppenplöcker.
1828 **Volkszählung:** Wienbröker, Kolon; Rose, Einlieger; 1 Wohnhaus.
1852 **Kolonatsakte:** Verkauf der Wienbrökerschen Stätte Nr. 16 zu Augustdorf an den Einlieger Friedrich Pörtner von Haustenbeck.
1855 **Salbuch:** Wienbröker.
1901 **Adressbuch:** Wienbröker, Heinrich, Landwirt.
1921 **Landwirtschaftliches Adressbuch:** Wienbröker, Heinrich; 9 Hektar.
1926 **Adressbuch:** Wienbröker, Heinrich, Landwirt; Wienbröker, Gust., Zimmermann.
1954 **Adressbuch:** Wienbröker, Fritz, Zimmerei; Wienbröker, Gustav, Dreschbetrieb; Räker, August, Arbeiter; Waldstraße 16.
1962 **Adressbuch:** Wienbröker, Gustav, Arbeiter; Kirchweg 16.

Gründer 1782:
1 **Alexander,** David aus Ziegenhain (Hessen).
1782 Handelsjude in Werther.
1782 Kolon in Augustdorf, Nr. 16.

Besitzer 1791:
2 **Wienbröker,** Johann Christoph aus Pivitsheide (Ksp. Stapelage), * um 1752, † 15.06.1800 in Augustdorf.
⚭ [1/1] 11.05.1777 in Stapelage
Schäfer, Christine Elisabeth „aus dem Schwalenberge", * um 1753, † 13.03.1786 in Augustdorf.
⚭ [2/1] 25.06.1786 in Stapelage
3 **Gausmann,** Anne Marie Ilsabein, ~ 26.12.1755 in Hiddesen (Ksp. Detmold), † 24.03.1820 in Augustdorf.
1782 Kolon in Augustdorf, Nr. 16.

Zweite Ehefrau des Vorbesitzers
3 **Wienbröker,** Anne Marie Ilsabein, geb. Gausmann, * 26.12.1755 in Hiddesen (Ksp. Detmold), † 24.03.1820 in Augustdorf.
⚭ [1/2] 25.06.1786 in Stapelage
2 **Wienbröker,** Johann Christoph aus Stapelage, * um 1752, † 15.06.1800 in Augustdorf.
⚭ [2/1] 07.09.1800 in Augustdorf
4 **Prante,** Adolph Heinrich Anton, ~ 11.06.1777 in Oerlinghausen, † 11.08.1834 in Augustdorf.

Zweiter Ehemann der Vorbesitzerin
4 **Wienbröker,** Adolph Heinrich Anton, geb. Prante, ~ 11.06.1777 in Oerlinghausen, † 11.08.1834 in Augustdorf.
⚭ [1/2] 07.09.1800 in Augustdorf
3 **Wienbröker,** Anne Marie Ilsabein, geb. Gausmann, * 26.12.1755 in Hiddesen (Ksp. Detmold), † 24.03.1820. in Augustdorf.

81 In der Volkszählungsliste von 1828 erscheint erstmalig die Stättennummer 15 a, die synonym für das Kolonat Nr. 15 genutzt wurde. Die zusätzliche Bezeichnung verweist auf die Gründung einer zweiten, allerdings kleineren Hofstelle, die 1793 durch Abtrennung vom Kolonat Nr. 15 entstanden war und die Nummer 15 b erhalten hatte. Zur Stätte 15 b vgl. S. 198 ff. in diesem Band.

⚭ [2/1] 15.10.1820 in Augustdorf
Kortekamp (Schlichting)[82], Anna Marie Elisabeth aus Gräfinghagen (Ksp. Oerlinghausen), * um 1790, † 28.10.1828 in Augustdorf.
⚭ [3/1] 04.03.1829 in Augustdorf
Sieveke, Anne Margarethe Sophie aus Pivitsheide, * um 1789, † 22.01.1830 in Augustdorf.
⚭ [4/1] 11.07.1830 in Augustdorf
5 **Eke,** Friedrike Henriette, * 04.02.1802 in Pivitsheide (Ksp. Stapelage), † 01.03.1862 in Augustdorf.

1800 Kolon in Augustdorf, Nr. 16.
1820 Witwer und Kolon in Augustdorf, Nr. 16.

Vierte Ehefrau des Vorbesitzers:

5 **Wienbröker,** Friedrike Henriette, geb. Eke, * 04.02.1802 in Pivitsheide (Ksp. Stapelage), † 01.03.1862 in Augustdorf.
⚭ [1/4] 11.07.1830 in Augustdorf
4 **Wienbröker,** Adolph Heinrich Anton, geb. Prante, ~ 11.06.1777 in Oerlinghausen, † 11.08.1834 in Augustdorf.
⚭ [2/1] 11.10.1835 in Augustdorf
6 **Kopp,** Bernd Hermann Christoph (Bernd Henrich Christoph), * 06.01.1804 in Pivitsheide, † 30.03.1875 in Augustdorf.

1835 Witwe in Augustdorf, Nr. 16.

Zweiter Ehemann der Vorbesitzerin

6 **Wienbröker,** Bernd Hermann Christoph (Bernd Henrich Christoph), geb. Kopp, * 06.01.1804 in Pivitsheide, † 30.03.1875 in Augustdorf.
⚭ [1/2] 11.10.1835 in Augustdorf
5 **Wienbröker,** Friedrike Henriette, geb. Eke, * 04.02.1802 in Pivitsheide (Ksp. Stapelage), † 01.03.1862 in Augustdorf.

1835 Kolon und Interimswirt in Augustdorf, Nr. 16.
1862 Leibzüchter in Augustdorf, Nr. 16.

Tochter des Besitzers 4

7 **Wienbröker,** Wilhelmine Friederike, * 03.01.1821 in Augustdorf.
⚭ 22.03.1846 in Augustdorf
8 **Mölling,** Friedrich Philipp Christoph, * 09.03.1814 in Heßloh (Ksp. Heiden).

1846 Anerbin in Augustdorf, Nr. 16.
1852 Auswanderung in die USA ▸ S. 80 f.

Ehemann der Vorbesitzerin

8 **Wienbröker,** Friedrich Philipp Christoph, geb. Mölling, * 09.03.1814 in Heßloh (Ksp. Heiden).
⚭ 22.03.1846 in Augustdorf
7 **Wienbröker,** Wilhelmine Friederike, * 03.01.1821 in Augustdorf.

1846 Kolon in Augustdorf, Nr. 16.
1852 Auswanderung in die USA ▸ S. 80 f.

Käufer 1852

9 **Wienbröker,** Friedrich Conrad, geb. Pörtner, * 24.12.1814 in Haustenbeck, † 26.06.1861 in Augustdorf.
⚭ 19.02.1843 in Haustenbeck
10 **Voß,** Anne Marie Karoline Henriette, * 10.03.1822 in Haustenbeck, † 07.11.1891 in Augustdorf.

1852 Kolon in Augustdorf, Nr. 16.

Ehefrau des Vorbesitzers

10 **Wienbröker,** Anne Marie Karoline Henriette, geb. Voß, * 10.03.1822 in Haustenbeck, † 07.11.1891 in Augustdorf.
⚭ [1/1] 19.02.1843 in Haustenbeck
9 **Wienbröker,** Friedrich Conrad, geb. Pörtner, * 24.12.1814 in Haustenbeck, † 26.06.1861 in Augustdorf.
⚭ [2/1] 23.02.1862 in Augustdorf
11 **Diekmann gen. Gaus,** Heinrich August, * 15.04.1836 in Augustdorf (Nr. 42), † 30.06.1919 in Augustdorf.

1862 Witwe in Augustdorf, Nr. 16.

Zweiter Ehemann der Vorbesitzerin

11 **Wienbröker,** Heinrich August, geb. Diekmann gen. Gaus, * 15.04.1836 in Augustdorf (Nr.42), † 30.06.1919 in Augustdorf.
⚭ [1/2] 23.02.1862 in Augustdorf
10 **Wienbröker,** Anne Marie Karoline Henriette, geb. Voß, * 10.03.1822 in Haustenbeck, † 07.11.1891 in Augustdorf.

1862 Kolon in Augustdorf, Nr. 16.

Sohn des Vorbesitzers

12 **Wienbröker,** Heinrich Friedrich, * 27.10.1867 in Augustdorf.
⚭ 06.02.1891 in Augustdorf
Sielemann, Henriette Wilhelmine, * 13.03.1870 in Augustdorf, † 24.01.1931 in Augustdorf.

1891 Einlieger in Augustdorf.
1901 Kolon und Landwirt in Augustdorf, Nr. 16.

---

82 Als uneheliche Tochter der Einliegerin Anna Schlichting aus Gräfinghagen (Ksp. Oerlinghausen) und eines Christoph Kortekamp geboren, erscheint Anna Marie Elisabeth Schlichting in Kirchenbucheinträgen unter beiden Familiennamen. 1817 bekam Anna Marie Elisabeth Schlichting bzw. Kortekamp, damals noch unverheiratet, einen Sohn, genannt Friedrich Wilhelm, der 1846 die Stätte Nr. 80 antrat. Zur Vaterschaft bekannte sich Adolph Wienbröker, der die Kindsmutter am 15. Oktober 1820 geheiratet hat. Zu Friedrich Wilhelm Kortekamp, später Wienbröker, vgl. S. 302 ff. in diesem Band.

Nr. 17

BÜKER (BÖCKER, BOEKE, BÖKER), RÄKER, HEISSENBERG, WALDSTRASSE 117

1780 **Kolonatsakte:** Anlegung einer Neuwohnerstätte durch Jobst Henrich Böcker aus Greste.
1780 **Lindinger:** 11. Stätte, Jobst Henrich Boeke.
1780 **Küstermann:** Büker; 20 Scheffelsaat [= 3,433 Hektar].
1786 **Schreiter:** 16. Jobst Henrich Böker.
1792 **Salbuch:** Johann Henrich Böcker, Hoppenplöcker.
1828 **Volkszählung:** Büker, Kolon; Büker, Leibzüchter; Töns Büker, Einlieger; 2 Wohnhäuser.
1861 **Kolonatsakte:** Anlegung eines Kottens durch den Kolon Büker Nr. 17 zu Augustdorf.
1861 **Salbuch:** Büker; Bau eines Kottens auf dem Land beim Hause; eingetragen am 17. August 1861.
1876 **Kolonatsakte:** Abtretung der Bükerschen Stätte Nr. 17 in Augustdorf durch die Witwe Büker oder Niemeier an ihren ältesten Sohn und Anerben August Büker.
1877 **Salbuch:** Büker; Abtretung an August Büker; umgeschrieben am 20. Januar 1877.
1901 **Adressbuch:** Büker, August, Landwirt; Gräser, Karl, Bäcker; Räker, Heinrich, Ziegler.
1921 **Landwirtschaftliches Adressbuch:** Räker, Heinrich; 13 Hektar.
1926 **Adressbuch:** Räker, Heinrich, Landwirt; Büker, August, Landwirt.
1954 **Adressbuch:** Räker, Heinrich, Landwirt; Heissenberg, Heinrich, Schlosser; Duda, Elfriede, Hausfrau; Waldstraße 17.
1962 **Adressbuch:** Räker, Heinrich, Landwirt; Heissenberg, Heinrich, Schlosser; Kuhn, Rudolf, Soldat; Waldstraße 17.

Gründer 1780

1 **Büker** (Böcker), Jobst Henrich (Johann Henrich) aus Mackenbruch (Ksp. Oerlinghausen), ~ 13.06.1751 in Oerlinghausen, † 02.04.1789 in Augustdorf.
⚭ Erste Ehe unbekannt.
⚭ [2/1] 25.12.1777 in Oerlinghausen
2 **Strate,** Anne Margarethe Ilsabein aus Währentrup (Ksp. Oerlinghausen), ~ 24.06.1764 in Oerlinghausen, † 07.06.1837 in Augustdorf.
1780 Kolon in Augustdorf, Nr. 17.

Ehefrau des Vorbesitzers

2 **Büker,** Anne Margarethe Ilsabein, geb. Strate, aus Währentrup (Ksp. Oerlinghausen), ~ 24.06.1764 in Oerlinghausen, † 07.06.1837 in Augustdorf.
⚭ [1/2] 25.12.1777 in Oerlinghausen
1 **Büker,** Jobst Henrich (Johann Henrich), ~ 13.06.1751 in Oerlinghausen, † 02.04.1789 in Augustdorf.
⚭ [2/1] 09.12.1789 in Stapelage
Stücke, Christoph aus Mackenbruch (Ksp. Oerlinghausen), ~ 05.02.1764 in Oerlinghausen.
⚭ [3/1] 04.12.1796 in Stapelage
3 **Heistermann,** Johann Henrich aus Senne (Amt Oerlinghausen), ~ 16.06.1765 in Oerlinghausen, † 25.09.1835 in Augustdorf.
1780 Hebamme in Augustdorf[83]
1789 Witwe in Augustdorf, Nr. 17.

Dritter Ehemann der Vorbesitzerin, Interimswirt:

3 **Büker,** Johann Henrich, geb. Heistermann aus Senne (Amt Oerlinghausen), ~ 16.06.1765 in Oerlinghausen, † 25.09.1835 in Augustdorf.
⚭ [1/3] 04.12.1796 in Stapelage
2 **Büker,** Anne Margarethe Ilsabein, geb. Strate, * um 1761, † 07.06.1837 in Augustdorf.
1821 Leibzüchter in Augustdorf, Nr. 17.

Sohn des Besitzers 1:

4 **Büker,** Hermann Henrich Christoph, * 07.04.1781 in Augustdorf, † 26.11.1851 in Augustdorf.
⚭ um 1807 (Ort unbekannt)
Prante, Anne Sophie Elisabeth, * um 1782 in Wistinghausen (Ksp. Oerlinghausen), † 05.06.1848 in Augustdorf.
1810 Kolon in Augustdorf, Nr. 17.
1818 Kirchendeche in Augustdorf.
1845 Leibzüchter in Augustdorf, Nr. 17.

83 Ilsabein Büker hat als Hebamme 1445 Kinder zur Taufe gebracht, vgl. Küstermann, Geschichte, Bd. II, Abschrift 2010, S. 124

„Bauer Räker-Büker", Augustdorf Nr. 17, „beim Kartoffel[n] anpflügen". Sammlung Heimatverein Augustdorf, o. J.

Sohn des Vorbesitzers

5 **Büker,** Friedrich Christoph, ⋆ 10.03.1813 in Augustdorf, † 01.09.1864 in Augustdorf.

⚭ 08.11.1840 in Augustdorf

6 **Arndt,** Henriette Friedrike, ⋆ 19.04.1819 in Augustdorf (Nr. 48), † 25.07.1883 in Augustdorf.

1840 Kolon in Augustdorf, Nr. 17.

1854 Käufer in Augustdorf, Nr. 108 ▸ S. 165.

Ehefrau des Vorbesitzers

6 **Büker,** Henriette Friedrike, geb. Arndt, ⋆ 19.04.1819 in Augustdorf (Nr. 48), † 25.07.1883 in Augustdorf.

⚭ [1/1] 08.11.1840 in Augustdorf

5 **Büker,** Friedrich Christoph, ⋆ 10.03.1813 in Augustdorf, † 01.09.1864 in Augustdorf.

⚭ [2/2] 25.06.1865 in Augustdorf

7 **Niemeier,** Friedrich Konrad Christoph, ⋆ 01.03.1829 in Haustenbeck, † 21.11.1873 in Augustdorf.

1865 Witwe in Augustdorf, Nr. 17.

Zweiter Ehemann der Vorbesitzerin, Interimswirt

7 **Büker,** Friedrich Konrad Christoph, geb. Niemeier, ⋆ 01.03.1829 in Haustenbeck, † 21.11.1873 in Augustdorf.

⚭ [1/1] 11.11.1860 in Augustdorf

Sieweke, Friederike Amalie, ⋆ 12.01.1834 in Augustdorf (Nr. 56), † 04.05.1862 in Augustdorf.

⚭ [2/2] 25.06.1865 in Augustdorf

6 **Büker,** Henriette Friedrike, geb. Arndt, ⋆ 19.04.1819 in Augustdorf, † 25.07.1883 in Augustdorf.

1865 Kolon in Augustdorf, Nr. 17.

Sohn des Besitzers 5

8 **Büker,** Hermann Henrich August, ⋆ 10.06.1849 in Augustdorf, † 26.07.1928 in Augustdorf.

⚭ 05.11.1876 in Augustdorf

Pollmann, Wilhelmine Justine, ⋆ 26.12.1851 in Augustdorf (Nr. 20), † 27.10.1941 in Augustdorf.

1877 Kolon und Anerbe in Augustdorf, Nr. 17.

Tochter des Vorbesitzers

9 **Büker,** Henriette Friedrike Auguste, ⋆ 11.12.1876 in Augustdorf, † 05.12.1959 in Augustdorf.

⚭ 25.01.1898 in Augustdorf

10 **Räker,** Heinrich Adolph, ⋆ 26.07.1875 in Augustdorf (Nr. 109), † 28.08.1938 in Augustdorf.

1898 Weberin in Augustdorf.

Ehemann der Vorbesitzerin

10 **Räker,** Heinrich Adolph, ⋆ 26.07.1875 in Augustdorf (Nr. 109), † 28.08.1938 in Augustdorf.

⚭ 25.01.1898 in Augustdorf

9 **Büker,** Henriette Friedrike Auguste, ⋆ 11.12.1876 in Augustdorf, † 05.12.1959 in Augustdorf.

1898 Ziegler in Augustdorf.

1926 Landwirt in Augustdorf, Nr. 17.

Nr. 18

SIELEMANN, WALDSTRASSE 123

1780 **Lindinger:** 12. Stätte, Sielemann von Wistinghausen.

1780 **Küstermann:** Arend Sielemann; 13 Scheffelsaat [=2,232 Hektar].

1784 **Kolonatsakte:** Anlegung einer Neuwohnerstätte durch Arend Sielemann.

1786 **Schreiter:** 17. Arnd Sielemann.

1792 **Salbuch:** Arndt Sielemann, Hoppenplöcker.

1828 **Volkszählung:** Sielemann, Kolon; 1 Wohnhaus.

1884 **Salbuch:** Sielemann; auf Wilhelm Sielemann umgeschrieben am 24. März 1884.

1901 **Adressbuch:** Sielemann, Wilhelm, Landwirt; Sielemann, Witwe, Arbeiterin.

1921 **Landwirtschaftliches Adressbuch:** Sielemann, W.; 19 Hektar.

1926 **Adressbuch:** Sielemann, Hermann, Landwirt.

1953 **Hofkartenbetriebe:** Sielemann, Hermann; 24,5 Hektar.

1954 **Adressbuch:** Sielemann, Hermann, Landwirt und Fuhrbetrieb; Führing, Gertrud; Führing, Gustav, Tischler; Krause, Emma, Hausfrau; Perel, Lothar, Dreher; Schröder, Wolfgang, Schlosser; Waldstraße 18.

1962 **Adressbuch:** Sielemann, Hermann, Landwirt; Sielemann, Hermann, Fuhrbetrieb; Pomplun, Günter, Arbeiter; Räker, August, Arbeiter; Waldstraße 18.

Augustdorf Nr. 17, Waldstraße 117. Älteres Nebengebäude der Stätte Büker, später Heißenberg. O. Biere 2019

Sielemann Nr. 18, Waldstraße 123. Die Aufnahme zeigt Hermann und Wilfried Sielemann sowie Marie Sielemann geb. Steffen um 1930 vor ihrem Haus. Privatbesitz H. Sielemann

Gründer 1780

1 **Sielemann,** Johann Arend aus Vahlhausen (Ksp. Detmold), ~ 05.05.1756 in Detmold, † 17.12.1830 in Augustdorf.

⚭ 10.12.1780 in Stapelage
Weber, Amalia Elisabeth, ~ 14.05.1752 in Stapelage, † 06.03.1823 in Augustdorf.

1775 Einlieger in Wistinghausen (Ksp. Oerlinghausen).
1780 Kolon in Augustdorf, Nr. 18.

Sohn des Vorbesitzers

2 **Sielemann,** Johann Friedrich Adolph, * 26.07.1787 in Augustdorf, † 03.08.1826 in Augustdorf.

⚭ 24.03.1818 in Augustdorf
3 **Strate,** Anna Catharina Ilsabein, * 16.12.1795 in Pivitsheide (Ksp. Stapelage), † 13.12.1861 in Augustdorf.

1815 Hoppenplöcker in Augustdorf, Nr. 18.

Ehefrau des Vorbesitzers

3 **Sielemann,** Anna Catharina Ilsabein, geb. Strate, * 16.12.1795 in Pivitsheide (Ksp. Stapelage), † 13.12.1861 in Augustdorf.

⚭ [1/1] 24.03.1818 in Augustdorf
2 **Sielemann,** Johann Friedrich Adolph, * 26.07.1787 in Augustdorf, † 03.08.1826 in Augustdorf.

⚭ [2/1] 27.05.1827 in Augustdorf
4 **Rubart,** Berend Henrich, * 25.10.1799 in Augustdorf (Nr. 22), † 02.11.1828 in Augustdorf.

⚭ [3/1] 08.06.1829 in Augustdorf
5 **Hollmann,** Johann Barthold, * 27.05.1802 in Augustdorf (Nr. 68), † 31.07.1879 in Augustdorf.

1827 Witwe in Augustdorf, Nr. 18.

Zweiter Ehemann der Vorbesitzerin

4 **Sielemann,** Berend Henrich, geb. Rubart, * 25.10.1799 in Augustdorf (Nr. 22), † 02.11.1828 in Augustdorf.

⚭ [1/2] 27.05.1827 in Augustdorf
3 **Sielemann,** Anna Catharina Ilsabein, geb. Strate, * 16.12.1795 in Pivitsheide (Ksp. Stapelage), † 13.12.1861 in Augustdorf.

1827 Kolon und Interimswirt in Augustdorf, Nr. 18.

Dritter Ehemann der Besitzerin 3

5 **Sielemann,** Johann Barthold, geb. Hollmann, * 27.05.1802 in Augustdorf (Nr. 68), † 31.07.1879 in Augustdorf.

⚭ [1/3] 08.06.1829 in Augustdorf
3 **Sielemann,** Anna Catharina Ilsabein, geb. Strate, * 16.12.1795 in Pivitsheide (Ksp. Stapelage), † 13.12.1861 in Augustdorf.

1829 Kolon und Interimswirt in Augustdorf, Nr. 18.
1879 Leibzüchter in Augustdorf, Nr. 18.

Sohn des Besitzers 2

6 **Sielemann,** Hermann Friedrich Wilhelm, * 17.02.1821 in Augustdorf, † 13.01.1899 in Augustdorf.

⚭ 12.12.1852 in Augustdorf
Rubart, Wilhelmine Karoline (Johanne), * 20.12.1828 in Augustdorf (Nr. 22), † 21.11.1889 in Augustdorf.

1852 Einlieger in Augustdorf.
1857 Kolon in Augustdorf, Nr. 18.
1889 Einlieger in Augustdorf.

Sohn des Vorbesitzers

7 **Sielemann,** Friedrich Wilhelm Adolph,
⋆ 07.11.1857 in Augustdorf, † 03.06.1921 in Augustdorf.
⚭ 14.04.1884 in Augustdorf
Hollmann, Marie Louise Friedrike, ⋆ 03.01.1861 in Augustdorf (Nr. 68), † 17.10.1935 in Augustdorf.

1901 Kolon und Landwirt in Augustdorf, Nr. 18.

Nr. 101

RÄKER,
WALDSTRASSE 124

1842 **Kolonatsakte:** Die Veräußerung von Teilen der Hörster Senne, welche den Kolonen Hanning Nr. 6 in Hörste und Friedrich modo [=jetzt] Räker Nr. 3 [▸ S. 124 ff.] zu Augustdorf gehören und die vom Kolon Räker Nr. 3 zu Augustdorf beabsichtigte Anlegung von 2 Neuwohnerstätten[84].

1842 **Küstermann:** Gründung durch Räker Nr. 3; 24 1/4 Scheffelsaat [=4,163 Hektar] Acker und Hude beim Haus. „Die Nummern 101, 102, 109 legte der alte Räker von 103 [korrekt: Nr. 3] an. Die betreffenden Senneteile wurden von Hörster Bauern angekauft (Hanning und Hillbrink)".[85]

1845 **Kolonatsakte:** Untersuchungssache gegen den Leibzüchter Räker auf Nr. 3 zu Augustdorf wegen Anlegung eines Kottens ohne höhere Genehmigung auf der Stätte Nr. 101.

1849 **Kolonatsakte:** Schuldenwesen des Kolons Räker Nr. 101 zu Augustdorf und Nr. 224 zu Lage.

1850 **Kolonatsakte:** Zuschlag des Grundstücks Nr. 224 zu Lage infolge Meistgebots an den Musikdirektor Gerke zu Detmold – Zuschlag des Kolonats Nr. 101 zu Augustdorf an den Kolon Böger Nr. 51 daselbst 1850.

1850 **Kolonatsakte:** Verkauf der Räkerschen Stätte Nr. 101 zu Augustdorf von der Leihekasse-Kommision an den Ex-Kolon Heinrich Räker zu Augustdorf.

1854 **Kolonatsakte:** Zerschlagung des Kolonats Räker Nr. 101 und Abtretung an die Söhne Adolph (Nr. 101) und Hermann Räker (Nr. 109).

84 Bei den Neuwohnerstätten handelt es sich um die Kolonate Nr. 101 und Nr. 102. Zum Kolonat Nr. 102 s. auch S. 149 f. in diesem Band.

85 Vgl. Müller-König, Augustdorf, S. 211. Ergänzend ist anzumerken, dass 1851 vom Kolonat Nr. 101 eine Parzelle zur Anlage einer Leibzucht abgetrennt wurde, die neue Stätte erhielt die Nummer 109. Zu den Hofstellen Nr. 3, Nr. 102 und Nr. 109 vgl. auch S. 124 ff. bzw. S. 149 f. in diesem Band.

1855 **Salbuch:** Räker; Wohnhaus, Leibzucht, Ackerland und Hude in der Hörster Senne.

1858 **Salbuch:** Räker; Verkauf eines Grundstücks an Hermann Räker zur Anlegung der Stätte Nr. 109 [▸ S. 149], die Leibzucht, die Hälfte der Hude und der Ländereien; eingetragen am 29. Mai 1858.

1901 **Adressbuch:** Räker, Adolf, Ziegler; Räker, Hermann, Ziegler.

1926 **Adressbuch:** Räker, Adolf, Landwirt.

1954 **Adressbuch:** Demant, Arthur, Tischler; Demant, Liesbeth, Schneiderin; Heidbrink, Else, Hausfrau; Kolbe, Josef, Angestellter; Waldstraße 101.

1962 **Adressbuch:** Schapeler, Martin, Tischler; Sielemann, Heinrich, Arbeiter; Waldstraße 101.

Gründer 1842

1 **Räker** (Wilhelm-Räker, Redeker), Töns Henrich, geb. Prante, aus Währentrup (Ksp. Oerlinghausen), ~ 02.11.1791 in Oerlinghausen, † 23.02.1858 in Augustdorf.
⚭ 26.12.1812 in Augustdorf
Redeker (Wilhelm-Räker), Anna Maria Wilhelmine (Wilhelmine Friederike Henriette) aus Währentrup (Ksp. Oerlinghausen), ~ 08.02.1789 in Oerlinghausen, † 30.06.1865 in Augustdorf.

1812 Kolon in Augustdorf, Nr. 3 ▸ S. 124 ff.
1842 Kolon in Augustdorf, Nr. 101.
1842 Gründer in Augustdorf, Nr. 102 ▸ S. 149 f.
1843 Käufer in Augustdorf, Nr. 44 ▸ S. 227 f.
1851 Gründer in Augustdorf, Nr. 109 ▸ S. 149.

Käufer 1850

2 **Böger,** Franz Conrad, ⋆ 22.12.1803 in Augustdorf, † 25.06.1877 in Augustdorf.
⚭ 25.01.1829 in Augustdorf
Kruse, Friederike Caroline Anna Cathrine, ⋆ 22.11.1801 in Augustdorf (Nr. 4), † 23.05.1855 in Augustdorf.

1829 Kolon in Augustdorf, Nr. 51 ▸ S. 208 ff.
1842 Kirchendeche in Augustdorf.
1850 Käufer in Augustdorf, Nr. 101.
1852 Kirchenältester in Augustdorf.
1853 Vorsteher in Augustdorf.
1868 Leibzüchter in Augustdorf, Nr. 51.

Besitzer 1858, Sohn des Besitzers 1

3 **Räker** (Reker), Töns Friedrich Adolph, ⋆ 16.04.1824 in Augustdorf (Nr. 3), † 03.07.1909 in Augustdorf.
⚭ 28.11.1854 in Augustdorf
Wiele, Anne Marie Wilhelmine Karoline, ⋆ 26.09.1833 in Augustdorf (Nr. 29), † 21.11.1891 in Augustdorf.

1858 Kolon und Ziegler in Augustdorf, Nr. 101.

Nr. 109

RÄKER, SCHRÖDER,
AMSELWEG 3 – 9

1851 **Küstermann:** Gründung; 24 1/4 Scheffelsaat [= 4,163 Hektar].[86]

1851 **Kolonatsakte:** hat die Zubehörungen dieser Stätte von Nr. 101 [▸ S. 148] erhalten.

1855 **Salbuch:** Hermann Räker; hat die Zubehörungen dieser Stätte von Nr. 101 erhalten.

1858 **Kolonatsakte:** Zerschlagung der Räkerschen Stätte Nr. 101 zu Augustdorf und Übergabe an Hermann Räker Kolonat Nr. 109 und Adolph Räker Kolonat Nr. 101.

1861 **Salbuch:** Hermann Räker; Leibzucht neu angelegt.

1901 **Adressbuch:** Räker, Hermann, Landwirt; Räker, Hermann, Leibzüchter.

1926 **Adressbuch:** Räker, Hermann, Senne- und Waldaufseher.

1954 **Adressbuch:** Heissenberg, Karl-Heinz, Maschinenschlosser; Kolbe, Hermann, Rentner; Nieder, Hedwig; Schröder, Marie, Hausfrau; Senne 109.

1962 **Adressbuch:** Kolbe, Hermann, Rentner; Nieder, Hedwig; Schmitter, Ernst, Tischler; Senne 109; Schröder, Rudolf, Landwirt; Senneweg 109.

Gründer 1851

1 **Räker** (Wilhelm-Räker, Redeker), Töns Henrich, geb. Prante, aus Währentrup (Ksp. Oerlinghausen), ~ 02.11.1791 in Oerlinghausen, † 23.02.1858 in Augustdorf (Nr. 101).

⚭ 26.12.1812 in Augustdorf
Redeker (Wilhelm-Räker), Anna Maria Wilhelmine (Wilhelmine Friederike Henriette) aus Währentrup (Ksp. Oerlinghausen), ~ 08.02.1789 in Oerlinghausen, † 30.06.1865 in Augustdorf (Nr. 101).

1812 Kolon in Augustdorf, Nr. 3 ▸ S. 124 ff.

1842 Gründer in Augustdorf, Nr. 101 ▸ S. 148.

1842 Gründer in Augustdorf, Nr. 102 ▸ S. 149 f.

1843 Käufer in Augustdorf, Nr. 44 ▸ S. 227 f.

1851 Gründer in Augustdorf, Nr. 109.

Sohn des Vorbesitzers

2 **Redeker** (Räker), Johann Hermann, * 30.03.1830 in Augustdorf (Nr. 101), † 19.12.1912 in Augustdorf.

⚭ [1/2] 20.12.1857 in Augustdorf
Wiele, Hanne Louise Wilhelmine, * 11.02.1835 in Augustdorf (Nr. 29), † 19.01.1914 in Augustdorf.

1858 Kolon in Augustdorf, Nr. 109.

Sohn des Vorbesitzers

3 **Räker,** Hermann Henrich Berend, * 11.03.1862 in Augustdorf, † 10.08.1934 in Detmold, Landeskrankenhaus, ‡ 13.08.1934 in Augustdorf.

⚭ 10.02.1888 in Augustdorf
Hilgenstöhler, Karoline Wilhelmine, * 06.12.1860 in Stapelage, † 06.06.1949 in Augustdorf.

1888 Ziegler und Einlieger in Augustdorf.

1901 Kolon und Landwirt in Augustdorf, Nr. 109.

Augustdorf Nr. 109. Die Stätte im Bereich des heutigen Amselweges existiert nicht mehr. Einer der früheren Besitzer war Hermann Räker.
Sammlung Heimatverein Augustdorf, o. J.

Nr. 102

RÄKER, WINKELMANN, STROHDIEK,
ERNST-WIECHERT-WEG 18

1844 **Kolonatsakte:** „Die Veräußerung von Teilen der Hörster Senne, welche den Kolonen Hanning Nr. 6 in Hörste und Friedrich M. Räker Nr. 3 [▸ S. 124 ff.] zu Augustdorf gehören und die vom Kolon Räker Nr. 3 zu Augustdorf beabsichtigte Anlegung von 2 Neuwohnerstätten.“[87]

1844 **Küstermann:** Gründung durch Räker Nr. 3; 18 1/2 Scheffelsaat [= 3,176 Hektar]. „Die Nummern 101, 102, 109 legte der alte Räker von 103 [korrekt: Nr. 3] an. Die betreffenden Senneteile wurden von Hörster Bauern angekauft (Hanning und Hillbrink)“.[88]

86 Vgl. Müller-König, Augustdorf, S. 211. Die Parzelle zur Gründung der als Leibzucht vorgesehenen Stätte Nr. 109 wurde von der Hofstelle Nr. 101 abgetrennt. Zum Kolonat Nr. 101 vgl. S. 148 in diesem Band.

87 Bei den Neuwohnerstätten handelt es sich um die Kolonate Nr. 101 und Nr. 102.

88 Vgl. Müller-König, Augustdorf, S. 211. Zu den Kolonaten Nr. 3, Nr. 101 und Nr. 109 vgl. auch S. 124 ff., S. 148 und S. 149 in diesem Band.

1846 **Kolonatsakte:** Verkauf der Räkerschen Stätte Nr. 102 vom Leibzüchter Räker Nr. 3 an den Einlieger Fr. Wilhelm Winkelmann in Augustdorf.

1855 **Salbuch:** Räker; Wohnhaus, Ackerland und Hude in der Hörster Senne.

1883 **Salbuch:** Räker; auf Ludwig Strohdiek umgeschrieben am 30. April 1883.

1901 **Adressbuch:** Strohdiek, Ludwig, Ziegelmeister.

1926 **Adressbuch:** Strohdiek, Ludwig, Ziegelmeister a. D.; Strohdiek, Gustav, Postschaffner.

1954 **Adressbuch:** Strohdiek, Gustav, Pensionär; Reborg, Frieda, Angestellte; Schimz, Hedwig, Hausfrau; Senne 102.

1962 **Adressbuch:** Strohdiek, Reinhard, Elektriker; Kehbein, Fritz, Schriftsetzer; Senne 102. Schimz, Hedwig, Hausfrau; Strohdiek, Frieda, Hausfrau; Senneweg 102.

Augustdorf Nr. 102, Erst-Wiechert-Weg 18.
Hof Strohdiek um 1900 mit Blick auf den Hermannsberg.
Sammlung Heimatverein Augustdorf

Gründer 1844

1 **Räker** (Wilhelm-Räker, Redeker), Töns Henrich, geb. Prante, aus Währentrup (Ksp. Oerlinghausen), ~ 02.11.1791 in Oerlinghausen, † 23.02.1858 in Augustdorf (Nr. 101).

⚭ 26.12.1812 in Augustdorf
Redeker (Wilhelm-Räker), Anna Maria Wilhelmine (Wilhelmine Friederike Henriette) aus Währentrup (Ksp. Oerlinghausen), ~ 08.02.1789 in Oerlinghausen, † 30.06.1865 in Augustdorf (Nr. 101).

1812 Kolon in Augustdorf, Nr. 3 ▸ S. 124 ff.

1842 Gründer in Augustdorf, Nr. 101 ▸ S. 148.

1842 Gründer in Augustdorf, Nr. 102.

1843 Käufer in Augustdorf, Nr. 44 ▸ S. 227 f.

1851 Gründer in Augustdorf, Nr. 109 ▸ S. 149.

Käufer 1846

2 **Räker,** Friedrich Wilhelm, geb. Winkelmann, * 21.11.1821 in Gräfinghagen (Ksp. Oerlinghausen), † 30.03.1848 in Augustdorf.

⚭ 08.01.1846 in Augustdorf
3 **Hausmann,** Henriette Florentine Wilhelmine, * 15.04.1821 in Augustdorf (Nr. 60), † 26.09.1880 in Augustdorf.

1846 Kolon in Augustdorf, Nr. 102.

Ehefrau des Vorbesitzers

3 **Räker oder Winkelmann,** Henriette Florentine Wilhelmine, geb. Hausmann, * 15.04.1821 in Augustdorf (Nr. 60), † 26.09.1880 in Augustdorf.

⚭ [1/1] 08.01.1846 in Augustdorf
2 **Räker** Friedrich Wilhelm, geb. Winkelmann, * 21.11.1821 in Gräfinghagen (Ksp. Oerlinghausen), † 30.03.1848 in Augustdorf.

⚭ [2/1] 11.11.1849 in Augustdorf
4 **Strohdiek,** Hermann Heinrich Adolph, * 17.02.1822 in Wellentrup (Ksp. Oerlinghausen), † 15.03.1854 in Augustdorf.

⚭ [3/1] 26.10.1856 in Augustdorf
5 **Strohdiek,** Friedrich Adolf, * 04.04.1830 auf dem Schapeler Hof (Bschft. Hörste, Ksp. Stapelage), † 12.09.1869 in Augustdorf.

1849 Witwe in Augustdorf, Nr. 102.

Zweiter Ehemann der Vorbesitzerin

4 **Winkelmann,** Hermann Heinrich Adolph, geb. Strohdiek, * 17.02.1822 in Wellentrup (Ksp. Oerlinghausen), † 15.03.1854 in Augustdorf.

⚭ [1/2] 11.11.1849 in Augustdorf
3 **Räker oder Winkelmann,** Henriette Florentine Wilhelmine, geb. Hausmann, * 15.04.1821 in Augustdorf (Nr. 60), † 26.09.1880 in Augustdorf.

1849 Kolon in Augustdorf, Nr. 102.

Dritter Ehemann der Besitzerin 3

5 **Räker,** Friedrich Adolf, geb. Strohdiek, * 04.04.1830 auf dem Schapeler Hof (Bschft. Hörste, Ksp. Stapelage), † 12.09.1869 in Augustdorf.

⚭ [1/3] 26.10.1856 in Augustdorf
3 **Räker oder Winkelmann,** Henriette Florentine Wilhelmine, geb. Hausmann, * 15.04.1821 in Augustdorf (Nr. 60), † 26.09.1880 in Augustdorf.

1856 Kolon in Augustdorf, Nr. 102.

Sohn des Vorbesitzers

6 **Strohdiek,** Töns Hermann Louis (Ludwig), * 01.04.1860 in Augustdorf, † 24.07.1929 in Augustdorf.

⚭ 08.12.1883 in Augustdorf
Schmaske, Charlotte Sophie Louise, * 18.05.1860 in Haustenbeck, † 05.05.1934 in Augustdorf.

1883 Kolon und Ziegelmeister in Augustdorf, Nr. 102.

Die Umgemeindung von sechs Kolonaten der früheren Bauerschaft Hörste nach Augustdorf

▪ Die Besiedlung der sogenannten Hörster Senne, die 1842 bzw. 1844 mit der Errichtung der Augustdorfer Kolonate Nr. 101 und Nr. 102 begann, setzte sich Anfang des 20. Jahrhunderts fort. Um 1903 erfolgte die Gründung der Stätten Nr. 165 bis Nr. 170, die zunächst noch zur Gemarkung der damaligen Bauerschaft Hörste gehörten. Unter Verweis auf ein neues Gesetz[89] erbaten die Eigentümer der entsprechenden Hofstellen 1907 eine Umgemeindung.

Als Antragsteller traten auf:

- August Friedrich, Hörste Nr. 110, ab 1908 Augustdorf Nr. 165, Senneweg 2
- Adolf Räker, Augustdorf Nr. 101, Waldstraße 124 und Amselweg 5
- Gottlieb Friedrich, Hörste Nr. 114, ab 1908 Augustdorf Nr. 166, Finkenweg 2 und Senneweg 22
- Heinrich Diekmann, Hörste Nr. 115, ab 1908 Augustdorf Nr. 167, Senneweg 36
- Fritz Räker, Hörste Nr. 111, ab 1908 Augustdorf Nr. 168, Sperberweg 6
- Adolf Kronshage, Hörste Nr. 119, ab 1908 Augustdorf Nr. 170, Senneweg 44
- Heinrich Reker, Hörste Nr. 112, ab 1908 Augustdorf Nr. 169, Senneweg 40

„An die hochfürstliche Regierung zu Detmold …
Wir unterzeichnete Neuwohner der Bauerschaft Hörste richten an die fürstl. Regierung die Bitte, auf Grund des neuen Gesetzes über die Veränderung von Bezirksgrenzen die Umgemeindung unserer Stätten nach Augustdorf veranlassen zu wollen.

Der Sachverhalt ist der folgende:
In früheren Jahren stand an dem südlichen Rande der Stapelager Senne, dicht an der Grenze zu Augustdorf, ein Einliegerhaus des Meiers zu Stapelage, die sogenannte Schäferstätte. Als diese im Jahr 1903 niederbrannte, wurden die dazugehörigen Ländereien parzellenweise verkauft, auf denen dann im folgenden Sommer wieder Neuwohnerstätten gegründet wurden, deren Besitzer die Unterzeichneten sind. Wir alle waren bis dahin Eingesessene von Augustdorf, und unsere neuen Stätten sind von der Grenze unseres Heimatdorfes nur etwa 100 m entfernt. Bis zum Mittelpunkt von Augustdorf haben wir nur einen Weg von etwa 10 Minuten, während der Weg nach Hörste oder Stapelage etwa eine Stunde beträgt und außerdem durch das Gebirge sehr beschwerlich ist, zumal die Wege, die dorthin führen, recht schlecht sind. Mit Hörste oder Stapelage haben wir unter diesen Umständen weder irgendwelche persönliche noch geschäftliche Verbindungen, während wir mit unserer alten und uns unmittelbar benachbarten Heimat Augustdorf in fortwährender Verbindung stehen, seine Wege benutzen und seine Wohltaten in Anspruch nehmen. Diese Verhältnisse sind auch bereits behördlich gewürdigt worden, denn nach einer Verfügung des fürstl. Consistoriums gehören wir sowohl zur Kirchen- wie zur Schulgemeinde Augustdorf. Übrigens sind die uns benachbarten Kolonate No 101, 102, 109 von Augustdorf auch ursprünglich auf Hörster Gebiet angelegt worden, gehören aber seit ihrer Gründung zu Augustdorf.

Unsere bisherigen Bemühungen beim fürstlichen Verwaltungsamt und bei der fürstl. Regierung in dieser Angelegenheit sind erfolglos geblieben, weil die gesetzlichen Unterlagen fehlten, um unsere Bitte erfüllen zu können. Durch das neue oben erwähnte Gesetz sind nunmehr diese Grundlagen geschaffen worden, und es ist in die Hände der fürstlichen Regierung gelegt worden, unbefriedigende Zustände auf diesem Gebiet zu beseitigen. Wir glauben aber, dass die fürstl. Regierung bei näherer Prüfung zu der Überzeugung gelangen wird, dass die bisherigen Zustände für uns nicht nur unbefriedigend, sondern direkt unhaltbar sind, und bitten deshalb, unsere Stätten nach Augustdorf umzugemeinden. Die Gemeindeverwaltung in Hörste hat sich im Prinzip damit auch schon einverstanden erklärt, fordert aber eine Entschädigung von Mk. 7,70 pro Scheffelsaat. Eine derartige Entschädigung widerspricht nach unserer Überzeugung allen Forderungen der Billigkeit, und wir bitten deshalb die fürstliche Regierung, die Entschädigung, an deren Aufbringung wir uns ja gern beteiligen würden, in angemessener Höhe festzusetzen.

Hörste, den 2. April 1907

August Friedrich No 110
Adolf Räker No 101 (Augustdorf)
Gottlieb Friedrich No 114
Heinrich Diekmann No 115
Fritz Räker No 111
Adolf Kronshage No 119
Heinrich Reker No 112 *28.02.1908*
Bescheide zugestellt.“[90]

89 Gesetz, betreffend die Veränderung von Bezirksgrenzen, vom 9. März 1907. Veröffentlicht in: Gesetzes=Sammlung für das Fürstenthum Lippe, Nr. 6/1907, Detmold, vom 17. April 1907. LAV NRW OWL L 75 Nr. 0–IV. Abt. 20 Nr. 15.

90 LAV NRW OWL L 79 Nr. 1938.

Augustdorf Nr. 170, Senneweg 44.
Die Fotografie zeigt das Wohnhaus von Adolf Kronshage.
Ursprünglich Hörste Nr. 119, wurde das Kolonat 1908
nach Augustdorf umgemeindet. A. Fischer, 2023

Nr. 19

POLLMANN,
WALDSTRASSE 133[91]

1780 **Kolonatsakte:** Anlegung einer Neuwohnerstätte durch Johann Töns Pollmann aus Mackenbruch.
1780 **Lindinger:** 13. Stätte, Pollmann.
1780 **Küstermann:** Töns Pollmann; 11 Scheffelsaat [=1,888 Hektar].
1786 **Schreiter:** 18. Johann Töns Pollmann.
1792 **Salbuch:** Johann Töns Pollmann, Hoppenplöcker.
1828 **Volkszählung:** Pollmann, Kolon; Pollmann, Leibzüchter; Kükenhöhner, Fr., Einlieger; 3 Wohnhäuser.
1860 **Kolonatsakte:** Abtretung an Heinrich Pollmann.
1876 **Salbuch:** Pollmann; Verkauf eines Grundstücks an Witwe Luise Brinkmann zur Anlegung der Neuwohnerstätte Nr. 122 [▸ S. 232]; eingetragen am 31. August 1876.
1901 **Adressbuch:** Pollmann, Hermann, Landwirt; Pollmann, Witwe, Leibzüchterin.
1921 **Landwirtschaftliches Adressbuch:** Pollmann, Witwe; 8 Hektar.
1926 **Adressbuch:** Pollmann, Hermann, Landwirt; Pollmann, Joh. Landwirt und Kolonatsbesitzer Nr. 13 [▸ S. 139 ff.].
1953 **Hofkartenbetriebe:** Pollmann, Hermann, 13,28 Hektar.
1954 **Adressbuch:** Pollmann, Minna, Hausfrau; Borutta, Alfred, Ofensetzer; Empen, Robert, Konditor; Grawunder, Franz, Arbeiter; Waldstraße 19.
1962 **Adressbuch:** Pollmann, Hugo, Landwirt; Pollmann, Minna, Hausfrau; Berkemeier, Erich, Arbeiter; Waldstraße 19.

Gründer 1780

1 **Pollmann,** Johann Töns aus Heysundern (Bschft. Müssen, Ksp. Lage), ~ 16.01.1735 in Lage, † 27.07.1795 in Augustdorf.
⚭ 24.03.1759 in Oerlinghausen
Ober (Ober oder Gerth), Anna Louisa, ~ 29.11.1728 in Oerlinghausen, † 12.01.1804 in Augustdorf.
1780 Kolon in Augustdorf, Nr. 19.
1786 Grobweber in Augustdorf, Nr. 19.
1795 Leibzüchter in Augustdorf, Nr. 19.

Sohn des Vorbesitzers

2 **Pollmann,** Johann Berend aus Mackenbruch (Ksp. Oerlinghausen), ~ 05.03.1767 in Oerlinghausen, † 29.04.1830 in Augustdorf.
⚭ [1/1] 31.03.1795 in Augustdorf
Friedrich, Anne Catharine Ilsabein aus Müssen (Ksp. Lage), * um 1764 in Müssen, † 22.03.1800 in Augustdorf.
⚭ [2/1] 08.10.1800 in Augustdorf
Schapeler, Anna Margretha Ilsabein vom Schapeler Hof (Bschft. Hörste, Ksp. Stapelage), * um 1774, † 19.01.1809 in Augustdorf.
⚭ [3/1] 27.08.1809 in Augustdorf
Piwit, Anna Margretha Ilsabein aus Waddenhausen (Ksp. Lage), ~ 14.06.1778 in Lage, † 27.01.1830 in Augustdorf.
1800 Kolon in Augustdorf, Nr. 19.
1809 Witwer und Hoppenplöcker in Augustdorf Nr. 19.

Tochter des Vorbesitzers

3 **Pollmann,** Amalia Florentine Wilhelmine Henriette, * 06.01.1796 in Augustdorf, † 17.05.1830 in Augustdorf.
⚭ 04.03.1821 in Augustdorf
4 **Uekermann,** Johann Herman Philipp, * 03.02.1793 in Senne (Amt Oerlinghausen, Ksp. Oerlinghausen), † 19.10.1869 in Augustdorf.
1830 Anerbin in Augustdorf, Nr. 19.

Ehemann der Vorbesitzerin

4 **Pollmann,** Johann Herman Philipp, geb. Uekermann, * 03.02.1793 in Senne (Amt Oerlinghausen, Ksp. Oerlinghausen), † 19.10.1869 in Augustdorf.
⚭ [1/1] 04.03.1821 in Augustdorf
3 **Pollmann,** Amalia Florentine Wilhelmine Henriette, * 06.01.1796 in Augustdorf, † 17.05.1830 in Augustdorf.
⚭ [2/1] 31.10.1830 in Augustdorf
Pollmann, Wilhelmine Louisa Amalia, * 05.11.1807 in Augustdorf (Nr. 80), † 21.03.1876 in Augustdorf.
1831 Kolon in Augustdorf, Nr. 19.
1856 Besitzer in Augustdorf, Nr. 65 ▸ S. 247 f.
1869 Leibzüchter in Augustdorf, Nr. 19.

Sohn des Vorbesitzers

5 **Pollmann,** Berend Heinrich Christoph, * 20.03.1822 in Augustdorf, † 22.11.1882 in Augustdorf.
⚭ 01.05.1853 in Augustdorf
Böger, Wilhelmine Sophie, * 09.01.1832 in Augustdorf (Nr. 51), † 01.10.1901 in Augustdorf.
1853 Anerbe und Kolon in Augustdorf, Nr. 19.
1882 Leibzüchter in Augustdorf, Nr. 19.

Sohn des Vorbesitzers

6 **Pollmann,** Hermann Heinrich Christian, * 06.02.1854 in Augustdorf, † 08.06.1919 in Augustdorf.
⚭ 05.11.1882 in Augustdorf
Schierenberg, Hanne Friedrike Henriette, * 28.12.1860 in Augustdorf (Nr. 13), † 23.05.1946 in Augustdorf.
1901 Landwirt in Augustdorf, Nr. 19.

91 Die alten Gebäude der Stätte Pollmann wurden 1995 abgebrochen, an der Stelle entstand das Neubaugebiet Asternweg, vgl. Johannsen-Milde, Augustdorf, S. 62 ff.

Hermann Pollmann und seine Ehefrau Hanne Friederike Henriette geb. Schierenberg mit ihren neun Kindern und einer weiteren Person, um 1903. Privatbesitz B. Wißbrok

Augustdorf Nr. 19, Luftaufnahme der Stätte Pollmann. Der Hof war 1992 an eine Wohnungsbaugesellschaft verkauft worden. Nach dem Abriss der Gebäude entstand dort die Siedlung im Bereich des heutigen Asternwegs. Privatbesitz B. Wißbrok, o. J.

Nr. 20

SIELEMANN, LEPPELMEIER, POLLMANN, PUCKER, WALDSTRASSE 137, 141

1780 **Kolonatsakte:** Anlegung einer Neuwohnerstätte durch Jacob Sielemann aus Wistinghausen.
1780 **Küstermann:** Gründung; 20 Scheffelsaat [= 3,433 Hektar].
1782 **Kolonatsakte:** Jacob Sielemann aus Wistinghausen, Neuvermessung und Taxation, 12. Stätte.
1786 **Schreiter:** 19. Jacob Sielemann.
1788 **Kolonatsakte:** Anbau am Dören des Einliegers Adolph Pollmann von Schapelers Stätte in der Senne, diesseits des Kohlenweges.
1792 **Salbuch:** Jacob Sielemann modo [= jetzt] Johann Herm Adolph Pollmann, Hoppenplöcker.
1828 **Volkszählung:** Pollmann, Kolon; 1 Wohnhaus.
1837 **Kolonatsakte:** Verkauf der Pollmannschen Stätte Nr. 20 in Augustdorf an den Anerben Hermann Leppelmeier von Nr. 64 [▸ S. 285 ff.] daselbst.
1869 **Kolonatsakte:** Abtretung an den Anerben Hermann Pollmann daselbst.
1869 **Salbuch:** Pollmann; gemäß Anerbenrecht auf Hermann Pollmann umgetragen am 23. Dezember 1869.
1901 **Adressbuch:** Pollmann, Hermann, Landwirt; Pollmann, Hermann, Ziegler; Berkemeier, Gustav, Ziegler.
1921 **Landwirtschaftliches Adressbuch:** Pollmann, H.; 11 Hektar.
1926 **Adressbuch:** Pollmann, Hermann, Ziegelmeister a. D.; Pollmann, Hermann, Leibzüchter.
1939 **Grundsteuerrolle:** Neubau eines Wohnhauses mit Stallanbau, Pollmann behält die Nr. 20. Verkauf der Hofstelle und Vergabe der Hausnummer 304.
1954 **Adressbuch:** Pollmann, Grete, Weberin; Günther, Wilhelmine, Hausfrau; Heidbrink, Berta, Weberin; Pfetzing, Wilhelm, Rentner; Westermann, Karl-Heinz, Bäcker; Waldstraße 20. Pucker, August, Landwirt; Pucker, Friedrich, Rentner; Hübner, Paul, Schweinemeister; Kronshage, Adolf, Rentner; Pfetzing, Walter, Former; Waldstraße 304.
1962 **Adressbuch:** Pollmann, Hermann, Sparkassenangestellter; Pollmann, Grete; Maiwald, Walter, Maler; Waldstraße 20. Pucker, August, Maurer; Hübner, Paul, Arbeiter; Tick, Heinrich, Automatendreher; Waldstraße 304.

92 Unter diesem Datum verzeichnet das Stapelager Kirchenbuch einen Johann Berend Sielemann. Vermutlich handelt es sich dabei um den Gründer der Augustdorfer Stätte Nr. 20, eine eindeutige Identifizierung ist allerdings anhand der vorliegenden Belege nicht möglich.

Gründer 1780

1 **Sielemann,** Johann Jacob,
~ vermutlich am 11.01.1728[92] in Stapelage.
⚭ 02.05.1751 in Stapelage
Schulze, Anna Maria Ilsabein.
1751 Diener in Stapelage, beim Meyer zu Stapelage.
1756 Einlieger in Hörste (Ksp. Stapelage).
1780 Kolon in Augustdorf, Nr. 20.
1789 Gründer in Augustdorf, Nr. 40 ▸ S. 254 f.

Sohn des Vorbesitzers

2 **Sielemann,** Berend Hermann, ~ 03.03.1756 in Stapelage.
⚭ 25.09.1789 in Stapelage
Brüning (Brunings), Anne Catharine aus Ehrentrup (Ksp. Lage), * um 1769.
1785 Kolon in Augustdorf, Nr. 20.

Besitzer 1789

3 **Pollmann,** Johann Hermann Adolph aus Greste (Ksp. Oerlinghausen), ~ 23.02.1749 in Oerlinghausen, † 11.04.1824 in Augustdorf.
⚭ [1/1] um 1775 (Ort unbekannt)
Büker, Anne Margarethe Elisabeth, * um 1750, † 13.04.1792 in Augustdorf.
⚭ [2/2] 16.09.1792 in Stapelage
Markmann (Marxs) [Witwe], Amalie Elisabeth (Anna Amalia Ilsabein), * um 1754, † 09.02.1817 in Augustdorf.
1775 Einlieger auf dem Schapeler Hof (Bschft. Hörste, Ksp. Stapelage).
1789 Kolon in Augustdorf, Nr. 20.

Sohn des Vorbesitzers

4 **Pollmann,** Johann Berend Christoph, * 31.01.1781 in Stapelage, † 10.11.1848 in Augustdorf.
⚭ 15.11.1807 in Augustdorf
Friedrich, Amalie Ilsabein, * 06.08.1785 in Pivitsheide (Ksp. Stapelage), † 02.11.1848 in Augustdorf.
1807 Kolon in Augustdorf, Nr. 20.
1824 Kirchendeche in Augustdorf.
1848 Leibzüchter in Augustdorf, Nr. 20.

Käufer 1837

5 **Pollmann,** Hermann Heinrich Adolph, geb. Leppelmeier, * 18.09.1810 in Augustdorf (Nr. 64), † 12.05.1857 in Augustdorf.
⚭ 08.10.1837 in Augustdorf
6 **Gärtner,** Catharina Amalia (Anna Catharina Amalia), * 19.03.1813 in Augustdorf (Nr. 7), † 26.09.1887 in Augustdorf.
1837 Anerbe in Augustdorf, Nr. 64 ▸ S. 285 ff.
1837 Kolon in Augustdorf, Nr. 20.

Augustdorf Nr. 20, Waldstraße 137. Im Jahr 1938 erwarb die aus Haustenbeck stammende Familie Pucker die Hofstelle, die danach zunächst die Hausnummer 304 erhielt; später lautete die Adresse Waldstraße 141. Die vormalige Stättennummer 20 blieb ebenfalls bestehen, sie wurde von Ziegelmeister Hermann Pollmann für seinen während der 1930er Jahre errichteten Neubau übernommen, der hier abgebildet ist. A. Fischer, 2023

Ehefrau des Vorbesitzers

6 **Pollmann,** Catharina Amalia (Anna Catharina Amalia), geb. Gärtner, * 19.03.1813 in Augustdorf (Nr. 7), † 26.09.1887 in Augustdorf.

⚭ [1/1] 08.10.1837 in Augustdorf
5 **Pollmann,** Hermann Heinrich Adolph, geb. Leppelmeier, * 18.09.1810 in Augustdorf (Nr. 64), † 12.05.1857 in Augustdorf.

⚭ [2/1] 11.04.1858 in Augustdorf
7 **Dierk,** Hermann Heinrich Christoph, * 22.02.1827 in Augustdorf (Nr. 21), † 27.07.1910 in Augustdorf.

1858 Witwe in Augustdorf, Nr. 20.

Zweiter Ehemann der Vorbesitzerin

7 **Pollmann,** Hermann Heinrich Christoph, geb. Dierk, * 22.02.1827 in Augustdorf (Nr. 21), † 27.07.1910 in Augustdorf.

⚭ [1/2] 11.04.1858 in Augustdorf
6 **Pollmann,** Catharina Amalia (Anna Catharina Amalia), geb. Gärtner, * 19.03.1813 in Augustdorf (Nr. 7), † 26.09.1887 in Augustdorf.

1858 Kolon und Interimswirt in Augustdorf, Nr. 20.
1860 Kirchendeche in Augustdorf.

Sohn des Besitzers 5

8 **Pollmann,** Hermann Heinrich Alexander, * 30.10.1843 in Augustdorf, † 03.09.1926 in Augustdorf.

⚭ [1/1] 12.12.1869 in Augustdorf
Bügener, Luise Wilhelmine Amalie, * 09.12.1850 in Augustdorf (Nr. 9), † 16.05.1881 in Augustdorf.

⚭ [2/1] 08.10.1882 in Augustdorf
Becker, Karoline Johanne Louise, * 04.10.1862 in Haustenbeck, † 09.04.1950 in Augustdorf.

1869 Kolon und Landwirt in Augustdorf, Nr. 20.
1901 Landwirt in Augustdorf, Nr. 20.
1926 Leibzüchter in Augustdorf, Nr. 20.

Sohn des Vorbesitzers

9 **Pollmann,** Hermann Heinrich, * 31.10.1870 in Augustdorf, † 24.08.1939 in Augustdorf.

⚭ 09.11.1900 in Augustdorf
Schulze, Louise Wilhelmine, * 28.08.1874 in Augustdorf (Nr. 112), † 20.02.1945 in Augustdorf.

1900 Anerbe in Augustdorf, Nr. 20.
1901 Ziegler in Augustdorf, Nr. 20.
1926 Ziegelmeister a. D. in Augustdorf, Nr. 20.

Nr. 21

DIERK (DIERKMANN, DIEDERICH, DIERKS, DIERCKS), FREITAG, WALDSTRASSE 147

1782 **Kolonatsakte:** Anlegung einer Neuwohnerstätte durch Einlieger Conrad Dierks aus Wistinghausen.
1782 **Küstermann:** Dierk; 16 Scheffelsaat [= 2,747 Hektar].
1783 **Kolonatsakte:** Einlieger Konrad Dierk, Einlieger bei dem Meyer zu Wistinghausen [Bschft. Währentrup, Ksp. Oerlinghausen] Anbau am Dören.
1786 **Schreiter:** 21. Johann Conrad Dierks.
1792 **Salbuch:** Johann Conrad Diercks, Hoppenplöcker.
1812 **Salbuch:** Kolonat Nr. 21 des Justus Pollmann, später Dierks.
1828 **Volkszählung:** Dierk, Kolon; Dierk, Leibzüchter; 1 Wohnhaus.
1835 **Kolonatsakte:** Versetzung des Wohnhauses auf dem Dierkschen Kolonat Nr. 21 zu Augustdorf.
1885 **Salbuch:** Dierks; auf Hermann Dierk umgeschrieben am 10. März 1885.
1901 **Adressbuch:** Dierk, Hermann, Landwirt; Dierk, Wilhelm, Leibzüchter; Burmeier, Friedrich, Ziegler; Hofmeister, Heinrich, Ziegler.
1921 **Landwirtschaftliches Adressbuch:** Dierk, Hermann; 9 Hektar.
1926 **Adressbuch:** Dierk, Hermann, Landwirt und Ziegler; Dierk, Hermann, Schlachter.
1954 **Adressbuch:** Freitag, Julius, Landwirt; Waldstraße 21.
1962 **Adressbuch:** Freitag, Julius, Schlosser; Freitag, Julius sen., Landwirt; Waldstraße 21.

Gründer 1782

1 **Diederich** (Dierk), Johann Conrad aus Kachtenhausen (Ksp. Oerlinghausen), ~ 05.07.1739 in Oerlinghausen, † 22.01.1806 in Augustdorf.

⚭ Erste Ehe unbekannt.

⚭ [2/1] 05.09.1761 in Oerlinghausen
Wellige, Anna Maria Cathrine aus Wellentrup (Ksp. Oerlinghausen), * um 1727, † 30.04.1799 in Augustdorf.

⚭ [3/2] 07.08.1799 in Stapelage
Schulze [Witwe], Dorothee Sophie aus Pivitsheide.

1762 Einlieger in Ubbedissen, auf Lückings Hof.
1782 Einlieger in Wistinghausen (Bschft. Währentrup, Ksp. Oerlinghausen).
1786 Kolon und Dielenschneider in Augustdorf, Nr. 21.
1806 Leibzüchter in Augustdorf, Nr. 21.

Sohn des Vorbesitzers

2 **Dierk** (Dierkmann, Diederich), Johann Christoph aus Ubbedissen (Ksp. Oerlinghausen), ~ 10.10.1762 in Oerlinghausen, † 13.02.1809 in Augustdorf.

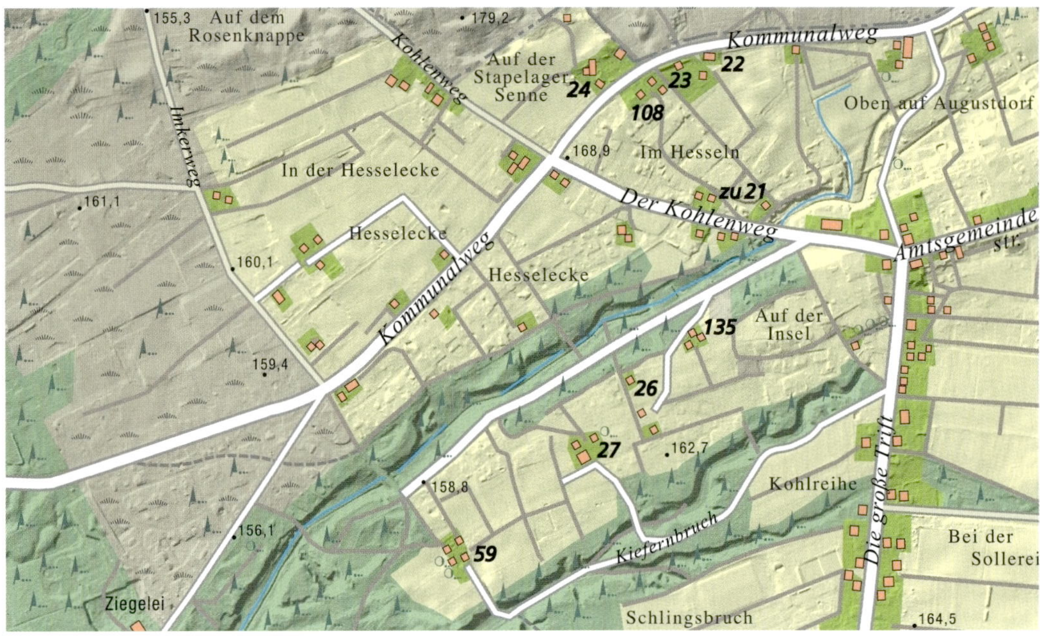

Die heutige Waldstraße, westlicher Teil. Ausschnitt aus der Karte „Augustdorf 1900". Kartografie J. Rosenberg, 2024

⚭ [1/1] 10.11.1782 in Oerlinghausen
Krüger, Anna Cathrina aus Waddenhausen (Ksp. Lage).

⚭ [2/1] 27.11.1791 in Stapelage
3 Diekmann, Anne Marie Elisabeth (Anna Sophie Amalia) aus Breitenheide (Ksp. Lage), ~ 13.08.1775 in Lage, † 22.09.1835 in Augustdorf.

1791 Einlieger in Augustdorf.
1800 Hoppenplöcker in Augustdorf, Nr. 21.

Ehefrau des Vorbesitzers

3 Dierk, Anne Marie Elisabeth (Anna Sophie Amalia), geb. Diekmann, aus Breitenheide (Ksp. Lage), ~ 13.08.1775 in Lage, † 22.09.1835 in Augustdorf.

⚭ [1/2] 27.11.1791 in Stapelage
2 Dierk (Dierkmann, Diederich), Johann Christoph, aus Ubbedissen (Ksp. Oerlinghausen), ~ 10.10.1762 in Oerlinghausen, † 13.02.1809 in Augustdorf.

⚭ [2/2] 02.12.1810 in Augustdorf
4 Pollmann, Augustus (Johann Justus) aus Mackenbruch (Ksp. Oerlinghausen), ~ 12.03.1761 in Oerlinghausen, † 03.07.1832 in Augustdorf.

1810 Witwe in Augustdorf, Nr. 21

Zweiter Ehemann der Vorbesitzerin, Interimswirt

4 Dierk, Augustus (Johann Justus), geb. Pollmann aus Mackenbruch (Ksp. Oerlinghausen), ~ 12.03.1761 in Oerlinghausen, † 03.07.1832 in Augustdorf.

⚭ [1/1] 04.11.1786 in Lage
Friedrich, Anna Maria Sophie Catrine aus Hüntrup (Bschft. Müssen, Ksp. Lage), * um 1761, † 01.08.1810 in Augustdorf.

⚭ [2/2] 02.12.1810 in Augustdorf
3 Dierk, Anne Marie Elisabeth (Anna Sophie Amalia), geb. Diekmann aus Breitenheide (Ksp. Lage), ~ 13.08.1775 in Lage, † 22.09.1835 in Augustdorf.

1788 Einlieger in Hüntrup (Bschft. Müssen, Ksp. Lage).
1789 Gründer in Augustdorf, Nr. 26 ► S. 170 f.
1810 Witwer und Einlieger in Augustdorf.
1832 Leibzüchter in Augustdorf, Nr. 21.

Sohn des Besitzers 2

5 Dierk, Johann Hermann Conrad, * 19.10.1792 in Augustdorf, † 06.06.1854 in Augustdorf.

⚭ [1/1] 31.03.1816 in Augustdorf
Erfkamp, Anna Katharina Wilhelmine, * 25.03.1793 in Augustdorf (Nr. 49), † 25.05.1840 in Augustdorf.

⚭ [2/1] 24.01.1841 in Augustdorf
Sieweke, Maria Sophie Florentine, * 11.07.1807 in Pivitsheide (Ksp. Stapelage), † 13.08.1842 in Augustdorf.

⚭ [3/2] 26.01.1843 in Augustdorf
Gronemeier, Anna Maria Katharine, * 10.03.1810 in Pivitsheide (Ksp. Stapelage), † 28.03.1877 in Augustdorf.

1816 Kolon in Augustdorf, Nr. 21.
1844 Kirchenältester in Augustdorf.
1854 Leibzüchter in Augustdorf, Nr. 21.

Sohn des Vorbesitzers

6 **Dierk,** Johann Hermann Friedrich Wilhelm (Heinrich), ⋆ 16.02.1817 in Augustdorf, † 06.01.1903 in Augustdorf.

⚭ 27.10.1843 in Augustdorf
Wiebusch, Anna Marie Wilhelmine Henriette, ⋆ 11.05.1819 in Augustdorf (Nr. 62), † 24.04.1904 in Augustdorf.

1843 Kolon in Augustdorf, Nr. 21.
1853 Vorsteher in Augustdorf.
1903 Leibzüchter in Augustdorf, Nr. 21.

Sohn des Vorbesitzers

7 **Dierk,** Hermann Friedrich Adolph, ⋆ 04.06.1851 in Augustdorf, † 19.01.1905 in Augustdorf.

⚭ 25.10.1874 in Augustdorf
Obermeier, Hanne Karoline Amalie, ⋆ 26.07.1851 in Augustdorf, † 12.12.1910 in Augustdorf.

1874 Anerbe und Kolon in Augustdorf, Nr. 21.

Sohn des Vorbesitzers

8 **Dierk,** Hermann, ⋆ 17.11.1877 in Augustdorf, † 11.04.1933 in Augustdorf.

⚭ 08.11.1905 in Augustdorf
Schildmann, Sophie Wilhelmine Henriette, ⋆ 30.05.1886 in Haustenbeck.

1905 Anerbe in Augustdorf, Nr. 21.
1926 Landwirt und Ziegler in Augustdorf, Nr. 21.

Augustdorf Nr. 21, Waldstraße 147. Die Aufnahme zeigt das nach 1890 errichtete Wohnhaus der Familie Dierk, nachmalig Julius Freitag. Das Areal der Stätte Nr. 21 reichte ursprünglich bis zur heutigen Sandstraße, wo die ersten Bauten entstanden. Das dortige Leibzuchtgebäude wurde später verkauft; es erhielt anschließend die Nr. 160. Sammlung Heimatverein Augustdorf, o. J.

Nr. 22

HOFMEISTER (HOFFMEISTER), RUBART (RUBARTH, RAUBARTH), WALDSTRASSE 155

1782 **Kolonatsakte:** Anlegung einer Neuwohnerstätte durch (Johann) Hermann Hofmeister.
1782 **Küstermann:** Hofmeister; 13 Scheffelsaat [=2,232 Hektar].
1782 **Kolonatsakte:** Einlieger Hofmeister aus Pottenhausen, Neuvermessung und Taxation der 13. Stätte.
1786 **Schreiter:** 20. Johann Herm Hofmeister.
1792 **Salbuch:** Johann Herm Hofmeister, Hoppenplöcker.
1794 **Kolonatsakte:** Verkauf an den Einlieger Johann Friedrich Wilhelm Rubart von der Pivitsheide.
1828 **Volkszählung:** Rubarth, Kolon; Rubarth, Leibzüchter; 2 Wohnhäuser.
1869 **Kolonatsakte:** 1.) Verkauf der Rubartschen Stätte Nr. 22 zu Augustdorf von dem Kolon Rubart an seine Tochter Johanne Rubart. 2.) Abtretung der Rubartschen Stätte durch Johanne Rubart an ihren Bruder Heinrich Rubart.
1869 **Salbuch:** Hofmeister; Verkauf an Heinrich Rubart; eingetragen am 10. Juni 1869.
1901 **Adressbuch:** Rubart, August, Landwirt; Burmeier, Witwe, Weberin.
1921 **Landwirtschaftliches Adressbuch:** Rubart, Aug.; 10 Hektar.
1926 **Adressbuch:** Rubart, August, Landwirt.
1954 **Adressbuch:** Rubart, Gustav, Düngemittel- und Kohlenhandlung; Waldstraße 22.
1962 **Adressbuch:** Rubart, Gustav, Kohlen und Kunstdünger; Bruns, Wilfried, Bankangestellter; Waldstraße 22.

Gründer 1782

1 **Hofmeister (Hoffmeister vulgo** [=gemeinhin genannt] **Padweg),** Johann Hermann Henrich aus Pottenhausen (Ksp. Lage), ⋆ um 1742, † 06.06.1814 in Augustdorf.

⚭ [1/1] 25.05.1775 in Lage
Bax, Anne Catharine aus Pivitsheide, † 18.05.1788 in Augustdorf.

⚭ [2/1] 21.09.1788 in Stapelage
Dierk (Dierks, Diedrich), Anne Louise Cathrina Elisabeth aus Ubbedissen (Ksp. Oerlinghausen), ~ 02.04.1764 in Oerlinghausen, † 09.02.1841 in Augustdorf.

1782 Kolon in Augustdorf, Nr. 22.
1794 Gründer in Augustdorf, Nr. 66 ▸ S. 241 f.

Käufer 1794

2 **Rubart** (Raubarth), Johann Friedrich Wilhelm, ⋆ 28.02.1766 in Pivitsheide (Ksp. Stapelage), † 24.09.1813 in Augustdorf.

⚭ 23.11.1795 in Stapelage

3 Niebuhr, Anna Catharina Elisabeth (Anne Marie Elisabeth), ⋆ 17.04.1769 in Pivitsheide (Ksp. Stapelage), † 31.05.1831 in Augustdorf.

1794 Einlieger in Pivitsheide (Ksp. Stapelage).

1794 Kolon in Augustdorf, Nr. 22.

Ehefrau des Vorbesitzers

3 **Rubart,** Anna Catharina Elisabeth (Anne Marie Elisabeth), geb. Niebuhr, ⋆ 17.04.1769 in Pivitsheide (Ksp. Stapelage), † 31.05.1831 in Augustdorf.

⚭ [1/1] 23.11.1795 in Stapelage

2 Rubart (Raubarth), Johann Friedrich Wilhelm, ⋆ 28.02.1766 in Pivitsheide (Ksp. Stapelage), † 24.09.1813 in Augustdorf.

⚭ [2/1] 24.04.1814 in Augustdorf

4 Kruse, Johann Friedrich Conrad, ⋆ 09.06.1785 in Augustdorf (Nr. 4), † 28.10.1828 in Augustdorf.

1814 Witwe in Augustdorf, Nr. 22.

Augustdorf Nr. 22, Waldstraße 155. Ansicht des Kolonats Rubart. Das Bild wurde im Jahr 1944 von einem Kriegsgefangenen gemalt. Privatbesitz M. Rubart

Zweiter Ehemann der Vorbesitzerin, Interimswirt

4 **Rubart,** Johann Friedrich Conrad, geb. Kruse, ⋆ 09.06.1785 in Augustdorf (Nr. 4), † 28.10.1828 in Augustdorf.

⚭ [1/2] 24.04.1814 in Augustdorf

3 Rubart, Anna Catharina Elisabeth (Anne Marie Elisabeth), geb. Niebuhr, ⋆ 17.04.1769 in Pivitsheide (Ksp. Stapelage), † 31.05.1831 in Augustdorf.

1814 Interimswirt in Augustdorf, Nr. 22.

Sohn des Besitzers 2

5 **Rubart,** Johann Hermann (Johann Heinrich), ⋆ 21.03.1797 in Augustdorf, † 13.04.1882 in Augustdorf.

⚭ [1/1] 04.11.1821 in Augustdorf

Baumann, Louise Catharine Christine, ⋆ 08.10.1800 in Berlebeck (Ksp. Heiligenkirchen), † 29.01.1823 in Augustdorf.

⚭ [2/1] 08.06.1823 in Augustdorf

Sprick, Anna Marie Wilhelmine Cathrine, ⋆ 24.10.1801 in Augustdorf (Nr. 30), † 03.02.1872 in Augustdorf.

1821 Kolon in Augustdorf, Nr. 22.

1882 Leibzüchter in Augustdorf, Nr. 22.

Tochter des Vorbesitzers

6 **Rubart,** Wilhelmine Karoline (Johanne), ⋆ 20.12.1828 in Augustdorf, † 21.11.1889 in Augustdorf.

⚭ 12.12.1852 in Augustdorf

Sielemann, Hermann Friedrich Wilhelm, ⋆ 17.02.1821 in Augustdorf (Nr. 18), † 13.01.1899 in Augustdorf.

1869 Besitzerin in Augustdorf, Nr. 22

Bruder der Vorbesitzerin, Käufer 1869

7 **Rubart,** Töns Heinrich Adolph, ⋆ 05.10.1836 in Augustdorf, † 02.04.1904 in Augustdorf.

⚭ [1/1] 02.12.1866 in Augustdorf

Heistermann, Wilhelmine Friederike Amalie, ⋆ 28.12.1840 in Augustdorf (Nr. 24), † 09.02.1879 in Augustdorf.

⚭ [2/1] 01.10.1880 in Augustdorf

Rubarth, Johanne Wilhelmine, ⋆ 23.06.1845 in Pivitsheide (Ksp. Stapelage), † 24.07.1883 in Augustdorf.

⚭ [3/2] 14.06.1885 in Augustdorf

Pöpper, Anne Marie Florentine Henriette, geb. Tegeler, ⋆ 15.09.1846 in Augustdorf (Nr. 46), † 06.05.1896 in Augustdorf.

1869 Kolon in Augustdorf, Nr. 22.

1904 Leibzüchter in Augustdorf, Nr. 22.

Sohn des Vorbesitzers

8 **Rubart,** Heinrich Friedrich August, ⋆ 08.10.1869 in Augustdorf, † 05.08.1945 in Augustdorf.

⚭ 09.02.1897 in Augustdorf

Wistinghausen, Karline Louise (Lina), ⋆ 13.04.1874 in Augustdorf (Nr. 39), † 13.07.1963 in Augustdorf.

1926 Landwirt in Augustdorf, Nr. 22.

Nr. 23

HAHNE (HAHN), DIEKMANN (DIECKMANN), ARND (ARNDT, AREND), TEGELER, WALDSTRASSE 161[93]

1780 **Kolonatsakte:** Antrag auf Anlegung einer Neuwohnerstätte durch den kaiserlichen Musketier Franz Hahn aus Böhmen, zuletzt Stukenbrock.

1780 **Lindinger:** VIII. kaiserl. Unteroffizier Hahne („... ist nicht gekommen")[94].

1784 **Kolonatsakte:** Kolon Hans Henrich Diekmann aus Heepen bei Bielefeld, gebürtig aus Wülfer[95], Amt Schötmar, Maurer, Anbau am Dören.

1784 **Küstermann:** Hans Henrich Diekmann[96]; 28 Scheffelsaat [= 4,806 Hektar].

1786 **Schreiter:** 22. Hanß Henrich Diekmann.

1792 **Salbuch:** Hans Henrich Dieckmann, Hoppenplöcker.

1828 **Volkszählung:** Diekmann, Kolon; Solle, Einlieger; 2 Wohnhäuser.

1847 **Kolonatsakte:** Verkauf an den Kolon Plaßmeier[97] aus Hiddesen. Da der Käufer keine Zahlungen leistet, kommt die Übertragung der Stätte nicht zustande.

1848 **Besitzer:** Adolph Rieks oder Ebert von Nr. 94 [▸ S. 182 f.].

1849 **Kolonatsakte:** Verkauf an den Einlieger Hermann Schapeler zu Hörste.

1850 **Kolonatsakte:** Verkauf an Hermann Arnd von Nr. 48 [▸ S. 196 f.].

1856 **Kolonatsakte:** Zwischen den Kolonen Diekmann Nr. 23 und Tegeler Nr. 92 [▸ S. 268 f.] über ihrer Stätten abgeschlossener Tauschkontrakt.

1876 **Kolonatsakte:** Abtretung des Diekmannschen Kolonats Nr. 23 in Augustdorf von der bisherigen Kolona Witwe Diekmann Nr. 23 zu Augustdorf an ihren ältesten Sohn und Anerben Adolph Diekmann.

1877 **Salbuch:** Diekmann; Abtretung an Adolf Diekmann; umgeschrieben am 7. Juli 1877.

1901 **Adressbuch:** Diekmann, Adolf, Landwirt; Burmeier, August, Ziegler; Rose, Adolf, Ziegler.

1921 **Landwirtschaftliches Adressbuch:** Diamant[98], Frau; 9 Hektar.

1926 **Adressbuch**[99]**:** Diekmann, Minna, Witwe, Landwirtin; Strate, Friedrich, Ziegler.

1954 **Adressbuch:** Diekmann, Elisabeth, Hausfrau; Born, Eduard, Rentner; Heidsiek, Heinz, Weber; Waldstraße 23.

1962 **Adressbuch:** Diekmann, Elisabeth, Hausfrau; Obermeier, Gustav, Invalide; Waldstraße 23.

Gründer 1790

1 **Diekmann,** Hans Henrich, ⋆ 21.08.1739 in Heerserheide (Bschft. Holzhausen, Ksp. Schötmar), † 27.04.1817 in Augustdorf.

⚭ [1/1] um 1770
Meyer, Anne Catharine, ⋆ um 1751, † 10.04.1794 in Augustdorf.

⚭ [2/1] 25.03.1795 in Stapelage
Arend, Anna Margretha Elisabeth (Catharine), ⋆ um 1759, † 31.10.1808 in Augustdorf.

⚭ [3/2] 03.06.1816 in Augustdorf
Vogt, Hanna Catharina, geb. [N.N.], ⋆ um 1750, † 18.08.1833 in Augustdorf.

1781 Maurer in Heepen.
1784 Neuwohner in Augustdorf, Nr. 23.
1817 Leibzüchter in Augustdorf, Nr. 23.

Vermutlich Sohn des Vorbesitzers

2 **Diekmann,** Carl David, ⋆ um 1772, † 19.06.1804 in Augustdorf.

⚭ 28.12.1800 in Augustdorf
Kindsgrab, Anne Margarethe Elisabeth aus Senne (Ksp. Oerlinghausen), ⋆ um 1772, † 09.10.1804 in Augustdorf.

1800 Hoppenplöcker in Augustdorf, Nr. 23.

---

93 Zum Areal des Kolonats Nr. 23 gehörte ursprünglich auch die spätere Stätte Nr. 108, heute Waldstraße 163, vgl. S. 165 in diesem Band.

94 Müller-König, Augustdorf, S. 29.

95 Im Rahmen der Kirchenbuchrecherchen hat sich herausgestellt, dass Hans Henrich Diekmann in Heerserheide (Bschft. Holzhausen, Ksp. Schötmar) geboren wurde; er war ein Bruder des Johann Hermann Diekmann, Gründer der Stätte Nr. 42, vgl. S. 188 f. in diesem Band.

96 Hans Henrich Diekmann ist auf der Lindinger-Karte von 1780 für die neunte Stätte eingetragen, nach Küstermann baute dort jedoch Hans Herm Hüpohl, später Friedrich Nr. 14, vgl. S. 141 f. in diesem Band. Diekmann wiederum errichtet 1780 die nachmalige Nr. 23; laut Plan war das Grundstück „No. VIII" ursprünglich für den Unteroffizier Hahne vorgesehen, vgl. LAV NRW OWL L 92 T1 Tit. 47 Nr. 106.

97 Bei „Kolon Plaßmeier" handelte es sich vermutlich um Christoph Adolf Plassmeier aus Hiddesen, der schließlich mit seiner Frau Charlotte Friederike Elisabeth Diekmann, geboren am 24.04.1813 in Augustdorf, 1850 nach Bellenberg Nr. 18 verzog. Die Anbahnung des am Ende gescheiterten Geschäftes erfolgte möglicherweise vor dem Hintergrund verwandtschaftlicher Beziehungen, die Ehefrau Plassmeiers war eine Cousine 2. Grades Hermann Diekmanns. Freundlicher Hinweis von Frank Scheuß, Gütersloh.

98 Korrekterweise muss es Diekmann heißen.

99 Der Eintrag zum Hof Diekmann ist im Adressbuch von 1926 unter Nr. 24 aufgeführt.

Augustdorf Nr. 23.
Ehemaliges Wohnhaus der Stätte Diekmann,
um 1930. Privatbesitz B. Diekmann

Besitzer 1819,[100] Neffe des Besitzers 1

3 **Frohne geb. Diekmann,** Johann Hermann Philipp,
* 11.07.1780 in Wülfer (Ksp. Schötmar), † 07.03.1847
in Herkendorf (Flecken Aerzen, Amt Hameln).
⚭ 24.10.1802 in Augustdorf
Deppe (Moellers), Amalia Elisabeth „aus der Mühle
zu Heiden“, ~ 13.06.1779 in Heiden, † 14.08.1846
in Herkendorf (Flecken Aerzen, Amt Hameln).
1802 Kolon in Augustdorf, Nr. 42.
1816 Kolon in Augustdorf, Nr. 38 ▸ S. 259 ff.
1819 Besitzer in Augustdorf, Nr. 23 ▸ S. 161 ff.
1836 Kolon in Cappel (Amt Blomberg), Nr. 5.
1840 Brinksitzer in Herkendorf (Flecken Aerzen,
Amt Hameln).

Besitzer 1826, Sohn des Besitzers 2

4 **Diekmann,** Hermann Henrich Töns,
* 19.06.1802 in Augustdorf, † 21.06.1870 in
Freelandville, Knox County (Indiana, USA).
⚭ 08.12.1826 in Augustdorf
Ober, Friederike Louise, * 19.01.1806 in Oetenhausen
(Ksp. Oerlinghausen), † 28.02.1867 in Freelandville,
Knox County (Indiana).
1826 Kolon in Augustdorf, Nr. 23.
1840 Vorsteher in Augustdorf.
1848 Auswanderung in die USA ▸ S. 77.

Besitzer 1848

5 **Diekmann** (Diekmann sonst Ebert), Friedrich Adolph,
geb. Rieks, * 21.10.1815 in Ohrsen (Ksp. Lage).
⚭ 22.01.1843 in Augustdorf
Hilgenstühler, Wilhelmine Sophie,
* 08.05.1816 in Pivitsheide (Ksp. Stapelage).
1843 Einlieger in Augustdorf.
1847 Kolon in Augustdorf, Nr. 94 ▸ S. 182 f.
1848 Besitzer in Augustdorf, Nr. 23.

Käufer 1849[101]

6 **Schapeler,** Hermann, „Einlieger zu Hörste“.

Käufer 1850

7 **Diekmann,** Hermann Friedrich Wilhelm,
geb. Arend (Arndt), * 06.06.1825 in Augustdorf (Nr. 48),
† 20.02.1895 in Augustdorf (Nr. 92).
⚭ 23.06.1850 in Augustdorf
Strate, Friederike Henriette Amalie,
* 16.03.1829 in Augustdorf (Nr. 8), † 12.04.1898
in Augustdorf (Nr. 92).
1850 Besitzer in Augustdorf, Nr. 23.
1856 Kolon in Augustdorf, Nr. 92 ▸ S. 269 f.

Besitzer 1856

8 **Diekmann** (Diekmann früher Tegeler[102]),
Simon Friedrich Adolph, geb. Rehm,
* 10.01.1826 in Augustdorf (Nr. 6), † 18.01.1877
in Augustdorf.
⚭ 10.02.1850 in Augustdorf
9 **Wille,** Wilhelmine Sophie Elisabeth, * 23.06.1820
in Haustenbeck, † 01.05.1886 in Augustdorf.
1850 Kolon und Maurer in Augustdorf, Nr. 92 ▸ S. 269 f.
1856 Kolon in Augustdorf, Nr. 23.

Ehefrau des Vorbesitzers

9 **Diekmann,** Wilhelmine Sophie Elisabeth,
geb. Wille, * 23.06.1820 in Haustenbeck,
† 01.05.1886 in Augustdorf.
⚭ 10.02.1850 in Augustdorf
8 **Diekmann,** Simon Friedrich Adolph, geb. Rehm,
* 10.01.1826 in Augustdorf (Nr. 6), † 18.01.1877
in Augustdorf.
1886 Leibzüchterin in Augustdorf, Nr. 23.

Sohn des Besitzers 8

10 **Diekmann,** Adolf Friedrich Wilhelm,
geb. Tegeler, * 12.06.1851 in Augustdorf (Nr. 92),
† 16.03.1910 in Detmold, Landeskrankenhaus,
‡ 19.03.1910 Augustdorf.
⚭ 28.11.1875 in Augustdorf
Brinkmann, Henriette Konradine,
* 14.02.1849 in Pivitsheide (Ksp. Stapelage),
† 17.10.1909 in Augustdorf.
1877 Kolon und Landwirt in Augustdorf, Nr. 23.
1905 Kolon und Polizeidiener in Augustdorf, Nr. 23.
1910 Polizeidiener und Bauerrichter in Augustdorf, Nr. 23.

---

100 Der offenbar nirgendwo dokumentierte Eigentümerwechsel auf Philip Diekmann oder Frohne lässt sich nur anhand der Kolonatsnummer 23 im Taufeintrag der Tochter Louise Friederike Henriette von 1819 belegen. Der Anerbe der Stätte, Hermann Diekmann, war beim Tod seiner Eltern (1804) erst zwei Jahre alt, möglicherweise fungierte als dessen Vormund Philip Diekmann oder Frohne. Die weitere Bewirtschaftung der Hofstelle könnte durch die dritte Ehefrau des Stättengründers, die 1804 etwa 52-jährige Hanna Catharina Vogt erfolgt sein, die erst 1833 verstarb. Der Anerbe Hermann Diekmann heiratete 1826 und wanderte 1848 in die USA aus. Zum Begriff „Brinksitzer“ vgl. S. 188, Anmerkung 143.

101 Zu diesem Besitzerwechsel liegen keine weiteren Daten vor.

102 Zum Namenwechsel *Tegeler/Diekmann* vgl. S. 164 in diesem Band.

■ Die Besitzerfolge des Kolonates Diekmann Nr. 23 zeigt beispielhaft die Anwendung des lippischen Namenrechtes. Ursprünglich aus Heerserheide im Kirchspiel Schötmar stammend, hatte Hans Henrich Diekmann 1784 die Stätte gegründet. Mit Blick auf eine geplante Auswanderung veräußerte sein Enkel die Besitzung an den Kolon Ebert Nr. 94, der sich nun ebenfalls *Diekmann* nannte. Auch nach einem Erwerb der Hofstelle durch Hermann Friedrich Wilhelm Arend von Nr. 48 blieb der Name *Diekmann* bestehen. 1856 hat Arend, jetzt Diekmann, das Kolonat Nr. 23 mit der an der Haustenbecker Straße gelegenen Stätte Nr. 92 getauscht, die bis dahin Simon Friedrich Adolph Tegeler gehörte.

Im Jahr 1826 auf der Stätte Nr. 6 geboren, wurde Tegeler unter dem Familiennamen *Rehm* getauft. Sein Vater Hermann Henrich Tegeler hatte 1814 die Anerbin der Baumannschen Stätte Nr. 15 b geheiratet und nannte sich folglich *Baumann*. 1818 erwarb er das Kolonat Rehm Nr. 6 und nahm für sich und seine Nachkommen den Namen *Rehm* an. Im Taufeintrag seines Enkels Adolph Friedrich Wilhelm (* 12.06.1851, † 16.03.1910) erscheint dessen Vaters hingegen als „Sim. Ad. Tegeler geb. Rehm". Seit dem 1856 vollzogenen Tausch der Stätten Nr. 92 und Nr. 23 führte Simon Friedrich Adolph Tegeler den Familiennamen *Diekmann*, der dort bis heute Bestand hat.

Hermann Friedrich Wilhelm Arend wiederum übernahm 1856 den Namen der Stätte Nr. 92, *Tegeler*. Sein Sohn und Anerbe Karl Friedrich Hermann führte jedoch gemäß der ab 1864 geltenden Gesetzeslage seinen Taufnamen *Diekmann*, der schließlich an die nachfolgenden Generationen weitergegeben wurde.

Stätte Nr. 23

1784 Hans Henrich Diekmann (1739 – 1817).
1804 Carl David Diekmann (1772 – 1804).
1826 Hermann Henrich Töns Diekmann (1802 – 1870).
1848 Friedrich Adolph Diekmann, geb. Rieks (1815 – ?). Als Besitzer der Stätte Nr. 94 führte Rieks wechselweise den ursprünglichen Kolonatsnamen *Ebert* oder den Namen des Vorbesitzers
1850 Hermann Friedrich Wilhelm Diekmann, geb. Arend (1825 – 1895), sein Vater Johann Friedrich Wilhelm Detert hatte die Witwe Amalia Dorothea Elisabeth Arend, geb. Leising, geheiratet.
1856 Tausch mit Nr. 92.
1856 Simon Friedrich Adolph Diekmann, geb. Rehm modo [= jetzt] Baumann (1826 – 1877).
1877 Adolph Friedrich Wilhelm Diekmann, geb. Tegeler (1851 – 1910), Sohn des Vorbesitzers.

■ Die nähere Betrachtung der auf der Tegeler-Stätte Nr. 92 ansässigen männlichen Vorfahren des Friedrich Diekmann ergibt, dass dessen Großvater laut Augustdorfer Kirchenbuch *Detert* hieß und die Änderung zu *Arend* erst eintrat, nachdem dieser 1813 die Witwe Amalia Dorothea Elisabeth Arend geheiratet hatte.

Stätte Nr. 92

1825 Johann Friedrich Christoph Tegeler (1796 – 1848).
1850 Simon Friedrich Adolph Tegeler, geb. Rehm (1826 – 1877), Neffe des Vorbesitzers.
1856 Tausch mit Nr. 23.
1856 Hermann Friedrich Wilhelm Diekmann, geb. Arend (1825 – 1895).
1884 Karl Friedrich Hermann Diekmann. (1853 – 1913), Sohn des Vorbesitzers.

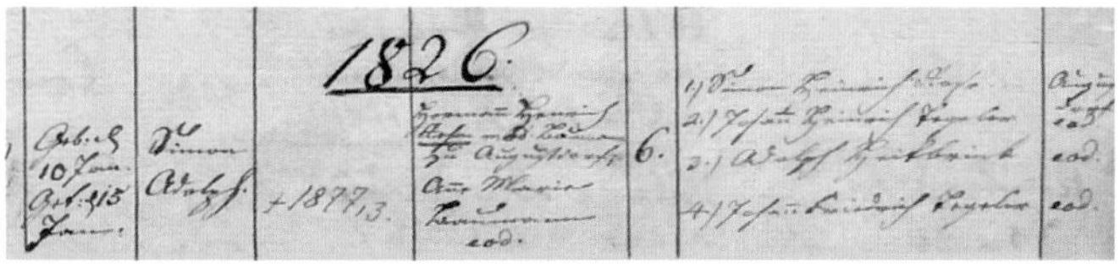

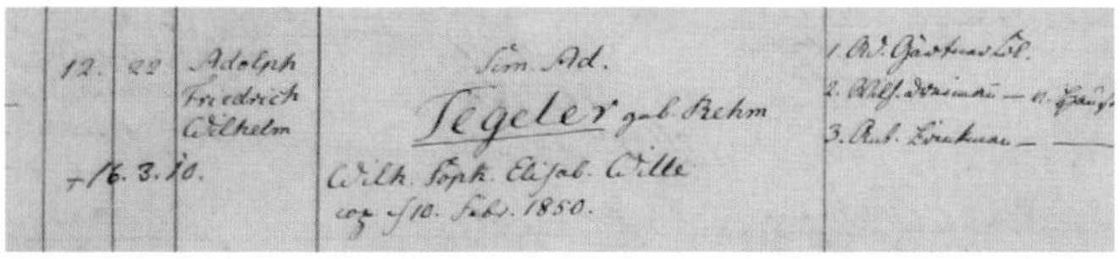

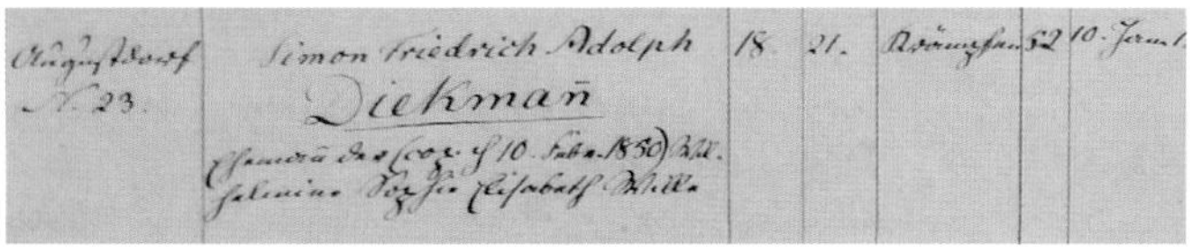

Die drei Kirchenbucheinträge veranschaulichen den mehrfachen Namenwechsel des Simon Adolph Tegeler, später Diekmann.

1: Taufeintrag Simon Adolph Rehm modo Baumann vom 15. Januar 1826, Kirchenbuch Augustdorf.

2: Taufeintrag des Sohnes Adolph Friedrich Wilhelm Tegeler geb. Rehm vom 22. Juni 1851, Kirchenbuch Augustdorf.

3: Sterbeeintrag Simon Friedrich Adolph Diekmann vom 21. Januar 1877, Kirchenbuch Augustdorf.

Archiv der Lippischen Landeskirche Detmold

Nr. 108

STRATE, BIERE, BÜKER, BENT, ERFKAMP, WALDSTRASSE 163

Augustdorf Nr. 108, Waldstraße 163. Teile der Hofstelle Nr. 23 wurden 1851 an den Kolon Strate aus Kohlstädt verkauft, spätere Besitzer waren Bent und danach Erfkamp. Die Aufnahme zeigt Familie Erfkamp vor Ihrem Haus, um 1936. Zu sehen sind August Erfkamp und seine Frau Else, geb. Bent, mit ihren Kindern Elsbeth und Günter. Im Hintergrund ist der Neubau der Stätte Nr. 23 von 1935 erkennbar. Sammlung Heimatverein Augustdorf

1851 **Küstermann:** Gründung durch Strate; 10 Scheffelsaat [= 1,717 Hektar], von Nr. 23 [▸ S. 161 ff.] gekauft.

1854 **Kolonatsakte:** Verkauf der Strateschen Stätte Nr. 108 an Schuhmacher Ludwig Biere zu Haustenbeck und den Kolon Büker Nr. 17 [▸ S. 145 f.] in Augustdorf.

1881 **Salbuch:** Strate; Verkauf an Heinrich Bent; umgeschrieben am 23. April 1881.

1901 **Adressbuch:** Bent, Heinrich, Ziegelmeister.

1921 **Landwirtschaftliches Adressbuch:** Bent, Heinrich; 6 Hektar.

1926 **Adressbuch:** Bent, Heinrich, Landwirt.

1954 **Adressbuch:** Erfkamp, August, Weber; Oesterhaus, Helmut, Maurer; Schmidt, Hans, Zimmermann; Waldstraße 108.

1962 **Adressbuch:** Erfkamp, August, Weber; Erfkamp, Günter, Fahrlehrer; Schmidt, Hans, Zimmermann; Waldstraße 108.

Gründer 1851

1 **Strate,** Johann Friedrich Wilhelm, ⋆ 13.11.1822 in Augustdorf (Nr. 8), † 07.01.1906 in Augustdorf.

⚭ [1/1] 26.10.1851 in Augustdorf
Grote, Wilhelmine Friederike Louise, ⋆ 14.09.1824 in Kohlstädt (Ksp. Schlangen), † 03.09.1855 in Augustdorf.

⚭ [2/1] 03.08.1856 in Augustdorf
Gaus (Diekmann)[103], Anne Marie Friederike Sophie, ⋆ 12.05.1835 in Augustdorf (Nr. 42), † 10.05.1918 in Augustdorf.

1851 Kolon in Augustdorf, Nr. 108.

1854 Kolon in Augustdorf, Nr. 47 ▸ S. 194.

Käufer 1854

2 **Strate,** Friedrich Heinrich Ludwig Anton, geb. Biere, ⋆ 28.01.1828 in Haustenbeck, † 03.12.1889 in Senne (Amt Oerlinghausen, Ksp. Oerlinghausen).

⚭ 11.06.1854 in Haustenbeck
Toelke, Johanne Justine Amalie, ⋆ 23.08.1827 in Lage, † 01.02.1896 in Senne (Amt Oerlinghausen, Ksp. Oerlinghausen).

1854 Einlieger in Schlangen.

1855 Kolon und Schuster in Augustdorf, Nr. 108.

1889 Arbeiter in Senne (Amt Oerlinghausen).

Käufer 1855

3 **Büker,** Friedrich Christoph, ⋆ 10.03.1813 in Augustdorf (Nr. 17), † 01.09.1864 in Augustdorf.

⚭ 08.11.1840 in Augustdorf
Arndt, Henriette Friedrike, ⋆ 19.04.1819 in Augustdorf (Nr. 48), † 25.07.1883 in Augustdorf.

1840 Kolon in Augustdorf, Nr. 17 ▸ S. 145 f.

1855 Käufer in Augustdorf, Nr. 108.

Käufer 1881

4 **Bent,** Fritz Heinrich Christoph, ⋆ 25.12.1845 in Augustdorf (Nr. 41), † 10.02.1942 in Augustdorf.

⚭ [1/1] 18.12.1874 in Augustdorf
Strohdiek, Karoline Amalie, ⋆ 14.02.1849 auf dem Schapeler Hof (Bschft. Hörste, Ksp. Stapelage), † 04.10.1885 in Augustdorf.

⚭ [2/1] 24.10.1886 in Augustdorf
Pollmann, Wilhelmine Louise, ⋆ 28.01.1861 in Augustdorf (Nr. 19), † 27.03.1927 in Augustdorf.

1881 Kolon und Ziegelmeister in Augustdorf, Nr. 108.

103 Der Vater von Anne Marie Friederike Sophie Gaus kauft 1835 das Kolonat Diekmann Nr. 42, vgl. S. 188 f. Gemäß der damaligen Rechtslage übernimmt die Familie den Namen der neu erworbenen Stätte, den sie trotz Änderung des Namenrechtes auch nach 1864 weiterführt.

Nr. 24

HEISTERMANN, WALDSTRASSE 164

1786 **Kolonatsakte:** Anlegung einer Neuwohnerstätte durch Leineweber Christoph Heistermann aus der Heeper Senne.

1786 **Küstermann:** Heistermann; 16 Scheffelsaat [=2,747 Hektar].

1787 **Schreiter:** 22. Christoph Heistermann.

1792 **Salbuch:** Christian Heistermann, Hoppenplöcker.

1828 **Volkszählung:** Heistermann, Kolon; 1 Wohnhaus.

1855 **Salbuch:** Heistermann.

1901 **Adressbuch:** Heistermann, Hermann, Landwirt; Heistermann, Wilhelm, Leibzüchter; Räker, Christoph, Ziegler.

1921 **Landwirtschaftliches Adressbuch:** Heistermann, Wilhelm; 12 Hektar.

1926 **Adressbuch:** Eintrag fehlt[104].

1954 **Adressbuch:** Heistermann, Hermann, Kohlenhandlung; Waldstraße 24. Etrich, Gerhard, Textilarbeiter, Mühlenweg 24.[105]

1962 **Adressbuch:** Heistermann, Hermann, Landwirt; Heistermann, Martin, Kohlenhandlung und Düngemittel; Heistermann, Wilhelm, Maurer; Waldstraße 24.

Gründer 1786

1 **Heistermann,** Christoph Henrich (Christian), geb. Linnenbrügge, aus dem Amt Heepen, ⋆ um 1730, † 25.01.1795 in Augustdorf.

⚭ um 1790 (Ort unbekannt)
Heistermann, Hanna Louise, ⋆ um 1774, † 13.10.1835 in Augustdorf.

1786 Leineweber in Heeper Senne.

1786 Kolon in Augustdorf, Nr. 24.

104 Der im Adressbuch von 1926 unter Nr. 24 aufgeführte Eintrag gehört zu Nr. 23, Diekmann; Heistermann Nr. 24 fehlt in der Aufstellung. Zu Diekmann vgl. S. 161 ff. in diesem Band.

105 Auf dem Grundstück Mühlenweg 24 gab es 1954 ein weiteres Wohnhaus, das vermutlich zur selben Hofstelle gehörte. Im Adressbuch des Jahres 1962 erscheint dann der damalige Bewohner Gerhard Etrich unter der Adresse Mühlenweg 357, vgl. Adressbuch von 1962, S. 8.

106 Bis 1813 *Heepen-Senne* oder *Heeper Senne* genannt, wurde der Ort zwischen 1813 und 1965 als *Senne II* bezeichnet. 1965 erfolgte die Umbenennung in *Sennestadt*, seit 1973 ein Stadtbezirk von Bielefeld. Vgl. Wikipedia, Stichwort: Sennestadt, eingesehen am 29.06.2022.

Besitzer 1802

2 **Heistermann,** Johann Anton Philip aus Gräfinghagen (Ksp. Oerlinghausen), ~ 15.08.1772 in Oerlinghausen, † 06.04.1832 in Augustdorf.

⚭ [1/1] 20.09.1795 in Stapelage
Hilgenstühler, Anna Marie Ilsabein aus Stapelage, ⋆ um 1774, † 13.08.1828 in Augustdorf.

⚭ [2/1] 13.02.1831 in Augustdorf
Funke, Anna Margarethe, ⋆ um 1783 in Pivitsheide (Ksp. Heiden), † 13.10.1833 in Augustdorf.

1802 Kolon in Augustdorf, Nr. 24.

Sohn des Vorbesitzers

3 **Heistermann,** Johann Hermann, ⋆ 06.12.1797 in Augustdorf, † 25.11.1833 in Augustdorf.

⚭ 15.01.1832 in Augustdorf
4 **Rethmeier,** Johanna Louise Amalia, ⋆ 24.03.1803 in Pivitsheide (Ksp. Stapelage), † 04.10.1864 in Augustdorf.

1832 Kolon in Augustdorf, Nr. 24.

Ehefrau des Vorbesitzers

4 **Heistermann,** Johanna Louise Amalia, geb. Rethmeier, ⋆ 24.03.1803 in Pivitsheide (Ksp. Stapelage), † 04.10.1864 in Augustdorf.

⚭ [1/1] 15.01.1832 in Augustdorf
3 **Heistermann,** Johann Hermann, ⋆ 06.12.1797 in Augustdorf, † 25.11.1833 in Augustdorf.

⚭ [2/1] 03.11.1834 in Augustdorf
5 **Rott,** Friedrich Wilhelm, ⋆ 26.12.1810 in Ehlenbruch (Ksp. Lage), † 24.02.1849 in Augustdorf.

⚭ [3/1] 01.04.1850 in Augustdorf
6 **Steffen,** Johann Friedrich Wilhelm (Adolph), ⋆ 21.03.1824 in Augustdorf (Nr. 76), † 03.02.1905 in Senne II[106] (Amt Brackwede).

1834 Witwe in Augustdorf, Nr. 24.

Zweiter Ehemann der Vorbesitzerin

5 **Heistermann,** Friedrich Wilhelm, geb. Rott, ⋆ 26.12.1810 in Ehlenbruch (Ksp. Lage), † 24.02.1849 in Augustdorf.

⚭ [1/2] 03.11.1834 in Augustdorf
4 **Heistermann,** Johanna Louise Amalia, geb. Rethmeier, ⋆ 24.03.1803 in Pivitsheide (Ksp. Stapelage), † 04.10.1864 in Augustdorf.

1834 Kolon in Augustdorf, Nr. 24.

Dritter Ehemann der Besitzerin 4

6 **Heistermann (Steffen gen. Heistermann),** Johann Friedrich Wilhelm (Adolph), geb. Steffen, ⋆ 21.03.1824 in Augustdorf (Nr. 76), † 03.02.1905 in Senne II (Amt Brackwede).

⚭ [1/3] 01.04.1850 in Augustdorf
4 **Heistermann,** Johanna Louise Amalia, verw. Rott, geb. Rethmeier, ⋆ 24.03.1803 in Pivitsheide (Ksp. Stapelage), † 04.10.1864 in Augustdorf.

⚭ [2/1] 29.09.1867 in Augustdorf
Böger, Amalie Catharine Elisabeth, * 18.10.1833 in Augustdorf, † 16.03.1896 in Augustdorf.

1850 Kolon und Interimswirt in Augustdorf, Nr. 24.

1867 Leibzüchter in Augustdorf, Nr. 24.

Sohn des Besitzers 3

7 **Heistermann,** Hermann Heinrich Conrad, * 04.10.1832 in Augustdorf, † 07.07.1910 in Augustdorf.

⚭ [1/1] 08.05.1859 in Augustdorf
Böger, Hanne Wilhelmine Louise, * 13.03.1835 in Augustdorf (Nr. 51), † 30.09.1872 in Augustdorf.

⚭ [2/1] 13.07.1873 in Augustdorf
Rethmeier, Hanne Karoline, * 12.10.1840 in Pivitsheide (Ksp. Stapelage), † 04.05.1907 in Augustdorf.

1859 Kolon in Augustdorf, Nr. 24.

Sohn des Vorbesitzers

8 **Heistermann,** Simon Friedrich Wilhelm, * 05.03.1864 in Augustdorf, † 13.05.1917 in Essen.

⚭ 24.03.1889 in Augustdorf
Bent, Hermine Sophie, * 04.01.1866 in Augustdorf (Nr. 41).

1889 Anerbe in Augustdorf, Nr. 24.

1917 Hilfsarbeiter in Essen.

Bruder des Vorbesitzers

9 **Heistermann,** Hermann Wilhelm Christoph, * 13.02.1866 in Augustdorf, † 07.05.1949 in Augustdorf.

⚭ 12.12.1891 in Augustdorf
Leppelmeier, Pauline Marie Louise, * 21.09.1868 in Augustdorf, † 27.01.1955 in Augustdorf.

1891 Ziegler und Anerbe in Augustdorf, Nr. 24.

1921 Landwirt in Augustdorf, Nr. 24.

Augustdorf Nr. 24, Walstraße 164. Familie Heistermann bei der Feldarbeit, um 1933. V. l. n. r.: „Kollherm" Hermann Gustav Heistermann mit Ehefrau Frieda Auguste geb. Freitag; Pauline Marie Louise Heistermann geb. Leppelmeier, Hermann Wilhelm Christoph Heistermann, im Vordergrund sitzend Martin Heistermann.
Sammlung Heimatverein Augustdorf

Abb. oben: Augustdorf Nr. 25. Ansicht der Stätte Prante bzw. Pranten-Böger, benannt nach dem letzten Besitzer August Böger, der hier mit seiner Frau fotografiert wurde. Das Gebäude stand im Bereich der heutigen Olympiastraße. Das Areal der Stätte erstreckte sich von der Stadionstraße ausgehend entlang der Stukenbrocker Straße bis zur Waldstraße, nach Westen hin wurde es durch den jetzigen Ringerweg begrenzt. Sammlung Heimatverein Augustdorf, o. J.

Augustdorf Nr. 25. Die Hofstelle Böger zu einem späteren Zeitpunkt, die ursprüngliche Bruchsteinfassade des Wohnhauses wurde inzwischen verputzt. Sammlung Heimatverein Augustdorf, o. J.

Nr. 25

PRANTE, BÖGER[107], OLYMPIASTRASSE[108]

1787 **Kolonatsakte:** Anlegung einer Neuwohnerstätte durch Einlieger Herm. Prante aus Greste.

1788 **Kolonatsakte:** Anbau am Dören des Neuwohner[s] Hermann Prante aus der Bauerschaft Greste, Amt Oerlinghausen, am Kohlenwege nächst Hans Henrich Diekmanns Stätte.

1788 **Schreiter:** 44. Prante (unter Heistermanns Stätte).

1789 **Küstermann:** Prante; 20 Scheffelsaat [= 3,433 Hektar].

1792 **Salbuch:** Herm Prante, Hoppenplöcker.

1828 **Volkszählung:** Prante, Kolon; Prante, Witwe; Klöpper, Fr., Einlieger; 2 Wohnhäuser.

1864 **Salbuch:** Prante; gemäß Anerbenrecht auf Simon Prante umgeschrieben am 7. Juli 1877.

1901 **Adressbuch:** Prante, Heinrich, Landwirt; Prante, August, Ziegler; Pollmann, Wilhelm, Weber.

1921 **Landwirtschaftliches Adressbuch:** Prante, August; 12 Hektar.

1926 **Adressbuch:** Prante, August, Ziegler.

1954 **Adressbuch:** Böger, Heinrich, Landwirt; Stapler, Adolf, Mechmstr. [Mechanikermeister]; Stukenbrocker Straße 25.

1962 **Adressbuch:** Böger, Heinrich, Landwirt; Böger, Heinz, Landwirt; Stukenbrocker Straße 25.

Gründer 1788

1 **Prante,** Johann Hermann aus Senne (Amt Oerlinghausen, Ksp. Oerlinghausen), ~ 23.01.1757 in Oerlinghausen, † 12.12.1822 in Augustdorf.

⚭ 08.11.1778 in Oerlinghausen
Schulze, Anna Katharine Trineken (Ilsabein) aus Mackenbruch (Ksp. Oerlinghausen), * um 1746, † 24.09.1834 in Augustdorf.

1788 Kolon in Augustdorf, Nr. 25.

1822 Leibzüchter in Augustdorf, Nr. 25.

Sohn des Vorbesitzers

2 **Prante,** Johann Henrich (Johann Hermann Henrich), * 15.08.1779 in Oerlinghausen, † 29.11.1843 in Augustdorf.

⚭ 30.03.1807 in Augustdorf
Tegeler, Anna Maria Elisabeth, * 10.07.1785 in Augustdorf (Nr. 46), † 25.01.1848 in Augustdorf.

1810 Kolon in Augustdorf, Nr. 25.

Sohn des Vorbesitzers

3 **Prante,** Johann Friedrich Christoph, * 16.04.1810 in Augustdorf, † 23.04.1888 in Augustdorf.

⚭ 26.10.1834 in Augustdorf
Rubart, Anne Marie Sophie Wilhelmine Amalie, * 08.06.1811 in Augustdorf (Nr. 22), † 21.05.1868 in Augustdorf.

1834 Kolon in Augustdorf, Nr. 25.

1867 Leibzüchter in Augustdorf, Nr. 25.

1888 Einlieger in Augustdorf, Nr. 32.

Sohn des Vorbesitzers

4 **Prante,** Simon Henrich Adolph, * 02.10.1840 in Augustdorf, † 04.02.1916 in Augustdorf.

⚭ 27.11.1864 in Augustdorf
Heitbrink (Heidbrink oder Blomberg), Philippine Marie Louise, * 10.01.1839 in Augustdorf (Nr. 74), † 04.12.1904 in Augustdorf.

1864 Kolon und Landwirt in Augustdorf, Nr. 25.

Sohn des Vorbesitzers

5 **Prante,** Henrich Friedrich Adolph, * 17.05.1866 in Augustdorf, † 20.09.1939 in Augustdorf.

⚭ 18.12.1892 in Augustdorf
Wistinghausen, Marie Louise Henriette, * 09.06.1870 in Augustdorf, † 14.12.1949 in Währentrup (Ksp. Oerlinghausen).

1892 Anerbe in Augustdorf, Nr. 25.

1926 Ziegler in Augustdorf, Nr. 25.

Nr. 135

MOSHAGE, GERDT, AKAZIENSTRASSE 2

1895 **Grundbuch:** Moshage, Heinrich; 1 Kotten von Nr. 26 [▸ S. 170 f.].

1901 **Adressbuch:** Moshage, Heinrich, Ziegler; Wistinghausen, Friedrich, Zimmermann.

1926 **Adressbuch:** Moshage, Heinrich, Fabrikarbeiter.

1954 **Adressbuch:** Gerdt, Herbert, Tischler; Kelle, Wilhelm, Arbeiter; Wendt, Martha, Hausfrau; Inselweg 135.

1962 **Adressbuch:** Gerdt, Herbert, Bau- und Möbeltischlerei; Algert, Heinz, Kranführer; Kelle, Wilhelm, Rentner; Inselweg 135.

Käufer 1895

1 **Moshage,** Hermann Heinrich Adolph, * 01.09.1863 in Augustdorf, † 04.01.1940 in Augustdorf.

⚭ 26.01.1890 in Augustdorf
Tegeler, Johanne Louise Friedrike, * 23.04.1866 in Augustdorf (Nr. 91), † 15.09.1936 in Augustdorf.

1890 Ziegler und Einlieger in Augustdorf.

1901 Ziegler in Augustdorf, Nr. 135.

---

107 Zur Unterscheidung der insgesamt drei Augustdorfer Stätten Böger etablierte sich neben den Bezeichnungen *Großer* und *Kleiner Böger* für die Hofstelle Nr. 25 im 20. Jahrhundert der Name *Pranten-Böger*, freundlicher Hinweis von Richard Böger, Augustdorf, 7. August 2022.

108 Der alte Gebäudebestand wurde abgebrochen, das Gelände neu überbaut.

Nr. 26

POLLMANN, STÜCKE (STÜKE), SCHRÖDER, AHORNSTRASSE 9[109]

1787 **Kolonatsakte:** Anlegung einer Neuwohnerstätte durch Justus Pollmann.
1788 **Schreiter:** 46.– 47. den Gebrüdern Pollmann[110] angewiesen, aber noch nicht bebaut.
1789 **Küstermann:** Justus Pollmann; 20 Scheffelsaat [=3,433 Hektar].
1792 **Salbuch:** Justus Pollmann, Hoppenplöcker.
1808 **Kolonatsakte:** Verkauf der Pollmannschen Stätte Nr. 26 an den Einlieger Reuter von Pivitsheide. [Der Vorgang ist im Salbuch nicht vermerkt].
1828 **Volkszählung:** Pollmann, Kolon; 1 Wohnhaus.
1865 **Kolonatsakte:** Abtretung an den Schwiegersohn Einlieger Adolph Stücke daselbst.
1865 **Salbuch:** Pollmann; nach Verehelichung auf den Namen Adolf Stücke umgeschrieben am 8. April 1865.
1881 **Salbuch:** Stücke, Adolf; Abtretung an Adolf Stücke; umgeschrieben am 22. Juni 1881.
1901 **Adressbuch:** Stüke, Adolf, Landwirt; Pott, Wilhelm, Weber.
1921 **Landwirtschaftliches Adressbuch:** Stücke, Hermann; 14 Hektar.
1926 **Adressbuch:** Stücke, Hermann, Landwirt und Waldarbeiter; Stücke, Marie, Landwirtin.
1954 **Adressbuch:** Schröder, Gustav, Weber; Stücke, Hermann, Landwirt; Inselweg 26.
1962 **Adressbuch:** Schröder, Gustav, Weber; Schröder, Martin, Arbeiter; Stücke, Johanne, Hausfrau; Quentmeier, Willi, Tischler; Inselweg 26.

▪ Die Kolonatsnummern der Familien Pollmann Nr. 26 und Nr. 27 wurden im Augustdorfer Kirchenbuch nicht verlässlich zugeordnet, insbesondere im Zusammenhang mit Taufeinträgen kam es oft zu Verwechslungen der beiden Besitzerfamilien.

Gründer 1789

1 **Pollmann,** Augustus (Johann Justus) aus Mackenbruch (Ksp. Oerlinghausen), ~ 12.03.1761 in Oerlinghausen, † 03.07.1832 in Augustdorf.
⚭ [1/1] 04.11.1786 in Lage
Friedrich, Anna Maria Sophie Catrine aus Hüntrup (Bschft. Müssen, Ksp. Lage), * um 1761 in Lage, † 01.08.1810 in Augustdorf.
⚭ [2/2] 02.12.1810 in Augustdorf
Dierk, Anne Marie Elisabeth (Anna Sophie Amalia), geb. Diekmann aus Breitenheide (Ksp. Lage), ~ 13.08.1775 in Lage, † 22.09.1835 in Augustdorf.
1789 Einlieger in Hüntrup (Bschft. Müssen, Ksp. Lage).
1789 Kolon in Augustdorf, Nr. 26 ▸ S. 157 ff.
1810 Witwer und Einlieger in Augustdorf.
1832 Leibzüchter in Augustdorf, Nr. 21 ▸ S. 157 ff.

Käufer 1808[111]

2 **Reuter,** „Einlieger von der Pivitsheide".

Besitzer 1824

3 **Pollmann,** Friedrich Johann Berend, geb. Büker, * 28.12.1795 in Augustdorf (Nr. 35), † 24.03.1879 in Augustdorf.
⚭ [1/1] 11.11.1821 in Augustdorf
Exter, Anne Margarethe Louise Catharine, * 06.12.1795 in Augustdorf (Nr. 59), † 28.11.1855 in Augustdorf.
⚭ [2/3] 22.08.1858 in Augustdorf
Oberbeckmann, Amalia Sophie Wilhelmine, verw. Friedrich, geb. Eke, * 13.03.1800 in Pivitsheide (Ksp. Stapelage), † 15.01.1876 in Augustdorf.
1824 Kolon in Augustdorf, Nr. 26.
1879 Leibzüchter in Augustdorf, Nr. 26.

Tochter des Vorbesitzers

4 **Stücke,** Anna Kathrina Friederike, geb. Pollmann, * 05.08.1824 in Augustdorf, † 17.01.1901 in Heßloh (Ksp. Heiden).
⚭ 22.02.1852 in Augustdorf
5 **Stücke,** Friedrich Wilhelm Adolf, * 26.05.1823 in Ohrsen (Ksp. Lage), † 24.12.1886 in Augustdorf.
1865 Anerbin in Augustdorf, Nr. 26.

Augustdorf Nr. 26, Ahornstraße 9. Das ursprüngliche Kolonatsgebäude existiert nicht mehr. Die spätere Besitzerfamilie Schröder betrieb dort in den 1970er Jahren einen Campingplatz. Sammlung Heimatverein Augustdorf, o. J.

109 1895 wurde von der Stätte Nr. 26 ein Kotten abgetrennt, die neue Hofstelle erhielt die Nummer 135, vgl. S. 169 in diesem Band.
110 Justus und Henrich Pollmann, Söhne des 1735 geborenen Johann Töns Pollmann, stammten vom Kolonat Nr. 19, vgl. S. 153 f. in diesem Band.

Ehemann der Vorbesitzerin

5 **Stücke** (Pollmann), Friedrich Wilhelm Adolf, ⁎ 26.05.1823 in Ohrsen (Ksp. Lage), † 24.12.1886 in Augustdorf.

⚭ 22.02.1852 in Augustdorf
4 **Pollmann,** Anna Kathrina Friederike, ⁎ 05.08.1824 in Augustdorf, † 17.01.1901 in Heßloh (Ksp. Heiden).

1865 Kolon in Augustdorf, Nr. 26.

Sohn des Vorbesitzers

6 **Stücke,** Berend Friedrich Adolf, ⁎ 08.11.1852 in Augustdorf, † 13.03.1922 in Augustdorf.

⚭ [1/1] 01.12.1878 in Augustdorf
Arndt, Kathrine Wilhelmine Amalie, ⁎ 16.06.1855 in Augustdorf (Nr. 48), † 19.11.1881 in Augustdorf.

⚭ [2/1] 31.01.1886 in Augustdorf
Brokmann, Marie Wilhelmine Catharine, ⁎ 18.08.1864 in Augustdorf (Nr. 77), † 25.11.1955 in Augustdorf.

1878 Ziegler in Augustdorf.

1881 Kolon und Landwirt in Augustdorf, Nr. 26.

111 Zu diesem Besitzerwechsel liegen keine weiteren Daten vor.

112 Justus und Henrich Pollmann, Söhne des 1735 geborenen Johann Töns Pollmann, stammten vom Kolonat Nr. 19, vgl. S. 153 f. in diesem Band.

Nr. 27

POLLMANN, PARADIES, HEISTERMANN, ERFKAMP, ESCHENWEG 7

1787 **Kolonatsakte:** Anlegung einer Neuwohnerstätte durch Johann Henrich Pollmann.

1788 **Schreiter:** 46.–47. den Gebrüdern Pollmann[112] angewiesen, aber noch nicht bebaut.

1790 **Küstermann:** Heinrich Pollmann; 20 Scheffelsaat [= 3,433 Hektar].

1792 **Salbuch:** Johann Henrich Pollmann, Hoppenplöcker.

1828 **Volkszählung:** Pollmann, Kolon; Pollmann, Witwe; 2 Wohnhäuser.

1837 **Kolonatsakte:** Akte über das Schuldenwesen der Kolona Pollmann Nr. 27 zu Augustdorf.

1876 **Kolonatsakte:** Abtretung der Pollmannschen Stätte Nr. 27 in Augustdorf vom Kolon Hermann Pollmann an seinen ältesten Sohn Hermann Pollmann.

1876 **Salbuch:** Pollmann; Verkauf an Hermann Pollmann; umgeschrieben am 19. Februar 1876.

Augustdorf Nr. 217. Ehemalige Hofstelle von Heinrich und Auguste Heistermann am Inselweg. Die Stätte wurde um 1927 auf einem zum elterlichen Kolonat (Nr. 27) gehörenden Grundstück errichtet.
Privatbesitz T. Jung, o. J.

1884 **Salbuch:** Pollmann Hermann; auf den Kaufmann Jacob Paradies umgeschrieben am 16. März 1884.
1901 **Adressbuch:** Heistermann, Friedrich, Landwirt; Junker, Amalie, Witwe, Händlerin.
1921 **Landwirtschaftliches Adressbuch:** Heistermann, Fr.; 17 Hektar.
1926 **Adressbuch:** Heistermann, Friedrich, Landwirt.
1954 **Adressbuch:** Heistermann, Fritz, Fuhrgeschäft; Erfkamp, Willi, Autofuhrgeschäft; Bredenbals, Elly, Hausfrau; Pieper, Heinrich, Rentner; Urhausen, Johann, Rentner; Urhausen, Josef, Rentner; Zubler, Rudolf, Maschinenschlosser; Inselweg 27. Wilhelm, Heinz, Wäschefabrik u. Textilvertretung; [Haustenbecker Straße] 40, privat Inselweg 27.
1962 **Adressbuch:** Heistermann, Fritz, Fuhrgeschäft Nr. 27; Erfkamp, Willi, Fuhrunternehmen; Bredenbals, Otfried, Dreher; Oberhansberg, Ernst, Heizer; Schüler, Karl, Angestellter; Ulrich, Horst, Stricker; Inselweg 27.

■ Die Kolonatsnummern der Familien Pollmann Nr. 26 und Nr. 27 wurden im Augustdorfer Kirchenbuch nicht verlässlich zugeordnet, insbesondere im Zusammenhang mit Taufeinträgen kam es oft zu Verwechslungen der beiden Besitzerfamilien.

Gründer 1790

1 **Pollmann,** Johann Friedrich Henrich aus Mackenbruch (Ksp. Oerlinghausen), ~ 23.12.1764 in Oerlinghausen, † 08.11.1824 in Augustdorf.
⚭ [1/1] 04.06.1792 in Stapelage
Römer, Catharine Elisabeth (Catharina Wilhelmine), * 16.09.1767 in Berlebeck (Ksp. Heiligenkirchen), † 10.02.1814 in Augustdorf.
⚭ [2/2] 23.10.1814 in Augustdorf
Dierk, Katharine Sophie, geb. Funke aus Lage, * um 1783, † 03.04.1844 in Augustdorf.
1790 Kolon in Augustdorf, Nr. 27.
1800 Kirchendeche und Kirchenältester in Augustdorf.

Sohn des Vorbesitzers

2 **Pollmann,** Johann Friedrich Anton, * 22.01.1796 in Augustdorf, † 18.05.1836 in Augustdorf.
⚭ [1/1] 27.02.1825 in Augustdorf
Dissmeier, Sophie aus Hardissen (Ksp. Heiden), ~ 30.08. 1795 in Heiden, † 21.02.1826 in Augustdorf.
⚭ [2/1] 27.08.1826 in Augustdorf
Mellies, Anne Marie Louise (Wilhelmine), * 19.04.1795 in Pivitsheide (Ksp. Stapelage), † 10.03.1830 in Augustdorf.
⚭ [3/1] 22.08.1830 in Augustdorf
3 **Mellies,** Wilhelmine, * 10.08.1802 in Pivitsheide (Ksp. Stapelage), † 27.01.1877 in Detmold, Landeskrankenhaus, ‡ 30.01.1877 in Detmold.
1825 Kolon in Augustdorf, Nr. 27.

Ehefrau des Vorbesitzers

3 **Pollmann,** Wilhelmine, geb. Mellies, * 10.08.1802 in Pivitsheide (Ksp. Stapelage), † 27.01.1877 in Detmold, Landeskrankenhaus, ‡ 30.01.1877 in Detmold.
⚭ [1/3] 22.08.1830 in Augustdorf
2 **Pollmann,** Johann Friedrich Anton, * 22.01.1796 in Augustdorf, † 18.05.1836 in Augustdorf.
1836 Kolona in Augustdorf, Nr. 27.

Besitzer 1849

4 **Pollmann,** Johann Hermann Friedrich Töns Henrich, geb. Prante, * 02.05.1815 in Augustdorf (Nr. 25), † 13.01.1901 in Augustdorf.
⚭ 24.10.1841 in Augustdorf
Kipp, Sophie Amalie, * 20.03.1818 in Stapelage, † 21.10.1873 in Augustdorf.
1841 Kolon in Augustdorf, Nr. 26.[113]
1849 Kolon in Augustdorf, Nr. 27.
1901 Leibzüchter in Augustdorf, Nr. 27.

Sohn des Vorbesitzers

5 **Pollmann,** Hermann Friedrich Wilhelm, * 03.04.1849 in Augustdorf, † 02.01.1907 in Augustdorf.
⚭ 13.02.1876 in Augustdorf
Rott, Hanne Wilhelmine Friederike, * 30.09.1854 in Augustdorf (Nr. 71), † 04.02.1931 in Augustdorf.
1876 Kolon in Augustdorf, Nr. 27.
1879 Kolon in Augustdorf, Nr. 26.[114]
1890 Einlieger in Augustdorf.

Käufer 1887[115]

6 **Paradies,** Jacob, Kaufmann in Oerlinghausen. * 21.01.1830 in Oerlinghausen, † 17.02.1908 in Oerlinghausen.

Besitzer 1901

7 **Heistermann,** Heinrich Friedrich, * 11.01.1852 in Augustdorf (Nr. 12), † 17.04.1939 in Augustdorf.
⚭ 04.01.1890 in Augustdorf
Hagemann, Friedrike Henriette, * 26.05.1863 in Augustdorf (Nr. 1), † 02.06.1920 in Augustdorf.
1890 Ziegler und Einlieger in Augustdorf.
1901 Landwirt in Augustdorf, Nr. 27.

---

113 Vermutlich handelt es sich bei dieser Stättenbezeichnung um eine der erwähnten Verwechslungen der beiden Kolonatsnummern 26 und 27.
114 Vermutlich handelt es sich bei dieser Stättenbezeichnung um eine der erwähnten Verwechslungen der beiden Kolonatsnummern 26 und 27.
115 Den Umständen dieses Besitzerwechsels konnte im Rahmen der vorliegenden Arbeit nicht nachgegangen werden.

Nr. 59

REDEKER (RAEDEKER, REKER, RÄKER), EXTER, SCHLEHENWEG 1

1790 **Kolonatsakte:** Anlegung einer Neuwohnerstätte durch Weber Cord Redeker aus Währentrup.
1790 **Küstermann:** Redeker; 20 Scheffelsaat [=3,433 Hektar].
1792 **Salbuch:** Cord Henrich Raedeker, Hoppenplöcker.
1795 **Kolonatsakte:** Verkauf an den Einlieger Exter im Ehlenbruch (Ksp. Lage).
1828 **Volkszählung:** Exter (Witwe), Kolon; 1 Wohnhaus.
1885 **Salbuch:** Redeker; auf Wilhelm Exter umgeschrieben am 11. Mai 1885.
1901 **Adressbuch:** Exter, Wilhelm, Landwirt; Grabbe, Wilhelm, Maurer; Heumann, August, Ziegler.
1921 **Landwirtschaftliches Adressbuch:** Exter, Adolf; 19 Hektar.
1926 **Adressbuch:** Exter, Adolf, Landwirt; Exter, Wilhelm, Fabrikarbeiter.
1954 **Adressbuch:** Exter, Adolf, Landwirt; Exter, Paul, Landwirt; Diederichs, Hermann, Maler; Grabbe, Julius, Arbeiter; Inselweg 59.
1962 **Adressbuch:** Exter, Paul, Landwirt; Diederichs, Hermann, Maler; Franke, Lothar, Arbeiter; Grabbe, Julius, Arbeiter; Vorndamme, Hermann, Arbeiter; Inselweg 59.

Gründer 1790

1 **Redeker** (Reker, Räker), Cord aus Währentrup (Ksp. Oerlinghausen).
1790 Kolon und Weber in Augustdorf, Nr. 59.

Käufer 1795

2 **Exter,** Johann Henrich, * 26.08.1765 in Unterwüsten (Ksp. Wüsten), † 23.09.1824 in Augustdorf.
⚭ 09.03.1792 in Lage
Schuhmacher, Anna Catharina aus Ehlenbruch (Ksp. Lage), ~ 13.04.1766 in Lage, † 26.05.1827 in Augustdorf.
1795 Einlieger in Ehlenbruch (Ksp. Lage).
1795 Kolon in Augustdorf, Nr. 59.
1817 Vorsteher in Augustdorf.

Sohn des Vorbesitzers:

3 **Exter,** Johann Berend Christoph (Johann Berend Henrich), * 31.03.1806 in Augustdorf, † 28.02.1839 in Augustdorf.
⚭ 04.10.1835 in Augustdorf
4 **Brokmann,** Amalie Sophie Elisabeth, * 13.02.1815 in Augustdorf (Nr. 77), † 26.01.1879 in Augustdorf.
1835 Kolon in Augustdorf, Nr. 59.

Ehefrau des Vorbesitzers

4 **Exter,** Amalie Sophie Elisabeth, geb. Brokmann, * 13.02.1815 in Augustdorf (Nr. 77), † 26.01.1879 in Augustdorf.
⚭ [1/1] 04.10.1835 in Augustdorf
3 **Exter,** Johann Berend Christoph (Johann Berend Henrich), * 31.03.1806 in Augustdorf, † 28.02.1839 in Augustdorf.
⚭ [2/1] 08.09.1839 in Augustdorf
5 **Heistermann,** Johann Henrich Adolph (Hermann Heinrich Adolf), * 07.07.1812 in Augustdorf (Nr. 12), † 21.04.1894 in Augustdorf.
1839 Witwe in Augustdorf, Nr. 59.

Zweiter Ehemann der Vorbesitzerin

5 **Exter,** Johann Henrich Adolph (Hermann Heinrich Adolf), geb. Heistermann, * 07.07.1812 in Augustdorf (Nr. 12), † 21.04.1894 in Augustdorf.
⚭ [1/2] 08.09.1839 in Augustdorf
4 **Exter,** Amalie Sophie Elisabeth, geb. Brokmann, * 13.02.1815 in Augustdorf (Nr. 77), † 26.01.1879 in Augustdorf.
1839 Kolon in Augustdorf, Nr. 59.
1860 Kirchenältester in Augustdorf.
1894 Leibzüchter in Augustdorf, Nr. 59.

Sohn des Vorbesitzers

6 **Exter,** Hermann Wilhelm, * 18.11.1841 in Augustdorf, † 19.02.1929 in Augustdorf.
⚭ [1/1] 29.03.1869 in Augustdorf
Lüersen, Louise Wilhelmine Friederike, * 12.12.1845 in Augustdorf (Nr. 31), † 16.04.1885 in Augustdorf.
⚭ [2/1] 15.11.1885 in Augustdorf
Wiebusch, Anne Marie Louise Henriette, * 06.12.1860 in Augustdorf (Nr. 103), † 03.03.1932 in Augustdorf.
1869 Einlieger in Augustdorf.
1874 Kolon in Augustdorf, Nr. 93 ▸ S. 306 f.
1885 Kolon in Augustdorf, Nr. 59.
1901 Landwirt in Augustdorf, Nr. 59.

Sohn des Vorbesitzers

7 **Exter,** Wilhelm Adolph, * 24.09.1872 in Augustdorf, † 24.02.1962 in Augustdorf.
⚭ 27.01.1905 in Augustdorf
Hagemann, Marie Charlotte, * 22.02.1882 in Augustdorf (Nr. 37), † 17.05.1958 in Augustdorf.
1926 Landwirt in Augustdorf, Nr. 59.

Augustdorf Nr. 59, Schlehenweg 12, Hof Exter. Der Torbogen ist mit zwei Jahreszahlen versehen: ANNO 1617 und 1841. Laut Aktenüberlieferung wurden hier Teile eines Leibzuchthauses von 1617 aus Nienhagen bei Detmold wiederverwendet. Die Bilderreihe zeigt das Hauptgebäude der Hofanlage in den Jahren zwischen 1948 und 1955.
Privatbesitz A. Exter

■ Bei der Errichtung des Kolonates wurden offenbar Hölzer einer zuvor abgetragenen Leibzucht wiederverwendet. Das laut Inschrift 1617 errichtete Gebäude gehörte vormals wohl zur Nienhagener Stätte Bü[c]ker Nr. 5. Der Verkäufer Josthenrich Bücker bestätigt das Geschäft mit folgendem Schreiben:

„Ich zu Endes Unterschriebener
gestehe mit meiner Ehe=Frau, daß mir
Cordthenrich Recker mein Leibzuchts Haus
hat abgekauft mit allem was im Hause ist
Thürs. Fensters. Dehlen. feste und lohse
Dach und Latten und noch etwas Kleinig=
keiten dazu. Frey auf die Hausstätte
zu liefern
vor 70 Tlr. schreibe siebentzig
Reichs Tahler
NeuenHaggen
d:24ten September 1790“

Eine zweite Torbogeninschrift von 1841 verweist auf weitere Baumaßnahmen, bei denen das Material, wie es scheint, ein drittes Mal genutzt wurde.[116]

116 LAV NRW OWL L 92 T 1 Nr. 1379.

Schon wenige Jahre nach der Gründung Augustdorfs äußerten die neuen Siedler den Wunsch nach einer Mühle. Von ersten Planungen 1786 bis zur Errichtung der Wassermühle in der Kurzen Fuhre sollten jedoch etliche Jahrzehnte vergehen, erst 1849 nahm das Vorhaben konkrete Formen an. Auf Stukenbrocker Gebiet wurde der Wasserkraft des Furlbaches bereits lange zuvor zum Antrieb mehrerer Mühlenanlagen genutzt. A. Fischer, 2016

Nr. 107
MÜHLE IM FURLBACHTAL, LUDWIG-ALTENBERND-WEG

1849 **Küstermann:** Gründung durch Bödeker; 65 1/8 Scheffelsaat [=11,179 Hektar].

1850 **Kolonatsakte:** Anlegung der Bödekerschen Neuwohnerstätte Nr. 104[117] zu Augustdorf – Verweigerung der Konzession zur Errichtung einer Mühle.

1855 **Salbuch:** Bödeker.

1857 **Kolonatsakte:** Verkauf an Friedrich Möller zu Stukenbrock.

1859 **Kolonatsakte:** Verkauf der Stätte Bödeker Nr. 107 zu Augustdorf an die Witwe Echterling daselbst Verkäufer: Müller Friedrich Möller zu Stukenbrock.

1868 **Kolonatsakte:** Verkauf der Stätte Nr. 107 zu Augustdorf von der Witwe Kolona Echterling an ihren Sohn Adolf Echterling daselbst.

1868 **Salbuch:** Bödeker; Verkauf an Adolf Echterling; eingetragen am 14. Mai 1868.

1875 **Kolonatsakte:** Verkauf der früher Bödekerschen, jetzt Echterlingschen Mühlenstätte Nr. 107 in Augustdorf vom bisherigen Eigentümer Adolph Echterling in Augustdorf an Luise Möller aus Stukenbrock, jetzt zu Augustdorf wohnhaft.

1876 **Salbuch:** Echterling Adolf; Verkauf an Luise Möller; umgeschrieben am 22. Januar 1876.

1901 **Adressbuch:** Wiebusch, Friedrich, Müller.

1921 **Landwirtschaftliches Adressbuch:** Wiebusch, Fritz; 15 Hektar.

1926 **Adressbuch:** Wiebusch, Luise, Mühlenbesitzerin; Möller, Wilhelm, Müller.

117 Bei der Kolonatsnummer 104 handelt es sich um eine Verschreibung, korrekterweise müsste es 107 heißen.

118 Vgl. Rügge, Tütgenmühle, S. 105. Dort auch Angaben zu weiteren verwandtschaftlichen Verbindungen der Müllerfamilie Bödeker.

119 Es ist anzunehmen, dass der Name von der zeitweisen Pacht der Schlänger Tütgenmühle herrührt, deren Schreibweise sich allerdings von der Augustdorfer „Tütgemühle" unterscheidet. Zur Namendeutung vgl. Meineke, Flurnamen, S. 162 f.

120 Zur Augustdorfer Mühlengeschichte s. Küstermann, Bd. I, 2. Teil, Abschrift 2010, ab S. 171 ff.

1954 **Adressbuch:** Breimhorst, Willi, Arbeiter; Gast, Adolf, Mechaniker; Scholz, Wilhelm, Schlosser; Siedenhans, Luise, Hausfrau; Tessun, Willy, Schlosser; Alte Mühle 107.

1962 **Adressbuch:** Schullandheim Sudbrackschule; Gast, Adolf, Mechaniker; Kuhlpeter, Johannes, Ziegeleiarbeiter; Radtke, Martha, Hausfrau; Scholz, Wilhelm, Schlosser; Alte Mühle 107.

Gründer 1849

1 **Bödeker,** Simon August,
* 17.10.1817 in Pivitsheide (Ksp. Stapelage).
⚭ 29.03.1846 in Augustdorf
Räker (Redeker), Wilhelmine Florentine Henriette,
* 21.12.1826 in Augustdorf (Nr. 3), † 06.10.1889 in Höxter.

1846 Mühlenpächter in Schlangen, Tütgenmühle.[118]

1851 Müller in Augustdorf, Nr. 107, Tütgemühle.[119]

1858 Müller und Ex-Kolon [sic!].

Käufer 1857

2 **Müller** (Möller), Friedrich Wilhelm, * 29.03.1828 in Verl.
⚭ 23.10.1853 in Augustdorf
Echterling, Dorothee Louise Karoline Adolphine
* 17.04.1836 in Lopshorn, † 14.05.1859 in Stukenbrock, Bokeler Mühle.

1853 Müller in Stukenbrock, Bokeler Mühle.

1857 Müller in Augustdorf, Nr. 107.

Schwiegermutter des Vorbesitzers, Käuferin 1859

3 **Echterling,** Friederike Louise Henriette Wilhelmine, geb. Hellweg, * 17.01.1808 in Heidenoldendorf (Ksp. Detmold), † 03.02.1877 in Augustdorf.
⚭ 15.11.1835 in Augustdorf
Echterling, Johann Adolph (Johann Bernd Adolph) aus Lopshorn, ~ 19.06.1792 in Detmold, † 19.03.1857 in Nessenberg (Bschft. Wöbbel, Ksp. Wöbbel).

1859 Käuferin in Augustdorf, Nr. 107.

Sohn der Vorbesitzerin

4 **Echterling,** Heinrich Wilhelm Adolph, * 30.09.1838 in Lopshorn (Ksp. Augustdorf), † 14.10.1900 in Augustdorf.
⚭ 08.05.1868 in Augustdorf
Wiebusch, Hanne Sophie Wilhelmine, * 09.03.1845 in Augustdorf (Nr. 62), † 28.06.1914 in Augustdorf.

1859 Kolon und Müller in Augustdorf, Nr. 107, Tütgemühle.

1868 Kaufmann und Kolon in Augustdorf, Nr. 62 ▸ S. 281 ff.

1884 Commerziant [=Händler] in Augustdorf, Nr. 107.

Tochter des Besitzers 2,
Käuferin 1876

5 **Möller,** Florentine Louise Wilhelmine, ⋆ 01.07.1854 in Stukenbrock, † 16.10.1928 in Augustdorf.
⚭ 03.03.1878 in Augustdorf
6 **Wiebusch,** Heinrich Friedrich Wilhelm, ⋆ 20.08.1855 in Augustdorf (Nr. 62), † 31.08.1922 in Lage, Krankenhaus, ‡ 03.09.1922 in Augustdorf.
1876 Käuferin in Augustdorf, Nr. 107.

Ehemann der Vorbesitzerin,
Schwager des Besitzers 4

6 **Wiebusch,** Heinrich Friedrich Wilhelm, ⋆ 20.08.1855 in Augustdorf (Nr. 62), † 31.08.1922 in Lage, Krankenhaus, ‡ 03.09.1922 in Augustdorf.
⚭ 03.03.1878 in Augustdorf
5 **Möller,** Florentine Louise Wilhelmine, ⋆ 01.07.1854 in Stukenbrock, † 16.10.1928 in Augustdorf.
1878 Müller in Augustdorf, Nr. 107.

▪ 1849 durch August Bödeker als Getreidemühle errichtet, war die sogenannte Tütgemühle im Furlbachtal bis ca. 1925 in Betrieb. Ab 1950 befand sich dort ein Schullandheim der Bielefelder Sudbrackschule, das um 1970 aufgegeben wurde. 1978 erfolgte der Abriss sämtlicher Gebäude. An die einstige Wassermühle erinnern nur noch wenige Mauerreste.[120]

Augustdorf Nr. 107. Gebäude der Tütgemühle. Die Bezeichnung geht vermutlich auf die gleichnamige Mühle in Schlangen zurück, die der Gründer der Augustdorfer Anlage, Simon August Bödeker, zuvor gepachtet hatte.
Sammlung Heimatverein Augustdorf, o. J.

Augustdorf Nr. 107. Ansichtskarte mit Augustdorfer Sehenswürdigkeiten einschließlich der „Alte[n] Mühle", um 1970.
Verlag: Stramm & Co., St. Michaelisdonn / Holst.
Vertrieb: Ing. A. Heistermann, Haushaltswaren, 4936 Augustdorf.
Lippische Landesbibliothek Detmold, ME-PK-26-194

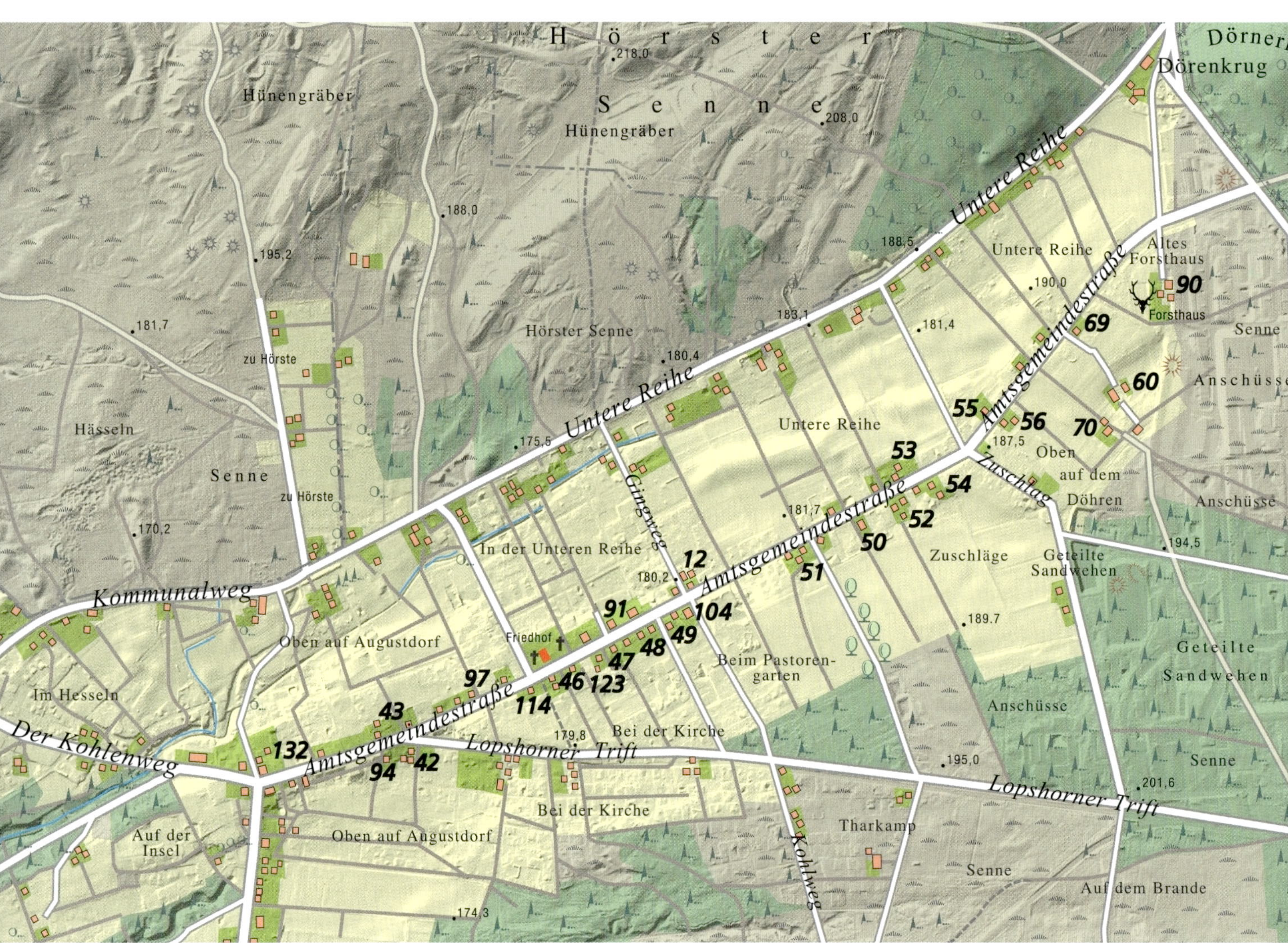

Ausschnitt aus der Karte „Augustdorf 1900“.
Kartografie J. Rosenberg, 2024

2. Zweite Reihe bzw. Obere Reihe, heute Pivitsheider Straße

Ein weiterer Siedlungsschwerpunkt entstand im Umfeld der heutigen Pivitsheider Straße. Ursprünglich lediglich ein Weg, war die parallel zum alten Lippstädter Weg, heute Waldstraße, verlaufende Verbindung offenbar zur Zeit der Dorfgründung neu angelegt worden.[121] Der Blick fällt zunächst auf den Kreuzungsbereich Stukenbrocker Straße / Haustenbecker Straße. Die dortige Stätte Holzkämper, nach wie vor als Gaststätte Multhaupt bekannt, wurde allerdings erst gegen Ende des 19. Jahrhunderts errichtet.

Die Reihe der ältesten Stätten beginnt mit dem heutigen Grundstück Pivitsheider Straße 20, 1784 wurde an der Stelle die Stätte Diekmann Nr. 42 gegründet. Die planmäßige Besiedlung setzte sich entlang des neu geschaffenen Weges fort und endete mit der jetzigen Adresse Pivitsheider Straße 100, wo um 1780 ebenfalls schon ein Haus gestanden hat. Die Grundstücke Pivitsheider Straße 116 und 121 markieren das Ende der Parzellenreihe, die bereits 1788 bei der Einführung der Kolonatsnummern bebaut war. Es folgen die Höfe Hausmann Nr. 60, gegründet 1791, und Wißbrock Nr. 69, errichtet 1796, sowie das Waldschützenhaus, das 1824 eine eigene Kolonatsnummer bekam: Augustdorf Nr. 90.

121 Vgl. die Karte des Forstsekretärs Lindinger von 1780, S. 103 ff. in diesem Band.

Ansichtskarte „Gruss aus Augustdorf am Teutoburger Walde. Gasthof u. Pension F. Holzkämper". Die Karte wurde am 21. September 1899 von Stukenbrock nach „Cöln am Rhein" verschickt. Verlag C. W. Tasche, Steinhagen i. W. Lippische Landesbibliothek Detmold, ME-PK-26-2

Augustdorf Nr. 132, Pivitsheider Straße 1. Ansichtskarte „Ludwig Multhaupt, Augustdorf Gastwirtschaft", um 1910. Verlag Gustav Poppe, Schlangen. Sammlung O. Biere

Nr. 132

GASTSTÄTTE MULTHAUPT, PIVITSHEIDER STRASSE 1

1865 **Salbuch:** Nr. 38 [▸ S. 259 ff.] Hackemack; es kommt hinzu von Pollmann Nr. 19 [▸ S. 153 f.] eine Hudefläche[122]; dort hat Strate das vor kurzem abgebrannte Wohnhaus (Kruggebäude) neu wieder erbaut, 17. Juni 1865.

1890 **Grundbuch:** Verkauf von 1 Saalhaus, 1 Scheune, 1 Tanzsaal (vorher Nr. 38)[123] an den Wirt und Kaufmann Fr. Holzkämper.

1892 **Brandkataster:** Neubau eines Lagerhauses.

1900 **Salbuch:** Holzkämper.

1901 **Adressbuch:** Holzkämper, Friedrich, Gastwirt.

1926 **Adressbuch:** Multhaupt, Ludwig, Kolonialwaren-, Eisenhandlung, Gastwirtschaft.

1954 **Adressbuch:** Multhaupt, Erwin, Gaststätte, Lebensmittel; Multhaupt, Helene, Gastwirtin; Heer, Paul, Krankenpfleger; Pivitsheider Straße 132.

1962 **Adressbuch:** Multhaupt, E., Gaststätte; Multhaupt, Helene, Hausfrau; Stein, Werner, Gastwirtschaft; Pivitsheider Straße 132.

— Höcker, Richard, Linderhofe
Augustdorf: Böger, Hermann, Nr. 227
— Gaststätte E. Multhaupt
2 Säle, Garten, Gesellschaftszimmer
Fremdenzimmer; Lebensmittel, ☏ 116
— Habermann, Lina, Nr. 1
— Krieftewirth, Hubert, Pivitsheider Str. 91

Adressbucheintrag „Gaststätte E. Multhaupt". Lippisches Landes-Adreßbuch, 1954

Besitzer 1865

1 **Strate,** Friedrich Heinrich Conrad, * 30.08.1831 in Augustdorf (Nr. 8), † 08.02.1903 in Heiligenkirchen.
⚭ [1/2] 01.02.1863 in Augustdorf
Holzkämper, Johanne Wilhelmine Charlotte, geb. Renne, * 29.11.1823 in Haustenbeck, † 17.01.1911 in Heiligenkirchen.

1863 Kolon und Krüger in Augustdorf, Nr. 38.

Käufer 1890, Stiefsohn des Vorbesitzers

2 **Holzkämper,** Friedrich Wilhelm Conrad, * 23.02.1858 in Augustdorf.
⚭ 30.05.1888 in Lemgo St. Nicolai
Beckmann, Christina Caroline Louise, * 28.08.1867 in Detmold.

1888 Kaufmann in Lemgo.

1893 Kaufmann und Wirt in Augustdorf, Nr. 132.

Besitzer 1926

3 **Multhaupt,** Ludwig Henrich Christoph, * 24.01.1862 in Hiddesen (Ksp. Detmold), † 17.08.1943 in Augustdorf.
⚭ 31.10.1899 in Sudenburg (Stadtkreis Magdeburg)
Schillmann, Laura Marie Helene.

1901 Gastwirt und Kaufmann in Haustenbeck, Nr. 114.

1926 Gastwirt in Augustdorf, Nr. 132.

▪ Nachdem der Frohnenkrug 1865 am alten Standort abgebrannt war, errichtete Heinrich Strate im Ortszentrum ein neues Gebäude, heute bekannt als Gaststätte Multhaupt[124]. In direkter Nachbarschaft des ursprünglichen Frohnenkrug-Areals fand indes weiterhin der 1844 ins Leben gerufene Jahrmarkt statt, über den der Chronist Küstermann ausführlich berichtet.[125]

Gasthof Multhaupt · Augustdorf i. d. Heide

Augustdorf Nr. 132, Pivitsheider Straße 1. Ansichtskarte „Gasthof Multhaupt – Augustdorf i. d. Heide", um 1930. Sammlung O. Biere

122 Vermutlich ist mit der „Hudefläche" das Areal der späteren Gaststätte Multhaupt (Nr. 132) gemeint. 1890 gab es an der Stelle – heute Pivitsheider Straße 1 und 3 – sowie im Bereich der Stukenbrocker Straße und des Mergelweges einen umfangreichen Gebäudebestand, der 1892 um ein Lagerhaus ergänzt wurde.

123 Die aufgeführten Gebäude gehörten bis zum Verkauf im Jahr 1890 zum sogenannten Frohnenkrug, der die Kolonatsnummer 38 hatte. Nach der Veräußerung vom Kolonat Nr. 38 abgeteilt, erhielt die neue Stätte die Nr. 132. Zur Geschichte des Frohnenkruges vgl. S. 259 ff. in diesem Band.

124 Vgl. S. 259 ff. in diesem Band.

125 Vgl. Küstermann, Geschichte, Bd. I, 1. Teil, Abschrift 2010, S. 153 ff. sowie Müller-König, Augustdorf, S. 158 ff.

Nr. 94

EBERT (EWERT), HOLZKÄMPER, LÜERSEN (LÜRSEN), GEMEINDE AUGUSTDORF,
ANNASTRASSE 2[126]

1829 **Küstermann:** Ebert, für 300 Reichstaler gekauft von Nr. 42 [▸ S. 188 f.].

1829 **Kolonatsakte:** Der zwischen dem Kolon Diekmann Nr. 42 zu Augustdorf und dem Einlieger Ebert daselbst abgeschlossene Ländereiverkauf- und Kaufkontrakt (Einlieger Ebert hat jetzt Nr. 94).

1836 **Kolonatsakte:** Verkauf der Ewertschen Straßenkötterstätte Nr. 94 an den Einlieger Hilbrink daselbst.

1847 **Kolonatsakte:** Verkauf der Ebertschen Stätte Nr. 94 an den Einlieger Adolph Rieks daselbst.

1855 **Salbuch:** Ebert.

1861 **Kolonatsakte:** Verkauf der Stätte Ewert Nr. 94 zu Augustdorf an die Witwe Holzkämper daselbst, sowie Verkauf dieser Stätte an den Einlieger Chr. Lüersen.

1901 **Adressbuch:** Lürsen, Christoph, Ziegler.

1921 **Landwirtschaftliches Adressbuch:** Lürsen, Chr.; 6 Hektar.

1926 **Adressbuch:** Lüersen, Christoph, Blutlauskontrollbeamter.

1954 **Adressbuch:** Biesemeier, Lina, Gemeindeschwester; Müller, Gerhard, Polizeibeamter; Walgenbach, Wilhelm, Postassistent; Pivitsheider Straße 94.[127] Doehring, Bruno, Arbeiter; Meyer, Paul, Arbeiter; Schreiber, Martha, Hausfrau; Strauß, Grete, Hausfrau; Siedlerweg 94.

1962 **Adressbuch:** Doehring, Bruno, Arbeiter; Meyer, Paul, Bäcker; Schreiber, Martha, Hausfrau; Strauß, Grete, Hausfrau; Siedlerweg 94.

Gründer 1829

1 **Ebert** (Ewert), Jobst Hermann Wilhelm „vom Uekenpohl" (Bschft. Hörste, Ksp. Stapelage), ~ 03.05.1797 in Stapelage.

⚭ 01.06.1828 in Augustdorf
Büker, Anna Maria Elisabeth, ⋆ 17.08.1803 in Augustdorf (Nr. 17), † 03.11.1878 in Stapelage.

1828 Einlieger in Augustdorf.

1829 Kolon in Augustdorf, Nr. 94.

1840 Kolon in Uekenpohl (Bschft. Hörste).

126 Die Gebäude der Stätte Nr. 94 wurden 1988 abgebrochen, an der Stelle entstand das neue Rathaus einschließlich Bürgerzentrum.

127 Bei dem Gebäude Pivitsheider Straße 94, heute Pivitsheider Straße 16, handelt es sich um das alte, 1952 errichtete Rathaus, das zu diesem Zeitpunkt noch zur Stätte Nr. 94 gehörte, vgl. Steffen/Wistinghausen, Augustdorf, S. 32 sowie die Augustdorfer Flurkarte von 1953, LAV NRW OWL D 73 Kat. Lippe 1.

Augustdorf Nr. 94, zuerst Ebert, später Lüersen. In dem Gebäude betrieb die Witwe Holzkämper ab etwa 1861 einen Krämerladen. Später befanden sich dort die Gemeindeverwaltung und um 1938 ein Kindergarten. 1988 abgebrochen, musste das Haus dem heutigen Rathausneubau an der Annastraße weichen.
Sammlung Heimatverein Augustdorf, o. J.

Käufer 1836

2 **Ebert,** Töns Heinrich, geb. Hillbrink, ⋆ 21. 02.1792 in Ohrsen (Ksp. Lage), † 22.11.1865 in Augustdorf.

⚭ 19.03.1815 in Augustdorf
Pollmann, Anna Justine Wilhelmine, ⋆ 03.07.1795 in Junghärtchen (Bschft. Müssen, Ksp. Lage), † 20.02.1837 in Augustdorf.

1815 Einlieger in Augustdorf.
1836 Kolon in Augustdorf, Nr. 94.
1847 Käufer Augustdorf, Nr. 45 ▸ S. 228 ff.
1865 Leibzüchter in Augustdorf, Nr. 45.

Sohn des Vorbesitzers

3 **Ebert,** Johann Heinrich Adolph, geb. Pollmann[128] ⋆ 03.07.1812 in Augustdorf, † 23.02.1892 in Augustdorf.

⚭ 13.08.1837 in Augustdorf
Tegeler, Louise Friedrike Amalie, ⋆ 16.08.1815 in Augustdorf (Nr. 46), † 13.09.1888 in Augustdorf.

1837 Kolon in Augustdorf, Nr. 94.
1847 Kolon in Augustdorf, Nr. 45 ▸ S. 228 ff.
1892 Leibzüchter in Augustdorf, Nr. 45.

Käufer 1847

4 **Ebert,** Friedrich Adolph, geb. Rieks, ⋆ 21.10.1815 in Ohrsen (Ksp. Lage).

⚭ 22.01.1843 in Augustdorf
Hilgenstühler, Wilhelmine Sophie, ⋆ 08.05.1816 in Pivitsheide (Ksp. Stapelage).

1843 Einlieger in Augustdorf.
1847 Kolon in Augustdorf, Nr. 94.
1848 Besitzer in Augustdorf, Nr. 23 ▸ S. 161 ff.

Käuferin, Oktober 1861

5 **Holzkämper,** Johanne Wilhelmine Charlotte, geb. Renne, ⋆ 29.11.1823 in Haustenbeck, † 17.01.1911 in Heiligenkirchen.

⚭ [1/1] 20.03.1846 in Augustdorf
Holzkämper, Simon Adolph Ludwig, Förster, Waldschütz in Augustdorf, ⋆ 17.11.1812 in Hiddesen, † 19.02.1860 in Augustdorf.

⚭ [2/1] 01.02.1863 in Augustdorf
Strate, Friedrich Heinrich Conrad, ⋆ 30.08.1831 in Augustdorf (Nr. 8), † 08.02.1903 in Heiligenkirchen.

1860 Krämerin in Augustdorf, Nr. 94.

Käufer, Dezember 1861

6 **Ebert (Lüersen)**[129], Friedrich Christoph, ⋆ 07.04.1822 in Augustdorf (Nr. 31), † 04.11.1905 in Augustdorf.

⚭ 02.01.1859 in Augustdorf
Rubarth (Büker)[130], Marie Wilhelmine Sophie, ⋆ 03.01.1836 in Pivitsheide (Ksp. Stapelage), † 28.12.1886 in Augustdorf.

1859 Einlieger in Augustdorf.
1861 Kolon in Augustdorf, Nr. 94.
1901 Ziegler in Augustdorf, Nr. 94.

Sohn des Vorbesitzers

7 **Ebert (Lüersen),** Friedrich Christoph Adolph, ⋆ 23.11.1862 in Augustdorf.

⚭ 16.01.1891 in Augustdorf
Prante, Marie Karoline, ⋆ 07.11.1865 in Augustdorf (Nr. 2), † 12.02.1943 in Lage, Krankenhaus, ‡ 15.02.1943 in Augustdorf.

1891 Einlieger in Augustdorf.
1926 Blutlauskontrollbeamter in Augustdorf, Nr. 94.

■ Johanne Wilhelmine Charlotte Renne war mit dem Förster und Waldschütz Simon Holzkämper verheiratet, der 1860 starb.[131] Zur Sicherung ihres künftigen Lebensunterhaltes beantragte die gebürtige Haustenbeckerin die Genehmigung zur Eröffnung eines „kleinen Hökerhandels". Um die Pläne verwirklichen zu können, mietete sie im Bereich des heutigen Ortszentrums eine Wohnung auf der Stätte Ebert Nr. 94. Obwohl der Kaufmann Leppelmeier Beschwerde gegen das Vorhaben einlegte, wurde am 11. Mai 1860 die Konzession zum „Handel mit allerlei Hökerwaren als Kaffee, Zucker, Tabak, Reis, Grütze, Gewürz u.s.w." erteilt, ausgenommen blieb allerdings der Verkauf von Branntwein und „Apothekerwaaren".[132]

1863 heiratete die Witwe Holzkämper Heinrich Strate und übernahm mit ihm den sogenannten Frohnenkrug.[133] Strate stammte vom Kolonat Nr. 8[134], sein Onkel Wilhelm Strate hatte 1825 einen Hökerhandel in der späteren Gastwirtschaft Zur Linde[135] gegründet.

---

128 Da Johann Heinrich Adolph Ebert vorehelich geboren wurde, ist sein Taufeintrag unter Pollmann erfasst.
129 Im Taufeintrag des Sohnes Friedrich Christoph Adolph vom 30.11.1862 findet sich die Namenangabe „Ebert oder Lüersen". Ab 1890 wird anstelle von *Ebert* wieder der ursprüngliche Familienname *Lüersen* geführt. Die seit dem Jahr wirksame Änderung geht laut Kirchenbuchvermerk auf eine Einzelverfügung der Regierung zurück.
130 Da Marie Wilhelmine Sophie Rubarths Vater 1848 die Stätte Büker Nr. 97 gekauft hatte, führte die Familie danach den Namen des neu erworbenen Kolonats.
131 Vgl. S. 204 f. in diesem Band.
132 LAV NRW OWL L 92 N Nr. 345.
133 Vgl. S. 259 ff. in diesem Band.
134 Vgl. S. 133 ff. in diesem Band.
135 Vgl. S. 200 ff. in diesem Band.

Nr. 43

MARKMANN (MARX, MARXMANN), PIVITSHEIDER STRASSE 21

1789 **Kolonatsakte:** Anlegung einer Neuwohnerstätte durch Leineweber Hermann Markmann aus Hörste.
1789 **Schreiter:** 55. Markmann.
1790 **Küstermann:** Markmann; 20 Scheffelsaat [= 3,433 Hektar].
1792 **Salbuch:** Hermann Markmann, Hoppenplöcker.
1797 **Kolonatsakte:** Verkauf der Stätte des Kolons Markmann Nr. 43 zu Augustdorf.
1828 **Volkszählung:** Markmann, Kolon; 1 Wohnhaus.
1884 **Salbuch:** Markmann; auf August Markmann umgeschrieben am 1. Oktober 1884.
1901 **Adressbuch:** Markmann, August, Ziegler; Markmann, Wilhelm, Maurer; Beckmann, Adolf, Ziegler; Prante, August, Ziegler.
1926 **Adressbuch:** Markmann, Minna, Fabrikarbeiterin; Schild, Adolf, Ziegler; Pollmann, Friedrich, Kriegsveteran; Böger, Friedrich, Hausierer.
1954 **Adressbuch:** Markmann, August, Kraftfahrer; Born, Erwin, Kraftfahrer; Exter, Wilhelm, Textilarbeiter; Pivitsheider Straße 43.
1962 **Adressbuch:** Markmann, Hans-Günter, Kellner; Rommerskirchen, Martha, Hausfrau; Wagner, Eberhard, Maler; Pivitsheider Straße 43.

Gründer 1789

1 **Markmann** (Marx, Marxmann), Johann Hermann aus Hörste, * um 1753, † 19.04.1792 in Augustdorf.
⚭ vermutlich 18.05.1782 in Oerlinghausen[136]
Pollmann, Amalie Elisabeth (Anna Malia Ilsabein), * um 1754, † 09.02.1817 in Augustdorf.
1789 Leineweber in Hörste.
1789 Kolon in Augustdorf, Nr. 43.

136 Das Kirchenbuch Oerlinghausen verzeichnet einen Eheeintrag, der auf die genannten Personen zutreffen könnte, eine eindeutige Klärung des Sachverhalts kann im Rahmen dieser Arbeit jedoch nicht geleistet werden.
137 Im Sterbeeintrag ist das Datum der Geburt angegeben, allerdings nicht der Geburtsort.

Sohn des Vorbesitzers

2 **Markmann,** Johann Hermann Christoph (Johann Töns Christoph), * 30.04.1788[137], † 10.05.1849 in Augustdorf.
⚭ 12.05.1811 in Augustdorf
Pollmann, Anna Maria Elisabeth, * 02.07.1785 in Stapelage, † 12.11.1847 in Augustdorf.
1810 Kolon in Augustdorf, Nr. 43.
1849 Leibzüchter, Nr. 43.

Sohn des Vorbesitzers

3 **Markmann,** Johann Friedrich Adolph, * 27.02.1813 in Augustdorf, † 29.03.1845 in Augustdorf.
⚭ 06.10.1844 in Augustdorf
4 **Rose,** Anna Maria Henriette Sophie, * 03.05.1817 in Greste (Ksp. Oerlinghausen), † 21.11.1877 in Augustdorf.
1844 Kolon in Augustdorf, Nr. 43.

Ehefrau des Vorbesitzers

4 **Markmann,** Anna Maria Henriette Sophie, geb. Rose, * 03.05.1817 in Greste (Ksp. Oerlinghausen), † 21.11.1877 in Augustdorf.
⚭ [1/1] 06.10.1844 in Augustdorf
3 **Markmann,** Johann Friedrich Adolph, * 27.02.1813 in Augustdorf, † 29.03.1845 in Augustdorf.
⚭ [2/1] 05.10.1845 in Augustdorf
5 **Sieweke,** Johann Friedrich Simon, * 23.04.1819 in Augustdorf (Nr. 36), † 30.04.1885 in Augustdorf.
1845 Witwe in Augustdorf, Nr. 43.

Zweiter Ehemann der Vorbesitzerin

5 **Markmann,** Johann Friedrich Simon, geb. Sieweke, * 23.04.1819 in Augustdorf (Nr. 36), † 30.04.1885 in Augustdorf.
⚭ [1/2] 05.10.1845 in Augustdorf
4 **Markmann,** Anna Maria Henriette Sophie, geb. Rose, * 03.05.1817 in Greste (Ksp. Oerlinghausen), † 21.11.1877 in Augustdorf.
1845 Kolon in Augustdorf, Nr. 43.
1885 Leibzüchter in Augustdorf, Nr. 43.

Enkelsohn des Vorbesitzers

6 **Markmann,** August Friedrich Adolph, * 08.04.1878 in Augustdorf, † 24.10.1912 in Augustdorf.
⚭ 24.02.1905 in Augustdorf
Prante, Wilhelmine Justine (Minna), * 28.09.1877 in Augustdorf.
1884 Besitzer in Augustdorf, Nr. 43.
1901 Ziegler in Augustdorf, Nr. 43.

■ Nach 1900 entstanden im Bereich der Pivitsheider Straße zwischen dem heutigen Kreisverkehr und der Kirche neue Wohngebäude, die zum Teil auch als Geschäftshaus genutzt wurden. Einige Grundstücke waren von den an der Waldstraße gelegenen Stätten abgetrennt und mit neuen Hausnummern versehen worden.

Augustdorf Nr. 154, Pivitsheider Straße 29.
Hermann Schierenberg, Ziegelmeister, später Schlingplässer.
Auf dem Foto erkennbar: Marie Schlingplässer.
Sammlung Heimatverein Augustdorf, o. J.

Augustdorf Nr. 147, Pivitsheider Straße 35. Laut Adressbuch von 1926 gehörte das Haus zu der Zeit dem Maurer Friedrich Tegler. 1962 wird unter anderem der Schlosser Friedrich Oesterhaus als Bewohner genannt. Sammlung Heimatverein Augustdorf, o. J.

**Augustdorf Nr. 161, Pivitsheider Straße 37.
Fritz Bent, Schneidermeister, um 1905.**
Privatbesitz L. Hübert

■ Im Laufe der Zeit wuchs die Bedeutung der Pivitsheider Straße, die nicht nur als wichtige Verbindung von Stukenbrock und auch Haustenbeck in Richtung Detmold fungierte. Mit der Errichtung erster Geschäftshäuser, die ab Beginn des 20. Jahrhunderts verstärkt einsetzte, hatte sich insbesondere der Abschnitt zwischen der Gaststätte Multhaupt und der neuen Schule schrittweise zu einem örtlichen Zentrum entwickelt. Mittlerweile Hauptverkehrsader, verlor die schon früh befestigte Pivitsheider Straße ihren Stellenwert erst, nachdem die Waldstraße 1956/1957[138] ebenfalls ausgebaut worden war und dadurch den Charakter einer Umgehungsstraße erhielt.

138 Für die Mitteilung der Jahresangaben danke ich Bodo Diekmann, Augustdorf.

Augustdorf Nr. 161, Pivitsheider Straße 37. Fritz Bent, Schneidermeister, um 1950. Sammlung Heimatverein Augustdorf

Ansichtskarte „Gruß aus Augustdorf". Zu sehen sind: Post- und Gemeindebüro, Schullandheim „Alte Mühle", Bäckerei u. Lebensmittel Karl Gräser, Kirche und Kriegerdenkmal. Lippische Landesbibliothek Detmold, ME-PK-26-213, o. J.

Nr. 42

DIEKMANN, BAUMANN, GAUS, PIVITSHEIDER STRASSE 20

1784 **Kolonatsakte:** Anlegung einer Neuwohnerstätte durch Kleinweber Johann Herm Diekmann[139], Wülfer Nr. 23.
1784 **Kolonatsakte:** Hoppenplöcker Johann Hermann Diekmann aus Wülfer, Amt Schötmar, Ausweisung eines Platzes am Dören.
1784 **Küstermann:** Herm. Diekmann; 20 Scheffelsaat [= 3,433 Hektar].
1786 **Schreiter:** 37. Johann Herm Diekmann und dessen Einlieger Wend.[140]
1792 **Salbuch:** Johann Herm Diekmann, Hoppenplöcker.
1816 **Kolonatsakte:** Verkauf an den Einlieger Franz Anton Baumann.
1828 **Volkszählung:** Diekmann, Kolon; Diekmann, Leibzüchter; 1 Wohnhaus.
1835 **Kolonatsakte:** Verkauf der Diekmannschen Hoppenplöckerstätte Nr. 42 der Bauerschaft Augustdorf an den Einlieger Gaus daselbst.
1855 **Salbuch:** Diekmann.
1901 **Adressbuch:** Diekmann, Friedrich, Landwirt; Schäfer, Witwe, Weberin.
1926 **Adressbuch:** Diekmann, Friedrich, Landwirt und Hausschlachter.
1937 **Veräußerung:** Ankauf durch die Reichsumsiedlungsgesellschaft [Ruges]. Besitzer: Diekmann, Friedrich, 02.10.1937 nach Detmold umgesiedelt.[141]
1954 **Adressbuch:** Neeb, Hermann, Zahnarzt; Plötz, W., Dr. med., prakt. Arzt; [Pivitsheider Straße] 42.
1962 **Adressbuch:** Bock, Leonit von, Dr. med., prakt. Arzt; Pivitsheider Straße 42.

139 Johann Hermann Diekmann war ein Bruder des Hans Henrich Diekmann, Gründer der Stätte Nr. 23, vgl. S. 161 ff. in diesem Band.
140 Vgl. Kolonat Nr. 34, S. 267 ff. in diesem Band.
141 Da die meisten Flächen der Stätte Diekmann Nr. 42 auf dem Gebiet des heutigen Truppenübungsplatzes lagen, hätte sich eine weitere Bewirtschaftung der Hofstelle nach 1937 nicht mehr gelohnt. Vor diesem Hintergrund wurde der Besitz an die Reichsumsiedlungsgesellschaft [Ruges] verkauft und der Hof aufgelöst, vgl. Göbel, Truppenübungsplatz, S. 40.
142 Für die freundliche Mitteilung ergänzender Daten zur Familie Diekmann danke ich Frank Scheuß, Gütersloh.
143 Bei Brinksitzern handelt es um „Hausbesitzer ohne Land, allenfalls mit Garten, die am Rande (am „Brink") des Hausstättengeländes eines Hofes wohnen", vgl. Schütte, Wörter, S. 159. Krünitz, Oeconomische Encyclopädie, Stichwort „Brinksitzer", mit Verweis auf „Häusler", versteht darunter – in Analogie zur im lippischen Sprachgebrauch geläufigen Bezeichnung *Einlieger* – „geringe Bauersleute, welche mit keinem Hause angesessen sind", eingesehen am 29. November 2023 unter https://www.kruenitz1.uni-trier.de/background/entries_vol006b.htm.

Gründer 1784

1 **Diekmann**[142], Johann Herman (Johann Henrich), ⋆ 25.02.1736 in Heerserheide (Ksp. Schötmar), † 20.03.1801 in Augustdorf.
⚭ [1/1] 28.10.1759 in Schötmar
Diekmeyer, Anne Margarethe Elisabeth, ⋆ 12.09.1740 in Wülfer (Ksp. Schötmar), † 02.10.1796 in Augustdorf.
⚭ [2/2] 28.04.1797 in Stapelage
Bent, Anne Margarethe, geb. Köster, aus Iggenhausen (Bschft. Pottenhausen, Ksp. Lage), ⋆ um 1747, † 11.11.1819 in Augustdorf.

1780 Kleinweber in Wülfer (Ksp. Schötmar), Nr. 23.
1784 Kolon und Kleinweber in Augustdorf, Nr. 42.

Sohn des Vorbesitzers

2 **Diekmann,** Johann Hermann Philipp, ⋆ 11.07.1780 in Wülfer (Ksp. Schötmar), † 07.03.1847 in Herkendorf (Flecken Aerzen, Amt Hameln).
⚭ 24.10.1802 in Augustdorf
Deppe (Moellers), Amalia Elisabeth „aus der Mühle zu Heiden", ~ 13.06.1779 in Heiden, † 14.08.1846 in Herkendorf (Flecken Aerzen, Amt Hameln).

1802 Kolon in Augustdorf, Nr. 42.
1816 Kolon in Augustdorf, Nr. 38 ▸ S. 259 ff.
1819 Besitzer in Augustdorf, Nr. 23 ▸ S. 161 ff.
1836 Kolon in Cappel (Amt Blomberg), Nr. 5.
1840 Brinksitzer[143] in Herkendorf (Flecken Aerzen, Amt Hameln).

Käufer 1816

3 **Diekmann,** Franz Anton, geb. Baumann „aus der Pfalz", ⋆ um 1776, † 29.05.1832 in Augustdorf.
⚭ 01.03.1795 in Heiligenkirchen
Tappe, Catharine Sophie, ⋆ 28.05.1766 in Berlebeck (Ksp. Heiligenkirchen).

1795 Einlieger in Berlebeck (Ksp. Heiligenkirchen).
1816 Einlieger in Augustdorf.
1816 Kolon in Augustdorf, Nr. 42.
1824 Armendeche in Augustdorf.
1832 Leibzüchter in Augustdorf, Nr. 42.

Sohn des Vorbesitzers

4 **Diekmann,** Friedrich Adolph, geb. Baumann, ⋆ 05.03.1795 in Berlebeck (Ksp. Heiligenkirchen), † 14.03.1845 in Billinghausen (Ksp. Stapelage).
⚭ 12.11.1820 in Augustdorf
Heistermann, Anne Marie Elisabeth, ⋆ um 1799 in Oerlinghausen.

1820 Kolon in Augustdorf, Nr. 42.
1835 Kolon in Billinghausen (Ksp. Stapelage).

Käufer 1835

5 **Diekmann,** Johann Friedrich Arnold, geb. Gaus, ⋆ 18.02.1808 in Währentrup (Ksp. Oerlinghausen), † 30.07.1845 in Augustdorf.

⚭ 11.08.1833 in Augustdorf
6 **Tegeler,** Wilhelmine Anna Marie Elisabeth, * 11.12.1809 in Augustdorf (Nr. 46), † 25.12.1891 in Augustdorf.
1833 Soldat und Einlieger in Augustdorf.
1835 Kolon in Augustdorf, Nr. 42.

Ehefrau des Vorbesitzers

6 **Diekmann,** Wilhelmine Anna Marie Elisabeth, geb. Tegeler, * 11.12.1809 in Augustdorf (Nr. 46), † 25.12.1891 in Augustdorf.
⚭ [1/1] 11.08.1833 in Augustdorf
5 **Diekmann,** Johann Friedrich Arnold, geb. Gaus, * 18.02.1808 in Währentrup (Ksp. Oerlinghausen), † 30.07.1845 in Augustdorf.
⚭ [2/1] 18.10.1846 in Augustdorf
7 **Sprick,** Kaspar Heinrich Franz, * 14.11.1817 in Augustdorf (Nr. 30), † 30.04.1850 in Augustdorf.
⚭ [3/1] 23.03.1851 in Augustdorf
8 **Wächter** (Waechter), Friedrich Wilhelm Konrad, * 25.09.1818 in Haustenbeck, † 07.10.1888 in Augustdorf.
1846 Witwe in Augustdorf, Nr. 42.

Zweiter Ehemann der Vorbesitzerin

7 **Diekmann,** Kaspar Heinrich Franz, geb. Sprick, * 14.11.1817 in Augustdorf (Nr. 30), † 30.04.1850 in Augustdorf.
⚭ [1/2] 18.10.1846 in Augustdorf
6 **Diekmann,** Wilhelmine Anna Marie Elisabeth, geb. Tegeler, * 11.12.1809 in Augustdorf, † 25.12.1891 in Augustdorf.
1846 Kolon in Augustdorf, Nr. 42.

Dritter Ehemann der Besitzerin 6

8 **Diekmann,** Friedrich Wilhelm Konrad, geb. Wächter, * 25.09.1818 in Haustenbeck, † 07.10.1888 in Augustdorf.
⚭ [1/3] 23.03.1851 in Augustdorf
6 **Diekmann,** Wilhelmine Anna Marie Elisabeth, geb. Tegeler, * 11.12.1809 in Augustdorf (Nr. 46), † 25.12.1891 in Augustdorf.
1851 Kolon in Augustdorf, Nr. 42.

Sohn des Vorbesitzers

9 **Diekmann,** Friedrich Wilhelm Christoph, * 05.01.1852 in Augustdorf, † 29.07.1937 in Augustdorf.
⚭ 15.11.1878 in Augustdorf
Büker, Henriette Karoline Friederike, * 12.08.1856 in Augustdorf (Nr. 17), † 29.07.1921 in Augustdorf.
1878 Ziegler und Kolon in Augustdorf, Nr. 42.
1901 Landwirt in Augustdorf, Nr. 42.

Nr. 114

TEGELER, PIVITSHEIDER STRASSE 42

1868 **Kolonatsakte:** Das Leibzuchtgebäude von Nr. 46 [▸ S. 190 ff.] wird an Bernd Tegeler zur Anlegung der Neuwohnerstätte Nr. 114 verkauft.
1868 **Salbuch:** Tegeler Bernd; hat die Zubehörungen zu dieser Stätte vom Kolonat Nr. 46 angekauft; eingetragen am 14. Mai 1868.
1869 **Salbuch:** Tegeler, Bernd; ein Kotten wird zur Leibzucht umgewandelt; eingetragen am 18. Februar 1869.
1869 **Salbuch:** Tegeler, Bernd; Verkauf an Adolf Tegeler; eingetragen am 25. November 1869.
1901 **Adressbuch:** Tegeler, Adolf, Landwirt.
1926 **Adressbuch:** Tegeler, Adolf, Zimmermeister; Geller, Minna, Näherin; Tötheide, Martha, Fabrikarbeiterin.

Augustdorf Nr. 114, mittlerweile abgebrochenes Nebengebäude im Bereich der heutigen Pivitsheider Straße 40. Die Aufnahme stammt aus dem Jahr 1964. Sammlung Heimatverein Augustdorf.

Augustdorf Nr. 114, Pivitsheider Straße 42. Rückwärtige Ansicht der Stätte Tegeler in Richtung Pivitsheider Straße, im Hintergrund ist die Spitze des Kirchturms erkennbar. Sammlung Heimatverein Augustdorf, o. J.

1954 **Adressbuch:** Tegeler, Adolf, Tischlerei; Düllo, Friedhelm, Uhrenwarengeschäft, privat [Kohlweg] 130; Ingenhaag, Friedrich, Schlosser; Wessel, Heinrich, Arbeiter; Pivitsheider Straße 114.

1962 **Adressbuch:** Tegeler, Adolf, Tischlerei; Fromme, Heinrich, Dreher; Haas Erwin, Maurer; Pivitsheider Straße 114.

Gründer 1868

1 **Tegeler,** Bernd Friedrich Adolph, * 14.05.1838 in Augustdorf (Nr. 46).

1868 Kolon in Augustdorf, Nr. 114.

Bruder des Vorbesitzers

2 **Tegeler,** Heinrich Friedrich Adolph (Adolf), * 30.10.1835 in Augustdorf (Nr. 46), † 08.08.1911 in Augustdorf.

⚭ 16.10.1870 in Augustdorf
Niebur, Hanne Florentine Henriette, * 20.09.1839 in Pivitsheide, † 17.10.1923 in Augustdorf.

1869 Kolon in Augustdorf, Nr. 114.

1901 Landwirt in Augustdorf, Nr. 114.

Sohn des Vorbesitzers

3 **Tegeler,** Christoph Adolph (Adolf) Simon, * 23.06.1875 in Augustdorf, † 29.08.1950 in Augustdorf.

⚭ 24.11.1899 in Augustdorf
Büker, Hanne Henriette, * 10.12.1875 in Augustdorf (Nr. 35), † 10.11.1934 in Augustdorf.

1926 Zimmermeister in Augustdorf, Nr. 114.

Nr. 46

TEGELER (TEIGLER), RUNNENBERG, RÄKER, WIEBUSCH, BURMEIER, PIVITSHEIDER STRASSE 44[144]

1780 **Kolonatsakte:** 22. Stätte; Anlegung einer Neuwohnerstätte durch Weber Rudolf Tegeler aus Oerlinghausen.

1780 **Lindinger:** 22. Stätte, Tegeler.

1782 **Küstermann:** Tegeler; 10 Scheffelsaat [=1,717 Hektar].

1786 **Schreiter:** 29. Berend Henrich Teigler, dessen Sohn und dessen Einlieger Ziegeler.

1792 **Salbuch:** Berend Henrich Tegeler, Hoppenplöcker.

1828 **Volkszählung:** Tegeler, Kolon; Tegeler, Leibzüchter; 2 Wohnhäuser.

1858 **Kolonatsakte:** Zwischen dem Kolon Tegeler oder Räker Nr. 44 [▸ S. 227 f.] zu Augustdorf und dem Kolon Tegeler Nr. 46 über ihre beiderseitigen Kolonate abgeschlossenen Kaufkontrakt.

1865 **Salbuch:** Tegeler; hat einen Kotten erbaut, 12. August 1865.

1868 **Salbuch:** Tegeler; an Bernd Tegeler verkauft: das Leibzuchtgebäude zur Anlegung der Neuwohnerstätte Nr. 114 [▸ S. 189 f.]; eingetragen am 14. Mai 1868.

1868 **Kolonatsakte:** Dismembration [= Aufteilung von Grundstücken][145] des Tegelerschen Kolonats Nr. 46 zu Augustdorf, der Ehemann Tegeler wurde wegen Trunksucht unter Kuratel gestellt.

1869 **Kolonatsakte:** Abtretung des Kolonats der Kolona Tegeler an ihren ältesten [korrekt: „den ältesten …"][146] Sohn Friedrich.

1869 **Salbuch:** Tegeler; Abtretung an Friedrich Tegeler; eingetragen am 23. Dezember 1869.

1870 **Kolonatsakte:** Konkurs des Kolons Tegeler oder Räker Nr. 46 zu Augustdorf und Verkauf der Tegelerschen Stätte.

1871 **Kolonatsakte:** Der freiwillige meistbietende Verkauf der früher Tegelerschen Stätte Nr. 46 in Augustdorf des Rechtsanwalts Runnenberg in Detmold.

1871 **Salbuch:** Tegeler, Friedrich; Verkauf an Rechtsanwalt Runnenberg; eingetragen am 11. Mai 1871.

1874 **Kolonatsakte:** Kauf durch August Tegeler.

1874 **Salbuch:** Runnenberg, Rechtsanwalt in Detmold; Verkauf an Adolf Tegeler; umgeschrieben am 15. Mai 1874.

1876 **Kolonatsakte:** Dismembration der Tegelerschen Stätte Nr. 46 in Augustdorf und Teilung unter den Brüdern August und Ludwig Tegeler.

1877 **Kolonatsakte:** Neuvermessung des Kolonats Nr. 46 und ein Teil davon an Ludwig Tegeler zur Anlegung der Stätte Nr. 123 [▸ S. 192] verkauft.

1877 **Salbuch:** Tegeler August; Kolonat neu vermessen, ein Teil davon an Ludwig Tegeler zur Anlegung der Stätte Nr. 123 verkauft; den Rest des Kolonats unter der bisherigen Kolonatsnummer neu eingetragen am 17. Juli 1877.

1901 **Adressbuch:** Räker, August, Landwirt; Wiebusch, Heinrich, Schlachtermeister.

1926 **Adressbuch:** Wiebusch, Heinrich, Hausschlachter und Landwirt.

1954 **Adressbuch:** Burmeier, Fritz, Waldarbeiter; Pivitsheider Straße 46.

1962 **Adressbuch:** Burmeier, Fritz, Arbeiter; Regh, Rudolf, Fabrikarbeiter; Pivitsheider Straße 46.

---

144 Die Fläche dieser Stätte umfasste ursprünglich das Areal der heutigen Grundstücke Pivitsheider Straße 38 bis 46 b. Im Bereich der jetzigen Adresse Pivitsheider Straße 42 befand sich die frühere Leibzucht des Kolonats Nr. 46, die durch Ab-trennung zur Neuwohnerstätte Nr. 114 wurde, vgl. S. 189 f. in diesem Band. Die Herauslösung einer weiteren Parzelle ermöglichte die Gründung der Stätte Nr. 123, später Pivitsheider Straße 46, vgl. S. 192 in diesem Band.

145 Vgl. Verdenhalven, Fauler Knecht, S. 16, Stichwort: Dismembration.

146 Friedrich Tegeler ist nicht der leibliche Sohn von Sophie Elisabeth Tegeler, geb. Biere.

Gründer 1782

1 **Tegeler,** Johann Rudolph aus Rinteln, * um 1717, † 23.11.1788 in Augustdorf.

⚭ [1/1] 25.03.1747 in Oerlinghausen
Wiese, Trine Maria aus Wellentrup (Ksp. Oerlinghausen).

⚭ [2/1] 27.08.1751 in Oerlinghausen
Kesting, Cathrina Maria aus Ermgassen (Ksp. Oerlinghausen), * um 1727, † 24.05.1804 in Augustdorf.

1782 Weber in Oerlinghausen.
1782 Kolon in Augustdorf, Nr. 46.
1786 Einlieger in Augustdorf.
1788 Leibzüchter in Augustdorf.

Sohn des Vorbesitzers

2 **Tegeler,** Johann Berend Henrich (Jobst Henrich) aus Asemissen (Ksp. Oerlinghausen), ~ 02.07.1752 in Oerlinghausen, † 27.03.1797 in Augustdorf.

⚭ 24.11.1782 in Stapelage
3 **Busse,** Anne Margarethe Elisabeth aus Pivitsheide (Ksp. Stapelage), ~ 02.12.1759 in Stapelage, † 23.12.1831 in Augustdorf.

1786 Schneider und Feinweber[147] in Augustdorf, Nr. 46.

Ehefrau des Vorbesitzers

3 **Tegeler,** Anne Margarethe Elisabeth, geb. Busse aus Pivitsheide (Ksp. Stapelage), ~ 02.12.1759 in Stapelage, † 23.12.1831 in Augustdorf.

⚭ [1/1] 24.11.1782 in Stapelage
2 **Tegeler,** Johann Berend Henrich (Jobst Henrich) aus Asemissen (Ksp. Oerlinghausen), ~ 02.07.1752 in Oerlinghausen, † 27.03.1797 in Augustdorf.

⚭ [2/1] 16.07.1797 in Stapelage
4 **Bent,** Johann Conrad Henrich (Johann Cord), * 04.02.1771 in Krentrup (Ksp. Schötmar), † 03.05.1831 in Augustdorf.

1797 Witwe in Augustdorf, Nr. 46.

Zweiter Ehemann der Vorbesitzerin, Interimswirt

4 **Tegeler,** Johann Conrad Henrich (Johann Cord), geb. Bent, * 04.02.1771 in Krentrup (Ksp. Schötmar), † 03.05.1831 in Augustdorf.

⚭ [1/2] 16.07.1797 in Stapelage
3 **Tegeler,** Anne Margarethe Elisabeth, geb. Busse, Pivitsheide (Ksp. Stapelage), ~ 02.12.1759 in Stapelage, † 23.12.1831 in Augustdorf.

1797 Interimswirt in Augustdorf, Nr. 46.
1831 Leibzüchter in Augustdorf, Nr. 44 ► S. 227 f.

Sohn des Besitzers 1

5 **Tegeler,** Johann Henrich, * 01.12.1783 in Augustdorf, † 24.05.1847 in Augustdorf.

⚭ [1/1] 21.08.1808 in Augustdorf
Strate, Anna Maria Sophia Elisabeth aus Pivitsheide, * 19.03.1781 in Pivitsheide (Ksp. Stapelage), † 27.02.1833 in Augustdorf.

⚭ [2/1] 29.09.1833 in Augustdorf
Sanner-Rubarth, Anne Katharine Wilhelmine Amalie, * 21.06.1811 in Pivitsheide (Ksp. Stapelage), † 25.03.1871 in Augustdorf.

1809 Einlieger in Augustdorf.
1819 Kolon in Augustdorf, Nr. 46.
1847 Leibzüchter in Augustdorf, Nr. 46.

Augustdorf Nr. 46, Pivitsheider Straße 44. Ursprünglich Tegeler, ab 1877 Räker, später Wiebusch. Die Aufnahme zeigt Laura Brinkmann geb. Wiebusch.
Sammlung Heimatverein Augustdorf, o. J.

Sohn des Vorbesitzers

6 **Tegeler,** Simon Friedrich Adolph, * 07.03.1817 in Augustdorf, † 23.03.1872 in Augustdorf.

⚭ [1/1] 16.05.1842 in Augustdorf
Husmann (Hausmann), Anna Katharina Elisabeth, * 22.05.1816 in Augustdorf (Nr. 60), † 18.03.1864 in Augustdorf.

⚭ [2/1] 23.10.1864 in Augustdorf
Mölling, Katharine Louise, * 04.06.1834 in Augustdorf, † 21.01.1909 in Senne (Ksp. Oerlinghausen).

1842 Kolon in Augustdorf, Nr. 46.
1858 Kolon in Augustdorf, Nr. 44 ► S. 227 f.
1872 Leibzüchter in Augustdorf, Nr. 44.

Besitzer 1858

7 **Tegeler,** Berend Henrich Wilhelm, geb. Räker, * 24.05.1820 in Augustdorf (Nr. 3), † 02.02.1878 in Augustdorf.

⚭ [1/1] 12.11.1843 in Augustdorf
Arndt, Henriette Wilhelmine Amalie, * 10.01.1822 in Augustdorf (Nr. 48), † 30.10.1848 in Augustdorf.

147 Vgl. LAV NRW OWL L 108 Lage Fach 2 Nr. 16 b, Bericht des Amtsrats Schreiter.

ꝏ [2/1] 20.05.1849 in Augustdorf
8 **Biere,** Sophie Elisabeth, * 23.01.1821 in Haustenbeck, † 03.01.1885 in Augustdorf.

1844 Kolon in Augustdorf, Nr. 44 ▸ S. 227 f.

1858 Kolon in Augustdorf, Nr. 46.

Ehefrau des Vorbesitzers

8 **Tegeler,** Sophie Elisabeth, geb. Biere, * 23.01.1821 in Haustenbeck, † 03.01.1885 in Augustdorf.

ꝏ [1/2] 20.05.1849 in Augustdorf
7 **Tegeler,** Berend Henrich Wilhelm, geb. Räker, * 24.05.1820 in Augustdorf, † 02.02.1878 in Augustdorf.

1868 Kolona in Augustdorf, Nr. 46.

Sohn des Besitzers 7

9 **Tegeler,** Hermann Friedrich August, geb. Räker, * 06.11.1847 in Augustdorf (Nr. 44), † 21.07.1909 in Augustdorf.

ꝏ 06.04.1874 in Augustdorf
Berning, Karoline Wilhelmine, * 23.09.1852 in Pottenhausen (Ksp. Lage), † 28.01.1922 in Augustdorf.

1869 Kolon in Augustdorf, Nr. 46.

Käufer 1871

10 **Runnenberg,** [N. N.], Rechtsanwalt in Detmold.

1871 Besitzer in Augustdorf, Nr. 46.

Käufer 1874, siehe auch Besitzer 9[148]

11 **Räker,** Hermann Friedrich August, Kolon in Augustdorf Nr. 46, * 06.11.1847 in Augustdorf (Nr. 44), † 21.07.1909 in Augustdorf.

ꝏ 06.04.1874 in Augustdorf
Berning, Karoline Wilhelmine, * 23.09.1852 in Pottenhausen (Ksp. Lage), † 28.01.1922 in Augustdorf.

1874 Käufer in Augustdorf, Nr. 46.

1901 Landwirt in Augustdorf, Nr. 46.

Nr. 123

TEGELER, RÄKER, HEISTERMANN, PIVITSHEIDER STRASSE 46

1871 **Salbuch:** Tegeler, Ludwig; hat die Bestandteile dieses Kolonats von Tegeler Nr. 46 erworben, 17. Februar 1871.

1876 **Kolonatsakte:** Dismembration [= Aufteilung von Grundstücken[149]] der Tegelerschen Stätte Nr. 46 in Augustdorf und Teilung unter den Brüdern August und Ludwig Tegeler.

1901 **Adressbuch:** Räker, Ludwig, Landwirt.

1926 **Adressbuch:** Heistermann, Heinrich, Schuhmacher und Kirchendiener.

1954 **Adressbuch:** Heistermann, Heinrich, Postbeamter; Pivitsheider Straße 123. Gräser, Wilhelm, Kraftfahrer; Lopshorner Weg 123.

1962 **Adressbuch:** Heistermann, Henriette, Hausfrau; Pivitsheider Straße 123.

Besitzer 1871

1 **Tegeler oder Räker,** Hermann Adolf Ludwig, * 01.09.1852 in Augustdorf (Nr. 46), † 30.12.1918 in Augustdorf.

ꝏ 11.04.1880 in Augustdorf
Kruse, Friedrike Henriette, * 08.01.1847 in Wehrendorf (Amt Vlotho, Ksp. Valdorf), † 17.01.1908 in Augustdorf.

1880 Ziegler in Augustdorf, Nr. 123.

1901 Landwirt in Augustdorf, Nr. 123.

Nr. 97

BÜKER, MEIER, SCHRÖDER, PIVITSHEIDER STRASSE 43

1831 **Kolonatsakte:** Die von dem Einlieger Büker beabsichtigte Anlegung einer Neuwohnerstätte in Augustdorf Nr. 97 auf von dem Hoppenplöcker Markmann Nr. 43 [▸ S. 184] daselbst abgetretenen Parzellen.

1831 **Küstermann:** Gründung durch Töns Büker; 7 Scheffelsaat [= 1,202 Hektar], gekauft von Nr. 43.

1848 **Kolonatsakte:** Verkauf der Töns Bükerschen Stätte Nr. 97 an den Einlieger Fr. Rubart zu Hörste und Auswanderung des Verkäufers.

1855 **Salbuch:** Büker.

1861 **Kolonatsakte:** Abtretung an den jüngsten Sohn Friedrich.

1872 **Salbuch:** Büker; Verheiratung der Witwe Büker mit Simon Meier; auf den Letzteren als Interimswirt eingetragen am 26. September 1872.

1882 **Kolonatsakte:** Auswanderung des Anerben nach Amerika, Übernahme des Besitzes durch den Interimswirt Simon Meier.

1886 **Salbuch:** Meier Simon, Interimswirt; auf Simon Meier umgeschrieben am 4. September 1886.

1901 **Adressbuch:** Meier, Simon, Landwirt.

1926 **Adressbuch:** Schröder, Adolf, Fabrikarbeiter.

1954 **Adressbuch:** Schröder, Adolf, jun., Tischler; Schröder Adolf, sen., Rentner; Pivitsheider Straße 97.

1962 **Adressbuch:** Schröder Adolf, Tischler; Schröder, Adolf, Rentner; Hörig, Hans, Kaufmann; Paczula, Anna, Hausfrau; Pivitsheider Straße 97.

---

148 Hermann Friedrich August Räker hatte sein früheres Kolonat zurückgekauft. Der seit 1864 geltenden Gesetzeslage entsprechend, führte er nunmehr seinen ursprünglichen Familiennamen weiter und übernahm nicht – wie es zuvor üblich gewesen wäre – den Hofnamen *Tegeler*, vgl. Loos, Familiennamen, S. 104.

149 Vgl. Verdenhalven, Fauler Knecht, S. 16. Stichwort: Dismembration.

Gründer 1831

1 **Büker,** Johann Friedrich Anton (Töns), * um 1783.

⚭ 20.03.1825 in Augustdorf

Solle, Johanne Elisabeth, * um 1799 in Oerlinghausen.

1828 Einlieger in Augustdorf, bei Büker Nr. 17.

1831 Kolon in Augustdorf, Nr. 97.

1848 Auswanderung in die USA ▸ S. 77.

Käufer 1848

2 **Büker,** Johann Friedrich Konrad, geb. Rubart modo [= jetzt] Sander, * 13.09.1802 in Pivitsheide (Ksp. Stapelage), † 20.11.1865 in Augustdorf.

⚭ 22.11.1829 in Stapelage

Niebuhr, Anna Margarethe Elisabeth, * 08.11.1805 in Pivitsheide (Ksp. Stapelage), † 17.06.1858 in Augustdorf.

1829 Einlieger in Pivitsheide (Ksp. Stapelage).

1848 Einlieger in Hörste.

1848 Kolon in Augustdorf, Nr. 97.

1865 Leibzüchter in Augustdorf, Nr. 97.

Sohn des Vorbesitzers

3 **Büker,** Friedrich Wilhelm, geb. Rubart, * 02.03.1839 in Pivitsheide (Ksp. Stapelage), † 09.03.1872 in Augustdorf.

⚭ [1/2] 24.11.1861 in Augustdorf

4 **Kleesiek,** Wilhelmine Friedrike (Friederike Wilhelmine), geb. Bent (Bendt), * 14.12.1833 in Augustdorf (Nr. 41), † 19.01.1908 in Augustdorf.

1861 Kolon und Anerbe in Augustdorf, Nr. 97.

Ehefrau des Vorbesitzers

4 **Büker,** Wilhelmine Friedrike (Friederike Wilhelmine), geb. Bent (Bendt), * 14.12.1833 in Augustdorf (Nr. 41), † 19.01.1908 in Augustdorf.

⚭ [1/1] 13.12.1857 in Augustdorf

Kleesiek, Friedrich Adolf (August), * 03.05.1830 in Pottenhausen (Ksp. Lage), † 08.08.1858 in Varelerhafen (Ksp. Varel, Großherzogtum Oldenburg).

⚭ [2/1] 24.11.1861 in Augustdorf

3 **Büker,** Friedrich Wilhelm, geb. Rubart, * 02.03.1839 in Pivitsheide, † 09.03.1872 in Augustdorf.

⚭ [3/1] 22.09.1872 in Augustdorf

5 **Meier (Oetermann)**[150], Simon Friedrich Hermann, * 31.10.1843 in Augustdorf (Nr. 10), † 22.04.1909 in Augustdorf.

1872 Witwe in Augustdorf, Nr. 97.

Dritter Ehemann der Vorbesitzerin, Interimswirt

5 **Büker,** Simon Friedrich Hermann, geb. Meier (Oetermann), * 31.10.1843 in Augustdorf (Nr. 10), † 22.04.1909 in Lage, Siechenhaus.

⚭ [1/3] 22.09.1872 in Augustdorf

4 **Büker,** Wilhelmine Friedrike (Friederike Wilhelmine), geb. Bent (Bendt), * 14.12.1833 in Augustdorf (Nr. 41), † 19.01.1908 in Augustdorf.

1872 Interimswirt, Kolon und Landwirt in Augustdorf, Nr. 97.

150 Im Jahr 1834 hat Simon Friedrich Hermann Oetermanns Vater, Hermann Henrich Meyer, die Stätte Oetermann gekauft. Gemäß der damaligen Rechtslage übernahm die Familie zunächst den Namen des neu erworbenen Kolonats, seit einer Gesetzesänderung 1864 führte sie wieder ihren ursprünglichen Namen, nunmehr *Meier* geschrieben. Vgl. die Erläuterungen zum lippischen Namenrecht S. 115 in diesem Band.

Die Pivitsheider Straße um 1930. Rechts im Bild ist die Stätte Büker Nr. 97, Pivitsheider Straße 43, zu sehen, links das Gebäude der Bäckerei Gräser. Privatbesitz L. Hübert.

Sohn des Besitzers 3

6 **Büker,** Heinrich Friedrich (Henry Frederick), * 10.05.1863 in Augustdorf, † 08.05.1944 in Kansas City, Jackson County (Missouri).

1882 Anerbe und Kolon in Augustdorf, Nr. 97.

1882 Auswanderung in die USA ▸ S. 83.

1944 Merchant [=Händler] in Kansas City, Jackson County (Missouri).

Käufer 1882

7 **Büker,** Simon Friedrich Hermann, geb. Meier (Oetermann), * 31.10.1843 in Augustdorf (Nr. 10), † 22.04.1909 in Lage, Siechenhaus.

⚭ [1/3] 22.09.1872 in Augustdorf
4 **Büker,** Wilhelmine Friedrike (Friederike Wilhelmine), geb. Bent (Bendt), * 14.12.1833 in Augustdorf (Nr. 41), † 19.01.1908 in Augustdorf.

1872 Interimswirt, Kolon und Landwirt in Augustdorf, Nr. 97.

1886 Kolon und Landwirt in Augustdorf, Nr. 97.

1901 Landwirt in Augustdorf, Nr. 97.

Nr. 47

BERKEMEIER (BERKEMEYER), PIVITSHEIDER STRASSE 50

1780 **Lindinger:** 21. Stätte, Berkemeier.

1780 **Küstermann:** Berkemeier; 10 Scheffelsaat [=1,717 Hektar].

1783 **Kolonatsakte:** Einlieger Caspar Henrich Berkemeier aus dem Wistinghauser Kotten, Amt Oerlinghausen, Anbau am Dören.

1786 **Schreiter:** 28. Caspar Berkemeier.

1792 **Salbuch:** Casper Berkemeyer, Hoppenplöcker.

1828 **Volkszählung:** Berkemeier, Kolon; 1 Wohnhaus.

1855 **Salbuch:** Berkemeier.

1901 **Adressbuch:** Berkemeier, Wilhelm, Landwirt.

1921 **Landwirtschaftliches Adressbuch:** Berkemeier, Wilhelm; 9 Hektar.

1926 **Adressbuch:** Berkemeier, Wilhelm, Landwirt.

1954 **Adressbuch:** Berkemeier, Helmut, Installateur; Bent, Wilhelm, Maurer; Müller, Ernst, Rentner; Pivitsheider Straße 47.

1962 **Adressbuch:** Berkemeier, Helmut, Installationen und Zentralheizungsbau; Peters, Louise, Hausfrau; Pivitsheider Straße 47 [▸ Abb. S. 78].

Gründer 1780

1 **Berkemeier,** Caspar (Casper) Henrich aus Mackenbruch (Ksp. Oerlinghausen), ~ 16.09.1742 in Oerlinghausen, † 07.05.1797 in Augustdorf.

⚭ Erste Ehe unbekannt.

⚭ [2/1] 25.04.1773 in Oerlinghausen
Arndt, Anne Catharine.

1780 Weber in Wistinghausen (Ksp. Oerlinghausen).

1781 Kolon in Augustdorf, Nr. 47.

Besitzer 1793, Neffe des Vorbesitzers

2 **Berkemeier,** Johann Friedrich Christoph, geb. Arend, aus Lämmershagen (Ksp. Oerlinghausen), ~ 04.07.1761 Oerlinghausen, † 24.01.1837 in Augustdorf.

⚭ 09.06.1793 in Stapelage
Höveler, Anna Catharina Pivitsheide (Ksp. Stapelage), ~ 20.11.1768 in Stapelage, † 03.06.1843 in Augustdorf.

1793 Kolon in Augustdorf, Nr. 47.

Sohn des Vorbesitzers

3 **Berkemeier,** Johann Friedrich Christoph, * 24.12.1803 in Augustdorf, † 30.10.1875 in Hope, Osage County (Missouri).

⚭ 04.10.1835 in Augustdorf
Böger, Henriette Justine Karoline, * 28.01.1814 in Augustdorf (Nr. 82), † 12.09.1878 in Benton, Osage County (Missouri).

1835 Kolon in Augustdorf, Nr. 47.

1850 Kirchendeche in Augustdorf.

1854 Auswanderung in die USA ▸ S. 79.

Käufer 1854

4 **Berkemeier,** Johann Friedrich Wilhelm, geb. Strate, * 13.11.1822 in Augustdorf (Nr. 8), † 07.01.1906 in Augustdorf.

⚭ [1/1] 26.10.1851 in Augustdorf
Grote, Wilhelmine Friederike Louise, * 14.09.1824 in Kohlstädt (Ksp. Schlangen), † 03.09.1855 in Augustdorf.

⚭ [2/1] 03.08.1856 in Augustdorf
Gaus (Diekmann)[151], Anne Marie Friederike Sophie, * 12.05.1835 in Augustdorf (Nr. 42), † 10.05.1918 in Augustdorf.

1851 Kolon in Augustdorf, Nr. 108 ▸ S. 165.

1854 Kolon in Augustdorf, Nr. 47.

Sohn des Vorbesitzers

5 **Berkemeier,** Heinrich Wilhelm, * 07.05.1857 in Augustdorf, † 29.12.1941 in Augustdorf.

⚭ 24.11.1893 in Augustdorf
Pollmann, Louise Wilhelmine, * 06.10.1872 in Augustdorf (Nr. 20), † 26.04.1955 in Augustdorf.

1893 Anerbe und Kolon in Augustdorf, Nr. 47.

1901 Kolon und Landwirt in Augustdorf, Nr. 47.

151 Der Vater von Anne Marie Friederike Sophie Gaus hat 1835 das Kolonat Diekmann Nr. 42 gekauft, s. S. 188 f. Gemäß der damaligen Rechtslage übernahm die Familie den Namen der neu erworbenen Stätte, den sie trotz Änderung des Namenrechtes auch nach 1864 weitergeführt hat. Vgl. die Erläuterungen zum lippischen Namenrecht S. 115 in diesem Band.

Postagentur Günther, Augustdorf Nr. 164, Pivitsheider Straße 54, o. J. D. Werning, Erinnerungen in Bildern, S. 198

Die ehemalige Postagentur Günther. A. Fischer, 2022.

Inschrift „Postagentur" auf einem ehemaligen Türsturz. Die erste Poststelle am Ort war 1887 in der späteren Gaststätte Zur Linde eingerichtet und vom Gastwirt August Niebuhr betreut worden. 1905 kam August Günther nach Augustdorf und übernahm die Posthalterei seines Onkels. 1908 errichtete er das Haus Nr. 164, in dem sich bis 1952 die Post befand. Das Grundstück gehörte ursprünglich zum Kolonat Nr. 48. A. Fischer, 2022

Augustdorf Nr. 48, Pivitsheider Straße 58. Die beiden Aufnahmen oben zeigen das Kolonat Arndt um 1912. Zu sehen sind Friedrich Arndt sen. und seine Frau Karoline geb. Meier sowie Friedrich Arndt jun. und dessen Frau Sophie Minna geb. Hilbrink mit ihren beiden Töchtern. Der links im Bild erkennbare Junge lässt sich nicht zuordnen. Sammlung Heimatverein Augustdorf

Abb. rechts: Augustdorf Nr. 143, Pivitsheider Straße 61. Um 1902 hatte der Schuhmachermeister Ernst Dierk an der Pivitsheider Straße, direkt gegnüber vom Kolonat Nr. 48, sein Wohnhaus errichtet. Später erwarb der Ziegler Friedrich Wiele die Stätte, deren Areal ursprünglich zur Hofstelle Nr. 13 gehörte. Das Adressbuch von 1962 nennt den Tischler Helmut Backhaus als Bewohner. Das etwa 1930 entstandene Foto zeigt das Gebäude nach einem Umbau. Sammlung Heimatverein Augustdorf

Nr. 48

ARNDT (ARND, ARNDS, AHRENS, ARENS, ARENDS, ARENDT), SCHÄFER, PIVITSHEIDER STRASSE 58

1781 **Kolonatsakte:** ehemals zur 21. Stätte[152]; Anlegung einer Neuwohnerstätte durch Weber Johann Friedrich Arendt aus Lämmershagen.
1783 **Kolonatsakte:** Einlieger Johann Friederich Arnd aus Reinershagen[153], Amt Heepen, Anbau am Dören.
1786 **Schreiter:** 27. Johann Friedrich Arnds.
1790 **Küstermann:** Fr. Arends; 10 Scheffelsaat [=1,717 Hektar].
1792 **Salbuch:** Johann Friedrich Arens, Hoppenplöcker.
1828 **Volkszählung:** Arends, Kolon; 1 Wohnhaus.
1881 **Kolonatsakte:** Abtretung an Friedrich Ahrens.
1881 **Salbuch:** Ahrens; Abtretung an Friedrich Ahrens; umgeschrieben am 22. Juni 1881.
1901 **Adressbuch:** Arndt, Fritz, Landwirt.
1921 **Landwirtschaftliches Adressbuch:** Arendt, Fr.; 12 Hektar.
1926 **Adressbuch:** Arndt, Friedrich, Fabrikarbeiter und Landwirt.
1954 **Adressbuch:** Arndt, Friedrich, Landwirt; Schäfer, Robert, Landwirt; Pivitsheider Straße 48.
1962 **Adressbuch:** Arndt, Friedrich, Landwirt; Schäfer, Robert, Landwirt; Pivitsheider Straße 48.

Gründer 1790

1 **Arend,** Johann Friedrich Christoph aus Lämmerhagen (Ksp. Oerlinghausen), ~ um 1744 in Oerlinghausen, † 24.07.1804 in Augustdorf.
⚭ 05.11.1777 in Oerlinghausen
Austmeier (Ostmeier), Anna Sophia Dorothea Amalia (Hanne Sophie), * um 1754, † 12.01.1812 in Augustdorf.
1781 Weber in Lämmershagen.
1781 Kolon in Augustdorf, Nr. 48.
1786 Feinweber[154] in Augustdorf, Nr. 48.

Sohn des Vorbesitzers

2 **Arend,** Johann Friedrich Christoph, * 27.03.1778 in Oerlinghausen, † 09.02.1812 in Augustdorf.
⚭ 30.10.1803 in Augustdorf
3 **Leising,** Amalia Dorothea Elisabeth, * 03.08.1779 in Billinghauserheide (Ksp. Stapelage), † 29.03.1841 in Augustdorf.
1803 Kolon in Augustdorf, Nr. 48.
1812 Kolon in Augustdorf, Nr. 47 ▸ S. 194.

Ehefrau des Vorbesitzers

3 **Arend,** Amalia Dorothea Elisabeth, geb. Leising, * 30.03.1780 in Billinghauserheide (Ksp. Stapelage), † 29.03.1841 in Augustdorf.
⚭ [1/1] 30.10.1803 in Augustdorf
2 **Arend,** Johann Friedrich Christoph, * 27.03.1778 in Oerlinghausen, † 09.02.1812 in Augustdorf.
⚭ [2/1] 28.03.1813 in Augustdorf
4 **Detert,** Johann Friedrich Wilhelm, * 18.01.1786 in Schröttinghausen (Ksp. Werther), † 18.02.1850 in Augustdorf.
1813 Witwe in Augustdorf, Nr. 48.

Zweiter Ehemann der Vorbesitzerin

4 **Arend,** Johann Friedrich Wilhelm, geb. Detert, * 18.01.1786 in Schröttinghausen (Ksp. Werther), † 18.02.1850 in Augustdorf (Nr. 17).
⚭ [1/2] 28.03.1813 in Augustdorf
3 **Arend,** Amalia Dorothea Elisabeth, geb. Leising, * 03.08.1779 in Billinghauserheide (Ksp. Stapelage), † 29.03.1841 in Augustdorf.
1813 Kolon in Augustdorf, Nr. 48.
1850 Leibzüchter in Augustdorf, Nr. 17 ▸ S. 145 f.

Sohn des Vorbesitzers

5 **Arend,** Friedrich Wilhelm, * 21.08.1813 in Augustdorf, † 13.07.1879 in Augustdorf.
⚭ 19.06.1842 in Augustdorf
Prante, Anna Maria Friederika Amalie, * 06.01.1820 in Augustdorf (Nr. 25), † 23.10.1900 in Augustdorf.
1842 Kolon in Augustdorf, Nr. 48.

Sohn des Vorbesitzers

6 **Arndt** (Ahrens), Hermann Friedrich (Friedrich Hermann, Fritz), * 18.06.1843 in Augustdorf, † 12.09.1928 in Augustdorf.
⚭ 11.08.1872 in Augustdorf
Meier (Oetermann)[155], Dorothee Friederike Karoline (Karline), * 12.07.1847 in Augustdorf (Nr. 10), † 11.10.1932 in Augustdorf.
1872 Einlieger in Augustdorf.
1881 Kolon und Landwirt in Augustdorf, Nr. 48.

---

152 Vgl. Kolonat Nr. 47, S. 194 in diesem Band.
153 Bei Reinershagen wird es sich um eine Verlesung handeln, gemeint ist wohl Lämmershagen, das dialektal [=mundartlich] auch als Leimershagen erscheint. Vgl. Meineke, Ortsnamen, S. 141.
154 Vgl. LAV NRW OWL L 108 Lage Fach 2 Nr. 16 b, Bericht des Amtsrats Schreiter.
155 Im Jahr 1834 hat Dorothee Friederike Karoline Oetermanns Vater, Hermann Henrich Meyer, die Stätte Oetermann gekauft. Gemäß der damaligen Rechtslage übernahm die Familie zunächst den Namen des neu erworbenen Kolonats, seit einer Gesetzesänderung 1864 führte sie wieder ihren ursprünglichen Namen, nunmehr *Meier* geschrieben. Vgl. die Erläuterungen zum lippischen Namenrecht S. 115 in diesem Band.

Nr. 15 b

MOSHAGE, SCHULZE, BAUMANN, LEPPELMEIER, PIVITSHEIDER STRASSE 55

1793 **Kolonatsakte:** Anlegung einer Neuwohnerstätte[156] auf dem von Rabe abgetretenen Teil der Stätte Nr. 15 [▸ S. 142 f.] durch Johann Jürgen Moshage.
1793 **Küstermann:** Moshage; 6 Scheffelsaat [=1,030 Hektar].
1794 **Kolonatsakte:** Verkauf der Moshageschen Stätte Nr. 15 zu Augustdorf an den Einlieger Johann Henrich Schulze aus Hörste; Kauf und Wiederverkauf der Moshageschen Stätte Nr. 15 [...] von dem Schulmeister Strate an Jacob Baumann.
1803 **Kolonatsakte:** Taxierung des Inventariums des Baumann.
1804 **Kolonatsakte:** Verkauf des entbehrlichen Inventars.
1806 **Kolonatsakte:** Ehescheidung Baumann ·/. Baumann.
1816 **Salbuch:** Baumann olim [=ehemals] Rabe bei Nr. 15.
1821 **Kolonatsakte:** Die von Kolon Pollmann Nr. 80 [▸ S. 302 ff.] zu Augustdorf eingetauschte und von demselben an den Einlieger Friedrich Leppelmeier wieder verkaufte Stätte des Kolons Baumann.
1821 **Salbuch:** Verkauf von Kolon Pollmann Nr. 80 an den Einlieger Friedrich Leppelmeier.
1825 **Salbuch:** Verkauf eines Teils dieser Stätte an Strate.[157]
1828 **Volkszählung:** Baumann, Kolon; 1 Wohnhaus.
1836 **Veräußerung:** Verkauf der Stätte von Friedrich Leppelmeier an seinen Bruder Adolf Leppelmeier, Nr. 91 [▸ S. 200 ff.]. Friedrich Leppelmeier übernimmt den Frohnenkrug, Nr. 38 [▸ S. 259 ff.].
1839 **Kolonatsakte:** Verkauf der Stätte an Johann Berend Räker, daselbst.
1843 **Kolonatsakte:** Verkauf der Stätte an Friedrich Schierenberg daselbst; Verkäufer Schuhmacher Bernd Räker, Nr. 15b; Käufer: Ziegelmeister Friedrich Schierenberg auf Nr. 13 [▸ S. 139 ff.] zu Augustdorf.
1849 **Kolonatsakte:** Verkauf der Stätte an den Einlieger Heinrich Büker zu Augustdorf.
1856 **Kolonatsakte:** Verkauf an den Kaufmann Leppelmeier daselbst.[158]
1867 **Kolonatsakte:** Verkauf der Stätten Leppelmeier Nr. 15 b und Nr. 91 zu Augustdorf an Adolf Leppelmeier daselbst, den ältesten Sohn.
1867 **Salbuch:** Baumann; Abtretung an Adolf Leppelmeier; eingetragen am 9. Januar 1867.
1883 **Brandkataster:** 1 Wohnhaus, ein Holzhaus – jetzt Nr. 91.
1887 **Salbuch:** Auflösung der Stätte und Übertragung des Grundbesitzes auf Nr. 91; eingetragen am 31. Januar 1887.

Gründer 1793

1 **Moshage,** Johann Jürgen aus der Pansheide (Bschft. Asemissen, Ksp. Oerlinghausen), ~ 09.12.1726 in Oerlinghausen, † 17.03.1802 in Augustdorf.
⚭ [1/1] 24.10.1745 in Schlangen
Junker oder Junkersmann, Anna Margreta Ilsabein, * 10.11.1723 in Schlangen, † 03.03.1762 in Schlangen.
⚭ [2/1] 11.07.1762 in Schlangen
Pucker, Anna Maria Agneta, ~ 24.05.1725 in Haustenbeck, † 07.12.1772 in Haustenbeck.
⚭ [3/2] 08.08.1773 in Haustenbeck
Knieriemen, Anna Dorothea, geb. Wiemering „aus dem Hessischen", * um 1717, † 02.01.1800 in Augustdorf.
1768 Kolon in Haustenbeck, Nr. 49.[159]
1778 Kolon in Haustenbeck, Nr. 50.[160]
1793 Kolon in Augustdorf, Nr. 15 b.
1802 Leibzüchter in Augustdorf.

Käufer 1794

2 **Schulze,** Johann Henrich aus Hörste (Ksp. Stapelage), * um 1751, † 12.04.1837 in Augustdorf.
⚭ [1/?] um 1785
[N.N.], Hanna Amalia, * um 1760.
⚭ [2/?] um 1810
[N.N.], Sophie Dorothee, * um 1749, † 26.03.1837 in Augustdorf.
1786 Einlieger beim Meyer zu Stapelage.
1790 Einlieger in Hörste (Ksp. Stapelage).
1793 Einlieger in Stapelage.
1794 Käufer in Augustdorf, Nr. 15 b.
1799 Gründer in Augustdorf, Nr. 73 ▸ S. 311.

Käufer 1799

3 **Baumann,** Johann Jacob aus Baden-Durlach, * um 1758, † 11.07.1814 in Augustdorf.
⚭ [1/2] 10.04.1791 in Stapelage
Sieveke, Anne Catharine Louise, geb. Dannhäuser oder Wächter, ~ 21.02.1766 in Haustenbeck, † 03.04.1792 in Augustdorf.
⚭ [2/1] 07.10.1792 in Stapelage
Wiesendeppe, Florentine Henriette aus Pivitsheide (Ksp. Stapelage), * um 1764, † 22.01.1802 in Augustdorf.
⚭ [3/1] 09.05.1802 in Augustdorf
Detert, Anna Maria Elisabeth aus dem Amt Heepen, * um 1777, † 06.12.1806 in Augustdorf.
⚭ [4/1] 14.08.1808 in Augustdorf
Brinkmann, Margaretha Elisabeth aus dem Amt Rietberg.

---

156 Das noch nicht kultivierte Areal war weitgehend wertlos, anstelle eines Kaufpreises erhielt Johann Friedrich Adolf Rabe ein Ziegenlamm, vgl. Küstermann, Geschichte, Bd. I, 1. Teil, Abschrift 2010, S. 25.
157 Von der Stätte Nr. 15 b wurde 1825 ein Areal abgeteilt, das die Kolonatsnummer 91 erhielt, vgl. S. 198 ff. in diesem Band.
158 Im Jahr 1856 erfolgte ein Rückerwerb der Stätte durch den Kaufmann Johann Friedrich Adolf Leppelmeier, der das Kolonat bereits zwischen 1836 und 1839 besessen hatte.
159 Vgl. Sprenger, Haustenbeck, S. 203.
160 Vgl. Sprenger, Haustenbeck, S. 203.

1791 Kolon in Augustdorf, Nr. 50 ▸ S. 206 ff.
1799 Kolon in Augustdorf, Nr. 15 b.

Tochter des Vorbesitzers

4 Baumann, Anna Marie Christine Elisabeth,
* 23.09.1793 in Augustdorf, † 28.12.1860 in Augustdorf.
⚭ 16.10.1814 in Augustdorf
5 Tegeler, Hermann Henrich, * 08.06.1793 in Augustdorf (Nr. 46), † 11.08.1855 in Augustdorf.

1814 Anerbin in Augustdorf, Nr. 15 b.

Ehemann der Vorbesitzerin

5 Baumann, Hermann Henrich, geb. Tegeler,
* 08.06.1793 in Augustdorf (Nr. 46), † 11.08.1855 in Augustdorf (Nr. 6).
⚭ 16.10.1814 in Augustdorf
Baumann, Anna Marie Christine Elisabeth, * 23.09.1793 in Augustdorf, † 28.12.1860 in Augustdorf (Nr. 6).

1814 Kolon in Augustdorf, Nr. 15 b.
1821 Kolon in Augustdorf, Nr. 6 ▸ S. 130 f.
1850 Leibzüchter und Armendeche in Augustdorf, Nr. 6.

Käufer (Tausch mit Nr. 6) 1821

6 Pollmann, Johann Heinrich Christoph (Töns Heinrich Christoph), * 04.12.1777 in Veldrom (Ksp. Horn), † 27.05.1829 in Augustdorf.
⚭ 26.12.1798 in Stapelage
Rabe, Anne Marie Elisabeth (Anna Cathrina),
* um 1781, † 07.12.1841 in Augustdorf.

1801 Gründer in Augustdorf, Nr. 80 ▸ S. 302 ff.
1821 Besitzer in Augustdorf, Nr. 6 ▸ S. 130 f.
1821 Besitzer in Augustdorf, Nr. 15 b.

Käufer 1821

7 Baumann, Johann Friedrich Adolf, geb. Leppelmeier,
* 30.03.1790 in Krentrup (Ksp. Schötmar),
† 12.01.1861 in Augustdorf.
⚭ [1/1] 04.02.1816 in Augustdorf
Strate, Anna Margarete Marie Ilsebein, * 26.07.1790 in Augustdorf (Nr. 8), † 28.09.1835 in Augustdorf.
⚭ [2/2] 20.03.1836 in Augustdorf
Strate, Friederike Caroline Amalie, geb. Strate,
* 13.03.1793 in Augustdorf (Nr. 8), † 26.12.1853 in Augustdorf.
⚭ [3/2] 18.06.1854 in Augustdorf
Erfkamp, Henriette Wilhelmine, geb. Bastian,
* 27.11.1784 in Heiligenkirchen, † 01.05.1861 in Augustdorf.

1816 Einlieger in Augustdorf.
1822 Kolon in Augustdorf, Nr. 15 b.
1832 Besitzer in Augustdorf, Nr. 32 ▸ S. 270 ff.
1833 Vorsteher in Augustdorf.
1836 Krüger in Augustdorf, Nr. 38 ▸ S. 259 ff.
1861 Leibzüchter in Augustdorf, Nr. 38.

Käufer 1836

8 Leppelmeier, Johann Friedrich Adolf, * 22.06.1798 in Augustdorf (Nr. 64), † 24.12.1864 in Augustdorf.
⚭ 13.03.1835 in Augustdorf
Fischer, Friederike Sophie Catharina, * 25.01.1806 in Iggenhausen (Bschft. Pottenhausen, Ksp. Lage),
† 25.02.1867 in Augustdorf.

1825 Handlungsdiener [= Kaufmannsgehilfe] in Augustdorf.
1833 Kaufmann und Kolon in Augustdorf, Nr. 91 ▸ S. 200 ff.
1835 Commercient und Kolon in Augustdorf, Nr. 92 ▸ S. 269 f.
1836 Besitzer in Augustdorf, Nr. 15 b.
1864 Kaufmann in Augustdorf, Nr. 91.

Nordöstlich der evangelisch-reformierten Kirche findet sich der einzige erhaltene Grabstein Augustdorfs aus dem 19. Jahrhundert. Das Denkmal überliefert die Namen und Lebensdaten von vier Familienmitgliedern des Kaufmanns F. A. Leppelmeyer (1836–1878).
A. Fischer, 2021

Käufer 1839

9 **Räker,** Johann Berend Henrich (Bernd), * 13.07.1815 in Pivitsheide (Ksp. Stapelage).

⚭ 01.03.1840 in Augustdorf

Tegeler, Anna Marie Caroline, * 05.02.1819 in Augustdorf (Nr. 46).

1839 Kolon, Schuhmacher in Augustdorf, Nr. 15 b.

Käufer 1843, Schwiegersohn des Besitzers 7

10 **Schierenberg,** Friedrich Adolph, * 20.05.1813 in Augustdorf (Nr. 13), † 20.03.1870 in Augustdorf.

⚭ 09.02.1840 in Augustdorf

Leppelmeier, Friedrike Henriette, * 24.10.1816 in Augustdorf, † 30.09.1904 in Augustdorf.

1840 Einlieger in Augustdorf.

1843 Kolon und Ziegelmeister in Augustdorf, Nr. 15 b.

1847 Krüger und Kolon in Augustdorf, Nr. 38 ▸ S. 259 ff.

1858 Einlieger in Augustdorf.

Käufer 1849

11 **Baumann,** Johann Henrich, geb. Büker, * 15.03.1818 in Augustdorf (Nr. 17), † 22.12.1856 in Augustdorf.

⚭ 14.12.1845 in Augustdorf

Sprenger, Wilhelmine Caroline Amalie, * 05.10.1821 in Ehlenbruch (Ksp. Lage).

1845 Einlieger in Augustdorf.

1849 Kolon in Augustdorf, Nr. 15 b.

1856 Ex-Kolon [sic!], Nr. 15 b.

Käufer 1867, Sohn des Besitzers 8:

12 **Leppelmeier,** Friedrich Adolph Ferdinand, * 01.03.1836 in Augustdorf, † 09.03.1878 in Augustdorf.

⚭ 01.11.1865 in Lage

Held, Elise Karoline, * 03.10.1840 in Lage, † 20.03.1907 in Lage.

1865 Kaufmann in Augustdorf, Nr. 91 ▸ S. 200 ff.

1867 Besitzer in Augustdorf, Nr. 15 b.

Nr. 91
STRATE, LEPPELMEIER, PIVITSHEIDER STRASSE 55 [161]

1825 **Küstermann:** Gründung; 2 1/8 Scheffelsaat [= 0,365 Hektar]; durch Commerziant [= Händler] Strate gekauft von Nr. 15 b [▸ S. 198 ff.] für 300 Reichstaler.

1828 **Volkszählung:** Strate, Commerzient [162]; 1 Wohnhaus.

1831 **Kolonatsakte:** Das Schuldenwesen des Kommerzianten Strate zu Augustdorf, Nr. 91.

1833 **Kolonatsakte:** Verkauf der Strateschen Stätte Nr. 91 zu Augustdorf an den Handlungsdiener Leppelmeier.

1855 **Salbuch:** Leppelmeier.

1867 **Kolonatsakte:** Verkauf der Stätten Leppelmeier Nr. 15 b und Nr. 91 zu Augustdorf an Adolf Leppelmeier daselbst, den ältesten Sohn.

1867 **Salbuch:** Leppelmeier; Abtretung an Adolf Leppelmeier; eingetragen am 9. Januar 1867.

1883 **Brandkataster:** ein Wohnhaus und 1 Holzhaus, vorher Nr. 15 b.

1887 **Salbuch:** Leppelmeier, Adolf; Wohnhaus nebst Hausstätte von Nr. 15 b kommt hinzu, 31. Januar 1887.

1887 **Salbuch:** auf Niebuhr umgeschrieben am 5. Mai 1887.

1889 **Brandkataster:** Neubau eines Wohnhauses, Besitzer Niebuhr.

1891 **Salbuch:** Auflösung der Stätte 15 b und Übertragung „sämtlicher Realitäten" auf Nr. 91.

1901 **Adressbuch:** Niebuhr, Marie, Witwe, Kaufmann, Gastwirtschaft; Berkemeier, Hermann, Schneider; Dierk, Ernst, Schuhmacher.

1926 **Adressbuch:** Mathieu, Hans, Gastwirtschaft und Kolonialwarenhandlung.

1954 **Adressbuch:** Krieftewirth, Hubert, Gasthof zur Linde; Laser, Franz, Rentner; Pivitsheider Straße 91.

1962 **Adressbuch:** Rütten, Luise, Gaststätte; Rütten, Heinz, kaufm. Angestellter; Vogt, Elfriede, Rentnerin; Pivitsheider Straße 91.

Gründer 1825

1 **Strate,** Anton Hermann Wilhelm (Töns Herm Wilhelm), * 16.01.1803 in Augustdorf (Nr. 8), † 25.06.1864 [163] in Friedrichsdorf (Amt Reckenberg, Kreis Wiedenbrück).

⚭ [1/1] 02.1826 in Augustdorf

Meyer, Henriette Wilhelmine aus Lemgo, * um 1800, † 25.06.1837 in Augustdorf.

⚭ [2/1] 20.07.1838 in Augustdorf

Schrader, Johanne Lucretia, * 21.04.1811 in Friedrichsdorf (Amt Reckenberg, Kreis Wiedenbrück), † 23.11.1870 in Friedrichsdorf (Amt Reckenberg, Kreis Wiedenbrück).

1825 Commerciant in Augustdorf, Nr. 91.

1832 Commerciant in Augustdorf, Nr. 92. [164]

---

161 Das Gebäude der alten Krugstätte wurde 2018 abgebrochen.

162 Die Bezeichnung *Commerziant* [= Händler] erscheint innerhalb der Quellen in unterschiedlichen Schreibweisen.

163 Anton Hermann Wilhelm Strate lebte 1864 im lippischen Brakelsiek (Ksp. Schwalenberg), er starb bei einem Besuch seines Schwiegersohns in Friedrichsdorf, vgl. Kirchenbuch Schwalenberg, Gestorbene 1864, Nr. 48. Der entsprechende Kirchenbucheintrag informiert über diverse Lebensstationen Strates, den es nach seinen Augustdorfer Jahren zeitweise Richtung Almena, Laßbruch und Friedrichsdorf verschlagen hatte. Dort offenbar jeweils als Gastwirt tätig, betrieb er, was das darüber hinaus erwähnte Humfeld anging, einen Handel, darauf verweist zumindest die Bezeichnung „Commerciant".

164 Korrekt ist Nr. 91 – die Kolonatsnummern 91 und 92 wurden beim Führen des Augustdorfer Kirchenbuches mehrfach verwechselt.

1838 Einlieger und Commerciant in Augustdorf.
1850 Commerciant in Humfeld (Ksp. Bega).

Besitzer 1833

2 **Strate,** Johann Friedrich Adolf, geb. Leppelmeier, ⋆ 22.06.1798 in Augustdorf (Nr. 64), † 24.12.1864 in Augustdorf.
⚭ 13.03.1835 in Augustdorf
Fischer, Friederike Sophie Catharina, ⋆ 25.01.1806 in Iggenhausen (Bschft. Pottenhausen, Ksp. Lage), † 25.02.1867 in Augustdorf.

1825 Handlungsdiener [=Kaufmannsgehilfe] in Augustdorf.
1833 Kaufmann und Kolon in Augustdorf, Nr. 91.
1835 Commercient und Kolon in Augustdorf, Nr. 92.[165]
1836 Besitzer in Augustdorf, Nr. 15 b ▸ S. 198 ff.
1854 Kirchendeche in Augustdorf.
1864 Kaufmann in Augustdorf, Nr. 91.

Sohn des Vorbesitzers

3 **Leppelmeier**[166], Friedrich Adolph Ferdinand, ⋆ 01.03.1836 in Augustdorf, † 09.03.1878 in Augustdorf.
⚭ 01.11.1865 in Lage
Held, Elise Karoline, ⋆ 03.10.1840 in Lage, † 20.03.1907 in Lage.

1865 Kaufmann in Augustdorf, Nr. 91.
1867 Besitzer in Augustdorf, Nr. 15 b ▸ S. 198 ff.

Käufer 1887

4 **Niebuhr,** Simon August, ⋆ 17.09.1850 in Heidenoldendorf (Ksp. Detmold), † 17.05.1897 in Augustdorf.
⚭ 31.10.1879 in Stapelage
5 **Günther,** Marie Friedrike, ⋆ 10.01.1853 in Stapelage, † 10.03.1907 in Augustdorf.

1887 Kaufmann in Augustdorf, Nr. 91.

Ehefrau des Vorbesitzers

5 **Niebuhr,** Marie Friedrike, geb. Günther, ⋆ 10.01.1853 in Stapelage, † 10.03.1907 in Augustdorf.
⚭ 31.10.1879 in Stapelage
4 **Niebuhr,** Simon August, ⋆ 17.09.1850 in Heidenoldendorf (Ksp. Detmold), † 17.05.1897 in Augustdorf.

1901 Witwe, Kaufmann [sic!], Gastwirtschaft in Augustdorf, Nr. 91.

Sohn der Vorbesitzerin

6 **Niebuhr,** Friedrich Adolf Conrad, ⋆ 18.10.1881 in Hörste (Ksp. Stapelage), † 04.11.1905 in Augustdorf.

1905 Posthalter in Augustdorf, Nr. 91.

165 Korrekt ist Nr. 91 – die Kolonatsnummern 91 und 92 wurden im Augustdorfer Kirchenbuch mehrfach verwechselt.
166 Seit einer Gesetzesänderung im Jahr 1864 führte die Familie wieder ihren ursprünglichen Namen *Leppelmeier.*

Ansichtskarte „Gruss aus Augustdorf". Abgebildet sind das Gasthaus Niebuhr, die Kirche und eine „Strasse in Augustdorf". Verschickt am 28./29. August 1904 von Augustdorf nach Orsoy am Rhein. Mitteilung des Absenders: „Hier lagen wir Samstag und Sonntag im Quartier … ."
Verlag Aug. Schafmeister, Lage. Lippische Landesbibliothek Detmold, ME-PK-26-5.

▪ Wilhelm Strate stammte von der Stätte Nr. 8[167], wo zunächst Johann Bernd Bergmeister, später die Witwe Hieronimus und anschließend vermutlich auch die Familie Strate einen Krug bewirtschaftet hatten. Am 8. Mai 1825 stellte Strate einen „Antrag auf Hökerhandel und das Versellen von Bier und Brandwein". Sein Plan war die Gründung einer entsprechenden Niederlassung „gleich neben der Kirche", unmittelbar an der Landstraße, die ins „Paderbornische führt und sehr frequentiert wird". Als Referenz nannte der damals 22-Jährige seine Ausbildung beim Lemgoer Kaufmann Schnelle, während der er „sich die Achtung und Liebe durch Fleiß und gutes Betragen erworben" habe. Der Lehrherr war sogar bereit, ihm Startkapital „in Form von Warenkrediten" zur Verfügung zu stellen.[168]

▪ Trotz anscheinend guter Voraussetzungen schien die nunmehrige Stätte Nr. 91 schon 1831 verschuldet gewesen zu sein.[169] 1833 erfolgte der Erwerb durch Adolf Leppelmeier, dessen Familie mit der Zeit verschiedene Läden und Gaststätten am Ort betrieb. 1836 kaufte beispielsweise sein Bruder Friedrich Leppelmeier[170] den Frohnenkrug[171], der bis 1847 in seiner Hand verblieb und 1863 von Heinrich Strate, einem Neffen Wilhelm Strates, übernommen wurde. Der Kolonatsgründer Wilhelm Strate hingegen hatte Augustdorf verlassen und danach an mehrfach wechselnden Orten als Händler und Gastwirt gearbeitet.[172]

▪ Die Handelsgeschäfte auf der Stätte Nr. 91[173] wurden wiederum, anfangs noch unter dem Namen Strate, bis 1887 von der Familie Leppelmeier fortgeführt, die 1870 zusätzlich die Konzession zur Eröffnung einer Schankwirtschaft erhielt. 1887 veräußerte der damalige Eigentümer Friedrich Adolph Ferdinand Leppelmeier die Besitzung an Simon August Niebuhr.[174] Wer die Gaststättenbezeichnung *Zur Linde* eingeführt hat, ist nicht bekannt, Postkarten überliefern den Namen erst im 20. Jahrhundert.[175]

167 Vgl. S. 131 in diesem Band.
168 LAV NRW OWL L 92 N Nr. 379.
169 Vgl. S. 200 in diesem Band.
170 Vgl. S. 259 in diesem Band.
171 Vgl. S. 259 ff. in diesem Band.
172 Vgl. S. 200, Anmerkung 163 in diesem Band. Der Nachfolger Adolf Leppelmeier führte nach dem Erwerb der Stätte den Namen *Strate*.
173 Vgl. S. 200 ff. in diesem Band.
174 Vgl. S. 201 in diesem Band.
175 In den lippischen Adressbüchern der Jahre 1901 und 1926 ist der Name noch nicht verzeichnet.

Ansichtskarte „Gruss aus Augustdorf". Zu sehen sind die Kirche die „Schenkwirtschaft v. A. Niebuhr" und das Jagdschloss Lopshorn. Mitteilung des Absenders Tegeler vom Augustdorfer Kolonat Nr. 114: „... hier ist es Wunderschön[.] Es grüßt Reservisth A. Tegeler." Adressat: Heinrich Tiemann, Dampftischlerei Neidhöfer, Neuss am Rhein. Zwei Poststempel vom 15. September 1900. Verlag Paul Metzentin, Detmold. Lippische Landesbibliothek Detmold, ME-PK-26-3.

Ansichtskarte mit dem Schild „Gasthof zur Linde", als damaliger Besitzer wird „Fr. Laser" genannt, o. J.
D. Werning, Erinnerungen in Bildern, S. 193

Nr. 49

„ERFKAMP JETZT DIE PFARRE",[176]

PIVITSHEIDER STRASSE 60

1780 **Lindinger:** 20. Stätte, Erfkamp.

1781 **Kolonatsakte:** 20. Stätte; Anlegung einer Neuwohnerstätte durch Johan Ber(e)nd Erfkamp aus Müssen.

1782 **Küstermann:** Erfkamp; 20 Scheffelsaat [= 3,433 Hektar].

1786 **Schreiter:** 26. Johann Bernd Erfkamp.

1792 **Salbuch:** Johann Berend Erfkamp, Hoppenplöcker.

1817 **Kolonatsakte:** Verkauf der Stätte als Pfarrwohnung.[177]

1818 **Kolonatsakte:** Abtretung der Stätte zur Errichtung eines Pfarrhauses, Erfkamp bleibt zunächst auf der Stätte [Nr. 49].

1828 **Volkszählung:** Erfkamp, Leibzüchter; Beckmann, Einlieger; 1 Wohnhaus.

1855 **Salbuch:** Die Pfarre.

1884 **Neubau:** Errichtung des jetzigen Gebäudes als Pfarrhaus[178] [Abb. ▸ S. 62].

1901 **Adressbuch:** Brinkmeier, Pastor.

1926 **Adressbuch:** Schreck, Karl, Pastor.

1954 **Adressbuch:** Beine, Helmut, Pastor; ev. ref. Pfarramt; Strassmann, Emmi, Rentnerin; Pivitsheider Straße 49.

1962 **Adressbuch:** Beine, Helmut, Pastor; Pivitsheider Straße 49.[179]

1965 **Veräußerung:** Die Kirchengemeinde verkauft das Gebäude, der Erlös wurde zum Neubau des heutigen Pfarrhauses am Pastorenweg verwendet.[180]

Gründer 1782

1 **Erfkamp,** Johan Berend, * 13.04.1749 in Breitenheide (Ksp. Lage), † 22.10.1834 in Augustdorf.

⚭ [1/1] 19.05.1777 in Stapelage
Wiemann, Anna Maria Liesebeth,
* 04.04.1747in Hiddentrup (Ksp. Stapelage),
† 16.07.1820 in Augustdorf.

⚭ [2/2] 20.10.1822 in Augustdorf
Leppelmeier, Anna Maria Elisabeth, geb. Rosenbaum,
* 21.04.1759 in Schuckenbaum (Ksp. Schötmar),
† 07.10.1835 in Augustdorf.

1777 Einlieger in Hiddentrup (Ksp. Stapelage).

1782 Hoppenplöcker in Augustdorf, Nr. 49.

1828 Leibzüchter in Augustdorf, Nr. 49.

1830 Kolon in Augustdorf, Nr. 89 ▸ S. 325 f.

1834 Leibzüchter und Kirchenältester in Augustdorf, Nr. 89.

---

176 Müller-König, Augustdorf, S. 209.

177 Um die Errichtung eines Pfarrhauses zu ermöglichen, hatte Johann Berend Erfkamp sich – möglicherweise nach Absprache mit seinem Sohn und Anerben Johan Heinrich Adolf – zum Verkauf seines Kolonates Nr. 49 bereit erklärt. Als Ausgleich erhielt er „64 Scheffelsaat von der gemeinen Hude hinten in der Senne [...] bei der Sielemannschen Stätte Nr. 87", vgl. Meier, Kirchengemeinde, S. 25 f. Auf dem ihm zugewiesenen Areal gründete Erfkamp zwei neue Stätten, vgl. S. 324 f. (Nr. 88) und S. 325 f. (Nr. 89) in diesem Band. Zu Nr. 87 vgl. S. 323 f. ebenfalls in diesem Band.

178 Vgl. Müller-König, Augustdorf, S. 182.

179 Auf die Nennung aller Pfarrer, die bis 1962 in Augustdorf amtierten, wird an dieser Stelle verzichtet. Eine entsprechende Auflistung findet sich bei Müller-König, Augustdorf, S. 212 f. Nähere Angaben zu den Biografien und zum Wirken der Augustdorfer Pastoren bietet auch Meier, Kirche.

180 Vgl. Müller-König, Augustdorf, S. 182.

Sohn des Vorbesitzers

2 **Erfkamp,** Johan Heinrich Adolf (Adolph Henrich), * 21.07.1783 in Augustdorf, † 29.07.1848 in Augustdorf.

⚭ [1/1] 20.04.1806 in Augustdorf
Bügener (Buegener, Buegers), Anna Maria Ilsabein aus Braunenbruch (Bschft. Heidenoldendorf, Ksp. Detmold), ~ 02.11.1777 in Detmold, † 14.02.1811 in Augustdorf.

⚭ [2/1] 05.07.1811 in Augustdorf
Bastian, Henriette Wilhelmine, * 27.11.1784 in Heiligenkirchen, † 01.05.1861 in Augustdorf.

1806 Kolon in Augustdorf, Nr. 49.
1818 Kolon in Augustdorf, Nr. 88 ▸ S. 324 f.
1840 Gründer in Augustdorf, Nr. 100 ▸ S. 326 f.
1841 Leibzüchter in Augustdorf, Nr. 88.

Nr. 104
FROHBÖSE, SCHLING (SCHLINK), PIVITSHEIDER STRASSE 66

1849 **Küstermann:** Gründung, 2 Metzen Hofraum [= 0,043 Hektar].
1849 **Kolonatsakte:** Anlegung einer Kottstelle für den Einlieger Frohböse zu Augustdorf Nr. 104 – von der Pfarre angekaufter Platz.
1855 **Salbuch:** Froböse; Haus- und Hofraum, ein Wohnhaus.
1856 **Kolonatsakte:** Versteigerung der Stätte des Straßenkötters Frohböse Nr. 104 und Zuschlag an den Höchstbietenden, Einlieger und Ziegelmeister Wilhelm Schling in Augustdorf.
1871 **Kolonatsakte:** Umschreibung der Stätte Schling oder Frohböse Nr. 104 in Augustdorf an den ältesten Sohn Wilhelm Schling daselbst.
1871 **Salbuch:** Froböse; Abtretung an Wilhelm Schling; eingetragen am 21. Dezember 1871.
1901 **Adressbuch:** Schling, Wilhelm, Ziegler.
1926 **Adressbuch:** Schlink, Minna, Witwe, Landwirtin; Rabe, Friedrich, Ziegelmeister.
1954 **Adressbuch:** Schling, Heinz, Konditor; Radtke, Paul, Schlosser; Pivitsheider Straße 104.
1962 **Adressbuch:** Schling, Heinz, Möbelschleifer; Kroll, Heinrich, Bauhilfsarbeiter; Löwe, Fritz, Soldat; Pivitsheider Straße 104.

Gründer 1849

1 **Frohböse,** Heinrich Friedrich August, * 14.08.1819 in Wöbbel, † 19.02.1891 in Augustdorf.

⚭ 28.11.1847 in Augustdorf
Renne, Anna Maria Wilhelmine Karoline, * 03.09.1827 in Haustenbeck, † 18.08.1858 in Augustdorf.

1847 Einlieger und Bäcker in Augustdorf.
1849 Bäcker in Augustdorf, Nr. 104.
1858 Ex-Kolon [sic!].

Käufer 1856

2 **Schling,** Johann Friedrich Wilhelm, * 27.03.1813 in Müssen (Ksp. Lage), † 25.09.1872 in Augustdorf.

⚭ [1/1] 17.02.1839 in Stapelage
Hilgenstühler, Anne Marie Sophie Elisabeth, * 04.12.1812 in Hörste (Ksp. Stapelage), † 30.04.1855 in Augustdorf.

⚭ [2/1] 28.10.1855 in Augustdorf
Tweele, Louise Henriette, * 10.09.1828 in Pivitsheide (Ksp. Stapelage), † 23.05.1907 in Augustdorf.

1841 Einlieger und Ziegelarbeiter in Uekenpohl (Bschft. Hörste, Ksp. Stapelage).
1845 Einlieger und Ziegelmeister in Augustdorf.
1856 Kolon in Augustdorf, Nr. 104.

Sohn des Vorbesitzers

3 **Schling,** Friedrich Wilhelm, * 12.10.1841 in Uekenpohl (Bschft. Hörste, Ksp. Stapelage), † 13.02.1908 in Augustdorf.

⚭ 10.12.1871 in Augustdorf
Niemann, Karoline Wilhelmine (Minna), * 11.02.1842 in Haustenbeck, † 01.06.1929 in Augustdorf.

1871 Kolon und Landwirt in Augustdorf, Nr. 104.

▪ Heinrich Friedrich August Frohböse war der erste gewerblich tätige Bäcker am Ort.[181] Der gebürtige Wöbbeler hatte 1849 unweit der Schule das Kolonat Nr. 104[182] gegründet und dort sein Handwerk ausgeübt. Mit dem Hinweis, „daß die Bewohner von Augustdorf", die bei ihm „Schwarz= und Weisbrod" kauften, auch Waren wie „Kaffee, Oel, Seife etc." nachfragten, beantragte er 1853 die Eröffnung eines zusätzlichen Hökerhandels. Die Fürstliche Rentkammer lehnte das mehrfach vorgetragene Anliegen zunächst ab, erteilte dann aber 1856 doch die gewünschte Genehmigung. Für einen wirtschaftlichen Sprung nach vorn kam die Erlaubnis jedoch zu spät, Frohböse geriet in Konkurs und musste die Konzession 1857 wieder zurückgeben.[183] Am Ende wurde das Kolonat Nr. 104 versteigert und Frohböse war zum Verlassen der Stätte gezwungen.[184] 1858 starb seine Ehefrau Anna Maria Wilhelmine Karoline, geborene Renne, die sich 1856 ebenfalls um die Genehmigung des Hökerhandels bemüht hatte, da

181 Der bei Hüttemann, Dorfchronik, S. 14 erwähnte Bäcker Karl Gräser war demnach nicht der erste, der dieses Handwerk in Augustdorf ausübte.
182 Vgl. S. 204 in diesem Band.
183 LAV NRW OWL L 92 N Nr. 355.
184 Vgl. S. 204 in diesem Band.

„der Betrieb der Bäckerei zur Ernährung ihrer Familie nicht ausreiche".[185] Insgesamt erfolgreicher agierte demgegenüber ihre Schwester Johanne Wilhelmine Charlotte Holzkämper, geborene Renne, die ab 1860 in Augustdorf als Inhaberin eines Krämerladens[186] tätig war und später gemeinsam mit ihrem zweiten Ehemann Heinrich Strate den sogenannten Frohnenkrug[187] übernahm.

Nr. 12

STÖLTING, HEISTERMANN, PIVITSHEIDER STRASSE 69[188]

1779 **Kolonatsakte:** Anlegung einer Neuwohnerstätte durch Johann Barthold Stölting und seinen Vater Kolon Adolph Stölting aus Heidenoldendorf.
1779 **Kolonatsakte:** Johann Barthold Stölting aus Heidenoldendorf, zur Bebauung der 7. Stätte am Dören.
1780 **Lindinger:** 7. Stätte Adolf Stölting.
1780 **Küstermann:** Stölting; 20 Scheffelsaat [= 3,433 Hektar].
1786 **Schreiter:** 10. Adolph Stölting und dessen Einlieger Biermann.
1792 **Salbuch:** Johann Barthold Stölting, Hoppenplöcker.
1802 **Kolonatsakte:** Verkauf an den Einlieger Heistermann vom Bartholdskrug.
1828 **Volkszählung:** Stölting, Witwe Kolon; 1 Wohnhaus.
1865 **Salbuch:** Stölting; gemäß Anerbenrecht auf Christoph Hermann Heistermann eingetragen am 11. Februar 1865.
1901 **Adressbuch:** Heistermann, Wilhelm, Landwirt; Heistermann, Hermann, Leibzüchter; Friedrich, August, Ziegler; Hofmeister, Friedrich, Ziegler.
1921 **Landwirtschaftliches Adressbuch:** Heistermann, W.; 16 Hektar.
1926 **Adressbuch:** Heistermann, Wilhelm, Landwirt und Gemeindevorsteher, Kaufmann und Dreschmaschinenbesitzer; Friedrich, August, Ziegler; Niewald, Heinrich, Ziegler; Hahne, Wilhelmine, Landwirtin.
1954 **Adressbuch:** Heistermann, Adolf, Dreschbetrieb und Kohlenhandlung; [Pivitsheider Straße] 12. Friedrich, Hermann, Ziegler; Waldstraße 12.
1962 **Adressbuch:** Heistermann, Adolf, Kohlenhandlung; Wedertz, Rolf, technischer Angestellter; Pivitsheider Straße 12. Heistermann, Egon, Schlosser; Waldstraße 12.

Gründer 1779
1 **Stölting,** Johann Gottfried Adolph, geb. Schlüer[189] aus Heidenoldendorf (Ksp. Detmold), ~ 23.12.1733 in Detmold, † 21.12.1800 in Augustdorf.
⚭ 04.02.1759 in Detmold
Stölting, Anna Christina Wilhelmina aus Heidenoldendorf (Ksp. Detmold), * um 1733[190], † 21.05.1811 in Augustdorf.
1779 Straßenkötter und Ziegelmeister in Heidenoldendorf, Nr. 36.
1779 Kolon in Augustdorf, Nr. 12.
1800 Leibzüchter in Augustdorf, Nr. 12.

Sohn des Vorbesitzers
2 **Stölting,** Johan Barthold, ~ 07.03.1760 in Heidenoldendorf (Ksp. Detmold).
1779 Brandmeister in Stukenbrock, Ziegelhütte.
1792 Kolon in Augustdorf, Nr. 12.

Käufer 1802
3 **Stölting,** Johann Hermann Philip, geb. Heistermann, ~ 20.02.1763 in Oerlinghausen, † 12.04.1817 in Augustdorf.
⚭ 10.1794 in Oerlinghausen
Helweg, Johanne Katharine Elisabeth aus Senne (Ksp. Oerlinghausen), ~ 04.04.1774 in Oerlinghausen, † 21.07.1844 in Augustdorf.
1802 Hoppenplöcker in Oerlinghausen, Bartholdskrug.
1800 Armendeche in Augustdorf.
1803 Kolon in Augustdorf, Nr. 12.

Sohn des Vorbesitzers
4 **Stölting,** Hermann Heinrich Adolf, geb. Heistermann, * 03.11.1805 in Augustdorf, † 06.03.1863 in Augustdorf.
⚭ 18.08.1833 in Augustdorf
Pollmann, Johanna Wilhelmine Friederike, * 24.08.1814 in Oerlinghausen, † 17.08.1889 in Augustdorf.
1833 Kolon in Augustdorf, Nr. 12.
1836 Kirchendeche in Augustdorf.

Sohn des Vorbesitzers
5 **Heistermann,** Christoph Hermann, * 22.09.1833 in Augustdorf, † 14.04.1907 in Augustdorf.
⚭ [1/1] 26.02.1865 in Augustdorf
Detert, Wilhelmine Henriette Amalie, * 16.11.1836 in Augustdorf (Nr. 34), † 12.07.1870 in Augustdorf.
⚭ [2/1] 01.04.1872 in Augustdorf
Hüttemann, Wilhelmine Auguste, * 08.09.1838 in Pivitsheide (Ksp. Heiden), † 14.07.1906 in Augustdorf.

185 LAV NRW OWL L 92 N Nr. 355.
186 Vgl. S. 182 in diesem Band.
187 Vgl. S. 259 in diesem Band.
188 Ursprünglich an der jetzigen Waldstraße ansässig, errichteten die Besitzer der Stätte Heistermann Nr. 12 später neue Wohn- und Wirtschaftsgebäude im Bereich der heutigen Pivitsheider Straße – das Areal des Kolonates erstreckte sich zwischen beiden Wegverbindungen, vgl. S. 139 in diesem Band.
189 Für Daten und ergänzende Angaben zu diesem Ehepaar danke ich Nicolas Rügge, Hannover.
190 Das Geburtsjahr wurde nach dem im Kirchenbuch Detmold registrierten Konfirmationseintrag des Jahres 1747 berechnet.

1865 Kolon in Augustdorf, Nr. 12.
1907 Leibzüchter in Augustdorf, Nr. 12.

Sohn des Vorbesitzers

6 **Heistermann,** Hermann Friedrich Wilhelm, * 01.12.1865 in Augustdorf, † 04.10.1944 in Augustdorf.
⚭ 30.12.1893 in Augustdorf
Echterling, Johanne Luise Wilhelmine, * 09.01.1870 in Augustdorf (Nr. 107), † 04.02.1905 in Augustdorf.

1901 Landwirt in Augustdorf, Nr. 12.

Nr. 50

BAUMANN, BRAND (BRANDT), WÄCHTER, HEITKÄMPER, PIVITSHEIDER STRASSE 82

1780 **Lindinger:** 19. Stätte, Baumann.
1780 **Kolonatsakte:** 19. Stätte; Anlegung einer Neuwohnerstätte durch Johann Ernst Baumann aus Baden-Durlach, zuletzt wohnhaft Herforder Heide.
1780 **Küstermann:** Baumann; 20 Scheffelsaat [= 3,433 Hektar].
1786 **Schreiter:** 25. Baumann modo Brand, jetzt Friedrich Wächter.
1792 **Salbuch:** Brand modo [= jetzt] Wächter.
1828 **Volkszählung:** Heitkämper, Kolon; Heitkämper, Witwe; Kriete, Einlieger; Hilbrink, Einlieger; Beckmann, Witwe; 3 Wohnhäuser.
1867 **Kolonatsakte:** Abtretung der Stätte Heitkämper Nr. 50 zu Augustdorf seitens der Witwe Kolona Heitkämper an den ältesten Sohn Friedrich.
1867 **Salbuch:** Wächter; gemäß Anerbenrecht auf Friedrich Heitkämper umgetragen am 4. September 1867.
1875 **Kolonatsakte:** Umschreibung der Heitkämperschen Stätte Nr. 50 in Augustdorf auf den Namen des Heinrich Heitkämper daselbst als Interimswirt anlässlich der Eheschließung der Witwe Heitkämper mit dem Bruder ihres verstorbenen Mannes, Heinrich Heitkämper.
1875 **Salbuch:** Heitkämper, Friedrich; durch Verheiratung auf Heinrich Friedrich Heitkämper umgetragen am 17. April 1875.
1901 **Adressbuch:** Heitkämper, Friedrich, Landwirt; Heitkämper, Heinrich, Leibzüchter.
1921 **Landwirtschaftliches Adressbuch:** Heitkämper, Witwe; 21 Hektar.
1926 **Adressbuch:** Heitkämper, Emilie, Landwirt; Heistermann, August, Ziegler; Rehm, Hermann, Schuhmacher.
1954 **Adressbuch:** Heitkämper, Otto, Landwirt; Pivitsheider Straße 50.
1962 **Adressbuch:** Heitkämper, Otto, Landwirt; Pivitsheider Straße 50.

Gründer 1780

1 **Baumann,** Johann Ernst aus Baden-Durlach, * um 1738, † 11.02.1782 in Augustdorf.
⚭ um 1770 (Ort unbekannt)
2 **[N. N.],** Margarethe, * um 1743, † 04.02.1789 in Haustenbeck.

1780 Einlieger „auf der Herforder Heide“.
1780 Kolon in Augustdorf, Nr. 50.

Ehefrau des Vorbesitzers

2 **Baumann,** Margarethe, geb. [N. N.], † 04.02.1789 in Haustenbeck.
⚭ [1/1] um 1770 (Ort unbekannt)
1 **Baumann,** Johann Ernst aus Baden-Durlach, * um 1738, † 11.02.1782 in Augustdorf.
⚭ [2/2] 18.09.1782 in Stapelage
3 **Brand,** Johann Jobst aus Hillegossen.

1782 Witwe in Augustdorf, Nr. 50.

Zweiter Ehemann der Vorbesitzerin:

3 **Brand** (Brandt), Johann Jobst aus Hillegossen.
⚭ [2/2] 18.09.1782 in Stapelage
2 **Baumann** [Witwe], Margarethe, geb. [N. N.], * um 1743, † 04.02.1789 in Haustenbeck.

1780 Gründer in Augustdorf, Nr. 4 ▸ S. 126 ff.
1782 Kolon in Augustdorf, Nr. 50.

Besitzer 1786

4 **Wächter,** Johann Friedrich aus Haustenbeck, * um 1747, † 24.03.1793 in Augustdorf.
⚭ [1/3] um 1775 in Haustenbeck
Walter[191], Anna Catharine, geb. Penke, verw. Dannhäuser, aus Kohlstädt (Ksp. Schlangen), * um 1732, † 18.01.1802 in Augustdorf.

1786 Kolon in Augustdorf, Nr. 50.

Besitzer 1791

5 **Baumann,** Johann Jacob aus Baden-Durlach, * um 1758, † 11.07.1814 in Augustdorf.
⚭ [1/2] 10.04.1791 in Stapelage
Sieveke, Anne Catharine Louise, geb. Dannhäuser oder Wächter, ~ 21.02.1766 in Haustenbeck, † 03.04.1792 in Augustdorf.
⚭ [2/1] 07.10.1792 in Stapelage
Wiesendeppe, Florentine Henriette aus Pivitsheide (Ksp. Stapelage), * um 1764, † 22.01.1802 in Augustdorf.
⚭ [3/1] 09.05.1802 in Augustdorf
Detert, Anna Maria Elisabeth aus dem Amt Heepen, * um 1777, † 06.12.1806 in Augustdorf.
⚭ [4/1] 14.08.1808 in Augustdorf
Brinkmann, Margaretha Elisabeth aus dem Amt Rietberg.

1791 Kolon in Augustdorf, Nr. 50.
1799 Kolon in Augustdorf, Nr. 15 b ▸ S. 198 ff.

191 Für freundliche Hinweise zu den Ehen der Anna Catharina Penke danke ich Hildegard Mehrmann, Lage.

**Augustdorf Nr. 50, Pivitsheider Straße 82.
Die frühere Hofstelle Heitkämper geht auf eines der ältesten
Kolonate Augustdorfs zurück.** A. Fischer, 2022

Käufer um 1800

6 **Hilgenstühler alias Heitkämper,** Johann Hermann aus Pivitsheide (Ksp. Stapelage), ~ 25.09.1735 in Stapelage, † 08.08.1807 in Augustdorf.

⚭ 08.04.1764 in Stapelage
Hinder, Anne Catharine aus Vahlhausen (Ksp. Detmold), ⋆ um 1745, † 09.01.1829 in Augustdorf.

1807 Leibzüchter in Augustdorf, Nr. 50.

Sohn des Vorbesitzers

7 **Heitkämper (Hilgenstühler alias Heitkämper),** Johann Hermann Berend Henrich, ⋆ 18.10.1770 in Pivitsheide (Ksp. Stapelage), † 05.09.1823 in Augustdorf.

⚭ 01.04.1798 in Stapelage
8 **Mölling,** Anna Margarethe Elisabeth aus Heßloh (Ksp. Heiden), ~ 15.12.1771 in Heiden, † 12.01.1829 in Augustdorf.

1800 Kolon in Augustdorf, Nr. 50.

Ehefrau des Vorbesitzers

8 **Heitkämper,** Anna Margarethe Elisabeth, geb. Mölling, aus Heßloh (Ksp. Heiden), ~ 15.12.1771 in Heiden, † 12.01.1829 in Augustdorf.

⚭ [1/1] 01.04.1798 in Stapelage
7 **Hilgenstühler alias Heitkämper,** Johann Hermann Berend Henrich, ⋆ 18.10.1770 in Pivitsheide (Ksp. Stapelage), † 05.09.1823 in Augustdorf.

⚭ [2/1] 03.08.1824 in Augustdorf
9 **Bügener,** Johann Friedrich Jobst Hermann, ⋆ 07.02.1799 in Augustdorf (Nr. 9), † 16.12.1866 in Augustdorf.

1824 Witwe in Augustdorf, Nr. 50.

Zweiter Ehemann der Vorbesitzerin

9 **Heitkämper,** Johann Friedrich Jobst Hermann, geb. Bügener, ⋆ 07.02.1799 in Augustdorf (Nr. 9), † 16.12.1866 in Augustdorf.

⚭ [1/2] 03.08.1824 in Augustdorf
8 **Heitkämper,** Anna Margarethe Elisabeth, geb. Mölling, aus Heßloh (Ksp. Heiden), ~ 15.12.1771 in Heiden, † 12.01.1829 in Augustdorf.

⚭ [2/1] 13.09.1829 in Augustdorf
Rehm, Hanna Catrina Elisabeth, ⋆ 22.03.1806 in Augustdorf (Nr. 6), † 21.10.1877 in Augustdorf.

1829 Kolon in Augustdorf, Nr. 50.
1833 Vorsteher in Augustdorf.
1848 Kirchenältester in Augustdorf.

Sohn des Vorbesitzers

10 **Heitkämper,** Friedrich Adolph Christoph, * 24.11.1840 in Augustdorf, † 28.05.1874 in Augustdorf.

⚭ [1/1] 18.10.1867 in Augustdorf
Echterling, Wilhelmine Florentine Henriette, * 08.11.1840 in Fromhausen (Ksp. Heiligenkirchen), † 15.07.1870 in Augustdorf.

⚭ [2/1] 30.06.1871 in Augustdorf
11 **Steins,** Elise Julie Amalie, * 27.11.1838 in Hornoldendorf (Ksp. Heiligenkirchen), † 19.12.1920 in Augustdorf.

1867 Kolon in Augustdorf, Nr. 50.

Ehefrau des Vorbesitzers

11 **Heitkämper,** Elise Julie Amalie, geb. Steins, * 27.11.1838 in Hornoldendorf (Ksp. Heiligenkirchen), † 19.12.1920 in Augustdorf.

⚭ [1/2] 30.06.1871 in Augustdorf
10 **Heitkämper,** Friedrich Adolph Christoph, * 24.11.1840 in Augustdorf, † 28.05.1874 in Augustdorf.

⚭ [2/1] 09.04.1875 in Augustdorf
12 **Heitkämper,** Hermann Heinrich Wilhelm, * 11.05.1845 in Augustdorf, † 16.02.1922 in Augustdorf.

1875 Witwe in Augustdorf, Nr. 50.

Zweiter Ehemann der Vorbesitzerin, Sohn des Besitzers 9

12 **Heitkämper,** Hermann Heinrich Wilhelm, * 11.05.1845 in Augustdorf, † 16.02.1922 in Augustdorf.

⚭ [1/2] 09.04.1875 in Augustdorf
11 **Heitkämper,** Elise Julie Amalie, geb. Steins, * 27.11.1838 in Hornoldendorf (Ksp. Heiligenkirchen), † 19.12.1920 in Augustdorf.

1875 Kolon und Interimswirt in Augustdorf, Nr. 50.

1901 Leibzüchter in Augustdorf, Nr. 50.

Sohn des Besitzers 10

13 **Heitkämper,** Friedrich Wilhelm Adolf, * 29.12.1867 in Augustdorf, † 23.06.1910 in Augustdorf.

⚭ 08.12.1893 in Augustdorf
Lühr, Emilie Louise Hermine, * 04.10.1872 in Heiden, † 28.02.1941 in Augustdorf.

1901 Landwirt in Augustdorf, Nr. 50.

Nr. 51

BÖGER, PIVITSHEIDER STRASSE 90

1780 **Lindinger:** 18. Stätte, Böger.

1780 **Kolonatsakte:** 18. Stätte; Anlegung einer Neuwohnerstätte durch Einlieger Conrad Böger[192] aus Stadenhausen.

1780 **Küstermann:** Böger; 20 Scheffelsaat [=3,433 Hektar].

1786 **Schreiter:** 24. Conrad Böger.

1792 **Salbuch:** Conrad Böger, Hoppenplöcker.

1828 **Volkszählung:** Böger, Kolon; Burmeier, Einlieger; 1 Wohnhaus.

1855 **Salbuch:** Böger.

1901 **Adressbuch:** Böger, Wilhelm, Landwirt; Schling, Wilhelm, Ziegelmeister; Steffen, Fritz, Ziegler.

1921 **Landwirtschaftliches Adressbuch:** Böger, Wilhelm; 24 Hektar.

1926 **Adressbuch:** Böger, Adolf, Landwirt und Fuhrmann; Böger, Willi, Stellmacher.

1953 **Hofkartenbetriebe:** Böger, Adolf; 13,36 Hektar.

1954 **Adressbuch:** Böger, Adolf, Landwirt; Danielsson, Dagny, Missionsschwester; Raupach, Martin, Landwirt; Pivitsheider Straße 51.

1962 **Adressbuch:** Böger, Adolf, Landwirt; Böger, Kurt, Landwirt; Krüger, Johannes, Rentner; Raupach, Martin, Landwirt; Pivitsheider Straße 51.

Gründer 1780

1 **Böger,** Johann Konrad (Conrad) aus Breitenheide (Ksp. Lage), ~ 23.11.1743 in Lage, † 18.11.1817 in Augustdorf.

⚭ [1/1] 16.10.1768 in Lage
Walter, Maria Lisabeth aus Breitenheide (Ksp. Lage), ~ 10.12.1742 in Lage.

⚭ [2/4] 20.05.1793 in Stapelage
Wächter[193], Anna Catharine, geb. Penke, verw. Dannhäuser, verw. Walter, aus Haustenbeck, * um 1732, † 18.01.1804 in Augustdorf.

⚭ [3/2] 30.10.1804 in Augustdorf
Mölling [Witwe], Catharine Margarethe, * um 1750, † 09.01.1823 in Augustdorf.

1768 Einlieger in Stadenhausen (Ksp. Lage).

1780 Kolon in Augustdorf, Nr. 51.

1804 Leibzüchter in Augustdorf, Nr. 51.

Sohn des Vorbesitzers

2 **Böger,** Johann Bernd, * 24.12.1775 in Stadenhausen (Ksp. Lage), † 08.09.1831 in Augustdorf.

⚭ 19.10.1802 in Augustdorf
Kindsgrab, Anne Marie Elisabeth aus Senne (Amt Oerlinghausen, Ksp. Oerlinghausen), ~ 02.02.1767 in Oerlinghausen, † 06.02.1844 in Augustdorf.

1799 Kolon in Augustdorf, Nr. 51.

---

192 Bislang nicht zuordnen lässt sich ein am 6. Dezember 1781 verstorbener Gerhard Böger. Als „Neuwohner im Dörenthal“ bezeichnet, war der laut Kirchenbuch Stapelage 55-Jährige fünfzehn Tage zuvor vom Dachgiebel seines Hauses gefallen.

193 Für freundliche Hinweise zu den Ehen der Anna Catharina Penke danke ich Hildegard Mehrmann, Lage.

Sohn des Vorbesitzers

3 **Böger,** Franz Conrad, * 22.12.1803 in Augustdorf, † 25.06.1877 in Augustdorf.
⚭ 25.01.1829 in Augustdorf
Kruse, Friederike Caroline Anna Cathrine, * 22.11.1801 in Augustdorf (Nr. 4), † 23.05.1855 in Augustdorf.

1829 Kolon in Augustdorf, Nr. 51.
1842 Kirchendeche in Augustdorf.
1850 Käufer in Augustdorf, Nr. 101 ▸ S. 148.
1852 Kirchenältester in Augustdorf.
1853 Vorsteher in Augustdorf.
1868 Leibzüchter, Nr. 51.

Sohn des Vorbesitzers

4 **Böger,** Simon Wilhelm Adolph, * 31.03.1838 in Augustdorf, † 15.02.1915 in Augustdorf.
⚭ 21.04.1862 in Augustdorf
Wißbrok, Marie Wilhelmine Elisabeth, * 15.11.1837 in Augustdorf (Nr. 79), † 15.05.1924 in Augustdorf.

1862 Kolon und Anerbe in Augustdorf, Nr. 51.

Sohn des Vorbesitzers

5 **Böger,** Wilhelm Adolph, * 08.05.1864 in Augustdorf, † 14.06.1942 in Augustdorf.
⚭ 01.10.1893 in Augustdorf
Bügener, Sophie Louise Wilhelmine, * 11.06.1869 in Augustdorf (Nr. 9), † 26.01.1953 in Augustdorf.

1893 Anerbe in Augustdorf, Nr. 51.
1901 Landwirt in Augustdorf, Nr. 51.

Augustdorf Nr. 51, Pivitsheider Straße 90.
Luftaufnahme des Kolonates Böger vor 1960.
Privatbesitz H. Böger.

Augustdorf Nr. 51, Pivitsheider Straße 90.
Die Stätte Böger um 1945. Privatbesitz H. Böger.

Augustdorf Nr. 271, Pivitsheider Straße 93.
Das Grundstück gehörte zunächst zum Kolonat Bügener Nr. 9, Waldstraße.
Durch die Heirat einer Tochter kam das Areal zum Hof Böger Nr. 51.
Das Gebäude wurde um 1900 von Adolf Böger erbaut, danach an seinen Sohn Gottlieb vererbt – dessen Frau Sophie betrieb dort die Gaststätte Handelshof. Sammlung Heimatverein Augustdorf, o. J.

Abb. oben: Augustdorf Nr. 51. Goldene Hochzeit auf dem Hof Böger am 21. April 1912. Die Aufnahme zeigt Simon Wilhelm Adolph Böger (1838–1915) und seine Frau Marie Wilhelmine Elisabeth geb. Wißbrok (1837–1924) im Kreis der Familie. Privatbesitz H. Böger.

Abb. links: Familie Böger im Jahr 1937. Zu sehen sind die Eheleute Wilhelm Adolph Böger (1864–1942) und Sophie Louise Wilhelmine geb. Bügener (1869–1953) mit ihren Kindern, Schwiegerkindern und Enkeln. Sammlung Heimatverein Augustdorf.

Nr. 53

OSTMANN, PESTRUP, HEIDBRINK (HEILBRINK, HEYBRINK, HEITBRINK), KATZENSTEIN, WISSBROCK (WIßBROK, WIßBROCK), WISTINGHAUSEN, PIVITSHEIDER STRASSE 66[194]

1786 **Kolonatsakte:** Anlegung einer Neuwohnerstätte durch Conrad Ostmann von der Lagischen Pivitsheide.
1786 **Küstermann:** Ostmann von Pivitsheide; 10 Scheffelsaat [=1,717 Hektar].
1787 **Schreiter:** 37. Conrad Ostmann.
1792 **Salbuch:** Conrad Ostmann, Hoppenplöcker.
1798 **Salbuch:** Pestrup.
1802 **Kolonatsakte:** Pestrup tauscht seine Stätte Nr. 53 gegen die Stätte Nr. 74 [▸ S. 249 f.].
1809 **Salbuch:** Heybrink, Neuwohner.
1828 **Volkszählung:** Heitbrink, Kolon; Heitbrink, Witwe; 1 Wohnhaus.
1884 **Salbuch:** Ostmann; auf Katzenstein umgeschrieben am 17. Juni 1884.
1885 **Salbuch:** Katzenstein, L., Kaufmann zu Lage; auf Wissbrock umgeschrieben am 18. Februar 1885.
1885 **Salbuch:** Wissbrock, Töns, Kolon Nr. 69.
1901 **Adressbuch:** Wißbrok, Töns, Landwirt.
1926 **Adressbuch:** Wißbrock, Anna, Kriegerwitwe.
1954 **Adressbuch:** Wistinghausen, Wilhelm, Werkführer; Pallesche, Ida, Rentnerin; Suckert, Erna, Hausfrau; Pivitsheider Straße 53.
1962 **Adressbuch:** Wistinghausen, Wilhelm, Postobersekretär; Pallesche, Ida, Rentnerin; Seiler, Heinz, Soldat; Wißbrok, Anna, Rentnerin; Pivitsheider Straße 53.

Gründer 1786

1 **Ostmann,** Johann Henrich Ernst Conrad, ⋆ 07.06.1748 in Hörste (Ksp. Stapelage), † 26.11.1798 in Augustdorf.
⚭ 08.05.1770 in Oerlinghausen
Ober, Anne Marie Elisabeth, ⋆ um 1745 in Oerlinghausen.
⚮ 26.02.1798 in Augustdorf
Ober, Anne Marie Elisabeth, ⋆ um 1745 in Oerlinghausen.
⚯ 1798 in Augustdorf
Heissenberg (Heistenberg), Florentine Catharina Elisabeth, geb. Beckmann, ⋆ 21.06.1750 in Hiddesen (Ksp. Detmold), † 26.11.1798 in Augustdorf.
1775 Einlieger in Pivitsheide (Ksp. Stapelage).
1780 Gründer und Kolon in Augustdorf, Nr. 7 ▸ S. 132 f.
1786 Kolon in Augustdorf, Nr. 53.
1798 Kolon in Augustdorf, Nr. 53.

▪ Für das Jahr 1798 verzeichnen die Augustdorfer Annalen ein ebenso tragisches wie mysteriöses Ereignis, dessen genaue Umstände letztlich nicht geklärt werden konnten: „Am 26t Novbr ist der Col. Conrad Ostmann mit der Witwe Florentine Heistenberg in einem Bette liegend todt gefunden. Ob sie erstickt sind oder Gift genommen haben ist nicht untersucht. Beide sind auf Befehl Hochft. Criminal=Gerichts am 29. Novbr begraben. Ostmann war alt 52 Jahre, Heistenberg 42 Jahre.“[195]

Käufer 1798

2 **Pestrup,** Johannes Mathias aus Wellingholzhausen[196], ⋆ um 1771, † 03.04.1831 in Augustdorf.
⚭ [1/1] um 1790
Tiemann, Cathrina Elisabeth, ⋆ um 1756, † 15.01.1814 in Augustdorf.
⚭ [2/2] 24.01.1815 in Augustdorf
Fien, Anna Angela, geb. Dreier, ⋆ 21.01.1772 in Stukenbrock, † 03.12.1839 in Stukenbrock.
1798 Kolon in Augustdorf, Nr. 53.
1802 Kolon in Augustdorf, Nr. 74 ▸ S. 249 f.
1815 Witwer und Kolon in Augustdorf, Nr. 78 ▸ S. 248 f.
1831 Leibzüchter in Augustdorf, Nr. 78.

Augustdorf Nr. 53. Bruchsteingebäude, 1897 von Töns Wißbrok errichtet. Das Haus wurde inzwischen abgebrochen und durch einen Neubau ersetzt.
Privatbesitz H. Wißbrock, o. J.

---

194 Das Areal dieser Hofstelle gehörte ursprünglich zum Kolonat Nr. 7, die Abtrennung des Grundstücks erfolgte 1786. Die verbliebene Hälfte der Stätte wurde von Conrad Ostmann an Johann Berend Puls veräußert, vgl. S. 132 f. in diesem Band.
195 Kirchenbuch Augustdorf, Sterberegister 1798, Nr. 6 und Nr. 7.
196 Auf den Herkunftsort Wellingholzhausen, einem Ort nahe Melle, heute Landkreis Osnabrück, verweist der Taufeintrag einer Tochter im Stukenbrocker Kirchenbuch. Freundlicher Hinweis von Henrik Fockel, Stukenbrock.

Besitzer 1802

3 **Heidbrink** (Heilbrink), Johann Henrich Philipp, ⋆ um 1765, † 01.06.1815 in Augustdorf.

⚭ 16.11.1794 in Stapelage
Bent (Bentmann), Sophia Amalia, ⋆ 15.08.1768 in Krentrup (Ksp. Schötmar).

1800 Gründer in Augustdorf, Nr. 74 ▸ S. 249 f.

1802 Kolon in Augustdorf, Nr. 53.

Sohn des Vorbesitzers

4 **Heidbrink,** Berend Adolph Philipp, ⋆ 05.11.1800 in Augustdorf, † 22.04.1844 in Augustdorf.

⚭ [1/1] 27.11.1825 in Augustdorf
Büker, Anna Cathrina Friederica Elisabeth, ⋆ 08.12.1801 in Augustdorf (Nr. 35), † 18.10.1828 in Augustdorf.

⚭ [2/1] 17.04.1831 in Augustdorf
Exter, Amalia Friederike Cathrine (Katharine Friederike), ⋆ 28.10.1800 in Augustdorf (Nr. 59), † 02.06.1871 in Augustdorf.

1825 Kolon in Augustdorf, Nr. 53.

Sohn des Vorbesitzers

5 **Heidbrink,** Töns Heinrich, ⋆ 11.09.1828 in Augustdorf, † 11.08.1887 in Augustdorf.

⚭ 18.12.1853 in Augustdorf
Weber, Karoline Wilhelmine, ⋆ 25.02.1825 in Hörste (Ksp. Stapelage), † 10.03.1917 in Lage, Siechenhaus.

1853 Kolon in Augustdorf, Nr. 53.

1887 Einlieger in Augustdorf.

Besitzer 1884

6 **Katzenstein,** Levi, ⋆ um 1811 in Hehlen (Hzgtm. Braunschweig), † 27.07.1885 in Lage.

1884 Kaufmann in Lage

1884 Besitzer in Augustdorf, Nr. 53.

**Augustdorf Nr. 180, Pivitsheider Straße 107.
Auf dem Grundstück, das ursprünglich zur Stätte Nr. 53 gehörte, errichtete Hermann Rott um 1910 ein Wohn- und Geschäftshaus, er betrieb dort einen Lebensmittelladen, später auch die Gaststätte Kulmbacher Quelle. Ausschnitt aus einer Ansichtskarte.**
Sammlung Heimatverein Augustdorf, o. J.

Käufer 1885

7 **Wißbrok,** Töns Hermann Christoph, ⋆ 12.10.1840 in Augustdorf (Nr. 79), † 29.08.1911 in Augustdorf.

⚭ 17.02.1867 in Augustdorf
Büker, Friedrike Wilhelmine Charlotte, ⋆ 10.09.1846 in Augustdorf (Nr. 35), † 20.08.1911 in Augustdorf.

1867 Kolon in Augustdorf, Nr. 69 ▸ S. 220 f.

1885 Besitzer in Augustdorf, Nr. 53.

1901 Landwirt in Augustdorf, Nr. 53.

Nr. 52

ARENDMEIER, RABE, HELLBERG, HILKER (HILCKEMEYER, HILKEMEIER), MOSHAGE, PIVITSHEIDER STRASSE 98

1780 **Kolonatsakte:** 17. Stätte; Anlegung einer Neuwohnerstätte durch Franz Arendmeier, gebürtig aus Hagen [Ksp. Lage], wohnhaft in Kleinenmarpe.

1780 **Küstermann:** Arendmeier; 20 Scheffelsaat [= 3,433 Hektar].

1780 **Lindinger:** 17. Stätte, Friedrich Adolph Rabe.

1780 **Kolonatsakte:** Neuwohner Rabe abgebrannt, Verlust seiner Habseligkeiten (Aufstellung).

1782 **Kolonatsakte:** Einlieger Friedrich Adolf Rabe aus Hittentrup [= Hiddentrup] [...] welchem die 17. Stätte in der zweiten Reihe vor 2 Jahren abgebrannt ist [...].[197]

1784 **Kolonatsakte:** Verkauf an den Einlieger Philip Hellberg von der Pivitsheide.

1787 **Schreiter:** 36. Johann Hilkemeier.

1788 **Kolonatsakte:** Hilker plant die Abtretung der Hälfte seiner Stätte an seinen Sohn und Anbau auf der anderen Hälfte [Nr. 54 ▸ S. 214 f.].

1788 **Kolonatsakte:** Der beim Brunnenbau verschüttete Neuwohner Hilkemeier am Dören.[198]

1792 **Salbuch:** Johann Herm Hilckemeyer, Hoppenplöcker.

1828 **Volkszählung:** Hilker, Kolon; Stöppler, Einlieger; Adolph Keiser, Einlieger; Böger, Einlieger; 2 Wohnhäuser.

1878 **Kolonatsakte:** Abtretung der Hilkemeierschen Stätte Nr. 52 in Augustdorf an den Anerben Friedrich Hilkemeier.

---

197 Vgl. auch Müller-König, Augustdorf, S. 29.

198 Der Sterbeeintrag wurde zwar nicht gefunden, aber immerhin erbrachten Recherchen zu dieser Arbeit einen Hinweis zum Verwandtschaftsstatus der beim Brunnenbau verunglückten Person, die entgegen der Schilderung Küstermanns, wiedergegeben bei Müller-König, Augustdorf, S. 61, kein Bruder, sondern wohl ein Sohn des damaligen Kolons Hilker war. Untermauert wird diese Annahme dadurch, dass eine 1788 geplante Teilübertragung der Stätte Nr. 52 von Johann Hermann Hilker sen. an seinen Nachfolger nicht zustande kam, da der Sohn inzwischen verstorben sei, LAV NRW OWL L 92 T 1 Nr. 1374.

1878 **Salbuch:** Hilkemeier; Abtretung an Friedrich Hilkemeier; umgeschrieben am 6. Februar 1878.

1884 **Salbuch:** Hilkemeier, Friedrich; auf Hermann Moshage umgeschrieben am 30. April 1884.

1901 **Adressbuch:** (Landwirt Moshage)[199]; Gärtner, Hermann, Ziegler; Gaus, Hermann, Ziegler; Hofmeister, Friedrich, Ziegler; Schlepper, Heinrich, Fasaneriearbeiter; Soll, Hermann, Ziegler.

1926 **Adressbuch:** Schlink, Hermann, Waldarbeiter; Freitag, Auguste, Witwe; Erfkamp, August, Ziegler; Wiebusch, Friedrich, Fabrikarbeiter; Heistermann, Friedrich, Ziegler; Schlink, Willi, Fabrikarbeiter; Schlink, Fritz, Fabrikarbeiter.

1954 **Adressbuch:** Bent, Erich, Foto- und Radiohandlung; Borutta, Albert, Zimmermann; Hausmann, Rudolf, Waldarbeiter; Sikora, Stanislaus, Waldarbeiter; Wiebusch, August, Schlachter; Pivitsheider Straße 52.

1962 **Adressbuch:** Alt, Marta, Hausfrau; Hausmann, Rudolf, Arbeiter; Sikora, Stanislaus, Waldarbeiter; Pivitsheider Straße 52.

Gründer 1780[200]

1 **Arendmeier,** Franz aus Hagen (Ksp. Lage), * um 1749

Käufer 1780

2 **Rabe,** Johann Friedrich Adolf aus Hiddentrup (Ksp. Stapelage), * um 1757, † 05.04.1818 in Augustdorf.

⚭ um 1775
[N.N.], Anne Catharine, * 1760, † 20.04.1827 in Augustdorf.

1780 Besitzer in Augustdorf, Nr. 52.[201]
1782 Einlieger in Hiddentrup (Ksp. Stapelage).
1790 Besitzer in Augustdorf, Nr. 15 ▸ S. 142 f.

Käufer 1784

3 **Hellberg,** Philip aus Oerlinghausen, * um 1751

⚭ 17.09.1780 in Stapelage
Sanner-Rubarth, Anna Maria aus Pivitsheide (Ksp. Stapelage).

1780 Einlieger in Pivitsheide (Ksp. Stapelage).
1784 Kolon in Augustdorf, Nr. 52.

Käufer um 1787

4 **Hilker** (Hilkemeier), Johann Hermann, * um 1744, † 04.01.1814 in Augustdorf.

⚭ [1/1] um 1765
[N.N.], Anne Elisabeth, * um 1735, † 02.12.1787 in Augustdorf.

⚭ [2/1] 01.06.1789 in Stapelage
Berkmann (Beckmann), Christine Ilsabein, * um 1759 in Hiddesen (Ksp. Detmold), † 07.11.1818 in Augustdorf.

1787 Kolon in Augustdorf, Nr. 52.
1789 Gründer in Augustdorf, Nr. 54 ▸ S. 214 f.
1789 Witwer und Leibzüchter.
1814 Leibzüchter in Augustdorf, Nr. 52.

Schwiegertochter des Vorbesitzers

5 **Hilker,** Hanne Marie Elisabeth, geb. Puls, aus Senne (Amt Heepen, Ksp. Oerlinghausen), ~ 22.03.1761 in Oerlinghausen.

⚭ [1/1] 06.05.1787 in Stapelage
Hilker (Hilckemeyer), Johann Hermann[202], * um 1763, † 06.10.1788 in Augustdorf.

⚭ [2/1] 01.10.1789 in Stapelage
6 **Hollmann,** Johann Berend, ~ 15.01.1768 in Oerlinghausen, † 20.12.1839 in Augustdorf.

Zweiter Ehemann der Vorbesitzerin

6 **Hollmann,** Johann Berend, ~ 15.01.1768 in Oerlinghausen, † 20.12.1839 in Augustdorf.

⚭ [1/2] 01.10.1789 in Stapelage
5 **Hilker,** Hanne Marie Elisabeth, geb. Puls aus Senne (Amt Heepen, Ksp. Oerlinghausen), ~ 22.03.1761 in Oerlinghausen.

1791 Besitzer in Augustdorf, Nr. 54 ▸ S. 214 f.
1794 Gründer in Augustdorf, Nr. 68 ▸ S. 243 f.

Sohn des Besitzers 4

7 **Hilkemeier** (Hilker), Johann Friedrich, * 07.07.1790 in Augustdorf, † 03.06.1856 in Augustdorf.

⚭ [1/1] 03.06.1810 in Augustdorf
Brockschmidt, Anna Maria Sophie Amalie, * 07.06.1782 in Krentruperhagen (Ksp. Schötmar), † 05.07.1841 in Augustdorf.

⚭ [2/1] 18.12.1842 in Augustdorf
Brinkmann, Anna Marie Ilsabein, * 28.10.1802 in Pivitsheide (Ksp. Stapelage), † 30.12.1844 in Augustdorf.

---

199 Das Adressbuch von 1901 nennt als Eigentümer der Stätte Nr. 52 den Landwirt Hermann Moshage, der seinerseits auf dem Kolonat Nr. 54 ansässig war, vgl. S. 214 f. in diesem Band.

200 In einem Schriftstück vom 13. August 1780 erklärte Franz Arendmeier seinen Verzicht auf eine Ansiedlung am Dören, sofern er nicht ein von ihm gewünschtes Grundstück im Bereich des Kohlenweges bekäme. Die ihm zugewiesene Stätte „in der zweyten Reihe am Lippstädter Wege“ sei, so seine Begründung, „für ihn nicht brauchbar“. Offenbar kam es aber doch zu einer dortigen Niederlassung, die allerdings wohl nur kurze Zeit währte. Schon am 14. September 1780 notierte der damalige Bauerrichter, dass Arendmeier „vor 14 Tagen alles Geräth verkauft“ habe und nach Holland gegangen sei. Vgl. LAV NRW OWL L 92 T1 Nr. 1372.

201 Als die von Johann Friedrich Adolph Rabe erworbene Stätte kurz nach dem Kauf abbrennt, zieht die Familie nach Hiddentrup, 1790 erfolgte eine erneute Ansiedlung in Augustdorf, vgl. LAV NRW OWL L 92 T1 Nr. 1372.

202 Bei Johann Hermann Hilker handelt es sich um den beim Brunnenbau verunglückten „junge[n] Hilkemeier“, vgl. S. 214 f., Anmerkung 198 in diesem Band. Das Sterbedatum und die Altersangabe „25 Jahre“ sind auch bei Küstermann, Geschichte, Bd. I, 1. Teil, Abschrift 2010, S. 86 dokumentiert.

ꝏ [3/1] 10.08.1845 in Augustdorf
Brüning, Anna Sophie Florentine, * 25.01.1813 in Pivitsheide (Ksp. Heiden), † 04.05.1864 in Augustdorf.
1810 Kolon in Augustdorf, Nr. 52.

Sohn des Vorbesitzers

8 **Hilkemeier** (Hilker), Friedrich Adolph, * 30.05.1819 in Augustdorf, † 13.07.1893 in Augustdorf.
ꝏ 24.04.1848 in Augustdorf
Koch, Marie Friederike Wilhelmine, * 07.12.1824 in Haustenbeck, † 01.05.1894 in Augustdorf.
1848 Kolon in Augustdorf, Nr. 52.
1893 „Früherer Kolon" in Augustdorf, Nr. 52.

Sohn des Vorbesitzers

9 **Hilker** (Hilkemeier), Hermann Heinrich Friedrich, * 07.04.1853 in Augustdorf, † 17.07.1907 in Augustdorf.
ꝏ [1/1] 10.02.1878 in Augustdorf
Sieweke, Wilhelmine Henriette Florentine, * 09.03.1852 in Augustdorf (Nr. 36), † 15.05.1892 in Detmold, Landeskrankenhaus, ‡ 18.05.1892 in Detmold (Stadt).
ꝏ [2/1] 11.11.1894 in Augustdorf
Tegeler, Hanne Friedrike Wilhelmine, * 28.12.1864 in Augustdorf.
1878 Anerbe in Augustdorf, Nr. 52.
1894 Ziegler in Augustdorf.

Käufer 1884

10 **Moshage,** Hermann Adolf Konrad Dietrich, * 09.02.1825 in Augustdorf (Nr. 54), † 15.12.1898 in Augustdorf.
ꝏ 05.04.1853 in Augustdorf
Wissbrok, Louise Wilhelmine, * 02.03.1830 in Augustdorf (Nr. 79), † 30.03.1879 in Augustdorf.
1853 Kolon in Augustdorf, Nr. 54 ▸ S. 214 f.
1870 Vorsteher und Kolon in Augustdorf.
1884 Besitzer in Augustdorf, Nr. 52.

■ Der Bau von Brunnen führte in Augustdorf immer wieder zu tödlichen Unfällen. Ein entsprechendes Vorkommnis ereignete sich auch im Oktober 1788: „Der junge Hilkemeier wurde von einer einstürzenden großen Masse Sandes verschüttet." Auf die Dramatik der Situation verweist die Einschätzung des Bauerrichters, wonach „man den Leichnam kaum in acht Tagen bergen" könne. Die Angelegenheit hatte darüber hinaus ein Nachspiel. Die Witwe Hilkemeier erhielt zwar eine finanzielle Unterstützung zur Begleichung der Begräbniskosten, um weitere Unglücke dieser Art zu verhindern, wurde den Augustdorfern jedoch unter Androhung „schwerer Strafe" die Anlage neuer Brunnen verboten, falls sie sich nicht zuvor mit einem „tüchtigen Werkverständigen" abstimmen.[203]

203 Vgl. Müller-König, Augustdorf, S. 60 sowie LAV NRW OWL L 108 Lage Fach 2 Nr. 16 b.

Nr. 54

HILKER (HILKEMEIER, HILCKEMEYER), SCHÄFER, MOSHAGE, KALKREUTER, PIVITSHEIDER STRASSE 102

1788 **Kolonatsakte:** Hilker plant die Abtretung der Hälfte seiner Stätte [Nr. 52 ▸ S. 212 ff.] an seinen Sohn und Anbau auf der anderen Hälfte [Nr. 54].
1789 **Küstermann:** Junge Hilker; 23 Scheffelsaat [=3,948 Hektar].
1789 **Kolonatsakte:** Der Leibzüchter Hilker will den unter Nr. 54 neu angelegten Teil seiner Stätte verkaufen, da sein Sohn inzwischen verstorben sei und seine Schwiegertochter wieder heiraten wolle.
1791 **Kolonatsakte:** Verkauf an den Einlieger und Leineweber Christoph Schäfer von der Heidenschen Pivitsheide. Verkäufer: Johann Bernd Hilker nebst seiner Ehefrau.
1792 **Salbuch:** Hilckemeyer modo [=jetzt] Christoph Schäfer, Hoppenplöcker.
1796 **Kolonatsakte:** Verkauf eines Teils der Schäferschen Stätte an Jacob Baumann.
1797 **Kolonatsakte:** Nach dem Ableben des Kolons Schäfer notwendig gewordener Verkauf, erfolglose Versteigerung und Zuschlag an den Bürgermeister Steneberg in Lage.
1828 **Volkszählung:** Moshage; 1 Wohnhaus.
1855 **Salbuch:** Schäfer modo Moshage.
1901 **Adressbuch:** Moshage, Hermann, Landwirt.
1921 **Landwirtschaftliches Adressbuch:** Moshage, Hermann; 30 Hektar.
1926 **Adressbuch:** Moshage, Hermann, Landwirt und Fuhrmann.
1953 **Hofkartenbetriebe:** Kalkreuter, August; 17,5 Hektar.
1954 **Adressbuch:** Kalkreuter, August, Landwirt; Pivitsheider Straße 54.
1962 **Adressbuch:** Kalkreuter, August, Landwirt; Pivitsheider Straße 54.

Gründer 1788/1789

1 **Hilker** (Hilkemeier), Johann Hermann, * um 1744, † 04.01.1814 in Augustdorf.
ꝏ [1/1] um 1765
[N.N.], Anne Elisabeth, * um 1735, † 02.12.1787 in Augustdorf.
ꝏ [2/1] 01.06.1789 in Stapelage
Berkmann (Beckmann), Christine Ilsabein, * um 1759 in Hiddesen (Ksp. Detmold), † 07.11.1818 in Augustdorf.
1787 Gründer in Augustdorf, Nr. 52 ▸ S. 212 ff.
1789 Kolon in Augustdorf, Nr. 54.
1789 Witwer und Leibzüchter.
1814 Leibzüchter in Augustdorf, Nr. 52.

Besitzer 1791

2 Hollmann, Johann Berend, ~ 15.01.1768 in Oerlinghausen, † 20.12.1839 in Augustdorf.

⚭ [1/2] 01.10.1789 in Stapelage

Hilker, Hanne Marie Elisabeth, geb. Puls, aus Senne (Amt Heepen, Ksp. Oerlinghausen), ~ 22.03.1761 in Oerlinghausen.

1791 Besitzer in Augustdorf, Nr. 54.

1794 Gründer in Augustdorf, Nr. 68 ▸ S. 243 f.

Käufer 1791

3 Schäfer, Johann Henrich Christoph aus Pivitsheide (Ksp. Heiden), * um 1757, † 10.02.1797 in Augustdorf.

⚭ um 1790

Mölling, Anne Catharine.

1791 Kolon in Augustdorf, Nr. 54.

Käufer 1797

4 Moshage, Johann Henrich, ~ 15.02.1778 in Lage[204], † 04.08.1830 in Augustdorf.

⚭ [1/1] 06.10.1799 in Stapelage

Strate, Anna Margaretha Ilsabein aus Heidenoldendorf (Ksp. Detmold), * um 1769, † 08.03.1824 in Augustdorf.

⚭ [2/1] 01.08.1824 in Augustdorf

5 Winkel, Anne Sophie Amalia, ~ 06.01.1791 in Lage, † 20.02.1856 in Augustdorf.

1803 Kolon in Augustdorf, Nr. 54.

1824 Witwer und Hoppenplöcker in Augustdorf, Nr. 54.

Ehefrau des Vorbesitzers

5 Moshage, Anne Sophie Amalia, geb. Winkel, ~ 06.01.1791 in Lage, † 20.02.1856 in Augustdorf.

⚭ [1/2] 01.08.1824 in Augustdorf

4 Moshage, Johann Henrich, ~ 15.02.1778 in Lage, † 04.08.1830 in Augustdorf.

⚭ [2/1] 08.05.1831 in Augustdorf

6 Heidbrink, Johann Töns Christoph, * 20.07.1804 in Augustdorf (Nr. 53), † 13.04.1836 in Augustdorf.

⚭ [3/1] 04.12.1836 in Augustdorf

7 Heistermann, Friedrich Wilhelm, * 02.05.1810 in Augustdorf (Nr. 12), † 07.06.1858 in Augustdorf.

1830 Bademutter in Augustdorf.[205]

1831 Witwe in Augustdorf, Nr. 54.

Zweiter Ehemann der Vorbesitzerin

6 Moshage, Johann Töns Christoph, geb. Heidbrink, * 20.07.1804 in Augustdorf (Nr. 53), † 13.04.1836 in Augustdorf.

204 Die Zuordnung dieser Person basiert auf einer Rückrechnung vom Sterbealter Johann Henrich Moshages sowie der im Kirchenbuch Lage verzeichneten Taufe eines Kindes gleichen Namens. Ob es sich dabei um den Augustdorfer Kolon handelt, ist zu vermuten, konnte aber letztlich anhand der vorliegenden Quellen nicht eindeutig verifiziert werden.

205 Vgl. Küstermann, Geschichte, Bd. II, Abschrift 2010, S. 124.

August Kalkreuter (1897–1971), Schwiegersohn des vormaligen Hofbesitzers Hermann Moshage.
Sammlung Heimatverein Augustdorf, o. J.

⚭ [1/2] 08.05.1831 in Augustdorf

5 Moshage, Anne Sophie Amalia, geb. Winkel, ~ 06.01.1791 in Lage, † 20.02.1856 in Augustdorf.

1831 Kolon in Augustdorf, Nr. 54.

Dritter Ehemann der Besitzerin 5

7 Moshage, Friedrich Wilhelm, geb. Heistermann, * 02.05.1810 in Augustdorf (Nr. 12), † 07.06.1858 in Augustdorf.

⚭ [1/3] 04.12.1836 in Augustdorf

5 Moshage, Anne Sophie Amalia, geb. Winkel, ~ 06.01.1791 in Lage, † 20.02.1856 in Augustdorf.

1836 Kolon in Augustdorf, Nr. 54.

1844 Vorsteher in Augustdorf.

Sohn des Besitzers 4

8 Moshage, Hermann Adolf Konrad Dietrich, * 09.02.1825 in Augustdorf, † 15.12.1898 in Augustdorf.

⚭ 05.04.1853 in Augustdorf

Wissbrok, Louise Wilhelmine, * 02.03.1830 in Augustdorf (Nr. 79), † 30.03.1879 in Augustdorf.

1853 Kolon in Augustdorf, Nr. 54.

1870 Vorsteher und Kolon in Augustdorf.

1884 Besitzer in Augustdorf, Nr. 52 ▸ S. 212 ff.

Sohn des Vorbesitzers

9 Moshage, Hermann Wilhelm Adolph, * 15.02.1854 in Augustdorf, † 22.12.1934 in Augustdorf.

⚭ 14.10.1883 in Augustdorf

Bügener, Hanne Karoline Wilhelmine, * 28.12.1859 in Augustdorf (Nr. 9), † 08.05.1926 in Augustdorf.

1901 Landwirt in Augustdorf, Nr. 54.

Nr. 56

SIEWEKE (SIEVEKE), PRANTE, POTT, WISSBROK (WIßBROK), PIVITSHEIDER STRASSE 116

1789 **Kolonatsakte:** Anlegung einer Neuwohnerstätte durch Leineweber Bernd Herm Sieweke aus Pivitsheide.

1791 **Küstermann:** Sieweke; 20 Scheffelsaat [= 3,433 Hektar].

1792 **Salbuch:** Bernd Henrich Sieweke, Hoppenplöcker.

1797 **Kolonatsakte:** Verkauf der Stätte des verstorbenen Neuwohners Bernd Henrich Sieweke an den Kolon Cord Prante.

1828 **Volkszählung:** hier ist noch kein Haus.

1865 **Kolonatsakte:** Abtretung der Stätte an den Schwiegersohn des Besitzers, den Einlieger Hermann Hillbrink daselbst.

1865 **Salbuch:** Sieveke; Abtretung an Hermann Hillbrink; umgetragen am 30. Dezember 1865.

1901 **Adressbuch:** Sieweke, Hermann, Landwirt.

1926 **Adressbuch:** Pott, Wilhelm, Fabrikarbeiter.

1954 **Adressbuch:** Wissbrok, Rudolf, Tischlerei; Pivitsheider Straße 56.

1962 **Adressbuch:** Wißbrok, Rudolf, Tischlerei; Pivitsheider Straße 56.

Blick auf das ehemalige Kolonat Sieveke Nr. 56. Im Anbau hat der spätere Besitzer, Tischlermeister Rudolf Wißbrok, 1932 eine Zimmerei und Bautischlerei gegründet. Privatbesitz W. Wißbrok, o. J.

Gründer 1789

1 **Sieweke** (Sieveke), Berend Hermann aus Pivitsheide, * um 1747, † 02.01.1797 in Augustdorf.

⚭ 20.05.1773 in Stapelage
Hilgenstühlers oder Heidkämper, Anna Maria Elisabeth, * um 1742, † 02.09.1818 in Augustdorf.

1789 Leineweber in Pivitsheide.
1789 Kolon in Augustdorf, Nr. 56.

Käufer 1797

2 **Prante,** Johann Conrad (Cord Henrich) aus dem Ksp. Oerlinghausen, * um 1747, † 24.03.1813 in Augustdorf.

⚭ 10.07.1774 in Oerlinghausen
Vos (Voss), Anna Margaretha Elisabeth, * um 1755, † 10.01.1802 in Augustdorf.

1774 Einlieger in Ohrsen (Ksp. Lage).
1794 Kolon in Augustdorf, Nr. 2 ▸ S. 123 f.
1797 Besitzer in Augustdorf, Nr. 56.
1813 Leibzüchter in Augustdorf, Nr. 2.

Sohn des Vorbesitzers

3 **Sieweke,** Johann Friedrich Adolph, geb. Prante, * 28.10.1805 in Augustdorf (Nr. 2), † 01.08.1871 in Augustdorf.

⚭ 19.12.1830 in Augustdorf
Landwehr, Anna Cathrine Ilsabein, * 26.12.1801 in Müssen (Ksp. Lage), † 02.11.1865 in Augustdorf.

1830 Kolon in Augustdorf, Nr. 56.

Tochter des Vorbesitzers

4 **Sieweke (Prante),** Wilhelmine Florentine Henriette, * 01.08.1831 in Augustdorf, † 03.07.1872 in Augustdorf.

⚭ 10.01.1864 in Augustdorf
5 **Hilbrink** (Hillbrink), Hermann Friedrich Adolph, * 04.10.1834 in Augustdorf (Nr. 45), † 07.06.1911 in Augustdorf.

1863 Anerbin in Augustdorf, Nr. 56.

Ehemann der Vorbesitzerin

5 **Sieweke,** Hermann Friedrich Adolph, geb. Hilbrink (Hillbrink), * 04.10.1834 in Augustdorf (Nr. 45), † 07.06.1911 in Lage, Krankenhaus, ‡ 10.06.1911 in Augustdorf.

⚭ [1/1] 10.01.1864 in Augustdorf
4 **Sieweke (Prante),** Wilhelmine Florentine Henriette, * 01.08.1831 in Augustdorf, † 03.07.1872 in Augustdorf.

⚭ [2/1] 02.03.1873 in Augustdorf
Büker, Hanne Wilhelmine, * 21.01.1848 in Hörste (Ksp. Stapelage), † 08.01.1888 in Augustdorf.

⚭ [3/2] 08.12.1893 in Augustdorf
Erfkamp, Marie Wilhelmine Florentine, geb. Buse, * 28.10.1849 in Augustdorf (Nr. 113), † 03.05.1916 in Detmold, Landeskrankenhaus, ‡ 07.05.1916 in Hiddesen (Detmold-Landgemeinde).

1865 Kolon in Augustdorf, Nr. 56.
1901 Landwirt in Augustdorf, Nr. 56.

Sohn des Vorbesitzers

6 **Sieweke (Hillbrink),** Hermann August, ⋆ 25.03.1879 in Augustdorf, † 09.01.1921 in Augustdorf.

⚭ 11.11.1904 in Augustdorf
Böger, Auguste Johanne, ⋆ 05.03.1879 in Augustdorf (Nr. 51).

1904 Anerbe in Augustdorf, Nr. 56.

1921 Landwirt in Augustdorf, Nr. 2 ▸ S. 123 f.

Nr. 55

WINTER, BECKMANN, HEISSENBERG, BRINKMANN, PIVITSHEIDER STRASSE 121

1787 **Kolonatsakte:** Anlegung einer Neuwohnerstätte durch Einlieger Christian Ernst Friedrich Winter.

1787 **Schreiter:** 38. Ernst Fr. Winter.

1789 **Küstermann:** Winter; 8 Scheffelsaat [=1,373 Hektar].

1789 **Kolonatsakte:** Verkauf der Winterschen Stätte am Dören.

1792 **Salbuch:** Winter m. [=modo/jetzt] Heißenberg jetzt Jost Henr[ich] Beckmann, Hoppenplöcker.

1809 **Kolonatsakte:** Verkauf der Heißenbergschen Stätte Nr. 55 an den Johann Henrich Brinkmann von Nr. 48 der Lageschen Pivitsheide.

1828 **Volkszählung:** Heißenberg, Kolon; 1 Wohnhaus.

1867 **Salbuch:** Beckmeier modo Heissenberg; Abtretung an Friedrich Wilhelm Heissenberg; eingetragen am 30. Oktober 1867.

1901 **Adressbuch:** Brinkmann, Hermann, Landwirt; Brinkmann, Friedrich, Leibzüchter; Niewald, Heinrich, Ziegler.

1921 **Landwirtschaftliches Adressbuch:** Brinkmann, H.; 5 Hektar.

1926 **Adressbuch:** Brinkmann, Hermann, Wegearbeiter; Friedrich, Wilhelm, Fahrradhandlung.

1954 **Adressbuch:** Brinkmann, Hermann, Landwirt; Pivitsheider Straße 55.

1962 **Adressbuch:** Brinkmann, Hermann, Arbeiter; Grosser, Heinz, Arbeiter; Pivitsheider Straße 55.

Gründer 1787

1 **Winter,** Christian Ernst Friedrich,

1787 Einlieger und Musikant in Augustdorf, bei Hellmeier.

1787 Kolon in Augustdorf, Nr. 55.

Besitzer 1789

2 **Beckmann,** Jobst Henrich aus Hiddesen (Ksp. Detmold).

1789 Besitzer in Augustdorf, Nr. 55.

Schwiegersohn des Vorbesitzers

3 **Heissenberg,** Johann Simon Conrad aus Heidenoldendorf (Ksp. Detmold), ~ 21.01.1753 in Detmold, † 12.07.1796 in Augustdorf.

⚭ 09.11.1777 in Detmold
Beckmann, Florentine Catharina Elisabeth, ⋆ 21.06.1750 in Hiddesen (Ksp. Detmold), † 26.11.1798 in Augustdorf.

1792 Kolon in Augustdorf, Nr. 55.

Käufer 1809

4 **Heissenberg,** Johann Hermann Conrad, geb. Brinkmann, ⋆ 03.06.1783 in Pivitsheide (Ksp. Stapelage), † 22.09.1865 in Augustdorf.

⚭ 17.12.1809 in Augustdorf
Tegeler, Anna Marie Ilsabein (Elisabeth) aus Wellentrup (Ksp. Oerlinghausen), ~ 06.04.1783 in Oerlinghausen, † 01.08.1839 in Augustdorf.

1809 Kolon in Augustdorf, Nr. 55.

Sohn des Vorbesitzers

5 **Heissenberg,** Johann Friedrich Adolph, geb. Brinkmann, ⋆ 14.12.1810 in Augustdorf, † 22.06.1879 in Augustdorf.

⚭ 11.05.1834 in Augustdorf
Fränzner, Amalie Elisabeth Hedwig, ⋆ 29.08.1809 in Reelkirchen, † 01.03.1895 in Augustdorf.

1834 Einlieger in Augustdorf.

1835 Kolon in Augustdorf, Nr. 55.

1879 Leibzüchter in Augustdorf, Nr. 55.

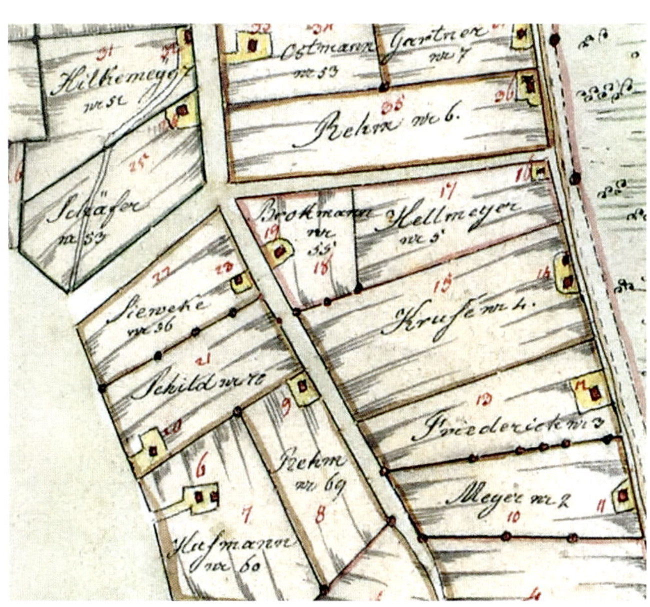

Der Ausschnitt der Overbeckschen Karte von 1816 (▸ Vorsatz) zeigt das vom Kolonat Hellmeier Nr. 5 abgeteilte Grundstück Nr. 55 sowie benachbarte Höfe. Ein Besitzer Brokmann ist für diese Stätte allerdings nicht nachweisbar. Die Angabe geht vermutlich auf eine fehlerhafte Beschriftung zurück, die Hofstelle gehörte seit 1809 Johann Henrich Heißenberg, geb. Brinkmann. LAV NRW OWL D 73 Tit. 4 Nr. 5385

Sohn des Vorbesitzers

6 **Heissenberg gen. Brinkmann,** Friedrich Wilhelm Adolph, * 20.11.1835 in Augustdorf, † 15.12.1907 in Augustdorf.

⚭ [1/1] 03.11.1867 in Augustdorf
Gärtner, Catharine Wilhelmine Florentine, * 26.02.1845 in Augustdorf (Nr. 83), † 24.01.1875 in Augustdorf.

⚭ [2/1] 15.08.1875 in Augustdorf
Fillies, Florentine Wilhelmine Amalie, * 26.08.1845 in Pivitsheide, † 25.02.1920 in Augustdorf.

1867 Kolon in Augustdorf, Nr. 55.

Sohn des Vorbesitzers

7 **Brinkmann,** Hermann Heinrich, * 18.09.1869 in Augustdorf.

⚭ 30.11.1897 in Augustdorf
Niewald, Wilhelmine Dorothee Louise, * 14.08.1873 in Augustdorf, † 04.06.1943 in Augustdorf.

1901 Landwirt in Augustdorf, Nr. 55.

Nr. 70

SCHILD, HAUSMANN (HUSMANN), PIVITSHEIDER STRASSE 122

1795 **Kolonatsakte:** Anlegung einer Neuwohnerstätte durch Adolph Schild aus Wissentrup.

1795 **Küstermann:** Schild von Sieweke gekauft[206]; 10 Scheffelsaat [=1,717 Hektar].

1796 **Salbuch:** Adolph Schild, Hoppenplöcker.

1828 **Volkszählung:** Schild, Kolon; 1 Wohnhaus.

1864 **Kolonatsakte:** Verkauf der Stätte Schild Nr. 70 an Kolon Hausmann Nr. 60 [▸ S. 218].

1886 **Salbuch:** Schild; auf Adolf Hausmann umgeschrieben am 18. August 1886.

1901 **Adressbuch:** Hausmann, August, Landwirt; Hausmann, Friedrich, Ziegler.

1921 **Landwirtschaftliches Adressbuch:** Hausmann, Aug.; 8 Hektar.

1926 **Adressbuch:** Hausmann, Auguste, Landwirt [sic!]; Räker, Friedrich, Kraftwagenführer.

1954 **Adressbuch:** Hausmann, August, Landwirt; Steinbarth, Konstantin, Landwirt; Pivitsheider Straße 70.

1962 **Adressbuch:** Hausmann, August, Landwirt; Steinbarth, Konstantin, Landwirt; Pivitsheider Straße 70.

206 Die Stätte Nr. 70 entstand durch eine Teilung des Kolonats Nr. 56, vgl. S. 21 f. in diesem Band.

Gründer 1795

1 **Schild,** Johann Adolph (Friedrich Adolph) aus Iggenhausen (Bschft. Pottenhausen, Ksp. Lage), ~ 10.02.1771 in Lage, † 20.01.1844 in Augustdorf.

⚭ 01.11.1795 in Stapelage
Brockmann, Catharine Florentine Elisabeth (Sophia Amalia) aus Hörste (Ksp. Stapelage), * 03.07.1769, † 30.04.1838 in Augustdorf.

1795 Kolon in Augustdorf, Nr. 70.

1844 Leibzüchter in Augustdorf, Nr. 70.

Sohn des Vorbesitzers

2 **Schild,** Johann Friedrich Adolph, * 05.12.1803 in Augustdorf, † 31.10.1858 in Augustdorf.

⚭ [1/1] um 1820 (Ort unbekannt)
[N. N.], Catharine Elisabeth, * um 1799, † 09.08.1825 in Augustdorf.

⚭ [2/1] 24.11.1833 in Augustdorf
Brokmann, Anna Maria Wilhelmina, * 21.08.1811 in Augustdorf (Nr. 77), † 16.01.1876 in Augustdorf.

1833 Kolon in Augustdorf, Nr. 70.

1836 Kirchendeche in Augustdorf.

1855 Ex-Kolon [sic!] und Kirchenältester in Augustdorf.

Käufer 1864

3 **Husmann** (Hausmann), Hermann Friedrich Adolph, * 05.03.1824 in Augustdorf (Nr. 60), † 27.05.1890 in Augustdorf.

⚭ 19.08.1849 in Augustdorf
Friedrich, Henriette Wilhelmine Caroline (Konradine), * 02.02.1829 in Augustdorf (Nr. 14), † 24.02.1902 in Augustdorf.

1849 Anerbe in Augustdorf, Nr. 60 ▸ S. 218.

1864 Käufer in Augustdorf, Nr. 70.

1886 Kolon in Augustdorf, Nr. 70.

Sohn des Vorbesitzers

4 **Hausmann** (Husmann), Hermann Heinrich August, * 03.07.1863 in Augustdorf, † 16.03.1919 in Augustdorf.

⚭ 22.11.1901 in Augustdorf
Ostmeier, Justine Johanne Sophie, * 26.12.1878 in Augustdorf (Nr. 75).

1901 Landwirt in Augustdorf, Nr. 70.

Nr. 60

HAUSMANN (HUẞMANN, HUSMANN, HUSSMANN, HUSEMANN), RICHTER, PIVITSHEIDER STRASSE 138

1790 **Kolonatsakte:** Anlegung einer Neuwohnerstätte durch Jobst Henrich Hußmann aus Pivitsheide.

1791 **Küstermann:** Husmann; 20 Scheffelsaat [=3,433 Hektar].

Augustdorf Nr. 198, Pivitsheider Straße 124. Ehemalige Leibzucht der Stätte Nr. 60. Das Grundstück wurde von der Bundeswehr angekauft und ins Kasernengelände integriert. Sammlung Heimatverein Augustdorf, o. J.

1792 **Salbuch:** Jobst Henrich Hussmann, Hoppenplöcker.
1828 **Volkszählung:** Husmann, Kolon; Husmann, Leibzüchter; 1 Wohnhaus.
1888 **Salbuch:** Hausmann; Abtretung an Adolf Hausmann; umgeschrieben am 22. Juni 1888.
1901 **Adressbuch:** Hausmann, Adolf, Landwirt; Bokhof, Witwe; Quakernack, Adolf, Ziegler.
1921 **Landwirtschaftliches Adressbuch:** Hausmann, Fr.; 6 Hektar.
1926 **Adressbuch:** Hausmann, Friedrich, Fabrikarbeiter; Hausmann, Ad., Hofgärtner a. D.
1954 **Adressbuch:** Richter, Johann, Landwirt; Sawcyszyn, Walter, Dachdecker; [Pivitsheider Straße] 60.
1962 **Adressbuch:** Richter, Johann, Landwirt; Sawcyszyn, Wasyl, Arbeiter; Pivitsheider Straße 60.

Gründer 1791

1 **Husmann,** Johann Jobst (Jost Henrich) aus Pivitsheide, * um 1765, † 08.09.1830 in Augustdorf.
⚭ um 1792 (Ort unbekannt)
[N. N.], Anne Marie Elisabeth, * um 1752, † 16.09.1830 in Augustdorf.
1788 Leineweber in Pivitsheide.
1791 Kolon in Augustdorf, Nr. 60.

Sohn des Vorbesitzers

2 **Husmann** (Husemann), Cord Henrich (Konrad Henrich), * 09.09.1792 in Augustdorf, † 01.02.1860 in Augustdorf.
⚭ 21.08.1814 in Augustdorf
Schlingplässer, Anne Katharine Elisabeth aus Gräfinghagen (Ksp. Oerlinghausen), ~ 20.05.1787 in Oerlinghausen, † 30.05.1857 in Augustdorf.
1820 Kolon in Augustdorf, Nr. 60.
1843 Kirchendeche in Augustdorf.
1860 Leibzüchter in Augustdorf, Nr. 60.

Sohn des Vorbesitzers

3 **Husmann** (Hausmann), Hermann Friedrich Adolph, * 05.03.1824 in Augustdorf, † 27.05.1890 in Augustdorf.
⚭ 19.08.1849 in Augustdorf
Friedrich, Henriette Wilhelmine Caroline (Konradine), * 02.02.1829 in Augustdorf (Nr. 14), † 24.02.1902 in Augustdorf.
1849 Anerbe in Augustdorf, Nr. 60.
1864 Käufer in Augustdorf, Nr. 70 ► S. 218 f.
1890 Kolon in Augustdorf, Nr. 70.

Sohn des Vorbesitzers

4 **Husmann** (Hausmann)[207], Adolf Friedrich Wilhelm, * 07.04.1850 in Augustdorf, † 08.02.1941 in Augustdorf.
⚭ 29.03.1880 in Augustdorf
Wiese, Johanne Wilhelmine Henriette, * 04.09.1857 in Augustdorf.
1901 Landwirt in Augustdorf, Nr. 60.

207 Laut Kirchenbuchvermerk wurde die Schreibweise des Familiennamens gemäß Konsistorialverfügung vom 20. Februar 1893 offiziell von *Husmann* zu *Hausmann* geändert.

Nr. 69

REHM (REHME), WISSBROCK (WIẞBROK, WIẞBROCK), PIVITSHEIDER STRASSE 140

1795 **Kolonatsakte:** Abtretung von 10 Scheffelsaat [=1,717 Hektar] Landes des Neuwohners Husmann Nr. 60 [▸ S. 218] zu Augustdorf an den Feldnachbarn Kolon Johann Töns Rehme von Nr. 6 [▸ S. 130 f.] daselbst und Anlegung einer Stätte auf Nr. 69 in Augustdorf.

1796 **Küstermann:** Hollmann[208]; 10 Scheffelsaat [=1,717 Hektar]; von Nr. 60.

1796 **Salbuch:** Johann Albert oder Töns Rehm.

1867 **Salbuch:** Rehm; Abtretung an Töns Hermann Wissbrock; eingetragen am 20. Februar 1867.

1828 **Volkszählung:** Heißenberg, Einlieger; Wessel, Einlieger; 1 Wohnhaus.

208 Küstermann nennt als Gründer fälschlicherweise Hollmann, der jedoch das Kolonat Nr. 68 errichtet, vgl. S. 243 f. in diesem Band.

1901 **Adressbuch:** Wißbrok, Friedrich, Maurermeister.

1921 **Landwirtschaftliches Adressbuch:** Wißbrok, Witwe; 5 Hektar.

1926 **Adressbuch:** Wißbrock, Hermann, Fabrikarbeiter und Landwirt.

1953 **Hofkartenbetriebe:** Wissbrock, Hermann, 5,34 Hektar.

1954 **Adressbuch:** Wißbrok, Hermann, Landwirt; Pivitsheider Straße 69.

1962 **Adressbuch:** Wißbrok, Hermann, Landwirt; Pivitsheider Straße 69.

Gründer 1792

1 **Rehm,** Johann Albert (Johann Albrecht) aus Lüerdissen (Ksp. Lemgo, St. Johann), ~ 02.04. 1736 Lemgo, St. Johann, † 30.04.1793 in Augustdorf.

⚭ [1/1] 24.11.1760 in Bösingfeld
Eggers (Eggert), Anne Margarethe aus Wüsten, * um 1730, † 02.02.1791 in Augustdorf.

⚭ [2/2] 12.04.1791 in Stapelage
Lorentz [Witwe], Anne Catharine Elisabeth.

1770 Knecht und Hofmeister in Braunenbruch (Bschft. Heidenoldendorf, Ksp. Detmold).

1780 Gründer und Vorsteher in Augustdorf, Nr. 6 ▸ S. 130 f.

1791 Leibzüchter in Augustdorf, Nr. 6.

1792 Kolon in Augustdorf, Nr. 69.

Besitzer 1795

2 **Rehm,** Johann Töns, geb. Kindsgrab aus Menkhausen (Ksp. Oerlinghausen), ~ 29.05.1761 in Oerlinghausen, † 09.03.1824 in Augustdorf.

⚭ [1/2] 14.03.1789 in Stapelage
Rehm, Anne Sophie Ilsabein, geb. Schmaske oder Dreimann, ~ 04.05.1760 in Haustenbeck, † 21.10.1792 in Augustdorf.

⚭ [2/1] 28.12.1792 in Stapelage

Augustdorf Nr. 269, Pivitsheider Straße 142. Um 1930 errichtete Fritz Wißbrok auf einem vormals zum elterlichen Kolonat Nr. 69 gehörenden Grundstück ein Gebäude, in dem er seine erste Bäckerei betrieb. Später erfolgten dort verschiedene Umbauten und Erweiterungen. Sammlung Heimatverein Augustdorf, o. J.

Fritz Wißbrok, auch bekannt als „Wißbroks Bäcker", lieferte seine Backwaren lange Zeit per Pferdefuhrwerk aus. Sammlung Heimatverein Augustdorf, o. J.

Brockmann (Brokmann), Amalia Louisa aus Hörste (Ksp. Stapelage), ~ 28.04.1765 in Stapelage, † 08.04.1846 in Augustdorf.

1789 Kolon in Augustdorf, Nr. 6 ▸ S. 130 f.

1795 Kolon in Augustdorf, Nr. 69.

1800 Kirchendeche in Augustdorf.

1807 Gründer in Augustdorf, Nr. 84 ▸ S. 321 f.

Sohn des Vorbesitzers

3 **Wißbrok,** Jobst Henrich Adolph, geb. Rehm, * 23.08.1803 in Augustdorf (Nr. 6), † 03.09.1873 in Augustdorf.

⚭ 01.11.1829 in Augustdorf

Wißbrok, Anna Marie Louise Wilhelmine, * 21.09.1802 in Augustdorf, † 18.03.1871 in Augustdorf.

1830 Kolon in Augustdorf, Nr. 79 ▸ S. 315 f.

1836 Armendeche in Augustdorf.

1867 Leibzüchter in Augustdorf, Nr. 79.

Sohn des Vorbesitzers

4 **Wißbrok,** Töns Hermann Christoph, * 12.10.1840 in Augustdorf, † 29.08.1911 in Augustdorf.

⚭ 17.02.1867 in Augustdorf

Büker, Friedrike Wilhelmine Charlotte, * 10.09.1846 in Augustdorf, † 20.08.1911 in Augustdorf.

1867 Kolon in Augustdorf, Nr. 69.

1885 Besitzer in Augustdorf, Nr. 53 ▸ S. 211 f.

1901 Landwirt in Augustdorf, Nr. 53.

Sohn des Vorbesitzers

5 **Wißbrok,** Friedrich Adolph, * 26.08.1867 in Augustdorf, † 04.04.1908 in Augustdorf.

⚭ 30.04.1897 in Augustdorf

Rehm, Jule Wilhelmine, * 08.01.1875 in Augustdorf, † 20.09.1956 in Augustdorf.

1897 Anerbe in Augustdorf, Nr. 69.

1901 Maurermeister in Augustdorf, Nr. 69.

Nr. 90

HAGEMANN, BRÖKER, WALDSCHÜTZENHAUS[209], HOFMEISTER, KASERNENGELÄNDE

1824 **Kolonatsakte:** Anlegung einer Neuwohnerstätte durch den Krüger Hagemann, Augustdorf Nr. 1 [▸ S. 120 ff.] auf dem Zuschlag über der Trift.

1824 **Küstermann:** Bröker, die jetzige Forststätte; 11 Scheffelsaat [=1,888 Hektar]; (gekauft von Nr. 1 für 430 Reichstaler).

1825 **Kolonatsakte:** Der von dem Kolon Hagemann Nr. 1 an den Waldschützen Bröker, Augustdorf, verkaufte Zuschlag und Anbau eines Kottens und dessen Verkauf vom Krüger und Hoppenplöcker Hagemann Nr. 1 zu Augustdorf an Heinrich Bröker.

1828 **Volkszählung:** Bröker, Waldschütz; Kolon; 1 Wohnhaus.

1855 **Salbuch:** Bröker.

1901 **Adressbuch:** Frischemeier, Gustav, Förster.

1921 **Landwirtschaftliches Adressbuch:** Hofmeister, Fr.; 7 Hektar.

1926 **Adressbuch:** Hofmeister, Fritz, Waldarbeiter.

1937 **Veräußerung:** Ankauf durch die Reichsumsiedlungsgesellschaft [Ruges]; der letzte Besitzer Gustav Hofmeister konnte die Stätte zunächst jedoch weiter bewohnen.[210]

1954 **Adressbuch:** Hofmeister, Gustav, Maurer; Pivitsheider Straße 90.

1962 **Adressbuch:** Preiß, Andrejs, Photo-Atelier; Pivitsheider Straße 90.

Gründer 1824

1 **Hagemann,** Franz Henrich aus Brackwede ~ 09.03.1766 in Brackwede, † 21.02.1832 in Augustdorf.

⚭ [1/1] 03.10.1794 in Schildesche

Ehlenbrok, Anna Catharina Ilsabein, * 03.12.1769 in Horn, † 02.05.1819 in Augustdorf.

⚭ [2/1] 02.09.1819 in Augustdorf

Albring, Wilhelmine Amalia, * 18.06.1794 in Aspe (Bschft. Werl-Aspe, Ksp. Schötmar), † 21.03.1859 in Augustdorf.

1795 Krüger in Heiligenkirchen.

1803 Kolon und Krüger in Augustdorf, Nr. 1 ▸ S. 120 ff.

1819 Witwer und Hoppenplöcker in Augustdorf, Nr. 1.

1824 Gründer in Augustdorf, Nr. 90.

1828 Krüger in Augustdorf, Nr. 1.

Käufer 1825

2 **Bröker,** Heinrich Friedrich Simon, * um 1795 in Brokhausen (Ksp. Detmold), † 06.02.1831 in Augustdorf.

⚭ [1/2] 08.04.1822 in Augustdorf

Grote, Sophie, geb. Limberg, * um 1793, † 07.11.1829 in Augustdorf.

⚭ [2/2] 14.11.1830 in Augustdorf

Meyer zu Schwabedissen, Henriette Amalia, geb. Hase, * um 1795.

1822 Waldschütz in Augustdorf.

1825 Neuwohner und Straßenkötter in Augustdorf, Nr. 90.

Besitzer 1905

3 **Hofmeister,** Töns Friedrich Hermann (Fritz), * 09.12.1867 in Augustdorf, † 28.03.1944 in Augustdorf.

⚭ 06.06.1892 in Augustdorf

Riemeier, Luise Karoline, * 28.03.1874 in Lemgo, † 12.02.1944 in Augustdorf.

1892 Einlieger und Ziegler in Augustdorf.

1926 Landwirt und Waldarbeiter in Augustdorf, Nr. 90.

209 Das Gebäude wurde 1831 durch die Fürstliche Rentkammer angekauft.

210 Vgl. Göbel, Truppenübungsplatz, S. 41.

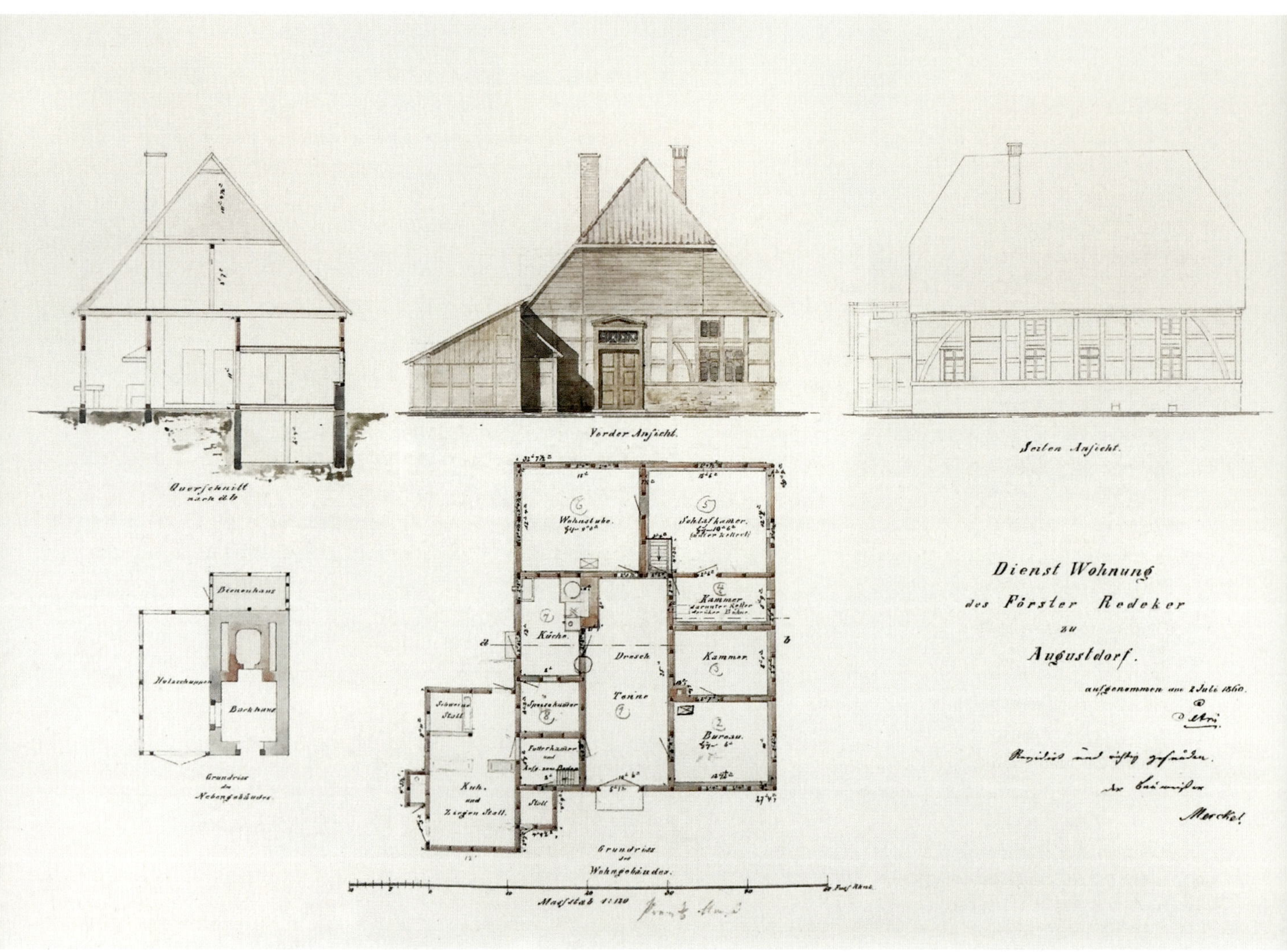

Augustdorf Nr. 90, heute Kasernengelände.
Im Zusammenhang mit der späteren Nutzung als Waldschützenhaus bzw. Dienstwohnung des Försters wurde eine umfangreiche Akte angelegt. Zu der Bestandsaufnahme gehört auch die Zeichnung vom **2. Juli 1860.** LAV NRW OWL L 80.19 Nr. 501

Ausschnitt der Zeichnung vom 2. Juli 1860.

Augustdorf Nr. 90, zunächst Waldschützenhaus, später Forsthaus, danach Stätte Hofmeister, heute Kasernengelände. Der Besitz, der auch einige der Grundstücke *Am Alten Forsthaus* – so der heutige Straßenname – umfasste, wurde um 1905 von der fürstlichen Forstverwaltung an den Waldarbeiter und Landwirt Fritz Hofmeister veräußert. 1937 erwarb die Reichsumsiedlungsgesellschaft [Ruges] das Gelände. In unmittelbarer Nachbarschaft entstand das sogenannte Nordlager, die heutige Bundeswehrkaserne. Die vormaligen Besitzer konnten die Hofstelle zunächst noch nutzen, ab etwa 1957 erfolgte jedoch im Zuge der Kasernenerweiterung der weitgehende Abbruch der Bauten. Die Familie Hofmeister zog nach Lemgo, während der Fotograf Andrejs Preiss noch bis etwa 1962/1963 dort ansässig war.
A. Preiss, um 1957, Privatbesitz H. Dunst

Augustdorf Nr. 90, heute Kasernengelände.
Scheune mit Reklameschild des Fotografen Preiss.
A. Preiss, um 1957

Augustdorf Kasernengelände.
Fotogeschäft Andrej Preiss in einer „halben Baracke“ auf dem dortigen Areal. Zuvor hatte das Gebäude den Friseur des sogenannten Landwehrlagers, heute Bundeswehrkaserne, beherbergt. A. Preiss, nach 1956

Ansichtskarte von 1908: „Gruss aus dem Teutoburger Walde." Rechter Bildrand: Augustdorf Nr. 195, Stätte Pott im Bereich der heutigen Pivitsheider Straße 154/156. In der Bildmitte ist die 1919 vom Areal des Dörenkruges abgetrennte Hofstelle Kronshage Nr. 197, jetzt Pivitsheider Straße 145, erkennbar. Sammlung O. Biere

Augustdorf Nr. 257, am rechten Bildrand die Stätte Rudolf Hofmeister, heute Am Alten Forsthaus 2. Im Hintergrund links das Gebäude von Gerhard Wistinghausen, Augustdorf Nr. 260, jetzt Pivitsheider Straße 143, rechts daneben befindet sich später die Tankstelle Erfkamp. Das Bild entstand 1957 vom damaligen Ausländerlager, dem heutigen Kasernengelände aus gesehen. Bis zur Übernahme der Einrichtung durch die Bundeswehr lebten dort sogenannte *Displaced Persons*, vorwiegend Letten mit ihren Familien. Der Lageralltag wird auf der Internetseite „augustdorfa.org" dokumentiert. Die Fotografie zeigt „Kinder von Augustdorf im Februar 1957...", so die Beschreibung, die auch die Namen der Abgebildeten nennt. https://augustdorfa.org

Augustdorf Nr. 199. In der Nachbarschaft der heutigen katholischen Kirche an der Pivitsheider Straße stand die Tankstelle Gärtner. Das Foto stammt vermutlich aus den Anfangstagen des während der 1920er Jahre errichteten Betriebes. Lippische Landesbibliothek Detmold, ME-PK-26-227

Ausschnitt aus der Karte „Augustdorf 1900".
Kartografie J. Rosenberg, 2024

3. Dritte Reihe, heute Lopshorner Weg

Die sogenannte Dritte Reihe entstand in der nahen Umgebung des heutigen Lopshorner Weges. Mit den Nummern 44 und 45 sind hier zwei Gründungen aus der Anfangszeit Augustdorfs anzutreffen, von denen allerdings nur noch die Hofstelle Nr. 45, jetzt Lopshorner Weg 24, existiert. Hingegen erfolgte die Bebauung der Bereiche Lopshorner Weg, Kampweg und Tharkamper Weg etwas später. Die dortigen Parzellen waren als Entschädigung an die Kolone Nr. 8 (Strate) bis Nr. 19 (Pollmann) vergeben worden, nachdem eine „gewaltige Wasserflut" am 14. Juni 1796 das obere Erdreich ihrer vormaligen Ländereien teilweise weggespült hatte.[211] Einige Besitzer dieser Stätten haben auf ihren neu zugewiesenen Grundstücken ebenfalls Kotten errichtet, die zwischen 1869 und 1897 veräußert wurden und anschließend eigene Kolonatsnummern bekamen

Nr. 44
TEGELER, RÄKER,
GRÜTZEMÜHLE 1[212]

1786 **Kolonatsakte:** 1. Anlegung einer Neuwohnerstätte durch Einlieger Adolph Tegeler; 2. Einlieger Adolph Tegeler am Dören, Anbau am Dören.
1787 **Küstermann:** Ad. Tegeler; 20 Scheffelsaat [=3,433 Hektar].
1788 **Schreiter:** 43. Adolf Tegeler (Sohn von Nr. 30[213] in 3. Reihe unter Diekmann Nr. 29[214]).
1792 **Salbuch:** Adolph Tegeler, Hoppenplöcker.
1828 **Volkszählung:** Tegeler, Kolon; 2 Wohnhäuser.
1843 **Kolonatsakte:** Verkauf der Tegelerschen Stätte Nr. 44 zu Augustdorf an Wilhelm Räker von Nr. 3 [▸ S. 124] daselbst; Verkauf der Stätte des Kolons Räker Nr. 3 zu Augustdorf als Besitzer der Tegelerschen Stätte Nr. 44 zu Augustdorf, verkauft seinem Sohn Wilhelm die Tegelersche Stätte Nr. 44.
1858 **Kolonatsakte:** Zwischen dem Kolon Tegeler oder Räker Nr. 44 zu Augustdorf und dem Kolon Tegeler Nr. 46 [▸ S. 190 ff.] über ihre beiderseitigen Kolonate abgeschlossenen Kaufkontrakt.
1864 **Kolonatsakte:** Übertragung auf den Anerben Friedrich Tegeler.
1864 **Salbuch:** Tegeler; gemäß Anerbenrecht auf Friedrich Tegeler eingetragen am 3. Dezember 1864.
1901 **Adressbuch:** Tegeler, Fritz, Landwirt; Tegeler, Wilhelm, Ziegler; Leppelmeier, Karl, Ziegler; Pollmann, Hermann, Ziegler; Stüke, Friedrich, Ziegelmeister.
1926 **Adressbuch:** Tegeler, Hermann, Landwirt; Ostmann, Hermann, Ziegler; Leßmann, Wilhelm, Ziegler; Heißenberg, Karl, Fabrikarbeiter; Sieweke, Luise, Landarbeiterin.
1954 **Adressbuch:** Tegeler, Johanne; Berkemeier, Minna, Hausfrau; Bittner, Herbert, Schmiedemeister; Grütze-Mühle 44.
1962 **Adressbuch:** Tegeler, Johanne, Hausfrau; Berkemeier, Minna, Hausfrau; Lopshorner Weg 44. Splinter, Heinz, Arbeiter; Grützemühle 44.

Gründer 1787

1 **Tegeler,** Johann Friedrich Adolph, aus Mackenbruch (Ksp. Oerlinghausen), ~ 06.03.1757 in Oerlinghausen, † 26.06.1820 in Augustdorf.
⚭ [1/1] 04.07.1777 in Oerlinghausen
Schlink, Sophie Amalie (Anne Sophie) aus Wellentrup (Ksp. Oerlinghausen), * um 1757, † 22.09.1797 in Augustdorf.
⚭ [2/2] 21.03.1798 in Stapelage
Berkemeier, Anne Catharine, geb. Arndt.
1786 Einlieger in Wellentrup (Ksp. Oerlinghausen).
1787 Gründer und Müller in Augustdorf, Nr. 44.

Sohn des Vorbesitzers

2 **Tegeler (Kemper),** Töns Henrich Adolph (Töns Henrich Johann) aus Wellentrup (Ksp. Oerlinghausen), ~ 26.02.1786 in Oerlinghausen, † 15.08.1865 in Schönemark (Ksp. Detmold).
⚭ 21.10.1813 in Augustdorf
Rehm, Anna Maria Florentine Wilhelmine, * 13.01.1794 in Augustdorf (Nr. 84), † 21.10.1839 in Schönemark (Ksp. Detmold).
1813 Kolon in Augustdorf, Nr. 44.
1839 Kolon in Schönemark (Ksp. Detmold), Nr. 11.[215]
1865 Leibzüchter in Schönemark (Ksp. Detmold).

---

211 Vgl. Küstermann, Geschichte, Bd. II, Abschrift 2010, S. 112 ff, s. auch S. 29 in diesem Band.
212 Der ursprüngliche Mühlenkomplex wurde abgebrochen und ab etwa den 1970er Jahren neu überbaut. Freundlicher Hinweis von R. Niehus, Augustdorf.
213 Gemeint ist das spätere Kolonat Nr. 46, vgl. S. 190 ff. in diesem Band.
214 Gemeint ist das spätere Kolonat Nr. 42, vgl. S. 188 f. in diesem Band.
215 Vgl. Kirchenbuch Detmold, Sterberegister 1839, Nr. 200.

Käufer 1843

3 **Räker** (Wilhelm-Räker, Redeker), Töns Henrich, geb. Prante, aus Währentrup (Ksp. Oerlinghausen), ~ 02.11.1791 in Oerlinghausen, † 23.02.1858 in Augustdorf (Nr. 101).

⚭ 26.12.1812 in Augustdorf
Redeker (Wilhelm-Räker), Anna Maria Wilhelmine (Wilhelmine Friederike Henriette) aus Währentrup (Ksp. Oerlinghausen), ~ 08.02.1789 in Oerlinghausen, † 30.06.1865 in Augustdorf (Nr. 101).

1812 Kolon in Augustdorf, Nr. 3 ▸ S. 124 ff.
1842 Gründer in Augustdorf, Nr. 101 ▸ S. 148.
1842 Gründer in Augustdorf, Nr. 102 ▸ S. 149 f.
1843 Besitzer in Augustdorf, Nr. 44.
1851 Gründer in Augustdorf, Nr. 109 ▸ S. 149.

Sohn des Vorbesitzers, Käufer

4 **Tegeler,** Berend Henrich Wilhelm, geb. Räker, * 24.05.1820 in Augustdorf (Nr. 3), † 02.02.1878 in Augustdorf.

⚭ [1/1] 12.11.1843 in Augustdorf
Arndt, Henriette Wilhelmine Amalie, * 10.01.1822 in Augustdorf (Nr. 48), † 30.10.1848 in Augustdorf.

⚭ [2/1] 20.05.1849 in Augustdorf
Biere, Sophie Elisabeth, * 23.01.1821 in Haustenbeck, † 03.01.1885 in Augustdorf.

1844 Kolon in Augustdorf, Nr. 44.
1858 Kolon in Augustdorf, Nr. 46 ▸ S. 190 ff.

Käufer 1858

5 **Tegeler,** Simon Friedrich Adolph, * 07.03.1817 in Augustdorf (Nr. 46), † 23.03.1872 in Augustdorf.

⚭ [1/1] 16.05.1842 in Augustdorf
Husmann (Hausmann), Anna Katharina Elisabeth, * 22.05.1816 in Augustdorf (Nr. 60), † 18.03.1864 in Augustdorf.

⚭ [2/1] 23.10.1864 in Augustdorf
Mölling, Katharine Louise, * 04.06.1834 in Augustdorf.

1842 Kolon in Augustdorf, Nr. 46 ▸ S. 190 ff.
1858 Kolon in Augustdorf, Nr. 44.
1872 Leibzüchter in Augustdorf, Nr. 44.

Sohn des Vorbesitzers

6 **Tegeler,** Friedrich Heinrich (Fritz), * 18.04.1839 in Augustdorf, † 07.01.1908 in Augustdorf.

⚭ 28.03.1864 in Augustdorf
Pollmann, Marie Friederike Amalie, * 27.10.1842 in Augustdorf (Nr. 26), † 09.12.1925 in Augustdorf.

1864 Kolon und Anerbe in Augustdorf, Nr. 44.
1901 Landwirt in Augustdorf, Nr. 44.

Nr. 45
GROTE (GROTHE), LOPSHORNER WEG 24[216]

1780 **Kolonatsakte:** Antrag auf Anlegung einer Neuwohnerstätte durch Schuhmacher Philipp Grote aus Mackenbruch.
1787 **Kolonatsakte:** Anlegung einer Neuwohnerstätte durch Einlieger Philipp Grote aus Kachtenhausen.
1787 **Küstermann:** Grote; 20 Scheffelsaat [=3,433 Hektar].
1788 **Schreiter:** 45. Grote (Schuhmacher in der 3. Reihe).
1792 **Salbuch:** Philip Grote, Hoppenplöcker.
1828 **Volkszählung:** Grothe, Kolon; 2 Wohnhäuser.
1835 **Kolonatsakte:** Kolon Grote beabsichtigt den Bau eines Kottens.
1847 **Kolonatsakte:** Verkauf an den Kolon Heinrich Ebert Nr. 94 [▸ S. 182 f.]. Auswanderung des Kolons Grote nach Amerika.
1867 **Kolonatsakte:** Verkauf des Kolonats durch den Kolon Grote Nr. 45 an dessen Schwiegersohn Einlieger Bernd Sielemann daselbst.
1868 **Salbuch:** Grote; Verkauf an Bernd Sielemann; eingetragen am 8. Januar 1868.
1873 **Salbuch:** Sielemann, Bernd; […] eine Fläche verkauft an den Gestütswärter Ad. Schild behufs Anlegung der Neuwohnerstätte Nr. 117 [▸ S. 230] […] mit Kotten […]; eingetragen am 14. Febr. 1873.
1901 **Adressbuch:** Grote, Bernhard, Landwirt; Grote, Heinrich, Ziegler; Mölling, Wilhelm, Ziegler.
1921 **Landwirtschaftliches Adressbuch:** Grote, Witwe; 14 Hektar.
1926 **Adressbuch:** Grote, Johanne, Landwirtin, Kriegerwitwe; Sielemann, Wilhelm, Fabrikarbeiter; Mische, Adolf, Tischler.
1954 **Adressbuch:** Grote, Adolf, Landwirt; Knispel, Lothar, Angestellter; Lopshorner Weg 45.
1962 **Adressbuch:** Grote, Adolf, Landwirt; Knispel, Lothar, Angestellter; Lopshorner Weg 45.

Gründer 1787

1 **Grote,** Hermann Philipp (Philip) aus Mackenbruch (Ksp. Oerlinghausen), * um 1732, † 22.03.1806 in Augustdorf.

⚭ 05.03.1773 in Oerlinghausen
Leising, Margaretha, * um 1741, † 23.04.1806 in Augustdorf.

1780 Schuhmacher in Mackenbruch.
1787 Einlieger in Kachtenhausen (Bschft. Wellentrup, Ksp. Oerlinghausen).
1787 Kolon in Augustdorf, Nr. 45.

---

216 Zum Areal des Kolonats Nr. 45 gehörte ursprünglich auch die spätere Stätte Nr. 117, heute Lopshorner Weg 44, vgl. S. 230 in diesem Band.

Eheeinträge des Jahres 1806 im Augustdorfer Kirchenbuch. Unter „No. 6" ist die Heirat von Johann Hermann Christoph Grote und Anna Maria Elisabeth Busch verzeichnet, die am 8. Juni 1806 vor den Traualtar getreten sind. Wie damals üblich, war die Eheschließung zuvor drei mal öffentlich „proclamiert" [=verkündet] worden. Kirchenbuch Augustdorf, Archiv der Lippischen Landeskirche in Detmold

Sohn des Vorbesitzers

2 Grote, Johann Hermann Christoph, ⋆ 02.06.1782 in Oerlinghausen[217], † 14.11.1841 in Augustdorf.

⚭ [1/1] 08.06.1806 in Augustdorf
Busch, Anna Maria Elisabeth (Amalia), ⋆ um 1785, † 27.09.1808 in Augustdorf.

⚭ [2/1] 12.02.1809 in Augustdorf
Brüning, Anne Margarethe Elisabeth, ⋆ um 1780 in Heiden.

1806 Kolon in Augustdorf, Nr. 45.
1841 Leibzüchter, Nr. 31 ▸ S. 276 f.

Sohn des Vorbesitzers

3 Grote, Friedrich Wilhelm, ⋆ 22.04.1815 in Augustdorf, † nach 1847 in den USA.

⚭ 13.10.1839 in Augustdorf
Stölting, Amalie Florentine aus Billinghausen (Ksp. Stapelage), ~ 08.11.1811 in Stapelage.

1832 Kolon in Augustdorf, Nr. 45.
1847 Auswanderung in die USA ▸ S. 76.

Käufer 1847

4 Grote (Ebert), Töns Heinrich, geb. Hillbrink, ⋆ 21.02.1792 in Ohrsen (Ksp. Lage), † 22.11.1865 in Augustdorf.

⚭ 19.03.1815 in Augustdorf
Pollmann, Anna Justine Wilhelmine, ⋆ 03.07.1795. in Junghärtchen (Bschft. Müssen, Ksp. Lage), † 20.02.1837 in Augustdorf.

1815 Einlieger in Augustdorf.
1836 Kolon in Augustdorf, Nr. 94 ▸ S. 182 f.
1847 Besitzer in Augustdorf, Nr. 45.
1865 Leibzüchter in Augustdorf, Nr. 45.

217 Die Angaben zu Geburtsdatum und -ort sind im Augustdorfer Sterberegister von 1841 verzeichnet, das entsprechende Kirchenbuch Oerlinghausen enthält keinen Taufeintrag zu Johann Hermann Christoph Grote.

Sohn des Vorbesitzers

5 Grote (Ebert), Johann Heinrich Adolph, geb. Hillbrink[218], ⋆ 03.07.1812 in Augustdorf (Nr. 94), † 23.02.1892 in Augustdorf.

⚭ 13.08.1837 in Augustdorf
Tegeler, Louise Friedrike Amalie, ⋆ 16.08.1815 in Augustdorf (Nr. 46), † 13.09.1888 in Augustdorf.

1837 Kolon in Augustdorf, Nr. 94 ▸ S. 182 f.
1847 Kolon in Augustdorf, Nr. 45.
1892 Leibzüchter in Augustdorf, Nr. 45.

Tochter des Vorbesitzers

6 Grote (Ebert), Wilhelmine Katharine Dorothee, ⋆ 21.06.1844 in Augustdorf, † 29.06.1919 in Augustdorf.

⚭ 12.02.1865 in Augustdorf
7 Sielemann, Berend Henrich Adolph (Bernd), ⋆ 29.09.1837 in Augustdorf (Nr. 87), † 11.10.1910 in Augustdorf.
1865 Anerbin in Augustdorf, Nr. 45.

Ehemann der Vorbesitzerin

7 Grote, Berend Henrich Adolph (Bernhard), geb. Sielemann, ⋆ 29.09.1837 in Augustdorf (Nr. 87), † 11.10.1910 in Augustdorf.

⚭ 12.02.1865 in Augustdorf
6 Grote (Ebert), Wilhelmine Katharine Dorothee, ⋆ 21.06.1844 in Augustdorf, † 29.06.1919 in Augustdorf.

1868 Kolon in Augustdorf, Nr. 45.
1901 Landwirt in Augustdorf, Nr. 45.

218 Da Johann Heinrich Adolph Grote (Ebert) vorehelich geboren wurde, findet sich sein Taufeintrag unter Pollmann.
219 Zum Areal des Kolonats Nr. 115 gehörte ursprünglich auch die spätere Stätte Nr. 119, heute Kampweg 1, vgl. S. 231 in diesem Band.

Augustdorf Nr. 117, Lopshorner Weg 44. Die Aufnahme zeigt das Geburtshaus von Walter eistermann (1912–1998), Rektor der Pädagogischen Hochschule Berlin und Philosoph. Privatbesitz R. Heistermann, o. J.

Nr. 117

SCHILD, HEISTERMANN, LOPSHORNER WEG 44

1872 **Kolonatsakte:** Verkauf von Grundstücken seitens des Kolons Grote Nr. 45 [▸ S. 228 ff.] in Augustdorf an den Gestütswärter Adolph Schild in Lopshorn.
1873 **Salbuch:** Nr. 45 Sielemann, Bernd; [...] eine Fläche verkauft an den Gestütswärter Ad. Schild behufs Anlegung der Neuwohnerstätte Nr. 117 [...] mit Kotten [...]; eingetragen am 14. Februar 1873.
1873 **Salbuch:** Nr. 117 Schild Adolf, Gestütswärter; hat die Zubehörungen dieser Stätte von Sielemann Nr. 45 angekauft; eingetragen am 14. Februar 1873.
1901 **Adressbuch:** Schild, Adolf, Gestütswärter a. D.
1926 **Adressbuch:** Heistermann, Hermann, Landwirt und Waldarbeiter.
1954 **Adressbuch:** Heistermann, August, Maurer; Lopshorner Weg 117.
1962 **Adressbuch:** Heistermann, August, Maurer; Lopshorner Weg 117.

Gründer 1872

1 Schild, Friedrich Christoph Adolph, ⋆ 24.09.1843 in Augustdorf, † 20.01.1914 in Lage.

⚭ 25.10.1868 in Augustdorf
Linnemann, Marie Wilhelmine Louise, ⋆ 09.05.1839 in Haustenbeck, † 08.02.1919 in Lage.

1868 Sennegestütshilfsknecht in Lopshorn.
1870 Einlieger in Augustdorf.
1873 Kolon und Gestütsknecht in Augustdorf, Nr. 117.
1914 Gestütswärter a. D. in Lage.

Nr. 115

WÖHNING, BERKEMEIER, LOPSHORNER WEG 56[219]

1869 **Kolonatsakte:** Verkauf eines Teils des Oetermannschen Kolonats Nr. 10 [▸ S. 137 f.] zu Augustdorf an den Zimmermann Carl Wöhning daselbst.
1869 **Salbuch:** Wöhning, Carl, Zimmermann; hat den Grund und Boden zu dieser Stätte von Ötermann Nr. 10 angekauft; eingetragen am 8. Juli 1869.
1871 **Salbuch:** Wöhning, Carl, Zimmermann; Ankauf von Ackerland und Hude von Sielemann Nr. 18 [▸ S. 146 ff.]; eingetragen am 3. August 1871.

1874 **Salbuch:** Wöhning, Carl, Zimmermann; Verkauf dieser Parzellen mit einem darauf erbauten Haus an Ludwig Kötter zur Anlegung der Neuwohnerstätte Nr. 119 [▸ S. 231]; eingetragen am 8. August 1874.
1901 **Adressbuch:** Wöhning, Karl, Zimmermann.
1926 **Adressbuch:** Berkemeier, Hermann, Fabrikarbeiter; Rabe, Adolf, Ziegler.
1954 **Adressbuch:** Berkemeier, Hermann, Rentner; Berkemeier, Otto, Textilarbeiter; Gronwald, Heinz, Arbeiter; Repaski, Stefan, Arbeiter; Lopshorner Weg 115.
1962 **Adressbuch:** Berkemeier, Otto, Rentner; Lopshorner Weg 115.

Gründer 1869

1 **Wöhning,** Karl (Carl) Conrad, ⋆ 11.02.1837 in Schwalenberg, † 09.12.1906 in Augustdorf.
⚭ 22.05.1864 in Schwalenberg
Busse, Friedrike Auguste, ⋆ 29.07.1839 in Schötmar, † 29.12.1915 in Bielefeld.
1864 Bürger und Stellmacher in Schwalenberg, Nr. 109.
1866 Einlieger und Zimmermann in Augustdorf.
1869 Kolon und Zimmermann in Augustdorf, Nr. 115.
1901 Zimmermann in Augustdorf, Nr. 115.

Nr. 119

KÖTTER, BERKEMEIER, FRANK, KAMPWEG 1[220]

1874 **Kolonatsakte:** Verkauf von Länderei des Kolons Wöhning Nr. 115 [▸ S. 230 f.] in Augustdorf an den Einlieger Ludwig Kötter daselbst.
1874 **Salbuch:** Kötter, Ludwig; Hat den Grund und Boden zu dieser Neuwohnerstätte von Wöhning Nr. 115 angekauft, 8. August 1874.
1901 **Adressbuch:** Wiele, Hermann, Ziegler.
1926 **Adressbuch:** Berkemeier, Hermann, Schneider.
1954 **Adressbuch:** siehe Nr. 115.[221]
1962 **Adressbuch:** Frank, Friedrich, Revolverdreher[222]; Tharkamp 119.

Gründer 1874

1 **Kötter,** Friedrich Conrad Ludwig, ⋆ 05.06.1830 in Haustenbeck, † 24.10.1896 in Augustdorf.
⚭ 12.02.1860 in Augustdorf
Diekmann, Katharine Florentine, geb. Gaus, ⋆ 01.11.1837 in Augustdorf (Nr. 42), † 10.01.1914 in Lage.
1860 Einlieger in Augustdorf.
1874 Kolon in Augustdorf, Nr. 119.

Besitzer 1901

2 **Wiele,** Wilhelm Hermann, ⋆ 11.09.1870 in Augustdorf, † 25.11.1956 in Augustdorf.
⚭ 06.11.1896 in Augustdorf
Brokmann, Wilhelmine Johanne Friedrike, ⋆ 17.06.1875 in Augustdorf (Nr. 77), † 03.03.1961 in Augustdorf.
1896 Ziegler in Augustdorf.
1901 Ziegler in Augustdorf, Nr. 119.

Nr. 125

NIEMEIER (NEUMEYER), RUBART, KAMPWEG 7

1876 **Kolonatsakte:** Verkauf einer Parzelle Ackerland seitens des Kolons Rabe Nr. 15 [▸ S. 142 f.] in Augustdorf an den Gestütswärter Heinrich Niemeier daselbst und Errichtung einer Neuwohnerstätte seitens des Letzteren.
1877 **Salbuch:** Nr. 15 a Rabe; Verkauf eines Grundstücks an H. Niemeier zur Anlegung der Stätte Nr. 125; eingetragen am 12. Mai 1877.
1878 **Salbuch:** Nr. 125 Niemeier, Heinrich, Gestütswärter; Grund und Boden von Rabe Nr. 15 a; eingetragen am 28. Dezember 1878.
1901 **Adressbuch:** Niemeier, Heinrich, Pensionär.
1926 **Adressbuch:** Rubart, Wilhelm, Landwirt und Waldarbeiter.
1954 **Adressbuch:** Rubart, Wilhelm, Kraftfahrer; Moshage, Wilfried, Maurer; Steffen, Erich, Baugeschäft; Tarkamp 125.
1962 **Adressbuch:** Rubart, Wilhelm, Kraftfahrer; Lipski, Alfons, Verwaltungsangestellter; Rubart, Herbert, Tischler, Tharkamp 125.

Gründer 1876

1 **Niemeier (Neumeyer gen. Niemeier),** Heinrich Wilhelm Konrad (Hermann Wilhelm Konrad), ⋆ 21.12.1833 in Haustenbeck, † 31.08.1908 in Hörste (Ksp. Stapelage).
⚭ 10.05.1863 in Elbrinxen
Friedrichsmeier, Karoline Louise Dorothee, ⋆ 26.12.1831 in Elbrinxen, † 27.10.1915 in Pivitsheide (Ksp. Stapelage).
1866 Maurer in Augustdorf.
1869 Gestütsknecht in Lopshorn.

---

220 Der Gebäudebestand existiert nicht mehr.
221 Im Adressbuch von 1954 sind die Bewohner des Hauses Nr. 119 unter Nr. 115 verzeichnet, s. o.
222 Revolverdreher haben an sogenannten Revolverdrehmaschinen gearbeitet, die Tätigkeit hatte nichts mit der als *Revolver* bezeichneten Faustfeuerwaffe zu tun. Vgl. Wikipedia, Stichwort: Revolverdreher, eingesehen am 3. Juli 2022.

1870 Einlieger in Augustdorf.
1878 Gestütswärter und Kolon in Augustdorf, Nr. 125.
1901 Pensionär in Augustdorf, Nr. 125.

Besitzer 1904

2 **Dedert,** Hermann Adolf, * 02.07.1877 in Augustdorf (Nr. 34), † 11.01.1946 in Lemgo.
⚭ 23.01.1904 in Augustdorf
Köster, Wilhelmine Justine Johanne, * 28.12.1879 in Augustdorf (Nr. 99), † 19.02.1940 in Lemgo.

1904 Kolon und Ziegler in Augustdorf, Nr. 125.

Nr. 122
BRINKMANN, LÜKERMANN, POLLMANN, MOSHAGE, KAMPWEG 9

1876 **Salbuch:** Nr. 19 [▸ S. 153 f.] Pollmann; Verkauf von Parzellen an Witwe Luise Brinkmann zur Anlegung der Neuwohnerstätte Nr. 122; eingetragen am 31. August 1876.
1876 **Salbuch:** Nr. 122 Lükermann, Luise, Witwe; hat den Grund und Boden dieser Stätte von Pollmann Nr. 19 erworben; eingetragen 31. August 1876.
1878 **Brandkataster:** Lükermann
1882 **Salbuch:** Lükermann; auf Friedrich Brinkmann umgeschrieben am 15. November 1882
1883 **Brandkataster:** Brinkmann, Fr.; Pollmann, T.
1901 **Adressbuch:** Moshage, Heinrich, Landwirt.
1926 **Adressbuch:** Moshage, Heinrich, Landwirt.
1954 **Adressbuch:** Moshage, Wilhelm, Waldarbeiter; Tharkamp 122.
1962 **Adressbuch:** Moshage, Wilhelm, Forstarbeiter; Tharkamp 122.

Gründerin 1876

1 **Lükermann,** Hanne Louise, geb. Brinkmann, * 09.10.1823 in Stieghorst (Ksp. Heepen), † 05.07.1893 in Augustdorf.
⚭ 08.02.1857 in Augustdorf
Lükermann, Friedrich Christian, * 04.08.1814 in Augustdorf, † 05.12.1870 in Augustdorf.

1876 Besitzerin in Augustdorf, Nr. 122.

Sohn der Vorbesitzerin

2 **Brinkmann,** Heinrich Philipp, * 08.07.1856 in Heepen, † 20.03.1931 in Hagen (Ksp. Lage).
⚭ 21.11.1882 in Augustdorf
Meyer, Johanne Friedrike, * 30.09.1860 in Stapelage, † 31.08.1936 in Hagen (Ksp. Lage).

1882 Kolon in Augustdorf, Nr. 122.

Besitzer 1883

3 **Pollmann,** Töns Friedrich, * 14.03.1829 in Augustdorf (Nr. 80), † 05.05.1897 in Augustdorf.
⚭ 17.09.1854 in Augustdorf
Kruse, Katharine Wilhelmine Henriette, * 20.04.1832 in Augustdorf (Nr. 4), † 13.01.1919 in Bielefeld, ‡ 17.01.1919 in Augustdorf.

1854 Anerbe und Kolon in Augustdorf, Nr. 80 ▸ S. 302 ff.
1897 Kolon in Augustdorf, Nr. 122.

Besitzer 1901

4 **Moshage,** Töns Heinrich, * 30.12.1857 in Augustdorf, † 08.05.1939 in Augustdorf.
⚭ 20.11.1881 in Augustdorf
Freitag, Hanne Wilhelmine Friederike, * 04.10.1858 in Augustdorf (Nr. 106), † 26.11.1936 in Augustdorf.

1881 Einlieger und Ziegler in Augustdorf.
1901 Landwirt in Augustdorf, Nr. 122.
1904 Kolon in Augustdorf, Nr. 181.
1939 Rentner in Augustdorf, Nr. 199.

Nr. 126
STEFFEN, THARKAMPER WEG 6

1878 **Kolonatsakte:** Verkauf einer Hudeparzelle seitens des Kolons Wiele Nr. 11 [▸ S. 138] in Augustdorf an den Einlieger und Gestütswärter Adolph Steffen daselbst zur Errichtung einer Neuwohnerstätte.
1881 **Salbuch:** Adolf Steffen; Grund und Boden von Wiele Nr. 11; eingetragen am 26. Februar 1881.
1901 **Adressbuch:** Steffen, Adolf, Gestütswärter.
1926 **Adressbuch:** Steffen, Friedrich, Maurermeister.
1954 **Adressbuch:** Steffen, Fritz, Rentner; Heistermann, Helmut, Postfacharbeiter; Tharkamp 126.
1962 **Adressbuch:** Steffen, Fritz, Rentner; Heistermann, Helmut, Postfacharbeiter; Jankowiak, Dieter, Soldat; Tharkamp 126.

Gründer 1878

1 **Steffen,** Johann Friedrich Adolph, * 30.04.1844 in Augustdorf, † 08.02.1914 in Augustdorf.
⚭ 18.02.1874 in Schlangen
Geise, Marie Dorothee Friedrike, * 22.01.1851 in Kohlstädt (Ksp. Schlangen), † 17.11.1923 in Augustdorf.

1881 Gestütswärter und Kolon in Augustdorf, Nr. 126.
1886 Kolon und Stallknecht in Augustdorf, Nr. 126.
1901 Gestütswärter in Augustdorf, Nr. 126.

Nr. 136

BÜGENER, HEMPF, THARKAMPER WEG 2

1897 **Grundbuch:** Bügener, Friedrich, Landwirt; 1 Kötterhaus der Stätte Nr. 9 [► S. 135 f.].

1898 **Brandkataster:** Bügener, Friedrich; 1 Wohnhaus[223].

1901 **Adressbuch:** Bügener, Wilhelm, Leibzüchter; Bügener, Wilhelm, Ziegler; Stölting, Simon, Ziegler.

1926 **Adressbuch:** Bügener, Wilhelm, Schuhmacher.

1954 **Adressbuch:** Hempf, Elisabeth, Hausfrau; Tharkamp 136.

1962 **Adressbuch:** Hempf, Willi, Kraftfahrer; Tharkamp 136.

223 Bei dem im Brandkataster aufgeführten Gebäude handelt es sich um das Kötterhaus der Stätte Nr. 9, s. S. 135 f.

224 Der Sterbeeintrag ist im entsprechenden Register des Standesamtes Detmold-Land verzeichnet.

Gründer 1897

1 **Bügener,** Johann Friedrich Adolph, * 30.01.1830 in Augustdorf (Nr. 9), † 10.02.1917 in Augustdorf.

⚭ 27.01.1856 in Augustdorf

Prante, Anne Marie Wilhelmine, * 09.12.1834 in Augustdorf (Nr. 25), † 17.11.1908 in Augustdorf.

1874 Kolon in Augustdorf, Nr. 9 ► S. 135 f.

1898 Besitzer in Augustdorf, Nr. 136.

1917 Leibzüchter in Augustdorf, Nr. 9.

Sohn des Vorbesitzers

2 **Bügener,** Wilhelm Töns, * 09.08.1871 in Augustdorf, † 25.02.1956 in Heidenoldendorf[224].

⚭ 06.01.1899 in Augustdorf

Erfkamp, Johanne Wilhelmine, * 02.01.1879 in Augustdorf (Nr. 89).

1901 Schuhmacher in Augustdorf, Nr. 136.

Augustdorf Nr. 126, Tharkamper Weg 6. „Haus Steffen“.
Sammlung Heimatverein Augustdorf, o. J.

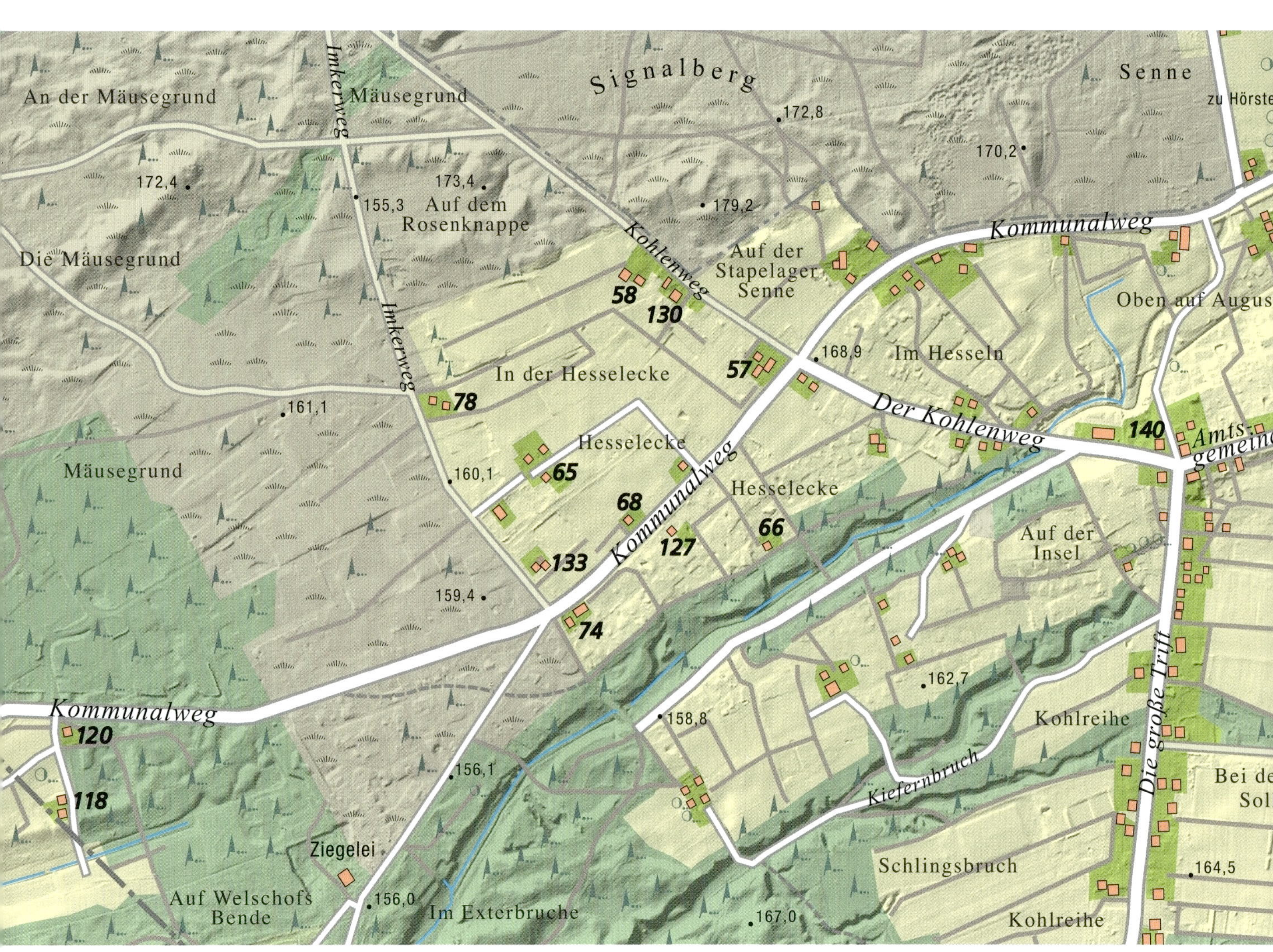

Ausschnitt aus der Karte „Augustdorf 1900".
Kartografie J. Rosenberg, 2024

4. Stukenbrocker Straße, Kohlenweg, Imkerweg

Mit den um 1790 gegründeten Stätten am sogenannten Kohlenweg beginnend, geht es im Folgenden um die früheren Kolonate in den Bereichen Stukenbrocker Straße, Imkerweg und Waldstraße. Der Abschnitt der Waldstraße, der sich zwischen der Einmündung des Kohlenwegs und der Stukenbrocker Gemeindegrenze erstreckt, wurde noch bis 1962 als *Stukenbrocker Straße* bezeichnet.

Vor dem Ausbau der Waldstraße lief der Hauptverkehr über die jetzige Pivitsheider- bzw. Stukenbrocker Straße. Das Schild zeigt die Fahrtrichtung nach Stukenbrock an, während geradeaus der Kohlenweg zu sehen ist, der sich hier noch in seinem ursprünglichen Zustand als unbefestigter Sandweg präsentiert. Das Gebäude im Hintergrund verweist auf die Stätte Augustdorf Nr. 245, Brockmann, heute Kohlenweg 5, Neugebauer. Sammlung Heimatverein Augustdorf, o. J.

Nr. 140
MOSHAGE,
STUKENBROCKER STRASSE 4

1900 **Brandkataster:** Moshage, Hermann; 1 Wohnhaus.
1901 **Adressbuch:** Moshage, Hermann, Schmiedemeister.
1926 **Adressbuch:** Moshage, Hermann, Schmiedemeister.
1927 **Brandkataster:** Neubau einer Schmiedewerkstatt.
1954 **Adressbuch:** Moshage, Hermann, Schmiede; Moshage, Hermann, Ingenieur; Rabe, Rudolf, Schlosser; Stukenbrocker Straße 140.
1962 **Adressbuch:** Moshage, Hermann, Ingenieur; Holste, Reinhard, Arbeiter; Stukenbrocker Straße 140.

Gründer 1900

1 **Moshage,** Hermann Heinrich Adolph,
* 12.12.1859 in Augustdorf, † 30.01.1942 in Augustdorf.
⚭ 25.12.1885 in Augustdorf
Schlingplässer, Marie Wilhelmine Katharine,
* 14.09.1862 in Augustdorf (Nr. 33), † 25.12.1937 in Augustdorf.
1885 Einlieger und Schmied in Augustdorf.
1901 Schmiedemeister in Augustdorf, Nr. 140.

Augustdorf Nr. 140. Die Schmiede Moshage an der Stukenbrocker Straße. V. l. n. r.: Geselle Hugo Deppe, Hermann Moshage sen. und seine Frau Karoline, Hermann Moshage jun. und dessen Frau Lina sowie die Kinder des Paares Marie und Hermann. Die aus dem Jahr 1930 stammende Aufnahme vereint drei Generationen der Familie. D. Werning, Erinnerungen in Bildern, S. 207

Augustdorf Nr. 140 und Nr. 163, Stukenbrocker Straße 6 mit Blick auf die 1910 gegründete Fabrikationsstätte der Bielefelder Weberei Delius & Söhne. Zu sehen sind vorn links die Schmiede Moshage Nr. 140 sowie – dahinter – das zur Weberei gehörende Wohnhaus Nr. 163. Der Handwebbetrieb war 1950 das einzige größere Unternehmen am Ort. Die rund 85 Beschäftigten fertigten dort an 52 Webstühlen vor allem Krawattenstoffe. Sammlung Heimatverein Augustdorf, o. J.

Nr. 57

SUNDERMANN, BUSE (BUHSE, BUSSE), BÜKER, WIßBROK, WALDSTRASSE 174, 176[225]

1788 **Schreiter:** 48. „Dazu hat sich ein Wächter von der Dalbke gemeldet".[226]

1788 **Kolonatsakte:** Anlegung einer Neuwohnerstätte durch Herm Henrich Sundermann aus der Grafschaft Rietberg, zuletzt in Ohrsen.

1788 **Kolonatsakte:** Anbau am Dören des Einliegers Hermann Henrich Sundermann aus Ohrsen, nahe bei Heistermanns Stätte diesseits des Kohlenweges.

1789 **Kolonatsakte:** Anlegung einer Neuwohnerstätte durch Töns Henrich Buhse aus Pottenhausen.

1789 **Schreiter:** 48. Sundermann jetzt Buse.

1790 **Küstermann:** Sundermann; 20 Scheffelsaat [=3,433 Hektar].

1792 **Salbuch:** Sundermann modo [=jetzt] Töns Henrich Buhse, ein Hoppenplöcker.

1828 **Volkszählung:** Buse, Kolon; Wiese, Einlieger; 1 Wohnhaus.

1838 **Hausinschrift:** ▸ S. 238

1876 **Salbuch:** Buhse; Teilung der Stätte: Verkauf der einen Hälfte samt Leibzucht an Heinrich Dierk zur Bildung des Kolonats Nr. 130 [▸ S. 239], die andere Hälfte übernimmt Hermann Büker; eingetragen am 3. Oktober 1881.

1881 **Brandkataster:** 1 Wohnhaus, Besitzer Hermann Büker; 1 Leibzucht.

1901 **Adressbuch:** Büker, Hermann, Landwirt; Schierenberg, Hermann, Ziegelmeister.

1921 **Landwirtschaftliches Adressbuch:** Büker, Hermann; 12 Hektar.

1926 **Adressbuch:** Büker, Adolf, Zimmermann und Landwirt; Büker, Heinrich, Fabrikarbeiter.

1954 **Adressbuch:** Wißbrok, Hermann, Landwirt; Bauerkämper, Walter, Arbeiter; Beer, Richard, Arbeiter; Koslowski, Alois, Schneider; Ostmeier, Fritz, Rentner; Stukenbrocker Straße 57.

1962 **Adressbuch:** Wißbrok, Hermann, Landwirt; Lüdemann, Peter, Maurer; Ostmeier, Fritz, Rentner; Preuhs, Kurt, Tischler; Schröder, Marie, Hausfrau; Stukenbrocker Straße 57.

225 Zum Areal des Kolonats Nr. 57 gehörte ursprünglich auch die spätere Stätte Nr. 130, heute Kohlenweg 7, vgl. S. 239 in diesem Band.

226 Da der Name *Wächter* im Zusammenhang mit dieser Stätte nicht mehr erscheint, ist davon auszugehen, dass der entsprechende Interessent seinen Antrag auf Zuweisung des für ihn vorgesehenen Grundstücks zurückgezogen hat.

Gründer 1788

1 **Sundermann,** Hermann Henrich aus Ohrsen (Ksp. Lage), ~ 11.02.1750 in Lage, † 08.10.1816 auf dem Windhof (Bschft. Ehrentrup, Ksp. Lage).

⚭ 11.09.1782 in Lage
Boberg, Anna Sophie aus Oberwüsten.

1788 Kolon in Augustdorf, Nr. 57.

Besitzer 1789

2 **Buhse** (Busse), Töns Henrich aus Pottenhausen (Ksp. Lage), * um 1749, † 22.01.1825 in Augustdorf.

⚭ [1/1] 24.11.1776 in Lage
Dammeier, Anne Catharine Ilsabein.

⚭ [2/1] 06.07.1818 in Augustdorf
Böger, Henriette Elisabeth (Anne Marie Catharine Elisabeth), * 28.05.1796 auf dem Schapeler Hof (Bschft. Hörste, Ksp. Stapelage), † 31.01.1854 in Augustdorf.

1789 Kolon Augustdorf, Nr. 57.

Sohn des Vorbesitzers

3 **Buse,** Johann Simon Henrich, * 05.04.1785 in Pottenhausen (Ksp. Lage), † 28.01.1858 in Augustdorf.

⚭ [1/1] 01.09.1807 in Augustdorf
Arend, Anna Margretha Elisabeth, * um 1777, † 20.08.1835 in Augustdorf.

⚭ [2/1] 26.06.1836 in Augustdorf
Hilgenstühler, Anna Marie Sophie, * 21.07.1798 in Pivitsheide (Ksp. Stapelage), † 17.12.1845 in Augustdorf.

1825 Kolon in Augustdorf, Nr. 57.

1836 Witwer und Kolon in Augustdorf, Nr. 57.

Augustdorf Nr. 57, Waldstraße 174, 176. Luftaufnahme der Stätte Buse, später Wißbrok an der Waldstraße. 1876 war das Kolonat veräußert, seine Fläche parzelliert worden. Die Hofanlage mit dem Fachwerkhaus wurde 1939 von Hermann Wißbrok gekauft, der seinen im Bereich des Truppenübungsplatzes gelegenen Besitz Nr. 85 [▸ S. 319 ff.] aufgeben musste. Privatbesitz G. Wißbrok, o. J.

Augustdorf Nr. 57, Waldstraße 174. Fachwerkhaus von 1838.
D. Werning, Erinnerungen in Bildern, S. 73, o. J.

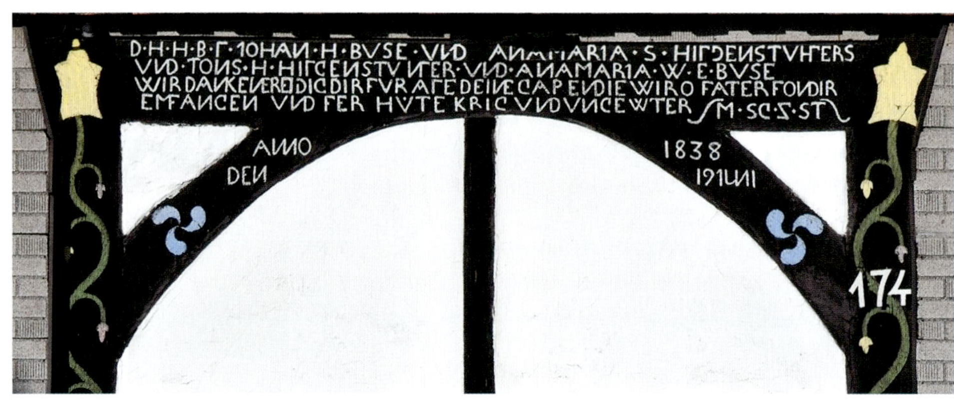

Augustdorf Nr. 57. Hausinschrift von 1838: D. H. H. B. L. IOHAN H. BVSE VND ANAMARIA S. HILGENSTVHLERS / VND TONS H. HILGENSTVHLER VND ANAMARIA W. E. BVSE / WIR DANKEN FREIDIG DIR FVR ALE DEINE GAPEN DIE WIR O FATER FON DIR EMPFANGEN VND FERHVTE KRIG VND VNGEWTER / M.SG.Z.ST. / ANNO 1838 DEN 19JUNI
A. Fischer, 2024

Tochter des Besitzers 3

4 **Buse,** Anna Maria Wilhelmine Luise (Elisabeth), ⋆ 12.02.1816 in Augustdorf, † 27.10.1883 in Senne II[227] (Amt Brackwede).

⚭ 08.06.1838 in Augustdorf

6 **Hilgenstöhler,** Töns Hermann Christoph (Johann Töns Friedrich Hermann), ⋆ 09.09.1812 in Pivitsheide (Ksp. Stapelage), † 02.06.1891 in Senne II (Amt Brackwede).

1838 Anerbin in Augustdorf, Nr. 57.

Ehemann der Vorbesitzerin

5 **Buse,** Töns Hermann Christoph (Johann Töns Friedrich Hermann), geb. Hilgenstöhler, ⋆ 09.09.1812 in Pivitsheide (Ksp. Stapelage), † 02.06.1891 in Senne II (Amt Brackwede).

⚭ 08.06.1838 in Augustdorf

5 **Buse,** Anna Maria Wilhelmine Luise (Elisabeth), ⋆ 12.02.1816 in Augustdorf, † 27.10.1883 in Senne II (Amt Brackwede).

1838 Kolon in Augustdorf, Nr. 57.

1887 Kolon in Senne II (Amt Brackwede), Nr. 40.

Sohn des Vorbesitzers

6 **Buse,** Berend Heinrich Adolph, ⋆ 26.07.1841 in Augustdorf, † 06.01.1889 in Senne II (Amt Brackwede).

⚭ 16.02.1868 in Augustdorf

Heistermann, Hanne Sophie Friederike Amalie, ⋆ 05.09.1844 in Augustdorf (Nr. 12), † 02.01.1933 in Senne II (Amt Brackwede).

1868 Anerbe in Augustdorf, Nr. 57.

1876 Kolon in Augustdorf, Nr. 57.

1889 Kolon in Senne II (Amt Brackwede), Nr. 40.

Käufer 1881

7 **Büker,** Hermann Wilhelm, ⋆ 09.11.1849 in Augustdorf (Nr. 35), † 11.03.1922 in Augustdorf.

⚭ 29.10.1876 in Augustdorf

Pollmann, Louise Friederike Johanne, ⋆ 25.06.1856 in Augustdorf (Nr. 19), † 25.05.1937 in Oerlinghausen, Kiffestift, ‡ 28.05.1937 in Augustdorf.

1881 Kolon in Augustdorf, Nr. 57.

1901 Landwirt in Augustdorf, Nr. 57.

227 Bis 1813 *Heepen-Senne* oder *Heeper Senne* genannt, wurde der Ort zwischen 1813 und 1965 als *Senne II* bezeichnet. 1965 erfolgte die Umbenennung in *Sennestadt*, seit 1973 ein Stadtbezirk von Bielefeld. Vgl. Wikipedia, Stichwort: Sennestadt, eingesehen am 29.06.2022.

228 Da Hanne Wilhelmine Sophie Prante vorehelich geboren wurde, ist ihre Taufe unter Pestrup, dem Familiennamen der Mutter verzeichnet. Ein entsprechender Vermerk findet sich im Eheeintrag der Eltern Sophie Louise Amalie Pestrup und Friedrich Hermann Prante, die 1867 geheiratet haben.

Nr. 130

DIERK (DIRKS), KOHLENWEG 7

1881 **Salbuch:** Dierk, Heinrich; von Buse Nr. 57 [▸ S. 237 ff.] angekauft; eingetragen am 3. Oktober 1881.

1881 **Brandkataster:** Leibzucht von Nr. 57, jetzt Nr. 130 Dirks, 1 Wohnhaus.

1887 **Salbuch:** Dierk; auf Hermann Dierk umgeschrieben am 7. April 1887.

1901 **Adressbuch:** Dierk, Hermann, Landwirt.

1921 **Landwirtschaftliches Adressbuch:** Dierk, Hermann; 9 Hektar.

1926 **Adressbuch:** Dierk, Hermann, Müller.

1954 **Adressbuch:** Dierk, Adolf, Angestellter; Thölke, Adolf, Weber; Kohlweg [sic!] 130. Düllo, Friedhelm, Uhrenwarengeschäft; [Pivitsheider Straße] 114, privat: [Kohlenweg] 130.

1962 **Adressbuch:** Dierk, Adolf, Webermeister; Thölke, Adolf, Weber; Kohlenweg 130.

Käufer 1881

1 **Dierk,** Heinrich Berend Wilhelm, ⋆ 16.11.1823 in Augustdorf (Nr. 21), † 19.07.1881 in Augustdorf.

⚭ 26.12.1853 in Augustdorf

Pollmann, Anne Marie Sophie Wilhelmine, ⋆ 12.03.1826 in Augustdorf (Nr. 26), † 25.07.1911 in Oerlinghausen, Kiffestift, ‡ 29.07.1911 in Oerlinghausen.

1853 Einlieger und Ziegler in Augustdorf.

1881 Besitzer in Augustdorf, Nr. 130.

Sohn des Vorbesitzers

2 **Dierk,** Heinrich Adolph, ⋆ 17.11.1858 in Augustdorf, † 06.09.1913 in Senne (Amt Oerlinghausen, Ksp. Oerlinghausen).

⚭ 28.11.1886 in Augustdorf

Prante (Pestrup)[228], Hanne Wilhelmine Sophie, ⋆ 04.09.1865 in Augustdorf, † 28.10.1931 in Lipperreihe.

1886 Kolon und Anerbe in Augustdorf, Nr. 130.

1888 Einlieger in Augustdorf.

1913 Ziegler in Senne (Amt Oerlinghausen).

Bruder des Vorbesitzers

3 **Dierk,** Hermann Heinrich, ⋆ 21.08.1864 in Augustdorf, † 01.11.1928 in Verl, St. Anna Hospital, ‡ 07.11.1928 in Augustdorf.

⚭ 31.12.1887 in Augustdorf

Wiele, Karoline Henriette Wilhelmine, ⋆ 18.06.1867 in Augustdorf (Nr. 11), † 22.12.1935 in Augustdorf.

1887 Kolon und Landwirt in Augustdorf, Nr. 130.

1901 Landwirt in Augustdorf, Nr. 130.

1926 Müller in Augustdorf, Nr. 130.

Nr. 58

CATO (KATO), BOEKAMP (BÖKAMP), ROSE, ARNDT (ARENDT), LÜERSEN (LÜRSEN), KOHLENWEG 15

1790 **Kolonatsakte:** Anlegung einer Neuwohnerstätte durch Grützemüller Herm Henrich Cato aus Werl; Verkauf an Conrad Boekamp aus Stukenbrock.

1791 **Küstermann:** Kato; 20 Scheffelsaat [=3,433 Hektar].

1791 **Kolonatsakte:** Verkauf an den Einlieger Johann Simon Rose aus Hagen.

1792 **Salbuch:** Hermann Henrich Cato modo [=jetzt] Johann Simon Rose.

1828 **Volkszählung:** Rose, Kolon; 1 Wohnhaus.

1874 **Kolonatsakte:** Abtretung der Stätte des Kolons Rose von Nr. 58 in Augustdorf an seinen Schwiegersohn Hermann Arendt von Nr. 48 [▸ S. 196 f.] daselbst.

1874 **Salbuch:** Rose; Abtretung an Hermann Arendt; umgeschrieben am 28. November 1874.

1901 **Adressbuch:** Lürsen, Wilhelm, Landwirt; Arndt, Hermann, Postbote.

1921 **Landwirtschaftliches Adressbuch:** Lürsen, Wilhelm; 16 Hektar.

1926 **Adressbuch:** Lüersen, Wilhelm, Landwirt.

1953 **Hofkartenbetriebe:** Lüersen, Wilhelm; 16,88 Hektar.

1954 **Adressbuch:** Lüersen, Wilhelm, Landwirt; Hauck, August, Textilarbeiter; Makies, Friedrich, Rentner; Strohdiek, Reinhard, Elektriker; Zimmermann, Otto, Rentner; Kohlweg [sic!] 58.

1962 **Adressbuch:** Lüersen, Wilhelm, Landwirt; Heistermann, Anna, Hausgehilfin; Henrichs, Werner, Kraftfahrer; Tannhauer, Herbert, Fleischer; Kohlenweg 58.

Gründer 1790

1 **Cato,** Herm Henrich aus Werl,

1790 Grützemüller und Kolon in Augustdorf, Nr. 58.

Käufer 1790

2 **Boekamp** (Bökamp), Conrad, * 15.03.1750 in Stukenbrock, † 30.11.1795 in Stukenbrock.

⚭ 18.10.1777 in Stukenbrock

Hano, Christina, * um 1752, † 13.10.1821 in Stukenbrock.

1791 Kolon in Augustdorf, Nr. 58.

Käufer 1791

3 **Rose,** Johann Simon aus Hagen (Amt Lage), * um 1729, † 29.08.1798 in Augustdorf.

1791 Besitzer in Augustdorf, Nr. 58.

Sohn des Vorbesitzers

4 **Rose,** Johann Henrich aus Greste (Ksp. Oerlinghausen), * um 1761, † 08.12.1824 in Augustdorf.

⚭ um 1780

Vogt (Voigt), Anna Catharine Ilsabein, * um 1760, † 01.11.1823 in Augustdorf.

1800 Hoppenplöcker in Augustdorf, Nr. 58.

Sohn des Vorbesitzers

5 **Rose,** Johann Simon Henrich Conrad, * um 1784, † 06.01.1854 in Augustdorf.

⚭ 25.11.1810 in Augustdorf

Tegeler, Anne Katharine Marie Elisabeth, * 05.11.1787 in Augustdorf (Nr. 44), † 13.04.1869 in Augustdorf.

1810 Kolon in Augustdorf, Nr. 58.

Sohn des Vorbesitzers

6 **Rose,** Töns Henrich Konrad, * 17.08.1814 in Augustdorf, † 03.12.1893 in Augustdorf.

⚭ 13.12.1840 in Augustdorf

Schlingplässer, Hanna Friderica, * 16.08.1812 in Augustdorf (Nr. 33), † 04.12.1875 in Augustdorf.

1840 Kolon in Augustdorf, Nr. 58.

1893 Leibzüchter in Augustdorf, Nr. 58.

Pflegetochter[229] des Vorbesitzers

7 **Baade (Rose)**[230], Louise Wilhelmine Sophie Amalie, * 07.05.1846 in Hiddesen (Ksp. Detmold), † 15.12.1908 in Liemke (Amt Verl).

⚭ 29.11.1874 in Augustdorf

8 **Arndt** (Arendt), Hermann Friedrich Wilhelm, * 16.10.1850 in Augustdorf (Nr. 48), † 31.07.1924 in Augustdorf.

Ehemann der Vorbesitzerin

8 **Rose,** Hermann Friedrich Wilhelm, geb. Arndt, * 16.10.1850 in Augustdorf (Nr. 48), † 31.07.1924 in Augustdorf.

⚭ 29.11.1874 in Augustdorf

7 **Baade (Rose),** Louise Wilhelmine Sophie Amalie, * 07.05.1846 in Hiddesen (Ksp. Detmold), † 15.12.1908 in Liemke (Amt Verl).

1874 Kolon in Augustdorf, Nr. 58.

1901 Postbote in Augustdorf, Nr. 58.

Tochter des Vorbesitzers

9 **Arndt (Baade)**[231], Wilhelmine Friedrike Johanne, * 11.08.1873 in Augustdorf.

⚭ 10.12.1897 in Augustdorf

10 **Lüersen,** Friedrich Wilhelm, * 18.12.1874 in Augustdorf, ‡ 28.05.1968 in Augustdorf.

1897 Weberin in Augustdorf.

---

229 Laut Eheprotokoll von 1874 war Louise Wilhelmine Sophie Amalie Baade eine Pflegetochter des „Kolons Rose Nr. 58“, freundlicher Hinweis von Wolfgang Bechtel, Hiddesen.

230 Da vorehelich geboren, wurde Louise Wilhelmine Sophie Amalie Rose unter dem Namen *Baade* getauft.

231 Auch Wilhelmine Friedrike Johanne Baade war vorehelich geboren, ihr Taufeintrag findet sich ebenfalls unter dem Namen ihrer Mutter.

Landwirt Friedrich Wilhelm Lüersen (1874–1968), Augustdorf Nr. 58, bei der Feldarbeit. Sammlung Heimatverein Augustdorf, o. J.

Ehemann der Vorbesitzerin

10 **Lüersen,** Friedrich Wilhelm, * 18.12.1874 in Augustdorf (Nr. 31), ‡ 28.05.1968 in Augustdorf.

⚭ 10.12.1897 in Augustdorf
9 **Arndt (Baade),** Wilhelmine Friedrike Johanne, * 11.08.1873 in Augustdorf.

1897 Ziegler in Augustdorf.

1901 Landwirt in Augustdorf, Nr. 58.

Nr. 66

HOFMEISTER (HOFFMEISTER), BURMEIER, TURNERSTRASSE 7[232]

1794 **Kolonatsakte:** Anlegung einer Neuwohnerstätte durch Johann Herm Hofmeister.

1794 **Küstermann:** Johann Heinrich Dreier[233]; 20 Scheffelsaat [=3,433 Hektar].

1794 **Salbuch:** Johann Herm. Hoffmeister, Hoppenplöcker.

1828 **Volkszählung:** Hofmeister, Kolon; Fillies, Einlieger; 2 Wohnhäuser.

1885 **Salbuch:** Hofmeister; auf Heinrich Burmeier umgeschrieben am 21. Dezember 1885.

1901 **Adressbuch:** Burmeier, Heinrich, Landwirt; Heinemann, Wilhelm, Ziegler.

1921 **Landwirtschaftliches Adressbuch:** Burmeier, Witwe; 9 Hektar.

1926 **Adressbuch:** Burmeier, August, Landwirt und Bahnarbeiter.

1954 **Adressbuch:** Burmeier, August, Weber; Stukenbrocker Straße 66.

1962 **Adressbuch:** Burmeier, August, Weber; Burmeier, Gerhard, Tischler; Stukenbrocker Straße 66.

Gründer 1794

1 **Hofmeister (Hoffmeister vulgo** [=gemeinhin genannt] **Padweg),** Johann Hermann Henrich aus Pottenhausen (Ksp. Lage), * um 1742, † 06.06.1814 in Augustdorf.

⚭ [1/1] 25.05.1775 in Lage
Bax, Anne Catharine aus Pivitsheide, † 18.05.1788 in Augustdorf.

⚭ [2/1] 21.09.1788 in Stapelage
Dierk, Anne Louise Cathrina Elisabeth aus Ubbedissen (Ksp. Oerlinghausen), ~ 02.04.1764 in Oerlinghausen, † 09.02.1841 in Augustdorf.

1782 Gründer in Augustdorf, Nr. 22 ▸ S. 159 f.

1794 Kolon in Augustdorf, Nr. 66.

Sohn des Vorbesitzers

2 **Hofmeister,** Johann Töns Christoph, * 06.08.1793 in Augustdorf, † 21.02.1877 in Augustdorf.

⚭ [1/1] 09.01.1814 in Augustdorf
Buhse (Buse), Friderica Sophia Elisabeth aus Lage, * um 1789, † 04.12.1827 in Augustdorf.

⚭ [2/1] 18.05.1828 in Augustdorf
Diekmann, Johanne Sophie (Hanne), * 29.04.1800 in Augustdorf (Nr. 23), † 09.01.1843 in Augustdorf.

⚭ [3/1] 08.09.1844 in Augustdorf
Rott[234], Anna Katharina Henriette, * 16.03.1815 in Augustdorf, † 17.03.1876 in Augustdorf.

232 Zum Areal des Kolonats Nr. 66 gehörte ursprünglich auch die spätere Stätte Nr. 127, heute Waldstraße 189, vgl. S. 242 in diesem Band.

233 Küstermann nennt als Gründer fälschlicherweise Johann Heinrich Dreier, der jedoch das Kolonat Nr. 65 errichtet, vgl. S. 247 f in diesem Band.

234 Anna Katharina Henriette wurde „außer der Ehe" geboren, ihr Taufeintrag ist unter „Müller", dem Geburtsnamen der Mutter zu finden.

1814 Kolon in Augustdorf, Nr. 66.
1868 Leibzüchter in Augustdorf, Nr. 66.

Sohn des Vorbesitzers

3 **Hofmeister,** Berend Henrich Christoph, * 18.03.1822 in Augustdorf, † 16.07.1893 in Augustdorf.
⚭ [1/1] 14.11.1847 in Augustdorf
Schröder, Anne Marie Wilhelmine Henriette, * 13.08.1821 in Augustdorf, † 28.09.1863 in Augustdorf.
⚭ [2/1] 23.10.1864 in Augustdorf
Heissenberg, Karoline Henriette, * 26.12.1835 in Pivitsheide (Ksp. Stapelage), † 30.03.1882 in Augustdorf.

1847 Einlieger in Augustdorf.
1854 Kolon in Augustdorf, Nr. 66.

Stieftochter des Vorbesitzers [235]

4 **Heissenberg,** Karoline Wilhelmine, * 01.01.1861 in Augustdorf, † 31.07.1925 in Augustdorf.
⚭ 14.12.1884 in Augustdorf
5 **Burmeier,** Heinrich Adolph, * 30.08.1857 in Augustdorf, † 29.05.1912 in Remscheid, ‡ 02.06.1912 in Augustdorf.

1884 Webemädchen in Augustdorf.

Ehemann der Vorbesitzerin

5 **Burmeier,** Heinrich Adolph, * 30.08.1857 in Augustdorf (Nr. 120), † 29.05.1912 in Remscheid, ‡ 02.06.1912 in Augustdorf.
⚭ 14.12.1884 in Augustdorf
4 **Heissenberg,** Karoline Wilhelmine, * 01.01.1861 in Augustdorf, † 31.07.1925 in Augustdorf.

1884 Ziegler in Augustdorf.
1885 Kolon und Landwirt in Augustdorf, Nr. 66.
1901 Landwirt in Augustdorf, Nr. 66.
1912 Ziegeleiarbeiter in Remscheid.

Nr. 127

BUSE, HOFMEISTER, WALDSTRASSE 189

1881 **Salbuch:** Buse, Adolf; Grund und Boden von Hofmeister Nr. 66 [▸ S. 241 f.]; eingetragen am 3. Oktober 1881.
1881 **Brandkataster:** 1 Wohnhaus, 1 Backhaus.
1888 **Salbuch:** Buse.
1901 **Adressbuch:** Buse, Adolf, Zimmermann.
1926 **Adressbuch:** Hofmeister, Fritz, Fabrikarbeiter.
1954 **Adressbuch:** Hofmeister, Fritz, Arbeiter; Stukenbrocker Straße 127.
1962 **Adressbuch:** Hofmeister, Fritz, Fabrikarbeiter; Hofmeister, Fritz, Maurermeister; Stukenbrocker Straße 127.

Besitzer 1876

1 **Buse,** Friedrich Adolph (Adolf), * 10.11.1846 in Augustdorf (Nr. 57), † 19.03.1919 in Augustdorf.
⚭ 23.01.1870 in Augustdorf
Erfkamp, Anne Marie Katharina Wilhelmine, * 23.03.1848 in Augustdorf (Nr. 89), † 25.09.1925 in Augustdorf.

1870 Einlieger in Augustdorf.
1881 Zimmermann und Kolon in Augustdorf, Nr. 127.
1901 Zimmermann in Augustdorf, Nr. 127.

Nr. 68

HOLLMANN, BÜKER, WALDSTRASSE 194 [236]

1794 **Kolonatsakte:** Anlegung einer Neuwohnerstätte durch Johann Berend Hollmann.
1796 **Küstermann:** Hofmeister [237]; 10 Scheffelsaat [=1,717 Hektar].
1796 **Salbuch:** Joh. Bernd Hollmann, Hoppenplöcker.
1797 **Kolonatsakte:** Eintragung in das Kataster.
1828 **Volkszählung:** Hollmann, Kolon; Hollmann, Leibzüchter; 1 Wohnhaus.
1877 **Kolonatsakte:** Abtretung der Hollmannschen Stätte Nr. 68 in Augustdorf seitens des Interimswirts und Bauerrichters Berend Hollmann an dessen Stiefsohn, den Anerben Heinrich Hollmann daselbst.
1877 **Salbuch:** Hollmann; Abtretung an Heinrich Hollmann; umgeschrieben am 27. Oktober 1877.
1882 **Kolonatsakte:** Auswanderung des Heinrich Hollmann nach Amerika, Käufer: Simon Büker.
1882 **Salbuch:** Hollmann Heinrich; Verkauf an Simon Büker; umgeschrieben am 15. Februar 1882.
1893 **Brandkataster:** Neubau eines Wohnhauses; Leibzucht, jetzt Nr. 133 [▸ S. 244].

---

235 Bei Karoline Wilhelmine Heißenberg handelt es sich, laut Taufeintrag im Augustdorfer Kirchbuch, um die uneheliche Tochter der zweiten Ehefrau von Berend Henrich Christoph Hofmeister.

236 Zum Areal des Kolonats Nr. 68 gehörte ursprünglich auch die spätere Stätte Nr. 133, heute Imkerweg 4, vgl. S. 244 in diesem Band.

237 Küstermann nennt als Gründer fälschlicherweise Hofmeister, der jedoch das Kolonat Nr. 66 errichtet, vgl. S. 241 f. in diesem Band.

1901 **Adressbuch:** Büker, Simon, Landwirt.
1921 Landwirtschaftliches Adressbuch: Büker, Witwe; 6 Hektar.
1926 **Adressbuch:** Büker, Aug., Landwirt und Fabrikarbeiter.
1954 **Adressbuch:** Büker, August, Landwirt; Arend, Friedrich, Kraftfahrer; Neugebauer, Klara, Rentnerin; Stamm, Erich, Konditor; Stukenbrocker Straße 68.
1962 **Adressbuch:** Büker, August, Landwirt; Krüger, Herbert, Schornsteinfeger; Stamm, Erich, Konditor; Stukenbrocker Straße 68.

Gründer 1796

1 **Hollmann,** Johann Berend, ~ 15.01.1768 in Oerlinghausen, † 20.12.1839 in Augustdorf.
⚭ [1/2] 01.10.1789 in Stapelage
Hilker, Hanne Marie Elisabeth, geb. Puls aus Senne (Amt Heepen, Ksp. Oerlinghausen), ~ 22.03.1761 in Oerlinghausen.
1791 Besitzer in Augustdorf, Nr. 54 ▸ S. 214 f.
1796 Kolon in Augustdorf, Nr. 68.

Sohn des Vorbesitzers

2 **Hollmann,** Johann Henrich, ⋆ 25.08.1792 in Augustdorf, † 17.02.1870 in Augustdorf.
⚭ 19.07.1818 in Augustdorf
Tegeler, Anne Marie Elisabeth, ⋆ 05.08.1795 in Augustdorf (Nr. 44), † 10.10.1853 in Augustdorf.
1820 Kolon in Augustdorf, Nr. 68.
1870 Leibzüchter in Augustdorf, Nr. 68.

Sohn des Vorbesitzers

3 **Hollmann,** Töns Heinrich Konrad, ⋆ 05.08.1820 in Augustdorf, † 17.10.1855 in Augustdorf.
⚭ 13.05.1849 in Augustdorf
4 **Rehm,** Henriette Sophie Elisabeth, ⋆ 21.01.1828 in Augustdorf (Nr. 6), † 13.11.1886 in Augustdorf.
1849 Anerbe in Augustdorf, Nr. 68.

Ehefrau des Vorbesitzers

4 **Hollmann,** Henriette Sophie Elisabeth, geb. Rehm, ⋆ 21.01.1828 in Augustdorf (Nr. 6), † 13.11.1886 in Augustdorf.
⚭ [1/1] 13.05.1849 in Augustdorf
3 **Hollmann,** Töns Heinrich Konrad, ⋆ 05.08.1820 in Augustdorf, † 17.10.1855 in Augustdorf.
⚭ [2/1] 04.01.1857 in Augustdorf
5 **Rose,** Berend Friedrich Konrad, ⋆ 24.02.1825 in Augustdorf (Nr. 58), † 05.07.1909 in Augustdorf.
1857 Witwe in Augustdorf, Nr. 68.

Zweiter Ehemann der Vorbesitzerin

5 **Hollmann,** Berend Friedrich Konrad, geb. Rose, ⋆ 24.02.1825 in Augustdorf (Nr. 58), † 05.07.1909 in Augustdorf.
⚭ [1/2] 04.01.1857 in Augustdorf
4 **Hollmann,** Henriette Sophie Elisabeth, geb. Rehm, ⋆ 21.01.1828 in Augustdorf (Nr. 6), † 13.11.1886 in Augustdorf.
1857 Interimswirt in Augustdorf, Nr. 68.
1861 Bauerrichter in Augustdorf.
1886 Leibzüchter in Augustdorf, Nr. 68.

Sohn des Besitzers 3

6 **Hollmann,** Hermann Heinrich Friedrich Töns (Henry), ⋆ 24.08.1849 in Augustdorf, † 26.02.1932 in Armour, Douglas County (South Dakota).
⚭ 23.10.1877 in Augustdorf
Steins, Sophie Karline Elise, ⋆ 04.10.1853 in Hornoldendorf (Ksp. Heiligenkirchen), † 05.07.1930 in Armour, Douglas County (South Dakota).
1877 Kolon in Augustdorf, Nr. 68.
1882 Auswanderung in die USA ▸ S. 82.

Käufer 1882

7 **Büker,** Franz Simon Friedrich, ⋆ 17.07.1851 in Augustdorf (Nr. 17), † 06.06.1911 in Augustdorf.
⚭ [1/1] 16.04.1882 in Augustdorf
Hagemann, Johanne Auguste Wilhelmine, ⋆ 02.05.1858 in Augustdorf (Nr. 1), † 07.01.1892 in Detmold Landeskrankenhaus, ‡ 10.01.1892 in Augustdorf.
⚭ [2/2] 01.11.1892 in Augustdorf
Warweg, Johanne Amalie, geb. Heiler, ⋆ 18.02.1857 in Hörste (Ksp. Stapelage), † 12.07.1938 in Augustdorf.
1882 Kolon in Augustdorf, Nr. 68.
1901 Landwirt in Augustdorf, Nr. 68.

Augustdorf Nr. 68. Die Stätte Büker an der heutigen Waldstraße 194, um 1955. D. Werning, Erinnerungen in Bildern, S. 77

Nr. 133

FRIEDRICH, KRAMER, IMKERWEG 4

1892 **Grundbuch:** Leibzucht und Backhaus von Nr. 68 [▸ S. 244 f.].
1893 **Brandkataster:** Leibzucht und Backhaus Nr. 68, jetzt Nr. 133.
1901 **Adressbuch:** Friedrich, Wilhelm, Tischler; Hollmann, Bernhard, Polizeidiener a. D.
1921 **Landwirtschaftliches Adressbuch:** Kramer, Heinrich; 7 Hektar.[238]
1926 **Adressbuch:** Friedrich, Wilhelm sen., Zimmermeister.
1954 **Adressbuch:** Friedrich, Wilhelm, Zimmerei; Kramer, Fritz, Tischler; Imkerweg 133.
1962 **Adressbuch:** Kramer, Fritz, Tischler; Zylka, Erich, Soldat; Imkerweg 133.

Käufer 1892

1 **Friedrich,** Wilhelm Heinrich Hermann, * 10.01.1864 in Augustdorf (Nr. 14), † 24.02.1930 in Augustdorf.
⚭ 26.10.1889 in Augustdorf
Hollmann, Louise Wilhelmine, * 24.04.1863 in Augustdorf (Nr. 68), † 25.04.1932 in Augustdorf.
1889 Zimmermann in Augustdorf.
1892 Kolon und Zimmermeister in Augustdorf, Nr. 133.
1901 Tischler in Augustdorf, Nr. 133.
1926 Zimmermeister in Augustdorf, Nr. 133.

Augustdorf Nr. 133, Imkerweg 4. Die Aufnahme zeigt die ehemalige Leibzucht sowie das frühere Backhaus des Kolonats Nr. 68. Die Gebäude bildeten nach einer Aufteilung der Hofstelle die Stätte Nr. 133. Sammlung Heimatverein Augustdorf, o. J.

▪ Zwischen 1927 und 1940 entstand an der früheren Stukenbrocker Straße, heute Waldstraße, zwischen dem jetzigen Imkerweg und der bis etwa 1959 existierenden Ziegelei Ebert ein weiterer Siedlungsschwerpunkt.[239] 1929 errichtete dort Hermann Böger von der Augustdorfer Stätte Nr. 51 gemeinsam mit seiner Frau Alwine eine Gastwirtschaft samt angeschlossenem Lebensmittelgeschäft. Das verkehrsgünstig am Weg nach Stukenbrock gelegene Grundstück hatte er 1927 für beachtliche 1.000 Reichsmark pro Scheffelsaat [= rd. 1.716,6 m²] vom Stättenbesitzer Wilhelm Friedrich Nr. 133 erworben. Schon bald entwickelte sich der Heidekrug zu einem Zentrum dörflicher Geselligkeit, während der angegliederte „Kolonialwarenladen", wie es damals hieß, zur Verbesserung der örtlichen Infrastruktur beitrug.

Anfang der 1960er Jahre übernahmen Hans-Hermann Böger, Sohn des Gründers, und seine Frau Helga die Gaststätte, die in der Folgezeit mehrfach erweitert und modernisiert wurde. Die Wirtsleute bauten nicht nur das vormalige Ladenlokal zur Weinstube aus, sie erneuerten auch die Kegelbahn und die Anlage zur Bierkühlung, schufen ein zusätzliches Gästehaus und vieles mehr. Ab den 1970er Jahren kamen Mittagstischangebote für Bustouristen hinzu, die beispielsweise aus dem Ruhrgebiet anreisten, um das Safariland Stukenbrock oder lippische Sehenswürdigkeiten wie das Hermannsdenkmal oder die Externsteine zu besuchen. Da sich die Kinder von Hans-Hermann und Helga Böger beruflich anderweitig orientiert hatten, war der Betrieb ab 1996 verpachtet. 2005 erfolgte der Verkauf des Heidekruges.[240]

---

238 Im Landwirtschaftlichen Adressbuch von 1921 ist die Hausnummer mit Nr. 41 fehlerhaft wiedergegeben, korrekt wäre Nr. 133, vgl. Niekammer, Landwirtschaftliches Adreßbuch / Freistaat Lippe, S. 73.
239 Vgl. S. 85 in diesem Band.
240 Vgl. Mai / Böger-Mai, Lebensgeschichten, S. 4 ff.

Abb. oben: Ansichtskarte „Augustdorf (Lippe) Heidekrug“. Auf der Rückseite finden sich folgende Informationen: „Gasthof u. Pension ‚Heidekrug‘. Bes. Hermann Böger, Augustdorf (Lippe). Fernsprecher 28. In der Nähe des Furlbachtals. Angenehme Fremdenzimmer. Schöner Gesellschaftssaal. Schattiger Garten. Bekannt gute Küche.“ Verlag Konrad W. Lukowski, Graphischer Verlag, Leipzig C 1. Lippische Landesbibliothek Detmold, ME-PK-26-77, o. J.

Abb. rechts: „Zum großen Heidefest“ ist auf den Schildern zu lesen, die offenbar als Wegweiser dienen sollten. Hermann Böger hatte die jährlich stattfindende Veranstaltung ins Leben gerufen, die laut der Beschreibung des Chronisten Werner Hüttemann Augustdorf weithin bekannt gemacht hatte. Sammlung Heimatverein Augustdorf, o. J.

Abb. oben: Ansichtskarte „Gruß aus Augustdorf Teutoburger Wald". Zu sehen sind unter anderem Niederlassungen des Kaufhauses Brechmann. Im Bereich der Haustenbecker Straße ansässig, betrieb Kaufmann Brechmann an der heutigen Waldstraße 188 eine Filiale seines Geschäftes. Ansichtskartenverlag Walter Jappe, Lübeck. Sammlung O. Biere, o. J.

Abb. links: Augustdorf Nr. 221, Waldstraße 217. Zu den Häusern der Siedlung Heidekrug gehört auch das 1929 errichtete Anwesen von Fritz Rott, später Biere. Privatbesitz J. Biere, o. J.

Nr. 65

DREIER (DREYER), WÄCHTER, IMKERWEG 14

1793 **Kolonatsakte:** Anlegung einer Neuwohnerstätte durch Zimmermann Henrich Dreier aus Hagen im Bistum Osnabrück.
1794 **Küstermann:** Moshage[241]; 6 Scheffelsaat [=1,030 Hektar].
1794 **Salbuch:** Henrich Dreyer, Hoppenplöcker.
1828 **Volkszählung:** Dreier, Kolon; 1 Wohnhaus.
1848 **Kolonatsakte:** Die Abtretung des Anerbenrechts zur Dreierschen Stätte Nr. 65 zu Augustdorf an Joseph Dreier wegen Auswanderung[242].
1855 **Salbuch:** Dreier.
1856 **Kolonatsakte:** Verkauf der Stätte Dreier Nr. 65 zu Augustdorf an Kolon Pollmann Nr. 19 [▸ S. 153 f.]. daselbst.
1859 **Kolonatsakte:** Verkauf des Dreierschen Kolonats Nr. 65 zu Augustdorf an Joseph Dreier daselbst, Verkäufer: Kolon Pollmann Nr. 19 zu Augustdorf, Käufer: Joseph Dreier (Rückkauf).
1863 **Kolonatsakte:** Verkauf der Stätte Dreier Nr. 65 zu Augustdorf an August Mittelberg zu Haustenbeck.[243]
1901 **Adressbuch:** Wächter, Witwe, Landwirtin; Hilker, Wilhelm, Ziegler.
1921 **Landwirtschaftliches Adressbuch:** Wächter, Wilhelm; 10 Hektar.
1926 **Adressbuch:** Wächter, Wilhelm, Fuhrmann und Landwirt; Räker, Friedrich, Arbeiter, Invalide; Hofmeister, Heinrich, Bauarbeiter.
1953 **Hofkartenbetriebe:** Wächter, Wilhelm; 10,5 Hektar.
1954 **Adressbuch:** Wächter, Wilhelm, Landwirt; Diekmann, Heinrich, Arbeiter; Fuhrmann, Thomas, Rentner; Imkerweg 65.
1962 **Adressbuch:** Wächter, Wilhelm, Landwirt; Diekmann, Heinrich, Arbeiter; Imkerweg 65.

Gründer 1793

1 **Dreier,** Johann Henrich, * 31.07.1757 in Schollbruch (Grafschaft Tecklenburg), † 12.04.1798 in Augustdorf[244].
⚭ 23.09.1787 in Hagen (Ksp. St. Martinus, Bistum Osnabrück)[245]
Krehenbrink (Kreienbrink), Trine, Elisabeth, * 26.05.1745 in Gellenbeck (Grafschaft Tecklenburg).
1792 Einlieger in Augustdorf.
1793 Zimmermann in Augustdorf, Nr. 65.

Sohn des Vorbesitzers

2 **Dreier,** Johann Wilhelm, * 28.02.1793 in Augustdorf, † 19.09.1856 Augustdorf[246].
⚭ 30.11.1817 in Augustdorf
Brechmann, Elisabeth aus Haustenbeck, * um 1793, † 07.09.1869 in Stukenbrock.
1818 Kolon in Augustdorf, Nr. 65.

Sohn des Vorbesitzers

3 **Dreier,** Johann Henrich, * 10.09.1821 in Augustdorf, ~ 13.09.1821 in Stukenbrock, † 18.11.1903 in Stukenbrock.
⚭ 09.01.1852 in Stukenbrock
Dorenkamp, Elisabeth, * 26.08.1830 in Stukenbrock.
1848 Kolon in Augustdorf, Nr. 65.

Bruder des Vorbesitzers

4 **Dreier,** Johann Heinrich Joseph, * 13.12.1828 in Augustdorf, † 16.03.1902 in Hövelhof.
⚭ 09.06.1860 in Detmold[247]
Düsterhus, Maria Catharina aus Hövelhof, * 1837 in Hövelhof, † 08.05.1914 in Hövelhof.
1859 Besitzer in Augustdorf, Nr. 65.
1870 Kolon in Hövelhof, Nr. 26.

---

241 Offenbar hat Küstermann versehentlich einen Moshage als Gründer der Stätte Nr. 65 aufgeführt. Wie es scheint, liegt eine Verwechslung vor, die aus einer – laut entsprechender Kolonatsakte – um 1800 getätigten Veräußerung der Moshageschen Hofstelle an Johann Jacob Baumann resultiert, dieser Verkauf sich aber wohl auf das Kolonat Nr. 15 b bezog, vgl. auch S. 198 ff. in diesem Band.

242 Laut Müller-König, Augustdorf, S. 217 plante Heinrich Dreier einen Umzug zu seiner in Dortmund lebenden Schwester. Tatsächlich siedelte er nach Hövelhof über, freundlicher Hinweis von Henrik Fockel, Stukenbrock.

243 Zu diesem Eintrag war kein weiterer Beleg zu ermitteln, LAV NRW OWL L 108 Lage Fach 2 Nr. 1, Bd. XXIII.

244 Die Einträge bzgl. Heiraten, Beerdigungen etc. finden sich in den Aufzeichnungen sowohl der evangelischen Kirchengemeinde Augustdorf als auch der katholischen Pfarre Stukenbrock, St. Johannes Baptist. Gelegentlich sind entsprechende Ereignisse an beiden Orten überliefert. Da die Familie Dreier katholisch war, ist davon auszugehen, dass sie ihren Glauben und alles, was damit zusammenhing, im nahen Stukenbrock praktizierte. Aufgrund ihrer Zugehörigkeit zur Grafschaft Lippe hatte jedoch der Augustdorfer Pastor Anspruch auf die für kirchliche Amtshandlungen anfallenden Gebühren, die einen Teil seines Einkommens ausmachten. Wenngleich andernorts vollzogen, wurden daher beispielsweise Kindtaufen auch am Wohnort der betreffenden Familien dokumentiert und nicht zuletzt berechnet. Freundlicher Hinweis von Manfred Kels, Kaarst-Holzbüttgen, 5. Mai 2014.

245 Der Heiratseintrag findet sich in den Aufzeichnungen der katholischen Pfarrkirche St. Martinus der Ortschaft Hagen a. T. W.

246 Johann Wilhelm Dreier war katholisch, der Sterbefall ist daher im Stukenbrocker Kirchenbuch eingetragen. Freundlicher Hinweis von Henrik Fockel, Stukenbrock, der dankenswerterweise noch weitere genealogische Daten aus seinem Heimatort mitgeteilt hat.

247 Der Eheeintrag ist im entsprechenden Verzeichnis der Stukenbrocker Kirche St. Johannes Baptist registriert.

Käufer 1856

5 **Pollmann,** Johann Herman Philipp, geb. Uekermann, * 03.02.1793 in Senne (Amt Oerlinghausen, Ksp. Oerlinghausen), † 19.10.1869 in Augustdorf.

⚭ [1/1] 04.03.1821 in Augustdorf
Pollmann, Amalia Florentine Wilhelmine Henriette, * 06.01.1796 in Augustdorf (Nr. 19), † 17.05.1830 in Augustdorf.

⚭ [2/1] 31.10.1830 in Augustdorf
Pollmann, Wilhelmine Louisa Amalia, * 05.11.1807 in Augustdorf (Nr. 80), † 21.03.1876 in Augustdorf.

1831 Kolon in Augustdorf, Nr. 19 ▸ S. 153 f.
1856 Kolon in Augustdorf, Nr. 65.
1869 Leibzüchter in Augustdorf, Nr. 19.

Käufer 1859, siehe auch Besitzer 4[248]

6 **Dreier,** Johann Heinrich Joseph, * 13.12.1828 in Augustdorf, † 16.03.1902 in Hövelhof.

⚭ 09.06.1860 in Detmold
Düsterhus, Maria Catharina aus Hövelhof, * 1837 in Hövelhof, † 08.05.1914 in Hövelhof.

1859 Besitzer in Augustdorf, Nr. 65.
1870 Kolon in Hövelhof, Nr. 26.

Tochter des Besitzers

7 **Dreier,** Hanne Katharine Louise Amalia, geb. Pollmann, * 14.02.1833 in Augustdorf (Nr. 19), † 20.03.1906 in Augustdorf.

⚭ 09.11.1856 in Haustenbeck
8 **Wächter,** Konrad Adolph Anton, * 05.09.1831 in Haustenbeck, † 25.04.1889 in Harblek, Oldenswort (Holstein).

1865 Besitzerin in Augustdorf, Nr. 65.
1901 Witwe und Landwirtin in Augustdorf, Nr. 65.

Ehemann der Vorbesitzerin

8 **Dreier,** Konrad Adolph Anton, geb. Wächter, * 05.09.1831 in Haustenbeck, † 25.04.1889 in Harblek, Oldenswort (Holstein).

⚭ 09.11.1856 in Haustenbeck
7 **Pollmann,** Hanne Katharine Louise Amalia, * 14.02.1833 in Augustdorf (Nr. 19), † 20.03.1906 in Augustdorf.

1856 Kolon in Haustenbeck, Nr. 2.
1865 Kolon in Augustdorf, Nr. 65.

Sohn des Vorbesitzers

9 **Wächter,** Wilhelm Heinrich Adolph, geb. Dreier, * 26.12.1871 in Augustdorf, † 28.04.1966 in Augustdorf.

⚭ 21.12.1906 in Augustdorf
Solle Henriette Anna, * 01.09.1877 in Hovedissen (Ksp. Leopoldshöhe), † 06.07.1945 in Augustdorf.

1926 Fuhrmann und Landwirt in Augustdorf, Nr. 65.

Nr. 78

OSTMANN, PESTRUP, IMKERWEG 28

1801 **Kolonatsakte:** Anlegung einer Neuwohnerstätte durch Conrad Ostmann, Augustdorf Nr. 53 [▸ S. 211 f.].
1801 **Küstermann:** Ostmann; 10 Scheffelsaat [= 1,717 Hektar], von Nr. 65 [▸ S. 247 f.] gekauft.
1801 **Salbuch:** Ostmann, Neuwohner.
1828 **Volkszählung:** Pestrup, Col [= Kolon]; Pestrup, Leibzüchter; 2 Wohnhäuser.
1836 **Kolonatsakte:** Verkauf des Ostmannschen Kolonats Nr. 78 zu Augustdorf an Johann Friedrich Bent von Nr. 41 [▸ S. 255 f.] daselbst.
1877 **Kolonatsakte:** Verkauf der Pestrupschen Stätte Nr. 78 in Augustdorf seitens der Witwe Kolona Pestrup an ihren ältesten Sohn Adolph Pestrup.
1877 **Salbuch:** Pestrup; Abtretung an Adolf Pestrup; umgeschrieben am 4. August 1877.
1901 **Adressbuch:** Pestrup, Adolf, Landwirt; Fillies, Christoph, Ziegler; Räker, Fritz, Ziegler.
1921 **Landwirtschaftliches Adressbuch:** Pestrup, Adolf; 15 Hektar.
1926 **Adressbuch:** Pestrup, Wilhelm, Landwirt; Hofmeister, Friedrich, Fabrikarbeiter.
1962 **Adressbuch:** Pestrup, Wilhelm, jun., Kraftfahrer; Pestrup Wilhelm, sen., Landwirt; Imkerweg 78.
1962 **Adressbuch:** Pestrup, Fritz, Arbeiter; Pestrup Wilhelm, sen., Landwirt; Imkerweg 78.

Gründer 1801

1 **Ostmann,** Johann Hermann Conrad Arnold, * 20.10.1784 in Augustdorf (Nr. 7).

1801 Kolon in Augustdorf, Nr. 78.

Besitzer 1815

2 **Pestrup,** Johannes Mathias aus Wellingholzhausen[249], * um 1771, † 03.04.1831 in Augustdorf.

⚭ [1/1] um 1790
Tiemann, Cathrina Elisabeth, * um 1756, † 15.01.1814 in Augustdorf.

⚭ [2/2] 24.01.1815 in Augustdorf
Fien, Anna Angela, geb. Dreier, * 21.01.1772 in Stukenbrock, † 03.12.1839 in Stukenbrock.

1798 Kolon in Augustdorf, Nr. 53 ▸ S. 211 f.
1802 Kolon in Augustdorf, Nr. 74 ▸ S. 249 f.
1815 Witwer und Kolon in Augustdorf, Nr. 78.
1831 Leibzüchter in Augustdorf, Nr. 78.

248 Laut Kolonatsakte von 1859 handelte es sich um einen Rückkauf.

249 Auf den Herkunftsort Wellingholzhausen, einem Ort nahe Melle, heute Landkreis Osnabrück, verweist der Taufeintrag einer Tochter im Stukenbrocker Kirchenbuch. Freundlicher Hinweis von Henrik Fockel, Stukenbrock.

Ehefrau des Vorbesitzers

3 **Pestrup,** Anna Angela, geb. Dreier, * 21.01.1772 in Stukenbrock, † 03.12.1839 in Stukenbrock.

⚭ [1/1] um 1790 in Stukenbrock
Fien, Arnold, * um 1770.

⚭ [2/2] 24.01.1815 in Augustdorf
2 **Pestrup,** Johannes Mathias, * um 1771, † 03.04.1831 in Augustdorf.

Käufer 1836

4 **Pestrup,** Johann Friedrich Wilhelm, geb. Bent, * 27.05.1812 in Augustdorf (Nr. 41), † 07.10.1861 in Augustdorf.

⚭ 26.09.1836 in Augustdorf
5 **Wiebusch,** Hanna Wilhelmina (Johanne Wilhelmine), * 28.02.1813 in Augustdorf (Nr. 62), † 18.03.1888 in Augustdorf.

1836 Kolon in Augustdorf, Nr. 78.

Ehefrau des Vorbesitzers

5 **Pestrup,** Hanna Wilhelmina (Johanne Wilhelmine), geb. Wiebusch, * 28.02.1813 in Augustdorf (Nr. 62), † 18.03.1888 in Augustdorf.

⚭ 26.09.1836 in Augustdorf
4 **Pestrup,** Johann Friedrich Wilhelm, geb. Bent, * 27.05.1812 in Augustdorf, † 07.10.1861 in Augustdorf.

1888 Leibzüchterin in Augustdorf, Nr. 78.

Sohn der Vorbesitzerin

6 **Pestrup,** Töns Christoph Adolph, * 07.07.1853 in Augustdorf, † 27.07.1931 in Augustdorf.

⚭ 28.11.1886 in Augustdorf
Sielemann, Karoline Wilhelmine Louise, * 21.12.1865 in Augustdorf (Nr. 18), † 10.04.1955 in Augustdorf.

1877 Kolon und Landwirt in Augustdorf, Nr. 78.
1901 Landwirt in Augustdorf, Nr. 78.

Nr. 74

HEIDBRINK (HEYBRINK, HEILBRINK, HEIBRINK, HEITBRINK, HEIDTBRINK), PESTRUP, BLOMBERG, WISTINGHAUSEN, WALDSTRASSE 199

1800 **Kolonatsakte:** Anlegung einer Neuwohnerstätte durch Einlieger Philipp Heybrink.
1800 **Küstermann:** Heidbrink; 12 Scheffelsaat [=2,060 Hektar].
1800 **Salbuch:** Heybrink, Neuwohner.
1802 **Kolonatsakte:** Pestrup tauscht seine Stätte Nr. 53 [▸ S. 211 f.] gegen die Stätte Nr. 74.[250]
1828 **Volkszählung:** Freitag, Einlieger; Riemann, Einlieger; 1 Wohnhaus.
1836 **Kolonatsakte:** Verkauf der Heitbrinkschen Stätte Nr. 74 zu Augustdorf an den Einlieger Friedrich Adolph Wistinghausen.
1855 **Salbuch:** Heibrink.
1901 **Adressbuch:** Heitbrink, Friedrich, Landwirt; Räker, Wilhelm, Ziegler.
1921 **Landwirtschaftliches Adressbuch:** Heidtbrink, Fr.; 9 Hektar.
1926 **Adressbuch:** Heidbrink, Friedrich, Landwirt; Heißenberg, Friedrich, Fabrikarbeiter.
1954 **Adressbuch:** Heidbrink, Fritz, Arbeiter; Heidbrink, Heinz, Textilarbeiter; Boscher, Otto, Maler; Raupach, Gerhard, Landwirt; Stukenbrocker Straße 74.
1962 **Adressbuch:** Heidbrink, Fritz, Arbeiter; Heidbrink, Heinz, Bauarbeiter; Stukenbrocker Straße 74.

Gründer 1800

1 **Heilbrink** (Heidbrink), Johann Henrich Philipp, * um 1765, † 01.06.1815 in Augustdorf.

⚭ 16.11.1794 in Stapelage
Bent (Bentmann), Sophia Amalia, * 15.08.1768 in Krentrup (Ksp. Schötmar).

1800 Kolon in Augustdorf, Nr. 74.
1802 Kolon in Augustdorf, Nr. 53 ▸ S. 211 f.

Besitzer 1802

2 **Pestrup,** Johannes Mathias aus Wellingholzhausen[251], * um 1771, † 03.04.1831 in Augustdorf.

⚭ [1/1] um 1790
Tiemann, Cathrina Elisabeth, * um 1756, † 15.01.1814 in Augustdorf.

⚭ [2/2] 24.01.1815 in Augustdorf
Fien, Anna Angela, geb. Dreier, * 21.01.1772 in Stukenbrock, † 03.12.1839 in Stukenbrock[252]

1798 Kolon in Augustdorf Nr. 53 ▸ S. 211 f.
1802 Kolon in Augustdorf, Nr. 74.
1815 Witwer und Kolon in Augustdorf, Nr. 78 ▸ S. 248 f.
1831 Leibzüchter in Augustdorf, Nr. 78.

Tochter des Vorbesitzers

3 **Heidbrink (Pestrup)**, Catharina Maria, * um 1794 in Stukenbrock, † 14.09.1845 in Stukenbrock.

⚭ [1/1] 13.09.1822 in Stukenbrock
Blomberg, Heinrich, * 22.02.1792 in Stukenbrock, † 10.08.1831 in Stukenbrock.

---

250 Freundlicher Hinweis von Hildegard Mehrmann, Lage, vom 20. März 2020.

251 Auf den Herkunftsort Wellingholzhausen, einem Ort nahe Melle, heute Landkreis Osnabrück, verweist der Taufeintrag einer Tochter im Stukenbrocker Kirchenbuch. Freundlicher Hinweis von Henrik Fockel, Stukenbrock.

252 Für die freundliche Mitteilung der Daten aus dem Stukenbrocker Kirchenbuch danke ich ebenfalls Henrik Fockel, Stukenbrock.

⚭ [2/1] 26.02.1832 in Stukenbrock
4 Fien, Johann Berend (Bernard), ⋆ 07.02.1803 in Stukenbrock, † 29.09.1850 in Stukenbrock.

1832 Witwe in Augustdorf, Nr. 74.

Zweiter Ehemann der Vorbesitzerin

4 Heidbrink, Johann Berend, geb. Fien, ⋆ 17.02.1803 in Stukenbrock, † 29.09.1850 in Stukenbrock.

⚭ [1/2] 26.02.1832 in Stukenbrock
3 Heidbrink (Blomberg), Catharina Maria, geb. Pestrup, ⋆ um 1794 in Stukenbrock, † 14.09.1845 in Stukenbrock.

1834 Kolon in Augustdorf, Nr. 74.

Käufer 1837

5 Heidbrink (Heidbrink gen. Blomberg), Johann Friedrich Adolph (Christian), geb. Wistinghausen, ⋆ 27.07.1810 in Augustdorf (Nr. 39), † 03.12.1855 in Augustdorf.

⚭ [1/1] 09.11.1834 in Lage
Lehbrink, Anne Sophie Elisabeth, ⋆ 24.02.1807 in Waddenhausen (Ksp. Lage), † 03.06.1851 in Augustdorf.

⚭ [2/2] 29.02.1852 in Augustdorf
6 Heidbrink, Friederika Wilhelmina, geb. Pollmann, ⋆ 14.01.1812 in Augustdorf (Nr. 27), † 18.03.1880 in Augustdorf.

1834 Einlieger in Waddenhausen (Ksp. Lage).

1837 Kolon in Augustdorf, Nr. 74.

Ehefrau des Vorbesitzers

6 Heidbrink, Friederika Wilhelmina, geb. Pollmann, ⋆ 14.01.1812 in Augustdorf (Nr. 27), † 18.03.1880 in Augustdorf.

⚭ [1/1] 17.11.1833 in Augustdorf
Heidbrink, Johann Hermann Friedrich (Philip), ⋆ 07.02.1807 in Augustdorf (Nr. 53), † 11.04.1851 in Augustdorf.

⚭ [2/2] 29.02.1852 in Augustdorf
5 Heidbrink (Heidbrink gen. Blomberg), Johann Friedrich Adolph (Christian), geb. Wistinghausen, ⋆ 27.07.1810 in Augustdorf (Nr. 39), † 03.12.1855 in Augustdorf.

⚭ [3/2] 10.05.1857 in Augustdorf
7 Lüersen, Friedrich Adolph (Friedrich Christoph), ⋆ 15.06.1819 in Augustdorf (Nr. 31), † 07.05.1888 in Augustdorf.

1857 Witwe in Augustdorf, Nr. 74.

Dritter Ehemann der Vorbesitzerin

7 Heidbrink oder Wistinghausen, Friedrich Adolph (Friedrich Christoph), geb. Lüersen, ⋆ 15.06.1819 in Augustdorf (Nr. 31), † 07.05.1888 in Augustdorf.

⚭ [1/1] 24.11.1844 in Augustdorf
Hofmeister, Katharina Elisabeth, ⋆ 13.09.1816 in Augustdorf (Nr. 66), † 19.05.1854 in Augustdorf.

⚭ [2/3] 10.05.1857 in Augustdorf
4 Heidbrink, Friederika Wilhelmina, geb. Pollmann, ⋆ 14.01.1812 in Augustdorf (Nr. 27), † 18.03.1880 in Augustdorf.

1844 Einlieger in Augustdorf.

1857 Kolon in Augustdorf, Nr. 74.

1888 Leibzüchter in Augustdorf, Nr. 74.

Sohn des Besitzers 5

8 Heidbrink[253], Jobst Hermann Christian, geb. Wistinghausen genannt Blomberg, ⋆ 01.12.1834 in Waddenhausen (Ksp. Lage), † 23.06.1914 in Augustdorf.

⚭ 23.11.1860 in Augustdorf
Prante, Katharine Sophie, ⋆ 08.02.1838 in Augustdorf (Nr. 25), † 09.09.1901 in Augustdorf.

1860 Kolon in Augustdorf Nr. 74.

Sohn des Vorbesitzers

9 Heidbrink, Friedrich Heinrich Wilhelm, ⋆ 08.02.1862 in Augustdorf, † 25.12.1938 in Augustdorf.

⚭ 13.01.1889 in Augustdorf
Ebert, Wilhelmine Henriette, ⋆ 26.04.1865 in Augustdorf (Nr. 94), † 14.11.1919 in Augustdorf.

1889 Einlieger in Augustdorf.

1901 Landwirt in Augustdorf, Nr. 74.

Nr. 120

BURMEIER, HARTMANN, WALDSTRASSE 241

1876 **Salbuch:** Burmeier, Wilhelm; hat den Grund und Boden dieser Stätte von Borries erworben, 8. Juli 1876.

1887 **Salbuch:** Burmeier, Wilhelm; auf Hermann Burmeier umgeschrieben am 3. Mai 1887.

1901 **Adressbuch:** Burmeier, Hermann, Landwirt.

1926 **Adressbuch:** Burmeier, Heinrich, Fabrikarbeiter.

1954 **Adressbuch:** Burmeier, Heinrich, Rentner; Weinert, Paul, Arbeiter; Stukenbrocker Straße 120.

1962 **Adressbuch:** Burmeier, Heinrich, Rentner; Hartmann, Heinz, Maschinenschlosser; Stukenbrocker Straße 120.

253 Uneindeutige Bezeichnungen des Kolonates wie „Heidbrink oder Wistinghausen" und „Heidbrink auch genannt Blomberg" wurden durch einen Beschluss der lippischen Regierung vom 6. Januar 1895 beendet. Fortan sollte die Stätte den bereits beim Verkauf an Wistinghausen im Jahr 1837 bestehenden Namen *Heidbrink* tragen, vgl. Loos, Familiennamen, S. 105.

Augustdorf Nr. 120. Fachwerkhaus der Familie Burmeier, um 1910. Hermann Burmeier (1854–1935) vermutlich mit seiner zweiten Ehefrau Friederike Amalie, geb. Kramer, und deren Tochter aus erster Ehe Louise Warweg.
Sammlung Heimatverein Augustdorf

Gründer 1876

1 **Burmeier,** Friedrich Wilhelm, * 05.10.1823 in Augustdorf, † 27.11.1896 in Augustdorf.

⚭ [1/2] 06.02.1853 in Augustdorf
Leppelmeier, Hanne Wilhelmine, geb. Obermeier, * 29.05.1825 in Währentrup (Ksp. Oerlinghausen), † 12.02.1905 in Augustdorf.

1853 Einlieger und Ziegler in Augustdorf.
1876 Kolon in Augustdorf, Nr. 120.
1896 Leibzüchter in Augustdorf, Nr. 120.

Sohn des Vorbesitzers

2 **Burmeier,** Hermann Heinrich Wilhelm, * 05.09.1854 in Augustdorf, † 08.11.1935 in Augustdorf.

⚭ [1/1] 05.01.1884 in Augustdorf
Oberbeckmann, Henriette Anne Marie, * 26.03.1861 in Augustdorf (Nr. 67), † 12.11.1902 in Augustdorf.

⚭ [2/2] 12.06.1905 in Augustdorf
Warweg, Friederike Amalie, geb. Kramer, * 21.01.1850 in Pivitsheide (Ksp. Stapelage), † 12.10.1908 in Augustdorf.

⚭ [3/2] 24.04.1909 in Augustdorf
Klöpping, Henriette Wilhelmine Amalie, geb. Heumann, * 26.12.1860 in Augustdorf, † 07.05.1944 in Augustdorf.

1884 Einlieger in Augustdorf.
1887 Kolon und Landwirt in Augustdorf, Nr. 120.
1901 Landwirt in Augustdorf, Nr. 120.

Nr. 118
DIEKMANN, TELLMANN, HOFMEISTER, WALDSTRASSE 243

1874 **Salbuch:** Diekmann, Wilhelm; hat den Grund und Boden zu dieser Neuwohnerstätte vom Kolon Borries zu Stukenbrock erworben; eingetragen am 20. Mai 1874.
1901 **Adressbuch:** (Kaufmann Tellmann)[254]; Klöpper, Heinrich, Ziegler.
1926 **Adressbuch:** Hofmeister, Heinrich, Fabrikarbeiter; Möller, August, Fabrikaufseher.
1954 **Adressbuch:** Hofmeister, Adolf, Maurer; Kronshage, Gustav, Textilarbeiter; Stukenbrocker Straße 118.
1962 **Adressbuch:** Hofmeister, Adolf, Maurer; Grote, Friedel, Maschinenschlosser; Kronshage, Gustav, Textilarbeiter; Stukenbrocker Straße 118.

Gründer 1874

1 **Diekmann,** Berend Wilhelm Adolph, * 14.12.1838 in Augustdorf (Nr. 42), † 07.10.1894 in Augustdorf.

⚭ [1/1] 06.01.1867 in Augustdorf
Lüersen, Johanne Florentine Wilhelmine Henriette, * 05.11.1843 in Augustdorf, † 09.01.1892 in Augustdorf.

⚭ [2/2] 06.01.1893 in Augustdorf
Deppe, Wilhelmine Sophie, geb. Heumann, * 07.03.1855 in Pivitsheide (Ksp. Stapelage).

1867 Einlieger in Augustdorf.
1874 Kolon in Augustdorf, Nr. 118.

ohne Nr.
HUMANNSKOTTEN (Nr. 3 ▸ S. 124 ff.), WALDSTRASSE 250[255]

1926 **Adressbuch:** (Stukenbrock) Räker, Th., Landwirt (Humannskotten); Schröder, Heinrich, Ziegler; Burmeier, Heinrich, Ziegler.
1954 **Adressbuch:** Burmeier, Heinrich, Rentner; Stein, Paula, Hausfrau; Stukenbrocker Straße 3.
1962 **Adressbuch:** Schorsch, Georg, Fuhrgeschäft; Stein, Paula, Rentnerin; Stukenbrocker Straße 3.

---

254 Im Adressbuch von 1901 werden laut Vorwort die Eigentümer der aufgeführten Stätten in runde Klammern gesetzt, sofern sie ein Haus nicht selbst bewohnen. Zum Kaufmann Tellmann ließen sich keine weiteren Informationen ermitteln.
255 Das heutige Grundstück Waldstraße 250 gehörte ursprünglich zur Stätte Nr. 3, ein dort errichtetes Gebäude wurde laut Adressbuch von 1926 als „Humannskotten“ bezeichnet. Was die Deutung und frühere Erwähnung des Namens im Zusammenhang mit Augustdorf angeht, ist bislang nichts bekannt. Der Adressbuch-Zusatz „Stukenbrock“ könnte allerdings auf besitzrechtliche Verbindungen zum Stukenbrocker Hof Humann verweisen, der in unmittelbarer Nachbarschaft liegt, vgl. Adressbuch 1926, S. 715 sowie www.westfalenhoefe.de, Hausstätten- und Höfeliste Stukenbrock.

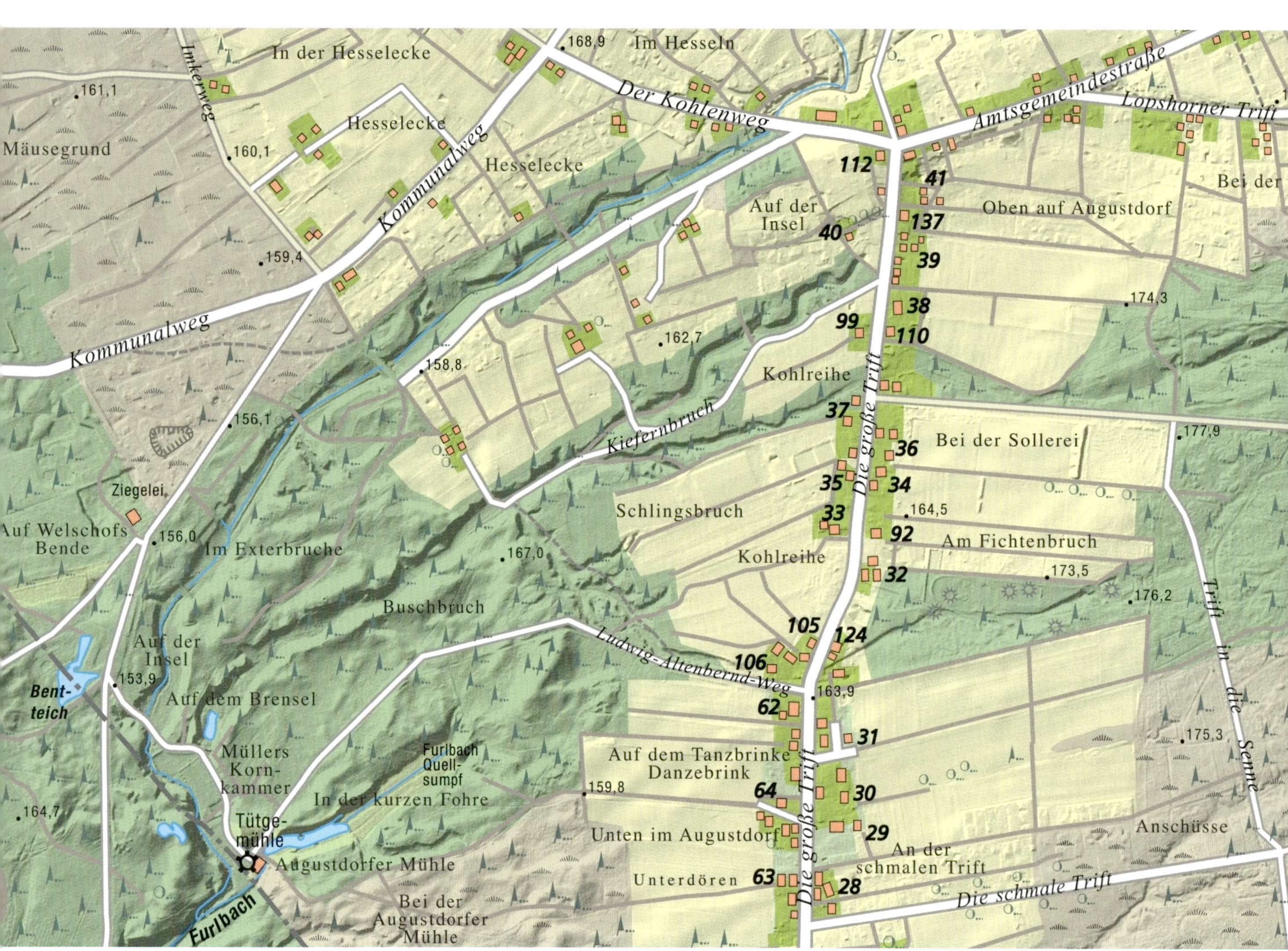

Ausschnitt aus der Karte „Augustdorf 1900“.
Kartografie J. Rosenberg, 2024

5. Haustenbecker Straße nördlich der Heidestraße

Der dritte Bereich mit Grundstücken, die bereits auf dem Plan von 1780 eingezeichnet sind, ist an der ursprünglich *Kohlenweg* oder *Kohlweg*[256] genannten Haustenbecker Straße zu finden. Die Parzellen, die als erste bebaut wurden, liegen entlang der östlichen Straßenseite zwischen der heutigen Heidestraße und der jetzigen Adresse Haustenbecker Straße 5. Bei der Einführung der Kolonatsnummern nach 1786 bestanden an der Haustenbecker Straße bereits 14 Stätten, die von Süden aus in nördliche Richtung die Nummern 28 bis 41 erhielten. Zwischen 1793 und 1801 waren darüber hinaus die Stätten Nr. 62 bis Nr. 80 errichtet worden. Von den ursprünglichen Kolonaten abgetrennt, kamen später weitere Hofstellen hinzu.

Nr. 112

BRÜGGEMANN, SCHULZE (SCHULZ), KRAMER (CRAMER),
STUKENBROCKER STRASSE / ECKE HAUSTENBECKER STRASSE[257]

1865 **Salbuch:** Nr. 40 Brüggemann; an Wilhelm Brüggemann verkauft 6 Scheffelsaat [= 1,030 Hektar] von der zugeschriebenen Hude [...] zur Anlegung der Neuwohnerstätte Nr. 112; eingetragen am 17. Juni 1865.

1865 **Salbuch:** Nr. 112 Brüggemann, Wilhelm; hat den Grund und Boden zu dieser Stätte von Brüggemann Nr. 40 [▸ S. 254 f.] gekauft; eingetragen am 17. Juni 1865.

1870 **Kolonatsakte:** Verkauf der Stätte seitens des Kolons Brüggemann an den Kolon Heistermann Nr. 40 daselbst.

1870 **Salbuch:** Brüggemann, Wilhelm; Ankauf eingetragen auf Kolon Heistermann Nr. 40 am 20. Januar 1870.

1878 **Kolonatsakte:** Verkauf der Stätte seitens des Kolons Heistermann Nr. 40 daselbst an den Einlieger Heinrich Schulze daselbst.

1878 **Salbuch:** Heistermann Nr. 40; Verkauf an Heinrich Schulz; umgeschrieben am 13. April 1878.

1901 **Adressbuch:** Schulze, Heinrich, Schneidermeister.

1926 **Adressbuch:** Kramer, Friedrich, Ziegelmeister; Schulze, Heinrich, Schneider.

1954: **Adressbuch:** Cramer, Wilhelmine, Rentnerin; Haustenbecker Straße 112.

1962 **Adressbuch:** kein Eintrag.[258]

Gründer 1865

1 **Brüggemann gen. Räker,** Heinrich Wilhelm,
⋆ 16.04.1841 in Augustdorf (Nr. 40), † 08.12.1887 in Augustdorf.

⚭ 15.01.1865 in Augustdorf
Pestrup, Hanne Wilhelmine Friederike, ⋆ 13.09.1840 in Augustdorf (Nr. 78), † 11.03.1916 in Augustdorf.

1865 Kolon in Augustdorf, Nr. 112.

1870 Ex-Kolon [sic!].

Käufer 1870

2 **Heistermann,** Adolph Friedrich August, ⋆ 02.03.1842 in Augustdorf (Nr. 12), † 24.02.1883 in Augustdorf.

⚭ [1/2] 23.08.1868 in Augustdorf
Brüggemann, Wilhelmine Karoline, geb. Pestrup, ⋆ 31.08.1836 in Augustdorf (Nr. 78), † 17.03.1919 in Augustdorf.

1868 Kolon in Augustdorf, Nr. 40 ▸ S. 254 f.

1870 Besitzer in Augustdorf, Nr. 112.

Käufer 1878

3 **Schulze,** Töns Heinrich Adolph, ⋆ 17.11.1845 in Augustdorf, † 01.05.1932 in Augustdorf.

⚭ 07.12.1873 in Augustdorf
Pestrup, Louise Wilhelmine Amalie, ⋆ 19.01.1850 in Augustdorf (Nr. 78), † 12.05.1899 in Augustdorf.

1873 Schneider in Augustdorf.

1878 Kolon und Schneidermeister in Augustdorf, Nr. 112.

1901 Schneidermeister in Augustdorf, Nr. 112.

---

256 Die Bezeichnung *Kohlenweg* bzw. *Kohlweg* findet sich sowohl auf der Lindinger-Karte als auch in den Kolonatsakten der dort zwischen 1782 und 1783 angelegten Stätten.

257 Das Areal dieser Stätte lag im Bereich der ehemaligen Erich Kästner-Hauptschule, heute Medien- und Bildungszentrum (MBZ). Vgl. dazu auch Werning, Augustdorf, S. 76.

258 An der Stelle entstand die 1965 eingeweihte sogenannte Zentralschule, ab 1968 Erich Kästner-Hauptschule, vgl. Steffen/Wistinghausen, Augustdorf, S. 46 ff.

Nr. 40

SIELEMANN, BRÜGGEMANN, REDEKER (RÄKER), HEISTERMANN, AKAZIENSTRASSE 20[259]

1789 **Kolonatsakte:** Anlegung einer Neuwohnerstätte durch Jakob Sielemann.

1789 **Schreiter:** 52. Jakob Sielemann.

1790 **Küstermann:** Sielemann; 20 Scheffelsaat [= 3,433 Hektar].

1791 **Kolonatsakte:** Verkauf der Sielemannschen Stätte Nr. 40 [...] an Otto Brüggemann aus Waddenhausen.

1792 **Salbuch:** Jacob Sielemann modo [= jetzt] Otto Henr. Brüggemann, Hoppenplöcker.

1793 **Kolonatsakte:** Verkauf an den Einlieger und Linnenhändler Töns Henrich Räker aus dem Wistinghauser Kotten.

1828 **Volkszählung:** Brüggemann, Kolon; Wistinghausen, Einlieger; Ostmeier, Einlieger; 2 Wohnhäuser.

1865 **Salbuch:** Brüggemann; an Wilhelm Brüggemann verkauft sechs Scheffelsaat [= 1,030 Hektar] von der Hude [...] zur Anlegung der Neuwohnerstätte Nr. 112 [▸ S. 253]; eingetragen am 17. Juni 1865.

1868 **Salbuch:** Brüggemann; durch Verehelichung der Witwe Brüggemann mit August Heistermann auf letzteren Namen eingetragen am 3. September 1868.

1901 **Adressbuch:** Heistermann, August, Landwirt; Exter, Friedrich, Leibzüchter.

1926 **Adressbuch:** Heistermann, August, Fabrikarbeiter.

1954 **Adressbuch:** Heistermann, Adolf, Arbeiter; Heistermann, Erich, Arbeiter; Heistermann, Johanna, Rentnerin; Heistermann Margarete, Rentnerin; Enseleit, Gustav, Kraftfahrer; Tüngethal, Hugo, Textilarbeiter; Haustenbecker Straße 40. Wilhelm, Heinz, Wäschefabrik u. Textilvertretung; [Haustenbecker Straße] 40, privat: Inselweg 27.

1962 **Adressbuch:** Heistermann, Adolf, Arbeiter; Heistermann, Johanne, Hausfrau; Heistermann, Reinhard, Arbeiter; Enseleit, Gustav, Kraftfahrer; Frömberg, Elli, Rentnerin; Mauelshagen, Hans, Soldat; Tüngethal, Hugo, Textilarbeiter; Haustenbecker Straße 40.

---

259 Zum Areal des Kolonats Nr. 40 (s. Abb. S. 11) gehörte ursprünglich auch die spätere Stätte Nr. 112, vgl. S. 253 in diesem Band.

260 Unter diesem Datum verzeichnet das Stapelager Kirchenbuch einen Johann Berend Sielemann. Vermutlich handelt es sich dabei um den Gründer der Augustdorfer Stätte Nr. 20, eine eindeutige Identifizierung ist letztlich allerdings anhand der vorliegenden Belege nicht möglich. Zum Kolonat Nr. 20 s. S. 155 ff. in diesem Band.

Gründer 1789

1 **Sielemann,** Johann Jacob, ~ 11.01.1728[260] in Stapelage.

⚭ 02.05.1751 in Stapelage
Schulze, Anna Maria Ilsabein,

1751 Diener in Stapelage, beim Meyer zu Stapelage.

1756 Einlieger in Hörste (Ksp. Stapelage).

1780 Gründer in Augustdorf, Nr. 20 ▸ S. 155 ff.

1789 Kolon in Augustdorf, Nr. 40.

Käufer 1791

2 **Brüggemann,** Otto Henrich aus Waddenhausen (Ksp. Lage).

1791 Kolon in Augustdorf, Nr. 40.

Käufer 1793

3 **Brüggemann,** Töns Henrich (Töns Henrich Christoph), geb. Redeker (Räker) „aus dem Wistinghauser Kotten" (Ksp. Oerlinghausen), * um 1769, † 12.11.1811 in Augustdorf.

⚭ 01.04.1791 in Oerlinghausen
4 **Kaiser,** Anna Maria Cathrina (Anna Cathrin Elisabeth), * um 1769, † 25.04.1826 in Augustdorf.

1793 Einlieger und Linnenhändler im „Wistinghauser Kotten".

1793 Leineweber und Kolon in Augustdorf, Nr. 40.

Ehefrau des Vorbesitzers

4 **Redeker** (Räker), Anna Maria Cathrina (Anna Cathrin Elisabeth), geb. Kaiser, * um 1769, † 25.04.1826 in Augustdorf.

⚭ [1/1] 01.04.1791 in Oerlinghausen
3 **Redeker** (Räker), Töns Henrich (Töns Henrich Christoph), * um 1769, † 12.11.1811 in Augustdorf.

⚭ [2/2] 11.08.1813 in Augustdorf
5 **Kleesiek,** Johann Henrich, * um 1765 in Pottenhausen (Ksp. Lage), † 17.04.1826 in Augustdorf.

1813 Witwe in Augustdorf, Nr. 40.

Zweiter Ehemann der Vorbesitzerin

5 **Redeker** (Räker), Johann Henrich, geb. Kleesiek aus Pottenhausen (Ksp. Lage), * um 1765, † 17.04.1826 in Augustdorf.

⚭ [2/2] 11.08.1813 in Augustdorf
4 **Redeker** (Räker), Anna Maria Cathrina (Anna Cathrin Elisabeth), geb. Kaiser, * um 1769, † 25.04.1826 in Augustdorf.

1813 Kolon und Interimswirt in Augustdorf, Nr. 40.

Sohn des Besitzers 3

6 **Brüggemann (Brüggemann gen. Räker),** Carl Friedrich Traugott, geb. Redeker (Räker), * 15.10.1802 in Augustdorf, † 24.01.1856 in Augustdorf.

⚭ 15.10.1826 in Augustdorf
Wistinghausen, Marie Katharine Elisabeth, * 06.07.1807 in Augustdorf (Nr. 39), † 25.01.1856 in Augustdorf.

1826 Kolon in Augustdorf, Nr. 40.

Sohn des Vorbesitzers

7 **Brüggemann,** Friedrich Christoph, geb. Redeker (Räker), ⋆ 24.04.1837 in Augustdorf, † 29.10.1867 in Augustdorf.

⚭ 14.11.1858 in Augustdorf

8 **Pestrup,** Wilhelmine Karoline, ⋆ 31.08.1836 in Augustdorf (Nr. 78), † 17.03.1919 in Augustdorf.

1858 Kolon in Augustdorf, Nr. 40.

Ehefrau des Vorbesitzers

8 **Brüggemann,** Wilhelmine Karoline, geb. Pestrup, ⋆ 31.08.1836 in Augustdorf (Nr. 78), † 17.03.1919 in Augustdorf.

⚭ [1/1] 14.11.1858 in Augustdorf

7 **Brüggemann,** Friedrich Christoph, geb. Redeker, ⋆ 24.04.1837 in Augustdorf, † 29.10.1867 in Augustdorf.

⚭ [2/1] 23.08.1868 in Augustdorf

9 **Heistermann,** Adolph Friedrich August, ⋆ 02.03.1842 in Augustdorf (Nr. 12), † 24.02.1883 in Augustdorf.

⚭ [3/1] 11.03.1884 in Augustdorf

10 **Exter,** Hermann Friedrich Wilhelm, ⋆ 07.01.1854 in Augustdorf (Nr. 59), † 01.03.1929 in Augustdorf.

1868 Witwe in Augustdorf, Nr. 40.

Zweiter Ehemann der Vorbesitzerin

9 **Heistermann,** Adolph Friedrich August, ⋆ 02.03.1842 in Augustdorf (Nr. 12), † 24.02.1883 in Augustdorf.

⚭ [1/2] 23.08.1868 in Augustdorf

8 **Brüggemann,** Wilhelmine Karoline, geb. Pestrup, ⋆ 31.08.1836 in Augustdorf, † 17.03.1919 in Augustdorf.

1868 Kolon in Augustdorf, Nr. 40.

1870 Besitzer in Augustdorf, Nr. 112 ▸ S. 253.

Dritter Ehemann der Besitzerin 8

10 **Exter,** Hermann Friedrich Wilhelm, ⋆ 07.01.1854 in Augustdorf (Nr. 59), † 01.03.1929 in Augustdorf.

⚭ [1/3] 11.03.1884 in Augustdorf

8 **Brüggemann,** Wilhelmine Karoline, geb. Pestrup, ⋆ 31.08.1836 in Augustdorf, † 17.03.1919 in Augustdorf.

1901 Leibzüchter in Augustdorf, Nr. 40.

Sohn des Besitzers 9

11 **Heistermann,** August Wilhelm, ⋆ 03.01.1870 in Augustdorf, † 09.02.1939 in Augustdorf.

⚭ 11.02.1898 in Augustdorf

Söllner, Margarethe, ⋆ 30.08.1879 in Enchenreuth bei Hof (Bayern), † 14.01.1857 in Augustdorf.

1898 Ziegler und Einlieger in Augustdorf.

1901 Landwirt in Augustdorf, Nr. 40.

1926 Fabrikarbeiter in Augustdorf, Nr. 40.

Nr. 41

BENT (BENDT, BENTMANN, BENTEMANN), KANNE, BÜKER, THUSNELDASTRASSE 2

1780 **Lindinger:** I.

1781 **Kolonatsakte:** 1. Stätte am Kohl[en]weg; Anlegung einer Neuwohnerstätte durch Johann Dieterich Bendt aus Hovedissen.

1782 **Küstermann:** Bentmann (heute Bent); 20 Scheffelsaat [= 3,433 Hektar].

1786 **Schreiter:** 30. Johann Diedrich Bendt.

1792 **Salbuch:** Johann Dietrich Bent, Hoppenplöcker.

1828 **Volkszählung:** Bent, Kolon; 1 Wohnhaus.

1855 **Salbuch:** Bent.

1901 **Adressbuch:** Kanne, Heinrich, Schuhmacher.

1921 **Landwirtschaftliches Adressbuch:** Kramer, Heinrich.[261]

1926 **Adressbuch:** Büker, Heinrich, Fabrikarbeiter; Heitbrink, Töns, Ringofenbauer; Kanne, Emilie, Landwirtin; Kanne, Henriette, Kriegerwitwe.

1954 **Adressbuch:** Büker, Heinrich, Waldarbeiter; Heistermann, August, Ziegler; Lucka, Hermann, Polizeibeamter; Haustenbecker Straße 41.

1962 **Adressbuch:** Büker, Heinrich, Rentner; Heistermann, August, Ziegler; Körner, Herbert, Textilien; Lucka, Hermann, Polizeioberwachtmeister a. D.; Haustenbecker Straße 41.

Gründer 1782

1 **Bent** (Bentemann), Johann Dieterich (Johann Dierk) aus Hovedissen (Ksp. Schötmar), ⋆ 17.02.1732 in Heerse (Ksp. Schötmar), † 10.05.1792 in Augustdorf.

⚭ 19.11.1767 in Schötmar

Köster, Anna Margretha Eliesabeth.

1774 Einlieger in Krentrup (Ksp. Schötmar).

1782 Kolon in Augustdorf, Nr. 41.

Sohn des Vorbesitzers

2 **Bent,** Johann Töns Henrich (Johann Töns Philipp), ⋆ 28.05.1774 in Krentrup (Ksp. Schötmar), † 16.08.1818 in Augustdorf.

⚭ 30.04.1797 in Stapelage

3 **Ostmann,** Anna Catharine Ilsabein, ⋆ 23.02.1777 in Pivitsheide (Ksp. Stapelage), † 01.06.1837 in Augustdorf.

1797 Kolon in Augustdorf, Nr. 41.

261 Die Angabe ist nicht korrekt, 1921 erscheint als Besitzer Heinrich Kanne, Schuhmacher, verstorben 1923. Zu Kramer vgl. Nr. 133, S. 244 in diesem Band.

Ehefrau des Vorbesitzers

3 **Bent,** Anna Catharine Ilsabein, geb. Ostmann, ⋆ 23.02.1777 in Pivitsheide (Ksp. Stapelage), † 01.06.1837 in Augustdorf.

⚭ [1/1] 30.04.1797 in Stapelage
2 **Bent,** Johann Töns Henrich (Johann Töns Philipp), ⋆ 28.05.1774 in Krentrup (Ksp. Schötmar), † 16.08.1818 in Augustdorf.

⚭ [2/1] 21.02.1819 in Augustdorf
4 **Rose,** Johann Hermann Arend, ⋆ 02.09.1795 in Augustdorf (Nr. 58), † 27.10.1844 in Augustdorf.

1819 Witwe in Augustdorf, Nr. 41.

Zweiter Ehemann der Vorbesitzerin

4 **Bent,** Johann Hermann Arend, geb. Rose, ⋆ 02.09.1795 in Augustdorf (Nr. 58), † 27.10.1844 in Augustdorf.

⚭ [1/2] 21.02.1819 in Augustdorf
3 **Bent,** Anna Catharine Ilsabein, geb. Ostmann, ⋆ 23.02.1777 in Pivitsheide (Ksp. Stapelage), † 01.06.1837 in Augustdorf.

⚭ [2/1] 14.10.1838 in Augustdorf
Möller, Anne Marie, ⋆ 24.12.1794 in Pivitsheide (Ksp. Stapelage), † 02.02.1853 in Augustdorf.

1819 Kolon und Interimswirt in Augustdorf, Nr. 41.

1844 Leibzüchter in Augustdorf, Nr. 41.

Sohn des Besitzers 2

5 **Bent,** Töns Henrich, ⋆ 02.11.1808 in Augustdorf, † 16.12.1878 in Augustdorf.

⚭ 23.10.1831 in Augustdorf
Rubart, Anna Katharina Sophie, ⋆ 19.09.1808 in Augustdorf (Nr. 22), † 27.02.1878 in Augustdorf.

1831 Kolon in Augustdorf, Nr. 41.

Sohn des Vorbesitzers

6 **Bent,** Töns Friedrich Hermann, ⋆ 23.02.1836 in Augustdorf, † 19.04.1916 in Augustdorf.

⚭ [1/1] 27.04.1862 in Augustdorf
Bügener, Hermine Kathrine Louise (Henriette Kathrine Louise), ⋆ 13.06.1841 in Augustdorf (Nr. 9), † 18.01.1866 in Augustdorf.

⚭ [2/1] 23.09.1866 in Augustdorf
Kalkreuter, Hanne Justine Wilhelmine, ⋆ 03.04.1842 in Hörste (Ksp. Stapelage), † 01.02.1903 in Augustdorf.

1862 Kolon und Anerbe in Augustdorf, Nr. 41.

1903 Ziegler in Augustdorf.

Besitzer 1901

7 **Kanne,** Friedrich Hermann Heinrich (Simon), ⋆ 21.08.1852 in Augustdorf, † 04.03.1923 in Augustdorf.

⚭ 04.04.1880 in Augustdorf
Pollmann, Emilie Justine, ⋆ 05.09.1859 in Hörste (Ksp. Stapelage), † 23.10.1947 in Augustdorf.

1880 Einlieger und Schuhmacher in Augustdorf.

1901 Schuhmacher in Augustdorf, Nr. 41.

Nr. 137

HILLBRINK (HILBRINK), HAUSTENBECKER STRASSE 11

1898 **Brandkataster:** Hilbrink, Heinrich, 1 Wohnhaus.

1901 **Adressbuch:** Hilbrink, Heinrich, Ziegelmeister.

1921 **Landwirtschaftliches Adressbuch:** Hillbrink, H.; 6 Hektar.

1926 **Adressbuch:** Hillbrink, Heinrich, Ziegelmeister a. D.; Hillbrink, Friedrich, Tischlermeister; Heistermann, Henriette, Kriegerwitwe.

1954 **Adressbuch:** Hillbrink, Fritz, Rentner; David, Anna, Hausfrau; Müllensiefen, Ernst, Heilgehilfe; Peters, Luise, Hausfrau; Haustenbecker Straße 137.

1962 **Adressbuch:** Hillbrink, Fritz, Arbeiter; Hillbrink, Fritz, Rentner; Moebus, Heinrich-Conrad, Rentner; Poppe, Friedel, Arbeiter; Haustenbecker Straße 137.

Gründer 1898

1 **Hillbrink,** Heinrich Friedrich Adolph, ⋆ 22.09.1846 in Augustdorf, † 09.02.1940 in Augustdorf.

⚭ [1/1] 14.11.1875 in Augustdorf
Hanning modo [=jetzt] **Leimenkühler,** Wilhelmine Henriette Sophie, ⋆ 28.11.1853 in Haustenbeck, † 10.04.1900 in Augustdorf.

⚭ [2/3] 08.04.1901 in Augustdorf
Blinne, Florentine Louise Amalie, verw. Kater, geb. Böger, ⋆ 08.12.1847 in Augustdorf, † 10.08.1907 in Augustdorf.

⚭ [3/4] 12.09.1909 in Augustdorf
Grabe, Henriette Wilhelmine Amalie, geb. Niebuhr, ⋆ 28.07.1854 in Wellentrup (Ksp. Oerlinghausen), † 07.01.1931 in Augustdorf.

1875 Einlieger in Augustdorf.

1901 Ziegelmeister in Augustdorf, Nr. 137.

1926 Ziegelmeister a. D. in Augustdorf, Nr. 137.

Nr. 39

WISTINGHAUSEN, RÖHE, HAUSTENBECKER STRASSE 17

1780 **Lindinger:** II.

1781 **Kolonatsakte:** 2. Stätte am Kohl[en]weg, Anlegung einer Neuwohnerstätte durch Johann Henrich Wistinghausen aus Greste.

1782 **Küstermann:** Wistinghausen; 20 Scheffelsaat [=3,433 Hektar].

1786 **Kolonatsakte:** Neuwohner Joh. Henrich Wistinghausen, Anbau am Dören.

Augustdorf Nr. 39, Haustenbecker Straße 17. Familie Wistinghausen, vermutlich um 1920. Wilhelm Wistinghausen, Ehefrau Sophie Friedrike geb. Wiebusch, Tochter Anna Minna, Sohn Adolf.
Sammlung Heimatverein Augustdorf

1786 **Schreiter:** 31. Johann Henrich Wistinghausen und dessen Einlieger Kerker.

1792 **Salbuch:** Johann Henrich Wistinghausen.

1828 **Volkszählung:** Wistinghausen, Kolon; Wistinghausen, Leibzüchter; 1 Wohnhaus.

1855 **Salbuch:** Wistinghausen.

1901 **Adressbuch:** Wistinghausen, Wilhelm, Landwirt.

1921 **Landwirtschaftliches Adressbuch:** Wistinghausen; 16 Hektar.

1926 **Adressbuch:** Wistinghausen, Wilhelm, Landwirt; Wieneke, Johanne, Hebamme.

1954 **Adressbuch:** Wistinghausen, Adolf, Landwirt; Heistermann, Reinhard, Weber; Kruschak, Gertrud, Hebamme; Kruschak, Hans, Arbeiter; Thegethoff, Karl, Schiffer; Haustenbecker Straße 39.

1962 **Adressbuch:** Wistinghausen, Adolf, Landwirt; Röhe, Werner, Waldfacharbeiter; Kruschak, Gertrud, Hebamme; Kruschak, Hans, Schlachter; Thegethoff, Karl, Arbeiter; Haustenbecker Straße 39.

Gründer 1781

1 Wistinghausen, Johann Henrich, ⋆ um 1743 in Grastrup (Ksp. Schötmar)[262], † 16.06.1789 in Augustdorf.

⚭ 16.12.1766 in Schötmar

2 Westerheide, Anna Maria Elisabeth, ⋆ 25.05.1744 in Krentruperhagen (Ksp. Schötmar), † 19.09.1803 in Augustdorf.

1766 Einlieger in Hovedissen (Ksp. Schötmar), bei Ostmeyer.

1778 Einlieger in Greste (Ksp. Oerlinghausen).

1784 Kolon und Flachshändler in Augustdorf, Nr. 39.

Ehefrau des Vorbesitzers

2 Wistinghausen, Anna Maria Elisabeth, geb. Westerheide, ⋆ 25.05.1744 in Krentruperhagen (Ksp. Schötmar), † 19.09.1803 in Augustdorf.

⚭ 16.12.1766 in Schötmar

1 Wistinghausen, Johann Henrich, ⋆ um 1743 in Grastrup (Ksp. Schötmar), † 16.06.1789 in Augustdorf.

262 Freundlicher Hinweis von Hildegard Mehrmann, Lage.

Sohn des Vorbesitzers

3 **Wistinghausen,** Johann Christian (Friedrich Christian) aus Greste (Ksp. Oerlinghausen), ~ 24.09.1778 in Oerlinghausen, † 08.04.1849 in Augustdorf.

⚭ [1/1] 31.05.1795 in Stapelage
Kesenkötter (Kaiser), Anne Marie Elisabeth aus „Dingersen Heide, preußischen Amts Heepen", * um 1769, † 24.05.1828 in Augustdorf.

⚭ [2/3] 28.11.1830 in Augustdorf
Böger, Anne Louise Cathrina Elisabeth, geb. Dierk, verw. Hofmeister, * 02.04.1764 in Oerlinghausen[263], † 09.02.1841 in Augustdorf.

1795 Kolon in Augustdorf, Nr. 39.
1830 Leibzüchter in Augustdorf, Nr. 39.
1833 Besitzer in Augustdorf, Nr. 75 ▸ S. 298 f.

Sohn des Vorbesitzers

4 **Wistinghausen,** Johann Arnd Christian Friedrich, * 01.03.1798 in Augustdorf, † 29.11.1855 in Augustdorf.

⚭ 23.10.1825 in Augustdorf
Pollmann, Anne Cathrine Wilhelmine Elisabeth, * 02.05.1802 in Augustdorf (Nr. 80), † 21.05.1860 in Augustdorf.

1825 Kolon in Augustdorf, Nr. 39.

Sohn des Vorbesitzers

5 **Wistinghausen,** Henrich Friedrich Adolph, * 21.06.1834 in Augustdorf, † 22.08.1896 in Augustdorf.

⚭ 28.10.1860 in Augustdorf
Schierenberg, Henriette Friederike Sophie (Hanne), * 09.11.1836 in Augustdorf (Nr. 13), † 03.02.1899 in Augustdorf.

1860 Anerbe und Kolon in Augustdorf Nr. 39.

Sohn des Vorbesitzers

6 **Wistinghausen,** Wilhelm Adolph, * 02.09.1870 in Augustdorf, † 26.04.1945 in Augustdorf.

⚭ 16.02.1897 in Augustdorf
Wiebusch, Sophie Friedrike, * 20.03.1872 in Augustdorf (Nr. 99), † 29.10.1950 in Augustdorf.

1897 Ziegler in Augustdorf.
1901 Landwirt in Augustdorf, Nr. 39.
1926 Landwirt in Augustdorf, Nr. 39.

263 Das im Augustdorfer Sterberegister von 1841 notierte Geburtsdatum konnte im Kirchenbuch Oerlinghausen nicht nachgewiesen werden.

264 Wie es scheint, hat Küstermann die Reihenfolge der Käufer vertauscht, Pollmann erwirbt das Kolonat Nr. 99 erst 1845.

265 Laut Küstermann handelt es sich bei der Parzelle um die zum Frohnenkrug gehörende Schäferei, vgl. Müller-König, Augustdorf, S. 209.

266 Das im Augustdorfer Sterberegister von 1848 angegebene Geburtsdatum konnte im Kirchenbuch Oerlinghausen nicht nachgewiesen werden.

Nr. 99

WIEBUSCH, POLLMANN, KÖSTER, HAUSTENBECKER STRASSE 22

1840 **Kolonatsakte:** Anbau der Wiebuschschen Neuwohnerstätte Nr. 99 zu Augustdorf; Verkauf von Parzellen des Frohneschen Hoppenplöckerkolonats Nr. 38 [▸ S. 259 ff.] zu Augustdorf an Friedrich Wiebusch.
1840 **Küstermann:** Pollmann (Wiebusch)[264], 13 6/8 Scheffelsaat [= 2,360 Hektar], für 900 Reichstaler gekauft von Nr. 38 (Krug)[265].
1845 **Kolonatsakte:** Verkauf des Wiebuschschen Kolonats Nr. 99 an den Einlieger Adolf Pollmann.
1847 **Kolonatsakte:** Anlegung einer Neuwohnerstätte durch den Kolon Wiebusch Nr. 99.
1868 **Salbuch:** Wiebusch; Verkauf an Adolf Köster; eingetragen am 16. April 1868.
1901 **Adressbuch:** Köster, Adolf, Landwirt.
1921 **Landwirtschaftliches Adressbuch:** Köster, Ad.; 19 Hektar.
1926 **Adressbuch:** Köster, Adolf, Landwirt.
1954 **Adressbuch:** Köster, Adolf, Landwirt; Brodsak, Ernst, Obersteuerinspektor i. R.; Westhoff, Franz, Schmied; Haustenbecker Straße 99.
1962 **Adressbuch:** Köster, Gustav, Landwirt; Brodsak, Horst, Angestellter; Laubert, Berta, Rentnerin; Haustenbecker Straße 99.

Gründer 1840

1 **Wiebusch,** Franz Heinrich Christoph (Franz Hermann), geb. Lüdersen aus Oerlinghausen, ~ 21.03.1784 in Oerlinghausen, † 20.02.1866 in Augustdorf.

⚭ [1/1] 20.04.1806 in Augustdorf
Sielemann, Anna Catharina Louisa Elisabeth, * 04.12.1781 in Augustdorf (Nr. 18), † 25.04.1811 in Augustdorf.

⚭ [2/1] 15.11.1811 in Augustdorf
Solle, Anne Katharine Marie Elisabeth, * 25.10.1785 in Oerlinghausen[266], † 07.10.1848 in Augustdorf.

1806 Hoppenplöcker in Augustdorf, Nr. 62 ▸ S. 281 ff.
1840 Besitzer in Augustdorf, Nr. 99.
1846 Armendeche in Augustdorf.
1866 Leibzüchter in Augustdorf, Nr. 62.

Sohn des Vorbesitzers

2 **Wiebusch,** Friedrich Christoph (Christoph Friedrich), * 18.01.1816 in Augustdorf (Nr. 62), † 30.05.1851 in Augustdorf.

⚭ 30.01.1842 in Augustdorf
Pollmann, Catharine Amalie, * 25.12.1820 in Augustdorf (Nr. 80), † 04.01.1890 in Augustdorf.

1842 Kolon in Augustdorf, Nr. 99.
1845 Einlieger in Augustdorf.
1849 Kolon in Augustdorf, Nr. 103 ▸ S. 332.

Käufer 1845

3 **Wiebusch,** Heinrich Adolph, geb. Pollmann, ⋆ 31.03.1816 in Augustdorf (Nr. 80), † 19.01.1867 in Augustdorf.

⚭ 09.05.1841 in Augustdorf
Rott, Catharine Sophie Wilhelmine, ⋆ 12.08.1812 in Augustdorf (Nr. 71), † 30.08.1895 in Augustdorf.

1841 Einlieger in Augustdorf.

1845 Kolon in Augustdorf, Nr. 99.

Käufer 1868

4 **Wiebusch,** Adolph Friedrich Wilhelm, geb. Köster, ⋆ 13.02.1840 in Augustdorf (Nr. 85), † 27.09.1919 in Augustdorf.

⚭ 13.04.1868 in Augustdorf
Rott, Wilhelmine Friederike, ⋆ 06.10.1848 in Augustdorf (Nr. 71), † 30.08.1931 in Augustdorf.

1868 Kolon und Landwirt in Augustdorf, Nr. 99.

1901 Landwirt in Augustdorf, Nr. 99.

Nr. 38
FROHNENKRUG, HAUSTENBECKER STRASSE 33

1780 **Lindinger:** III.

1782 **Kolonatsakte:** Stätte Nr. 3 am Kohl[en]weg, Anlegung einer Neuwohnerstätte durch Schuhmacher Johann Christoph Busch vom Bexter Kotten.

1782 **Küstermann**: Busch, 20 Scheffelsaat [= 3,433 Hektar].

1786 **Schreiter:** 32. Johann Christoph Busch.

1788 **Kolonatsakte:** Verkauf der Stätte des Neuwohners Johann Christoph Busch Nr. 26 [später Nr. 38] am Dören an den Einlieger Jobst Henrich Fillies aus Billinghausen.

1790 **Kolonatsakte:** Zwischen dem Kolon Jost Henrich Fillies in Augustdorf und der Witwe des Bartholdskrügers Hackemack abgeschlossener Kauf- bzw. Verkaufskontrakt über die von dem ersteren vor 2 Jahren angekaufte Stätte Nr. 20 [später Nr. 38]; (auch) Krügerei und Schäfereigerechtigkeit der Witwe Frohne.

1792 **Salbuch:** Busch m. [= modo / jetzt] Fillies, jetzt vid. [= Witwe] Hackemacks, Hoppenplöcker.

1806 **Kolonatsakte:** Konkurs des Besitzers Frohne Nr. 38 zu Augustdorf, [sein Bruder] Niemann zu Währentrup Amts Oerlinghausen hat Frohnen Stätte Nr. 38 zu Augustdorf gekauft für 800 Rthr., 20. März 1806.

1810 **Kolonatsakte:** Übertragung der Schäferei von Nr. 38 an den Kolon Hagemann Nr. 1 [▸ S. 259 ff.].

1812 **Kolonatsakte:** Abtretung der Frohnschen Stätte Nr. 38 zu Augustdorf von dem Halbmeier [Franz Henrich] Niemann Nr. 3 aus Währentrup, Amt Oerlinghausen an die Witwe Frohn[e] zu Augustdorf.

1814 **Kolonatsakte:** Schuldenwesen der Witwe Frohne Nr. 38 zu Augustdorf, Konkurs, Krügerei- und Schäfereigerechtigkeit der Kolonin Frohne Nr. 38 und Verkauf dieser Stätte an den Kolon Diekmann Nr. 42 [▸ S. 188 f.]. in Augustdorf.

1828 **Volkszählung:** Frohne, Krüger; Schling, Witwe; Ostmeier, Einlieger; Brechmann, Einlieger; Büker, Einlieger; Stukenbröker, Witwe; 3 Wohnhäuser.

1836 **Kolonatsakte:** Verkauf der Buscheschen oder Hackemackschen jetzt Frohnschen Hoppenplöckerstätte Nr. 38 zu Augustdorf an den Kolon Baumann Nr. 15 b [▸ S. 198 ff.] daselbst.

1840 **Salbuch:** Hackemack; Verkauf eines Kottens „zu einer Neuwohnerstätte" an Friedrich Wiebusch [Nr. 99 ▸ S. 258 f.].

1847 **Kolonatsakte:** Verkauf an den Kolon Baumann Nr. 15 [b].[267]

1851 **Kolonatsakte:** Verkauf an August Kruse aus Wehrendorf, Bez. Vlotho; derzeitiger Besitzer des Frohnenkruges Nr. 38: Fr. Schierenberg.

1860 **Kolonatsakte:** Verpachtung des Kruseschen Kolonats Nr. 38 an Karl Tiemann aus Meiersfeld [Ksp. Detmold].

1863 **Kolonatsakte:** Dismembration [= Aufteilung von Grundstücken[268]] der Stätte Hackemack oder Kruse Nr. 38 zu Augustdorf: die Hälfte des Hofraums, die Leibzucht etc. geht an Heinrich Wiebusch zur Anlegung der Stätte Nr. 110 [▸ S. 264]. Den Rest der Stätte hat der Einlieger Heinrich Strate gekauft.

1863 **Salbuch:** Hackemack; dismembriert [= aufgeteilt]; die Hälfte des Hofraums, die Leibzucht etc. an Heinrich Wiebusch zur Anlegung der Stätte Nr. 110 [...] den Rest der Stätte hat der frühere Einlieger Strate gekauft.

1864 **Kolonatsakte:** Bau eines Leibzuchthauses auf der Kruseschen Stätte Nr. 38.

1865 **Salbuch:** Hackemack; es kommt hinzu von Pollmann Nr. 19 [▸ S. 153 f.] eine Hudefläche[269]; dort hat Strate das vor kurzem abgebrannte Wohnhaus (Kruggebäude) neu wieder erbaut; eingetragen am 17. Juni 1865.

1901 **Adressbuch:** Lürsen, Friedrich, Landwirt.

1921 **Landwirtschaftliches Adressbuch:** Lürsen, Fr.; 6 Hektar.

---

267 Bei dem Käufer „Baumann Nr. 15 [b]" handelt es sich um Friedrich Schierenberg, den Schwiegersohn des ebenfalls als *Baumann Nr. 15 b* bezeichneten Verkäufers Friedrich Leppelmeier.

268 Vgl. Verdenhalven, Fauler Knecht, S. 16. Stichwort: Dismembration.

269 Mit der „Hudefläche" ist das Areal der späteren Gaststätte Multhaupt gemeint, das die heutigen Grundstücke Pivitsheider Straße 1 und 3 sowie Parzellen im Bereich der Stukenbrocker Straße und des Mergelwegs umfasste. 1890 gab es dort einen umfangreichen Gebäudebestand, 1892 kam ein Lagerhaus hinzu, vgl. auch S. 181 in diesem Band. Der damalige Besitzer Strate hatte 1863 die Witwe des Försters Holzkämper geheiratet, die auf der Stätte Nr. 94 einen Krämerladen betrieb. Deren Sohn übernahm 1890 die Krugstätte, die dann die Hausnummer 132 erhielt.

1926 **Adressbuch:** Lüersen, Friedrich, Standesamt und Schiedsmann.
1954 **Adressbuch:** Lüersen, Fritz, Landwirt; Rubart, Adolf, Arbeiter; Schulz, Walter, Handelsvertreter; Haustenbecker Straße 38.
1962 **Adressbuch:** Funke, August, Rentner; Funke, Wilhelm, Arbeiter; Haustenbecker Straße 38.

Gründer 1782

1 **Busch,** Johann Christoph aus Bexten (Ksp. Schötmar), * um 1751, † 12.06.1810 in Augustdorf.
⚭ [1/1] um 1786
[N.N.], Anna Maria, * um 1754, † 27.10.1802 in Augustdorf.
⚭ [2/1] 22.01.1804 in Augustdorf
Wächter, Sophia Elisabeth aus Krentruperhagen (Ksp. Schötmar).
1782 Schuhmacher „im Bexter Kotten".
1782 Kolon in Augustdorf, Nr. 38.
1786 Schuster[270] in Augustdorf, Nr. 38.
1788 Gründer und Schuhmacher in Augustdorf, Nr. 37 ▸ S. 263 f.
1806 Leibzüchter in Augustdorf, Nr. 37.

Käufer 1788

2 **Fillies,** Jobst Henrich aus Billinghausen (Ksp. Stapelage).
1788 Kolon in Augustdorf, Nr. 38.

Käuferin 1790

3 **Hackemack,** Anne Catharine Elisabeth, geb. Honerlah, * um 1744, † 10.03.1792 in Augustdorf.
⚭ [1/2] 13.12.1769 in Oerlinghausen
Grothe, Johann Bernd aus Oerlinghausen, ~ 10.01.1731 in Oerlinghausen, † 10.08.1771 in Oerlinghausen.
⚭ [2/1] 21.12.1771 in Oerlinghausen
Hackemack, Hermann Ludolph, * um 1743 in Bentrup (Ksp. Heiden), † um 1790.
⚭ [3/1] 20.01.1792 in Stapelage
4 **Frohne,** Johan Töns Christoph, * 13.01.1754 in Ehrdissen (Ksp. Schötmar), † 14.12.1810 in Augustdorf.
1790 Witwe in Augustdorf, Nr. 38.

Zweiter Ehemann der Vorbesitzerin

4 **Frohne,** Johan Töns Christoph, * 13.01.1754 in Ehrdissen (Ksp. Schötmar), † 14.12.1810 in Augustdorf.
⚭ [1/3] 20.01.1792 in Stapelage
3 **Hackemack,** Anne Catharine Elisabeth, geb. Honerlah, * um 1744, † 10.03.1792 in Augustdorf.
⚭ [2/1] 15.09.1792 in Stapelage
Vietmeier, Henriette Louise Anne Marie aus dem Siekkrug (Bschft. Pottenhausen, Ksp. Lage), ~ 23.04.1768 in Lage, † 27.06.1793 in Augustdorf.
⚭ [3/1] 15.04.1794 in Stapelage
Lange, Anne Marie aus Oetenhausen (Ksp. Oerlinghausen), * um 1768, † 22.02.1795 in Augustdorf.
⚭ [4/1] 12.09.1795 in Stapelage
5 **Pöppinghaus,** Friederike Sophie, * 24.04.1774 in Hiddesen (Ksp. Detmold), † 29.05.1838 in Augustdorf.
1792 Kolon in Augustdorf, Nr. 38.

Vierte Ehefrau des Vorbesitzers

5 **Frohne,** Friederike Sophie, geb. Pöppinghaus, * 24.04.1774 in Hiddesen (Ksp. Detmold), † 29.05.1838 in Augustdorf.
⚭ [1/4] 12.09.1795 in Stapelage
4 **Frohne,** Johan Töns Christoph, * 13.01.1754 in Ehrdissen (Ksp. Schötmar), † 14.12.1810 in Augustdorf.
1810 Witwe in Augustdorf, Nr. 38.
1838 Einliegerin[271] und Witwe in Augustdorf.

Käufer 1806, Bruder des Besitzers 4

6 **Niemann,** Franz Henrich[272], geb. Frohne, * 26.09.1748 in Ehrdissen (Ksp. Schötmar), † 08.06.1824 in Währentrup (Ksp. Oerlinghausen).
⚭ [1/2] 17.07.1783 in Oerlinghausen
Niemann, Anna Maria Elisabeth, geb. Krawinkel, * um 1721, † 02.07.1792 in Währentrup (Ksp. Oerlinghausen).
⚭ [2/1] 21.12.1792 in Oerlinghausen
Keyser, Anna Catharina Eliesabeth, * 29.10.1765 in Ubbedissen (Ksp. Oerlinghausen), † 26.03.1801 in Währentrup (Ksp. Oerlinghausen).
⚭ [3/1] 28.12.1801 in Oerlinghausen
Reuen, Elisabeth (Anna Catharina Elisabeth), * 05.02.1764 in Evenhausen (Ksp. Schötmar), † 21.12.1842 in Lage.
1783 Kolon in Währentrup, Nr. 3.
1806 Besitzer in Augustdorf, Nr. 38.

Käuferin 1812

7 **Frohne,** Friederike Sophie, geb. Pöppinghaus, * 24.04.1774 in Hiddesen (Ksp. Detmold), † 29.05.1838 in Augustdorf.
⚭ [1/4] 12.09.1795 in Stapelage
4 **Frohne,** Johan Töns Christoph, * 13.01.1754 in Ehrdissen (Ksp. Schötmar), † 14.12.1810 in Augustdorf.
1810 Witwe in Augustdorf, Nr. 38.
1838 Einliegerin und Witwe in Augustdorf.

Käufer 1816

8 **Frohne,** Johann Hermann Philipp, geb. Diekmann, * 11.07.1780 in Wülfer (Ksp. Schötmar), † 07.03.1847 in Herkendorf (Flecken Aerzen, Amt Hameln).

270 LAV NRW OWL L 108 Lage Fach 2 Nr.16 b, Bericht des Amtsrats Schreiter.
271 In einem Verzeichnis der „unvermögenden Einlieger" des Amtes Lage von 1817 wird unter Augustdorf die „Witwe Frohne" genannt. Ob es sich dabei um die vormalige ‚Frohnenkrügerin' handelt, konnte nicht ermittelt werden.
272 Für die freundliche Mitteilung der Daten des Besitzers Niemann danke ich Uwe Standera, Bielefeld.

⚭ 24.10.1802 in Augustdorf
Deppe (Moellers), Amalia Elisabeth „aus der Mühle zu Heiden", ~ 13.06.1779 in Heiden, † 14.08.1846 in Herkendorf (Flecken Aerzen, Amt Hameln).

1802 Kolon in Augustdorf, Nr. 42 ▸ S. 188 f.
1816 Kolon in Augustdorf, Nr. 38.
1819 Besitzer in Augustdorf, Nr. 23 ▸ S. 161 ff.
1836 Kolon in Cappel (Amt Blomberg), Nr. 5.
1840 Brinksitzer[273] in Herkendorf (Flecken Aerzen, Amt Hameln).

Besitzer oder Pächter 1831

9 **Büker,** Hermann Henrich Christoph, ⋆ 02.12.1792 in Augustdorf (Nr. 35), † 22.06.1861 in Augustdorf.
⚭ 19.11.1820 in Augustdorf
Stukenbrock, Anna Catharina Friedrike Louise, ⋆ 14.01.1791 in Lopshorn (Ksp. Detmold), † 14.05.1858 in Augustdorf.

1831 Kolon in Augustdorf, Nr. 38.
1854 Einlieger in Augustdorf.

Sohn des Besitzers 6

10 **Frohne,** Johann Cord Henrich, geb. Diekmann, ⋆ 26.07.1804 in Augustdorf (Nr.38), † 11.02.1870 in Friedrichsburg (Ksp. Fuhlen, Grafschaft Schaumburg).
⚭ 08.08.1830 in Augustdorf
Sieweke, Anna Cathrina Wilhelmine, ⋆ 27.08.1809 in Augustdorf (Nr. 36), † 04.02.1868 in Friedrichsburg (Ksp. Fuhlen, Grafschaft Schaumburg).

1832 Kolon in Augustdorf, Nr. 38.
1837 Kolon und Gastwirt in Friedrichsburg (Grafschaft Schaumburg).
1870 Leibzüchter in Friedrichsburg (Grafschaft Schaumburg), Nr. 6.

Käufer 1836

11 **Frohne (Baumann oder Leppelmeier),** Johann Friedrich Adolf, geb. Leppelmeier, ⋆ 30.03.1790 in Krentrup (Ksp. Schötmar), † 12.01.1861[274] in Augustdorf.
⚭ [1/1] 04.02.1816 in Augustdorf
Strate, Anna Margarete Marie Ilsebein, ⋆ 26.07.1790 in Augustdorf (Nr. 8), † 28.09.1835 in Augustdorf.
⚭ [2/2] 20.03.1836 in Augustdorf
Strate, Friederike Caroline Amalie, geb. Strate, ⋆ 13.03.1793 in Augustdorf (Nr. 8), † 26.12.1853 in Augustdorf.
⚭ [3/2] 18.06.1854 in Augustdorf
Erfkamp, Henriette Wilhelmine, geb. Bastian, ⋆ 27.11.1784 in Heiligenkirchen, † 01.05.1861 in Augustdorf.

1816 Einlieger in Augustdorf.
1822 Kolon in Augustdorf, Nr. 15 b ▸ S. 198 ff.
1832 Besitzer in Augustdorf, Nr. 32 ▸ S. 270 ff.
1833 Vorsteher in Augustdorf.
1836 Krüger in Augustdorf, Nr. 38.
1861 Leibzüchter in Augustdorf, Nr. 38.

Käufer 1847

12 **Frohne,** Friedrich Adolph, geb. Schierenberg, ⋆ 20.05.1813 in Augustdorf (Nr. 13), † 20.03.1870 in Augustdorf.
⚭ 09.02.1840 in Augustdorf
Leppelmeier, Friedrike Henriette, ⋆ 24.10.1816 in Augustdorf, † 30.09.1904 in Augustdorf.

1840 Einlieger in Augustdorf.
1843 Kolon und Ziegelmeister in Augustdorf, Nr. 15 b [▸ S. 198 ff.].
1847 Krüger und Kolon in Augustdorf, Nr. 38.
1858 Einlieger in Augustdorf.

Käufer 1851

13 **Frohne,** Christian Friedrich August, geb. Kruse, ⋆ 06.05.1813 in Bermbeck (Ksp. Herford, Münstergemeinde).
⚭ 16.04.1838 in Valdorf (Amt Vlotho)
Meier zu Pehlen, Anne Marie Friederike Charlotte, ⋆ 02.12.1816 in Wehrendorf (Ksp. Valdorf, Amt Vlotho).

1847 Heuerling [= Einlieger] in Wehrendorf (Amt Vlotho).
1851 Krüger und Kolon in Augustdorf, Nr. 38.

Pächter 1860

14 **Tiemann,** Karl Friedrich Wilhelm, ⋆ 30.12.1832 in Meiersfeld (Ksp. Detmold).
⚭ 01.06.1859 in Brackwede
Menkhof, Karoline Auguste, ⋆ 13.04.1835 in Brackwede, † 16.11.1861 in Augustdorf.

1860 Krugpächter in Augustdorf, Nr. 38.

Käufer 1863

15 **Strate,** Friedrich Heinrich Conrad, ⋆ 30.08.1831 in Augustdorf (Nr. 8), † 08.02.1903 in Heiligenkirchen.
⚭ [1/2] 01.02.1863 in Augustdorf
Holzkämper, Johanne Wilhelmine Charlotte, geb. Renne, ⋆ 29.11.1823 in Haustenbeck, † 17.01.1911 in Heiligenkirchen.

1863 Kolon und Krüger in Augustdorf, Nr. 38.
1865 Gründer in Augustdorf Nr. 132 ▸ S. 180 f.

---

273 Bei Brinksitzern handelt es um „Hausbesitzer ohne Land, allenfalls mit Garten, die am Rande (am „Brink") des Hausstättengeländes eines Hofes wohnen", vgl. Schütte, Wörter, S. 159. Krünitz, Oeconomische Encyclopädie, Stichwort: Brinksitzer, mit Verweis auf „Häusler", versteht darunter – in Analogie zur im lippischen Sprachgebrauch geläufigen Bezeichnung *Einlieger* – „geringe Bauersleute, welche mit keinem Hause angesessen sind", eingesehen am 7. November 2023 https://www.kruenitz1.uni-trier.de/background/entries_vol006b.htm

274 Im Sterbeeintrag des Augustdorfer Kirchenbuchs erscheint Johann Friedrich Adolf Leppelmeier als „Hackemack (Frohne)".

Besitzer 1890

16 **Lüersen,** Töns Friedrich Adolph, ⭑ 20.11.1859 in Augustdorf (Nr. 94), † 13.07.1926 in Augustdorf.

⚭ 07.04.1890 in Augustdorf

Wistinghausen, Wilhelmine Sophie Amalie, ⭑ 18.08.1863 in Augustdorf (Nr. 39), † 14.06.1925 in Augustdorf.

1890 Ziegelmeister und Kolon in Augustdorf, Nr. 38.

1901 Landwirt in Augustdorf, Nr. 38.

■ Erste Hinweise zur Existenz eines Kruges auf der Stätte Nr. 38[275] bietet die Kolonatsakte von 1790. Demnach hatte die Witwe Anne Catharine Elisabeth Hackemack, geborene Honerlah, das Kolonat gekauft und dort einen Krug und eine Schäferei betrieben. Schon ihr verstorbener Ehemann, der Bartholdskrüger Hermann Ludolph Hackemack, wollte sich als Wirt am Dören niederlassen, seinem Antrag bezüglich der Nachfolge des Dörenkrügers Struß blieb das Einverständnis der Rentkammer jedoch versagt. Was ihm nicht geglückt war, gelang seiner Witwe, die offenbar in Augustdorf heimisch wurde und hier 1792 Töns Christoph Frohne aus Ehrdissen heiratete. Der Name *Frohne* blieb an der Hackemackschen Krugwirtschaft haften, auch wenn die Besitzverhältnisse häufigen Änderungen unterlagen.

Ab 1806 prägten Konkurse und diverse Eigentümerwechsel die Geschichte des Frohnenkruges. 1836 erwarb beispielsweise der Kaufmann Friedrich Leppelmeier die Stätte. Sein Bruder Adolph Leppelmeier betrieb bereits seit 1833 einen Hökerhandel im Haus der späteren Gastwirtschaft Zur Linde.[276] 1863 erfolgte die Übernahme der Krugstätte Nr. 38 durch Heinrich Strate, dessen Familie ebenfalls zum Kreis der Augustdorfer Händler und Gewerbetreibenden zählte. Nachdem der Krug 1865 am alten Standort abgebrannt war, errichtete Strate innerhalb der Ortsmitte ein neues Gebäude, heute bekannt als Gaststätte Multhaupt[277]. In direkter Nachbarschaft des ursprünglichen Frohnenkrug-Areals fand indes weiterhin der 1844 ins Leben gerufene Jahrmarkt statt, über den der Chronist Küstermann ausführlich berichtet.[278]

275 Vgl. S. 259 in diesem Band.
276 Vgl. S. 200 in diesem Band.
277 Vgl. S. 181 in diesem Band.
278 Vgl. Küstermann, Geschichte, Bd. I, 1. Teil, Abschrift 2010, S. 153 ff. sowie Müller-König, Augustdorf, S. 158 ff.

Das Areal des ehemaligen Frohnenkruges, hier noch als „Hackemack Nr. 38“ bezeichnet. Der Ausschnitt entstammt der Overbeck-Karte von 1816 (▸ Vorsatz). LAV NRW OWL D 73 Tit. 4 Nr. 5385

Nr. 37

BUSCH, HAGEMANN, TIEMANN, SCHULZE-WERMELING, HAUSTENBECKER STRASSE 30

1782 **Kolonatsakte:** Anlegung einer Neuwohnerstätte durch Johann Christoph Busch.

1782 **Kolonatsakte:** Einlieger und Schuhmacher Johann Christoph Busch, Bexterkotten, Amt Schötmar, Anbau am Dören.

1788 **Schreiter:** 49. Busch.

1789 **Küstermann:** Busch[279]; 20 Scheffelsaat [= 3,433 Hektar].

1792 **Salbuch:** Johann Christoph Busch, Hoppenplöcker.

1828 **Volkszählung:** Busch, Kolon; Lükermann, Witwe; Frohne, Witwe; Lükermann, Einlieger; 2 Wohnhäuser.

1867 **Kolonatsakte:** Verzichtsleistung des Kolons Hermann Kleinegees oder Busch Nr. 28 zu Hörste auf sein Anerbrecht zur Stätte Busch Nr. 37 zu Augustdorf.

1878 **Kolonatsakte:** Anlegung von 2 Kotten seitens des Kolons Heinrich Busch Nr. 37 zu Augustdorf.

1878 **Salbuch:** Busch; zwei Kotten angelegt; eingetragen am 31. August 1878.

1880 **Salbuch:** Busch; Verkauf an Hermann Hagemann; umgeschrieben am 27. März 1880.

1880 **Salbuch:** Hagemann, Hermann; Verkauf [der beiden Kotten] an Wilhelm Wiebusch und Adolf Erfkamp als Neuwohnerstätten Nr. 128 [▸ S. 331] und Nr. 129 [▸ S. 332]; eingetragen am 19. Juni 1880.

1901 **Adressbuch:** Hagemann, Hermann, Landwirt; Löhr, Friedrich, Ziegler; Ostmann, Heinrich, Ziegler.

1921 **Landwirtschaftliches Adressbuch:** Hagemann, Hermann; 14 Hektar.

1926 **Adressbuch:** Hagemann, Hermann, Viehhändler und Landwirt; Tiemann, Heinrich, Fabrikarbeiter.

1953 **Hofkartenbetriebe:** Tiemann, C. K.; 14,85 Hektar.

1954 **Adressbuch:** Schulze-Wermeling, Karl, Landwirt; Haustenbecker Straße 137.

1962 **Adressbuch:** Schulze-Wermeling, Karl, Landwirt; Haustenbecker Straße 137.

Gründer 1788

1 Busch, Johann Christoph aus Bexten (Ksp. Schötmar), * 1751, † 12.06.1810 in Augustdorf.

⚭ [1/1] um 1786
[N. N.], Anna Maria, * um 1754, † 27.10.1802 in Augustdorf.

⚭ [2/1] 22.01.1804 in Augustdorf
Wächter, Sophia Elisabeth aus Krentruperhagen (Ksp. Schötmar).

Augustdorf Nr. 37, Haustenbecker Straße, heute Parkplatz Schlingsbruch. Rückwärtige Ansicht des mittlerweile abgebrochenen Hofgebäudes.
Sammlung Heimatverein Augustdorf, o. J.

1782 Gründer in Augustdorf, Nr. 38 ▸ S. 259 ff.

1788 Kolon und Schuhmacher in Augustdorf, Nr. 37.

1806 Leibzüchter in Augustdorf, Nr. 37.

Sohn des Vorbesitzers

2 Busch, Jobst Henrich, * um 1778, † 26.03.1832 in Augustdorf.

⚭ [1/1] 24.04.1803 in Augustdorf
Erfkamp, Amalie Elisabeth, * 16.06.1777 in Hiddentrup (Ksp. Stapelage), † 04.04.1830 in Augustdorf.

⚭ [2/1] 21.11.1830 in Augustdorf
3 Pollmann, Anna Maria Louisa (Anna Marie Sophie Friederike), * 10.02.1809 in Augustdorf, † 20.03.1876 in Augustdorf.

1808 Kolon in Augustdorf, Nr. 37.

1812 Vorsteher in Augustdorf.

Ehefrau des Vorbesitzers

3 Busch, Anna Maria Louisa (Anna Marie Sophie Friederike), geb. Pollmann, * 10.02.1809 in Augustdorf, † 20.03.1876 in Augustdorf.

⚭ [1/2] 21.11.1830 in Augustdorf
2 Busch, Jobst Henrich, * um 1778, † 26.03.1832 in Augustdorf.

⚭ [2/1] 23.12.1832 in Augustdorf
4 Lüdeking, Johann Henrich, * 07.09.1808 in Augustdorf (Nr. 75), † 08.02.1880 in Augustdorf.

1832 Witwe in Augustdorf, Nr. 37.

279 Küstermann verweist in seiner Tabelle darauf, dass die Stätte Nr. 38 älter ist als das Kolonat Nr. 37, vgl. Müller-König, Augustdorf, S. 209.

Zweiter Ehemann der Vorbesitzerin

4 **Busch,** Johann Henrich, geb. Lüdeking, * 07.09.1808 in Augustdorf (Nr. 75), † 08.02.1880 in Augustdorf.

⚭ [1/2] 23.12.1832 in Augustdorf

3 Busch, Anna Maria Louisa (Anna Marie Sophie Friederike), geb. Pollmann, * 10.02.1809 in Augustdorf, † 20.03.1876 in Augustdorf.

1832 Kolon in Augustdorf, Nr. 37.

1858 Kirchendeche in Augustdorf.

Käufer 1880

5 **Hagemann,** Hermann August, * 18.05.1854 in Augustdorf (Nr. 1), † 16.05.1921 in Augustdorf.

⚭ 06.05.1881 in Augustdorf

Ostmann, Charlotte Karoline, * 04.11.1853 in Hörste (Ksp. Stapelage), † 05.05.1912 in Augustdorf.

1880 Kolon und Landwirt in Augustdorf, Nr. 37.

1901 Landwirt in Augustdorf, Nr. 37.

1901 Besitzer in Augustdorf, Nr. 32 ▸ S. 270 ff.

280 Vgl. Verdenhalven, Fauler Knecht, S. 16. Stichwort: Dismembration.

281 Laut Müller-König, Augustdorf, S. 211 nennt Küstermann in seiner Aufstellung der Kolonate unter Nr. 110 „die Schule". Diese Angabe wurde offenbar der Abschrift von 1924 entnommen. Das Original der Küstermannschen Handschrift zeigt an der entsprechenden Stelle eine Auslassung, der Hinweis auf die Schule erscheint dort erst in der nächsten Zeile, vgl. LAV NRW OWL D 71 Nr. 469, S. 200 b.

Nr. 110

WIEBUSCH, HAUSTENBECKER STRASSE 31, 31a

1863 **Kolonatsakte:** Dismembration [= Aufteilung von Grundstücken[280]] der Stätte Hackemack oder Kruse Nr. 38 [▸ S. 259 ff.] zu Augustdorf, Käufer der Stätte: Heinrich Strate.

1863 **Küstermann:** [Wiebusch][281]; 10 1/8 Scheffelsaat [= 1,738 Hektar].

1863 **Salbuch:** Nr. 38 Hackemack; die Hälfte des Hofraums, die Leibzucht etc. an Heinrich Wiebusch zur Anlegung der Stätte Nr. 110 [...], den Rest der Stätte hat der frühere Einlieger Strate gekauft.

1863 **Salbuch:** Nr. 110 Wiebusch; hat die Zubehörungen dieser Stätte vom Hackemackschen Kolonate Nr. 38 gekauft; eingetragen am 24. Juli 1863.

1901 **Adressbuch:** Wiebusch, Hermann, Hausschlachter.

1921 **Landwirtschaftliches Adressbuch:** Wiebusch, Hermann; 14 Hektar.

1926 **Adressbuch:** Wiebusch, Heinrich, Hausschlachter und Landwirt; Wiebusch, Hermann, Hausschlachter.

1954 **Adressbuch:** Wiebusch, Heinrich, Textilarbeiter; Wiebusch, Heinrich, Rentner; Mayer, Josef, Arbeiter; Haustenbecker Straße 110.

1962 **Adressbuch:** Schelenz, Heinz, Kraftfahrer; Mayer, Josef, Arbeiter; Haustenbecker Straße 110.

Gründer 1863

1 **Wiebusch,** Friedrich Adolph Heinrich, * 22.09.1825 in Augustdorf (Nr. 62), † 01.03.1898 in Augustdorf.

⚭ 07.12.1851 in Augustdorf

Büker, Justine Henriette, * 30.09.1825 in Augustdorf (Nr. 35), † 25.01.1893 in Augustdorf.

1851 Einlieger und Schlachter in Augustdorf.

1863 Schlachter und Kolon in Augustdorf, Nr. 110.

Sohn des Vorbesitzers

2 **Wiebusch,** Christoph Heinrich Hermann, * 12.07.1859 in Augustdorf (Nr. 62), † 02.12.1936 im Lindenhaus (Bschft. Brake, Ksp. Brake), ‡ 06.12.1936 in Augustdorf.

⚭ 08.11.1885 in Augustdorf

Schulz (Schulze), Louise Wilhelmine, * 11.08.1858 in Langenholzhausen, † 16.02.1918 in Augustdorf.

1901 Hausschlachter in Augustdorf, Nr. 110.

1926 Hausschlachter in Augustdorf, Nr. 110.

Augustdorf Nr. 298, Haustenbecker Straße 33. Ehemalige Scheune von Nr. 110, später Wohnhaus der Familie Jakoby. Privatbesitz A. Jakoby, o. J.

Nr. 36

KERKER, SIEWEKE,
HAUSTENBECKER STRASSE 39, 41

1780 **Lindinger:** V.

1783 **Kolonatsakte:** Abweisung des Hovedisser Kötters Johann Dieterich Kerker aus Brake in der Bauerschaft Schildesche wegen Anbaues am Dören, da K. nicht das hierfür erforderliche Vermögen besitzt.

1783 **Kolonatsakte:** 5. Stätte, Anlegung einer Neuwohnerstätte durch Johann Diederich Kerker aus Hovedissen, früher Brake Bauerschaft Schildesche.

1786 **Schreiter:** 33. Joh. Dietrich Kerker.[282]

1789 **Küstermann:** Kerker; 20 Scheffelsaat [=3,433 Hektar].

1792 **Salbuch:** Kerker modo [= jetzt] Sieweke, Hoppenplöcker.

1828 **Volkszählung:** Sieveke, Kolon; 1 Wohnhaus.

1848 **Kolonatsakte:** Kauf bzw. Verkaufskontrakt zwischen Sieweke und Franz Henrich Christoph als dessen ersten Sohn.

1875 **Kolonatsakte:** Umschreibung der Stätte Sieweke Nr. 36 in Augustdorf auf den Namen des Anerben August Sieweke daselbst.

1875 **Salbuch:** Sieweke; Abtretung an August Sieweke; umgeschrieben am 30. Oktober 1875.

1901 **Adressbuch:** Sieweke, August, Landwirt; Heißenberg, Friedrich, Ziegler; Köster, Adolf, Ziegler; Pollmann, Friedrich, Ziegler.

1921 **Landwirtschaftliches Adressbuch:** Sieweke, Hermann; 18 Hektar.

1926 **Adressbuch:** Sieweke, Hermann, Landwirt; Heistermann, Hermann, Fabrikarbeiter; Wistinghausen, Wilhelmine, Landarbeiterin.

1954 **Adressbuch:** Sieweke, Hermann, Rentner; Johanningmann, Stefan, Landwirt; Fette, Arthur, Musiker; Haustenbecker Straße 36.

1962 **Adressbuch:** Sieweke, Auguste, Hausfrau; Johanningmann, Stefan, Landwirt; Fette, Arthur, Mechaniker; Fette, Horst, Malermeister; Mosdzen, Irene, Bufetthilfe; Haustenbecker Straße 36.

Gründer 1783

1 **Kerker,** Johann Diederich aus Brake (Bschft. Schildesche).

1783 Kötter in Hovedissen (Ksp. Schötmar).

1783 Kolon in Augustdorf, Nr. 36.

1788 Gründer in Augustdorf, Nr. 35 ▸ S. 266 f.

Besitzer 1800

2 **Sieweke,** Johann Christoph aus Greste (Ksp. Oerlinghausen), * um 1757, † 21.02.1825 in Augustdorf.

1797 Vorsteher in Augustdorf.[283]

1800 Kolon in Augustdorf, Nr. 36.

Sohn des Vorbesitzers

3 **Sieweke,** Johann Töns Henrich (Anton Christoph) aus Greste (Ksp. Oerlinghausen), * um 1785, † 22.10.1851 in Augustdorf.

⚭ [1/1] 23.10.1808 in Augustdorf
Wiemann (Windmüller) Anna Marie Louisa aus Hiddentrup (Ksp. Stapelage), * um 1780, † 08.08.1835 in Augustdorf.

⚭ [2/2] 17.03.1837 in Stapelage
Bügener, Anne Catharine Elisabeth, geb. Hilgenstühler, * 04.04.1775 in Stapelage, † 01.06.1850 in Augustdorf.

1810 Kolon in Augustdorf, Nr. 36.

1851 Leibzüchter in Augustdorf, Nr. 36.

Sohn des Vorbesitzers

4 **Sieweke,** Franz Henrich Christoph, * 20.10.1813 in Augustdorf, † 02.07.1854 in Augustdorf.

⚭ 20.08.1843 in Augustdorf
5 **Hagemann,** Friederike Wilhelmine Juliana, * 04.03.1823 in Augustdorf (Nr. 1), † 01.12.1883 in Augustdorf.

1846 Einlieger in Augustdorf.

1848 Kolon in Augustdorf, Nr. 36.

Ehefrau des Vorbesitzers

5 **Sieweke,** Friederike Wilhelmine Juliana, geb. Hagemann, * 04.03.1823 in Augustdorf (Nr. 1), † 01.12.1883 in Augustdorf.

⚭ [1/1] 20.08.1843 in Augustdorf
4 **Sieweke**, Franz Henrich Christoph, * 20.10.1813 in Augustdorf, † 02.07.1854 in Augustdorf.

⚭ [2/1] 18.07.1855 in Augustdorf
6 **Detert,** Hermann Friedrich Wilhelm, * 28.08.1828 in Augustdorf (Nr. 34), † 24.09.1872 in Augustdorf.

1855 Witwe in Augustdorf, Nr. 36.

Zweiter Ehemann der Vorbesitzerin

6 **Sieweke,** Hermann Friedrich Wilhelm, geb. Detert, * 28.08.1828 in Augustdorf (Nr. 34), † 24.09.1872 in Augustdorf.

⚭ [1/2] 18.07.1855 in Augustdorf
5 **Sieweke,** Friederike Wilhelmine Juliana, geb. Hagemann, * 04.03.1823 in Augustdorf (Nr. 1), † 01.12.1883 in Augustdorf.

1855 Kolon und Interimswirt in Augustdorf, Nr. 36.

---

282 In der von Amtsrat Schreiter angelegten Tabelle wurde Johann Diederich Kerker noch im Jahr 1786 als Einlieger geführt. Laut Schreiter beginnt Kerker auch erst um diese Zeit mit der Urbarmachung des ihm zugewiesenen Areals.

283 Vgl. Küstermann, Geschichte, Bd. I, 2. Teil, Abschrift 2010, S. 264.

Sohn des Besitzers 4

7 **Sieweke,** Heinrich August, ⋆ 26.11.1846 in Augustdorf, † 12.12.1906 in Augustdorf.

⚭ [1/1] 21.11.1875 in Augustdorf
Prante, Hanne Justine Konradine, ⋆ 19.06.1845 in „Lipp. Reihe“[284] (Ksp. Oerlinghausen), † 28.03.1889 in Augustdorf.

⚭ [2/2] 27.10.1889 in Augustdorf
Hellweg, Charlotte Amalie Dorothea, geb. Schwarze, ⋆ 02.08.1849 in Brokhausen (Ksp. Detmold), † 22.04.1917 in Mosebeck (Ksp. Vahlhausen, Amt Detmold).

1875 Kolon und Anerbe in Augustdorf, Nr. 36.
1901 Landwirt in Augustdorf, Nr. 36.

Nr. 35
KERKER, BÜGENER, BÜKER, WIßBROK (WIßBROCK, WISSBROK), ROTT, HAUSTENBECKER STRASSE 42

1788 **Kolonatsakte:** Kerker später Bügener, Anlegung einer Neuwohnerstätte durch Johann Diederich Kerker.
1788 **Schreiter:** 50. Kerker.
1788 **Kolonatsakte:** Anbau am Dören des Johann Dietrich Kerker auf der Stätte Nr. 95[285].
1789 **Küstermann:** Kerker; 10 Scheffelsaat [=1,717 Hektar].
1792 **Salbuch:** Joh. Dieter Kerker modo [=jetzt] Bügener.
1828 **Volkszählung:** Büker, Kolon; 1 Wohnhaus.
1886 **Salbuch:** Bügener; auf Friedrich Büker umgeschrieben am 3. Dezember 1886.
1901 **Adressbuch:** Wißbrok, Friedrich, Landwirt; Froböse, Karl, Ziegler.
1921 **Landwirtschaftliches Adressbuch:** Wißbrock, Hermann; 19 Hektar.
1926 **Adressbuch:** Wißbrock, Hermann, Landwirt; Rott, Adolf, Ziegler; Köster, Hermann, Fabrikarbeiter.
1953 **Hofkartenbetriebe:** Rott, Adolf; 14 Hektar.
1954 **Adressbuch:** Rott, Adolf, Landwirt; Rott; Haustenbecker Straße 35.
1962 **Adressbuch:** Rott, Adolf, Landwirt; Rott, Friedhelm, Landwirt; Haustenbecker Straße 35.

284 Die sogenannte Lippische Reihe wurde 1841 Teil der Bauerschaft Senne im Amt Oerlinghausen, 1927 erfolgte die Umbenennung in *Lipperreihe*. Vgl. Wikipedia, Stichwort: Lipperreihe, eingesehen am 3. Juli 2022.

285 Die Angabe Nr. 95 ist nicht korrekt, gemeint war Nr. 35.

Gründer 1788

1 **Kerker,** Johann Diederich aus Brake (Bschft. Schildesche).
1783 Kötter in Hovedissen.
1783 Gründer in Augustdorf, Nr. 36 ▸ S. 265 f.
1788 Kolon in Augustdorf, Nr. 35.

Käufer 1790

2 **Bügener,** Johann Friedrich, ⋆ 19.11.1741 in Biebelnheim (Kurpfalz), † 31.07.1807 in Augustdorf.

⚭ um 1760 in Biebelnheim (Kurpfalz)
[N. N.], Anna Margarethe aus Partenheim (Kurpfalz), † 06.08.1799 in Augustdorf.

1764 Ochsenknecht in Braunenbruch (Bschft. Heidenoldendorf, Ksp. Detmold).
1780 Kolon in Augustdorf, Nr. 9 ▸ S. 135 f.
1790 Besitzer in Augustdorf, Nr. 35.

Tochter des Vorbesitzers

3 **Bügener,** Henriette aus Braunenbruch (Bschft. Heidenoldendorf, Ksp. Detmold), ~ 25.11.1764 in Detmold, † 31.12.1801 in Augustdorf.

⚭ 21.11.1790 in Stapelage
4 **Büker,** Johann Christoph aus Mackenbruch (Ksp. Oerlinghausen), ~ 13.08.1758 in Oerlinghausen, † 15.09.1827 in Augustdorf.

Ehemann der Vorbesitzerin

4 **Büker,** Johann Christoph aus Mackenbruch (Ksp. Oerlinghausen), ~ 13.08.1758 in Oerlinghausen, † 15.09.1827 in Augustdorf.

⚭ [1/1] 21.11.1790 in Stapelage
3 **Bügener,** Henriette aus Braunenbruch (Bschft. Heidenoldendorf, Ksp. Detmold), ~ 25.11.1764 in Detmold, † 31.12.1801 in Augustdorf.

⚭ [2/3] 24.10.1802 in Augustdorf
Diekmann, Anne Margarethe Elisabeth, geb. Köster, verw. Bent, aus Iggenhausen (Bschft. Pottenhausen, Ksp. Lage), ⋆ um 1747, † 11.11.1819 in Augustdorf.
1790 Kolon in Augustdorf, Nr. 35.

Sohn des Vorbesitzers

5 **Büker,** Johann Christoph, ⋆ 07.10.1791 in Augustdorf, † 22.09.1865 in Augustdorf.

⚭ [1/1] 21.11.1813 in Augustdorf
Tegeler, Anne Margarethe Ilsabein, ⋆ 08.03.1790 in Augustdorf (Nr. 46), † 05.10.1823 in Augustdorf.

⚭ [2/1] 03.10.1824 in Augustdorf
Exter, Anna Maria Wilhelmine, ⋆ 25.02.1798 in Augustdorf (Nr. 59), † 25.12.1834 in Augustdorf.

⚭ [3/1] 02.08.1835 in Augustdorf
Exter, Catharina Sophia Ilsabein, ⋆ 20.08.1803 in Augustdorf (Nr. 59).

1813 Kolon in Augustdorf, Nr. 35.
1843 Leibzüchter in Augustdorf, Nr. 35.

Augustdorf Nr. 35. Adolf Rott beim Pflügen eines an der Pivitsheider Straße gelegenen Ackers seiner Schwägerin Anna Berkemeier. Der Landwirt nutzte zur Feldbestellung gern ein Pferd, dem eine Führungsfunktion zukam, während der kräftige Ochse die eigentliche Arbeit verrichtete.
Privatbesitz T. Rott, o. J.

Sohn des Vorbesitzers

6 **Büker,** Johann Friedrich Konrad, ⋆ 07.04.1814 in Augustdorf, † 04.04.1885 in Augustdorf.
⚭ 24.10.1841 in Augustdorf
Arndt, Friederike Dorothea Sophie, ⋆ 29.01.1816 in Augustdorf (Nr. 48), † 17.11.1888 in Augustdorf.

1841 Kolon in Augustdorf, Nr. 35.
1860 Kirchenältester in Augustdorf.
1885 Leibzüchter in Augustdorf, Nr. 35.

Sohn des Vorbesitzers

7 **Büker,** Friedrich Christoph, ⋆ 19.09.1843 in Augustdorf, † 13.01.1893 in Augustdorf.
⚭ 13.06.1869 in Augustdorf
Kronshage, Wilhelmine Friederike Amalie, ⋆ 11.12.1847 in Augustdorf (Nr. 61), † 07.08.1919 in Augustdorf.

1869 Einlieger und Zimmermann in Augustdorf, Nr. 35.
1886 Zimmermann und Kolon in Augustdorf, Nr. 35.

Tochter des Vorbesitzers

8 **Büker,** Wilhelmine Friedrike, ⋆ 19.01.1873 in Augustdorf, † 29.08.1940 in Augustdorf.
⚭ 14.02.1896 in Augustdorf
9 **Wissbrok,** Hermann Friedrich, ⋆ 15.07.1871 in Augustdorf (Nr. 69), † 03.07.1944 in Augustdorf.

1893 Anerbin in Augustdorf, Nr. 35.

Ehemann der Vorbesitzerin

9 **Wissbrok,** Hermann Friedrich, ⋆ 15.07.1871 in Augustdorf (Nr. 69), † 03.07.1944 in Augustdorf
⚭ 14.02.1896 in Augustdorf
8 **Büker,** Wilhelmine Friedrike, ⋆ 19.01.1873 in Augustdorf, † 29.08.1940 in Augustdorf.

1896 Kolon und Landwirt in Augustdorf, Nr. 35.
1901 Landwirt in Augustdorf, Nr. 35.

Nr. 34

WEND, DETERT (DEDERT), WISSBROCK (WIßBROK, WISSBROK), HAUSTENBECKER STRASSE 43, 45

1780 **Lindinger:** VI.
1786 **Kolonatsakte:** 6. Stätte, Anlegung einer Neuwohnerstätte durch Einlieger Conrad Christoph Wend aus dem Amt Heepen.
1786 **Küstermann:** Wend; 20 Scheffelsaat [=3,433 Hektar].
1786 **Kolonatsakte:** Kauf eines Hauses am Dören durch den Einlieger Christoph Wend aus dem Amt Heepen von dem Neuwohner Ostmann am Dören.

Augustdorf Nr. 34, Haustenbecker Straße 43 und 45.
Zu sehen ist die Stätte Wißbrok, vormals Detert, später Gärtner.
Sammlung Heimatverein Augustdorf, o. J.

1786 **Schreiter:** 35. Christoph Conrad Wend.[286]
1790 **Kolonatsakte:** Verkauf an den Müller Detert.
1792 **Salbuch:** Christoph Wend modo [= jetzt] Detert, Hoppenplöcker.
1828 **Volkszählung:** Dedert, Kolon; 1 Wohnhaus.
1885 **Salbuch:** Wend m. [= modo / jetzt] Dedert.
1901 **Adressbuch:** Dedert, Wilhelm, Landwirt.
1921 **Landwirtschaftliches Adressbuch:** Dedert, Wilhelm; 16 Hektar.
1926 **Adressbuch:** Dedert, Wilhelm, Landwirt; Erfkamp, Wilhelm, Ziegler.
1953 **Hofkartenbetriebe:** Wissbrock, Adolf; 5,34 Hektar.
1954 **Adressbuch:** Wißbrok, Adolf, Landwirt; Bogarz, Adolf, Rentner; Haustenbecker Straße 34.

286 In der von Amtsrat Schreiter angelegten Tabelle wurde Christoph Conrad Wend noch 1786 als Einlieger geführt. Laut Schreiter beginnt Wend auch erst um diese Zeit mit der Urbarmachung des ihm zugewiesenen Areals.

1962 **Adressbuch:** Wissbrok, Adolf, Landwirt; Gärtner, Heinrich, Arbeiter; Hoffmann, Fritz, Arbeiter; Kaiser, Wilhelm, Arbeiter; Haustenbecker Straße 34.

Gründer 1786

1 **Wend,** Conrad Christoph (Johann Christoph) aus dem Amt Heepen.

⚭ vor 1786 (Ort unbekannt)
Brinkmann, Grete Elisabeth (Anna Margarethe Elisabeth).

1786 Einlieger im Amt Heepen.

1786 Kolon in Augustdorf, Nr. 34.

Käufer 1790

2 **Detert,** Johann Friedrich Wilhelm aus Schröttinghausen (Ksp. Werther), * um 1733, † 27.04.1821 in Augustdorf.

⚭ um 1775
Stüve, Anna Maria Clara, * um 1754, † 02.01.1813 in Augustdorf.

1790 Müller und Kolon in Augustdorf, Nr. 34.

1813 Müller und Leibzüchter in Augustdorf, Nr. 34.

Sohn des Vorbesitzers

3 **Detert,** Johann Ferdinand aus Schröttinghausen (Ksp. Werther), * um 1775, † 30.06.1854 in Augustdorf.

⚭ [1/1] 30.08.1801 in Augustdorf
Friedrich, Anna Cathrine Ilsabein, * 15.09.1781 in Pivitsheide (Ksp. Stapelage), † 13.01.1813 in Augustdorf.

⚭ [2/1] 06.10.1816 in Augustdorf
Rulle, Justine Karoline Charlotte, * um 1791 in Cappel[287], † 06.05.1849 in Augustdorf.

1802 Kolon in Augustdorf, Nr. 34.

1840 Besitzer in Augustdorf, Nr. 32 ▸ S. 270 ff.

1854 Leibzüchter in Augustdorf, Nr. 34.

Sohn des Vorbesitzers

4 **Detert,** Friedrich Wilhelm, * 22.03.1802 in Augustdorf, † 23.07.1871 in Augustdorf.

⚭ 29.03.1829 in Augustdorf
Heistermann, Catharina Luise Amalie, * 04.08.1801 in Oerlinghausen, † 28.07.1863 in Augustdorf.

1829 Kolon in Augustdorf, Nr. 34.

1871 Leibzüchter in Augustdorf, Nr. 34.

Sohn des Vorbesitzers

5 **Detert,** Hermann Adolph, * 24.05.1839 in Augustdorf, † 17.03.1900 in Augustdorf.

⚭ [1/1] 07.02.1864 in Augustdorf
Lüersen, Katharine Wilhelmine Amalie, * 25.11.1841 in Augustdorf (Nr. 31), † 29.06.1873 in Augustdorf.

⚭ [2/1] 11.01.1874 in Augustdorf
Heistermann, Luise Friederike, * 11.01.1852 in Augustdorf (Nr. 12), † 05.03.1897 in Detmold, Landeskrankenhaus, ‡ 09.03.1897 in Augustdorf.

1864 Kolon und Anerbe in Augustdorf, Nr. 34.

1900 Leibzüchter in Augustdorf, Nr. 34.

Sohn des Vorbesitzers

6 **Detert,** Friedrich Wilhelm Adolph, * 09.09.1867 in Augustdorf.

⚭ 03.12.1897 in Augustdorf
Pollmann, Louise Sophie Amalie, * 02.11.1876 in Augustdorf.

1897 Anerbe in Augustdorf, Nr. 34.

1901 Landwirt in Augustdorf, Nr. 34.

Nr. 92

TEGELER, DIEKMANN, HAUSTENBECKER STRASSE 51

1825 **Kolonatsakte:** Tegeler; 1 Haus, 10 Scheffelsaat Land und die Hude für 1 Kuh und 1 Rind von Nr. 32 [▸ S. 270 ff.] gekauft.

1825 **Küstermann:** Rehm[288]; 10 Scheffelsaat [=1,717 Hektar].

1828 **Volkszählung:** Tegeler, Kolon; 1 Wohnhaus.

1855 **Salbuch:** Tegeler.

1856 **Kolonatsakte:** Zwischen den Kolonen Diekmann Nr. 23 [▸ S. 161 ff.] und Tegeler Nr. 92 über ihrer Stätten abgeschlossener Tauschkontrakt.

1888 **Salbuch:** Tegeler; auf Friedrich Tegeler umgeschrieben am 15. Mai 1874.

1901 **Adressbuch:** Tegeler, Friedrich, Landwirt.

1926 **Adressbuch:** Diekmann, Friedrich, Landwirt und Holzschuhmacher.

1954 **Adressbuch:** Diekmann, Friedrich, Rentner; Huneke, Wilhelm, Schuhmacherei; Kölsch, Hans, Walzer; Haustenbecker Straße 92.

1962 **Adressbuch:** Diekmann, Friedrich, Rentner; Huneke, Wilhelm, Schuhmacher; Kölsch, Hans, Walzer; Haustenbecker Straße 92.

287 Der Ort ließ sich nicht eindeutig identifizieren, vermutlich handelt es sich um das Dorf Cappel im Amt Blomberg.

288 Der bei Küstermann genannte Rehm ist nicht der Gründer, sondern der zweite Besitzer der Stätte.

Gründer 1825:

1 **Tegeler,** Johann Friedrich Christoph (Friedrich Wilhelm), ⋆ 30.01.1796 in Augustdorf (Nr. 46), † 09.02.1848 in Augustdorf.

⚭ 14.10.1821 in Augustdorf
Büker, Anna Catharine Wilhelmine Louise, ⋆ 30.06.1797 in Augustdorf, † 12.02.1843 in Augustdorf.

1821 Einlieger in Augustdorf.

1825 Kolon in Augustdorf, Nr. 92.

Neffe des Vorbesitzers

2 **Tegeler** Simon Friedrich Adolph, geb. Rehm, ⋆ 10.01.1826 in Augustdorf (Nr. 6), † 18.01.1877 in Augustdorf.

⚭ 10.02.1850 in Augustdorf
Wille, Wilhelmine Sophie Elisabeth, ⋆ 23.06.1820 in Haustenbeck, † 01.05.1886 in Augustdorf.

1850 Kolon und Maurer in Augustdorf, Nr. 92.

1856 Kolon in Augustdorf, Nr. 23 ▸ S. 161 ff.

Käufer 1856

3 **Tegeler (Diekmann),** Hermann Friedrich Wilhelm, geb. Arend (Arndt), ⋆ 06.06.1825 in Augustdorf (Nr. 48), † 20.02.1895 in Augustdorf.

⚭ 23.06.1850 in Augustdorf
Strate, Friederike Henriette Amalie, ⋆ 16.03.1829 in Augustdorf (Nr. 8), † 12.04.1898 in Augustdorf.

1850 Kolon in Augustdorf, Nr. 23 ▸ S. 161 ff.

1856 Kolon in Augustdorf, Nr. 92.

Sohn des Vorbesitzers

4 **Diekmann (Tegeler),** Karl Friedrich Hermann, ⋆ 20.10.1853 in Augustdorf (Nr. 23), † 05.04.1913 in Augustdorf.

⚭ 20.04.1884 in Augustdorf
Dreier, Konradine Louise Wilhelmine, ⋆ 30.12.1862 in Kohlstädter Heide[289] (Bschft. Kohlstädt, Ksp. Schlangen), † 04.08.1937 in Augustdorf.

1888 Kolon und Landwirt in Augustdorf, Nr. 92.

1901 Landwirt in Augustdorf, Nr. 92

289 Ursprünglich Teil der Bauerschaft Kohlstädt, war die Siedlung Kohlstädter Heide zusammen mit dem vormals zu Schlangen gehörenden, sogenannten Kleinenbruch 1921 in der neu gebildeten Gemeinde Oesterholz aufgegangen, vgl. van Faassen, Weimarer Republik, S. 1234 f.

290 Vgl. Meineke, Ortsnamen der Stadt Bielefeld, S. 68 ff.

291 Im Adressbuch von 1901 werden laut Vorwort die Eigentümer der aufgeführten Stätten in runde Klammern gesetzt, sofern sie ein Haus nicht selbst bewohnten.

Nr. 32

SPECKMANN, STILLE, BUSCHTÖNS, SOLLE (SOLL), BAUMANN, BUNTE, DETERT (DEDERT), SIEWEKE (SIEVEKE), HAGEMANN, DR. WOLFF, HAUSTENBECKER STRASSE 55

1780 **Lindinger:** VII. Speckmann.

1784 **Kolonatsakte:** Anlegung einer Neuwohnerstätte durch Holzschuhmacher Berend Henrich Speckmann aus Ditzum [Ditzen][290], Amt Heepen, Verkauf der Stätte an den Drellweber Henrich Stille, dann an Johann Henrich Buschtöns aus der preußischen Senne, Amt Heepen, schließlich an Friedrich Solle vom Jakobskrug, Amt Oerlinghausen

1785 **Kolonatsakte:** Einlieger Berend Henrich Speckmann aus Ditzum, Amt Heepen, Ausweisung der 7. Stätte am Kohlenwege zum Ausbau.

1786 **Schreiter:** 36. Bernd Heinrich Speckmann.

1790 **Küstermann:** Speckmann; 20 Scheffelsaat [= 3,433 Hektar].

1791 **Kolonatsakte:** Kolon Jobst Wilhelm Speckmann kauft die Hollensteinsche Stätte in Haustenbeck, Verkauf der Stätte Nr. 32 in Augustdorf.

1792 **Salbuch:** Bernd Henrich Speckmann, Hoppenplöcker.

1793 **Kolonatsakte:** Käufer Johann Henrich Buschtöns von der preußischen Senne, Amt Heepen.

1794 **Kolonatsakte:** Buschtöns hat die Stätte noch nicht übernommen, die Grundstücke sind nicht bestellt worden, Johann Henrich Buschtöns verkauft an den Einlieger Friedrich Solle aus dem Jakobskruge.

1816 **Salbuch:** Bernd Heinr. Speckmann jetzt Solle.

1825 **Kolonatsakte:** Insolvenz des Kolons Solle Nr. 32 zu Augustdorf; Verkauf der dem Kolon Friedrich Baumann Nr. 15 b [▸ S. 198 ff.] zu Augustdorf zugehörigen Solleschen Stätte Nr. 32 an den Tischler Dietrich Bunte Nr. 34 in Oberschönhagen (Ksp. Detmold).

1828 **Volkszählung:** Solle, Kolon; Solle, Leibzüchter; 2 Wohnhäuser.

1840 **Kolonatsakte:** Verkauf der Speckmannschen bzw. Solleschen Stätte Nr. 32 vom Leibzüchter Dedert an seinen Sohn Hermann Dedert.

1887 **Salbuch:** Speckmann modo [= jetzt] Soll; auf Sieveke umgeschrieben am 29. Januar 1887.

1901 **Adressbuch:** (Landwirt Hagemann)[291]; Ebert, August, Ziegler; Högerbaum, Heinrich, Ziegler; Schröder, Wilhelm, Ziegler; Tegeler, Wilhelm, Ziegler.

1926 **Adressbuch:** Pollmann, Adolf, Fabrikarbeiter; Kaiser, August, Ziegler; Erfkamp, Wilhelmine, Landarbeiterin; Moshage, Adolf, Schlosser; Ostmann, Heinrich, Ziegler.

1953 **Hofkartenbetriebe:** Wolff, Dr.; 7 Hektar.

1954 **Adressbuch:** Dietze, Gernot, Landwirt; Haustenbecker Straße 32.

1962 **Adressbuch:** Wolff, August, Dr., Arzneipflanzenbau; Cremer, Karl, Dr. med., Mitarbeiter Firma Dr. A. Wolf[f]; Dummann, Paul, Verwalter; Rubart, Adolf, Arbeiter; Haustenbecker Straße 32.

Gründer 1781

1 **Speckmann,** Bernd Henrich aus Ditzen (Amt Heepen), ⋆ um 1741, † in Stukenbrock[292].

1781 Einlieger und Holzschuhmacher in Ditzen (Amt Heepen).

1781 Kolon in Augustdorf, Nr. 32.

1786 Holzschuhmacher[293], Nr. 32.

Sohn des Vorbesitzers

2 **Heidland modo Speckmann,** Jobst Wilhelm, ⋆ um 1767 in Ditzen (Amt Heepen), † 15.10.1796[294] in Augustdorf.

⚭ 18.10.1789 in Stapelage
Wistinghausen, Anne Catharine Amalie (Hanna Cathrina), ⋆ 18.09.1770 in Hovedissen (Ksp. Schötmar), † 05.06.1824 in Augustdorf.

1791 Kolon in Augustdorf Nr. 32.

1792 Kolon in Haustenbeck, Nr. 69.

1796 Einlieger in Augustdorf.

Käufer 1791

3 **Stille,** Henrich Andreas aus Neuseggebruch (Amt Bückeburg).

⚭ um 1785 in Seggebruch (Amt Bückeburg)
[N. N.], Marie Elisabeth, ⋆ um 1760 in Seggebruch.

1790 Weber in Augustdorf, Nr. 32.

Käufer 1793

4 **Buschtöns,** Johann Henrich aus Senne (Amt Heepen).

1793 Kolon in Senne (Amt Heepen).

1793 Besitzer in Augustdorf, Nr. 32.

Käufer 1794

5 **Solle,** Johann Friedrich Christoffel, ~ 09.07.1756 in Oerlinghausen, † 23.03.1831 in Augustdorf.

⚭ [1/1] 24.10.1784 in Oerlinghausen
Boekenbrink, Anna Maria Ilsabein (Catharina) aus Senne (Ksp. Oerlinghausen), ~ 20.04.1760 in Oerlinghausen, † 12.01.1808 in Augustdorf.

⚭ [2/2] 20.11.1808 in Augustdorf
Waterhölter [Witwe], Anna Maria Elisabeth, ⋆ um 1767, † 23.02.1828 in Augustdorf.

⚭ [3/2] 23.08.1829 in Augustdorf
Buse, Henriette Elisabeth (Anne Marie Catharine Elisabeth), geb. Böger, ⋆ 28.05.1796 auf dem Schapeler Hof (Bschft. Hörste, Ksp. Stapelage), † 31.01.1854 in Augustdorf.

1790 Einlieger in Oerlinghausen Nr. 16 (Jakobskrug).

1794 Kolon in Augustdorf, Nr. 32.

Sohn des Vorbesitzers

6 **Solle,** Friedrich Wilhelm, ⋆ um 1791 in Oerlinghausen, † 25.10.1859 in Augustdorf.

⚭ 20.11.1814 in Augustdorf
Hollmann, Anne Marie Elisabeth aus Oerlinghausen, ⋆ um 1784, † 23.02.1854 in Augustdorf.

1820 Kolon in Augustdorf, Nr. 32.

1846 Einlieger in Augustdorf.

Besitzer 1832

7 **Baumann,** Johann Friedrich Adolf, geb. Leppelmeier, ⋆ 30.03.1790 in Krentrup (Ksp. Schötmar), † 12.01.1861 in Augustdorf.

⚭ [1/1] 04.02.1816 in Augustdorf
Strate, Anna Margarete Marie Ilsebein, ⋆ 26.07.1790 in Augustdorf (Nr. 8), † 28.09.1835 in Augustdorf.

⚭ [2/2] 20.03.1836 in Augustdorf
Strate, Friederike Caroline Amalie, geb. Strate, ⋆ 13.03.1793 in Augustdorf (Nr. 8), † 26.12.1853 in Augustdorf.

⚭ [3/2] 18.06.1854 in Augustdorf
Erfkamp, Henriette Wilhelmine, geb. Bastian, ⋆ 27.11.1784 in Heiligenkirchen, † 01.05.1861 in Augustdorf.

1816 Einlieger in Augustdorf.

1822 Kolon in Augustdorf, Nr. 15 b ▸ S. 198 ff.

1832 Besitzer in Augustdorf, Nr. 32.

1833 Vorsteher in Augustdorf.

1836 Krüger in Augustdorf, Nr. 38 ▸ S. 259 ff.

1861 Leibzüchter in Augustdorf, Nr. 38.

Käufer 1833

8 **Bunte,** Jobst Henrich, geb. Fuhlhage.

1833 Kolon in Oberschönhagen (Ksp. Detmold), Nr. 34.

Sohn des Vorbesitzers

9 **Solle,** Johann Dietrich Jobst Henrich, geb. Bunte, ⋆ 30.11.1805 in Oberschönhagen (Ksp. Detmold).

⚭ 16.06.1833 in Augustdorf
Detert, Henriette Sophie Wilhelmine, ⋆ 22.05.1810 in Augustdorf (Nr. 34).

1833 Zimmermeister und Kolon in Augustdorf, Nr. 32.

---

292 Küstermann, Geschichte, Bd. II, Abschrift 2010, S. 117.

293 LAV NRW OWL L 108 Lage Fach 2 Nr. 16 b, Bericht des Amtsrats Schreiter.

294 Jobst Wilhelm Speckmann verunglückte beim Brunnenbau, vgl. Müller-König, Augustdorf, S. 61.

Augustdorf Nr. 32, Haustenbecker Straße 57. „Sonntagsbesuch bei Gottlieb Hagemann." Der Landwirt Hagemann Nr. 37 hatte schon vor 1900 das Kolonat Nr. 32 erworben, die zugehörigen Ländereien bewirtschaftete er von seinem Hof aus. Ende der 1920er Jahre übernahm sein aus Amerika heimgekehrter Sohn Gottlieb die Stätte Nr. 32, die er wiederum 1942 verkauft hat. Sammlung Heimatverein Augustdorf, o. J.

Besitzer 1840

10 **Detert,** Johann Ferdinand aus Schröttinghausen (Ksp. Werther), ⋆ um 1775, † 30.06.1854 in Augustdorf.

⚭ [1/1] 30.08.1801 in Augustdorf
Friedrich, Anna Cathrine Ilsabein,
⋆ 15.09.1781 in Pivitsheide (Ksp. Stapelage),
† 13.01.1813 in Augustdorf.

⚭ [2/1] 06.10.1816 in Augustdorf
Rulle, Justine Karoline Charlotte, ⋆ um 1791 in Cappel[295], † 06.05.1849 in Augustdorf.

1790 Müller und Kolon in Augustdorf, Nr. 34 ▸ S. 267 ff.
1840 Besitzer in Augustdorf, Nr. 32.
1854 Leibzüchter in Augustdorf, Nr. 34.

Sohn des Vorbesitzers

11 **Sieweke,** Hermann Friedrich Wilhelm, geb. Detert, ⋆ 28.08.1828 in Augustdorf (Nr. 34), † 24.09.1872 in Augustdorf.

⚭ [1/2] 18.07.1855 in Augustdorf
Sieweke, Friederike Wilhelmine Juliana, geb. Hagemann, ⋆ 04.03.1823 in Augustdorf (Nr. 1), † 01.12.1883 in Augustdorf.

1848 Besitzer in Augustdorf, Nr. 32.
1855 Kolon in Augustdorf, Nr. 36 ▸ S. 265 f.

Sohn des Vorbesitzers

12 **Sieveke,** Hermann Heinrich, ⋆ 22.06.1857 in Augustdorf.

1887 Besitzer in Augustdorf, Nr. 32.

Besitzer 1901

13 **Hagemann,** Hermann August, ⋆ 18.05.1854 in Augustdorf (Nr. 1), † 19.05.1921 in Augustdorf.

⚭ 06.05.1881 in Augustdorf
Ostmann, Charlotte Karoline, ⋆ 04.11.1853 in Hörste (Ksp. Stapelage), † 05.05.1912 in Augustdorf.

1880 Kolon und Landwirt in Augustdorf, Nr. 37 ▸ S. 263 f.
1901 Landwirt in Augustdorf, Nr. 37.
1901 Besitzer in Augustdorf, Nr. 32.

▪ 1942 Jahren erwarb das Bielefelder Unternehmen Dr. August Wolff die Hofstelle, um sie zum Arzneipflanzenanbau zu nutzen.[296] Darüber hinaus entstanden eine Radrennbahn sowie ein Gebäude, das Erholungs- und Schulungszwecken diente. 1990 kaufte die Gemeinde Augustdorf die Liegenschaft und schuf dort vorübergehende Wohnmöglichkeiten für Spätaussiedler. Etwa um die Jahrtausendwende geriet das Gelände ins Visier von Planungen zur Veranstaltung sogenannter Arminiusfestspiele. Anlass war das mit der Erinnerung an die Varusschlacht 9 n. Chr. verbundene Jahr 2009. Heute befindet sich auf dem Areal unter anderem das Umweltbildungszentrum *Gemeinschaft für Naturschutz Senne und Ostwestfalen e. V.* (GNS).[297]

295 Der Ort ließ sich nicht eindeutig identifizieren, vermutlich handelt es sich um das Dorf Cappel im Amt Blomberg.
296 Das Datum der Veräußerung der Hofstelle hat freundlicherweise Wilma Obendiek, geb. Hagemann, mitgeteilt, dafür danke ich ihr herzlich.
297 Vgl. Steffen / Wistinghausen, Augustdorf, S. 131.

„Gästehaus der Fa. Alcina – Dr. Aug. Wolff. AUGUSTDORF / Senne."
Lippische Landesbibliothek Detmold ME-PK-26-898, o. J.

Nr. 33

OBERBECKMANN (BECKMANN), RIEMANN, ORTHKRASS (ORTKRAß, ORTKRAAS), SCHLINGPLÄSSER (SCHLINGPLÄßER), RÄKER, HAUSTENBECKER STRASSE 62[298]

1788 **Kolonatsakte:** Anlegung einer Neuwohnerstätte durch Caspar Henrich Oberbeckmann.

1788 **Schreiter:** 51. Casper Oberbeckmann.

1789 **Küstermann:** Caspar Heinrich Oberbeckmann; 15 Scheffelsaat [=2,575 Hektar].

1791 **Kolonatsakte:** Verkauf an den Christian Riedmann [=Riemann] und sodann an den Chirurgus Ortkraß.

1792 **Salbuch:** Casper Oberbeckmann modo [=jetzt] Orthkrass, Hoppenplöcker.

1796 **Kolonatsakte:** Verkauf der Ortkraßschen Stätte an Kolon Schlingplässer daselbst.

1828 **Volkszählung:** Schlingplässer, Kolon; Schlingplässer, Leibzüchter; 2 Wohnhäuser.

1847 **Kolonatsakte:** Verkauf an Friedrich Wilhelm Schlingplässer.

1847 **Kolonatsakte:** Kolon Heißenberg Nr. 47 zu Hörste gegen Witwe Kolons Schlingplässer zu Augustdorf und deren Sohn Friedrich Wilhelm Schlingplässer betreffend Kolonat.

1848 **Kolonatsakte:** Kolon Rose zu Augustdorf klagt gegen Kolon Schlingplässer Nr. 33 daselbst wegen Forderungen.

1849 **Kolonatsakte:** Schuldenwesen des Fr. Heißenberg, Kolon auf der Schlingpläßerschen Stätte Nr. 33 zu Augustdorf und auf der Heißenbergschen Stätte Nr. 47 zu Hörste.

1850 **Kolonatsakte:** Zerschlagung des Schlingplässerschen Hoppenplöckerkolonats Nr. 33 zu Augustdorf sowie teilweiser Verkauf dieses Kolonats an die Einlieger Friedrich Sielemann Nr. 105 [▸ S. 287] und Wilhelm Freitag Nr. 1[0]6[299] [▸ S. 278 f.].

1887 **Salbuch:** Ortkraas, jetzt Schlingplässer; auf Adolf Tegeler umgeschrieben am 12. Februar 1887.

1901 **Adressbuch:** Räker, Adolf, Maurer; Räker, Hermann, Ziegler; Moshage, Fritz, Ziegler.

1921 **Landwirtschaftliches Adressbuch:** Räker, Ad.; 11 Hektar.

1926 **Adressbuch:** Räker, Adolf, Maurer; Ostmann, Hermann, Zechenarbeiter; Heißenberg, Minna, Kriegerwitwe.

1954 **Adressbuch:** Räker, Dora, Rentnerin; Haymann, Hans, Waschmeister; Tölle, Fritz, Rentner; Haustenbecker Straße 33.

1962 **Adressbuch:** Räker, Dorothee, Hausfrau; Haymann, Hans, Waschmeister; Tölle, Fritz, Rentner; Haustenbecker Straße 33.

Gründer 1781

1 **Oberbeckmann** (Beckmann), Caspar Henrich, ⋆ 29.08.1756 in Dornberg (Ksp. Kirchdornberg, Vogtei Werther), † 03.01.1826 in Augustdorf.
⚭ [1/1] 21.10.1780 in Kirchdornberg (Vogtei Werther) **Nolting,** Anne Margarethe Ilsabein (Grethe Ilsabein) aus Dornberg (Vogtei Werther).
⚭ [2/2] 07.08.1814 in Augustdorf **Pott** [Witwe], Anna Catharina Louisa Ilsabein aus Hiddentrup (Ksp. Stapelage), ⋆ um 1774, † 09.02.1825 in Augustdorf.
⚭ [3/1] 25.09.1825 in Augustdorf **Höbbeler** (Helwig[300]), Anna Catharina Louise.

1786 Gründer in Augustdorf, Nr. 29 ▸ S. 283 f.

1788 Kolon in Augustdorf, Nr. 33.

1794 Gründer in Augustdorf, Nr. 67 ▸ S. 304 f.

1814 Witwer und Leibzüchter in Augustdorf, Nr. 67.

Käufer 1791

2 **Riemann,** Andreas Christian, ⋆ um 1755 in Neuseggebruch (Amt Bückeburg), † 06.06.1824 in Augustdorf.
⚭ [1/1] um 1790 in Seggebruch **Mebers** (Mebus), Philippine Eleonore, ⋆ um 1761, † 01.12.1796 in Augustdorf.
⚭ [2/1] 18.06.1797 in Stapelage **Heistermann,** Hanna Louise, ⋆ um 1774, † 13.10.1835 in Augustdorf.

1791 Nagelschmied in Seggebruch (Amt Bückeburg).

1791 Besitzer in Augustdorf, Nr. 33.

1794 Kolon in Augustdorf, Nr. 28 ▸ S. 287 ff.

1810 Leibzüchter in Augustdorf, Nr. 28.

Käufer 1791

3 **Ortkraß,** Gregor[301].

1791 Besitzer in Augustdorf, Nr. 33.

1792 „Chirurgus"[302] in Augustdorf, Nr. 33.

---

298 Zum Areal des Kolonats Nr. 33 gehörten ursprünglich auch die späteren Stätten Sielemann Nr. 105 und Freitag Nr. 106, vgl. S. 278 f. in diesem Band.

299 Die von Wilhelm Freitag neu gegründete Stätte erhielt die Nr. 106, vgl. S. 278 f. in diesem Band.

300 Laut Eheeintrag ist Anna Catharina Louise Höbbeler eine uneheliche Tochter der „Anne Marie Helwigs, jetzt verehelichte Einliegerin Höbbeler daselbst".

301 Der Rufname wird 1792 im Zusammenhang mit polizeilichen Untersuchungen zu den Heilbehandlungen des „Chirurgus" erwähnt, LAV NRW OWL L 37 Nr. 149.

302 Gegenüber heute durften die früher als *Chirurgen* bezeichneten Personen nur äußerliche Wunden behandeln. Laut lippischer Medizinalordnung vom 1. Oktober 1756 sollten sie „eine Lehre absolvieren und von einem Arzt geprüft" werden, während Medizinern ein Universitätsstudium vorgeschrieben war, vgl. van Faassen, Gesundheit, S. 1042.

Käufer 1796

4 **Schlingplässer,** Töns Henrich aus Lämmershagen (Ksp. Oerlinghausen), ~ 16.04.1758 in Oerlinghausen, † 02.08.1841 in Augustdorf.

⚭ [1/1] vor 1785 (Ort unbekannt)
Tölke, Anna Katharina, * um 1765, † um 1818 in Augustdorf.

⚭ [2/1] 29.11.1818 in Augustdorf
Riemann, Katharine Sophie Christine, * um 1786 in Oerlinghausen, † 27.04.1864 in Augustdorf.

1796 Kolon in Augustdorf, Nr. 33.

1841 Leibzüchter in Augustdorf, Nr. 33.

Sohn des Vorbesitzers

5 **Schlingplässer,** Johann Heinrich aus Gräfinghagen (Ksp. Oerlinghausen), ~ 17.04.1785 in Oerlinghausen, † 07.10.1846 in Augustdorf.

⚭ [1/1] 31.01.1808 in Augustdorf
Valhausen (Fahlhaussen), Anna Amalia Sophia Elisabeth aus Loßbruch (Ksp. Heiden), * um 1784, † 10.04.1825 in Augustdorf.

⚭ [2/1] 16.10.1825 in Augustdorf
Rubarth, Anne Marie Elisabeth, * 09.02.1802 in Augustdorf (Nr. 22), † 09.10.1862 in Augustdorf.

1825 Kolon in Augustdorf, Nr. 33.

Sohn des Vorbesitzers

6 **Schlingplässer,** Friedrich Wilhelm, * 17.04.1827 in Augustdorf, † 23.12.1883 in Augustdorf.

⚭ 20.01.1856 in Augustdorf
Rubart, Henriette Wilhelmine, * 13.06.1830 in Pivitsheide (Ksp. Stapelage), † 19.02.1891 in Augustdorf.

1847 Anerbe und Kolon in Augustdorf, Nr. 33.

Tochter des Vorbesitzers

7 **Schlingplässer,** Henriette Sophie, * 13.10.1856 in Augustdorf, † 25.03.1922 in Augustdorf.

⚭ 24.02.1884 in Augustdorf
8 **Räker modo** [= jetzt] **Tegeler,** Adolph Friedrich Gottlieb, * 22.02.1857 in Augustdorf (Nr. 44), † 28.03.1922 in Augustdorf.

Ehemann der Vorbesitzerin

8 **Schlingplässer,** Adolph Friedrich Gottlieb, geb. Tegeler oder Räker, * 22.02.1857 in Augustdorf (Nr. 44), † 28.03.1922 in Augustdorf.

⚭ 24.02.1884 in Augustdorf
7 **Schlingplässer,** Henriette Sophie, * 13.10.1856 in Augustdorf, † 25.03.1922 in Augustdorf.

1887 Kolon in Augustdorf, Nr. 33.

1901 Maurer in Augustdorf, Nr. 33.

Sohn des Vorbesitzers:

9 **Räker (Räker modo Schlingplässer),** Adolph August Ludwig Heinrich, * 07.12.1884 in Augustdorf, † 18.10.1937 in Augustdorf.

⚭ 07.10.1910 in Augustdorf
Erfkamp, Minna Dorothea Henriette (Dora), * 15.12.1888 in Augustdorf (Nr. 100), † 10.01.1980 in Augustdorf.

1926 Maurer in Augustdorf, Nr. 33.

■ Der instabile Untergrund, der den Brunnenbau im Senneraum erheblich erschwerte, stellte selbst Fachleute vor Herausforderungen. Erst recht scheiterten diejenigen, die sich dafür hielten und deswegen die Ratschläge der Einheimischen ignorierten wie ein „aus dem Zweibrückenschen" gebürtiger Bergmann. Beim Versuch auf der Stätte Schlingplässer einen Brunnen anzulegen war der in Oerlinghausen wohnhafte Matthias Möller am 10. Januar 1805 verschüttet worden. Der 40-Jährige lebte danach wohl „noch 3 Stunden", jegliche Rettungsversuche blieben jedoch erfolglos; erst einige Tage später wurde er „mit der Brust auf der Schutenkrücke" lehnend aufgefunden.[303]

303 Vgl. Küstermann, Geschichte, Bd. I, 1. Teil, Abschrift 2010, S. 88.

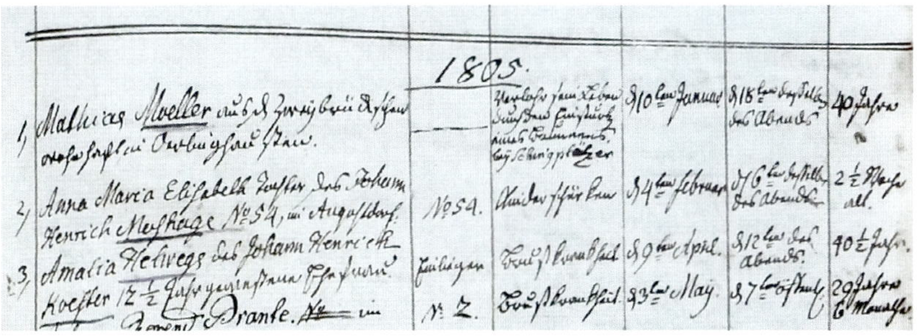

Das Unglück des Matthias Möller, der „[…] durch den Einsturz eines Brunnens bey Schlingpläßer [sein Leben verlor]" ist im Augustdorfer Kirchenbuch dokumentiert. Kirchenbuch Augustdorf, Archiv der Lippischen Landeskirche in Detmold

Nr. 124

SCHRÖDER, ARENDSCHNEIDER (AREND-SCHNEIDER), HOLLMANN, HILLBRINK, WIEDEY, HAUSTENBECKER STRASSE 65[304]

1877 **Salbuch:** Schröder, Henriette, Witwe; hat den Grund und Boden dieser Stätte von Nr. 105 [▸ S. 278] erworben; eingetragen am 14. April 1877.
1883 **Salbuch:** Schröder, Henriette, Witwe; auf Heinrich Arendschneider umgeschrieben am 26. April 1883.
1901 **Adressbuch:** Hollmann, Friedrich, Kleinhändler; Holste, Witwe, Weberin.
1926 **Adressbuch:** Hillbrink, Friedrich, Ziegelmeister a. D.; Wiedey, Kaufmann.
1954 **Adressbuch:** Wiedey, Marie, Autovermietung; Haustenbecker Straße 124.
1962 **Adressbuch:** Wiedey, Marie, Hausfrau; Steinmeier, Albert, Elektro-Installateur; Haustenbecker Straße 124.

Käuferin 1877

1 **Schröder,** Henriette.[305]

Besitzer 1883

2 **Arend-Schneider,** Jobst Henrich (Heinrich), ⋆ 30.09.1829 in Breitenheide (Ksp. Lage), † 04.01.1893 in Augustdorf.
⚭ 30.11.1862 in Augustdorf
Grabe, Wilhelmine Florentine, ⋆ 26.04.1830 in Stukenbrock, † 19.04.1915 in Augustdorf.
1862 Einlieger in Augustdorf.
1883 Zimmermann und Krämer in Augustdorf, Nr. 124.

Schwiegersohn des Vorbesitzers

3 **Hollmann,** Töns Friedrich Adolph, ⋆ 01.05.1865 in Augustdorf (Nr. 68).
⚭ 14.12.1890 in Augustdorf
Arend-Schneider, Friedrike Wilhelmine, ⋆ 07.11.1866 in Augustdorf, † 25.01.1912 in Augustdorf.
1890 Schuhmacher und Kolon in Augustdorf, Nr. 124.
1901 Kleinhändler in Augustdorf, Nr. 124.
1918 Schuhmachermeister[306] in Bielefeld.

304 Der alte Gebäudebestand wurde abgebrochen.
305 Zu Henriette Schröder ließen sich keine weiteren Angaben ermitteln.
306 Ergänzend zum Sterbeeintrag eines Kindes wird der Beruf im Standesamtsregister erwähnt.

Nr. 31

LÜERSEN (LÜRSEN), LEPPELMEIER, HILBRINK (HILLBRINK), HAUSTENBECKER STRASSE 85

1786 **Kolonatsakte:** Anlegung einer Neuwohnerstätte durch Einlieger Johann Henrich Lüersen aus Oerlinghausen.
1786 **Kolonatsakte:** Johann Henrich Lüersen, Leineweber aus Oerlinghausen, Anbau am Dören.
1787 **Schreiter:** 39. Johann Heinrich Lürsen.
1792 **Küstermann:** Lüersen; 20 Scheffelsaat [= 3,433 Hektar].
1792 **Salbuch:** Johann Henrich Lüersen, Hoppenplöcker.
1828 **Volkszählung:** Lüersen, Kolon; Lüersen, Witwe; 2 Wohnhäuser.
1885 **Salbuch:** Lüersen, J.; auf Fritz Leppelmeier umgeschrieben am 14. April 1885.
1888 **Salbuch:** Leppelmeier, Fritz, Landwirt; an Hilbrink verkauft am 25. Juni 1888.
1901 **Adressbuch:** Hillbrink, Wilhelm, Landwirt; Lürsen, Adolf, Leibzüchter; Moshage, Heinrich, Ziegler; Schröder, Christoph, Schneider; Schröder, Friedrich, Ziegler.
1921 **Landwirtschaftliches Adressbuch:** Hillbrink, Wilhelm; 28 Hektar.
1926 **Adressbuch:** Hillbrink, Wilhelm, Landwirt; Wiele, Gustav, Maschinist.
1954 **Adressbuch:** Hilbrink, Fritz, Landwirt; Jäger, Anna, Hausfrau; Korff, Friedr., Gärtner; Kronshage, Therese, Hausfrau; Rössler, Alfons, Rentner; Wache, Louise, Hausfrau; Haustenbecker Straße 31.
1962 **Adressbuch:** Hilbrink, Fritz, Landwirt; Bade, Anton, Maschinenarbeiter; Barke, Waldemar, Zimmermann; Habicht, Wolfgang, Betonarbeiter; Hudy, August, Kraftfahrer; Kalinna, Auguste, Hausfrau; Kronshage, Therese, Hausfrau; Rössler, Alfons, Rentner; Haustenbecker Straße 31.

Augustdorf Nr. 31, Haustenbecker Straße 87. Hof Hillbrink. Sammlung Heimatverein Augustdorf, o. J.

Gründer 1786

1 **Lüersen**, Johan Henrich,
* um 1756, † 19.03.1812 in Augustdorf.

⚭ 19.11.1780 in Oerlinghausen
Schlink, Anna Maria Elisabeth aus Ubbedissen (Ksp. Oerlinghausen), ~ 30.04.1753 in Oerlinghausen, † 09.01.1837 in Augustdorf.

1786 Kolon in Augustdorf, Nr. 31.
1812 Leibzüchter in Augustdorf.

Sohn des Vorbesitzers

2 **Lüersen,** Hermann Henrich Christoph (Franz Henrich Christoph) aus Oerlinghausen, ~ 02.09.1781 in Oerlinghausen, † 15.09.1849 in Augustdorf.

⚭ 20.04.1806 in Augustdorf
Sielemann, Anna Katharina Louise (Anne Catharine Ilsabein), * 31.03.1777 in Pivitsheide (Ksp. Stapelage), † 24.06.1854 in Augustdorf.

1810 Kolon in Augustdorf, Nr. 31.
1840 Vorsteher in Augustdorf.
1849 Leibzüchter in Augustdorf, Nr. 31.

Bruder des Vorbesitzers

3 **Lüersen,** Johann Henrich Christoph (Jost Hermann Christoph) aus Oerlinghausen, ~ 24.02.1787 in Oerlinghausen, † vor 1858 in Augustdorf.

⚭ 16.08.1807 in Augustdorf
Ostmeier, Anna Maria Amalia (Anna Elisabeth Sophia).

1807 Einlieger in Augustdorf.
1813 Kolon in Augustdorf, Nr. 31.

Sohn des Vorbesitzers

4 **Lüersen,** Franz Heinrich Christoph, * 10.05.1809 in Augustdorf, † 15.07.1857 in Augustdorf.

⚭ 14.12.1834 in Augustdorf
Pollmann, Anna Cathrine Wilhelmine Louise Elisabeth, * 25.05.1810 in Augustdorf (Nr. 80), † 12.05.1858 in Augustdorf.

1836 Kolon in Augustdorf, Nr. 31.
1836 Besitzer in Augustdorf, Nr. 93 ▸ S. 306 f.

Sohn des Vorbesitzers

5 **Lüersen,** Friedrich Adolph, * 02.02.1836 in Augustdorf, † 27.03.1866 in Augustdorf.

⚭ 01.01.1860 in Augustdorf
6 **Wistinghausen,** Friederike Wilhelmine Elisabeth, * 21.02.1838 in Augustdorf (Nr. 39), † 05.02.1917 in Augustdorf.

1860 Kolon und Anerbe in Augustdorf, Nr. 31.

Ehefrau des Vorbesitzers

6 **Lüersen,** Friederike Wilhelmine Elisabeth, geb. Wistinghausen, * 21.02.1838 in Augustdorf (Nr. 39), † 05.02.1917 in Augustdorf.

⚭ [1/1] 01.01.1860 in Augustdorf
5 **Lüersen,** Friedrich Adolph, * 02.02.1836 in Augustdorf, † 27.03.1866 in Augustdorf.

⚭ [2/1] 24.02.1867 in Augustdorf
7 **Rehm,** Heinrich Adolph, * 07.07.1842 in Augustdorf (Nr. 84), † 20.07.1914 in Augustdorf.

1867 Witwe in Augustdorf, Nr. 31.

Zweiter Ehemann der Vorbesitzerin

7 **Lüersen,** Heinrich Adolph, geb. Rehm, * 07.07.1842 in Augustdorf (Nr. 84), † 20.07.1914 in Augustdorf.

⚭ [1/2] 24.02.1867 in Augustdorf
6 **Lüersen,** Friederike Wilhelmine Elisabeth, geb. Wistinghausen, * 21.02.1838 in Augustdorf, † 05.02.1917 in Augustdorf.

1867 Kolon und Interimswirt in Augustdorf, Nr. 31.

Tochter des Besitzers 5

8 **Lüersen,** Anne Marie Louise, * 21.03.1860 in Augustdorf, † 10.09.1929 in Augustdorf.

⚭ 11.11.1883 in Augustdorf
9 **Leppelmeier,** Berend Friedrich Hermann (Fritz), * 20.05.1858 in Augustdorf (Nr. 64), † 15.08.1930 in Augustdorf.

1883 Anerbin in Augustdorf, Nr. 31,

Ehemann der Vorbesitzerin

9 **Leppelmeier,** Berend Friedrich Hermann (Fritz), * 20.05.1858 in Augustdorf (Nr. 64), † 15.08.1930 in Augustdorf.

⚭ 11.11.1883 in Augustdorf
8 **Lüersen,** Anne Marie Louise, * 21.03.1860 in Augustdorf, † 10.09.1929 in Augustdorf.

1883 Kolon und Anerbe in Augustdorf, Nr. 64 ▸ S. 285 ff.
1885 Besitzer in Augustdorf, Nr. 31.
1901 Landwirt in Augustdorf, Nr. 64.

Käufer 1888

10 **Hilbrink,** Friedrich Wilhelm, * 21.09.1859 in Augustdorf, † 03.09.1956 in Augustdorf.

⚭ 19.02.1887 in Augustdorf
Leppelmeier, Hanne Friedrike, * 01.04.1864 in Augustdorf (Nr. 64), † 09.12.1941 in Augustdorf.

1887 Ziegelmeister und Einlieger in Augustdorf.
1888 Kolon und Landwirt in Augustdorf, Nr. 31.
1901 Landwirt in Augustdorf, Nr. 31.
1926 Landwirt in Augustdorf, Nr. 31.

Nr. 105

SIELEMANN, GÜSE, HAUSTENBECKER STRASSE 86

1850 **Kolonatsakte:** Zerschlagung des Schlingplässerschen Hoppenplöckerkolonats Nr. 33 [▸ S. 274 f.], teilweiser Verkauf an die Einlieger Friedrich Sielemann Nr. 105 und Wilhelm Freitag Nr. 1[0]6[307].

1850 **Küstermann:** Sielemann; 8 1/4 Scheffelsaat [=1,416 Hektar].

1855 **Salbuch:** Sielemann.

1877 **Salbuch:** Sielemann; Verkauf von Teilen des Grundbesitzes an Schröder zur Errichtung der Neuwohnerstätte Nr. 124 [▸ S. 276].

1882 **Salbuch:** Sielemann; Abtretung an Heinrich Sielemann; umgeschrieben am 6. Mai 1882.

1901 **Adressbuch:** Sielemann, Heinrich, Ziegler.

1926 **Adressbuch:** Güse, Julius, Stellmacher.

1954 **Adressbuch:** Güse, Julius, Arbeiter; Schierenberg, Karl, Ziegler; Haustenbecker Straße 105.

1962 **Adressbuch:** Güse, Julius, Rentner; Schierenberg, Karl, Arbeiter; Haustenbecker Straße 105.

Gründer 1850

1 **Sielemann,** Friedrich Christoph, * 17.02.1818 in Augustdorf (Nr. 87), † 16.12.1886 in Augustdorf.

⚭ 12.05.1844 in Augustdorf
Düwel, Karoline Wilhelmine, * 21.07.1819 in Billinghauserheide (Ksp. Stapelage), † 10.04.1879 in Augustdorf.

1844 Einlieger in Augustdorf.

1850 Kolon in Augustdorf, Nr. 105.

Sohn des Vorbesitzers

2 **Sielemann,** Hermann Heinrich Adolph, * 02.09.1861 in Augustdorf, † 29.08.1939 in Augustdorf.

⚭ 16.11.1884 in Augustdorf
Schlingplässer, Wilhelmine Karoline, * 28.01.1860 in Augustdorf (Nr. 33), † 05.05.1913 in Augustdorf.

1882 Kolon und Anerbe in Augustdorf, Nr. 105.

1901 Ziegler in Augustdorf, Nr. 105.

---

307 Die von Wilhelm Freitag neu gegründete Stätte erhielt die Nummer 106, in der Akte fälschlich als Nr. 16 ausgewiesen.

308 Die von Wilhelm Freitag neu gegründete Stätte erhielt die Nummer 106, in der Akte fälschlich als Nr. 16 ausgewiesen.

Nr. 106

FREITAG, BECKMANN, POLLMANN, HAUSTENBECKER STRASSE 90

1850 **Kolonatsakte:** Zerschlagung des Schlingplässerschen Hoppenplöckerkolonats Nr. 33 [▸ S. 274 f.], teilweiser Verkauf an die Einlieger Friedrich Sielemann Nr. 105 und Wilhelm Freitag Nr. 1[0]6[308].

1850 **Küstermann:** Freitag; 8 1/4 Scheffelsaat [=1,416 Hektar].

1878 **Kolonatsakte:** Verkauf des Kolonats Freitag Nr. 106 in Augustdorf seitens des Kolons Wilhelm Freitag zu Augustdorf an seinen Sohn Friedrich Freitag.

1878 **Salbuch:** Freitag; Verkauf an Friedrich Beckmann; umgeschrieben am 19. Januar 1878.

1879 **Salbuch:** Beckmann, Heinrich; auf Friedrich Freitag umgeschrieben am 16. April 1879.

1901 **Adressbuch:** Pollmann, Wilhelm, Zimmermann.

1921 **Landwirtschaftliches Adressbuch:** Pollmann, Wilhelm; 5 Hektar.

1926 **Adressbuch:** Pollmann, Wilhelm, Stellmacher.

1954 **Adressbuch:** Pollmann, Wilhelm, Tischlerei; Maraun, Eduard, Rentner; Weidlich, Hedw., Arbeiterin; Weidner, Edgar, Installateur; Haustenbecker Straße 106

1962 **Adressbuch:** Pollmann, Wilhelm, Tischlermeister; Epping, Bernhard, Pensionär; Lehmann, Walter, Maschinensteiger; Maraum [sic!], Frieda, Arbeiterin; Meißner, Hans, Arbeiter; Haustenbecker Straße 106.

Gründer 1850

1 **Freitag,** Friedrich Wilhelm, * 12.09.1816 in Augustdorf, † 15.10.1883 in Augustdorf.

⚭ 24.11.1842 in Augustdorf
Sielemann, Dorothea Amalie, * 09.03.1822 in Augustdorf (Nr. 87), † 25.04.1879 in Augustdorf.

1842 Einlieger in Augustdorf, bei Nr. 16.

1850 Kolon in Augustdorf, Nr. 106.

1882 Leibzüchter in Augustdorf, Nr. 106.

Sohn des Vorbesitzers

2 **Freitag,** Adolph Friedrich Wilhelm, * 23.10.1846 in Augustdorf.

⚭ 10.02.1878 in Augustdorf
Siekmann (Tegeler), Charlotte Wilhelmine, * 12.12.1854 in Brüntorf (Ksp. Talle).

1878 Kolon in Augustdorf, Nr. 106.

1891 Einlieger in Augustdorf.

Käufer 1878

3 **Beckmann,** Friedrich bzw.

4 **Beckmann,** Heinrich: Zu den beiden Besitzern ließen sich keine weiteren Angaben ermitteln.

Augustdorf Nr. 106, Haustenbecker Straße 90. Wilhelm Pollmann betrieb auf seiner Hofstelle eine Stellmacherei und Tischlerei. Die Aufnahme zeigt einen Blick in die Werkstatt, unter anderen wurden dort Fenster produziert. Sammlung Heimatverein Augustdorf, o. J.

Augustdorf Nr. 106, Haustenbecker Straße 90. Laut der am Giebel angebrachten Jahreszahl war das Gebäude 1899 errichtet worden. Im rechtsseitigen Anbau befand sich ursprünglich die Werkstatt von Wilhelm Pollmann. A. Fischer, 2023

Käufer 1879

5 **Freitag,** Adolph Friedrich Wilhelm, * 23.10.1846 in Augustdorf.
⚭ 10.02.1878 in Augustdorf
Siekmann (Tegeler), Charlotte Wilhelmine, * 12.12.1854 in Brüntorf (Ksp. Talle).

1878 Kolon in Augustdorf, Nr. 106.
1891 Einlieger in Augustdorf.

Besitzer 1901

6 **Pollmann,** Heinrich Friedrich Wilhelm, * 24.11.1863 in Augustdorf (Nr. 19), † 11.04.1945 in Augustdorf,
⚭ 25.10.1895 in Augustdorf
Wiele, Hanne Karoline Wilhelmine, * 10.12.1869 in Augustdorf (Nr. 29), † 29.10.1912 in Augustdorf.

1895 Zimmermann in Augustdorf, Nr. 106.
1901 Zimmermann in Augustdorf, Nr. 106.
1926 Stellmacher in Augustdorf, Nr. 106

Nr. 30

SPRICK, KÖSTER,
HAUSTENBECKER STRASSE 99

1786 **Kolonatsakte:** Anlegung einer Neuwohnerstätte durch den Leineweber Henrich Ernst Sprick aus Oerlinghausen.

1786 **Kolonatsakte:** Henrich Ernst Sprick, Drechsler aus Oerlinghausen.

1787 **Schreiter:** 40. Heinrich Ernst Sprick ein Drechsler und Maurer.

1792 **Küstermann:** Sprick; 15 Scheffelsaat [=2,575 Hektar].

1792 **Salbuch:** Henrich Ernst Sprick, Hoppenplöcker.

1828 **Volkszählung:** Sprick, Kolon; Ernst, Einlieger[309] (jetzt Kolon Nr. 93 [▸ S. 306 f.]); 2 Wohnhäuser.

1866 **Kolonatsakte:** Abfindung des Adolf Sprick von der Stätte Nr. 30 zu Augustdorf.

1871 **Kolonatsakte:** Abtretung des Kolonats durch die Witwe Kolona Sprick an ihre älteste Tochter Johanne Sprick daselbst.

1871 **Salbuch:** Sprick; Abtretung an Johanne Sprick; umgeschrieben am 6. Juli 1871.

1876 **Kolonatsakte:** Umschreibung des Kolonats Nr. 30 zu Augustdorf auf den Namen Christoph Köster.

1877 **Salbuch:** Sprick, Johanne; durch Verheiratung auf Christoph Köster umgeschrieben am 17. März 1877.

1901 **Adressbuch:** Köster, Christoph, Landwirt; Ebert, Heinrich, Ziegler; Hillbrink, Witwe, Weberin.

1921 **Landwirtschaftliches Adressbuch:** Köster, Adolf; 21 Hektar.

1926 **Adressbuch:** Köster, Adolf, Landwirt; Köster, Heinrich, Tischler; Wiele, Heinrich, Tischler; Wiele, Heinrich, Ziegler.

1954 **Adressbuch:** Köster, Hermann, Fuhrgeschäft; Dedering, August, Rentner; Geerds, Elso, Rentner; Haustenbecker Straße 30.

1962 **Adressbuch:** Köster, Anna, Hausfrau; Holzkamp, Gustav, Gärtner; Haustenbecker Straße 30.

Gründer 1786

1 **Sprick,** Henrich Ernst, * 24.01.1748 in Hovedissen (Ksp. Schötmar), † 10.04.1792 in Augustdorf.

⚭ 10.12.1775 in Schötmar
Schuckenbäumer, Anne Marie Ilsabein (Anna Margaretha Ilsabe) aus Schuckenbaum (Ksp. Schötmar), * um 1748, † 05.11.1816 in Augustdorf.

1786 Leineweber und Drechsler in Oerlinghausen.

1786 Gründer und Drechsler in Augustdorf, Nr. 30.

Sohn des Vorbesitzers

2 **Sprick,** Töns Henrich Philip, * 25.08.1776 in Schuckenbaum (Ksp. Schötmar), † 09.12.1844 in Augustdorf.

⚭ 28.10.1798 in Stapelage
Schierenberg, Anna Margretha Elisabeth (Anne Marie) aus Oerlinghausen, ~ 04.11.1774 in Oerlinghausen, † 14.12.1840 in Augustdorf.

1799 Kolon in Augustdorf, Nr. 30.

1844 Leibzüchter, Nr. 30.

Sohn des Vorbesitzers

3 **Sprick,** Johann Friedrich Adolph Christoph, * 17.06.1799 in Augustdorf, † 02.11.1854 in Augustdorf.

⚭ [1/1] 28.05.1826 in Augustdorf
Rehm, Anne Catharine Elisabeth, * 17.08.1799 in Augustdorf (Nr. 84), † 05.11.1827 in Augustdorf.

⚭ [2/1] 26.04.1829 in Augustdorf
Berkemeier, Wilhelmine Florentine Caroline, * 04.03.1800 in Augustdorf (Nr. 47), † 15.05.1829 in Augustdorf.

⚭ [3/1] 02.12.1832 in Augustdorf
4 **Prante,** Anna Catharine Wilhelmine, * 28.10.1812 in Augustdorf (Nr. 25), † 17.10.1872 in Augustdorf.

1822 Kolon in Augustdorf, Nr. 30.

Dritte Ehefrau des Vorbesitzers

4 **Sprick,** Anna Catharine Wilhelmine, geb. Prante, * 28.10.1812 in Augustdorf (Nr. 25), † 17.10.1872 in Augustdorf.

⚭ [1/3] 02.12.1832 in Augustdorf
3 **Sprick,** Johann Friedrich Adolph Christoph, * 17.06.1799 in Augustdorf, † 02.11.1854 in Augustdorf.

1871 Witwe und Kolona in Augustdorf, Nr. 30.

Tochter des Besitzers 3

5 **Sprick,** Hanne Friederike (Johanne), * 20.06.1848 in Augustdorf, † 10.02.1935 in Augustdorf.

⚭ 09.07.1871 in Augustdorf
6 **Köster,** Christoph Henrich Adolph, * 03.05.1843 in Augustdorf (Nr. 85), † 28.11.1914 in Augustdorf.

1871 Anerbin in Augustdorf, Nr. 30.

Ehemann der Vorbesitzerin

6 **Sprick (Köster),** Christoph Henrich Adolph, geb. Köster, * 03.05.1843 in Augustdorf (Nr. 85), † 28.11.1914 in Augustdorf.

⚭ 09.07.1871 in Augustdorf
5 **Sprick,** Hanne Friederike (Johanne), * 20.06.1848 in Augustdorf, † 10.02.1935 in Augustdorf.

1877 Kolon und Landwirt in Augustdorf, Nr. 30.

1901 Landwirt in Augustdorf, Nr. 30.

309 Die im Rahmen der Volkszählung gemachte Angabe zum Einlieger Hermann Henrich Christoph Ernst wurde in einer ergänzenden Anmerkung korrigiert: „Col. Ernst No. 93, welcher oben bei No. 30 als Einl. mitgeführt ist, ist mit seiner Familie von dieser Summe [Gesamtzahl der Bewohner der Stätte Nr. 30] abzusetzen [=abzuziehen]."

Sohn des Vorbesitzers

7 **Köster (Sprick oder Köster),** Adolph Heinrich Hermann, * 10.12.1873 in Augustdorf, † 05.07.1924 in Lage, Krankenhaus, ‡ 08.07.1924 in Augustdorf.

⚭ 31.01.1902 in Augustdorf

Pollmann, Louise Wilhelmine Henriette, * 26.07.1873 in Augustdorf, † 20.06.1936 in Augustdorf.

1902 Anerbe in Augustdorf, Nr. 30.

1921 Landwirt in Augustdorf, Nr. 30.

Nr. 62

WIEBUSCH, LÜKERMANN, ECHTERLING, OESTERHAUS, MICHEEL, HAUSTENBECKER STRASSE 96[310]

1792 **Kolonatsakte:** Anlegung einer Neuwohnerstätte durch Tagelöhner Johann Henrich Wiebusch aus Pottenhausen.

1793 **Küstermann:** Wiebusch; 12 Scheffelsaat [=2,060 Hektar].

1793 **Salbuch:** Wiebusch, Hoppenplöcker.

1804 **Kolonatsakte:** Verkauf der Stätte an Jost Herm Lükermann.

1828 **Volkszählung:** Wiebusch, Kolon; 1 Wohnhaus.

1855 **Kolonatsakte:** Abtretung des Anerbenrechts des Kolons Wiebusch an den Kolon Leppelmeier Nr. 64 [▸ S. 285 ff.].

1868 **Salbuch:** Wiebusch; Abtretung an Adolf Echterling; eingetragen am 14. Mai 1868.

1901 **Adressbuch:** Echterling, Adolf, Kaufmann; Hahn, Fritz, Ziegler; Kronshage, Adolf, Schneidermeister; Schmiedeskamp, Gottlieb, Ziegler; Sielemann, Christoph, Ziegler.

1921 **Landwirtschaftliches Adressbuch:** Echterling, Ad.; 15 Hektar.

1926 **Adressbuch:** Echterling, Adolf, Kaufmann; Heumann, August, Ziegler; Tegeler, Wilhelm, Ziegler; Kronshage, Gustav, Ziegler.

1953 **Hofkartenbetriebe:** Oesterhaus, Simon; 10,79 Hektar.

1954 **Adressbuch:** Oesterhaus, Simon, Landwirt; Oesterhaus, Emma, Hausfrau; Micheel, Willy, Arbeiter; Duckstein, Werner, Kellner; Heistermann, Heinrich, Arbeiter; Moebus, Heinrich, Arbeiter; Peters, Walter, Arbeiter; Haustenbecker Straße 62.

1962 **Adressbuch:** Oesterhaus, Simon, Landwirt; Oesterhaus, Emma, Hausfrau; Micheel, Willy, Arbeiter; Heidbrink, Berta, Hausfrau; Heistermann, Heinrich, Arbeiter; Piest, Fritz, Maler; Haustenbecker Straße 62.

310 Zum Areal der Stätte Nr. 62 gehörten die heutigen Grundstücke Haustenbecker Straße 92 und Ludwig-Altenbernd-Weg 1.

Augustdorf Nr. 62, Haustenbecker Straße 92. Die Fotografie zeigt ein früheres Gebäude auf dem ursprünglichen Kolonat Wiebusch, später Echterling, danach Oesterhaus. Privatbesitz U. Micheel, o. J.

Augustdorf Nr. 62, Haustenbecker Straße 96. Das ebenfalls zur einstigen Stätte Wiebusch gehörende Fachwerkhaus war um 1953 abgebrochen worden. Privatbesitz W. Oesterhaus, o. J.

Gründer 1792

1 **Wiebusch,** Johann Henrich aus Pottenhausen (Ksp. Lage), ~ 19.11.1752 in Lage, † 05.12.1796 in Augustdorf.

⚭ 09.02.1783 in Lage
Büker, Anne Margarethe Elisabeth aus Pottenhausen (Ksp. Lage), * um 1755, † 12.01.1797 in Augustdorf.

1792 Einlieger in Pottenhausen (Ksp. Lage), Nr. 9.
1792 Neuwohner in Augustdorf, Nr. 62.

Käufer 1804

2 **Lükermann,** Johann Jobst Hermann, * um 1766, † 17.02.1818 in Augustdorf.

⚭ [1/?] (Ort und Datum unbekannt)
[N.N.], Amalia Sophia, * um 1758, † 09.08.1811 in Augustdorf.

⚭ [2/1] 17.11.1811 in Augustdorf
Küster (Köster), Anne Sophie Elisabeth, * 06.04.1777 in Währentrup (Ksp. Oerlinghausen), † 25.06.1844 in Augustdorf.

1804 Besitzer in Augustdorf, Nr. 62.

Besitzer 1806

3 **Sielemann,** Johann Arend aus Vahlhausen (Ksp. Detmold), ~ 05.05.1756 in Detmold, † 17.12.1830 in Augustdorf (Nr. 18).

⚭ 10.12.1780 in Stapelage
Weber, Amalia Elisabeth aus Hörste (Ksp. Stapelage), ~ 14.05.1752 in Stapelage, † 06.03.1823 in Augustdorf.

1780 Gründer in Augustdorf, Nr. 18 ► S. 146 ff.
1806 Besitzer in Augustdorf, Nr. 62.

Tochter des Vorbesitzers

4 **Wiebusch,** Anna Catharina Louisa Elisabeth, geb. Sielemann, * 04.12.1781 in Augustdorf (Nr. 18), † 25.04.1811 in Augustdorf.

⚭ 20.04.1806 in Augustdorf
5 **Lüersen,** Franz Heinrich Christoph (Franz Hermann), * 21.03.1784 in Oerlinghausen, † 0.02.1866 in Augustdorf.

1806 Anerbin in Augustdorf, Nr. 62.

Ehemann der Vorbesitzerin

5 **Wiebusch,** Franz[311] Heinrich Christoph (Franz Hermann), geb. Lüersen, * 21.03.1784 in Oerlinghausen, † 20.02.1866 in Augustdorf.

⚭ [1/1] 20.04.1806 in Augustdorf
4 **Sielemann,** Anna Catharina Louisa Elisabeth, * 04.12.1781 in Augustdorf (Nr. 18), † 25.04.1811 in Augustdorf.

⚭ [2/1] 15.11.1811 in Augustdorf
Solle, Anne Katharine Marie Elisabeth, * 25.10.1785 in Oerlinghausen, † 07.10.1848 in Augustdorf.

1806 Hoppenplöcker in Augustdorf, Nr. 62.
1840 Besitzer in Augustdorf, Nr. 99 ► S. 258 f.
1846 Armendeche in Augustdorf.
1866 Leibzüchter in Augustdorf, Nr. 62.

Tochter des Vorbesitzers:

6 **Wiebusch,** Anna Maria Elisabeth (Henriette), * 14.01.1807 in Augustdorf, † 22.05.1850 in Augustdorf.

⚭ 05.08.1832 in Augustdorf
7 **Redeker,** Johann Friedrich Christoph, * 29.03.1806 in Augustdorf (Nr. 40), † 31.10.1885 in Augustdorf.

1832 Anerbin in Augustdorf, Nr. 62.

Ehemann der Vorbesitzerin

7 **Wiebusch,** Johann Friedrich Christoph, geb. Redeker, * 29.03.1806 in Augustdorf (Nr. 40), † 31.10.1885 in Augustdorf.

⚭ [1/1] 05.08.1832 in Augustdorf
6 **Wiebusch,** Anna Maria Elisabeth (Henriette), * 14.01.1807 in Augustdorf, † 22.05.1850 in Augustdorf.

⚭ [2/1] 24.11.1850 in Augustdorf
Sielemann, Wilhelmine Henriette, * 30.10.1825 in Augustdorf (Nr. 87), † 24.12.1879 in Augustdorf.

1832 Kolon in Augustdorf, Nr. 62.

Tochter des Vorbesitzers

8 **Wiebusch,** Wilhelmine Florentine Amalie, * 11.05.1833 in Augustdorf, † 03.07.1870 in Augustdorf.

⚭ 18.02.1855 in Augustdorf
9 **Leppelmeier,** Friedrich Hermann Adolph, * 01.11.1824 in Augustdorf (Nr. 64), † 17.09.1910 in Augustdorf.

1855 Anerbin in Augustdorf, Nr. 62.

Ehemann der Vorbesitzerin

9 **Leppelmeier,** Friedrich Hermann Adolph, * 01.11.1824 in Augustdorf (Nr. 64), † 17.09.1910 in Augustdorf.

⚭ [1/1] 18.02.1855 in Augustdorf
8 **Wiebusch,** Wilhelmine Florentine Amalie, * 11.05.1833 in Augustdorf, † 03.07.1870 in Augustdorf.

⚭ [2/1] 17.12.1871 in Augustdorf
Sieweke, Henriette Karoline Justine, * 06.08.1845 in Augustdorf, † 07.12.1909 in Augustdorf.

1855 Kolon in Augustdorf, Nr. 64.
1871 Leibzüchter in Augustdorf, Nr. 64.

Tochter des Besitzers 7

10 **Wiebusch,** Hanne Sophie Wilhelmine, * 09.03.1845 in Augustdorf, † 28.06.1914 in Augustdorf.

⚭ 08.05.1868 in Augustdorf
11 **Echterling,** Heinrich Wilhelm Adolph, * 30.09.1838 auf Lopshorn (Ksp. Augustdorf), † 14.10.1900 in Augustdorf.

311 Bei Franz Wiebusch handelt es sich um den sogenannten alten Franz – wichtigster Gewährsmann des Chronisten Küstermann, vgl. Müller-König, Augustdorf, S. 12.

Ehemann der Vorbesitzerin

11 **Echterling,** Heinrich Wilhelm Adolph, * 30.09.1838 auf Lopshorn (Ksp. Augustdorf), † 14.10.1900 in Augustdorf.

⚭ 08.05.1868 in Augustdorf
10 **Wiebusch,** Hanne Sophie Wilhelmine, * 09.03.1845 in Augustdorf, † 28.06.1914 in Augustdorf.

1859 Kolon und Müller in Augustdorf, Nr. 107 ▸ S. 176 f.

1868 Kaufmann und Kolon in Augustdorf, Nr. 62.

1884 Commerziant [= Händler] in Augustdorf, Nr. 107.

Nr. 29

BECKMANN (OBERBECKMANN), WIELE (WILLE), WIENEKE, POLLMANN, HAUSTENBECKER STRASSE 105

1786 **Kolonatsakte:** Anlegung einer Neuwohnerstätte durch Casper Henrich Beckmann aus Dornberg.

1786 **Kolonatsakte**: Einlieger Caspar Henrich Oberbeckmann aus Dornberg, Amt Schildesche[312], Anbau am Dören am Kohlenwege.

1787 **Schreiter:** 41. Caspar Hr. Oberbeckmann.

1792 **Küstermann:** Oberbeckmann; 20 Scheffelsaat [=3,433 Hektar].

1792 **Salbuch:** Oberbeckmann modo Wiele, Hoppenplöcker.

1828 **Volkszählung:** Wille, Kolon; Kükenhöhner, Einlieger; Schuckenböhmer, Einlieger; 2 Wohnhäuser.

1865 **Kolonatsakte:** Verkauf an Friedrich Wieneke von Nr. 3 zu Brokhausen (Ksp. Detmold).

1865 **Salbuch:** Wiele; Verkauf an Friedrich Wieneke; eingetragen am 21. Oktober 1865.

1875 **Kolonatsakte:** Anlegung eines Kottens auf dem Kolonat Nr. 29 in Augustdorf seitens des Kolons Wiele.

1875 **Salbuch:** Wieneke, Friedrich; kommt hinzu ein auf dem Lande beim Hause errichteter Kotten; eingetragen am 10. Juli 1875.

1901 **Adressbuch:** Wieneke, Fritz, Landwirt; Beckmann, Heinrich, Ziegler; Prante, Heinrich, Ziegler; Wißmann, Hermann, Ziegler.

1921 **Landwirtschaftliches Adressbuch:** Wieneke, Karl; 25 Hektar.

1926 **Adressbuch:** Pollmann, Adolf, Landwirt; Hausmann, Louise, Kriegerwitwe; Wiele, Heinrich, Ziegler; Wiele, Hermann, Ziegler; Plöger, Wilhelm sen., Ringofenbauer; Plöger, Wilhelm jun. Fabrikarbeiter.

1953 **Hofkartenbetriebe:** Wieneke, August; 8,84 Hektar.

1954 **Adressbuch:** Wieneke, Aug., Landwirt; Baumann, Wilhelm, Arbeiter; Jagmann, Friedr., Rentner; Jendreizik, Hermann, Schmied; Kempkes, Margarete, Hausfrau; Krupka, Gustav, Rentner; Möller, Ferd., Rentner; Pollmann, Adolf, Rentner; Radtke, Martha, Hausfrau; Schneider, Aug., Pensionär; Tannhauer, Herb., Fleischer; Haustenbecker Straße 29.

1962 **Adressbuch:** Wieneke, August, Landwirt; Böger, Amalie, Rentnerin; Henze, Harry, Tischler; Kempkes, Margarete, Hausfrau; Krupka, Gustav, Rentner; Matzke, Paul, Arbeiter; Matzke, Wilhelm, Rentner; Meyer, Günter, Maler; Pollmann, Adolf, Rentner; Spryngl, Bruno, Arbeiter; Steiner, Auguste, Hausfrau; Haustenbecker Straße 29. Kuschel, Hildegard, Heimarbeiterin; Repaski, Stefan, Bergmann; Repasky, Ida, Hausfrau; Ströbl, Ignatz, Arbeiter; Zimmer, Anton, Kraftfahrer; Haustenbecker Straße 29 c.

August Wieneke (1907 – 1988), Augustdorf Nr. 29, bei der Feldarbeit. Sammlung Heimatverein Augustdorf, o. J.

Gründer 1786

1 **Beckmann** (Oberbeckmann), Caspar Henrich, * 29.08.1756 in Dornberg (Ksp. Kirchdornberg, Vogtei Werther), † 03.01.1826 in Augustdorf.

⚭ [1/1] 21.10.1780 in Kirchdornberg
Nolting, Anne Margarethe Ilsabein (Grethe Ilsabein) aus Dornberg (Ksp. Kirchdornberg, Vogtei Werther).

⚭ [2/3] 07.08.1814 in Augustdorf
Pott [Witwe], Anna Catharina Louisa Ilsabein aus Hiddentrup (Ksp. Stapelage), * um 1774, † 09.02.1825 in Augustdorf.

⚭ [3/1] 25.09.1825 in Augustdorf
Höbbeler (Helwig)[313], Anna Catharina Louise.

312 Dornberg gehörte bis 1807 zur Vogtei Werther, Amt Sparrenberg, und ab 1816 zum Amt Schildesche, vgl. Geschichtliches Ortsverzeichnis, www.gov.genealogy.net, Stichwort: Dornberg, eingesehen am 10. Juli 2022. Casper Henrich Beckmann wird in den Akten wechselweise beiden Verwaltungseinheiten zugeordnet.

313 Laut Eheeintrag ist Anna Catharina Louise Höbbeler eine uneheliche Tochter der „Anne Marie Helwigs, jetzt verehelichte Einliegerin Höbbeler daselbst".

Augustdorf Nr. 29, Haustenbecker Straße 105. Wiele, später Wieneke. Der aus Stukenbrock stammende Schmiedemeister Johann Bernd Wiele gründete zunächst das Kolonat Nr. 11 im Bereich der heutigen Waldstraße. Mit Blick auf seine Stukenbrocker Kunden verkaufte er den Besitz um 1800 und übernahm die Stätte Nr. 29, die näher an seinem Heimatdorf lag.
Sammlung Heimatverein Augustdorf, o. J.

1786 Kolon in Augustdorf, Nr. 29.
1788 Gründer in Augustdorf, Nr. 33 ▸ S. 274 f.
1794 Gründer in Augustdorf, Nr. 67 ▸ S. 304 f.
1814 Witwer und Leibzüchter in Augustdorf, Nr. 67.

Käufer 1794

2 Wiele (Wille), Johan Bernd aus Stukenbrock, ⋆ um 1757, † 23.09.1822 in Augustdorf.
⚭ 14.04.1782 in Stapelage
Büker, Anne Marie Elisabeth aus Pivitsheide, ⋆ um 1754, † 13.11.1828 in Augustdorf.
1780 Gründer und Schmied in Augustdorf Nr. 11 ▸ S. 138.
1803 Schmied in Augustdorf, Nr. 29.
1822 Leibzüchter in Augustdorf, Nr. 29.

Sohn des Vorbesitzers

3 Wiele, Johann Hermann Henrich, ⋆ 16.12.1782 in Augustdorf, † 12.06.1808 in Augustdorf.
⚭ 27.09.1807 in Augustdorf
Steffen, Anna Maria Elisabeth aus Buer im „Fürstenthum Osnabrügge".
1807 Kolon in Augustdorf, Nr. 29.

Sohn des Vorbesitzers

4 Wiele, Johann Bernd Christoph, ⋆ 18.07.1808 in Augustdorf, † 21.01.1883 in Augustdorf.
⚭ 28.07.1833 in Augustdorf
Detert, Anna Katharine Ilsabein, ⋆ 02.07.1808 in Augustdorf (Nr. 34), † 02.02.1866 in Augustdorf.
1833 Kolon in Augustdorf, Nr. 29.
1883 Leibzüchter in Augustdorf, Nr. 29.

Tochter des Vorbesitzers

5 Wiele, Sophie Friederike Amalie, ⋆ 12.06.1846 in Augustdorf, † 28.09.1914 in Augustdorf.
⚭ 03.11.1865 in Augustdorf
6 **Wieneke,** Franz Friedrich August, ⋆ 11.12.1834 in Brokhausen (Ksp. Detmold), † 08.09.1916 in Augustdorf.

Ehemann der Vorbesitzerin

6 Wieneke (Wiele), Franz Friedrich (Fritz) August, geb. Wieneke[314], ⋆ 11.12.1834 in Brokhausen (Ksp. Detmold), † 08.09.1916 in Augustdorf.
⚭ 03.11.1865 in Augustdorf
5 **Wiele,** Sophie Friederike Amalie, ⋆ 12.06.1846 in Augustdorf, † 28.09.1914 in Augustdorf.
1865 Kolon in Augustdorf, Nr. 29.
1901 Landwirt in Augustdorf, Nr. 29.

314 Die Kinder dieses Ehepaares wurden unter dem Namen *Wiele* getauft, hießen aber später *Wieneke*.

Nr. 64

LEPPELMEIER, HAUSTENBECKER STRASSE 110

1793 **Kolonatsakte:** Geplante Anlegung einer Neuwohnerstätte durch Zimmermann Berend Henrich Milberg aus Friedrichsdorf; Übernahme der Stätte durch Spinner Friedrich Leppelmeier aus Hovedissen.

1795 **Küstermann:** Wieberg[315]; 30 Scheffelsaat [=5,150 Hektar].

1795 **Salbuch:** Friedrich Leppelmeier, Hoppenplöcker.

1828 **Volkszählung:** Leppelmeier, Kolon; Stölting, Einlieger; 2 Wohnhäuser.

1843 **Kolonatsakte:** Verkauf der Leppelmeierschen Stätte Nr. 64 zu Augustdorf an den Leibzüchter Leppelmeier.

1880 **Salbuch:** Leppelmeier; neben dem Wohnhause ein Kotten errichtet; eingetragen am 6. November 1880.

1888 **Salbuch:** Leppelmeier; auf Friedrich Leppelmeier umgeschrieben am 28. Januar 1888.

1901 **Adressbuch:** Leppelmeier, Fritz, Landwirt; Leppelmeier, Friedrich, Leibzüchter; Brechmann, Heinrich, Ziegler; Friedrich, Hermann, Ziegler; Wiele, Hermann, Ziegler.

1921 **Landwirtschaftliches Adressbuch:** Leppelmeier, Fr.; 16 Hektar.

1926 **Adressbuch:** Leppelmeier, Friedrich, Maurer; Leppelmeier, Friedrich, Landwirt; Schlink, Marie, Kriegerwitwe.

1953 **Hofkartenbetriebe:** Leppelmeier, Fritz; 17,15 Hektar.

1954 **Adressbuch:** Leppelmeier, Fritz, Landwirt; Funk, Sophie, Hausfrau; Heissenberg, Karl, Rentner; Hempfing, Klaus, Gärtner; Hierl, Ernst, Oberstudienrat; Rauer, August, Rentner; Reske, Otto, Arbeiter; Haustenbecker Straße 64.

1962 **Adressbuch:** Leppelmeier, Fritz, Bauer; Leppelmeier, Karoline, Rentnerin; Draber, Waldemar, Gewerkschaftssekretär; Gogun, Ewald, Werkmeister; Heissenberg Karl, Rentner; Hempel, Siegmund, Maurer; Kiesewetter, Elisabeth, Schneiderin; Schneider, Emma, Rentnerin; Scholz, Wilhelm, Arbeiter; Strobel, Frieda, Hausfrau; Wiebusch, Heinrich, Textilarbeiter; Haustenbecker Straße 64.

Gründer 1793

1 **Leppelmeier,** Johann Friedrich (Lorentz Friedrich), ⋆ 03.12.1755 in Bielefeld (Ksp. Bielefeld, St. Nicolai), † 28.01.1813 in Augustdorf.

⚭ 10.10.1784 in Schötmar
Rosenbaum, Anna Maria Elisabeth, ⋆ 21.04.1759 in Schuckenbaum (Ksp. Schötmar), † 07.10.1835 in Augustdorf.

1784 Einlieger in Bexterhagen (Ksp. Schötmar).

1789 Einlieger in Krentrup (Ksp. Schötmar).

1793 Einlieger und Spinner in Hovedissen (Ksp. Schötmar).

1793 Hoppenplöcker in Augustdorf, Nr. 64.

Sohn des Vorbesitzers

2 **Leppelmeier,** Berend Henrich (Johann Henrich Anton), ⋆ 29.11.1787 in Bexterhagen (Ksp. Schötmar), † 16.01.1863 in Augustdorf.

⚭ 05.11.1809 in Augustdorf
Friedrich, Henriette Anna Maria Dorothea, ⋆ 02.04.1788 in Augustdorf (Nr. 14), † 28.03.1856 in Augustdorf.

1809 Kolon in Augustdorf, Nr. 64.

1863 Leibzüchter in Augustdorf, Nr. 64.

Tochter des Vorbesitzers

3 **Leppelmeier,** Carolina Wilhelmina Friderica, ⋆ 10.01.1814 in Augustdorf, † 10.01.1875 in Senne II (Amt Brackwede).

⚭ [1/1] 29.06.1838 in Augustdorf
4 **Sprenger,** Johann Heinrich Christoph, ⋆ 18.07.1808 in Kachtenhausen (Ksp. Oerlinghausen).

⚭ [2/2] 17.04.1843 in Oerlinghausen
Lutterkord, Johann Henrich Moritz, geb. Sprungmann, aus Senne (Amt Heepen), ~ 16.12.1791 in Oerlinghausen, † 15.03.1854 in Senne II (Ksp. Oerlinghausen).

1838 Anerbin in Augustdorf, Nr. 64.

315 Da der Name *Wieberg* ansonsten nicht vorkommt, ist zu vermuten, dass Küstermann ihn mit *Milberg* verwechselt hat.

Augustdorf Nr. 148, Haustenbecker Straße 100. Auf einem ursprünglich zur Stätte Nr. 64 gehörenden Grundstück gründete Fritz Brechmann in den 1920er Jahren ein Lebensmittelgeschäft, das zunächst in der „Konsumgenossenschaft" organisiert war und später unter der Marke SPAR betrieben wurde. An der Waldstraße gab es eine Filiale des Kaufhauses Brechmann, weitere Abb. ▸ S. 246.
Sammlung Heimatverein Augustdorf, o. J.

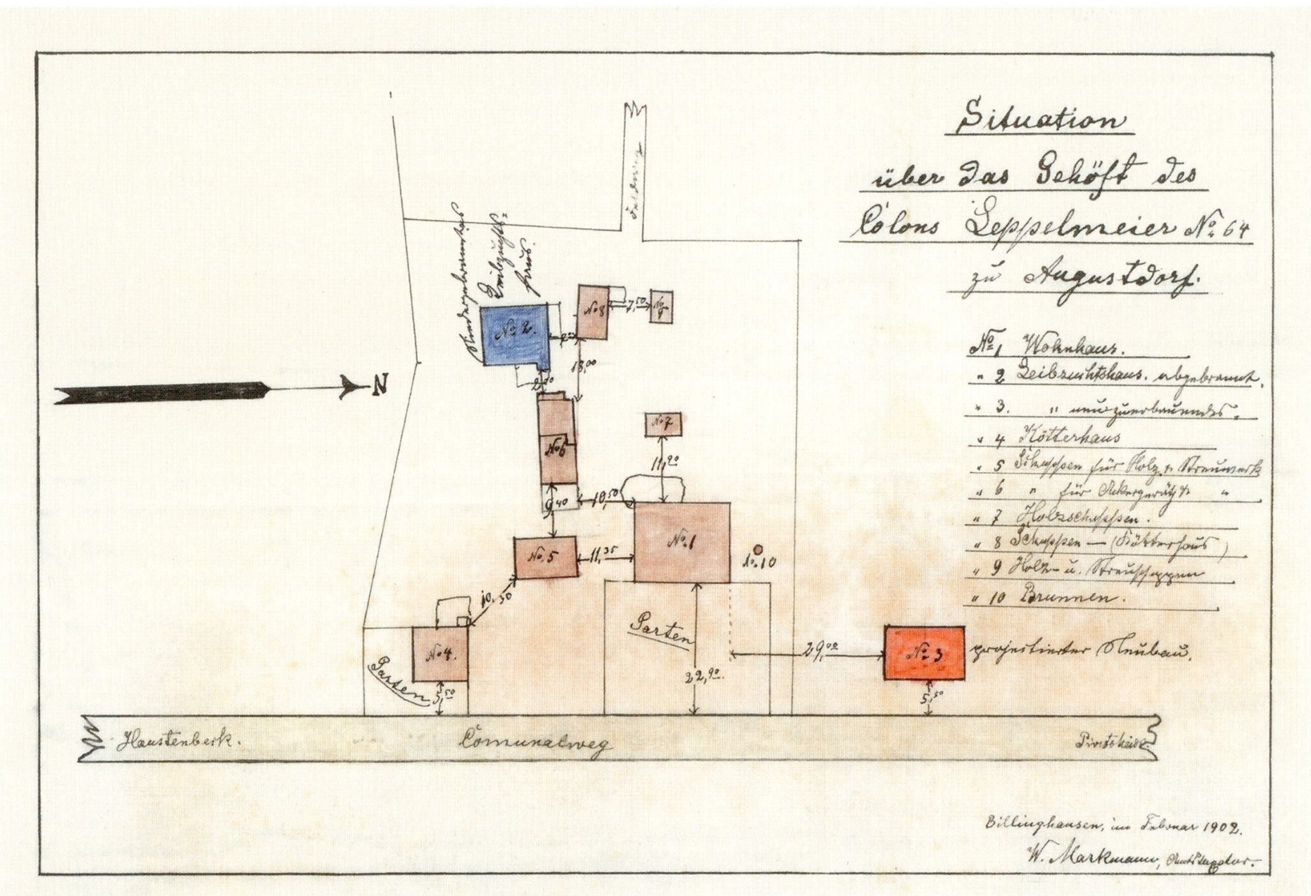

Augustdorf Nr. 64, Haustenbecker Straße 110.
Plan „über das Gehöft des Colon Leppelmeier No. 64 zu Augustdorf". 1902 vollständig abgebrannt, sollte das Leibzuchtgebäude der Stätte an anderer Stelle wieder aufgebaut werden. Zwecks Genehmigung war diese Skizze angefertigt und dem Antrag beigefügt worden. Das 1902 errichtete Haus wurde später von der Tochter und vom Schwiegersohn Leppelmeiers, Wilhelm Erfkamp, übernommen, es erhielt die Nummer 201. LAV NRW OWL L 109 Nr. 263

Ehemann der Vorbesitzerin

4 **Leppelmeier,** Johann Heinrich Christoph, geb. Sprenger, ⋆ 18.07.1808 in Kachtenhausen (Ksp. Oerlinghausen).

⚭ 29.06.1838 in Augustdorf

3 **Leppelmeier,** Carolina Wilhelmina Friderica, ⋆ 10.01.1814 in Augustdorf, † 10.01.1875 in Senne II (Amt Brackwede).

1838 Kolon und Interimswirt in Augustdorf, Nr. 64.

1840 Kolon in Pivitsheide (Ksp. Stapelage), Nr. 30.

Sohn des Besitzers 2

5 **Leppelmeier,** Friedrich Hermann Adolph, ⋆ 01.11.1824 in Augustdorf, † 17.09.1910 in Augustdorf.

⚭ [1/1] 18.02.1855 in Augustdorf

Wiebusch, Wilhelmine Florentine Amalie, ⋆ 11.05.1833 in Augustdorf (Nr. 62), † 03.07.1870 in Augustdorf.

⚭ [2/1] 17.12.1871 in Augustdorf
Sieweke, Henriette Karoline Justine, ⋆ 06.08.1845 in Augustdorf (Nr. 56), † 07.12.1909 in Augustdorf.
1855 Kolon in Augustdorf, Nr. 64.
1883 Leibzüchter in Augustdorf, Nr. 64.

Sohn des Vorbesitzers

6 **Leppelmeier,** Berend Friedrich (Fritz) Hermann, ⋆ 20.05.1858 in Augustdorf, † 15.08.1930 in Augustdorf.
⚭ 11.11.1883 in Augustdorf
Lüersen, Anne Marie Louise, ⋆ 21.03.1860 in Augustdorf (Nr. 31), † 10.09.1929 in Augustdorf.
1883 Kolon und Anerbe in Augustdorf, Nr. 64.
1885 Besitzer in Augustdorf, Nr. 31 ▸ S. 276 f.
1901 Landwirt in Augustdorf, Nr. 64.
1926 Landwirt in Augustdorf, Nr. 64.

Nr. 28

OBERBECKMANN, RIEMANN (RIEHMANN), KÜSTER (KÖSTER), HILLBRINK, GEMEINDE AUGUSTDORF,

HAUSTENBECKER STRASSE 119, 119 b

1786 **Kolonatsakte:** Anlegung einer Neuwohnerstätte durch Leibzüchter Johann Adoph Oberbeckmann aus Dornberg.
1786 **Kolonatsakte:** Zuweisung einer Stätte zum Ausbau an die Tochter des Leibzüchters und Einliegers Oberbeckmann am Dören, Marie Ilsabein.
1787 **Schreiter:** 42. Maria Ilsabein Oberbeckmann.
1790 **Küstermann:** Oberbeckmann; 16 Scheffelsaat [=2,747 Hektar].
1791 **Kolonatsakte:** Anbau am Dören und Verkauf der Stätte des Kolons Johannes Oberbeckmann zu Augustdorf an den Kolon Christian Riehmann aus dem Bückeburgischen.[316]
1792 **Salbuch:** Mar. Ils. Oberbeckmanns modo [=jetzt] Christian Riemann, Hoppenplöcker.
1820 **Kolonatsakte:** Die Riemannsche Stätte Nr. 28 zu Augustdorf, Konkurs und Verkauf dieser Stätte an den Leibzüchter Küster in Augustdorf.
1828 **Volkszählung:** Riemann, Kolon; Bergmann, Witwe, Einliegerin; Riemann, Witwe, Leibzüchterin; 2 Wohnhäuser.
1843 **Kolonatsakte:** Verkauf des Riemannschen Kolonats Nr. 28 an Christian Simon Adolf Köster, Nr. 85 [▸ S. 319 ff.].
1855 **Salbuch:** Riemann.
1901 **Adressbuch:** Hillbrink, Fritz, Ziegelmeister; Schröder, Adolf, Ziegler.
1921 **Landwirtschaftliches Adressbuch:** Hillbrink[317], Fr.; 19 Hektar.
1926 **Adressbuch:** Moshage, Heinrich, Maschinist; Köster, Friedrich, Maschinist.
1954 **Adressbuch:** Blome, Wilhelm, Maßschneiderei, privat: [Haustenbecker Straße] 96; Diekmann, Heinrich, Schneider; Dzillas, Gustav, Rentner; Dzillas, Max, Arbeiter; Gogun, Fritz, Arbeiter; Herrmann, Fritz, Arbeiter; Kupsch, Karl, Arbeiter; Moshage, Heinrich, Rentner; Pollmann, Hermann, Rentner; Schlink, Margarete, Arbeiterin; Haustenbecker Straße 28.
1962 **Adressbuch:** Dzillas, Max, Arbeiter; Gogun, Fritz, Kalkwerkarbeiter; Herrmann, Fritz, Arbeiter; Tuttas, Heini, Schlosser; Wagner, Ruth, Hausfrau; Haustenbecker Straße 28.

Gründer 1786

1 **Oberbeckmann,** Johann Adolph (Johannes) aus Dornberg (Vogtei Werther), ⋆ um 1720, † in Augustdorf, „der alte Oberbeckmann ist im Backtroge begraben"[318].
⚭ um 1750 in Kirchdornberg (Vogtei Werther)
2 **Holtmann,** Maria Ilsabein aus Dornberg (Vogtei Werther), ⋆ um 1720.
1786 Leibzüchter in Augustdorf, Nr. 29 ▸ S. 283 f.
1786 Kolon in Augustdorf, Nr. 28.

Tochter des Vorbesitzers

2 **Oberbeckmann**, Anne Marie Ilsabein aus Dornberg (Vogtei Werther), ⋆ um 1748, † 14.12.1823 in Augustdorf.
⚭ [1/2] 30.05.1790 in Stapelage
3 **Kronshage,** Johann Töns aus Milse (Ksp. Oerlinghausen), ~ 19.12.1745 in Oerlinghausen, † 03.02.1822 in Augustdorf.
1791 Besitzerin in Augustdorf, Nr. 28.

Ehemann der Vorbesitzerin

3 **Oberbeckmann,** Johann Töns, geb. Kronshage aus Milse (Ksp. Oerlinghausen), ~ 19.12.1745 in Milse (Ksp. Oerlinghausen), † 03.02.1822 in Augustdorf.
⚭ [1/1] 09.05.1775 in Oerlinghausen
Kehne, Elisabeth Catharina.
⚭ [2/1] 30.05.1790 in Stapelage
2 **Oberbeckmann,** Anne Marie Ilsabein aus Dornberg (Vogtei Werther), ⋆ um 1748, † 14.12.1823 in Augustdorf.
1791 Besitzer in Augustdorf, Nr. 28.
1795 Kolon in Augustdorf, Nr. 61 ▸ S. 293 ff.

316 Johann Töns Oberbeckmann und seine Ehefrau Ilsabein verkaufen 1791 die Stätte Nr. 28 an Andreas Christian Riemann. Das Ehepaar übernimmt stattdessen das Areal, das ursprünglich Johann S. Schildmann zugewiesen war. Das Grundstück erhielt später die Kolonatsnummer 61, vgl. S. 293 ff. in diesem Band.
317 Um oder nach 1921 scheint das Kolonat in den Besitz der Gemeinde Augustdorf übergegangen zu sein. Zur weiteren Entwicklung der Stätte Hillbrink s. S. 85 in diesem Band.
318 Vgl. Küstermann, Geschichte, Bd. II, Abschrift 2010, S. 117.

Augustdorf Nr. 186, Haustenbecker Straße 117. Um 1910 übernahm Heinrich Rott eine Kötterstätte, die vorher zum Hof Nr. 28 gehört hatte. Er erbaute dort ein Wohn- und Geschäftshaus und handelte mit Manufakturwaren. Lippische Landesbibliothek Detmold, ME-PK-27-3, o. J.

Augustdorf Nr. 186, Haustenbecker Straße 117. Die Aufnahme zeigt das Geschäftshaus zu einem früheren Zeitpunkt, noch ohne Ladenschild. Bei dem Auto handelt es um einen BMW Dixi von 1927. Lippische Landesbibliothek Detmold, ME-PK-27-2, o. J.

Käufer 1794

4 **Riemann,** Andreas Christian aus Neuseggebruch (Amt Bückeburg), * um 1755, † 06.06.1824 in Augustdorf.

⚭ [1/1] um 1790 in Seggebruch
Mebers (Mebus), Philippine Eleonore, * um 1761, † 01.12.1796 in Augustdorf.

⚭ [2/1] 18.06.1797 in Stapelage
Heistermann, Hanna Louise, * um 1774, † 13.10.1835 in Augustdorf.

1791 Nagelschmied in Seggebruch (Amt Bückeburg).
1791 Besitzer in Augustdorf, Nr. 33 ▸ S. 274 f.
1794 Kolon in Augustdorf, Nr. 28.
1810 Leibzüchter in Augustdorf, Nr. 28.

Sohn des Vorbesitzers

5 **Riemann,** Friedrich Christian, * um 1783, † 07.09.1818 in Augustdorf.

⚭ 16.04.1809 in Augustdorf
6 **Sprick,** Anna Sophia Amalie aus Stukenbrock, * um 1785, † 18.01.1827 in Augustdorf.

1809 Kolon in Augustdorf, Nr. 28.

Ehefrau des Vorbesitzers

6 **Riemann,** Anna Sophia Amalie, geb. Sprick, aus Stukenbrock, * um 1785, † 18.01.1827 in Augustdorf.

⚭ [1/1] 16.04.1809 in Augustdorf
5 **Riemann,** Friedrich Christian, * um 1783, † 07.09.1818 in Augustdorf.

⚭ [2/2] um 1820 (Ort unbekannt)
7 **Schneider,** Gerhard (Franz) aus Stukenbrock.

1818 Witwe in Augustdorf, Nr. 28.

Zweiter Ehemann der Vorbesitzerin

7 Riemann, Gerhard (Franz), geb. Schneider aus Stukenbrock.

⚭ [2/2] um 1820 (Ort unbekannt)

6 Riemann, Anna Sophia Amalie, geb. Sprick, aus Stukenbrock, * um 1785 in Stukenbrock, † 18.01.1827 in Augustdorf.

1820 Kolon in Augustdorf, Nr. 28.

Käufer 1820

8 Köster (Riemann), Adolph Christian, geb. Drave, * 31.10.1784 in Berlebeck (Ksp. Heiligenkirchen), † 11.05.1858 in Augustdorf.

⚭ [1/2] 22.07.1810 in Augustdorf

Köster, Anna Margarethe Elisabeth, geb. Sielemann, * 27.05.1790 in Augustdorf (Nr. 18), † 22.03.1858 in Augustdorf.

1810 Kolon und Interimswirt in Augustdorf, Nr. 85 ▸ S. 319 ff.

1820 Besitzer in Augustdorf, Nr. 28.

1824 Leibzüchter in Augustdorf, Nr. 85.

1858 Leibzüchter in Augustdorf, Nr. 28.

Bruder des Besitzers 5

9 Riemann, Johann Hermann Henrich Christoph, * 04.08.1806 in Augustdorf, † 22.06.1867 in Augustdorf.

⚭ 24.10.1830 in Augustdorf

Kirchhof, Catharine Elisabeth, * 26.04.1802 in Pivitsheide (Ksp. Stapelage), † 28.12.1874 in Augustdorf.

1830 Einlieger in Augustdorf.

1831 Kolon in Augustdorf, Nr. 28.[319]

Sohn des Besitzers 8

10 Riemann, Christoph Simon Adolph (Christian), geb. Köster, * 03.10.1813 in Augustdorf, † 18.07.1848 in Augustdorf.

⚭ 04.03.1838 in Augustdorf

11 Detert, Henriette Wilhelmine Caroline, * 29.11.1805 in Augustdorf (Nr. 34), † 09.01.1862 in Augustdorf.

1838 Einlieger in Augustdorf.

1843 Kolon in Augustdorf, Nr. 28.

Ehefrau des Vorbesitzers

11 Riemann, Henriette Wilhelmine Caroline, geb. Detert, * 29.11.1805 in Augustdorf (Nr. 34), † 09.01.1862 in Augustdorf.

⚭ [1/1] 04.03.1838 in Augustdorf

10 Riemann, Christoph Simon Adolph (Christian), geb. Köster, * 03.10.1813 in Augustdorf, † 18.07.1848 in Augustdorf.

319 Christoph Riemann erscheint zwar 1831 in einem Taufeintrag als Kolon, dabei mag es sich jedoch um ein Versehen handeln, weil die Stätte zu der Zeit bereits veräußert war.

⚭ [2/1] 12.08.1849 in Augustdorf

12 Leppelmeier, Johann Henrich Anton, * 11.01.1820 in Augustdorf (Nr. 64), † 06.06.1892 in Augustdorf.

1849 Witwe in Augustdorf, Nr. 28.

Zweiter Ehemann der Vorbesitzerin:

12 Riemann, Johann Henrich Anton, geb. Leppelmeier, * 11.01.1820 in Augustdorf (Nr. 64), † 06.06.1892 in Augustdorf.

⚭ [1/2] 12.08.1849 in Augustdorf

11 Riemann, Henriette Wilhelmine Caroline, geb. Detert, * 29.11.1805 in Augustdorf, † 09.01.1862 in Augustdorf.

⚭ [2/1] 03.08.1862 in Augustdorf

Lüdeking, Anne Marie Wilhelmine Amalie, geb. Ostmeier, * 25.04.1827 in Augustdorf (Nr. 75), † 18.06.1895 in Augustdorf.

1849 Kolon in Augustdorf, Nr. 28.

1892 Leibzüchter in Augustdorf, Nr. 38 ▸ S. 259 ff.

Besitzer 1901

13 Hilbrink, Friedrich Hermann Heinrich (Fritz), * 16.07.1844 in Augustdorf, † 29.11.1940 in Augustdorf.

⚭ 20.11.1870 in Augustdorf

Böger, Friederike Wilhelmine, * 23.09.1851 in Augustdorf (Nr. 82), † 25.12.1921 in Augustdorf.

1870 Einlieger in Augustdorf.

1901 Ziegelmeister in Augustdorf, Nr. 28.

Nr. 63

STEFFEN (STEPHEN), HAUSTENBECKER STRASSE 120, 126

1792 **Kolonatsakte:** Anlegung einer Neuwohnerstätte durch Johann Herm Steffen aus Buer im [Fürst]Bistum Osnabrück, zuletzt in Friedrichsdorf.

1793 **Küstermann:** Steffen; 20 Scheffelsaat [= 3,433 Hektar].

1793 **Salbuch:** Herm Steffen, Hoppenplöcker.

1828 **Volkszählung:** Steffen, Kolon; Lüersen, Einlieger; Wiele, Einlieger; 2 Wohnhäuser.

1854 **Kolonatsakte:** Verkauf an den Kolon Schockenböhmer Nr. 96 [▸ S. 300].

1858 **Kolonatsakte:** Verkauf an Adolph Steffen oder Schuckenböhmer.

1864 **Kolonatsakte:** Bau einer Scheune und Anbau eines Kottens.

1865 **Salbuch:** Steffen; hat einen Kotten gebaut; eingetragen am 12. August 1865.

1901 **Adressbuch:** Steffen, Adolf, Landwirt; Heißenberg, Simon, Ziegler; Plöger, Wilhelm, Ziegler; Schneider, Heinrich, Ziegler.

1921 **Landwirtschaftliches Adressbuch:** Steffen, Adolf; 34 Hektar.

Augustdorf Nr. 63, Haustenbecker Straße 126, und Augustdorf Nr. 261, Haustenbecker Straße 124. Die Abbildung zeigt links ein Gebäude des Kolonates Steffen Nr. 63 und rechts daneben das Wohnhaus von August Schneider (Nr. 261). Privatbesitz E. Schneider, o. J.

1926 **Adressbuch:** Steffen, Adolf, Landwirt; Räker, Lina, Kriegerwitwe; Schröder, Friedrich, Fabrikarbeiter; Holinderbäumer, Heinrich, Maler; Schäfermeyer, Adolf, Hausierer; Berkemeier, G., Dampfwalzenmaschinist.
1953 **Hofkartenbetriebe:** Steffen, Adolf; 13,44 Hektar.
1954 **Adressbuch:** Steffen, Adolf, Landwirt; Maurischat, Friedr., Arbeiter; Mehwald, Adolf, Pensionär; Pahl, Walter, Arbeiter; Rossmann, Hermann, Rentner; Stamm, Josef, Rentner; Stücke, Adolf, Postfacharbeiter; Haustenbecker Straße 63.
1962 **Adressbuch:** Steffen, Adolf, Landwirt; Kaiser, Dieter, Arbeiter; Kunkel, Hildegard, Hausfrau; Pahl, Walter, Arbeiter; Stamm, Josef, Rentner; Stücke, Adolf, Postfach-arbeiter; Werner, Hedwig, Rentnerin; Wischnewski, Johann, Landwirt; Wulff, Horst, Soldat; Haustenbecker Straße 63. Engelkemeier, Lore, Lebensmittelgeschäft, Haustenbecker Straße 158, Pr.-W. [= Privat-Wohnung], Haustenbecker Straße 63.

Gründer 1792

1 **Steffen** (Stephen), Johann Hermann Henrich aus Buer (Fürstbistum Osnabrück), ⋆ um 1740, † 30.06.1804 in Augustdorf.
⚭ um 1775 (Ort unbekannt)
Meiners, Maria Elisabeth Margreta (Margareta Elisabeth).
1792 Einlieger in Augustdorf, bei Justus Pollmann.
1792 Kolon in Augustdorf, Nr. 63.

Tochter des Vorbesitzers

2 **Steffen,** Florentine Maria (Florentine Wilhelmine), ⋆ um 1786, † 10.06.1864 in Augustdorf.
⚭ 20.12.1808 in Augustdorf
3 **Klocke,** Johann Hermann Adolph (Johann Henrich) aus Hörste (Ksp. Stapelage), ⋆ um 1779, † 10.11.1846 in Augustdorf.

Ehemann der Vorbesitzerin

4 **Steffen,** Johann Hermann Adolph (Johann Henrich), geb. Klocke, aus Hörste (Ksp. Stapelage), ⋆ um 1779, † 10.11.1846 in Augustdorf.
⚭ 20.12.1808 in Augustdorf
2 **Steffen,** Florentine Maria (Florentine Wilhelmine), ⋆ um 1786, † 10.06.1864 in Augustdorf.
1810 Kolon in Augustdorf, Nr. 63.
1846 Leibzüchter in Augustdorf, Nr. 63.

Sohn des Vorbesitzers

4 **Steffen,** Johann Friedrich (Fred) Christoph, ⋆ 11.11.1809 in Augustdorf, † 1884 in Tea, Gasconade County (Missouri).
⚭ [1/1] 23.05.1841 in Augustdorf
Isenberg, Amalie Sophie Wilhelmine, ⋆ 24.01.1814 in Augustdorf, † 21.05.1850 in Augustdorf.
⚭ [2/1] 22.12.1850 in Augustdorf
Isenberg, Anne Katharine Henriette, ⋆ 17.08.1825 in Augustdorf, † nach 1865 in Missouri.
1841 Kolon in Augustdorf, Nr. 63.
1854 Auswanderung in die USA ▸ S. 80 f.
1870 Farmer in Canaan, Gasconade County (Missouri).[320]

Käufer 1854

5 **Steffen,** Bartold Henrich Christoph (Johann Heinrich, Kaspar Henrich), geb. Schuckenböhmer, ⋆ 26.03.1793 in Schuckenbaum (Ksp. Schötmar), † 14.04.1863 in Augustdorf.
⚭ 31.10.1819 in Schötmar
Steffen, Sophie Friederike Ilsabein (Ilsabein Friederike), ⋆ 17.12.1795 in Augustdorf, † 16.10.1875 in Augustdorf.
1831 Kolon in Augustdorf, Nr. 96 ▸ S. 300.
1854 Kolon in Augustdorf, Nr. 63.
1863 Leibzüchter in Augustdorf, Nr. 63.

Sohn des Vorbesitzers

6 **Steffen,** Berend Heinrich Adolph, geb. Schuckenböhmer, ⋆ 14.11.1826 in Augustdorf, † 26.01.1918 in Augustdorf.
⚭ 07.11.1858 in Augustdorf
Lüersen, Marie Katharine Amalie, ⋆ 20.04.1839 in Augustdorf (Nr. 31), † 05.08.1898 in Augustdorf.
1858 Kolon in Augustdorf, Nr. 63.

Sohn des Vorbesitzers

7 **Steffen,** Heinrich Adolph (Adolf), ⋆ 12.10.1870 in Augustdorf, † 11.01.1937 in Augustdorf.
⚭ 04.05.1895 in Augustdorf
Echterling, Hanne Louise, ⋆ 27.05.1872 in Augustdorf (Nr. 107).
1901 Landwirt in Augustdorf, Nr. 63.
1926 Landwirt in Augustdorf, Nr. 63.

---

320 Volkszählung 1870 der Vereinigten Staaten. Verfügbar auf der Internetseite www.myheritage.de, zuletzt eingesehen am 24.07.2022.

Ausschnitt aus der Karte „Augustdorf 1900“.
Kartografie J. Rosenberg, 2024

6. Haustenbecker Straße südlich der Heidestraße

Um die Jahrhundertwende 1799/1800 fand das Gründungsgeschehen im Bereich der Haustenbecker Straße seine Fortsetzung. Neben den bereits 1789 bzw. 1794 angelegten Stätten Nr. 61 und Nr. 67 entstanden die nächsten Kolonate südlich der heutigen Heidestraße, die damals noch als *Schmale Trift* bezeichnet wurde. Die Siedlungsaktivitäten entlang der Straße nach Haustenbeck erfassten auch Areale, die mittlerweile zum Truppenübungsplatz gehören. Der folgende Abschnitt beschreibt die Höfe und Stätten zwischen Heidestraße und ehemaligem Pollmannskrug.

Nr. 61
SCHILDMANN, OBERBECKMANN, KRONSHAGE (KRONSHAGEN),
WIESENSTRASSE[321]

1789 **Kolonatsakte:** Johann S. Schildmann aus Bexterhagen, Amt Schötmar.

1789 **Kolonatsakte:** Übernahme einer bei Oberbeckmann neu angewiesenen Hausstätte von 10 Scheffelsaat durch Einlieger Schildmann aus Wülfer, Amt Schötmar.

1790 **Kolonatsakte:** Einlieger Andreas Justus aus Brackwede, ein Schneider, katholisch, drei Kinder, kauft einen Platz von Schildmann bei Oberbeckmanns Stätte.

1791 **Kolonatsakte:** Johann Töns Oberbeckmann und seine Ehefrau Ilsabein verkaufen die Stätte Nr. 28 [► S. 287 ff.] an Riemann und übernehmen den ursprünglich an Schildmann angewiesenen Platz.

1791 **Kolonatsakte:** Kolona Ilsabein Beckmann modo [=jetzt] Kronshagen.

1792 **Küstermann:** Riecks von Haustenbeck[322]; 20 Scheffelsaat [=3,433 Hektar].

1792 **Salbuch:** Oberbeckmann modo Johann Töns Kronshage, Hoppenplöcker.

1816 **Salbuch:** Oberbeckmann modo Kronshage.

1828 **Volkszählung:** Kronshage, Kolon; Möller, Einlieger; 2 Wohnhäuser.

1872 **Kolonatsakte:** Stättenabtretungsvertrag seitens des Kolons Kronshagen Nr. 61 in Augustdorf und des Anerben Heinrich Kronshagen daselbst an Hermann Kronshagen.

1872 **Salbuch:** Kronshage; Verkauf an Heinrich Kronshage; eingetragen am 4. April 1872.

1901 **Adressbuch:** Kronshage, Henriette, Witwe, Landwirtin; Prante, Karl, Weber.

1921 **Landwirtschaftliches Adressbuch:** Kronshage, Heinrich; 11 Hektar.

1926 **Adressbuch:** Kronshage, Heinrich, Viehhändler und Landwirt.

1953 **Hofkartenbetriebe:** Kronshage, Heinrich, 12,54 Hektar.

1954 **Adressbuch:** Kronshage, Heinrich, Landwirt; Heidestraße 61.

1962 **Adressbuch:** Kronshage, Paul, Kraftfahrer; Schröder, Horst, Kraftfahrer; Heidestraße 61.

Gründer 1789

1 **Schildmann,** Johann S. aus Bexterhagen (Ksp. Schötmar).

1788 Einlieger in Wülfer.

1789 Kolon in Augustdorf, Nr. 61.

Käufer 1791

2 **Oberbeckmann,** Johann Töns, geb. Kronshage, aus Milse (Ksp. Oerlinghausen), ~ 19.12.1745 in Oerlinghausen, † 03.02.1822 in Augustdorf.

⚭ [1/1] 09.05.1775 in Oerlinghausen
Kehne, Elisabeth Catharina.

⚭ [2/1] 30.05.1790 in Stapelage
Oberbeckmann, Anne Marie Ilsabein aus Dornberg (Vogtei Werther), * um 1748, † 14.12.1823 in Augustdorf.

1791 Besitzer in Augustdorf, Nr. 28 ► S. 287 ff.

1795 Kolon in Augustdorf, Nr. 61.

Sohn des Vorbesitzers

3 **Kronshage,** Johann Berend Henrich Christoph, ~ 19.04.1776 in Oerlinghausen, † 13.10.1836 in Augustdorf.

⚭ [1/1] 09.05.1802 in Augustdorf
Böger, Anna Catharine Maria Elisabeth aus Breitenheide (Ksp. Lage), ~ 18.11.1770 in Lage, † 09.01.1830 in Augustdorf.

⚭ [2/2] 17.04.1831 in Augustdorf
Rettberg [Witwe], Anna Sophie Amalie.

1802 Kolon in Augustdorf, Nr. 61.

321 Der alte Gebäudebestand wurde abgebrochen, das Gelände neu überbaut.

322 Zu dem bei Küstermann aufgeführten „Riecks von Haustenbeck" konnten keine weiteren Angaben ermittelt werden.

Augustdorf Nr. 61. Die Ansicht zeigt die Stätte Kronshage im Bereich der heutigen Wiesenstraße. Das Areal ist inzwischen vollständig mit Einfamilienhäusern überbaut. Sammlung Heimatverein Augustdorf, o. J.

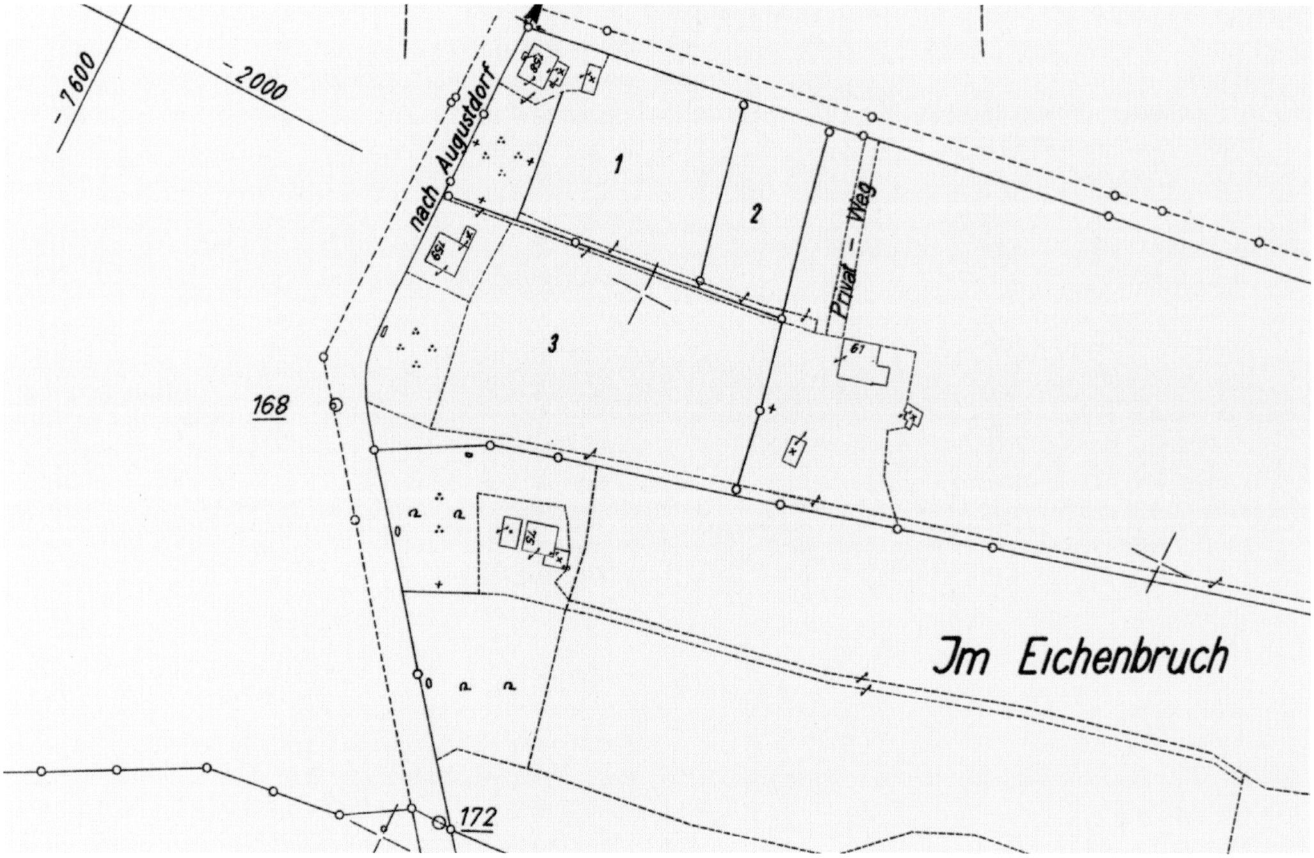

Das Kolonat Kronshage Nr. 61 ist ein Beispiel für eine zu Beginn des 20. Jahrhunderts durchgeführte Besitzteilung. Der Ausschnitt der Flurkarte von 1953 zeigt die ursprüngliche Hofstelle, die einst inmitten ihrer Ländereien gegründet worden war. Erkennbar sind zudem die später an der heutigen Haustenbecker Straße erbauten Häuser Nr. 158 und Nr. 159 sowie die benachbarte, sogenannte Rühlmann-Stätte Nr. 75 [▸ S. 298 f.].
LAV NRW OWL D 73 Nr. 2017/02/071

Zur Haustenbecker Straße hin stand das ehemalige Leibzuchtgebäude des Kolonates Kronshage Nr. 61. An dessen Stelle haben Friedrich (Fitz) Brockmann und seine Ehefrau Wilhelmine (Minna), geb. Kronshage, einen Neubau errichtet. Die Stätte (links) erhielt die Nr. 159, heute Haustenbecker Straße 125. Privatbesitz F. Brockmann, um 1952

Augustdorf Nr. 158, Haustenbecker Straße 121. Auf diesem ursprünglich zum Kolonat Nr. 61 gehörenden Grundstück ließ sich vermutlich um 1908 der Schlachter August Bent nieder. Die Abbildung zeigt offenbar den damaligen Eigentümer des Hauses mit weiteren, nicht mehr identifizierbaren Personen. Privatbesitz C. Röhrmann, o. J.

Augustdorf Nr. 158, Haustenbecker Straße 121. Gesamtansicht des Gebäudes der einstigen Schlachterei Bent. Nach Umbauten und Erweiterungen betrieb dort unter anderem die auf dem rechten Bild zu sehende Christa Röhrmann, geb. Pollmann, ein Lebensmittelgeschäft. Sammlung Heimatverein Augustdorf, um 1957.

Sohn des Vorbesitzers

4 Kronshage, Johann Henrich Christoph (Johann Hermann Christoph), * 03.05.1811 in Augustdorf, † 20.05.1872 in Augustdorf.

⚭ 25.05.1834 in Augustdorf

Sprick, Anne Marie Sophie Wilhelmine, * 14.06.1807 in Augustdorf (Nr. 30), † 12.05.1878 in Augustdorf.

1834 Kolon in Augustdorf, Nr. 61.

Sohn des Vorbesitzers

5 Kronshage, Bernd Heinrich Töns, * 20.06.1834 in Augustdorf, † 16.11.1899 in Augustdorf.

⚭ [1/1] 24.04.1870 in Augustdorf

Röhrmann, Marie Henriette Florentine, * 22.02.1841 in Haustenbeck, † 05.09.1872 in Augustdorf.

⚭ [2/1] 21.09.1873 in Augustdorf

6 Gärtner, Wilhelmine Henriette, * 02.02.1853 in Augustdorf (Nr. 83), † 30.11.1914 in Augustdorf.

1872 Kolon in Augustdorf, Nr. 61.

Ehefrau des Vorbesitzers

6 Kronshage, Wilhelmine Henriette, geb. Gärtner, * 02.02.1853 in Augustdorf (Nr. 83), † 30.11.1914 in Augustdorf.

⚭ [1/2] 21.09.1873 in Augustdorf

5 Kronshage, Bernd Heinrich Töns, * 20.06.1834 in Augustdorf, † 16.11.1899 in Augustdorf.

1901 Witwe und Landwirtin in Augustdorf, Nr. 61.

Sohn des Besitzers 5

7 Kronshage,[323] Heinrich Adolph, * 28.09.1877 in Augustdorf, † 11.09.1960 in Augustdorf.

⚭ 11.03.1904 in Augustdorf

Pollmann, Minna Lina Auguste, * 11.05.1883 in Augustdorf (Nr. 121).

1926 Viehhändler und Landwirt in Augustdorf, Nr. 61.

323 Den Eheleuten Kronshage wurden mindestens dreizehn Söhne und Töchter geboren. Beim dreizehnten lebenden Kind – es war, wie das Augustdorfer Kirchenbuch vermerkt, „der zehnte Knabe" – hatte „Reichspräsident Paul von Beneckendorf und Hindenburg in Berlin" die Ehrenpatenschaft übernommen, vgl. den entsprechenden Taufeintrag vom 26. August 1928.

Nr. 72

MÖLLER, ROTT, HAUSTENBECKER STRASSE 136

1798 **Kolonatsakte:** Anlegung einer Neuwohnerstätte durch Leineweber Conrad Möller „von der Lagischen Pivitsheide".

1798 **Küstermann:** Möller; 24 Scheffelsaat [=4,120 Hektar].

1798 **Salbuch:** Conrad Möller, Hoppenplöcker.

1828 **Volkszählung:** Möller, Witwe.

1886 **Salbuch:** Möller; gemäß Anerbenrecht auf den Namen Friedrich Möller eingetragen am 30. Mai 1886.

1887 **Salbuch:** Möller, Friedrich; auf Rott umgeschrieben am 5. April 1887.

1889 **Brandkataster:** Neubau einer Leibzucht durch Adolph Rott.

1901 **Adressbuch:** Rott, Adolf, Landwirt; Kriete, Hermann, Ziegler; Oberbeckmann, Adolf, Ziegler.

1921 **Landwirtschaftliches Adressbuch:** Rott, Fr.; 9 Hektar.

1926 **Adressbuch:** Rott, Friedrich, Landwirt; Kriete, Hermann, Ziegler.

1954 **Adressbuch:** Rott, August, Landwirt; Düsterhus, Ferdinand, Arbeiter; Jäckel, Gust., Rentner; Jahns, Frieda; Küper, Arthur, Ingenieur; Haustenbecker Straße 72.

1962 **Adressbuch:** Rott, August, Landwirt; Bergmann, Arthur, Zimmermann; Jahns, Frieda, Hausfrau; Haustenbecker Straße 72.

Gründer 1798

1 Niebuhr oder Möller, Johann Hermann Conrad aus Pivitsheide (Ksp. Stapelage), * um 1764, † 05.09.1827 in Augustdorf.

⚭ 26.10.1787 in Stapelage

2 Riesenberg oder Lohmann, Anne Marie Elisabeth aus Pivitsheide (Ksp. Stapelage), ~ 22.01.1764 in Stapelage, † 04.12.1828 in Augustdorf.

1798 Leineweber und Einlieger in Pivitsheide (Ksp. Stapelage).

1799 Einlieger in Augustdorf.

1800 Kolon in Augustdorf, Nr. 72.

Ehefrau des Vorbesitzers

2 Möller, Anne Marie Elisabeth, geb. Riesenberg oder Lohmann aus Pivitsheide (Ksp. Stapelage), ~ 22.01.1764 in Stapelage, † 04.12.1828 in Augustdorf.

⚭ 26.10.1787 in Stapelage

1 Niebuhr oder Möller, Johann Hermann Conrad aus Pivitsheide (Ksp. Stapelage), * um 1764, † 05.09.1827 in Augustdorf.

1827 Witwe in Augustdorf, Nr. 72.

Sohn der Vorbesitzerin

3 **Möller,** Johann Hermann Konrad, * 11.12.1799 in Augustdorf, † 29.09.1868 in Augustdorf.

⚭ 05.07.1829 in Augustdorf
Dannhäuser, Henriette Wilhelmine Louise, * 09.10.1800 in Heiligenkirchen, † 27.02.1869 in Augustdorf.

1829 Kolon in Augustdorf, Nr. 72.

Sohn des Vorbesitzers

4 **Möller,** Johann Henrich Friedrich, * 14.06.1834 in Augustdorf, † 06.11.1899 in Oerlinghausen, Mariannenstift.

⚭ [1/1] 03.06.1866 in Augustdorf
Röwe, Marie Wilhelmine, * 15.02.1841 in Niederschönhagen (Ksp. Detmold), † 26.12.1869 in Augustdorf.

⚭ [2/1] 26.06.1870 in Augustdorf
Brächtker, Karoline Louise, * 04.08.1844 in Kleinenmarpe (Ksp. Cappel), † 13.04.1890 in Senne II (Amt Brackwede).

1866 Kolon und Anerbe in Augustdorf, Nr. 72.

1890 Heuerling in Senne II (Amt Brackwede).

Besitzer 1887

5 **Rott,** Friedrich Heinrich Adolph, * 04.04.1843 in Augustdorf (Nr. 71), † 07.03.1926 in Augustdorf.

⚭ 24.03.1867 in Augustdorf
Räker, Wilhelmine Friedrike Henriette, * 19.10.1843 in Augustdorf (Nr. 3), † 27.12.1919 in Augustdorf.

1867 Kolon in Augustdorf, Nr. 71 ▸ S. 301 f.

1887 Kolon in Augustdorf, Nr. 72.

1901 Landwirt in Augustdorf, Nr. 72.

Augustdorf Nr. 72, Haustenbecker Straße 136. Möller, später Rott. Die um 1925 entstandene Fotografie zeigt v. r. n. l. die Geschwister Willi, August und Frieda Rott, sowie eine Freundin Friedas. Sammlung Heimatverein Augustdorf

Augustdorf Nr. 75, Haustenbecker Straße Nr. 137.
Die Rühlmann-Stätte, benannt nach der letzten Besitzerin
Margarethe Rühlmann. A. Fischer, 2022

Nr. 75

LÜDEKING (LÜKING, LÜCKING), OSTMEIER (AUSTMEIER), KRIEGER, RÜHLMANN, HAUSTENBECKER STRASSE 137

1801 **Kolonatsakte:** Anlegung einer Neuwohnerstätte durch Johann Hermann Lüking aus Ubbedissen, Amt Heepen.
1801 **Küstermann:** Lücking; 12 Scheffelsaat [=2,060 Hektar].
1801 **Salbuch:** Lüking, Neuwohner.
1828 **Volkszählung:** Lüdeking, Kolon; Lüdeking, Witwe; 1 Wohnhaus.
1833 **Kolonatsakte:** Konkursverfahren gegen den Kolon Lücking Nr. 75 zu Augustdorf und Übergabe dieser Stätte gegen Meistgebot an den Leibzüchter Wistinghausen zu Augustdorf.
1855 **Salbuch:** Lüking.
1860 **Kolonatsakte:** Verkauf der Lüdekingschen Stätte Nr. 75 an Friedrich Lüdeking daselbst.
1901 **Adressbuch:** Ostmeier, Friedrich, Landwirt.
1926 **Adressbuch:** Krieger, Friedrich, Landwirt; Rühlmann, Dietrich, Schlosser.
1954 **Adressbuch:** Steudel, Marg., Lehrerin; Michalski, Karl-Heinz, Arbeiter; Haustenbecker Straße 75.
1962 **Adressbuch:** Rühlmann, Margarete, Lehrerin; Rasfeld, Franz, Kraftfahrer; Haustenbecker Straße 75.

Gründer 1801

1 **Lüdeking** (Lüking), Johann Hermann aus Ubbedissen, * um 1757, † 18.10.1827 in Augustdorf.
⚭ 16.11.1800 in Augustdorf
Busch, Amalie Sophie Elisabeth, * um 1780, † 24.02.1830 in Augustdorf.
1801 Kolon in Augustdorf, Nr. 75.

Sohn des Vorbesitzers

2 **Lüdeking** (Lüking), Johann Christoph, * 22.02.1801 in Augustdorf, † 19.10.1871 in Augustdorf.
⚭ [1/1] 26.10.1825 in Augustdorf
Kalkreuter, Amalie Wilhelmine, * 29.10.1801 in Hörste (Ksp. Stapelage), † 06.12.1864 in Augustdorf.
⚭ [2/2] 29.10.1865 in Augustdorf
Hasenjäger, Friederike Karoline, geb. Brinkmann oder Höveler[324], * 07.04.1825 in Oerlinghausen.
1825 Kolon in Augustdorf, Nr. 75.
1833 Einlieger, Ex-Kolon [sic!] und Schuhmacher in Augustdorf.

Besitzer 1833

3 **Wistinghausen,** Johann Christian (Friedrich Christian) aus Greste (Ksp. Oerlinghausen), ~ 24.09.1778 in Oerlinghausen, † 08.04.1849 in Augustdorf.
⚭ [1/1] 31.05.1795 in Stapelage
Kesenkötter (Kaiser), Anne Marie Elisabeth aus „Dingersen Heide, preußischen Amts Heepen", * um 1769, † 24.05.1828 in Augustdorf.
⚭ [2/3] 28.11.1830 in Augustdorf
Böger, Anne Louise Cathrina Elisabeth, geb. Dierk, verw. Hofmeister, * 02.04.1764 in Oerlinghausen[325], † 09.02.1841 in Augustdorf.
1820 Kolon in Augustdorf, Nr. 39 ▸ S. 256 ff.
1830 Leibzüchter in Augustdorf, Nr. 39.
1833 Besitzer in Augustdorf, Nr. 75.

Kolon 1835

4 **Lüdeking,** Johann Henrich Christoph, geb. Ostmeier (Austmeier), * 08.03.1792 in Bexten (Ksp. Schötmar), † 08.09.1849 in Augustdorf.
⚭ 22.10.1820 in Augustdorf
Rose, Anna Katharine, * 07.03.1799 in Augustdorf (Nr. 58), † 09.07.1860 in Augustdorf.
1820 Einlieger in Augustdorf.
1835 Kolon in Augustdorf, Nr. 75.

Kolon 1840, Bruder des Vorgängers

5 **Lüdeking,** Johann Friedrich, geb. Ostmeier (Austmeier), * um 1789, † 14.08.1854 in Augustdorf.
⚭ 09.12.1821 in Augustdorf
Redeker, Johanne Catharine (Hanne), * um 1791, † 24.05.1847 in Augustdorf.
1821 Einlieger in Augustdorf.
1828 Einlieger in Augustdorf, bei Frohne Nr. 38 [▸ S. 259 ff.].
1840 Kolon in Augustdorf, Nr. 75.

Käufer 1860, Sohn des Besitzers 4

6 **Ostmeier,** Berend Friedrich Christoph, * 20.09.1830 in Augustdorf, † 02.04.1904 in Augustdorf.
⚭ [1/1] 10.04.1871 in Augustdorf
Rott, Justine Pauline, * 02.01.1846 in Augustdorf (Nr. 71), † 02.03.1887 in Augustdorf.
⚭ [2/1] 18.12.1887 in Augustdorf
Mölling, Johanne Conradine, * 08.05.1854 in Pivitsheide (Ksp. Stapelage), † 20.07.1932 in Augustdorf.
1871 Kolon und Landwirt in Augustdorf, Nr. 75.
1901 Landwirt in Augustdorf, Nr. 75.

---

324 Friederike Karoline Hasenjäger war die uneheliche Tochter von Anna Marie Elisabeth Brinkmann, verheiratete Höveler, im Augustdorfer Kirchenbuch als *Höbbeler* verzeichnet.
325 Das im Augustdorfer Sterberegister von 1841 notierte Geburtsdatum konnte im Kirchenbuch Oerlinghausen nicht nachgewiesen werden.

Nr. 96

SCHUCKENBÖHMER (SCHUCKENBÄUMER, SCHOCKENBÖHMER), STÜKER (STÜCKER), BRECHMANN, PLAß (PLASS), HAUSTENBECKER STRASSE 142

1831 **Kolonatsakte:** Zwischen dem Kolon Möller Nr. 72 [▸ S. 296 f.] zu Augustdorf und dem Einlieger Schuckenböhmer daselbst über eine Kolonats-Parzelle des Ersteren abgeschlossener Verkaufs- bzw. Kaufkontrakt sowie vom Letzteren beabsichtigte Anlegung einer Neuwohnerstätte.
1831 **Kolonatsakte:** Anlegung einer Neuwohnerstätte auf einem Teil der Stätte Müller, Augustdorf Nr. 72 durch Einlieger Schuckenböhmer.
1831 **Küstermann:** Schuckenböhmer; 5 Scheffelsaat [= 0,858 Hektar], für 320 Reichstaler gekauft von Nr. 72.
1854 **Kolonatsakte:** Verkauf des Schockenböhmerschen Kolonats Nr. 96 zu Augustdorf an den Kolon Stücker Nr. 54 zu Leopoldstal.
1855 **Salbuch:** Schuckenböhmer.
1901 **Adressbuch:** Brechmann, Franz, Landwirt; Brokmann, Fritz, Ziegler.
1921 **Landwirtschaftliches Adressbuch:** Brechmann, Franz; 9 Hektar.
1926 **Adressbuch:** Brechmann, Fr., Kolonialwaren; Oberbeckmann, Hermann, Ziegler.
1954 **Adressbuch:** Plaß, Gustav, Landwirt; Märker, Elisab., Rentnerin; Schadewitz, Erich, Textilarbeiter; Haustenbecker Straße 96. Blome, Wilhelm, Maßschneiderei, [Haustenbecker Straße] 28, privat: [Haustenbecker Straße] 96.
1962 **Adressbuch:** Plass, Gustav, Landwirt; Märker, Elisabeth, Rentnerin; Pollmann, Friedel, Postbeamter; Haustenbecker Straße 96.

Gründer 1831

1 **Schuckenbäumer,** Bartold Henrich Christoph (Johann Heinrich, Kaspar Henrich), * 26.03.1793 in Schuckenbaum (Ksp. Schötmar), † 14.04.1863 in Augustdorf.
⚭ 31.10.1819 in Schötmar
Steffen, Sophie Friederike Ilsabein (Ilsabein Friederike), * 17.12.1795 in Augustdorf (Nr. 63), † 16.10.1875 in Augustdorf.
1831 Kolon in Augustdorf, Nr. 96.
1854 Kolon in Augustdorf, Nr. 63 ▸ S. 289 ff.
1863 Leibzüchter in Augustdorf, Nr. 63.

Käufer 1854

2 **Schuckenböhmer (Stüker),** Friedrich Wilhelm Leopold, geb. Brechmann, * 03.03.1826 in Augustdorf, † 04.12.1899 in Augustdorf.
⚭ 08.02.1852 in Horn
Stüker, Wilhelmine Caroline, * 04.11.1825 in Leopoldstal (Ksp. Horn), † 08.04.1898 in Augustdorf.
1852 Kolon und Ziegler in Leopoldstal, Nr. 54
1854 Kolon in Augustdorf, Nr. 96.
1899 Leibzüchter in Augustdorf, Nr. 96.

Sohn des Vorbesitzers

3 **Schuckenböhmer gen. Brechmann,** Franz Heinrich Adolph, * 10.10.1859 in Augustdorf, † 06.02.1942 in Augustdorf.
⚭ 10.02.1889 in Augustdorf
Solle, Hanne Henriette, * 23.03.1865 in der „Lipp. Reihe“[326] (Ksp. Oerlinghausen), † 05.12.1929 in Augustdorf.
1899 Anerbe in Augustdorf, Nr. 96.
1901 Landwirt in Augustdorf, Nr. 96.

Nr. 141

KRONSHAGE, HAUSTENBECKER STRASSE 145

1900 **Brandkataster:** Kronshage, Hermann, 1 Wohnhaus.
1901 **Adressbuch:** Kronshage, Hermann, Maurer.
1904 **Brandkataster:** Neubau eines Wohnhauses.
1926 **Adressbuch:** Kronshage, Hermann, Maurer und Holzschuhmacher; Kronshage, Adolf, Fabrikarbeiter.
1954 **Adressbuch:** Kronshage, Adolf, Waldarbeiter; Heinz, Rudolf, Arbeiter; Haustenbecker Straße 141.
1962 **Adressbuch:** Kronshage, Adolf, Rentner; Haustenbecker Straße 141.

Gründer 1900

1 **Kronshage,** Hermann Friedrich Wilhelm, * 30.11.1852 in Augustdorf (Nr. 61), † 26.10.1929 in Augustdorf.
⚭ 07.10.1877 in Augustdorf
Freitag, Louise Sophie Wilhelmine, * 04.02.1855 in Augustdorf (Nr. 106), † 15.01.1933 in Augustdorf.
1877 Einlieger und Ziegler in Augustdorf.
1901 Maurer in Augustdorf, Nr. 141.

326 Die sogenannte *Lippische Reihe* wurde 1841 Teil der Bauerschaft Senne im Amt Oerlinghausen, 1927 erfolgte die Umbenennung in *Lipperreihe*. Vgl. Wikipedia, Stichwort: Lipperreihe, eingesehen am 3. Juli 2022.

Nr. 98
MÖLLER (MÜLLER), VOGT, BERKEMEIER, HAUSTENBECKER STRASSE 150

1831 **Kolonatsakte:** Verkauf mehrerer Parzellen des Rottschen Hoppenplöcker-Kolonats Nr. 71 [▸ S. 301 f.] zu Augustdorf und des Leibzuchthauses an den Einlieger Friedrich Müller, daselbst (Müller hat jetzt Nr. 98).
1831 **Küstermann:** Möller; 9 Scheffelsaat [=1,545 Hektar], für 380 Reichstaler gekauft von Nr. 71.
1868 **Salbuch:** Müller; Verkauf an Friedrich Möller; eingetragen am 9. Juli 1868.
1901 **Adressbuch:** Möller, Simon, Landwirt.
1926 **Adressbuch:** Vogt, Karl, Ziegelmeister.
1954 **Adressbuch:** Berkemeier, August, Arbeiter; Franke, Lothar, Arbeiter; Haustenbecker Straße 98.
1962 **Adressbuch:** Berkemeier, August, Arbeiter; Berkemeier, Manfred, Arbeiter; Hudy, Karl, Rentner; Haustenbecker Straße 98.

Gründer 1831
1 **Müller** (Möller), Johann Friedrich (Friedrich Johann), ⋆ 16.07.1808 in Augustdorf (Nr. 72), † 02.08.1842 in Augustdorf.
⚭ 11.09.1831 in Augustdorf
2 **Kronshage,** Anna Catharina Wilhelmine Elisabeth, ⋆ 05.10.1803 in Augustdorf (Nr. 61), † 01.08.1870 in Augustdorf.
1831 Kolon in Augustdorf, Nr. 98.

Ehefrau des Vorbesitzers
2 **Möller,** Anna Catharina Wilhelmine Elisabeth, geb. Kronshage, ⋆ 05.10.1803 in Augustdorf (Nr. 61), † 01.08.1870 in Augustdorf.
⚭ [1/1] 11.09.1831 in Augustdorf
1 **Müller** (Möller), Johann Friedrich (Friedrich Johann), ⋆ 16.07.1808 in Augustdorf, † 02.08.1842 in Augustdorf.
⚭ [2/1] 07.01.1844 in Augustdorf
3 **Riemann,** Friedrich Wilhelm, ⋆ 18.12.1812 in Augustdorf (Nr. 28), † 16.01.1879 in Augustdorf.
1844 Witwe in Augustdorf, Nr. 98.

Zweiter Ehemann der Vorbesitzerin
3 **Möller,** Friedrich Wilhelm, geb. Riemann, ⋆ 18.12.1812 in Augustdorf (Nr. 28), † 16.01.1879 in Augustdorf.
⚭ [1/2] 07.01.1844 in Augustdorf
2 **Möller,** Anna Catharina Wilhelmine Elisabeth, geb. Kronshage, ⋆ 05.10.1803 in Augustdorf, † 01.08.1870 in Augustdorf.
1844 Kolon in Augustdorf, Nr. 98.

Sohn des Besitzers 1
4 **Möller,** Hermann Heinrich Adolph, ⋆ 18.04.1842 in Augustdorf.
⚭ 02.02.1868 in Augustdorf
Beckmann, Wilhelmine Friederike Amalie, ⋆ 15.11.1844 in Augustdorf.
1868 Kolon in Augustdorf, Nr. 98.

Käufer 1868, Sohn des Besitzers 3
5 **Möller,** Simon Friedrich Wilhelm, ⋆ 29.04.1846 in Augustdorf.
⚭ 10.12.1871 in Augustdorf
Brinkmann, Henriette Louise Dorothee, ⋆ 27.12.1848 in Augustdorf, † 26.01.1912 in Augustdorf.
1868 Kolon und Landwirt in Augustdorf, Nr. 98.

Nr. 71
ROTT (ROTTMANN), HAUSTENBECKER STRASSE 152

1797 **Kolonatsakte:** Anlegung einer Neuwohnerstätte durch Leineweber Johann Henrich Rott aus Bechterdissen.
1797 **Küstermann:** Rott; 12 Scheffelsaat [=2,060 Hektar].
1797 **Salbuch:** Johann Henrich Rott, Hoppenplöcker.
1828 **Volkszählung:** Rott, Kolon; Moshage, Einlieger; Stock, Einlieger; Voigt, Einlieger; 2 Wohnhäuser.
1831 **Kolonatsakte:** 1. Verkauf mehrerer Parzellen des Rottschen Hoppenplöcker-Kolonats Nr. 71 zu Augustdorf und des Leibzuchthauses an den Einlieger Friedrich Müller daselbst (Müller hat jetzt Nr. 98 [▸ S. 301]). 2. Abtretung der Rottschen Stätte Nr. 71 zu Augustdorf an den Sohn Johann Henrich Rott.
1855 **Salbuch:** Rott.
1901 **Adressbuch:** Rott, Simon, Landwirt; Böger, Heinrich, Ziegler.
1926 **Adressbuch:** Rott, Simon, Landwirt und Waldarbeiter.
1954 **Adressbuch:** Rott, Simon, Rentner; Kopperschläger, Aug., Arbeiter; Rott, Erich, Klempner; Tüngethal, Anita, Arbeiterin; Tüngethal, Anita, Hausfrau; Wesner, Helm., Mechaniker; Haustenbecker Straße 71.
1962 **Adressbuch**[327]: Kopperschläger, August, Rentner; Korndorf, Anita, Hausfrau; Wesner, Helmut, Mechaniker; Haustenbecker Straße 71.

327 Laut freundlicher Mitteilung von Thorsten Rott, Augustdorf, gehörte das Wohnhaus zu jener Zeit dessen Familie, die selbst jedoch nicht dort ansässig war. Die Adressbucheinträge bieten daher keine Anhaltspunkte zur Identifizierung eines Besitzers.

Gründer 1797

1 Rott (Rottmann), Johann Henrich aus Bechterdissen (Ksp. Oerlinghausen), ~ 02.03.1755 in Oerlinghausen, † 30.07.1808 in Augustdorf.

⚭ 09.11.1792 in Oerlinghausen

2 Moshage, Hanna Sophia Catharina aus Bechterdissen (Ksp. Oerlinghausen), ~ 03.03.1776 in Oerlinghausen, † 22.03.1838 in Augustdorf.

1792 Leineweber und Einlieger in Asemissen (Ksp. Oerlinghausen).

1798 Kolon in Augustdorf, Nr. 71.

Ehefrau des Vorbesitzers

2 Rott, Hanna Sophia Catharina, geb. Moshage aus Bechterdissen (Ksp. Oerlinghausen), ~ 03.03.1776 in Oerlinghausen, † 22.03.1838 in Augustdorf.

⚭ [1/1] 09.11.1792 in Oerlinghausen

1 Rott (Rottmann), Johann Henrich aus Bechterdissen (Ksp. Oerlinghausen), ~ 02.03.1755 in Oerlinghausen, † 30.07.1808 in Augustdorf.

⚭ [2/1] 15.10.1809 in Augustdorf

3 Eke, Arnd Töns Hermann, * 02.07.1780 in Pivitsheide (Ksp. Stapelage), † 16.03.1848 in Augustdorf.

1809 Witwe in Augustdorf, Nr. 71.

Zweiter Ehemann der Vorbesitzerin

3 Rott, Arnd Töns Hermann, geb. Eke, * 02.07.1780 in Pivitsheide (Ksp. Stapelage), † 16.03.1848 in Augustdorf.

⚭ [1/2] 15.10.1809 in Augustdorf

2 Rott, Hanna Sophia Catharina, geb. Moshage aus Bechterdissen (Ksp. Oerlinghausen), ~ 03.03.1776 in Oerlinghausen, † 22.03.1838 in Augustdorf.

⚭ [2/2] 23.12.1838 in Augustdorf

Hellweg [Witwe], Anne Marie aus Pivitsheide, * um 1792, † 25.05.1840 in Augustdorf.

⚭ [3/2] 30.07.1843 in Augustdorf

Schlingplässer, Katharine Sophie Christine, geb. Riemann aus Oerlinghausen, * um 1786, † 27.04.1864 in Augustdorf.

1809 Kolon in Augustdorf, Nr. 71.

1838 Witwer und Kolon in Augustdorf, Nr. 71.

1843 Leibzüchter in Augustdorf, Nr. 71.

Sohn des Vorbesitzers

4 Rott, Franz Heinrich Adolph, * 20.11.1818 in Augustdorf, † 26.07.1894 in Augustdorf.

⚭ 06.12.1840 in Augustdorf

Hackemack, Friederike Henriette, * 24.10.1813 in Pivitsheide (Ksp. Stapelage), † 19.09.1894 in Augustdorf.

1840 Kolon in Augustdorf, Nr. 71.

Sohn des Vorbesitzers

5 Rott, Friedrich Heinrich Adolph, * 04.04.1843 in Augustdorf, † 07.03.1926 in Augustdorf.

⚭ 24.03.1867 in Augustdorf

Räker, Wilhelmine Friedrike Henriette, * 19.10.1843 in Augustdorf (Nr. 3), † 27.12.1919 in Augustdorf.

1867 Kolon in Augustdorf, Nr. 71.

1887 Kolon in Augustdorf, Nr. 72 ▸ S. 296 f.

1901 Landwirt in Augustdorf, Nr. 72.

Sohn des Vorbesitzers

6 Rott, Simon August, * 26.11.1869 in Augustdorf, † 16.12.1954 in Augustdorf.

⚭ 11.01.1895 in Augustdorf

Dierk, Johanne Wilhelmine Louise, * 02.11.1874 in Augustdorf (Nr. 21), † 18.06.1936 in Augustdorf.

1894 Kolon und Landwirt in Augustdorf, Nr. 71.

1901 Landwirt in Augustdorf, Nr. 71.

1926 Landwirt und Waldarbeiter in Augustdorf, Nr. 71.

Nr. 80

POLLMANN, WIEBUSCH, HAUSTENBECKER STRASSE 153, 155

1801 **Kolonatsakte:** Anlegung einer Neuwohnerstätte durch Einlieger Christoph Pollmann.

1801 **Küstermann:** Pollmann; 15 Scheffelsaat [=2,575 Hektar].

1801 **Salbuch:** Pollmann, Neuwohner.

1828 **Volkszählung:** Pollmann, Kolon; Pollmann, Leibzüchter; Kesting, Einlieger; Hartig, Witwer, Einlieger; Krüger, Witwe, Einliegerin; 2 Wohnhäuser.

1854 **Kolonatsakte:** Auswanderung des Interimswirts Wienbröcker oder Pollmann nach Amerika, danach Verkauf an Wiebusch.

1855 **Salbuch:** Pollmann.

1901 **Adressbuch:** Wiebusch, Adolf, Landwirt; Buse, Friedrich, Ziegler; Prante, Friedrich, Ziegler; Vogt, Friedrich, Ziegler.

1921 **Landwirtschaftliches Adressbuch:** Wiebusch, Ad.; 14 Hektar.

1926 **Adressbuch:** Wiebusch, Friedrich, Landwirt; Heißenberg, Simon, Ziegler; Schneider, Heinrich, Fabrikarbeiter.

1937 **Veräußerung:** Ankauf durch die Reichsumsiedlungsgesellschaft [Ruges]. Letzter Besitzer: Wiebusch, Fritz, 20.08.1937 nach Rinteln umgesiedelt.[328]

---

328 Die meisten der zum Kolonat Nr. 80 gehörenden Flächen lagen im Bereich des heutigen Truppenübungsplatzes. Da nach dessen Erweiterung eine Bewirtschaftung der Ländereien nicht mehr lohnenswert erschien, verkaufte Fritz Wiebusch seinen Besitz freiwillig an die Reichsumsiedlungsgesellschaft [Ruges], vgl. Göbel, Truppenübungsplatz, S. 40. Heute befindet sich auf einem Teil der vormaligen Hofstelle Wiebusch die Revierförsterei Moosheide der Bundesanstalt für Immobilienaufgaben.

1954 **Adressbuch:** Gerberding, Henry, Rentner; Hollensteiner, Friedr., Polizeibeamter; Kronshage, Herbert, Arbeiter; Haustenbecker Straße 80.

1962 **Adressbuch:** Gerberding, Henry, Maurer; Hollensteiner, Werner, Pensionär; Kronshage, Heinrich, Forstarbeiter; Haustenbecker Straße 80.

Gründer 1801

1 **Pollmann,** Johann Heinrich Christoph (Töns Heinrich Christoph), * 04.12.1777 in Veldrom (Ksp. Horn), † 27.05.1829 in Augustdorf.

⚭ [1/1] 26.12.1798 in Stapelage
Rabe, Anne Marie Elisabeth (Anna Cathrina), * um 1781, † 07.12.1841 in Augustdorf.

1801 Kolon in Augustdorf, Nr. 80.
1821 Besitzer in Augustdorf, Nr. 6 ▸ S. 130 f.
1821 Käufer in Augustdorf, Nr. 15 b ▸ S. 198 ff.

Sohn des Vorbesitzers

2 **Pollmann,** Friedrich Adolph, * 20.06.1799 in Augustdorf, † 11.06.1845 in Augustdorf.

⚭ 23.05.1825 in Augustdorf
3 **Heitbrink,** Anne Marie Sophie Friederike, * 04.04.1795 in Augustdorf (Nr. 53), † 06.06.1848 in Augustdorf.

1825 Kolon in Augustdorf, Nr. 80.

Ehefrau des Vorbesitzers

3 **Pollmann,** Anne Marie Sophie Friederike, geb. Heitbrink, * 04.04.1795 in Augustdorf (Nr. 53), † 06.06.1848 in Augustdorf.

⚭ [1/1] 23.05.1825 in Augustdorf
2 **Pollmann,** Friedrich Adolph, * 20.06.1799 in Augustdorf, † 11.06.1845 in Augustdorf.

⚭ [2/1] 26.04.1846 in Augustdorf
4 **Wienbröker**[329], Friedrich Wilhelm, geb. Kortekamp, * 27.09.1817 in Augustdorf (Nr. 16), † um 1897 in Boeuf, Gasconade County (Missouri, USA).

1846 Witwe in Augustdorf, Nr. 80.

Zweiter Ehemann der Vorbesitzerin

4 **Pollmann,** Friedrich Wilhelm geb. Kortekamp, später Wienbröker, * 27.09.1817 in Augustdorf, † um 1897 in Boeuf, Gasconade County (Missouri).

⚭ [1/2] 26.04.1846 in Augustdorf
3 **Pollmann,** Anne Marie Sophie Friederike, geb. Heitbrink, * 04.04.1795 in Augustdorf, † 06.06.1848 in Augustdorf.

⚭ [2/1] 24.12.1848 in Augustdorf
Köster, Johanne Friederike, * 10.02.1825 in Augustdorf (Nr. 85).

1846 Kolon und Interimswirt in Augustdorf, Nr. 80.
1859 Kirchendeche in Augustdorf.
1854 Auswanderung in die USA ▸ S. 80 f.
1880 Farmer in Boeuf, Gasconade County (Missouri).

329 Friedrich Wilhelm Wienbröker war am 27.09.1817 als Sohn der Anna Marie Elisabeth Schlichting bzw. Kortekamp vorehelich geboren und unter dem Namen *Kortekamp* getauft worden. Seit der Eheschließung seiner Eltern, die am 15.10.1820 erfolgte, trug er den Familiennamen seines Vaters Adoph Wienbröker, vgl. dazu auch S. 144 in diesem Band.

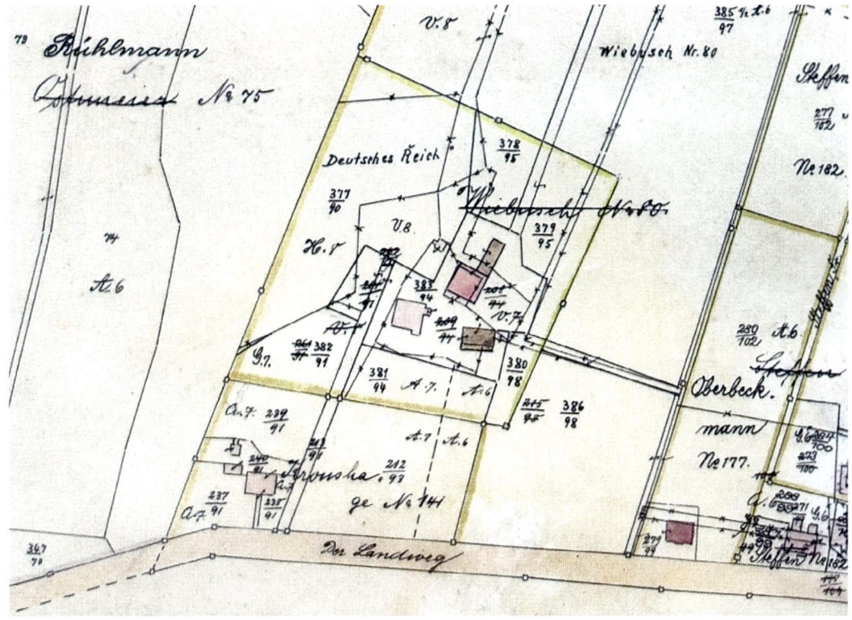

Der im Jahr 1937 vollzogene Besitzerwechsel der Hofstelle Wiebusch Nr. 80 ist auf der 1908 erstellten, aber regelmäßig aktualisierten Flurkarte der Gemarkung Augustdorf dokumentiert. Der Name des vormaligen Eigentümers wurde gestrichen und durch „Deutsches Reich" ersetzt.
Gemeinde Augustdorf, Bauamt

Sohn des Besitzers 2

5 **Pollmann,** Töns Friedrich, ⋆ 14.03.1829 in Augustdorf, † 05.05.1897 in Augustdorf.

⚭ 17.09.1854 in Augustdorf
Kruse, Katharine Wilhelmine Henriette, ⋆ 20.04.1832 in Augustdorf (Nr. 4), † 19.01.1919 in Augustdorf.

1854 Anerbe und Kolon in Augustdorf, Nr. 80.
1897 Kolon in Augustdorf, Nr. 122 ▸ S. 232.

Käufer um 1890

6 **Wiebusch,** Hermann Christoph Adolph, ⋆ 30.12.1858 in Augustdorf (Nr. 62), † 21.05.1946 in Augustdorf.

⚭ 11.12.1887 in Augustdorf
Lüersen, Hanne Friederike, ⋆ 20.09.1861 in Augustdorf (Nr. 31), † 28.11.1936 in Augustdorf.

1887 Ziegler und Einlieger.
1890 Kolon und Landwirt in Augustdorf, Nr. 80.
1901 Landwirt in Augustdorf, Nr. 80.

Nr. 67
OBERBECKMANN (BECKMANN), MÖLLER, HAUSTENBECKER STRASSE 158

1794 **Kolonatsakte:** Anlegung einer Neuwohnerstätte durch Casper Henrich Oberbeckmann.
1794 **Küstermann:** Casper Henrich Oberbeckmann; 12 Scheffelsaat [= 2,060 Hektar].
1794 **Salbuch:** Caspar Oberbeckmann, Hoppenplöcker.
1828 **Volkszählung:** Oberbeckmann, Kolon; Hilbrink, Einlieger; Winkelmann, Witwe, Einlieger; 1 Wohnhaus.
1870 **Kolonatsakte:** Abtretung der Stätte des Kolon Wilhelm Oberbeckmann an seinen Stiefsohn Hermann Oberbeckmann.
1871 **Salbuch:** Oberbeckmann; gemäß Anerbenrecht auf Hermann Oberbeckmann eingetragen am 19. Januar 1871.
1901 **Adressbuch:** Möller, Adolf, Landwirt; Oberbeckmann Leibzüchter; Högerbaum, Witwe.
1921 **Landwirtschaftliches Adressbuch:** Möller, Ad.; 7 Hektar.
1926 **Adressbuch:** Möller, Adolf, Landwirt; Brüggemann, Wilhelm, Ringofenbauer.
1954 **Adressbuch:** Erfkamp, Hermann, Rentner; Fubajncic, Anton, Rentner; Fubajncic, Irene; Paegle, Anna, Hausfrau; Schneider, Ernst, Rentner; Haustenbecker Straße 67.
1962 **Adressbuch:** Hobusch, Franz, Maurer; Haustenbecker Straße 67.

Gründer 1794

1 **Oberbeckmann** (Beckmann), Caspar Henrich, ⋆ 29.08.1756 in Dornberg (Ksp. Kirchdornberg, Vogtei Werther), † 03.01.1826 in Augustdorf.

⚭ [1/1] 21.10.1780 in Kirchdornberg (Vogtei Werther)
Nolting, Anne Margarethe Ilsabein (Grethe Ilsabein) aus Dornberg (Vogtei Werther).

⚭ [2/2] 07.08.1814 in Augustdorf
Pott [Witwe], Anna Catharina Louisa Ilsabein aus Hiddentrup (Ksp. Stapelage), ⋆ um 1774, † 09.02.1825 in Augustdorf.

⚭ [3/1] 25.09.1825 in Augustdorf
Höbbeler (Helwig)[330], Anna Catharina Louise.

1786 Gründer in Augustdorf, Nr. 29 ▸ S. 283 f.
1788 Gründer in Augustdorf, Nr. 33 ▸ S. 274 f.
1794 Kolon in Augustdorf, Nr. 67.
1814 Witwer und Leibzüchter in Augustdorf, Nr. 67.

Sohn des Vorbesitzers

2 **Oberbeckmann** (Beckmann), Albert Henrich, ⋆ um 1783, † 08.12.1843 in Augustdorf.

⚭ [1/1] 05.02.1804 in Augustdorf
Büker, Anna Maria Elisabeth, ⋆ um 1777, † 11.02.1830 in Augustdorf.

⚭ [2/1] 11.07.1830 in Augustdorf
Hilbrink, Anne Marie, ⋆ um 1792, † 15.02.1837 in Augustdorf.

1809 Kolon in Augustdorf Nr. 67.
1843 Leibzüchter in Augustdorf, Nr. 67.

Sohn des Vorbesitzers

3 **Oberbeckmann** (Beckmann), Hermann Friedrich Wilhelm, ⋆ 26.01.1812 in Augustdorf, † 23.02.1859 in Augustdorf.

⚭ [1/1] 18.06.1837 in Augustdorf
Heidbrink, Anna Catharina Dorothea, ⋆ 03.05.1810 in Augustdorf (Nr. 53), † 07.05.1858 in Augustdorf.

⚭ [2/1] 06.02.1859 in Augustdorf
4 **Solle,** Hanne Friederike Wilhelmine, ⋆ 02.10.1833 in Augustdorf, † 19.08.1906 in Augustdorf.

1837 Einlieger in Augustdorf.
1844 Kolon in Augustdorf, Nr. 67.

Ehefrau des Vorbesitzers

4 **Oberbeckmann,** Hanne Friederike Wilhelmine, geb. Solle, ⋆ 02.10.1833 in Augustdorf, † 19.08.1906 in Augustdorf.

⚭ [1/2] 06.02.1859 in Augustdorf
3 **Oberbeckmann** (Beckmann), Hermann Friedrich Wilhelm, ⋆ 26.01.1812 in Augustdorf, † 23.02.1859 in Augustdorf.

---

330 Laut Eheeintrag ist Anna Catharina Louise Höbbeler eine uneheliche Tochter der „Anne Marie Helwigs, jetzt verehelichte Einliegerin Höbbeler daselbst".

⚭ [2/1] 01.01.1860 in Augustdorf
5 **Oberbeckmann** (Beckmann), Friedrich Wilhelm,
* 20.04.1834 in Augustdorf, † 18.08.1912 in Augustdorf.
1860 Witwe in Augustdorf, Nr. 67.

Zweiter Ehemann der Vorbesitzerin
5 **Oberbeckmann,** Friedrich Wilhelm,
* 20.04.1834 in Augustdorf, † 18.08.1912 in Augustdorf.
⚭ [1/2] 01.01.1860 in Augustdorf
4 **Oberbeckmann,** Hanne Friederike Wilhelmine, geb. Solle, * 02.10.1833 in Augustdorf, † 19.08.1906 in Augustdorf.
1860 Interimswirt in Augustdorf, Nr. 67.
1877 Leibzüchter in Augustdorf, Nr. 67.
1901 Leibzüchter in Augustdorf, Nr. 67.

Sohn des Besitzers 3
6 **Oberbeckmann,** Berend Hermann Adolph,
* 22.11.1844 in Augustdorf, † 28.04.1892 in Augustdorf.
⚭ 26.10.1873 in Augustdorf
Möller, Wilhelmine Louise Friedrike, * 13.06.1851 in Augustdorf, † 17.07.1902 in Senne II (Amt Brackwede).
1871 Kolon in Augustdorf, Nr. 67.

Besitzer 1901
7 **Möller,** Friedrich Adolph (Adolf), * 31.03.1856 in Stukenbrock, † 21.02.1925 in Augustdorf.
⚭ 10.12.1882 in Augustdorf
Wiebusch, Marie Louise Henriette, * 18.08.1863 in Augustdorf (Nr. 62), † 07.12.1933 in Augustdorf.
1882 Müller und Einlieger in Augustdorf.
1901 Landwirt in Augustdorf, Nr. 67.

Nr. 76

STEFFEN, EBERT, DIEKMANN, HAUSTENBECKER STRASSE 175

1801 **Kolonatsakte:** Anlegung einer Neuwohnerstätte durch Johann Friedrich Steffen aus Buer im Hochstift Osnabrück.
1801 **Küstermann:** Steffen; 20 Scheffelsaat [= 3,433 Hektar].
1801 **Salbuch:** Steffen, Neuwohner.
1828 **Volkszählung:** Steffen, Kolon; 1 Wohnhaus.
1829 **Kolonatsakte:** Abtretung der Steffenschen Hoppenplöckerstätte Nr. 76 zu Augustdorf an die älteste Tochter der Witwe Steffen.
1872 **Kolonatsakte:** Abtretung der Steffenschen Stätte Nr. 76 in Augustdorf seitens des Interimswirts Steffen an den Anerben Friedrich Steffen.
1872 **Salbuch:** Steffen; gemäß Anerbenrecht auf Friedrich Steffen eingetragen am 1. August 1872.
1901 **Adressbuch:** Steffen, Hermann, Landwirt; Wistinghausen, Töns, Tischler.
1926 **Adressbuch:** Ebert, Heinrich, Ziegelmeister; Ebert, Heinrich, Ziegeleibesitzer.
1954 **Adressbuch:** Diekmann, Adolf, Landwirt; Diekmann, Walter, Zimmermann; Haustenbecker Straße 76.
1962 **Adressbuch:** Diekmann, Walter, Bautischlerei; Haustenbecker Straße 76.

Gründer 1801
1 **Steffen,** Johann Friedrich aus Buer (Fürstbistum Osnabrück), * um 1769, † 23.01.1829 in Augustdorf.
⚭ 20.06.1802 in Augustdorf
Sieweke, Anne Marie Elisabeth, * um 1775, † 20.12.1830 in Augustdorf.
1801 Kolon in Augustdorf, Nr. 76.

Tochter des Vorbesitzers
2 **Steffen,** Anna Maria Elisabeth, * 15.11.1811 in Augustdorf, † 25.04.1881 in Augustdorf.
⚭ [1/1] 20.12.1829 in Augustdorf
3 **Frohne,** Johann Töns Christoph, * 28.05.1802 in Augustdorf (Nr. 38), † 18.12.1852 in Augustdorf.
⚭ [2/1] 16.10.1853 in Augustdorf
4 **Schuckenböhmer,** Johann Henrich, * 06.11.1818 in Heepen, † 24.08.1875 in Augustdorf.
1829 Anerbin in Augustdorf, Nr. 76.

Ehemann der Vorbesitzerin
3 **Steffen,** Johann Töns Christoph, geb. Frohne,
* 28.05.1802 in Augustdorf (Nr. 38), † 18.12.1852 in Augustdorf.
⚭ 20.12.1829 in Augustdorf
2 **Steffen,** Anna Maria Elisabeth, * 5.11.1811 in Augustdorf, † 25.04.1881 in Augustdorf.
1836 Kolon in Augustdorf, Nr. 76.

Zweiter Ehemann der Besitzerin 2
4 **Steffen,** Johann Henrich, geb. Schuckenböhmer,
* 06.11.1818 in Heepen, † 24.08.1875 in Augustdorf.
⚭ [1/2] 16.10.1853 in Augustdorf
2 **Steffen,** Anna Maria Elisabeth, * 15.11.1811 in Augustdorf, † 25.04.1881 in Augustdorf.
1853 Kolon in Augustdorf, Nr. 76.
1875 Leibzüchter, Nr. 76.

Sohn der Besitzerin 2
5 **Steffen,** Friedrich Wilhelm, * 27.11.1836 in Augustdorf, † 13.03.1894 in Augustdorf.
⚭ 02.10.1870 in Augustdorf
Schneider, Sophie Wilhelmine Karoline, * 23.11.1846 in Haustenbeck, † 29.05.1917 in Augustdorf.
1870 Einlieger in Augustdorf.
1872 Kolon in Augustdorf, Nr. 76.

Augustdorf Nr. 76, Haustenbecker Straße 175. Gebäudebestand des Kolonats Steffen oder Ebert, später Tischlerei Diekmann. Das Haus vorne rechts gehört bereits zur benachbarten Stätte Sielemann, vormals Brokmann, Augustdorf Nr. 77 [▸ S. 309]. Sammlung Heimatverein Augustdorf, o. J.

Tochter des Vorbesitzers

6 **Steffen,** Pauline Henriette, ⋆ 14.12.1882 in Augustdorf, † 12.10.1937 in Detmold, Landeskrankenhaus, ‡ 16.10.1937 in Augustdorf.

⚭ [1/1] 03.02.1905 in Augustdorf
7 **Gerkensmeier,** Heinrich Friedrich, ⋆ 24.06.1873 in Kalldorf (Ksp. Langenholzhausen), † 15.12.1918 in Kalldorf (Ksp. Langenholzhausen).

o|o um 1915
7 **Gerkensmeier,** Heinrich Friedrich, ⋆ 24.06.1873 in Kalldorf (Ksp. Langenholzhausen), † 15.12.1918 in Kalldorf (Ksp. Langenholzhausen).

1937 Witwe in Augustdorf, Nr. 182.

Ehemann der Vorbesitzerin

7 **Gerkensmeier,** Heinrich Friedrich, ⋆ 24.06.1873 in Kalldorf (Ksp. Langenholzhausen), † 15.12.1918 in Kalldorf (Ksp. Langenholzhausen).

⚭ [1/1] 03.02.1905 in Augustdorf
6 **Steffen,** Pauline Henriette, ⋆ 14.12.1882 in Augustdorf, † 12.10.1937 in Detmold, Landeskrankenhaus, ‡ 16.10.1937 in Augustdorf.

o|o um 1915
6 **Steffen,** Pauline Henriette, ⋆ 14.12.1882 in Augustdorf, † 12.10.1937 in Detmold, Landeskrankenhaus, ‡ 16.10.1937 in Augustdorf.

⚭ [2/2] 21.01.1917 in Altchemnitz (Sachsen)
Mühl, Olga Helene, geb. Wagner, ⋆ 05.04.1870 in Röhrsdorf (Sachsen).

1905 Kolon in Augustdorf, Nr. 76.

1917 Fabrikarbeiter in Chemnitz.

Nr. 93

ERNST, EXTER, OBERMEIER, KRUSE, HAUSTENBECKER STRASSE 178

1827 **Kolonatsakte:** Ein zwischen dem Kolon Oberbeckmann Nr. 67 [▸ S. 304 f.] zu Augustdorf und dem Einlieger Hermann Henrich Christoph Ernst daselbst abgeschlossener Ländereikauf- und Verkaufskontrakt (Einlieger Ernst jetzt Nr. 93).

1827 **Kolonatsakte:** Anlegung einer Neuwohnerstätte auf Grundstücken der Stätte Oberbeckmann, Augustdorf Nr. 67 durch Einlieger Hermann Henrich Christoph Ernst.

1827 **Küstermann:** Ernst; 8 Scheffelsaat [=1,373 Hektar], für 215 Reichstaler gekauft von Nr. 67.
1828 **Volkszählung:** Ernst[331], Kolon; 1 Wohnhaus.
1836 **Kolonatsakte:** Verkauf der Ernstschen Neuwohnerstätte Nr. 93 zu Augustdorf an den Anerben Heinrich Lüersen von Nr. 31 [▸ S. 276 f.] daselbst.
1855 **Salbuch:** Ernst.
1874 **Kolonatsakte:** Kaufkontrakt des Kolons Wilhelm Exter Nr. 93 in Augustdorf und des Einliegers Christoph Kruse daselbst über die Stätte des Ersteren.
1874 **Salbuch:** Ernst; Verkauf an Christoph Kruse; umgeschrieben am 15. Mai 1874.
1901 **Adressbuch:** Obermeier, Heinrich, Ziegelmeister; Heitbrink, Friedrich, Ziegelmeister.
1921 **Landwirtschaftliches Adressbuch:** Obermeier, G.; 9 Hektar.
1926 **Adressbuch:** Obermeier, Heinrich, Ziegelmeister.
1954 **Adressbuch:** Rudolph, Willi, Kraftfahrer; Wiesemann, Elfriede; Haustenbecker Straße 93.
1962 **Adressbuch:** Mierenfeld, Friedrich, Arbeiter; Haustenbecker Straße 93.

Gründer 1827

1 **Ernst,** Hermann Henrich Christoph, ⋆ 20.11.1801 „im Strange“ (Bschft. Billinghausen, Ksp. Stapelage), † 23.04.1884 in Bielefeld.
⚭ 09.04.1826 in Augustdorf
Steffen, Johanne (Hanne) Maria Elisabeth, ⋆ 17.04.1802 in Augustdorf (Nr. 63), † 12.11.1882 in Bielefeld.
1826 Einlieger in Augustdorf, bei Sprick, Nr. 30 ▸ S. 280 f.
1828 Kolon in Augustdorf, Nr. 93.
1884 Handarbeiter in Bielefeld.

Käufer 1836

2 **Ernst,** Franz Heinrich Christoph, geb. Lüersen, ⋆ 10.05.1809 in Augustdorf (Nr. 31), † 15.07.1857 in Augustdorf.
⚭ 14.12.1834 in Augustdorf
Pollmann, Anna Cathrine Wilhelmine Louise Elisabeth, ⋆ 25.05.1810 in Augustdorf (Nr. 80), † 12.05.1858 in Augustdorf.
1836 Kolon und Anerbe in Augustdorf, Nr. 31 ▸ S. 276 f.
1836 Besitzer in Augustdorf, Nr. 93.

Besitzer 1874, Schwiegersohn des Vorbesitzers

3 **Exter,** Hermann Wilhelm, ⋆ 18.11.1841 in Augustdorf, † 19.02.1929 in Augustdorf.
⚭ [1/1] 29.03.1869 in Augustdorf
Lüersen, Louise Wilhelmine Friederike, ⋆ 12.12.1845 in Augustdorf (Nr. 31), † 16.04.1885 in Augustdorf.
⚭ [2/1] 15.11.1885 in Augustdorf
Wiebusch, Anne Marie Louise Henriette, ⋆ 06.12.1860 in Augustdorf (Nr. 103), † 03.03.1932 in Augustdorf.
1869 Einlieger in Augustdorf.
1874 Kolon in Augustdorf, Nr. 93.
1885 Kolon in Augustdorf, Nr. 59 ▸ S. 173 f.
1901 Landwirt in Augustdorf, Nr. 59.

Käufer 1874

4 **Kruse,** Christoph Adolph, ⋆ 16.06.1838 in Augustdorf, † 14.02.1893 in Augustdorf.
⚭ [1/1] 06.12.1868 in Augustdorf
Schuckenböhmer, Henriette Wilhelmine Friederike, ⋆ 29.09.1847 in Augustdorf, † 18.05.1879 in Augustdorf.
⚭ [2/1] 01.02.1880 in Augustdorf
Wienbröker, Katharine Louise Amalie, ⋆ 17.03.1838 in Augustdorf (Nr. 16), † 25.03.1893 in Augustdorf.
1868 Einlieger in Augustdorf.
1874 Kolon und Ziegelmeister in Augustdorf, Nr. 93.

Sohn des Vorbesitzers

5 **Kruse,** Heinrich Adolph, ⋆ 10.10.1870 in Augustdorf, † 29.09.1937 in Hagen-Haspe, Krankenhaus.
⚭ 17.12.1893 in Augustdorf
Böger, Johanne Wilhelmine Henriette, ⋆ 27.10.1871 in Lipp. Reihe[332] (Ksp. Oerlinghausen).
1893 Kolon in Augustdorf, Nr. 93.
1937 Invalide, früher Vorarbeiter in Hagen (Westf.).

Besitzer 1901

6 **Obermeier,** Wilhelm Heinrich Adolph, ⋆ 20.09.1857 in Augustdorf, † 15.07.1935 in Augustdorf.
⚭ 22.01.1882 in Augustdorf
Heidbrink, Karline Wilhelmine Henriette, ⋆ 30.10.1862 in Augustdorf, † 27.11.1936 in Augustdorf.
1882 Einlieger und Ziegler in Augustdorf.
1901 Ziegelmeister in Augustdorf, Nr. 93.

---

331 Die im Rahmen der Volkszählung gemachte Angabe zum Einlieger Hermann Henrich Christoph Ernst wurde in einer ergänzenden Anmerkung korrigiert: „Col. Ernst No 93, welcher oben bei No. 30 als Einl. mitgeführt ist, ist mit seiner Familie von dieser Summe [Gesamtzahl der Bewohner der Stätte Nr. 30] abzusetzen [abzuziehen].“ LAV NRW OWL L 92 Z IV. Nr. 34, S. 329. Zur Säte Nr. 30 s. S. 280 f.

332 Die sogenannte Lippische Reihe wurde 1841 Teil der Bauerschaft Senne im Amt Oerlinghausen, 1927 erfolgte die Umbenennung in Lipperreihe. Vgl. Wikipedia, Stichwort: Lipperreihe, eingesehen am 3. Juli 2022.

Nr. 95

PETER, BRUELHEIDE (BRÜELHEIDE), SIELEMANN, HAUSTENBECKER STRASSE 182

1830 **Kolonatsakte:** Der zwischen dem Kolon Schulze Nr. 73 [▸ S. 311] zu Augustdorf und dem Einlieger Peter daselbst abgeschlossene Ländereiverkauf- und Kaufkontrakt (Einlieger Peter hat jetzt die Nr. 95).

1830 **Kolonatsakte:** Anlegung einer Neuwohnerstätte auf einem Teil der Stätte Schulze, Augustdorf Nr. 73 durch Einlieger Peter.

1830 **Küstermann:** Peter; 6 Scheffelsaat [=1,030 Hektar], für 200 Reichstaler gekauft von Nr. 73.

1855 **Salbuch:** Peter.

1901 **Adressbuch:** Bruelheide, Adolf, Ziegelmeister; Ebert, August, Ziegelmeister.

1926 **Adressbuch:** Sielemann, Heinrich, mech. Tischlerei; Brüelheide, Adolf, Ringofenbauer.

1954 **Adressbuch:** Sielemann, Heinrich, Tischlerei; Kugel, Karl, Maurer; Schlink, Kurt, Maurer; Haustenbecker Straße 95.

1962 **Adressbuch:** Sielemann, Heinrich, Tischlermeister; Kugel, Karl, Rentner; Schlink, Hildegard, Hausfrau; Streich, Franz, Rentner; Haustenbecker Straße 95.

Gründer 1830

1 **Peter,** Bernd Heinrich Christoph
⋆ 02.05.1794[333] in Greste (Ksp. Oerlinghausen), † 12.02.1843 in Augustdorf.

⚭ [1/1] 31.03.1822 in Augustdorf
Ziegenbein, Louise Wilhelmine aus Krentruperhagen (Ksp. Schötmar), ⋆ um 1799, † 12.12.1823 in Augustdorf.

⚭ [2/1] 06.02.1825 in Augustdorf
Wissbrok, Anna Marie Elisabeth, ⋆ 28.12.1803 in Augustdorf (Nr. 79), † 29.09.1869 in Augustdorf.

1822 Einlieger in Augustdorf.

1830 Kolon in Augustdorf, Nr. 95.

Besitzer 1836

2 **Peter,** Karl Friedrich, geb. Uekermann, ⋆ 14.08.1802 in Oerlinghausen, † 18.10.1849 in Augustdorf.

⚭ 17.05.1836 in Oerlinghausen
3 **Pollmann,** Friederike Karoline Amalie, ⋆ 11.07.1813 in Augustdorf (Nr. 80), † 09.10.1854 in Augustdorf.

1836 Kolon in Augustdorf, Nr. 95.

333 Das im Augustdorfer Sterberegister von 1843 angegebene Geburtsdatum konnte im Kirchenbuch Oerlinghausen nicht nachgewiesen werden.

Ehefrau des Vorbesitzers

3 **Peter,** Friederike Karoline Amalie, geb. Pollmann, ⋆ 11.07.1813 in Augustdorf (Nr. 80), † 09.10.1854 in Augustdorf.

⚭ [1/1] 17.05.1836 in Oerlinghausen
2 **Uekermann,** Karl Friedrich, ⋆ 14.08.1802 in Oerlinghausen, † 18.10.1849 in Augustdorf.

⚭ [2/1] 25.01.1852 in Augustdorf
4 **Ebert,** Adolf Friedrich Wilhelm, ⋆ 25.08.1824 in Uekenpohl (Bschft. Hörste, Ksp. Stapelage), † 02.12.1863 in Augustdorf.

1852 Witwe in Augustdorf, Nr. 95.

Zweiter Ehemann der Vorbesitzerin

4 **Peter,** Adolf Friedrich Wilhelm, geb. Ebert, ⋆ 25.08.1824 in Uekenpohl (Bschft. Hörste, Ksp. Stapelage), † 02.12.1863 in Augustdorf.

⚭ [1/2] 25.01.1852 in Augustdorf
3 **Peter,** Friederike Karoline Amalie, geb. Pollmann, ⋆ 11.07.1813 in Augustdorf, † 09.10.1854 in Augustdorf.

⚭ [2/1] 13.02.1857 in Stapelage
5 **Mellies,** Hanne Sophie, ⋆ 04.06.1830 in Hörste (Ksp. Stapelage), † 20.01.1894 in Augustdorf.

1852 Kolon in Augustdorf, Nr. 95.

Zweite Ehefrau des Vorbesitzers

5 **Peter,** Hanne Sophie, geb. Mellies, ⋆ 04.06.1830 in Stapelage, † 20.01.1894 in Augustdorf.

⚭ [1/2] 13.02.1857 in Stapelage
4 **Peter,** Adolf Friedrich Wilhelm, geb. Ebert, ⋆ 25.08.1824 in Uekenpohl (Bschft. Hörste, Ksp. Stapelage), † 02.12.1863 in Augustdorf.

⚭ [2/1] 15.01.1865 in Augustdorf
6 **Ebert,** Heinrich Wilhelm, ⋆ 05.06.1834 in Hörste (Ksp. Stapelage), † 22.06.1892 in Augustdorf.

1865 Witwe in Augustdorf, Nr. 95.

Zweiter Ehemann der Vorbesitzerin

6 **Peter,** Heinrich Wilhelm, geb. Ebert, ⋆ 05.06.1834 in Hörste (Ksp. Stapelage), † 22.06.1892 in Augustdorf.

⚭ [1/2] 15.01.1865 in Augustdorf
5 **Peter,** Hanne Sophie, geb. Mellies, ⋆ 04.06.1830 in Hörste (Ksp. Stapelage), † 20.01.1894 in Augustdorf.

1865 Kolon in Augustdorf, Nr. 95.

1892 Leibzüchter in Augustdorf, Nr. 95.

Sohn des Vorbesitzers

7 **Peter,** Hermann Friedrich Adolph, geb. Ebert, ⋆ 16.08.1865 in Augustdorf.

⚭ 18.12.1891 in Augustdorf
Oetermann (Meier), Karoline Auguste, ⋆ 13.08.1871 in Augustdorf (Nr. 10).

1891 Kolon und Ziegelmeister in Augustdorf, Nr. 95.

Besitzer 1901

8 **Bruelheide,** Adolf August, * 10.07.1859 in Hovedissen (Ksp. Schötmar), † 17.02.1937 in Augustdorf.

⚭ 23.10.1879 in Stapelage

Kreuzbusch, Johanne Karoline Florentine, * 25.09.1855 in Hörste (Ksp. Stapelage), † 07.03.1930 in Augustdorf.

1882 Einlieger und Ziegler in Hörste (Ksp. Stapelage).

1901 Ziegelmeister in Augustdorf, Nr. 95.

Nr. 77

BROKMANN (BROCKMANN), SIELEMANN, HAUSTENBECKER STRASSE 185

1801 **Kolonatsakte:** Anlegung einer Neuwohnerstätte durch Adolph Brokmann aus Hörste.

1801 **Küstermann:** Brockmann; 20 Scheffelsaat [=3,433 Hektar].

1801 **Salbuch:** Brokmann, Neuwohner.

1828 **Volkszählung:** Brokmann, Kolon; 1 Wohnhaus.

1883 **Salbuch:** Brokmann; auf Friedrich Sielemann umgeschrieben am 1. Juni 1883.

1901 **Adressbuch:** Sielemann, Friedrich, Landwirt.

1921 **Landwirtschaftliches Adressbuch:** Sielemann, Fr.; 14 Hektar.

1926 **Adressbuch:** Sielemann, Friedrich, Landwirt; Heitbrink, Heinrich, Ziegler.

1954 **Adressbuch:** Sielemann, Fritz, Landwirt; Brüggemann, Wilhelm, Arbeiter; Meyer, Alfons, Polizeibeamter; Sieweke, Rudolf, Arbeiter; Haustenbecker Straße 77

1962 **Adressbuch:** Sielemann, Heinz, Arbeiter; Sielemann, Helene, Hausfrau; Schultz, Heinz-Peter; Haustenbecker Straße 77.

Augustdorf Nr. 77. Zu sehen ist ein zum ehemaligen Kolonat Brokmann, später Sielemann, gehörendes Fachwerkhaus, das in der Nähe des Pollmannskruges stand. Sammlung Heimatverein Augustdorf, o. J.

Gründer 1801

1 **Brokmann,** Friedrich Adolph aus Hörste, ~ 06.12.1772 in Stapelage, † 17.10.1833 in Augustdorf.

⚭ 09.05.1802 in Augustdorf

Bügener, Justine Friederike, * 09.1774 in Braunenbruch (Bschft. Heidenoldendorf, Ksp. Detmold), † 03.09.1829 in Augustdorf.

1801 Kolon in Augustdorf, Nr. 77.

1820 Vorsteher in Augustdorf.

Sohn des Vorbesitzers

2 **Brokmann,** Johann Töns Christoph, * 27.02.1808 in Augustdorf, † 28.04.1872 in Augustdorf.

⚭ 25.05.1834 in Augustdorf

Lüersen, Anne Marie Sophie Elisabeth, * 07.03.1811 in Augustdorf (Nr. 31), † 12.06.1855 in Augustdorf.

1834 Kolon in Augustdorf, Nr. 77.

1872 Leibzüchter in Augustdorf, Nr. 77.

Sohn des Vorbesitzers

3 **Brokmann,** Töns Friedrich Christoph, * 24.06.1839 in Augustdorf, † 01.10.1896 in Augustdorf.

⚭ 27.12.1863 in Augustdorf

Sielemann, Anna Marie Friederike Amalie, * 21.12.1843 in Augustdorf (Nr. 87), † 21.08.1895 in Augustdorf.

1863 Kolon und Anerbe in Augustdorf, Nr. 77.

1896 Einlieger in Augustdorf.

Schwester des Vorbesitzers

4 **Brokmann,** Friederike Wilhelmine Louise, * 15.11.1846 in Augustdorf, † 07.03.1918 in Augustdorf.

⚭ 12.02.1871 in Augustdorf

5 **Sielemann,** Friedrich Willhelm, * 06.12.1845 in Augustdorf (Nr. 87), † 19.04.1916 in Augustdorf.

1918 Leibzüchterin in Augustdorf, Nr. 77.

Ehemann der Vorbesitzerin

5 **Sielemann,** Friedrich Willhelm, * 06.12.1845 in Augustdorf (Nr. 87), † 19.04.1916 in Augustdorf.

⚭ 12.02.1871 in Augustdorf

4 **Brokmann,** Friederike Wilhelmine Louise, * 15.11.1846 in Augustdorf, † 07.03.1918 in Augustdorf.

1883 Kolon und Landwirt in Augustdorf, Nr. 77.

1901 Landwirt in Augustdorf, Nr. 77.

Schule II, Haustenbecker Straße 186. Im Jahr 1890 entstand an der heutigen Haustenbecker Straße eine zweite Augustdorfer Schule, das Areal gehörte vormals zum Kolonat Nr. 73. Der ursprüngliche Fachwerkbau wurde 1912 ersetzt, später erfolgten noch Erweiterungen. Seit 1965 in Privatbesitz, wird das mittlerweile umgestaltete Gebäude seither als Wohnhaus genutzt. Sammlung Heimatverein Augustdorf, o. J.

Nr. 73
SCHULZE, BÖGER,
HAUSTENBECKER STRASSE 210

1799 **Kolonatsakte:** Anlegung einer Neuwohnerstätte durch Einlieger Henrich Schulze.
1799 **Küstermann:** Schulze; 12 Scheffelsaat [=2,060 Hektar].
1799 **Salbuch:** Schulze, Neuwohner.
1828 **Volkszählung:** Schulze, Kolon; Schulze, Witwe; 1 Wohnhaus.
1871 **Kolonatsakte:** Umschreibung der Schulzeschen Stätte Nr. 73 in Augustdorf auf den Anerben Wilhelm Schulze daselbst.
1871 **Salbuch:** Schulze; gemäß Anerbenrecht auf den Namen Wilhelm Schulze eingetragen am 21. Dezember 1871.
1890 **Gebäudesteuerrolle:** Leibzucht Nr. 73, jetzt Nr. 142.
1901 **Adressbuch:** Schulze, Hermann, Landwirt; Böger, Adolf, Ziegler; Wißbrok, Fritz, Ziegler.
1921 **Landwirtschaftliches Adressbuch:** Böger, Ad.; 7 Hektar.
1926 **Adressbuch:** Böger, Adolf, Landwirt.
1954 **Adressbuch:** Böger, Adolf, Waldarbeiter; Brüggemann, Willi, Friseur; Juntke, Franz, Rentner; Materna, Maria, Hausfrau; Haustenbecker Straße 73.
1962 **Adressbuch:** Böger, Adolf, Forstaufseher; Böger, Richard, Dreher; Juntke, Franz, Rentner; Haustenbecker Straße 73.

Gründer 1799

1 **Schulze,** Johann Henrich aus Hörste (Ksp. Stapelage), ⋆ um 1751, † 12.04.1837 in Augustdorf.
⚭ [1/?] um 1785 (Ort unbekannt)
[N. N.], Hanna Amalia.
⚭ [2/?] um 1810 (Ort unbekannt)
[N. N.], Sophie Dorothee, ⋆ um 1749, † 26.03.1837 in Augustdorf.
1786 Einlieger in Stapelage, beim Meyer zu Stapelage.
1790 Einlieger in Hörste (Ksp. Stapelage).
1793 Einlieger in Stapelage.
1794 Käufer in Augustdorf, Nr. 15 b ▸ S. 198 ff.
1799 Kolon in Augustdorf, Nr. 73.

Sohn des Vorbesitzers

2 **Schulze,** Johann Hermann Henrich Christoph, ⋆ 13.04.1793 in Stapelage, † 08.08.1871 in Augustdorf.
⚭ [1/1] 26.06.1814 in Augustdorf
Sielemann, Wilhelmine Friedrike Louise, ⋆ 22.03.1792 in Augustdorf (Nr. 18), † 04.11.1839 in Augustdorf.
⚭ [2/2] 31.05.1840 in Augustdorf
Pollmann, Wilhelmine Henriette, geb. Filges (Fillies), ⋆ 27.11.1791 in Stapelage, † 23.04.1862 in Augustdorf.
1814 Kolon in Augustdorf, Nr. 73.
1820 Vorsteher in Augustdorf.
1871 Leibzüchter in Augustdorf, Nr. 73.

Sohn des Vorbesitzers

3 **Schulze,** Arend Henrich, ⋆ 08.06.1815 in Augustdorf, † 29.03.1886 in Augustdorf.
⚭ [1/2] 05.07.1840 in Augustdorf
Kruse, Henriette Katharine, geb. Böger, ⋆ 26.07.1812 in Augustdorf (Nr. 51), † 07.06.1875 in Augustdorf.
⚭ [2/2] 26.12.1875 in Augustdorf
Moshage, Henriette Wilhelmine, geb. Ostmeier, ⋆ 26.02.1823 in Augustdorf, † 19.03.1886 in Augustdorf.
1840 Einlieger in Augustdorf.
1842 Kolon in Augustdorf, Nr. 73.
1875 Einlieger in Augustdorf.
1886 Leibzüchter in Augustdorf, Nr. 73.

Sohn des Vorbesitzers

4 **Schulze,** Christoph Hermann Adolph, ⋆ 16.02.1842 in Augustdorf, † 26.03.1918 in Augustdorf.
⚭ 17.12.1871 in Augustdorf
Rehm, Henriette Marie Sophie, ⋆ 29.01.1852 in Augustdorf (Nr. 84), † 16.10.1932 in Augustdorf.
1871 Kolon und Anerbe in Augustdorf, Nr. 73.
1901 Landwirt in Augustdorf, Nr. 73.

Um 1920 entstanden, zeigt die Fotografie den 1868 geborenen Landwirt Adolf Böger vom Augustdorfer Kolonat Nr. 73 bei der Feldarbeit.
Privatbesitz R. Böger

Nr. 121

POLLMANNSKRUG,
HAUSTENBECKER STRASSE 187

1876 **Salbuch:** Pollmann, Heinrich; hat den Grund und Boden dieser Stätte von Wissbrok Nr. 79 [▸ S. 315 f.] erworben; eingetragen am 8. Juli 1876.

1901 **Adressbuch:** Pollmann, Heinrich, Gastwirt.

1926 **Adressbuch:** Pollmann, Heinrich, Bäckerei und Schankwirtschaft.

1940 **Veräußerung:** Ankauf durch die Reichsumsiedlungsgesellschaft [Ruges]; letzter Besitzer: Heinrich Pollmann.[334]

1954 **Adressbuch:** Stork, Heinrich, Lebensmittelhandlung; Meier, Friedr., Angestellter; Röhrmann, Wilhelm, Malergeschäft; Haustenbecker Straße 121.[335]

1962 **Adressbuch:** Kronshage, Christa, Lebensmittelgeschäft; Kronshage, Herbert, Gaststätte; Haustenbecker Straße 121.

„Gruss aus Augustdorf." Abgebildet sind die ehemalige Schule II an der heutigen Haustenbecker Straße, das Hermannsdenkmal und die „Schankwirtschaft v. H. Pollmann". Absender: Lina und Auguste Ebert vom benachbarten Kolonat Nr. 95 ▸ S. 308. Die nach Hagen-Haspe verschickte Ansichtskarte trägt Poststempel vom 13. und 14. Juni 1905. Verlag Paul Metzentin, Detmold. Lippische Landesbibliothek Detmold, ME-PK-26-93

Gründer 1876

1 **Pollmann,** Töns Heinrich Friedrich (Töns Hermann Friedrich), ⋆ 03.12.1848 in Augustdorf (Nr. 20), † 05.05.1911 in Augustdorf.
⚭ 20.11.1874 in Augustdorf
Frohböse, Charlotte Dorothea, ⋆ 08.10.1848 in Augustdorf (Nr. 104), † 11.05.1927 in Augustdorf.

1880 Kolon und Gastwirt in Augustdorf, Nr. 121.

1901 Gastwirt in Augustdorf, Nr. 121.

Sohn des Vorbesitzers

2 **Pollmann,** Heinrich August, ⋆ 20.12.1874 in Augustdorf, † 02.10.1941 in Augustdorf.
⚭ 22.06.1904 in Augustdorf
Lüersen, Henriette Wilhelmine, ⋆ 24.09.1879 in Augustdorf (Nr. 31), † 19.01.1959 in Kohlstädt. ‡ 22.01.1959 in Augustdorf.

1904 Bäcker und Gastwirt in Augustdorf, Nr. 121.

1926 Bäckerei und Schankwirtschaft in Augustdorf, Nr. 121.

▪ 1876 erwarb der vom Kolonat Nr. 20 stammende Heinrich Pollmann ein Grundstück im Kreuzungsbereich von Lippstädter Weg und „Kommunalweg nach Haustenbeck", wie es auf einem 1928 erstellten Kartenwerk[336] heißt. Die verkehrsgünstige Lage motivierte ihn offenbar zur Gründung einer Schankwirtschaft[337], spätestens um 1901 bestand dort außerdem eine Bäckerei mit angeschlossener „Colonialwaaren-Handlung"[338]. 1940 hat die Reichsumsiedlungsgesellschaft [Ruges] die Liegenschaft angekauft; Räumungen fanden jedoch nicht statt, die vormaligen Eigentümer konnten den bisherigen Betrieb als Pächter weiterführen. Das Gebäude gelangte später wieder in Privatbesitz. Die Gaststätte existierte rund hundert Jahre, sie wurde 1995 geschlossen.[339]

---

334 Trotz Ankauf durch die Reichsumsiedlungsgesellschaft [Ruges] wurde die Stätte nicht aufgelöst, sondern im Rahmen von Pachtverträgen weiter bewirtschaftet.

335 Im Adressbuch von 1954 nicht genannt wird die Gaststätte Pollmannskrug, die jedoch bis 1995 durchgängig existierte. Für den freundlichen Hinweis danke ich Richard Böger, Augustdorf.

336 LAV NRW OWL D 73 Tit. 5 Nr. 1547.

337 Im Taufeintrag einer totgeborenen Tochter vom 10. September 1880 wird Heinrich Pollmann bereits als „Gastwirt" bezeichnet.

338 Vgl. Adressbuch von 1901, S. 234.

339 Für die freundliche Mitteilung des Kaufdatums (1940) danke ich Familie Röhrmann-Knitt. Vgl. darüber hinaus Steffen / Wistinghausen, Augustdorf, S. 87.

Die „Schenkwirtschaft zum Pollmannskrug“ während der 1920er Jahre. Sicher identifizierbar sind – im Eingang stehend – der damalige Besitzer Heinrich Pollmann (1874–1941) und dessen jüngste Tochter Christa (1922–2017).
Privatbesitz A. Schönborn, o. J.

Ansichtskarte „Gaststätte ‚Pollmannskrug‘ Inhaber: Herbert Kronshage“, um 1960.
Sammlung O. Biere

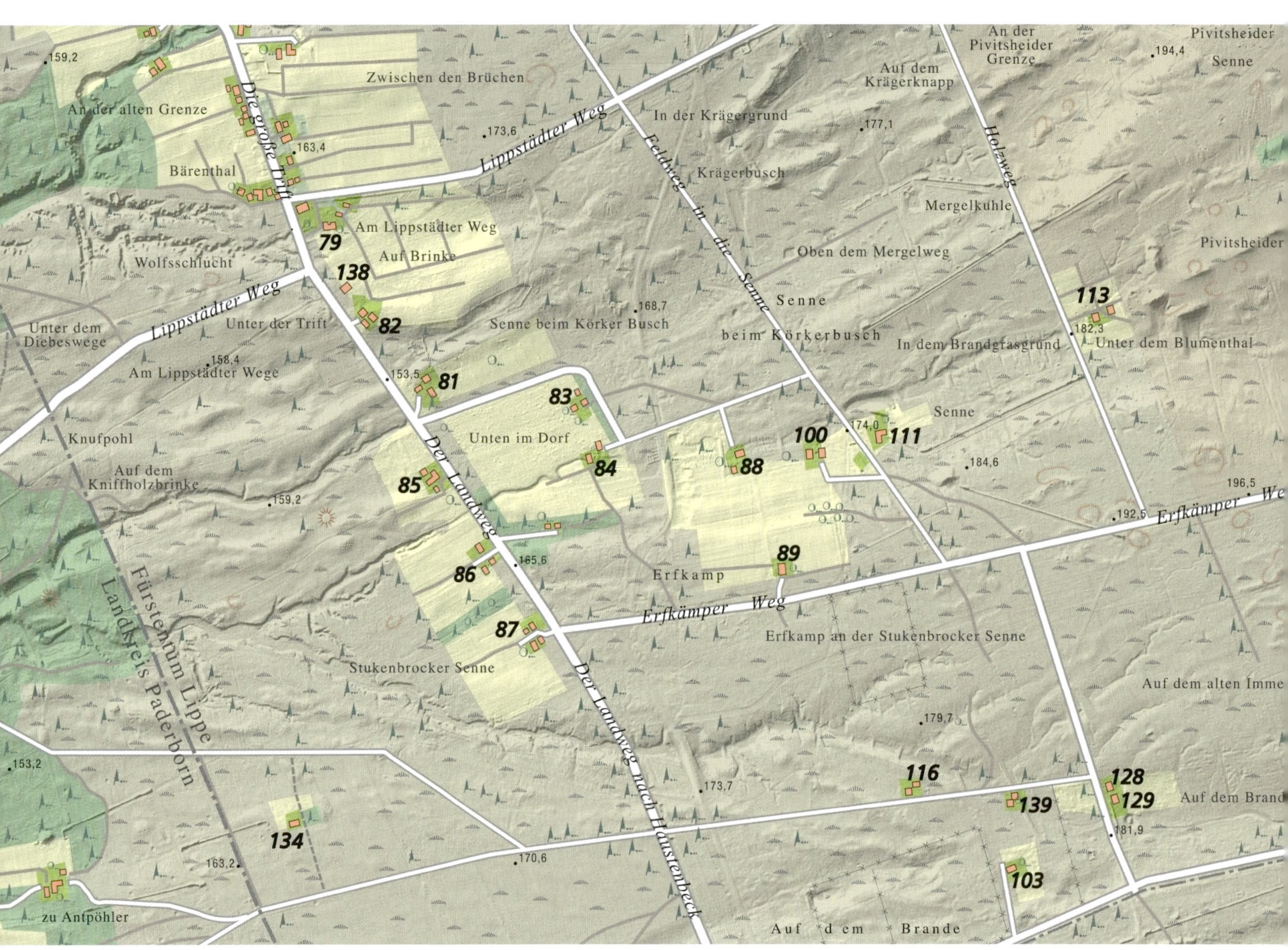

Ausschnitt aus der Karte „Augustdorf 1900“.
Kartografie J. Rosenberg, 2024

7. Truppenübungsplatz Senne

Das letzte Kapitel ist den inzwischen nicht mehr vorhandenen Stätten gewidmet, die auf dem Areal des heutigen Truppenübungsplatzes lagen. Um das Militärgelände zu erweitern, hatte die Reichsumsiedlungsgesellschaft [Ruges] die Hofstellen zwischen 1937 und 1939 angekauft. Einzelne Gebäude an der Haustenbecker Straße waren allerdings auch nach Kriegsende noch bewohnbar; sie wurden von der damaligen Bundesvermögensverwaltung vermietet. Anhand des entsprechenden Kartenausschnitts sortiert, werden zunächst von Norden in Richtung Süden die früheren Kolonate entlang der Haustenbecker Straße vorgestellt. Danach geht es um die Bereiche Erfkämper Weg und Holzweg.

Nr. 79

WISBROK (WISSBROK, WISBROCK, WIẞBROCK, WIẞBROK), TRUPPENÜBUNGSPLATZ

1801 **Kolonatsakte:** Anlegung einer Neuwohnerstätte durch Einlieger Peter Henrich Wisbrok aus Brackwede.
1801 **Küstermann:** Wissbrok; 25 Scheffelsaat [=4,291 Hektar].
1801 **Salbuch:** Wisbrock, Neuwohner.
1828 **Volkszählung:** Wißbrock, Kolon; Peter, Einlieger; 1 Wohnhaus.
1855 **Salbuch:** Wisbrok.
1864 **Kolonatsakte:** Abtretung der Stätte an den Anerben Wißbrok daselbst.
1901 **Adressbuch:** Wißbrok, Adolf, Landwirt; Wißbrok, Leibzüchter.
1921 **Landwirtschaftliches Adressbuch:** Wißbrok, Adolf; 23 Hektar.
1926 **Adressbuch:** Wißbrock, Adolf, Landwirt; Wißbrok, Gustav, Ziegler; Wißbrok, Heinrich, Ziegler.
1939 **Veräußerung:** Ankauf durch die Reichsumsiedlungsgesellschaft [Ruges]. Letzter Besitzer: Wißbrock, Adolf, umgesiedelt am 3.11.1939 nach Augustdorf.[340] Die Stätte war noch bis nach 1962 bewohnt.
1954 **Adressbuch:** Chaldek, Josef, Rentner; Stellbrink, Kurt, Elektriker; Wagner, Wilhelm, Maschinist; Haustenbecker Straße 79.
1962 **Adressbuch:** Stellbrink, Altine, Hausfrau; Wagner, Wilhelm, Elektriker; Haustenbecker Straße 79.

Gründer 1801
1 **Wißbrok,** Peter Henrich, ~ 04.03.1770 in Brackwede, † 30.01.1838 in Augustdorf.
⚭ 18.10.1801 in Oerlinghausen
Niemeier, Hanne Katharine Wilhelmine (Anna Wilhelmine Christine) aus Senne (Amt Oerlinghausen, Ksp. Oerlinghausen), ~ 07.10.1782 in Oerlinghausen, † 02.04.1853 in Augustdorf.
1801 Einlieger in Oerlinghausen.[341]
1801 Kolon in Augustdorf, Nr. 79.

Tochter des Vorbesitzers
2 **Wißbrok,** Anna Marie Louise Wilhelmine, * 21.09.1802 in Augustdorf, † 18.03.1871 in Augustdorf.
⚭ 01.11.1829 in Augustdorf
3 **Rehm,** Jobst Henrich Adolph, * 23.08.1803 in Augustdorf (Nr. 6), † 03.09.1873 in Augustdorf.

Ehemann der Vorbesitzerin
3 **Wißbrok,** Jobst Henrich Adolph, geb. Rehm, * 23.08.1803 in Augustdorf (Nr. 6), † 03.09.1873 in Augustdorf.
⚭ 01.11.1829 in Augustdorf
2 **Wißbrok,** Anna Marie Louise Wilhelmine, * 21.09.1802 in Augustdorf, † 18.03.1871 in Augustdorf.
1830 Kolon in Augustdorf, Nr. 79.
1836 Armendeche in Augustdorf.
1867 Leibzüchter in Augustdorf, Nr. 79.

Sohn des Vorbesitzers
4 **Wißbrok,** Adolph Wilhelm, * 27.01.1834 in Augustdorf, † 06.02.1900 in Augustdorf.
⚭ [1/1] 12.12.1858 in Augustdorf
Wiebusch, Anne Katharine Marie Wilhelmine, * 11.04.1836 in Augustdorf (Nr. 62), † 19.10.1869 in Augustdorf.
⚭ [2/1] 15.05.1870 in Augustdorf
Räker (Redeker), Wilhelmine Henriette Amalie, * 24.01.1844 in Augustdorf (Nr. 3), † 21.07.1931 in Ennigloh (Kreis Herford).
1864 Kolon in Augustdorf, Nr. 79.
1900 Leibzüchter in Augustdorf, Nr. 79.

340 Adolf Wißbrock hat im Rahmen der Umsiedlung die Stätte Augustdorf Nr. 34 übernommen, vgl. S. 267 ff. in diesem Band.
341 Der in der Kolonatsakte von 1801 überlieferte Hinweis, dass Peter Henrich Wißbrok „seit 3 Jahren im Bartelskruge Amts Oerlinghausen" gedient habe, könnte darauf verweisen, dass er dort auch gewohnt hat.

Sohn des Vorbesitzers

5 **Wißbrock,** Ernst Friedrich Adolf, * 22.05.1861 in Augustdorf, † 16.02.1934 in Augustdorf.

⚭ 11.11.1888 in Augustdorf

Köster, Hanne Sophie Wilhelmine, * 06.12.1863 in Augustdorf (Nr. 85), † 14.11.1921 in Augustdorf.

1888 Landwirt und Einlieger.

1901 Landwirt in Augustdorf, Nr. 79.

Sohn des Vorbesitzers

6 **Wißbrok,** Adolf Heinrich, * 23.11.1888 in Augustdorf, † 08.04.1971 in Augustdorf.

⚭ 17.12.1920 in Augustdorf

Lüersen, Minna Johanna, * 21.12.1890 in Augustdorf, † 12.04.1957 in Augustdorf.

1934 Landwirt in Augustdorf, Nr. 79.

1939 Landwirt in Augustdorf, Nr. 34 ▸ S. 267 ff.

1941 Bürgermeister in Augustdorf.[342]

Nr. 138

SIELEMANN, WIẞBROCK, TRUPPENÜBUNGSPLATZ

1899 **Brandkataster:** Sielemann, Fritz; 1 Wohnhaus.

1901 **Adressbuch:** Sielemann, Friedrich, Dreschmaschinenbesitzer.

1926 **Adressbuch:** Sielemann, Friedrich, Pferdehändler.

1939 **Veräußerung:** Ankauf durch die Reichsumsiedlungsgesellschaft [Ruges]. Letzter Besitzer: Wißbrock, Georg, Ziegler; umgesiedelt am 13. Oktober 1939 nach Horn-Moorlage, Auf der Moorlage 13. Das Haus war noch bis nach 1962 bewohnt.

1954 **Adressbuch:** Elbracht, Gustav, Rentner; Schapöhler, Franz, Arbeiter; Haustenbecker Straße 138.

1962 **Adressbuch:** Repasky, Stefan, Arbeiter; Rubart, Ilse, Hausfrau; Haustenbecker Straße 138.

Gründer 1899

1 **Sielemann,** Berend Friedrich August, * 20.05.1874 in Augustdorf (Nr. 87).

⚭ 12.01.1900 in Augustdorf

Schildmann, Henriette Wilhelmine, * 10.11.1877 in Haustenbeck.

1901 Dreschmaschinenbesitzer in Augustdorf, Nr. 138.

1926 Pferdehändler in Augustdorf, Nr. 138.

342 Vgl. Werning, Erinnerungen, S. 53.

343 Böger, Geschichte, S. 14 beschreibt die Lage des Kolonats als „Bögerbrink hinter dem Pollmannskruge".

Nr. 82

BÖGER, SCHIERENBERG, TRUPPENÜBUNGSPLATZ[343]

1801 **Kolonatsakte:** Anlegung einer Neuwohnerstätte durch Johann Henrich Böger, Bediensteter auf Lopshorn.

1806 **Küstermann:** Böger; 15 Scheffelsaat [=2,575 Hektar].

1806 **Salbuch:** Böger, Neuwohner.

1828 **Volkszählung:** Böger, Kolon; Schulze, Einlieger; Höveler, Einlieger; 2 Wohnhäuser.

1855 **Salbuch:** Böger.

1868 **Kolonatsakte:** Abtretung an den ältesten Sohn Heinrich Böger

1901 **Adressbuch:** Schierenberg, Adolf, Landwirt; Böger, August, Ziegler; Erfkamp, August, Ziegler; Schröder, August, Ziegler.

1921 **Landwirtschaftliches Adressbuch:** Schierenberg, Ad.; 14 Hektar.

1926 **Adressbuch:** Schierenberg, Adolf, Landwirt; Erfkamp, Friedrich, Ziegler; Erfkamp, Ernst, Ziegler.

1939 **Veräußerung:** Ankauf durch die Reichsumsiedlungsgesellschaft [Ruges]. Letzter Besitzer: Schierenberg, Adolf, umgesiedelt am 04.12.1939 nach Heidenoldendorf. Die Stätte war noch bis nach 1962 bewohnt.

1954 **Adressbuch:** Krobeit, Gustav, Arbeiter; Neubauer, Ernst, Angestellter; Wehrmann, Fritz, Rentner; Haustenbecker Straße 82.

1962 **Adressbuch:** Neubauer, Ernst, Angestellter; Wehrmann, Emma, Hausfrau; Haustenbecker Straße 82.

Gründer 1806

1 **Böger,** Johann Henrich, ~ 19.09.1779 in Lage, † 22.11.1838 in Augustdorf.

⚭ 28.02.1808 in Augustdorf

Hackemack, Anne Marie Sophie (Sophia Elisabeth), * 11.03.1778 in Pivitsheide (Ksp. Stapelage), † 30.01.1848 in Augustdorf.

1806 Bediensteter auf Lopshorn.

1808 Kolon in Augustdorf, Nr. 82.

Tochter des Vorbesitzers

2 **Böger,** Anne Marie Elisabeth, * 20.03.1811 in Augustdorf, † 06.11.1846 in Augustdorf.

⚭ 13.04.1834 in Augustdorf

3 Schild, Henrich Christoph, * 14.02.1807 in Augustdorf, † 19.12.1869 in Augustdorf.

Ehemann der Vorbesitzerin

3 **Böger,** Henrich Christoph, geb. Schild, * 14.02.1807 in Augustdorf (Nr. 70), † 9.12.1869 in Augustdorf.

⚭ [1/1] 13.04.1834 in Augustdorf

2 Böger, Anne Marie Elisabeth, * 20.03.1811 in Augustdorf, † 06.11.1846 in Augustdorf.

⚭ [2/2] 20.06.1847 in Augustdorf
Mellies, Johanne Wilhelmine Florentine (Hanna), geb. Heistermann, * 19.03.1816 in Augustdorf (Nr. 12), † 14.03.1879 in Augustdorf.

1834 Vorsteher und Kolon in Augustdorf, Nr. 82.
1850 Vorsteher und Bauerrichter in Augustdorf.
1869 Leibzüchter in Augustdorf, Nr. 82.

Sohn des Vorbesitzers

4 **Böger,** Berend Henrich Adolph, * 11.07.1835 in Augustdorf, † 19.12.1893 in Augustdorf.
⚭ 27.09.1860 in Augustdorf
5 **Wiele,** Henriette Wilhelmine, * 22.01.1838 in Augustdorf (Nr. 29), † 17.12.1898 in Augustdorf.

1860 Kolon und Anerbe in Augustdorf, Nr. 82.

Ehefrau des Vorbesitzers

5 **Böger,** Henriette Wilhelmine, geb. Wiele, * 22.01.1838 in Augustdorf (Nr. 29), † 17.12.1898 in Augustdorf.
⚭ 27.09.1860 in Augustdorf
4 **Böger,** Berend Henrich Adolph, * 11.07.1835 in Augustdorf, † 19.12.1893 in Augustdorf.

1893 Witwe in Augustdorf, Nr. 82.

Besitzer 1901

6 **Schierenberg,** Friedrich Heinrich Adolph (Adolf), * 02.03.1868 in Augustdorf (Nr. 13), † 19.06.1943 in Heidenoldendorf (Standesamt Detmold-Land).
⚭ 27.03.1896 in Augustdorf
Pollmann, Henriette Karoline Sophie, * 29.10.1871 in Augustdorf (Nr. 19), † 13.02.1915 in Augustdorf.

1901 Landwirt in Augustdorf, Nr. 82.

Augustdorf Nr. 243, Truppenübungsplatz.
Die Aufnahme zeigt beispielhaft ein Gebäude im Zustand vor dem endgültigen Abriss in den 1970er/1980er Jahren. Erst um 1930 von Heinrich Ostmeier errichtet, musste das Haus schon kurze Zeit später wieder aufgegeben werden, dennoch wurde es auch nach 1962 noch bewohnt.
O. Boekstegers, o. J.

Nr. 81
PRANTE,
TRUPPENÜBUNGSPLATZ

1801 **Kolonatsakte:** Anlegung einer Neuwohnerstätte durch Leineweber Johann Henrich Prante vom Jakobskrug, Amt Oerlinghausen.
1802 **Küstermann:** Prante; 15 Scheffelsaat [= 2,575 Hektar].
1802 **Salbuch:** Prante, Neuwohner.
1828 **Volkszählung:** Prante, Kolon; Prante, Leibzüchter; 2 Wohnhäuser.
1865 **Salbuch:** Prante; gemäß Anerbenrecht auf Friedrich Prante eingetragen am 20. Mai 1865.
1865 **Kolonatsakte:** Verpachtung der Leibzucht auf der Pranteschen Stätte Nr. 81 zu Augustdorf.
1901 **Adressbuch:** Prante, Friedrich, Landwirt; Schäfer, Henriette, Witwe.
1921 **Landwirtschaftliches Adressbuch:** Prante, Fr.; 14 Hektar.
1926 **Adressbuch:** Prante, Friedrich, Landwirt; Ostmeier, Heinrich, Ziegler.
1939 **Veräußerung:** Ankauf durch die Reichsumsiedlungsgesellschaft [Ruges]. Letzte Besitzerin: Prante, Marie, umgesiedelt am 14.10.1939 nach Horn-Moorlage. Die Stätte war noch bis nach 1954 bewohnt.
1954 **Adressbuch:** Holzkamp, Gustav, Gärtner; Moebus, Heinr.; Arbeiter; Haustenbecker Straße 81.

Gründer 1801

1 **Prante,** Johann Henrich (Hans Henrich) aus Gräfinghagen (Ksp. Oerlinghausen), ~ 01.1773 in Oerlinghausen, † 28.10.1840 in Augustdorf.
⚭ 25.10.1801 in Oerlinghausen
Moshage, Anna Margaretha Elisabeth (Anna Maria Elisabeth) „vom Jakobskrug" (Bschft. Senne, Ksp. Oerlinghausen), ~ 24.02.1781 in Oerlinghausen, † 29.06.1847 in Augustdorf.

1801 Leineweber „vom Jakobskrug".
1801 Kolon in Augustdorf, Nr. 81.
1840 Leibzüchter in Augustdorf, Nr. 81.

Tochter des Vorbesitzers

2 **Prante,** Hanna Maria Elisabeth (Josephine Maria Elisabeth), * 17.01.1803 in Augustdorf, † 23.02.1847 in Augustdorf.
⚭ 26.10.1823 in Augustdorf
3 **Rose,** Johann Bernd August, * 07.09.1797 in Augustdorf (Nr. 58), † 22.01.1849 in Augustdorf.

1823 Kolona in Augustdorf, Nr. 81.

Augustdorf Nr. 81. Zu sehen ist das frühere Kolonat Prante,
W. Göbel, Truppenübungsplatz Senne, S. 44, o. J.

Ehemann der Vorbesitzerin

3 **Prante,** Johann Bernd August, geb. Rose, ⋆ 07.09.1797 in Augustdorf (Nr. 58), † 22.01.1849 in Augustdorf.

ⴰⴰ [1/1] 26.10.1823 in Augustdorf
2 **Prante,** Hanna Maria Elisabeth (Josephine Maria Elisabeth), ⋆ 17.01.1803 in Augustdorf, † 23.02.1847 in Augustdorf.

ⴰⴰ [2/1] 15.08.1847 in Augustdorf
4 **Riesenberg**, Anne Marie Florentine Louise, ⋆ 13.08.1804 in Pivitsheide (Ksp. Stapelage), † 19.05.1880 in Pivitsheide (Ksp. Stapelage), ‡ 22.05.1880 in Augustdorf.

1823 Kolon in Augustdorf, Nr. 81.

Zweite Ehefrau des Vorbesitzers

4 **Prante,** Anne Marie Florentine Louise, geb. Riesenberg, ⋆ 13.08.1804 in Pivitsheide (Ksp. Stapelage), † 19.05.1880 in Pivitsheide (Ksp. Stapelage), ‡ 22.05.1880 in Augustdorf.

ⴰⴰ [1/2] 15.08.1847 in Augustdorf
3 **Prante,** Johann Bernd August, geb. Rose, ⋆ 07.09.1797 in Augustdorf, † 22.01.1849 in Augustdorf.

ⴰⴰ [2/1] 22.07.1849 in Augustdorf
5 **Sieveke,** Friedrich Wilhelm, ⋆ 29.01.1823 in Augustdorf (Nr. 36), † 10.04.1865 in Augustdorf.

1849 Witwe in Augustdorf, Nr. 81.

344 Da Hermann Friedrich Wilhelm Prante vorehelich geboren wurde, ist seine Taufe im Augustdorfer Kirchenbuch unter *Gärtner*, dem Familienamen der Mutter verzeichnet. Als Vater bekannte sich der Kolon Friedrich Heinrich Adolf Prante, der Hanne Louise Marie Amalie Gärtner am 5. Juni 1865 geheiratet hat.

Zweiter Ehemann der Vorbesitzerin

5 **Prante,** Friedrich Wilhelm, geb. Sieveke, ⋆ 29.01.1823 in Augustdorf (Nr. 36), † 10.04.1865 in Augustdorf.

ⴰⴰ [1/2] 22.07.1849 in Augustdorf
4 **Prante,** Anne Marie Florentine Louise, geb. Riesenberg, ⋆ 13.08.1804 in Pivitsheide (Ksp. Stapelage), † 19.05.1880 in Pivitsheide (Ksp. Stapelage), ‡ 22.05.1880 in Augustdorf.

1849 Kolon in Augustdorf, Nr. 81.

Sohn der Besitzerin 2

6 **Prante,** Friedrich Heinrich Adolph, ⋆ 14.03.1840 in Augustdorf, † 11.08.1899 in Augustdorf.

ⴰⴰ 05.06.1865 in Augustdorf
Gärtner, Hanne Louise Marie Amalie, ⋆ 02.02.1843 in Augustdorf (Nr. 83), † 07.09.1915 in Augustdorf.

1865 Kolon und Landwirt in Augustdorf, Nr. 81.

Sohn des Vorbesitzers

7 **Prante (Gärtner)**[344], Hermann Friedrich Wilhelm, ⋆ 05.07.1864 in Augustdorf, † 05.08.1932 in Augustdorf.

ⴰⴰ 18.11.1892 in Augustdorf
[1/1] **Ebert (Peter),** Henriette Wilhelmine, ⋆ 14.02.1870 in Augustdorf (Nr. 95), † 18.07.1901 in Detmold, Landeskrankenhaus, ‡ 22.07.1901 in Augustdorf.

ⴰⴰ [2/1] 01.11.1902 in Augustdorf
Kesting, Marie Sophie Charlotte, ⋆ 22.10.1881 in Haustenbeck, † 20.07.1921 in Augustdorf.

1901 Landwirt in Augustdorf, Nr. 81.
1926 Landwirt in Augustdorf, Nr. 81.

Nr. 83
GÄRTNER,
TRUPPENÜBUNGSPLATZ

1806 **Kolonatsakte:** Anlegung einer Neuwohnerstätte durch Johann Bernd Gärtner.
1806 **Küstermann:** Gärtner; 15 Scheffelsaat [=2,575 Hektar].
1806 **Salbuch:** Gärtner, Neuwohner.
1828 **Volkszählung:** Gärtner, Kolon; 1 Wohnhaus.
1865 **Salbuch:** Gärtner; Wilhelm Hagemann, Interimswirt auf Nr. 83, hat von Luersen Nr. 31 [▸ S. 276 f.] die Hude gekauft; eingetragen am 17. Juni 1865.
1877 **Kolonatsakte:** Errichtung einer Leibzucht auf dem Kolonat Nr. 83 in Augustdorf des Kolons Wilhelm Gärtner.
1877 **Kolonatsakte:** Übertragung des Gärtnerschen Kolonats Nr. 83 in Augustdorf seitens des Interimswirts Gärtner an den Anerben Wilhelm Gärtner daselbst.
1877 **Salbuch:** Gärtner; Abtretung an Wilhelm Gärtner; umgeschrieben am 12. Mai 1877.
1901 **Adressbuch:** Gärtner, Wilhelm, Landwirt.
1921 **Landwirtschaftliches Adressbuch:** Gärtner, W.; 14 Hektar.
1926 **Adressbuch:** Gärtner, Wilhelm, Landwirt; Gärtner, Wilhelm, Landwirt, Leibzüchter; Moshage, August, Ziegler.
1939 **Veräußerung:** Ankauf durch die Reichsumsiedlungsgesellschaft [Ruges]. Letzter Besitzer: Gärtner, Wilhelm, umgesiedelt am 14.06.1939 nach Senne. Die Stätte war noch bis nach 1962 bewohnt:
1954 **Adressbuch:** Mierenfeld, Friedrich, Treckerfahrer; Schubert, Joh., Landwirt; Haustenbecker Straße 83.
1962 **Adressbuch:** Gowasch, Heinz Otto, Arbeiter; Schubert, Johann, Landarbeiter; Haustenbecker Straße 83.

Gründer 1806
1 **Gärtner,** Johann Conrad (Johann Berend), geb. Puls, * 08.09.1776 in Senne (Ksp. Brackwede), † 20.04.1852 in Augustdorf.
⚭ 09.10.1808 in Augustdorf
Heistermann, Amalia Sophia Ilsabein, * 24.02.1786 in Hörste (Ksp. Stapelage), † 28.12.1860 in Augustdorf.
1808 Kolon und Kirchenältester in Augustdorf, Nr. 83.

Sohn des Vorbesitzers
2 **Gärtner,** Johann Heinrich Wilhelm, * 25.04.1813 in Augustdorf, † 04.07.1860 in Augustdorf.
⚭ 23.01.1842 in Augustdorf
3 **Hellmeier** (Helle) Wilhelmine Karoline, * 26.01.1819 in Augustdorf (Nr. 5), † 12.01.1894 in Augustdorf.
1842 Kolon in Augustdorf, Nr. 83.
1860 Kirchenältester in Augustdorf.

Ehefrau des Vorbesitzers
3 **Gärtner,** Wilhelmine Karoline, geb. Hellmeier, * 26.01.1819 in Augustdorf (Nr. 5), † 12.01.1894 in Augustdorf.
⚭ [1/1] 23.01.1842 in Augustdorf
2 **Gärtner,** Johann Heinrich Wilhelm, * 25.04.1813 in Augustdorf, † 04.07.1860 in Augustdorf.
⚭ [2/1] 16.06.1861 in Augustdorf
4 **Hagemann,** Christian Friedrich Wilhelm, * 30.08.1835 in Augustdorf (Nr. 1), † 05.03.1897 in Augustdorf.
1861 Witwe in Augustdorf, Nr. 83.

Zweiter Ehemann der Vorbesitzerin, Interimswirt
4 **Gärtner,** Christian Friedrich Wilhelm, geb. Hagemann, * 30.08.1835 in Augustdorf (Nr. 1), † 05.03.1897 in Augustdorf.
⚭ [1/2] 16.06.1861 in Augustdorf
3 **Gärtner,** Wilhelmine Karoline, geb. Hellmeier, * 26.01.1819 in Augustdorf (Nr. 5), † 12.01.1894 in Augustdorf.
1861 Kolon und Interimswirt in Augustdorf, Nr. 83.
1897 Leibzüchter in Augustdorf, Nr. 83.

Sohn des Besitzers 2
5 **Gärtner,** Wilhelm August, * 30.12.1850 in Augustdorf, † 27.04.1934 in Augustdorf.
⚭ 07.10.1877 in Augustdorf
Strate, Louise Amalie, * 18.02.1851 in Augustdorf (Nr. 8), † 28.03.1940 in Augustdorf.
1877 Kolon und Landwirt in Augustdorf, Nr. 83.
1901 Landwirt in Augustdorf, Nr. 83.
1926 Landwirt in Augustdorf, Nr. 83.

Nr. 85
KÖSTER, WIßBROK (WIßBROCK),
TRUPPENÜBUNGSPLATZ

1806 **Kolonatsakte:** Anlegung einer Neuwohnerstätte durch Einlieger Henrich Köster.
1807 **Küstermann:** Köster; 15 Scheffelsaat [=2,575 Hektar].
1807 **Salbuch:** Köster, Neuwohner.
1828 **Volkszählung**: Köster, Kolon; Beckmann, Einlieger; 1 Wohnhaus.
1885 **Salbuch:** Köster.
1901 **Adressbuch:** (Landwirt Köster)[345]; Wißbrok, Hermann, Landwirt.

345 Im Adressbuch von 1901 werden laut Vorwort die Eigentümer der aufgeführten Stätten in runde Klammern gesetzt, sofern sie ein Haus nicht selbst bewohnten.

Augustdorf Nr. 85. Im Jahr 1939 musste Hermann Wißbrock seine Stätte an die Reichsumsiedlungsgesellschaft [Ruges] verkaufen. Die Familie übernahm die Hofstelle Augustdorf Nr. 57. Sammlung Heimatverein Augustdorf, o. J.

1921 **Landwirtschaftliches Adressbuch:** Wißbrok, Hermann; 14 Hektar.

1926 **Adressbuch:** Wißbrock, Hermann, Landwirt.

1939 **Veräußerung:** Ankauf durch die Reichsumsiedlungsgesellschaft [Ruges]. Letzter Besitzer: Wißbrock, Hermann, umgesiedelt am 01.12.1939 nach Augustdorf Nr. 57 [▸ S. 237 ff.]. Die Stätte war noch bis nach 1954 bewohnt:

1954 **Adressbuch:** Bock, Anna, Zeitschriftenhandel; Bock, Gottfried; Haustenbecker Straße 85.

Gründer 1806

1 **Köster,** Johann Henrich, ⋆ 03.11.1765 in Währentrup (Ksp. Oerlinghausen), † 03.02.1810 in Augustdorf.

⚭ [1/1] 10.1792 in Oerlinghausen
Hellweg, Amalie aus Heiden, ⋆ um 1764, † 09.04.1805 in Augustdorf.

⚭ [2/1] 11.04.1806 in Augustdorf
Sander, Anna Maria aus Holzhausen (Ksp. Horn), ⋆ um 1775, † 23.01.1809 in Augustdorf.

⚭ [3/1] 30.04.1809 in Augustdorf
2 Sielemann, Anna Margarethe Elisabeth, ⋆ 27.05.1790 in Augustdorf (Nr. 18), † 22.03.1858 in Augustdorf.

1806 Witwer und Einlieger in Augustdorf.

1806 Kolon in Augustdorf, Nr. 85.

1809 Witwer und Neuwohner in Augustdorf, Nr. 85.

Dritte Ehefrau des Vorbesitzers

2 **Köster,** Anna Margarethe Elisabeth, geb. Sielemann, ⋆ 27.05.1790 in Augustdorf (Nr. 18), † 22.03.1858 in Augustdorf.

⚭ [1/3] 30.04.1809 in Augustdorf
1 Köster, Johann Henrich aus Währentrup (Ksp. Oerlinghausen), ⋆ 03.11.1765 in Oerlinghausen, † 03.02.1810 in Augustdorf.

⚭ [2/1] 22.07.1810 in Augustdorf
3 Drave, Adolph Christian, ⋆ 31.10.1784 in Berlebeck (Ksp. Heiligenkirchen), † 11.05.1858 in Augustdorf.

Zweiter Ehemann der Vorbesitzerin

3 **Köster,** Adolph Christian, geb. Drave, ⋆ 31.10.1784 in Berlebeck (Ksp. Heiligenkirchen), † 11.05.1858 in Augustdorf.

⚭ [1/2] 22.07.1810 in Augustdorf
2 Köster, Anna Margarethe Elisabeth, geb. Sielemann, ⋆ 27.05.1790 in Augustdorf (Nr. 18), † 22.03.1858 in Augustdorf.

1810 Interimswirt in Augustdorf, Nr. 85.

1820 Besitzer in Augustdorf, Nr. 28 ▸ S. 287 ff.

1824 Leibzüchter in Augustdorf, Nr. 85.

1858 Leibzüchter in Augustdorf, Nr. 28.

Sohn des Besitzers 1

4 **Köster,** Töns Heinrich aus Währentrup (Ksp. Oerlinghausen), ~ 04.09.1794 in Oerlinghausen, † 02.12.1868 in Augustdorf.

⚭ 23.03.1823 in Augustdorf
Berkemeier, Anna Catharina Wilhelmine, * 12.09.1797 in Augustdorf (Nr. 47), † 04.03.1863 in Augustdorf.

1823 Kolon in Augustdorf, Nr. 85.

Sohn des Vorbesitzers

5 **Köster,** Berend Henrich Adolph, * 28.01.1838 in Augustdorf, † 29.04.1896 in Augustdorf.

⚭ 15.02.1863 in Augustdorf
Kronshage, Anne Marie Wilhelmine Elisabeth, * 12.11.1836 in Augustdorf (Nr. 61), † 11.10.1915 in Augustdorf.

1863 Kolon in Augustdorf, Nr. 85.

Tochter des Vorbesitzers

6 **Köster**, Friederike Wilhelmine, * 24.02.1871 in Augustdorf, † 08.11.1927 in Augustdorf.

⚭ 19.02.1897 in Augustdorf
7 **Wißbrok,** Hermann Christoph Friedrich, * 25.01.1866 in Augustdorf (Nr. 79), † 31.07.1957 in Augustdorf (Nr. 57).

1897 Weberin in Augustdorf.

Ehemann der Vorbesitzerin

7 **Wißbrok,** Hermann Christoph Friedrich, * 25.01.1866 in Augustdorf (Nr. 79), † 31.07.1957 in Augustdorf (Nr. 57).

⚭ 19.02.1897 in Augustdorf
6 **Köster,** Friederike Wilhelmine, * 24.02.1871 in Augustdorf, † 08.11.1927 in Augustdorf.

1897 Landwirt in Augustdorf, Nr. 85.

1939 Leibzüchter in Augustdorf, Nr. 57 ▸ S. 237 ff.

Nr. 84
REHM (REHME), EXTER, TRUPPENÜBUNGSPLATZ

1807 **Kolonatsakte:** Anlegung einer zweiten Neuwohnerstätte durch Johann Töns Rehm, Augustdorf Nr. 6 [▸ S. 130 f.].

1807 **Küstermann:** Rehm; 20 Scheffelsaat [= 3,433 Hektar].

1807 **Salbuch:** Rehm, Neuwohner.

1828 **Volkszählung:** Rehm (Witwe), Kolon; 1 Wohnhaus.

1855 **Salbuch:** Rehm.

1901 **Adressbuch:** Rehme, Adolf, Landwirt; Rehme, Heinrich, Ziegler; Kaiser, Ernst, Tagelöhner.

1921 **Landwirtschaftliches Adressbuch:** Rehme, A.; 28 Hektar.

1926 **Adressbuch:** Rehm, Adolf, Landwirt; Exter, Adolf, Landwirt; Friedrich, Hermann, Ziegler; Böger, Johanne, Näherin; Pollmann, Heinrich, Ziegler.

1939 **Veräußerung:** Ankauf durch die Reichsumsiedlungsgesellschaft [Ruges]. Letzte Besitzer: Exter, Adolf und Anna geb. Rehm, Nr. 84, umgesiedelt am 22.11.1939 nach Brake / Lippe. Nr. 84 a: Pächter Kleesiek, Rudolf, umgesiedelt am 31.08.1938 nach Augustdorf.

Gründer 1807

1 **Rehm,** Johann Töns, geb. Kindsgrab aus Menkhausen (Ksp. Oerlinghausen), ~ 29.05.1761 in Oerlinghausen, † 09.03.1824 in Augustdorf.

⚭ [1/2] 14.03.1789 in Stapelage
Rehm, Anne Sophie Ilsabein, geb. Schmaske oder Dreimann, ~ 04.05.1760 in Haustenbeck, † 21.10.1792 in Augustdorf.

⚭ [2/1] 28.12.1792 in Stapelage
Brockmann (Brokmann), Amalia Louisa aus Hörste (Ksp. Stapelage), ~ 28.04.1765 in Stapelage, † 08.04.1846 in Augustdorf.

1789 Kolon in Augustdorf, Nr. 6 ▸ S. 130 f.

1795 Kolon in Augustdorf, Nr. 69 ▸ S. 220 f.

1800 Kirchendeche in Augustdorf.

1807 Kolon in Augustdorf, Nr. 84.

Sohn des Vorbesitzers

2 **Rehm,** Johann Friedrich Christoph, * 08.06.1796 in Augustdorf, † 26.06.1846 in Augustdorf.

⚭ 08.10.1837 in Augustdorf
3 **Erfkamp,** Anna Maria Friderica Wilhelmina, * 19.06.1813 in Augustdorf (Nr. 49), † 03.01.1876 in Augustdorf.

1820 Kolon in Augustdorf, Nr. 84.

Augustdorf Nr. 84. Das frühere Kolonat Rehm. Die letzten Besitzer waren Adolf Exter und dessen Frau Anna, geb. Rehm. Privatbesitz C. Brinkmann-Widany, o. J.

Ehefrau des Vorbesitzers

3 Rehm, Anna Maria Friderica Wilhelmina, geb. Erfkamp, * 19.06.1813 in Augustdorf (Nr. 49), † 03.01.1876 in Augustdorf.

⚭ [1/1] 08.10.1837 in Augustdorf
2 Rehm, Johann Friedrich Christoph, * 08.06.1796 in Augustdorf, † 26.06.1846 in Augustdorf.

⚭ [2/1] 10.12.1848 in Augustdorf
4 Beckmann, Töns Henrich Ernst, * 05.01.1824 in Augustdorf, † 16.09.1900 in Augustdorf.

1848 Witwe in Augustdorf, Nr. 84.

Zweiter Ehemann der Vorbesitzerin

4 Rehm, Töns Henrich Ernst, geb. Beckmann, * 05.01.1824 in Augustdorf, † 16.09.1900 in Augustdorf.

⚭ [1/2] 10.12.1848 in Augustdorf
3 Rehm, Anna Maria Friderica Wilhelmina, geb. Erfkamp, * 19.06.1813 in Augustdorf (Nr. 49), † 03.01.1876 in Augustdorf.

1848 Kolon in Augustdorf, Nr. 84.

1900 Leibzüchter in Augustdorf, Nr. 84.

Sohn des Besitzers 2

5 Rehm, Töns Henrich Christoph, * 21.01.1839 in Augustdorf, † 14.03.1910 in Augustdorf.

⚭ [1/1] 03.04.1864 in Augustdorf
Röhrmann, Juliane Karoline Elisabeth, * 11.02.1844 in Haustenbeck, † 12.01.1875 in Augustdorf.

⚭ [2/1] 15.10.1875 in Augustdorf
Räker, Wilhelmine Karoline Henriette, * 25.09.1846 in Veldrom (Ksp. Horn), † 08.09.1890 in Augustdorf.

1864 Kolon und Anerbe in Augustdorf, Nr. 84.

Sohn des Vorbesitzers

6 Rehm, Ernst Adolph Wilhelm, * 19.08.1865 in Augustdorf, † 21.03.1926 in Augustdorf.

⚭ 04.10.1892 in Augustdorf
Sielemann, Hanne Wilhelmine Dorothee, * 04.04.1865 in Augustdorf (Nr. 87), † 08.07.1941 in Brake bei Lemgo.

1901 Landwirt in Augustdorf, Nr. 84.

Nr. 86

POLLMANN, WIEBUSCH, TRUPPENÜBUNGSPLATZ, HAUSTENBECKER STRASSE

1807 **Kolonatsakte:** Anlegung einer Neuwohnerstätte durch Hermann Henrich Pollmann.

1809 **Küstermann:** Pollmann; 20 Scheffelsaat [= 3,433 Hektar].

1809 **Salbuch:** Pollmann, Neuwohner.

1828 **Volkszählung:** Pollmann, Kolon; Schröder, Einlieger; 2 Wohnhäuser.

1876 **Kolonatsakte:** Abtretung der Pollmannschen Stätte Nr. 86 in Augustdorf seitens des Kolons Hermann Pollmann an seinen ältesten Sohn und Anerben Hermann Pollmann.

1876 **Salbuch:** Pollmann; Abtretung an Hermann Pollmann; umgeschrieben am 12. April 1876.

1901 **Adressbuch:** Pollmann, Hermann, Landwirt; Erfkamp, Hermann, Ziegler.

Abb. oben: Augustdorf Nr. 192. Auf einem vormalig zum Kolonat Pollmann Nr. 86 gehörenden Areal haben Hermann Erfkamp und seine Frau Karoline, geb. Pollmann, 1912 das abgebildete Gebäude errichtet, in dem die Familie auch einen Kolonialwarenladen betrieb. Sammlung Heimatverein Augustdorf, o. J.

Abb. links: Augustdorf Nr. 86. Die Fotografie zeigt die Stätte Pollmann, später Fritz Wiebusch. W. Göbel, Truppenübungsplatz Senne, S. 43, o. J.

1926 **Adressbuch:** Freitag, Friedrich, Landwirt und Ziegler; Becker, August, Fabrikarbeiter; Schröder, August, Waldarbeiter.

1939 **Veräußerung:** Ankauf durch die Reichsumsiedlungsgesellschaft [Ruges]. Letzter Besitzer: Wiebusch, Fritz, umgesiedelt am 16.01.1939 nach Bexterhagen.

Gründer 1807

1 **Pollmann,** Johann Hermann Henrich Konrad, * 01.01.1783 auf dem Schapeler Hof (Bschft. Hörste, Ksp. Stapelage), † 29.12.1846 in Augustdorf.

⚭ 20.12.1808 in Augustdorf

Böger, Anne Marie Catharine Louise (Anna Maria Dorothea), * 21.02.1782 in Augustdorf (Nr. 51), † 26.08.1855 in Augustdorf.

1807 Kolon in Augustdorf, Nr. 86.

Sohn des Vorbesitzers

2 **Pollmann,** Johann Hermann Henrich, * 26.11.1814 in Augustdorf, † 10.04.1898 in Augustdorf.

⚭ 11.06.1843 in Augustdorf

Schuckenbäumer, Johanne Friederike (Hanne), * 24.02.1821 in Wellentrup (Ksp. Oerlinghausen), † 30.12.1900 in Augustdorf.

1843 Kolon in Augustdorf, Nr. 86.

Sohn des Vorbesitzers

3 **Pollmann,** Friedrich Hermann, * 12.03.1844 in Augustdorf, † 21.12.1933 in Augustdorf.

⚭ 29.03.1874 in Augustdorf

Gärtner, Karoline Wilhelmine Florentine, * 25.01.1849 in Augustdorf (Nr. 83), † 26.03.1902 in Augustdorf.

1876 Kolon und Landwirt in Augustdorf, Nr. 86.

1901 Landwirt in Augustdorf, Nr. 86.

Nr. 87

SIELEMANN, TRUPPENÜBUNGSPLATZ

1808 **Kolonatsakte:** Anlegung einer Neuwohnerstätte durch Johann Christoph Sielemann, Augustdorf, Nr. 18 [▸ S. 146 ff.].

1808 **Salbuch:** Sielemann, Neuwohner.

1812 **Küstermann:** Sielemann; 20 Scheffelsaat [=3,433 Hektar].

1828 **Volkszählung:** Sielemann, Kolon; 1 Wohnhaus.

1864 **Kolonatsakte:** Bau eines Kottens des Kolons Sielemann Nr. 87 zu Augustdorf.

1873 **Kolonatsakte:** Umschreibung der Sielemannschen Stätte Nr. 87 zu Augustdorf auf den Interimswirt Wilhelm Rehm Nr. 84 [▸ S. 321 f.] in Augustdorf.

1873 **Salbuch:** Sielemann; durch Verheiratung der Witwe Sielemann mit Wilhelm Rehm auf Letzteren als Interimswirt eingetragen am 10. April 1873.

1901 **Adressbuch:** Sielemann, Heinrich, Landwirt; Sielemann, Wilhelm, Leibzüchter.

1926 **Adressbuch:** Sielemann, Heinrich, Landwirt; Erfkamp, Fritz, Ziegler; Böger, August, Ziegler.

1938 **Veräußerung:** Ankauf durch die Reichsumsiedlungsgesellschaft [Ruges]. Letzter Besitzer: Sielemann, Gustav, umgesiedelt am 15.11.1938 nach Rettmer/Lüneburg.

Gründer 1808

1 **Sielemann,** Johann Christoph, * 24.08.1785 in Augustdorf (Nr. 18), † 14.01.1860 in Augustdorf.

⚭ 15.12.1811 in Augustdorf

Schulze, Anna Maria Elisabeth, * 20.03.1786 in Stapelage, † 31.01.1848 in Augustdorf.

1808 Kolon in Augustdorf, Nr. 87.

1833 Vorsteher in Augustdorf.

1860 Leibzüchter in Augustdorf, Nr. 87.

Sohn des Vorbesitzers

2 **Sielemann,** Berend Henrich (Bernd), * 02.08.1812 in Augustdorf, † 28.02.1888 in Augustdorf.

⚭ 14.02.1836 in Augustdorf

Gärtner, Hanna Cathrine Louise, * 21.12.1810 in Augustdorf (Nr. 83), † 04.04.1871 in Augustdorf.

1840 Kolon in Augustdorf, Nr. 87.

1888 Leibzüchter in Augustdorf, Nr. 87.

Sohn des Vorbesitzers

3 **Sielemann,** Berend Henrich Christoph, * 26.03.1836 in Augustdorf, † 28.05.1872 in Augustdorf.

⚭ 23.10.1864 in Augustdorf

4 **Rehm,** Wilhelmine Sophie, * 21.07.1842 in Augustdorf (Nr. 6), † 04.07.1901 in Augustdorf.

1864 Kolon in Augustdorf, Nr. 87.

Ehefrau des Vorbesitzers

4 **Sielemann,** Wilhelmine Sophie, geb. Rehm, * 21.07.1842 in Augustdorf (Nr. 6), † 04.07.1901 in Augustdorf.

⚭ [1/1] 23.10.1864 in Augustdorf

3 **Sielemann,** Berend Henrich Christoph, * 26.03.1836 in Augustdorf, † 28.05.1872 in Augustdorf.

⚭ [2/1] 20.04.1873 in Augustdorf

5 **Rehm,** Berend Friedrich Wilhelm, * 15.05.1845 in Augustdorf (Nr. 84), † 12.06.1922 in Augustdorf.

1873 Witwe in Augustdorf, Nr. 87.

Zweiter Ehemann der Vorbesitzerin

5 Sielemann, Berend Friedrich Wilhelm, geb. Rehm, ⋆ 15.05.1845 in Augustdorf (Nr. 84), † 12.06.1922 in Augustdorf.

⚭ [1/2] 20.04.1873 in Augustdorf
4 Sielemann, Wilhelmine Sophie, geb. Rehm, ⋆ 21.07.1842 in Augustdorf (Nr. 6), † 04.07.1901 in Augustdorf.

1873 Kolon in Augustdorf, Nr. 87.
1901 Leibzüchter in Augustdorf, Nr. 87.

Sohn des Besitzers 3

6 Sielemann, Berend Heinrich Friedrich, ⋆ 03.11.1867 in Augustdorf, † 05.06.1935 in Augustdorf.

⚭ 02.11.1897 in Augustdorf
Wiebusch, Johanne Wilhelmine, ⋆ 19.07.1875 in Augustdorf (Nr. 99), † 17.03.1938 in Augustdorf.

1901 Landwirt in Augustdorf, Nr. 87.
1926 Landwirt in Augustdorf, Nr. 87.

Nr. 88

ERFKAMP, OSTMEIER, TRUPPENÜBUNGSPLATZ

1817 **Kolonatsakte:** Anlegung einer Neuwohnerstätte durch Erfkamp, Augustdorf Nr. 49 [▸ S. 203 f.].[346]

1818 **Küstermann:** Gründung durch Erfkamp, Christoph von Nr. 49; die Stätten Nr. 88, Nr. 89 [▸ S. 325 f.] und Nr. 100 [▸ S. 326 f.] hatten in summa eine anfängliche Größe von 64 Scheffelsaat [= 10,986 Hektar]; Nr. 88, 21 Scheffelsaat [= 3,605 Hektar].

1828 **Volkszählung:** Erfkamp, Kolon; 1 Wohnhaus.

1840 **Kolonatsakte:** Die Abtretung des Erfkampschen Kolonates Nr. 88 zu Augustdorf an Johann Caspar Christoph Erfkamp und die Anlegung der Erfkampschen Stätte Nr. 100 daselbst.

1864 **Salbuch:** Erfkamp; gemäß Anerbenrecht auf B. H. Christ. Erfkamp eingetragen am 3. Dezember 1864.[347]

1865 **Kolonatsakte:** Abtretung mit Ausnahme einer Parzelle in Augustdorf an Berend Heinrich Christoph Erfkamp daselbst.

346 Schon auf der 1816 erstellten Karte des Geometers [= Landvermessers] Heinrich Christian August Overbeck ist „Erfkamps neue Stette“ eingezeichnet, eine Kolonatsnummer wird dort aber noch nicht genannt, s. Vorsatz. Zur ursprünglichen Stätte Erfkamp, Augustdorf Nr. 49, vgl. S. 203 f. in diesem Band.

347 Vgl. Stätte Nr. 129, S. 332 in diesem Band.

1867 **Kolonatsakte:** Verkauf eines Senneanteils seitens des Kolons Borgzinner Nr. 97 zu Haustenbeck an Erfkamp Nr. 88 zu Augustdorf.

1883 **Salbuch:** Erfkamp, Berend Heinrich Christoph; auf Heinrich Ostmeier umgeschrieben am 11. Juni 1883.

1888 **Brandkataster:** Neubau eines Wohnhauses durch H. Ostmeier.

1901 **Adressbuch:** Erfkamp, Heinrich, Landwirt; Wiele, Hermann, Ziegler.

1921 **Landwirtschaftliches Adressbuch:** Erfkamp, Heinrich; 14 Hektar.

1926 **Adressbuch:** Erfkamp, Heinrich, Landwirt; Böger, August, Ziegler.

1937 **Veräußerung:** Ankauf durch die Reichsumsiedlungsgesellschaft [Ruges]. Letzter Besitzer: Ostmeier, Fritz, umgesiedelt am 29.05.1937 nach Bokelfenn.

Gründer 1817

1 Erfkamp, Johan Heinrich Adolf (Adolph Henrich), ⋆ 21.07.1783 in Augustdorf (Nr. 49), † 29.07.1848 in Augustdorf.

⚭ [1/1] 20.04.1806 in Augustdorf
Bügener, Anna Maria Ilsabein aus Braunenbruch (Bschft. Heidenoldendorf, Ksp. Detmold), ~ 02.11.1777 in Detmold), † 14.02.1811 in Augustdorf.

⚭ [2/1] 05.07.1811 in Augustdorf
Bastian, Henriette Wilhelmine, ⋆ 27.11.1784 in Heiligenkirchen, † 01.05.1861 in Augustdorf.

1806 Kolon in Augustdorf, Nr. 49 ▸ S. 203 f.
1818 Kolon in Augustdorf, Nr. 88.
1828 Besitzer in Augustdorf, Nr. 89 ▸ S. 325 f.
1840 Gründer in Augustdorf, Nr. 100 ▸ S. 326 f.
1841 Leibzüchter in Augustdorf, Nr. 88.

Sohn des Vorbesitzers

2 Erfkamp, Johann Caspar Christoph, ⋆ 14.04.1816 in Augustdorf, † 10.10.1871 in Augustdorf.

⚭ 02.05.1841 in Augustdorf
Gärtner, Anne Marie Friederica, ⋆ 06.08.1816 in Augustdorf (Nr. 83), † 28.12.1879 in Augustdorf.

1841 Kolon in Augustdorf, Nr. 88.
1855 Kirchendeche in Augustdorf.
1871 Leibzüchter in Augustdorf, Nr. 88.

Sohn des Vorbesitzers

3 Erfkamp, Berend Heinrich Christoph, ⋆ 14.03.1839 in Augustdorf, † 24.11.1892 in Augustdorf.

⚭ 06.11.1864 in Augustdorf
Böger, Henriette Wilhelmine Sophie, ⋆ 24.03.1839 in Augustdorf (Nr. 82), † 14.01.1904 in Augustdorf.

1864 Kolon in Augustdorf, Nr. 88.
1892 Einlieger in Augustdorf.

Besitzer 1883

4 **Ostmeier (Erfkamp, Ostmeier modo** [= jetzt] **Erfkamp),** Karl Heinrich Christoph, ⋆ 25.12.1835 in Augustdorf (Nr. 75), † 08.09.1907 in Augustdorf.

⚭ 08.12.1872 in Augustdorf **Busch,** Hanne Marie Wilhelmine Henriette, ⋆ 12.01.1846 in Augustdorf (Nr. 37), † 02.07.1922 in Augustdorf.

1883 Kolon und Landwirt in Augustdorf, Nr. 88.
1901 Landwirt in Augustdorf, Nr. 88.

Sohn des Vorbesitzers

5 **Ostmeier,** Karl Friedrich Heinrich (Fritz), ⋆ 28.12.1873 in Augustdorf, † 29.05.1938 in Lipperreihe (Ksp. Oerlinghausen), ‡ 02.06.1938 in Augustdorf.

⚭ [1/1] 29.01.1909 in Augustdorf **Büker,** Henriette Friedrike Wilhelmine, ⋆ 22.12.1884 in Augustdorf, † 22.11.1921 in Augustdorf.

⚭ [2/1] 03.06.1922 in Augustdorf **Werner,** Minna Anna Elise, ⋆ 21.09.1892 in Detmold.

1909 Kolon in Augustdorf, Nr. 88.
1938 Landwirt in Lipperreihe, Nr. 32.

Nr. 89
ERFKAMP, HOLTKÄMPER, TRUPPENÜBUNGSPLATZ

1817 **Kolonatsakte:** Anlegung einer Neuwohnerstätte durch Erfkamp, Augustdorf Nr. 49 [▸ S. 203 f.].[348]

1818 **Küstermann:** Erfkamp; 31 Scheffelsaat [= 5,321 Hektar].

1828 **Volkszählung:** Althof, Einlieger; Düvel, Einlieger; 1 Wohnhaus.

1864 **Salbuch:** Erfkamp; gemäß Anerbenrecht auf Bernd Henrich Wilhelm Erfkamp eingetragen am 3. Dezember 1864.

1865 **Kolonatsakte:** Verkauf eines Senneteils des Kolons Bernard Forell Nr. 59 zu Stukenbrock an den Kolon Erfkamp Nr. 89 zu Augustdorf.

1866 **Kolonatsakte:** Verkauf einer Landparzelle seitens des Kolons Gerdes Nr. 60 zu Stukenbrock an den Leibzüchter Erfkamp auf Nr. 89 zu Augustdorf.

1901 **Adressbuch:** Erfkamp, Heinrich., Landwirt; Erfkamp, Adolf., Ziegler; Erfkamp, Friedrich, Ziegler.

1921 **Landwirtschaftliches Adressbuch:** Erfkamp, Heinrich; 14 Hektar.

1926 **Adressbuch:** Erfkamp, Heinrich, Landwirt; Erfkamp, Christoph, Waldarbeiter; Böger, Heinrich, Ziegler.

1937 **Veräußerung:** Ankauf durch die Reichsumsiedlungsgesellschaft [Ruges]. Letzte Besitzer: Holtkämper, Friedrich und Emma, geb. Erfkamp, umgesiedelt am 15.04.1937 nach Westorf/Lippe.

Gründer 1817:

1 **Erfkamp,** Johan Heinrich Adolf (Adolph Henrich), ⋆ 21.07.1783 in Augustdorf (Nr. 49), † 29.07.1848 in Augustdorf.

⚭ [1/1] 20.04.1806 in Augustdorf **Bügener,** Anna Maria Ilsabein aus Braunenbruch (Bschft. Heidenoldendorf, Ksp. Detmold), ~ 02.11.1777 in Detmold, † 14.02.1811 in Augustdorf.

⚭ [2/1] 05.07.1811 in Augustdorf **Bastian,** Henriette Wilhelmine, ⋆ 27.11.1784 in Heiligenkirchen, † 01.05.1861 in Augustdorf.

1806 Kolon in Augustdorf, Nr. 49 ▸ S. 203 f.
1818 Kolon in Augustdorf, Nr. 88 ▸ S. 324 f.
1828 Besitzer in Augustdorf, Nr. 89.
1840 Gründer in Augustdorf, Nr. 100 ▸ S. 326 f.
1841 Leibzüchter in Augustdorf, Nr. 88.

Vater des Gründers

2 **Erfkamp,** Johan Berend, ⋆ 13.04.1749 in Breitenheide (Ksp. Lage), † 22.10.1834 in Augustdorf.

⚭ [1/1] 19.05.1777 in Stapelage **Wiemann,** Anna Maria Liesebeth, ⋆ 04.04.1747 in Hiddentrup (Ksp. Stapelage), † 16.07.1820 in Augustdorf.

⚭ [2/2] 20.10.1822 in Augustdorf **Leppelmeier,** Anna Maria Elisabeth, geb. Rosenbaum, ⋆ 21.04.1759 in Schuckenbaum (Ksp. Schötmar), † 07.10.1835 in Augustdorf.

1777 Einlieger in Hiddentrup (Ksp. Stapelage).
1782 Gründer in Augustdorf, Nr. 49 ▸ S. 203 f.
1828 Leibzüchter, Nr. 49.
1830 Kolon in Augustdorf, Nr. 89.
1834 Leibzüchter und Kirchenältester in Augustdorf, Nr. 89.

Sohn des Besitzers 1

3 **Erfkamp,** Johan Simon Heinrich Christoph, ⋆ 20.07.1806 in Augustdorf, † 04.10.1886 in Augustdorf.

⚭ 27.07.1834 in Augustdorf **Gärtner,** Wilhelmine Friederike Amalie, ⋆ 13.09.1809 in Augustdorf (Nr. 83), † 05.10.1893 in Augustdorf.

1834 Kolon in Augustdorf, Nr. 89.
1886 Leibzüchter in Augustdorf, Nr. 89.

348 Schon auf der 1816 erstellten Karte des Geometers [= Landvermesser] Heinrich Christian August Overbeck ist „Erfkamps neue Stette" eingezeichnet, eine Kolonatsnummer wird dort aber noch nicht genannt, s. Vorsatz. Zur ursprünglichen Stätte Erfkamp, Augustdorf Nr. 49, vgl. S. 203 f. in diesem Band.

Sohn des Vorbesitzers

4 **Erfkamp,** Conrad Heinrich Wilhelm (Bernd), * 25.03.1835 in Augustdorf, † 30.01.1917 in Augustdorf.

⚭ 13.11.1864 in Augustdorf
Pollmann, Johanna Katharina Louise, * 06.11.1840 in Augustdorf (Nr. 20), † 01.02.1919 in Augustdorf.

1864 Kolon in Augustdorf, Nr. 89.

Sohn des Vorbesitzers

5 **Erfkamp,** Ernst Heinrich August, * 27.05.1868 in Augustdorf, † 09.02.1952 in Westorf (Ksp. Hohenhausen).

⚭ 25.10.1892 in Augustdorf
Erfkamp, Friederike Louise Wilhelmine, * 13.01.1865 in Augustdorf (Nr. 100), † 16.12.1954 in Westorf (Ksp. Hohenhausen).

1892 Kolon und Landwirt in Augustdorf, Nr. 89.
1901 Landwirt in Augustdorf.
1926 Landwirt in Augustdorf.
1926 Beigeordneter in Augustdorf.
1926 Mitglied im Amtsgemeinderat, Amt Lage.

Tochter des Vorbesitzers

6 **Erfkamp,** Emma Auguste Luise Sophie, * 15.12.1897 in Augustdorf, † 03.03.1974 in Westorf (Ksp. Hohenhausen).

⚭ 22.01.1921 in Augustdorf
7 **Holtkämper,** Gottlieb Friedrich (Fritz) Wilhelm, * 19.08.1899 in Stapelage, † 21.04.1967 in Westorf (Ksp. Hohenhausen).

Ehemann der Vorbesitzerin

7 **Holtkämper,** Gottlieb Friedrich (Fritz) Wilhelm, * 19.08.1899 in Stapelage, † 21.04.1967 in Westorf (Ksp. Hohenhausen).

⚭ 22.01.1921 in Augustdorf
6 **Erfkamp,** Emma Auguste Luise Sophie, * 15.12.1897 in Augustdorf, † 03.03.1974 in Westorf (Ksp. Hohenhausen).

1930 Landwirt in Augustdorf, Nr. 89.
1937 Landwirt in Westorf (Ksp. Hohenhausen), Nr. 2.

Nr. 100
ERFKAMP, TRUPPENÜBUNGSPLATZ

1840 **Kolonatsakte:** Die Abtretung des Erfkampschen Kolonates Nr. 88 [▸ S. 324 f.] zu Augustdorf an Johann Caspar Christoph Erfkamp und die Anlegung der Erfkampschen Stätte Nr. 100 daselbst.

1840 **Küstermann:** Erfkamp Herm.; 10 Scheffelsaat [=1,717 Hektar].

1855 **Salbuch:** Erfkamp; besitzt: I. ein Wohnhaus, II. Garten und Ackerland 10 Scheffelsaat [=1,717 Hektar], III. Gemeinheitsnutzen für 1 Kuh für 1 Rind.

1883 **Salbuch:** Erfkamp; auf Heinrich Erfkamp umgeschrieben am 10. Februar 1883.

1901 **Adressbuch:** Erfkamp, Heinrich, Landwirt.

1921 **Landwirtschaftliches Adressbuch:** Erfkamp, Fritz; 10 Hektar.

1926 **Adressbuch:** Erfkamp, Friedrich, Landwirt und Waldarbeiter.

1937 **Veräußerung:** Ankauf durch die Reichsumsiedlungsgesellschaft [Ruges]. Letzter Besitzer: Erfkamp, Fritz, umgesiedelt am 29.05.1937 nach Vahlhausen bei Horn.

Gründer 1840

1 **Erfkamp,** Johan Heinrich Adolf (Adolph Henrich), * 21.07.1783 in Augustdorf (Nr. 49), † 29.07.1848 in Augustdorf.

⚭ [1/1] 20.04.1806 in Augustdorf
Bügener, Anna Maria Ilsabein aus Braunenbruch (Bschft. Heidenoldendorf, Ksp. Detmold), ~ 02.11.1777 in Detmold, † 14.02.1811 in Augustdorf.

⚭ [2/1] 05.07.1811 in Augustdorf
Bastian, Henriette Wilhelmine, * 27.11.1784 in Heiligenkirchen, † 01.05.1861 in Augustdorf.

1806 Kolon in Augustdorf, Nr. 49 ▸ S. 203 f.
1818 Kolon in Augustdorf, Nr. 88 ▸ S. 324 f.
1828 Besitzer in Augustdorf, Nr. 89 ▸ S. 325 f.
1840 Gründer in Augustdorf, Nr. 100.
1841 Leibzüchter in Augustdorf, Nr. 88.

Sohn des Vorbesitzers

2 **Erfkamp,** Hermann Heinrich Philip, * 15.09.1819 in Augustdorf (Nr. 88), † 11.11.1892 in Augustdorf.

⚭ [1/1] 10.10.1847 in Augustdorf
Prante, Johanne Katharina Elisabeth, * 24.10.1824 in Augustdorf (Nr. 81), † 22.01.1852 in Augustdorf.

⚭ [2/1] 25.07.1852 in Augustdorf
Baumann, Henriette Luise Dorothea, * 01.02.1830 in Augustdorf (Nr. 15 b), † 23.09.1906 in Augustdorf.

1840 Kolon in Augustdorf, Nr. 100.

Sohn des Vorbesitzers

3 **Erfkamp,** Friedrich Heinrich Ernst, * 12.05.1853 in Augustdorf, † 04.03.1918 in Augustdorf.

⚭ 05.11.1876 in Augustdorf

Dierk, Sophie Henriette, * 21.12.1853 in Augustdorf (Nr. 21), † 13.01.1912 in Augustdorf.

1883 Ziegler, Kolon und Landwirt in Augustdorf, Nr. 100.

1901 Landwirt in Augustdorf, Nr. 100.

1918 Waldarbeiter in Augustdorf, Nr. 100.

Sohn des Vorbesitzers

4 **Erfkamp,** Friedrich (Fritz) Hermann Adolf, * 26.10.1883 in Augustdorf, † 31.07.1969 in Detmold, ‡ 04.08.1969 in Vahlhausen bei Horn.

⚭ 16.10.1909 in Augustdorf

Kanne, Minna Friedrike, * 05.05.1884 in Augustdorf, † 01.09.1959 in Vahlhausen bei Horn.

1912 Kolon in Augustdorf, Nr. 100.[349]

1926 Landwirt und Waldarbeiter in Augustdorf, Nr. 100.

1937 Waldarbeiter und Landwirt in Vahlhausen bei Horn, Nr. 10.

349 Die Angabe entstammt dem „Stätteabtretungs=Vertrag" vom 30. November 1912, Privatarchiv Olaf Biere.

350 Heinrich Kleesiek hat im Rahmen der Umsiedlung die Stätte Augustdorf Nr. 2 übernommen, vgl. S. 123 f. in diesem Band.

Augustdorf Nr. 100. Die zuletzt von Fritz Erfkamp und dessen Familie bewohnte Stätte musste 1937 aufgegeben werden. Da die Hofstelle direkt im Bereich einer Schießbahn lag, wurden dortige Gebäude noch während des Zweiten Weltkrieges komplett zerstört. Privatbesitz O. Biere, um 1920

Nr. 111

SIELEMANN, KLEESIEK, TRUPPENÜBUNGSPLATZ

1863 **Salbuch:** Sielemann Hermann; Hude in der Senne von Hackemack Nr. 37 [▸ S. 263 f.]; gekauft von Sielemann Nr. 87 [▸ S. 323 f.] am 24. Juli 1863.

1864 **Salbuch:** Sielemann, Hermann; Errichtung eines Kottens, 12. März 1864.

1865 **Kolonatsakte:** Verkauf eines Kottens des Leibzüchters Sielemann Nr. 87 zu Augustdorf an seinen Sohn Hermann Sielemann Nr. 111.

1865 **Salbuch:** Sielemann, Hermann; Errichtung der Neuwohnerstätte 111; eingetragen am 14. Januar 1865.

1901 **Adressbuch:** Sielemann, Hermann, Landwirt.

1921 **Landwirtschaftliches Adressbuch:** Kleesiek, Heinrich; 5 Hektar.

1926 **Adressbuch:** Kleesiek, Heinrich, Waldvorarbeiter.

1937 **Veräußerung:** Ankauf durch die Reichsumsiedlungsgesellschaft [Ruges]. Letzter Besitzer: Kleesiek, Heinrich, umgesiedelt am 01.04.1937 nach Augustdorf.[350]

Gründer 1863

1 **Sielemann,** Töns Hermann Henrich, * 02.11.1839 in Augustdorf (Nr. 87), † 13.04.1904 in Augustdorf.

⚭ 11.12.1864 in Augustdorf

Wiebusch, Johanne Louise Justine, * 30.06.1842 in Augustdorf (Nr. 99), † 24.02.1915 in Augustdorf.

1865 Kolon und Landwirt in Augustdorf, Nr. 111.

1901 Landwirt in Augustdorf, Nr. 111.

Tochter des Vorbesitzers

2 **Sielemann,** Wilhelmine Friedrike Louise, * 27.04.1873 in Augustdorf, † 25.09.1941 in Lage, Krankenhaus, ‡ 29.09.1941 in Augustdorf.

⚭ 18.02.1898 in Stapelage

3 **Kleesiek,** Heinrich Berend, * 17.08.1872 in Augustdorf, † 07.06.1938 in Augustdorf (Nr. 2).

Ehemann der Vorbesitzerin

3 **Kleesiek,** Heinrich Berend, * 17.08.1872 in Augustdorf, † 07.06.1938 in Augustdorf (Nr. 2).

⚭ 18.02.1898 in Stapelage

2 **Sielemann,** Wilhelmine Friedrike Louise, * 27.04.1873 in Augustdorf, † 25.09.1941 in Lage, Krankenhaus, ‡ 29.09.1941 in Augustdorf.

1898 Einlieger und Ziegler „in Hörste (Schapeler)".

1926 Waldvorarbeiter in Augustdorf, Nr. 111.

1938 Forstarbeiter in Augustdorf, Nr. 2 ▸ S. 123 f.

Augustdorf Nr. 111. Im Jahr 1937 musste Heinrich Kleesiek seinen Besitz an die Reichsumsiedlungsgesellschaft [Ruges] verkaufen, er zog mit seiner Familie auf die Stätte Nr. 2, heute Waldstraße 21.
Sammlung Heimatverein Augustdorf

Nr. 113
BUSE,
TRUPPENÜBUNGSPLATZ

1867 **Salbuch:** Buse, Friedrich; hat den Grund und Boden zu dieser Stätte von Friedrich Nr. 3 [▸ S. 124 ff.] angekauft; eingetragen am 20. Februar 1867.

1867 **Kolonatsakte:** Verkauf einer Parzelle vom Friedrichschen Kolonate Nr. 3 zu Augustdorf an Einlieger Friedrich Buse daselbst zur Anlegung einer Neuwohnerstätte Nr. 113.

1874 **Kolonatsakte:** Verkauf der Buseschen Stätte Nr. 113 in Augustdorf seitens der Witwe Buse an den Senneaufseher Hermann Buse daselbst.

1874 **Salbuch:** Buse, Friedrich; Verkauf an Hermann Buse; umgeschrieben am 15. Mai 1874.

1901 **Adressbuch:** Buse, Hermann, Landwirt.

1921 **Landwirtschaftliches Adressbuch:** Buse, Heinrich; 13 Hektar.

1926 **Adressbuch:** Buse, Heinrich, Bienenzüchter.

1937 **Veräußerung:** Ankauf durch die Reichsumsiedlungsgesellschaft [Ruges]. Letzter Besitzer: Buse, Heinrich, umgesiedelt am 13.04.1937 nach Großenmarpe.

Gründer 1867

1 **Buse,** Hermann Friedrich Adolph, * 01.12.1818 in Augustdorf (Nr. 57), † 26.01.1870 in Detmold, Landeskrankenhaus, ‡ 28.01.1870 in Detmold.

⚭ [1/1] 12.12.1847 in Augustdorf
Pollmann, Sophie Henriette Amalie, * 20.05.1821 in Augustdorf (Nr. 26), † 24.03.1857 in Augustdorf.

⚭ [2/1] 15.11.1857 in Augustdorf
2 **Solle** (Soll), Henriette Friederike Wilhelmine, * 08.04.1829 in Augustdorf (Nr. 32), † 05.10.1892 in Augustdorf.

1847 Einlieger in Augustdorf.

1867 Kolon in Augustdorf, Nr. 113.

Ehefrau des Vorbesitzers

2 **Buse,** Henriette Friederike Wilhelmine, geb. Solle, * 08.04.1829 in Augustdorf (Nr. 32), † 05.10.1892 in Augustdorf.

⚭ [1/2] 15.11.1857 in Augustdorf
1 **Buse,** Hermann Friedrich Adolph, * 01.12.1818 in Augustdorf, † 26.01.1870 in Detmold, Landeskrankenhaus, ‡ 28.01.1870 in Detmold.

1870 Witwe in Augustdorf, Nr. 113.

Sohn des Besitzers 1

3 **Buse,** Hermann Friedrich Christoph, * 21.10.1847 in Augustdorf, † 16.02.1919 in Augustdorf.

⚭ [1/1] 04.04.1875 in Augustdorf
Sielemann, Hanne Karoline Amalie, * 28.12.1851 in Augustdorf (Nr. 87), † 13.02.1877 in Detmold, Landeskrankenhaus, ‡ 16.02.1877 in Augustdorf

⚭ [2/1] 02.04.1877 in Augustdorf
Wiebusch, Wilhelmine Friederike Henriette, * 30.10.1854 in Augustdorf (Nr. 110), † 12.05.1927 in Augustdorf.

1874 Senneaufseher in Augustdorf.

1874 Kolon und Landwirt in Augustdorf, Nr. 113.

1901 Landwirt in Augustdorf, Nr. 113.

Sohn des Vorbesitzers

4 **Buse,** Heinrich Friedrich, * 21.05.1887 in Augustdorf, † 25.08.1967 in Großenmarpe.

⚭ 09.05.1913 in Augustdorf
Kronshage, Auguste Johanne, * 24.08.1887 in Augustdorf, † 28.03.1952 in Großenmarpe.

1913 Ziegler in Augustdorf.

1921 Landwirt in Augustdorf, Nr. 113.

1926 Bienenzüchter in Augustdorf, Nr. 113.

Augustdorf Nr. 113. Die undatierte Aufnahme zeigt die Stätte Buse. Die abgebildete Person ist nicht identifizierbar. W. Göbel, Truppenübungsplatz Senne, S. 43

Nr. 116

ERFKAMP, KUHLEMEIER (KUHLEMEYER), WIEBUSCH, TRUPPENÜBUNGSPLATZ

1866 **Salbuch:** Leibzüchter Erfkamp auf Nr. 89 [▸ S. 325 f.] zu Augustdorf; hat von Gerves Nr. 60 zu Stukenbrock Weide angekauft; eingetragen am 2. Mai 1866.

1872 **Salbuch:** Leibzüchter Erfkamp auf Nr. 89 zu Augustdorf; Ankauf durch Adolf Erfkamp und Neubau des Wohnhauses Nr. 116; eingetragen am 21. November 1872

1880 **Brandkataster:** Besitzer Kuhlemeier.

1887 **Salbuch:** Erfkamp, Adolf; auf Kuhlemeyer umgeschrieben am 6. September 1887.

1901 **Adressbuch:** (Händler Kuhlemeier)[351]; Erfkamp, Adolf, Forstarbeiter.

1926 **Adressbuch:** Meise, Heinrich, Korbmacher.

1937 **Veräußerung:** Ankauf durch die Reichsumsiedlungsgesellschaft [Ruges]. Letzter Besitzer: Wiebusch, Ernst, umgesiedelt am 29.05.1937 nach Leopoldshöhe.

Gründer 1872:

1 **Erfkamp,** Töns Christoph Adolf, ⋆ 11.08.1842 in Augustdorf (Nr. 89), † 14.02.1921 in Heiden, ‡ 17.02.1921 in Augustdorf.

⚭ 27.11.1870 in Augustdorf
Prante, Sophie Henriette Wilhelmine, ⋆ 15.10.1849 in Augustdorf (Nr. 25), † 12.08.1920 in Augustdorf.

1872 Kolon in Augustdorf, Nr. 116.

1901 Forstarbeiter in Augustdorf, Nr. 116.

351 Im Adressbuch von 1901 werden laut Vorwort die Eigentümer der aufgeführten Stätten in runde Klammern gesetzt, sofern sie ein Haus nicht selbst bewohnen.

352 Vgl. Hartmann, Opfer, S. 19.

353 Vgl. Göbel, Truppenübungsplatz, S. 91.

Besitzer 1880

2 **Kuhlemeier** (Kuhlemeyer), Isaac Meir (Meier) Levi[352], ⋆ 16.08.1836 in Haustenbeck, † 15.04.1906 in Oerlinghausen.

1880 Händler in Haustenbeck, Nr. 97.

1880 Besitzer in Augustdorf, Nr. 116.

1906 Händler in Oerlinghausen.

Nr. 139

ERFKAMP, SCHRÖDER, GELLHAUS, TRUPPENÜBUNGSPLATZ

1899 **Brandkataster:** Erfkamp, Fritz; 1 Wohnhaus.

1901 **Adressbuch:** Erfkamp, Friedrich, Ziegelmeister.

1926 **Adressbuch:** Schröder, Hermann, Ziegler; Wiele, Wilhelm, Waldarbeiter.

1932 **Veräußerung:** Verkauf an die von Bodelschwingh'schen Anstalten Bethel, Erweiterung des Wagnerhofes; Besitzer 1932: August Gellhaus.[353]

1937 **Veräußerung:** Ankauf durch die Reichsumsiedlungsgesellschaft [Ruges].

Gründer 1899

1 **Erfkamp,** Friedrich (Fritz) Wilhelm, ⋆ 12.01.1855 in Augustdorf (Nr. 88), † 03.11.1900 in Augustdorf.

⚭ 03.03.1878 in Augustdorf
Wittland, Louise Wilhelmine, ⋆ 21.04.1848 in Augustdorf, † 14.06.1924 in Lage, Krankenhaus, ‡ 17.06.1924 in Augustdorf.

1878 Ziegler und Einlieger in Augustdorf.

1900 Ziegelmeister in Augustdorf, Nr. 139.

Im Umfeld der zwischen Haustenbeck und Augustdorf verlaufenden Allee erinnern Mauerreste und Obstgehölze an ehemalige Hofstellen, die der Erweiterung des Truppenübungsplatzes weichen mussten. A. Fischer, 2023

Augustdorf Nr. 129 (vorne) und 128 (hinten). Die beiden Höfe wurden zusammen mit weiteren Stätten 1928 an die von Bodelschwingh'schen Anstalten in Bethel verkauft, das Areal dem neugegründeten Wagnerhof angegliedert, o. J. W. Göbel, Truppenübungsplatz Senne, S. 103

Nr. 128

WIEBUSCH,
TRUPPENÜBUNGSPLATZ

1880 **Salbuch:** Nr. 37 [▸ S. 263 f.] Hermann Hagemann; Verkauf [zweier Kotten] an Wilhelm Wiebusch und Adolf Erfkamp als Neuwohnerstätten Nr. 128 und Nr. 129 [▸ S. 332]; eingetragen am 19. Juni 1880.

1880 **Brandkataster:** Wiebusch, 1 Wohnhaus.

1880 **Salbuch:** Nr. 128 Wilhelm Wiebusch; hat die Bestandteile dieser Stätte von Nr. 37 angekauft; eingetragen am 19. Juni 1880.

1887 **Salbuch:** Wiebusch.

1901 **Adressbuch:** Wiebusch, Wilhelm, Ziegler.

1921 **Landwirtschaftliches Adressbuch:** Wiebusch, W.; 5 Hektar.

1926 **Adressbuch:** Wiebusch, Wilhelm, Maurermeister.

1928 **Veräußerung:** Erwerb der Kolonate 128 (Wilhelm Wiebusch) und 129 (Adolf Erfkamp) durch die von Bodelschwingh'sche Anstalten Bethel. Die beiden Stätten bildeten den späteren Wagnerhof.[354]

1937 **Veräußerung:** Ankauf durch die Reichsumsiedlungsgesellschaft [Ruges].

Gründer 1880

1 **Wiebusch,** Hermann Christoph Wilhelm,
⋆ 30.04.1849 in Augustdorf (Nr. 103), † 26.01.1925 in Lage, Krankenhaus, ‡ 29.01.1925 in Augustdorf.
⚭ 10.01.1875 in Augustdorf
Hasenjäger, Wilhelmine Henriette Amalie,
⋆ 27.11.1852 in Augustdorf, † 09.02.1913 in Augustdorf.

1875 Einlieger in Augustdorf.

1887 Kolon und Ziegler in Augustdorf, Nr. 128.

1901 Ziegler in Augustdorf, Nr. 128.

1925 Leibzüchter in Augustdorf, Nr. 128.

354 Vgl. Göbel, Truppenübungsplatz, S. 91 und Türpitz, Bethelkolonien, S. 123.

Nr. 129

ERFKAMP, STEFFEN, TRUPPENÜBUNGSPLATZ

1880 **Salbuch:** Nr. 37 [▸ S. 263 f.] Hermann Hagemann; Verkauf [zweier Kotten] an Wilhelm Wiebusch und Adolf Erfkamp als Neuwohnerstätten Nr. 128 [▸ S. 331] und Nr. 129; eingetragen am 19. Juni 1880.

1880 **Brandkataster:** A. Erfkamp, 1 Wohnhaus.

1880 **Salbuch:** Nr. 129 Adolf Erfkamp; hat die Bestandteile dieser Stätte von Nr. 37 angekauft; eingetragen am 19. Juni 1880.[355]

1901 **Adressbuch:** Erfkamp, Adolf, Tagelöhner.

1926 **Adressbuch:** Steffen, Wilhelm, Landwirt.

1928 **Veräußerung:** Erwerb der Kolonate 128 (Wilhelm Wiebusch) und 129 (Adolf Erfkamp) durch die von Bodelschwingh'sche Anstalten Bethel. Die beiden Stätten bildeten den späteren Wagnerhof.[356]

1937 **Veräußerung:** Ankauf durch die Reichsumsiedlungsgesellschaft [Ruges].

Gründer 1880:

1 **Erfkamp,** Töns Hermann Adolph (Heinrich, Adolf), ⋆ 15.08.1843 in Augustdorf (Nr. 88), † 19.03.1918 in Lage, Krankenhaus, ‡ 22.03.1918 in Augustdorf.

⚭ 01.11.1868 in Augustdorf
Friedrich, Hanne Wilhelmine, ⋆ 03.11.1845 in Augustdorf (Nr. 14), † 04.04.1910 in Augustdorf.

1870 Einlieger in Augustdorf.

1880 Kolon in Augustdorf, Nr. 129.

1901 Tagelöhner in Augustdorf, Nr. 129.

355 Laut Ergänzung im Salbuch hatte Leibzüchter Johann Caspar Christoph Erfkamp vom Augustdorfer Kolonat Nr. 88 bereits am 3. Dezember 1864 das Areal dieser Stätte für sich reserviert. Nach dem Tod seiner Ehefrau Anne Marie Friederike (28.12.1879) wurde die Parzelle, zu der auch Huderechte in der Stukenbrocker Senne gehörten, auf die drei Söhne Hermann, Friedrich und Adolf übertragen; Letzterer gründete die Hofstelle Nr. 129. Zur Stätte Nr. 88 vgl. S. 324 f. in diesem Band.

356 Vgl. Göbel, Truppenübungsplatz, S. 91 und Türpitz, Bethelkolonien, S. 123.

Nr. 103

WIEBUSCH, TRUPPENÜBUNGSPLATZ

1845 **Küstermann:** Wiebusch; 25 1/4 Scheffelsaat [=4,334 Hektar] für 200 Reichstaler von preußischer Seite angekauft.

1845 **Salbuch:** Sennestücke von Jürgens Nr. 49 in Stukenbrock gekauft.

1855 **Salbuch:** Wiebusch; Wohnhaus und einen Senneteil.

1887 **Salbuch:** Wiebusch; auf Adolf Wiebusch umgeschrieben am 6. September 1887.

1901 **Adressbuch:** Wiebusch, Adolf, Landwirt.

1926 **Adressbuch:** Wiebusch, Adolf, Landwirt

1932 **Veräußerung:** Ankauf durch die von Bodelschwingh'schen Anstalten Bethel zur Erweiterung der Arbeiterkolonie Wagnerhof, Wiebusch übernimmt die Stätte Augustdorf Nr. 214.

1937 **Veräußerung:** Ankauf durch die Reichsumsiedlungsgesellschaft [Ruges] und Auflösung der Stätte.

Gründer 1845

1 **Wiebusch,** Friedrich Christoph (Christoph Friedrich), ⋆ 18.01.1816 in Augustdorf (Nr. 62), † 30.05.1851 in Augustdorf.

⚭ 30.01.1842 in Augustdorf
2 **Pollmann,** Catharine Amalie, ⋆ 25.12.1820 in Augustdorf (Nr. 80), † 04.01.1890 in Augustdorf.

1842 Kolon in Augustdorf Nr. 99 ▸ S. 258 f.

1845 Einlieger in Augustdorf.

1845 Kolon in Augustdorf, Nr. 103.

Ehefrau des Vorbesitzers

2 **Wiebusch,** Catharine Amalie, geb. Pollmann, ⋆ 25.12.1820 in Augustdorf (Nr. 80), † 04.01.1890 in Augustdorf.

⚭ [1/1] 30.01.1842 in Augustdorf
1 **Wiebusch,** Friedrich Christoph (Christoph Friedrich), ⋆ 18.01.1816 in Augustdorf (Nr. 62), † 30.05.1851 in Augustdorf.

⚭ [2/1] 07.03.1852 in Augustdorf
3 **Wiebusch,** Töns Friedrich Adolf, ⋆ 15.08.1822 in Augustdorf (Nr. 62), † 25.05.1884 in Augustdorf.

1852 Witwe in Augustdorf, Nr. 103.

Zweiter Ehemann der Vorbesitzerin

3 **Wiebusch,** Töns Friedrich Adolf, ⋆ 15.08.1822 in Augustdorf (Nr. 62), † 25.05.1884 in Augustdorf.

⚭ [1/2] 07.03.1852 in Augustdorf
2 **Wiebusch,** Catharine Amalie, ⋆ 25.12.1820 in Augustdorf, geb. Pollmann, † 04.01.1890 in Augustdorf.

1852 Kolon in Augustdorf, Nr. 103.

Sohn des Vorbesitzers

4 **Wiebusch,** Adolph Heinrich Hermann (Adolf Hermann Heinrich), ⋆ 20.04.1865 in Augustdorf, † 04.04.1924 in Augustdorf.

⚭ 06.11.1887 in Augustdorf
Leppelmeier, Hanne Wilhelmine Auguste, ⋆ 08.06.1867 in Augustdorf (Nr. 64), † 24.02.1956 in Augustdorf.

1887 Kolon und Landwirt in Augustdorf, Nr. 103.

1901 Landwirt in Augustdorf.

Sohn des Vorbesitzers

5 **Wiebusch,** Wilhelm Friedrich Adolf, ⋆ 01.11.1888 in Augustdorf.

⚭ 21.12.1912 in Augustdorf
Mashold, Johanne Friederike Wilhelmine, ⋆ 16.06.1889 in Oerlinghausen.

1932 Landwirt in Augustdorf, Nr. 103.

1937 Landwirt in Augustdorf, Nr. 214.

Nr. 134
ROSE,
TRUPPENÜBUNGSPLATZ

1894 **Brandkataster:** Rose, F., 1 Wohnhaus.

1901 **Adressbuch:** Rose, Friedrich, Ziegler.

1926 **Adressbuch:** Rose, Friedrich Wilhelm jun.

1937 **Veräußerung:** Verkauf an die von Bodelschwingh'schen Anstalten Bethel zu Erweiterung des Heimathofes.[357]

1940 **Veräußerung:** Ankauf durch die Reichsumsiedlungsgesellschaft [Ruges].

Gründer 1894:

1 **Rose**, Adolph Friedrich August (Adolf Heinrich August), ⋆ 14.11.1865 in Augustdorf, † 28.04.1941 in Krentrup[358].

⚭ 27.11.1891 in Augustdorf
Pöpper, Johanne Karline Henriette (Johanne Karoline Henriette), ⋆ 03.01.1872 in Augustdorf.

1891 Einlieger und Ziegelmeister in Augustdorf.

1901 Kolon Ziegelmeister in Augustdorf, Nr. 134.

357 Familie Rose wohnte zunächst weiterhin als Mieter auf der Stätte, 1938 erfolgte die Umsiedlung nach Heipke, heute Gemeinde Leopoldshöhe. Danach für Unterkunftszwecke des Heimathofes genutzt, blieb das Wohnhaus noch bis zur Aufgabe der Einrichtung Ende der 1950er Jahre bestehen. Freundliche Mitteilung von Walter Göbel, Schlangen, vom 11. September 2020. Zur Gründung der Arbeiterkolonien Wagnerhof und Heimathof sowie Sigmarshof und Neuhof, die allerdings zu Stukenbrock gehörten, vgl. Türpitz, Bethelkolonien, S. 123 ff.

358 Der Sterbeeintrag findet sich im entsprechenden Register des Standesamtes Leopoldshöhe.

Augustdorf Nr. 246. Zur Gründung sogenannter Arbeiterkolonien begannen die von Bodelschwingh'schen Anstalten seit Ende 1927 Ländereien und Kolonate im Bereich der Hermannsheide anzukaufen. Betroffen waren die Augustdorfer Stätten Nr. 103, Nr. 128, Nr. 129, Nr. 134 und Nr. 139. Die Ansichtskarte zeigt den ab etwa 1932 errichteten Heimathof.
G. Schnittger, Detmold, Sammlung O. Biere

Im Augustdorfer Dünenfeld, A. Fischer, 2022

Frühling an der sogenannten Rühlmann-Stätte.
A. Fischer, 2023

Olaf Biere | Annette Fischer

Anhang

Kolonatstabellen, Register, Autoren

Vorbemerkungen

Neben einem Personen- und Ortsregister erleichtern die nachstehenden Tabellen eine Erschließung der vorliegenden Publikation.

Tabelle 1

In Tabelle 1 wurden die ursprünglichen Kolonatsnummern und die heutigen Adressen einander zugeordnet. Die mit Klammern markierten Seitenzahlen kennzeichnen hingegen ehemalige Stätten, zu denen lediglich eine Abbildung präsentiert wird, da die Gründung der entsprechenden Kolonate erst nach 1901 erfolgte. Die Lage der vormals im Bereich des heutigen Truppenübungsplatzes gelegenen Hofstellen lässt sich anhand der Planquadrate auf der Karte „Augustdorf, angekaufte Häuser und Höfe 1937/41“ ▸ S. 343 ff. identifizieren.

Tabelle 2

Als Ordnungsschema von Tabelle 2 dienen die ursprünglichen Kolonatsnummern. Darüber hinaus werden alle Besitzer einer Stätte genannt, die in etlichen Fällen mehrfach gewechselt haben. Auf das Verzeichnen diverser Namenvarianten ist indes verzichtet worden, da diese bereits im Zusammenhang mit den jeweiligen Kolonatsbeschreibungen erscheinen. Für beide Tabellen gilt: Nicht einbezogen sind diejenigen Stätten, die ursprünglich zu Hörste gehörten und 1908 nach Augustdorf umgemeindet wurden ▸ S. 151.

Ortsregister

Für die Orts- und Personenindizes gelten folgende Hinweise: Die jeweiligen Namen sind nach der heutigen Schreibweise alphabetisch geordnet. Im Ortsregister wurden, von Territorien, Städten und Gemeinden abgesehen, auch Siedelplätze und Flurbereiche berücksichtigt. Dazu zählen unter anderem der Schapeler Hof, Lopshorn und die Tütgemühle oder die Häseln. Erwähnung finden zudem Krüge bzw. Gaststätten und überregionale Straßen, aber ebenso naturräumliche Besonderheiten, die in unmittelbarer Beziehung zum Kontext stehen, beispielsweise die Ret[h]lager Quellen. Wenn es etwa, wie im Fall Pivitsheide, um die Unterscheidung gleichnamiger Ortschaften geht, werden – soweit zuweisbar – ergänzend Ämter bzw. Kirchspiele genannt, ansonsten wird auf die Registrierung entsprechender Verwaltungseinheiten weitgehend verzichtet. Nicht erfasst sind Augustdorf, Lippe und die Senne.

Personenregister

Das Personenregister führt nur Familiennamen auf. Sofern wie bei *Wißbrock, Wißbrok, Wissbrock, Wisbrok* lediglich die Schreibweisen differieren, wurden Namenvarianten nicht separat verzeichnet. Eine Ausnahme bildet der Name *Räker* und dessen signifikant abweichende Form *Redeker*. Den Besonderheiten jüdischer Namen Rechnung tragend, erscheint zum Beispiel Itzig Jacob unter „I“ (Itzig Jacob) und „J“ (Jacob Itzig).

Tabelle 1: Die Kolonate in alphabetischer Reihenfolge gemäß der heutigen Adressen

Kolonat	Heutige Adresse, Grundstück	Seite
Nr. 26	Ahornstraße 9	170
Nr. 135	Akazienstraße 2	168
Nr. 40	Akazienstraße 20	11, 254
Nr. 90	Am alten Forsthaus [1)]	221
Nr. 257	Am Alten Forsthaus 2	(252)
Nr. 109	Amselweg 5	149
Nr. 94	Annastraße 2, heute Rathaus	182
Nr. 14	Berliner Straße 25	141
Nr. 102	Ernst-Wiechert-Weg 18	148
Nr. 27	Eschenweg 7	171
Nr. 13	Gingweg 4	139
Nr. 196	Gingweg 14	(140)
Nr. 193	Gingweg 18	(140)
Nr. 44	Grützemühle 3	227
Nr. 112	Haustenbecker Straße 2	253
Nr. 137	Haustenbecker Straße 11	256
Nr. 39	Haustenbecker Straße 17	256
Nr. 99	Haustenbecker Straße 22	258
Nr. 38	Haustenbecker Straße 27	259
Nr. 37	Haustenbecker Straße 30	263
Nr. 110	Haustenbecker Straße 31, 31 a	264
Nr. 298	Haustenbecker Straße 33	(264)
Nr. 36	Haustenbecker Straße 39, 41	265
Nr. 35	Haustenbecker Straße 42	266
Nr. 34	Haustenbecker Straße 43, 45	267
Nr. 92	Haustenbecker Straße 51	269
Nr. 32	Haustenbecker Straße 57	270
Nr. 33	Haustenbecker Straße 62	274
Nr. 124	Haustenbecker Straße 65 [1)]	276
Nr. 31	Haustenbecker Straße 85, 87, 89	276
Nr. 105	Haustenbecker Straße 86	278
Nr. 106	Haustenbecker Straße 90	278
Nr. 30	Haustenbecker Straße 95, 99	280
Nr. 62	Haustenbecker Straße 92, 96	281
Nr. 148	Haustenbecker Straße 100	(285)
Nr. 29	Haustenbecker Straße 105	283
Nr. 64	Haustenbecker Straße 110, 112	285
Nr. 186	Haustenbecker Straße 117	(288)
Nr. 28	Haustenbecker Straße 119, 119 b	287
Nr. 63	Haustenbecker Straße 120, 126	289
Nr. 261	Haustenbecker Straße 124	(290)
Nr. 158	Haustenbecker Straße 121	(295)
Nr. 159	Haustenbecker Straße 127	(295)
Nr. 72	Haustenbecker Straße 136	296
Nr. 75	Haustenbecker Straße 137	298
Nr. 96	Haustenbecker Straße 142	300
Nr. 141	Haustenbecker Straße 145	300
Nr. 98	Haustenbecker Straße 150	301
Nr. 71	Haustenbecker Straße 152	301
Nr. 80	Haustenbecker Straße 153, 155	302
Nr. 67	Haustenbecker Straße 158	304
Nr. 76	Haustenbecker Straße 175	305
Nr. 93	Haustenbecker Straße 178	306
Nr. 95	Haustenbecker Straße 182	308
Schule II	Haustenbecker Straße 184, 186	(301)
Nr. 77	Haustenbecker Straße 185	309
Nr. 121	Haustenbecker Straße 187	312
Nr. 73	Haustenbecker Straße 210	311
Nr. 133	Imkerweg 4	244
Nr. 65	Imkerweg 14	247
Nr. 78	Imkerweg 28	248
Nr. 217	Inselweg 39	(171)
Nr. 119	Kampweg 1 [1)]	231
Nr. 125	Kampweg 7	231
Nr. 122	Kampweg 9	232
Nr. 245	Kohlenweg 5	(235)
Nr. 130	Kohlenweg 7	239
Nr. 58	Kohlenweg 15	240
Nr. 45	Lopshorner Weg 24	228
Nr. 117	Lopshorner Weg 44 a, 44 b	230
Nr. 115	Lopshorner Weg 56	230
Nr. 107	Ludwig-Altenbernd-Weg 107 a	176
Nr. 25	Olympiastraße 6 [1)]	169
Nr. 132	Pivitsheider Straße 1	180
Nr. 42	Pivitsheider Straße 20	188
Nr. 43	Pivitsheider Straße 21	184
Nr. 154	Pivitsheider Straße 29	(185)
Nr. 146	Pivitsheider Straße 30	(187)
Nr. 147	Pivitsheider Straße 35	(185)
Nr. 161	Pivitsheider Straße 37	(290)
Nr. 114	Pivitsheider Straße 42	189
Nr. 97	Pivitsheider Straße 43	192
Nr. 46	Pivitsheider Straße 44	190
Nr. 123	Pivitsheider Straße 46	192
Nr. 47	Pivitsheider Straße 50	87, 194
Nr. 164	Pivitsheider Straße 54	(195)
Nr. 91	Pivitsheider Straße 55	200
Nr. 15 b	Pivitsheider Straße 55	198
Schule I	Pivitsheider Straße 57	(65)
Nr. 48	Pivitsheider Straße 58	196
Nr. 176	Pivitsheider Straße 59	(64)
Nr. 49	Pivitsheider Straße 60	62, 203
Nr. 143	Pivitsheider Straße 61	(196)
Nr. 104	Pivitsheider Straße 66	204

Kolonat	Heutige Adresse, Grundstück	Seite
Nr. 12	Pivitsheider Straße 69	139, 205
Nr. 50	Pivitsheider Straße 82	206
Nr. 51	Pivitsheider Straße 90	208
Nr. 271	Pivitsheider Straße 93	(208)
Nr. 52	Pivitsheider Straße 100	212
Nr. 54	Pivitsheider Straße 102	214
Nr. 180	Pivitsheider Straße 107	(212)
Nr. 56	Pivitsheider Straße 116	216
Nr. 55	Pivitsheider Straße 121	217
Nr. 70	Pivitsheider Straße 122	218
Nr. 198	Pivitsheider Straße 124	(219)
Nr. 60	Pivitsheider Straße 138	218
Nr. 69	Pivitsheider Straße 140	220
Nr. 269	Pivitsheider Straße 142	(220)
Nr. 260	Pivitsheider Straße 143	(225)
Nr. 197	Pivitsheider Straße 145	(225)
Nr. 195	Pivitsheider Straße 154 a[1)]	(225)
Nr. 199	Pivitsheider Straße 154 a[1)]	(225)
Nr. 59	Schlehenweg 12	52, 102, 173
Nr. 170	Senneweg 44	(152)
Nr. 140	Stukenbrocker Straße 4	235
Nr. 163	Stukenbrocker Straße 6	(236)
Nr. 136	Tharkamper Weg 2	233
Nr. 126	Tharkamper Weg 6	232
Nr. 41	Thusneldastraße 2, 2 a	255
Nr. 79	Truppenübungsplatz A2	315
Nr. 81	Truppenübungsplatz B2	317
Nr. 82	Truppenübungsplatz A-B2	316
Nr. 83	Truppenübungsplatz B2	319
Nr. 84	Truppenübungsplatz B2	321
Nr. 85	Truppenübungsplatz B2	319
Nr. 86	Truppenübungsplatz B3	322
Nr. 87	Truppenübungsplatz B3	323
Nr. 88	Truppenübungsplatz B2	324
Nr. 89	Truppenübungsplatz C3	325
Nr. 100	Truppenübungsplatz C2	6, 328
Nr. 103	Truppenübungsplatz C3	332
Nr. 111	Truppenübungsplatz C2	327
Nr. 113	Truppenübungsplatz C2	329
Nr. 116	Truppenübungsplatz C3	330
Nr. 128	Truppenübungsplatz C3	331
Nr. 129	Truppenübungsplatz C3	332
Nr. 134	Truppenübungsplatz A3	332
Nr. 138	Truppenübungsplatz A2	316
Nr. 139	Truppenübungsplatz C3	330
Nr. 192	Truppenübungsplatz B3	(322)
Nr. 243	Truppenübungsplatz A2	(317)

Kolonat	Heutige Adresse, Grundstück	Seite
Nr. 246	Truppenübungsplatz B4	(333)
Nr. 66	Turnerstraße 7	241
Nr. 1	Waldstraße 1	100, 120
Nr. 131	Waldstraße 19	122
Nr. 2	Waldstraße 21	123
Nr. 3	Waldstraße 27	124
Nr. 4	Waldstraße 39	126
Nr. 151	Waldstraße 41	(126)
Nr. 5	Waldstraße 45	129
Nr. 6	Waldstraße 51	130
Nr. 7	Waldstraße 53	132
Nr. 8	Waldstraße 65	133
Nr. 9	Waldstraße 69	135
Nr. 10	Waldstraße 75	137
Nr. 11	Waldstraße 83	138
Nr. 15 a	Waldstraße 109	142
Nr. 16	Waldstraße 115	143
Nr. 17	Waldstraße 117	145
Nr. 18	Waldstraße 123	146
Nr. 101	Waldstraße 124	148
Nr. 19	Waldstraße 133	153
Nr. 20	Waldstraße 137, 141	155
Nr. 21	Waldstraße 147	157
Nr. 22	Waldstraße 155	159
Nr. 23	Waldstraße 161	161
Nr. 108	Waldstraße 163	165
Nr. 24	Waldstraße 164	166
Nr. 57	Waldstraße 174, 176	237
Nr. 127	Waldstraße 189	242
Nr. 68	Waldstraße 194	243
Nr. 74	Waldstraße 199	249
Nr. 227	Waldstraße 202	215
Nr. 221	Waldstraße 217	(246)
Nr. 120	Waldstraße 241	250
Nr. 118	Waldstraße 243	251
Nr. 61	Wiesenstraße 4	293

[1)] Der frühere Gebäudebestand existiert nicht mehr.

[2)] jetzt Kasernengelände, Lemgoer Allee.

Tabelle 2: Die Kolonate in numerischer Reihenfolge mit den Namen ihrer Besitzer

Kolonat	Namen der Besitzer	Seite
Nr. 1	Dörenkrug	100, 120
Nr. 2	Meier, Prante, Hillbrink, Kleesiek	123
Nr. 3	Friedrich, Räker, Butwil	124
Nr. 4	Brand, Kruse, Böger, Pollmann, Geller	126
Nr. 5	Itzig Jacob, Hellmeier, Schröder	129
Nr. 6	Rehm, Marx	130
Nr. 7	Ostmann, Puls, Gärtner, Böger, Rehm, Beckmann	132
Nr. 8	Bendix, Bergmeister, Münch, Hieronimus, Strate	133
Nr. 9	Bügener, Brokmann	135
Nr. 10	Oetermann, Meier, Sielemann	137
Nr. 11	Wiele, Sielemann, Friedrich	138
Nr. 12	Heistermann	139, 205
Nr. 13	Schierenberg, Pollmann	139
Nr. 14	Hüpohl, Friedrich	141
Nr. 15 a	Diekmann, Rabe	142
Nr. 15 b	Moshage, Schulze, Baumann, Leppelmeier	198
Nr. 16	Alexander, Wienbröker	143
Nr. 17	Büker, Räker, Heissenberg	145
Nr. 18	Sielemann	146
Nr. 19	Pollmann	153
Nr. 20	Sielemann, Leppelmeier, Pollmann, Pucker	155
Nr. 21	Dierk, Freitag	157
Nr. 22	Hofmeister, Rubart	159
Nr. 23	Hahne, Diekmann, Arndt, Tegeler	161
Nr. 24	Heistermann	166
Nr. 25	Prante, Böger	169
Nr. 26	Pollmann, Stücke, Schröder	170
Nr. 27	Pollmann, Paradies, Heistermann, Erfkamp	171
Nr. 28	Oberbeckmann, Riemann, Küster, Hillbrink	287
Nr. 29	Beckmann, Wiele, Wieneke, Pollmann	283
Nr. 30	Sprick, Köster	280
Nr. 31	Lüersen, Leppelmeier, Hilbrink	276
Nr. 32	Speckmann, Stille, Buschtöns, Solle, Baumann, Bunte, Detert, Sieweke, Hagemann, Dr. Wolff	270
Nr. 33	Oberbeckmann, Riemann, Orthkrass, Schlingplässer, Räker	274
Nr. 34	Wend, Detert, Wissbrok	267
Nr. 35	Kerker, Bügener, Büker, Wißbrock, Rott	266
Nr. 36	Kerker, Sieweke	265
Nr. 37	Busch, Hagemann, Tiemann, Schulze-Wermeling	263
Nr. 38	Frohnenkrug	259
Nr. 39	Wistinghausen, Röhe	256
Nr. 40	Sielemann, Brüggemann, Redeker, Heistermann	11, 254
Nr. 41	Bent, Kanne, Büker	255
Nr. 42	Diekmann, Baumann, Gaus	188
Nr. 43	Markmann	184
Nr. 44	Tegeler, Räker	227
Nr. 45	Grote	228
Nr. 46	Tegeler, Runnenberg, Räker, Wiebusch, Burmeier	190

Kolonat	Namen der Besitzer	Seite
Nr. 47	Berkemeier	78, 194
Nr. 48	Arndt, Schäfer	196
Nr. 49	Erfkamp, ehemaliges Pfarrhaus	62, 203
Nr. 50	Baumann, Brand, Wächter, Heitkämper	206
Nr. 51	Böger	208
Nr. 52	Arendmeier, Rabe, Hellberg, Hilker, Moshage	212
Nr. 53	Ostmann, Pestrup, Heidbrink, Katzenstein, Wißbrok, Wistinghausen	211
Nr. 54	Hilker, Schäfer, Moshage, Kalkreuter	214
Nr. 55	Winter, Beckmann, Heißenberg, Brinkmann	217
Nr. 56	Sieweke, Prante, Pott, Wißbrok	216
Nr. 57	Sundermann, Buse, Büker, Wißbrok	237
Nr. 58	Cato, Boekamp, Rose, Arndt, Lüersen	240
Nr. 59	Redeker, Exter	52, 102, 173
Nr. 60	Hausmann, Richter	218
Nr. 61	Schildmann, Oberbeckmann, Kronshage	293
Nr. 62	Wiebusch, Lükermann, Echterling, Oesterhaus, Micheel	281
Nr. 63	Steffen	289
Nr. 64	Leppelmeier	285
Nr. 65	Dreier, Wächter	247
Nr. 66	Hofmeister, Burmeier	241
Nr. 67	Oberbeckmann, Möller	304
Nr. 68	Hollmann, Büker	243
Nr. 69	Rehm, Wissbrok	220
Nr. 70	Schild, Hausmann	218
Nr. 71	Rott	301
Nr. 72	Möller, Rott	296
Nr. 73	Schulze, Böger	311
Nr. 74	Heidbrink, Pestrup, Blomberg, Wistinghausen	249
Nr. 75	Lüdeking, Ostmeier, Krieger, Rühlmann	298
Nr. 76	Steffen, Ebert, Diekmann	305
Nr. 77	Brokmann, Sielemann	309
Nr. 78	Ostmann, Pestrup	248
Nr. 79	Wissbrok	315
Nr. 80	Pollmann, Wiebusch	302
Nr. 81	Prante	317
Nr. 82	Böger, Schierenberg	316
Nr. 83	Gärtner	319
Nr. 84	Rehm, Exter	321
Nr. 85	Köster, Wißbrock	319
Nr. 86	Pollmann, Wiebusch	322
Nr. 87	Sielemann	323
Nr. 88	Erfkamp, Ostmeier	324
Nr. 89	Erfkamp, Holtkämper	325
Nr. 90	Hagemann, Bröker, Waldschützenhaus, Hofmeister	221
Nr. 91	Strate, Leppelmeier	200
Nr. 92	Tegeler, Diekmann	269
Nr. 93	Ernst, Exter, Kruse, Obermeier	306

Kolonat	Namen der Besitzer	Seite
Nr. 94	Ebert, Holzkämper, Lüersen, Gemeinde Augustdorf	182
Nr. 95	Peter, Brüelheide, Sielemann	308
Nr. 96	Schuckenböhmer, Stüker, Brechmann, Plaß	300
Nr. 97	Büker, Meier, Schröder	192
Nr. 98	Möller, Vogt, Berkemeier	301
Nr. 99	Wiebusch, Pollmann, Köster	258
Nr. 100	Erfkamp	6, 328
Nr. 101	Räker	148
Nr. 102	Räker, Winkelmann, Strohdiek	149
Nr. 103	Wiebusch	332
Nr. 104	Frohböse, Schling	204
Nr. 105	Sielemann, Güse	278
Nr. 106	Freitag, Beckmann, Pollmann	278
Nr. 107	Mühle im Furlbachtal	176
Nr. 108	Strate, Biere, Büker, Bent, Erfkamp	165
Nr. 109	Räker, Schröder	149
Nr. 110	Wiebusch	264
Nr. 111	Sielemann, Kleesiek	327
Nr. 112	Brüggemann, Schulze, Kramer	253
Nr. 113	Buse	329
Nr. 114	Tegeler	189
Nr. 115	Wöhning, Berkemeier	230
Nr. 116	Erfkamp, Kuhlemeier, Wiebusch	330
Nr. 117	Schild, Heistermann	230
Nr. 118	Diekmann, Tellmann, Hofmeister	251
Nr. 119	Kötter, Berkemeier, Frank	231
Nr. 120	Burmeier, Hartmann	250
Nr. 121	Pollmannskrug	312
Nr. 122	Brinkmann, Lükermann, Pollmann, Moshage	232
Nr. 123	Tegeler, Räker, Heistermann	192
Nr. 124	Schröder, Arendschneider, Hollmann, Hillbrink, Widey	276
Nr. 125	Niemeier, Rubart	231
Nr. 126	Steffen	232
Nr. 127	Buse, Hofmeister	242
Nr. 128	Wiebusch	331
Nr. 129	Erfkamp, Steffen	332
Nr. 130	Dierk	239
Nr. 131	Hagemann, Wistinghausen, Schuppler	122
Nr. 132	Gaststätte Multhaupt	180
Nr. 133	Friedrich, Kramer	244
Nr. 134	Rose	332
Nr. 135	Moshage, Gerdt	168
Nr. 136	Bügener, Hempf	233
Nr. 137	Hillbrink	256
Nr. 138	Sielemann, Wißbrock	316
Nr. 139	Erfkamp, Schröder, Gellhaus	330
Nr. 140	Moshage	235

Kolonat	Namen der Besitzer	Seite
Nr. 141	Kronshage	300
Nr. 143	Wiele, Backhaus	(196)
Nr. 146	Gräser	(187)
Nr. 147	Tegeler, Oesterhaus	(185)
Nr. 148	Brechmann	(285)
Nr. 151	Steffen	(126)
Nr. 154	Schierenberg, Schlingplässer	(185)
Nr. 158	Bent, Röhrmann	(295)
Nr. 159	Kronshage, Brockmann	(295)
Nr. 161	Bent	(186)
Nr. 163	C. A. Delius & Söhne	(236)
Nr. 164	Günther	(195)
Nr. 170	Kronshage	(152)
Nr. 176	Schule von 1834, Bruelheide, Loske	(64)
Nr. 180	Rott	(212)
Nr. 186	Rott	(288)
Nr. 192	Erfkamp	(322)
Nr. 193	Burmeier	(140)
Nr. 195	Pott	(225)
Nr. 196	Beckmann, Rose	(140)
Nr. 197	Kronshage	(225)
Nr. 198	Hausmann	(219)
Nr. 199	Gärtner	(225)
Nr. 217	Heistermann	(171)
Nr. 221	Rott, Biere	(246)
Nr. 227	Böger, Heidekrug	(245)
Nr. 243	Ostmeier	(317)
Nr. 245	Brockmann, Neugebauer	(235)
Nr. 246	Heimathof	(333)
Nr. 257	Hofmeister	(225)
Nr. 260	Wistinghausen	(225)
Nr. 261	Schneider	(290)
Nr. 269	Wißbrok	(220)
Nr. 271	Böger	(208)
Nr. 298	Jakoby	(264)
Nr. —	Schule I	(65)
Nr. —	Schule II	(301)

Die nachfolgende Karte „Augustdorf, angekaufte Häuser und Höfe 1937/41", zeigt den früheren Gebäudebestand auf dem heutigen Truppenübungsplatz. Vermerkt sind auch die Kolonatsnummern und die Namen der damaligen Eigentümer. Zwecks Erweiterung des Militärgeländes begann 1937 der Ankauf der Besitzungen durch die Reichsumsiedlungsgesellschaft [Ruges]. Kartografie J. Rosenberg, 2019

s. Doppelseiten 344–347

3452
3481 Rechtswert 1.000 m
A
3482
B
3483
Augustdorf
nach Augustdorf
Haustenbecker Str.
163,0
159,0
Heidestraße
177,0
1
171,0
159,0
80 Wiebusch, Fritz
Lippstädter We
179,7
3451
Schule
Wolfsschlucht
Lippstädter Weg
173,0
224 Wißbrock, Heinrich
164,0
121 Pollmann, Heinrich
79 Wißbrock, Adolf
Fußweg in die
149 Wistinghausen, Hermann
138 Wißbrock, Georg
82 Schierenberg, Adolf
82a Schierenberg
2
161,5
243 Ostmeier, Hermann
81 Prante, Marie
83 Gärtner, Wilhelm
160,4
278 Böger, Gustav
168,0
85 Wißbrock, Hermann
Unten im Dorf
84 Exter, Adolf
88 Ostme
237 Röhrmann, Else
Haustenbecker
84a Exter, Adolf
3450
89 Holtkämper, Fri
86 Wiebusch, Fritz
192 Erfkamp, Hermann
Sandlauf
185 Bäcker, Karl
167,7
Erfkämper Weg
87 Sielemann, Gustav
291 Sielemann, Rudolf
Allee
3
159,0
163,8
134 „Heidenest“
Anstalt Bethel
173,6
Stukenbrocker Senne
3449

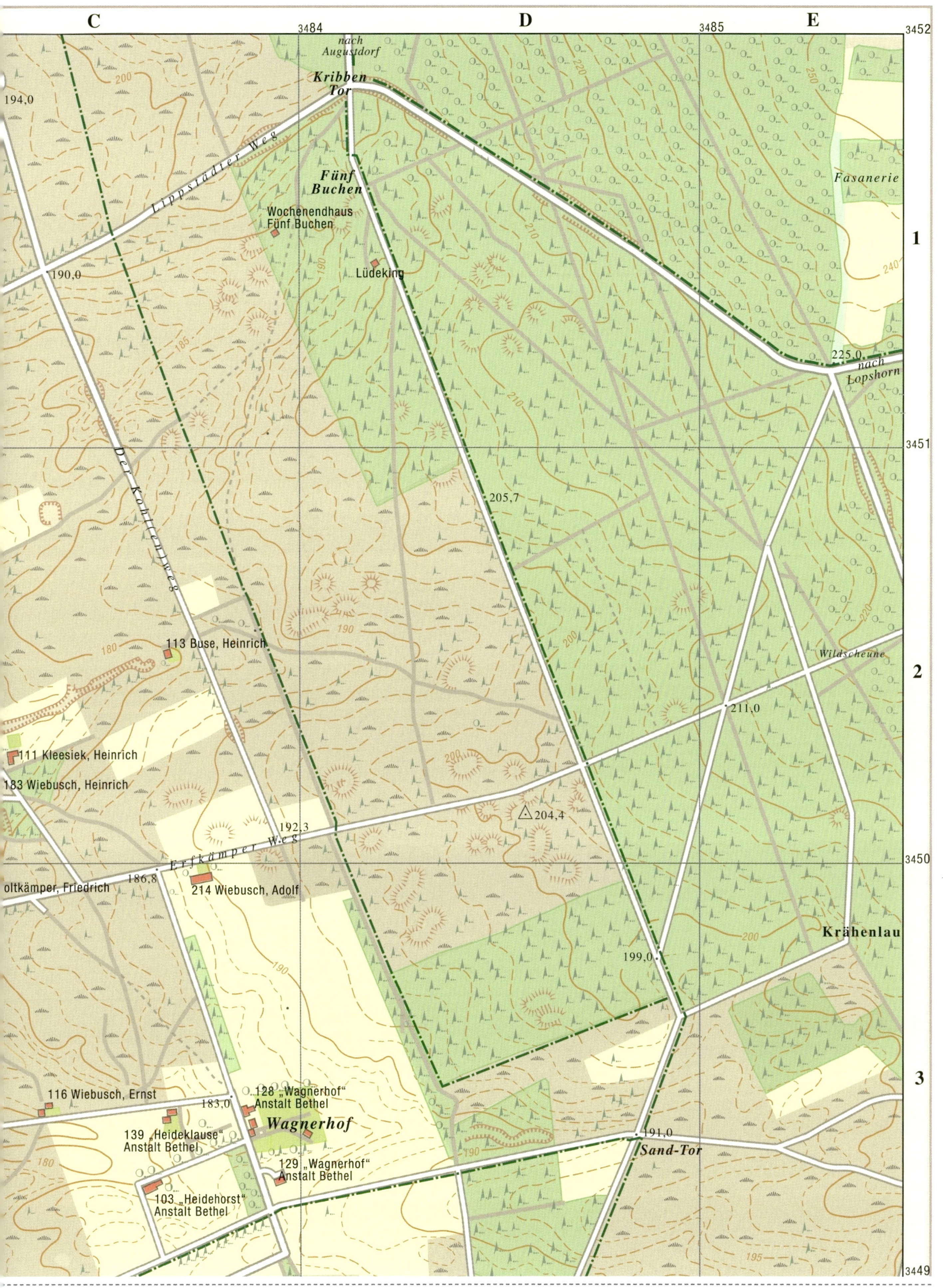

C
D
E
3484
3485
3452
3451
3450
3449
1
2
3
nach Augustdorf
Kribben Tor
194,0
Lippstädter Weg
Fünf Buchen
Wochenendhaus Fünf Buchen
Lüdeking
190,0
Fasanerie
225,0
nach Lopshorn
Der Kohlenweg
205,7
113 Buse, Heinrich
Wildscheune
211,0
111 Kleesiek, Heinrich
183 Wiebusch, Heinrich
204,4
192,3
Erfkämper Weg
oltkämper, Friedrich
186,8
214 Wiebusch, Adolf
Krähenlau
199,0
116 Wiebusch, Ernst
183,0
128 „Wagnerhof" Anstalt Bethel
Wagnerhof
139 „Heideklause" Anstalt Bethel
191,0
Sand-Tor
129 „Wagnerhof" Anstalt Bethel
103 „Heidehorst" Anstalt Bethel

278 Böger, Gustav
85 Wißbrock, Hermann
Unten im Dorf
168,0
84 Exter, Adolf
88 Ostm
237 Röhrmann, Else
84a Exter, Adolf
Haustenbecker
3450
157,5
86 Wiebusch, Fritz
192 Erfkamp, Hermann
89 Holtkämper, Fr
185 Bäcker, Karl
Sandlauf
167,7
Erfkämper Weg
87 Sielemann, Gustav
291 Sielemann, Rudolf
Allee
160
3
159,0
163,8
170
134 „Heidenest"
Anstalt Bethel
173,6
170
Stukenbrocker Senne
3449
Schießstand
Brummelte
166,1
Sportplatz
159,4
176,4
Der Hollweg
Denkmal
160
Heimathof
Jägergrund
246 „Heimathof"
Anstalt Bethel
4
165
Der Hollweg
170
Reineke
150
3448
151,3
160,1
166,8
Moosheide
154,0
Sigmarshof
5
160
N
155
Ziegenstränge
0 100 250 500 m 1.000 m
Hoch-
wert
1.000
m
©Kartografie: Jürgen Rosenberg In der Ort 12 - 33719 Bielefeld 0521/332200 cardinal.rosenberg@online.de 2019
Recherchen: Olaf Biere 32805 Horn-Bad Meinberg olaf.biere@gmx.net
3481 Rechtswert 1.000 m
A
3482
B
3483

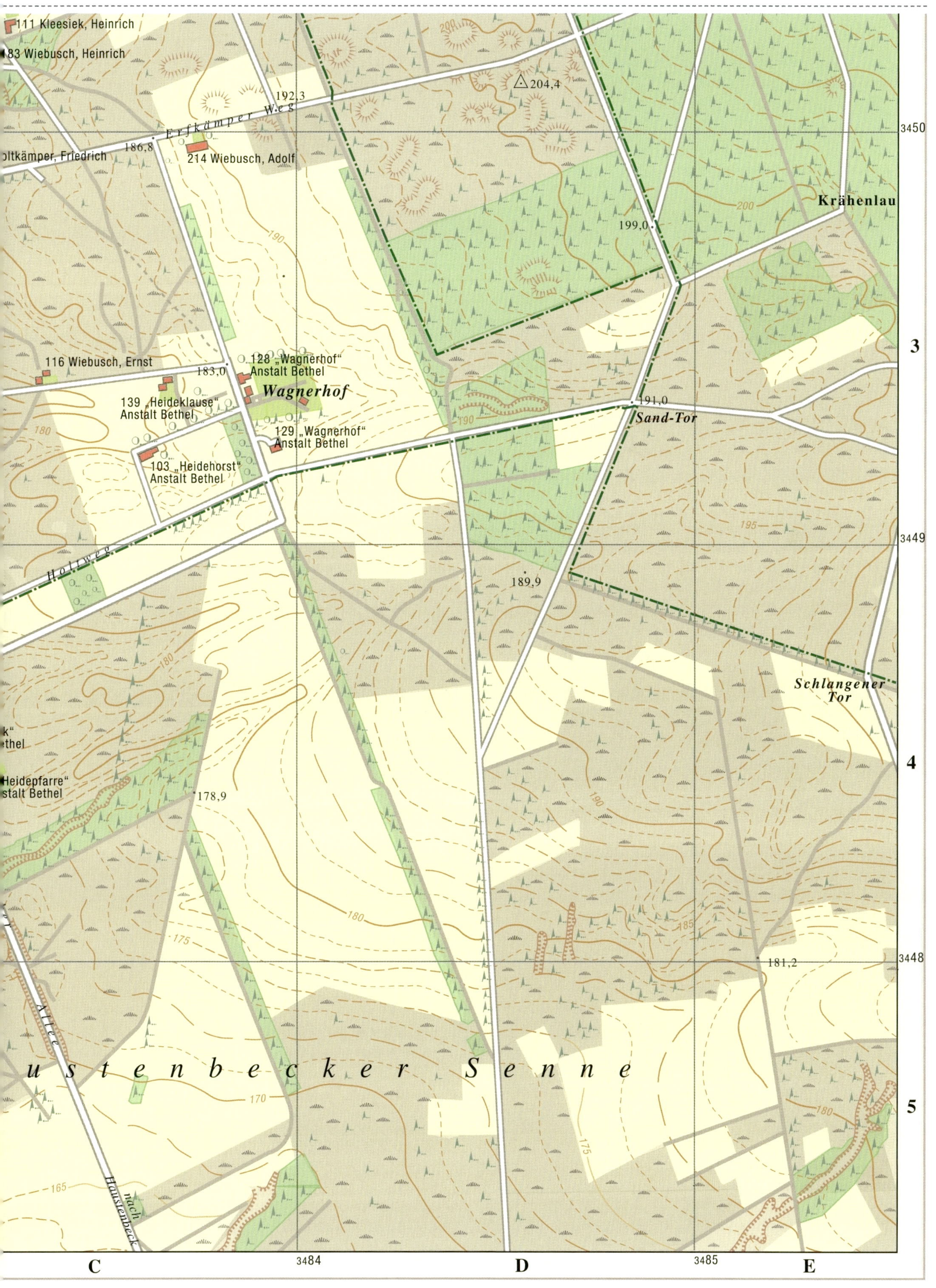

111 Kleesiek, Heinrich
183 Wiebusch, Heinrich
192,3
204,4
Erfkämper Weg
186,8
oltkämper, Friedrich
214 Wiebusch, Adolf
Krähenlau
199,0
116 Wiebusch, Ernst
183,0
128 „Wagnerhof“
Anstalt Bethel
Wagnerhof
139 „Heideklause“
Anstalt Bethel
129 „Wagnerhof“
Anstalt Bethel
103 „Heidehorst“
Anstalt Bethel
191,0
Sand-Tor
Hollweg
189,9
Schlangener Tor
k“
thel
Heidepfarre“
stalt Bethel
178,9
181,2
Allee
ustenbecker Senne
nach Hausenbeck
3450
3449
3448
3484
3485
C
D
E
3
4
5

Ortsregister

R

S

T

U

V

W

Y

Z

Personenregister

Autoren

Dipl. Des., Dipl. Soz. Annette Fischer
Geboren 1960 in Detmold. Fotografenausbildung. Doppelstudium: Visuelle Kommunikation mit dem Schwerpunkt Fotografie (Fachhochschule Bielefeld) sowie Soziologie (Universität Bielefeld). Seit 1990 freischaffende Fotodesignerin und Autorin in Schlangen.

Ausstellungen und Veröffentlichungen zu den Themen Menschen und Arbeit, Landschaften, Architektur, Natur, Kultur und Reise, Regionalgeschichte – unter anderem: Das Land Lippe (Text). Hamburg 2001 • Auf eigenen Wegen. Begegnungen mit Agrar-Unternehmerinnen in Europa (mit Anne von Laufenberg-Beermann). Münster 2002 • Handwerksbilder. Einblicke in fast vergangene Arbeitswelten. Münster 2003 • Paderborn. Paderborn 2004 • Die Unaussprechlichen. Tabus im Diskurs, in: Sabine Klocke-Daffa (Hg.): Tabu. Verdrängte Probleme und erlittene Wirklichkeit, Themen aus der lippischen Sozialgeschichte. Lemgo 2006 • Stadtführer Detmold. Ein Wegweiser durch Geschichte, Kultur und Landschaft. Bielefeld 2007 • Typisch lippisch!? Zur Konstruktion einer regionalen Identität, in: Burkhard Meier/Stefan Wiesekopsieker (Hgg.): Lippe 1908–2008, Beiträge zur Geschichte und Gegenwart der Heimatpflege. Bielefeld 2008 • Lippische Ortsgeschichte, Handbuch der Städte und Gemeinden des ehemaligen Kreises Detmold (Fotografie). Lemgo 2008 • Schloß Neuhaus. Impressionen der einstigen fürstbischöflichen Residenz. Bielefeld 2009 • Bad Lippspringe. Impressionen aus dem Heilbad im Grünen. Bielefeld 2011 • Flurnamen der Gemeinde Schlangen (Fotografie). Bielefeld 2015 • Natur entdecken. Streifzüge zwischen Eggegebirge, Weser, Sauerland und Senne. Paderborn 2016 • Detmold. Kulturstadt im Teutoburger Wald. Gudensberg-Gleichen 2017 • Die Fürstenallee bei Schlangen. Detmold 2018 • Paderborn. Gudensberg-Gleichen 2019 • Geschichte der Dörfer Schlangen, Kohlstädt, Oesterholz und Haustenbeck, Bd. 3 (Herausgeberschaft, Mitautorin, Fotografie). Bielefeld 2020 • Ostwestfalen-Lippe. Schlösser und Burgen. Gudensberg-Gleichen 2021 • Zur Geschichte der Lippischen Landesbrandversicherung AG. Detmold 2022 • Landschaften der Monumenta Paderbornensia: Die Senne, in: Julia Diekmann / Markus Moors / Andreas Neuwöhner (Hgg.): Monumenta. Erinnerungsorte zwischen Weser und Lippe. Paderborn 2023. Dort ebenso: Die Erinnerungsorte der Monumenta heute: Eine fotografische Spurensuche • 50 Jahre Kreis Lippe. Detmold 2023.

Olaf Biere
Geboren 1969 in Detmold. Nach Besuch des Gymnasiums Lage, kaufmännische Ausbildung. Seit 2008 angestellter Prokurist eines Ingenieurbüros mit angeschlossenem technischen Großhandel. Daneben vielfältiges ehrenamtliches Engagement in Feuerwehr und Heimatpflege.

Langjähriges Mitglied der Freiwilligen Feuerwehr Horn-Bad Meinberg: stellvertretender Löschzugführer, Tätigkeit als Funkwart und Ausbilder Sprechfunk • 2020 Ernennung zum Digitalfunkbeauftragten für das Kreisgebiet Lippe • 1995 Mitbegründer des Heimatvereins Vahlhausen/Horn-Bad Meinberg und Eintritt in den Lippischen Heimatbund • Seit 2004 Mitglied der dortigen Fachstelle Wandern • 2024 Übernahme der Fachstellenleitung

Ab 1997 Mitglied der Vereinsgruppe Genealogischer Abend im Naturwissenschaftlichen und Historischen Verein für das Land Lippe. Erforschung der Vorfahren aus Augustdorf und Haustenbeck, Nordhessen, Württemberg und Ostpreußen. Betreuung der Auswandererdatenbank. Systematisches Erfassen genealogischer Daten auf der Grundlage der – soweit zugänglich – Kirchenbücher und Standesamtsregister Horn (Bewohner der Bauerschaft Vahlhausen-Bellenberg bis 1917) und Augustdorf (1778 bis 1945), Verwaltung der entsprechenden Datenbestände.

Mitwirkung an verschiedenen Publikationen: 1 Jahr Heimatverein Vahlhausen, in: Heimatland Lippe Nr. 90, Jubiläumsheft „1150 Jahre Vahlhausen". Detmold 1997 • Festschrift 125 Jahre Freiwillige Feuerwehr in Horn (Lippe) und 29. Kreisverbandstreffen der lippischen Feuerwehren. Horn-Bad Meinberg 2003 • Die Höfe und Stätten in Bellenberg, in: Nachrichten und Notizen aus Bellenberg mit Beiträgen von Olaf Biere, Marion und Rosi Liebchen, Roland Linde. Herausgegeben im Auftrag des Vereins „800 Jahre Bellenberg", Mitglied im Lippischen Heimatbund. Horn-Bad Meinberg 2003 • Gemeinsam mit Jürgen Rosenberg (Kartografie) Erstellung der Karten: Augustdorf, angekaufte Häuser und Höfe 1937/41. Bielefeld/Horn-Bad Meinberg 2019 • Augustdorf 1875–1900–1939, historisch-topographische Kartenreihe. Bielefeld/Horn-Bad Meinberg 2021 • Großer Gewinn für den Ort – Ein Blick auf 25 Jahre Heimatarbeit, in: Heimatland Lippe Nr. 114. Detmold 2021.

Dipl. Des. Jörg Aufdemkamp
Geboren 1965 in Bielefeld. Studium Visuelle Kommunikation und Typografie an der Fachhochschule Bielefeld. Seit 1995 freiberufliche Tätigkeit mit den Schwerpunkten Corporate Design, visuelle Unternehmenskommunikation und Öffentlichkeitsarbeit sowie Buchgestaltung für Verlage und Museen.

Ausstellungskonzeption und Katalog für das Niedersächsische Staatsarchiv, Schloß Bückeburg: Pläne und Bauten. C. A. Vagedes. Architekt und schaumburg-lippischer Landbaumeister, 1760–1795. Bückeburg 1995 • Stadtbuch Bielefeld. Tradition und Fortschritt in der ostwestfälischen Metropole. Mit Beiträgen von 90 Autoren. Bielefeld 1996 • Stadtgeschichte Horn 1248–1998, im Auftrag der Stadt Horn-Bad Meinberg. Horn Bad Meinberg 1997 • Zwischen 2002 und 2007 Buchgestaltung für das Institut für Lippische Landeskunde, Lemgo: Lippische Studien, Bände 17, 19, 20, 21, 23 • Lippische Ortsgeschichte. Handbuch der Städte und Gemeinden des ehemaligen Kreises Detmold. Mit Fotografien von Annette Fischer. Lemgo 2008 • Geschichte der Dörfer Schlangen, Kohlstädt, Oesterholz und Haustenbeck, 3 Bde. Bielefeld 2008, 2011, 2020 • Von 1988 bis 2002 Arbeiten für den Bielefelder Kunstverein: Kataloge, Einladungen, Plakate sowie Einzelausstellungen u.a. Gerhard Altenbourg, Victor Bonato, Hartwig Ebersbach, Ilse Garnier, Fred Schierenbeck • Von 2005 bis 2014 Kataloge und Werkverzeichnisse im Auftrag der Kunsthalle Bielefeld: Hermann Stenner. Werkverzeichnis der Gemälde. München 2005 • Der Maler Hermann Stenner im Spiegel seiner Korrespondenz. Briefe 1909–1914. München 2006 • Sammlung Bunte. Positionen der klassischen Moderne. Kunstmuseum Ahlen, 2007 • Hermann Stenner. Werkverzeichnis der Aquarelle und Zeichnungen. München 2010 • Carl Strüwe. Reisen in unbekannte Welten. München 2012 • Schönheit und Geheimnis. Der deutsche Symbolismus. Bielefeld 2013 • Das Glück in der Kunst. Expressionismus und Abstraktion um 1914. Bielefeld 2014 • Seit 2001 Publikationen für Wirtschaft und Öffentlichkeitsarbeit. Auswahl: Fünf Jahrzehnte innovative Architektur in Ostwestfalen Lippe. Hebrok & Co. Bielefeld, 2001 • In Zusammenarbeit mit der GOE Stuttgart: Umweltberichte und Leistungsvergleiche für städtische Betriebe in Stuttgart, Erlangen und Fürth • Für die Industrie- und Handelskammer Ostwestfalen unter anderem: Ostwestfälische Marktführer in Deutschland, Europa und in der Welt. Bielefeld 2021.

Kiefernwald bei Augustdorf. A. Fischer, 2021

Nährstoffarme Sandböden prägen den Raum Augustdorf, ein Grund, warum dort das neuzeitliche Siedlungsgeschehen erst spät einsetzte. A. Fischer, 2021

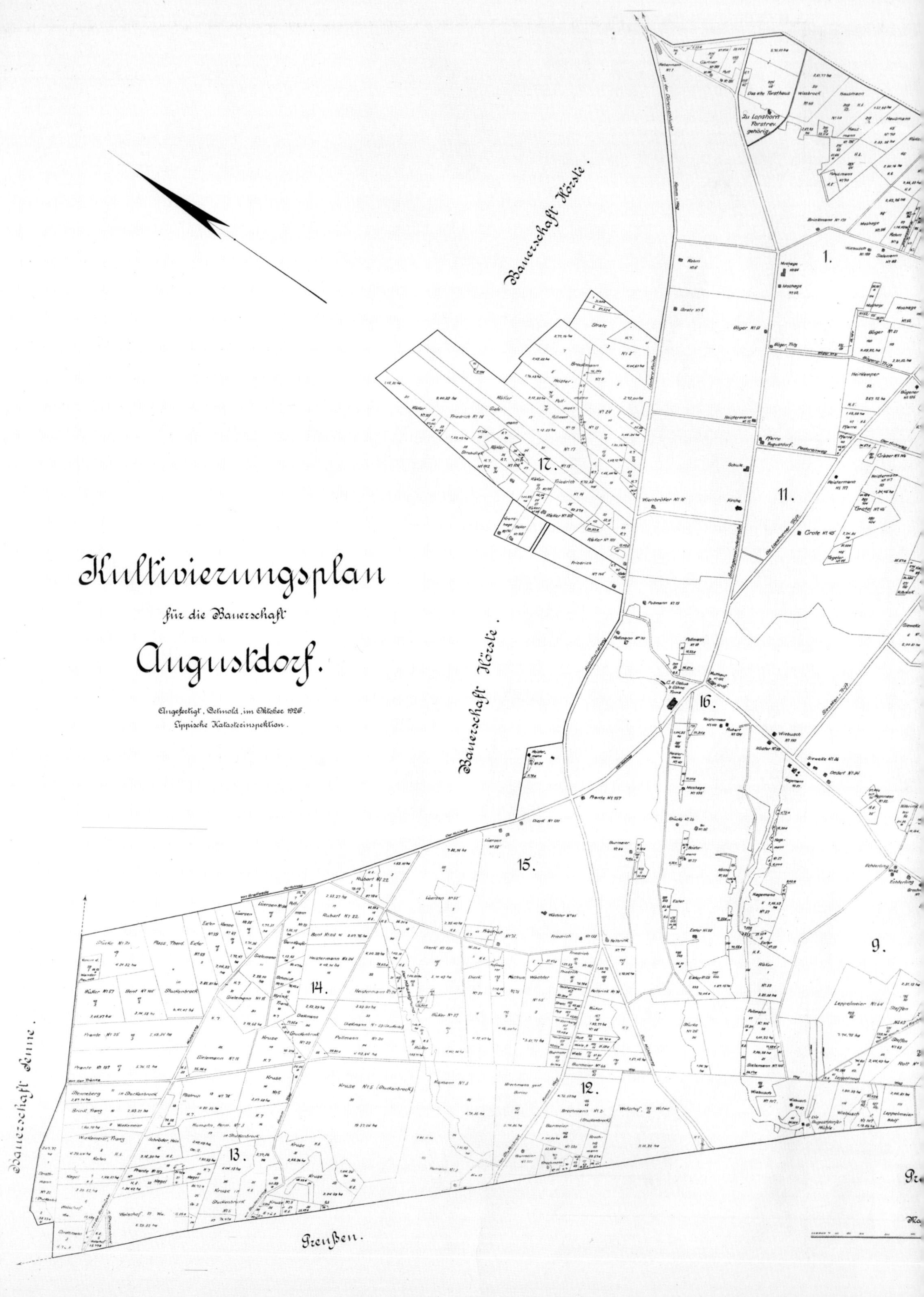
Kultivierungsplan
für die Bauerschaft
Augustdorf.
Angefertigt, Detmold, im Oktober 1926.
Lippische Katasterinspektion.
Bauerschaft Hörste.
Bauerschaft Hörste.
Bauerschaft Lemme.
Preußen.
1.
11.
17.
16.
15.
14.
13.
12.
9.